Chronique Du Religieux De Saint-denys, Contenant Le Règne De Charles Vi De 1380 À 1422, Publ. Et Tr. Par. L. Bellaguet...

Saint Denis abbey

COLLECTION

DE

DOCUMENTS INÉDITS

SUR L'HISTOIRE DE FRANCE,

PUBLIÉS

PAR ORDRE DU ROI

ET PAR LES SOINS

DU MINISTRE DE L'INSTRUCTION PUBLIQUE.

—————

PREMIÈRE SÉRIE.

HISTOIRE POLITIQUE.

CHRONIQUE

DU RELIGIEUX

DE SAINT-DENYS,

CONTENANT

LE RÈGNE DE CHARLES VI, DE 1380 A 1422,

PUBLIÉE EN LATIN POUR LA PREMIÈRE FOIS ET TRADUITE

PAR M. L. BELLAGUET,

PRÉCÉDÉE

D'UNE INTRODUCTION PAR M. DE BARANTE.

TOME CINQUIÈME.

A PARIS,

DE L'IMPRIMERIE DE CRAPELET.

M DCCC XLIV.

CHRONICA
KAROLI SEXTI.

CHRONIQUE
DE CHARLES VI.

CHRONICORUM
KAROLI SEXTI
LIBER TRICESIMUS QUARTUS.

Anni Domini mccccxiii. $\left\{\begin{array}{l}\text{Pontificum iii,}\\\text{Imperatorum iii,}\\\text{Francorum xxxiv,}\\\text{Anglorum i (Henricus),}\\\text{Sicilie xiii.}\end{array}\right.$

CAPITULUM I.

De commissariis constitutis super reformacione prodigorum dispensatorum peccuniarum regni.

Anni Domini
mccccxiii.

Ne procedencia de labiis regiis, obstantibus vicissitudinibus rerum, irrita fierent, cum Universitatis rectore venerabili doctores et cives Parisienses ad hoc electi domino duci Guienne, regine, duci quoque Burgundie persuaserunt feriis successivis ut a rege liberaliter concessa complerentur, tandemque vallidis obtinuerunt precibus ut opum regiarum dispensatores iniqui ab amministracionibus suspenderentur, loco eorum ad tempus aliis substitutis. Rex tamen postmodum cancellarium, qui disponendis arduis precipuam gerebat sollicitudinem, a ceteris excipiendum censuit. Nam ad memoriam reducens ut ab etate virili usque ad senium sibi obsequiosus extitisset, ejus consilium regno semper necessarium dixit. De fidelitate quoque

CHRONIQUE

DE CHARLES VI.

LIVRE TRENTE-QUATRIÈME.

An du Seigneur 1413[1].
$\begin{cases} 3^e \text{ année du règne du pape,} \\ 3^e \text{ —————— de l'empereur,} \\ 34^e \text{ —————— du roi de France,} \\ 1^{re} \text{ —————— du roi d'Angleterre Henri,} \\ 13^e \text{ —————— du roi de Sicile.} \end{cases}$

CHAPITRE Ier.

Des commissaires sont nommés pour mettre un terme à la dilapidation du trésor public.

DE peur que des circonstances imprévues ne vinssent entraver l'effet des promesses du roi, le vénérable recteur de l'Université, les docteurs et les bourgeois de Paris délégués à ce sujet s'entremirent pendant plusieurs jours auprès de monseigneur le duc de Guienne, de la reine et du duc de Bourgogne, afin d'assurer l'accomplissement des concessions que leur avait faites la munificence royale, et obtinrent à force de prières que les dilapidateurs du trésor royal fussent suspendus de leurs fonctions et remplacés provisoirement par d'autres. Cependant le roi fit ensuite excepter de cette mesure son chancelier, qu'il avait chargé principalement de l'administration des affaires. Rappelant à cette occasion avec quel dévouement ledit chancelier l'avait toujours servi depuis l'âge mûr jusqu'à la vieillesse, il déclara que ses conseils étaient toujours nécessaires au royaume, et fit un

[1] L'année 1413 commença le 23 avril.

hucusque inviolabiliter servata ipsum multipliciter recommendans, eumdem tanto honore dignissimum reputavit.

Ex ceteris autem regiarum peccuniarum iniquis dispensatoribus, nominatis in rotulo Universitatis, nonnullis timore communitatis, cui odiosi erant, territi ne novi motus civiles in finale exterminium eorum vel bonorum temporalium orirentur, cum preposito Parisiensi, domino Petro de Essartis, de Parisius recesserunt. Quapropter consiliarii regii, annuente domino duce Guienne, Strabonem de Heuse, militem utique consulti pectoris, strenuum in agendis et eloquencia clarum, ad prepositure Parisiensis officium elegerunt.

Gratam provisionem habuerunt Universitas et burgenses, et obtinuerunt a duce ut statuerentur qui ad utilitatem regni excessus, quos protulerant, reformarent; et ad hoc cum episcopo Tornacensi et abbate monasterii sancti Johannis, domini eciam Doffemont, de Moyaco, de Blaru, et Ambianensis vicedominus ex militari ordine sunt electi. Cum elemosinario regis ac eciam confessore, de Parlamenti camera magistri Gallardus Petit Sene et Johannes de Longolio, ac de gremio Universitatis magister Petrus dictus Cauchon et Johannes de Lolive, scabinus Parisiensis, ceteris adjuncti sunt.

Qualiter autem Universitas et cives ad finem inchoata deducerent, cum hec scribebam, penitus ignorabam. Sed tunc plures circumspectos, graves et modestos viros audivi indecentissimum reputasse, cum tam arduum ausi fuerant attemptare, quod solum arcanis regis consiliis et a lilia deferentibus debebat determinari. « Ineptissimum equidem, inquiunt, reputandum est, quod libri- « cole et speculacioni dediti, lucri quoque gracia mercibus et « mechanicis artibus assueti regnorum gubernacula habeant « moderari, et suis legibus magnificenciam principum ac statum

grand éloge de son inviolable fidélité, pour prouver qu'il méritait de conserver une si haute dignité.

Quant aux autres dilapidateurs du trésor royal nommés dans le rôle de l'Université, quelques uns d'entre eux, craignant la haine du peuple et ne voulant pas exposer leurs personnes et leurs biens au hasard de nouvelles émeutes, quittèrent Paris. De ce nombre était le prévôt, messire Pierre des Essarts. En conséquence, les conseillers du roi, du consentement de monseigneur le duc de Guienne, conférèrent l'office de prévôt de Paris à le Borgne de la Heuse, chevalier plein de sagesse, renommé par sa valeur et par son éloquence.

L'Université et les bourgeois accueillirent ce choix avec faveur; ils obtinrent aussi du duc que l'on nommât certains commissaires pour réformer, dans l'intérêt du royaume, les abus qu'ils avaient signalés. On choisit à cet effet l'évêque de Tournai, l'abbé du monastère de Saint-Jean, les sires d'Offemont, de Moy, de Blaru, et le vidame d'Amiens, chevaliers, auxquels on adjoignit l'aumônier et le confesseur du roi, ainsi que maîtres Gaillard Petit-Sène et Jean de Longueil, de la chambre du Parlement, maître Pierre Cauchon, membre de l'Université, et Jean de l'Olive, échevin de Paris.

Je me demandais, au moment où j'écrivais ceci, comment l'Université et les bourgeois mèneraient à fin leur entreprise. Je me souviens d'avoir entendu dire alors à plusieurs personnages importants, de beaucoup d'expérience et de savoir, qu'il était bien étrange que ces gens-là osassent se mêler ainsi d'affaires qui ne devaient être traitées que dans les conseils secrets du roi par les princes du sang. « Il est absurde, « disaient-ils, que des gens tout spéculatifs et habitués à vivre au « milieu des livres, que des marchands, des artisans qui ne songent « qu'à l'argent, prétendent gouverner le royaume et régler à leur « gré la magnificence des princes et l'état du roi : car c'est évidem-

« regium, ad quod revera videntur principaliter tendere. » Derisionis occasionem inde sumentes, nonnulli eciam circumspecti eos sepius judicabant ad ventum sermones sub taciturnitatis tumulo sepeliendos dedisse; quos et sequi animus inclinavit, ut multis feriis successivis commissarios percepi negligenter exequi injunctum sibi officium.

CAPITULUM II.

De prima commocione populi Parisiensis occasione prepositi domini Petri de Essartis orta, et per sordidissimos viros procurata.

Domino duci Guienne familiarius assistentes non deerant, qui notatos inexplebili cupiditate excusabiles continue affirmabant, dum super sibi impositis audirentur. Eorum quoque relacione comperit prepositum Parisiensem dominum Petrum de Essartis pluries recognovisse, quod duo miliones auri regia auctoritate tradiderat, ignorans tamen ad quos usus dux Burgundie illos converterat. Ut fidem verbis faceret, peccunialis recepcionis cedulas sibi concessas et proprio signatas anulo se ostensurum dicebat, indeque ejus odium incurrit inexpiabile; sed domini ducis Guienne sic promeruit graciam, quod domesticorum consilio, cum rex egritudine solita laboraret, eumdem ad se venire precepit festinanter.

Civium Parisiensium magna pars, cui acceptissimus, ut pater populi reique publice zelator precipuus, anno exacto fuerat, nunc nescio quo ducta spiritu, nisi quod cura novandarum rerum mobile vulgus sepius agitatur, in eum rancorem cordialem, mortale quoque odium conceperat, et instanter requiri fecerat ut alter loco ipsius subrogaretur prepositus. Quo faciliter concesso, ut superius dictum est, et prenominatum Petrum tanquam exulem proscriptum et irrevocabilem reputantes, ip-

« ment ce à quoi ils aspirent. » Aussi les sages les tournaient-ils souvent en dérision, disant qu'ils débitaient de beaux discours en l'air qui ne tarderaient pas à être ensevelis dans un éternel oubli. Je partageai bientôt cet avis, lorsque je vis dans la suite les commissaires remplir avec négligence la mission dont on les avait chargés.

CHAPITRE II.

Une première émeute, excitée par quelques misérables, éclate dans Paris à l'occasion du prévôt, messire Pierre des Essarts.

Il y avait parmi les familiers de monseigneur le duc de Guienne des gens qui ne cessaient de lui répéter que ceux qu'on avait taxés d'une cupidité insatiable sauraient bien se justifier, si on voulait les entendre. Ils l'assurèrent aussi que le prévôt de Paris, messire Pierre des Essarts, avait plusieurs fois reconnu avoir remis par ordre du roi deux millions d'or au duc de Bourgogne, sans savoir cependant l'emploi qu'en avait fait ce prince. A l'appui de ces assertions, le prévôt s'engageait à montrer les reçus que le duc lui avait donnés, et qui étaient revêtus de sa signature. Il se fit par là un ennemi mortel du duc de Bourgogne; mais il se concilia en même temps les bonnes grâces du duc de Guienne, qui le manda en toute hâte auprès de lui, d'après le conseil de ses familiers, dès qu'il vit le roi repris de sa maladie.

La plupart des Parisiens, qui l'année précédente avaient montré beaucoup d'attachement pour le prévôt et le regardaient comme le père du peuple et le principal défenseur de la chose publique, dominés alors par je ne sais quel sentiment, qu'on ne peut expliquer que par cet amour du changement qui tourmente toujours la multitude capricieuse, avaient conçu contre lui un profond ressentiment, une haine mortelle, et avaient demandé avec instance qu'on nommât à sa place un autre prévôt. On avait facilement cédé à leur demande, ainsi qu'il a été dit plus haut; et dès lors considérant ledit Pierre des Essarts

sum domino duci Guienne odiosum publicabant, cum pii genitoris peccuniales receptas sic inutiliter consumpsisset, donec
ipsum audierunt quinta feria post Pascha aprilis die vicesima
tercia celebratum, ducis jussu cum militibus et armigeris armatis castrum fortissimum sancti Anthonii occupasse.

Qua tamen intencione locum illum regium fere inexpugnabilem, omni genere armorum et instrumentis obsidionalibus
munitum, per quem eciam multa bellatorum agmina, invitis civibus et in dampnum civitatis, poterat introducere, tam subito
preoccupandum elegerit, cum id scriberem, ignorabam. Dicam
tamen inde horribile inconveniens sequtum, magis deflendum
tragedorum boatibus quam hystorice contexendum. Sed quia
non modo laudabilia sed et note subjacencia posteris tradere
ex officio suscepi, mox quidam turbati capitis viri, ex ignobilibus proavis ducentes originem, et ad eorum perpetuam ignominiam merito nominandi, videlicet duo abjecti macellarii
fratres cognominati Legoues, Dyonisius de Calvomonte et Symon Caboche, qui sordidissimo macello Parisiensi excoriandis
peccoribus inserviebant, omni die rem, prout erat, per urbem
divulgarunt. Aderant et cum illis aliqui, quorum nomina ad
presens non teneo, et precipue quidam medicus famosus, vocatus Johannes de Trecis, vir eloquens et astutus, provecte tamen
etatis, et jam vergens in senium, cujus consilio usi semper
fuerant in agendis. Et hii omnes, ut preteritorum motuum civilium et sedicionum incentores et rectores extiterant, sic et
nunc publicaverunt quod hic apparatus fiebat ad destructionem
ville et ut rex cum primogenito domino duce Guienne ex ipsa
educeretur viribus. Jam vanis eorum querimoniis scabini Parisienses pulsati mercatorum prepositum Petrum Genciani,
qui officine publice regie monete presidebat, quia monetam

comme un banni mis hors la loi, ils publiaient partout que monseigneur le duc de Guienne ne lui pardonnait pas d'avoir dilapidé les revenus de son auguste père. Tel était l'état des esprits, lorsqu'on apprit le 27 avril, cinq jours après la fête de Pâques, que le prévôt s'était emparé, par ordre du duc de Guienne, de la bastille Saint-Antoine avec une troupe de chevaliers et d'écuyers.

Lorsque j'ai écrit ces détails, j'ignorais dans quelle intention il s'était si soudainement rendu maître de ce fort royal, presque inexpugnable, abondamment fourni de toute espèce d'armes et de machines de siége, et par lequel on pouvait introduire à Paris un grand nombre de gens de guerre, en dépit des habitants et au détriment de la ville. Mais je puis dire qu'il s'ensuivit de là d'horribles malheurs, dont le récit conviendrait mieux aux accents de la muse tragique qu'à la plume de l'historien. Je renoncerais donc à en parler avec détail, si je ne m'étais fait une loi de transmettre le mal comme le bien au souvenir de la postérité. Quelques brouillons de bas étage, que je dois nommer ici pour les flétrir à jamais, savoir, les deux frères Legoix, ignobles bouchers, Denys de Chaumont et Simon Caboche, écorcheurs de bêtes à la boucherie de Paris, parcoururent la ville toute la journée pour ébruiter ce qui se passait. Ils avaient avec eux quelques gens dont les noms m'échappent en ce moment, entre autres un fameux médecin appelé Jean de Troyes, homme éloquent et rusé, déjà fort avancé en âge et touchant presque à la vieillesse, dont ils avaient toujours pris conseil dans leurs entreprises. Ces misérables, qui avaient excité les révoltes et dirigé les émeutes précédentes, publièrent partout que cette prise de possession avait pour objet de détruire la ville et d'enlever de force le roi et son fils aîné monseigneur le duc de Guienne. Ils avaient déjà forcé par leurs vaines clameurs les échevins de Paris à déposer, comme il a été dit plus haut, le prévôt des marchands, Pierre Gentien, président de la monnaie royale, sous prétexte qu'il avait altéré la nouvelle monnaie d'or et d'argent, et ils avaient fait nommer à sa place un notable bourgeois, nommé André d'Eperneuil. Afin de poursuivre leurs projets, ils allèrent aussitôt trouver ce nouveau magistrat, se firent remettre malgré lui la bannière

novam auream et argenteam antiqua multo pejorem[1], ut superius
dictum est, deposuerant, et in eorum favorem Andream de
Spernolio, famosum civem, substituerant loco ejus. Quem protinus adeuntes, ut prosequerentur inchoata, ab eo quamvis invito
obtinuerunt vexillum ville, quod *estandardum* vocabant, auctoritatem eciam monendi quinquagenarios et decanos ut armati
cum sibi subditis viris ad plateam communem Gravie convenirent; nequamque propositum conceptum peperissent et effectui mancipassent, nisi clericus publicus urbis scriptum prepositi signare manu propria reiteratis vicibus recusasset. Nec
minis nec terroribus ad hoc potuit induci, dulciter semper
respondens rem acceleracione minime indigere, seque scire
prepositum, scabinos et summos urbis defensores domino duci
Guienne juramentum prestitisse de civibus non concitandis ad
arma, donec sibi per biduum antea significassent. Sic igitur
mandatum reddit invallidum, cui et non obtemperare eciam ex
plebe humili sanxerunt quamplurimi ipsa die.

Ac ubi sequenti luce, apprilis scilicet vicesima octava, graves
et modesti viri, qui quinquagenariis presidebant, summeque
auctoritatis cives ex more super deliberandis arduis ad domum
communem ville cum mercatorum preposito et scabinis inermes
convenissent, et quam male retroactis temporibus impetuosi
civiles motus omnia ministraverant ostendissent, arma sine
auctoritate regis vel ducis Guienne sumpta persuaserunt deponere. Dixit et qui perorabat universos debere domum pacifice
residere, mechanicis operibus et negociacionibus vacare consuetis, neque moveri vanis rumoribus et forsitan adinventis :
« Quoniam et si quandoque, inquit, leserit obstinata non cre-
« dendi duricies, et leviter credidisse persepe multis fuit exicio.

---

[1] Il faut supposer ici l'omission d'un mot tel que *reddiderat*.

de la ville, qu'on appelait *étendard*, et obtinrent l'autorisation d'inviter les cinquanteniers et les dizeniers à se rendre en armes sur la place de Grève avec les hommes qui étaient sous leurs ordres. Ils auraient exécuté et mené à fin leur sinistre dessein, sans le courage du clerc de la ville, qui refusa à plusieurs reprises de signer l'écrit du prévôt. Cet homme ne céda ni aux menaces ni à la violence, se contentant toujours de répondre avec douceur qu'il ne fallait rien précipiter, et qu'on savait bien que le prévôt, les échevins et les principaux défenseurs de la ville avaient juré à monseigneur le duc de Guienne de ne point faire prendre les armes aux bourgeois, sans lui en avoir donné avis deux jours auparavant. Ainsi l'autorisation du prévôt se trouva annulée; et il y eut dès le même jour un grand nombre de gens du menu peuple qui refusèrent d'y obéir.

Le lendemain, 28 avril, les principaux cinquanteniers, gens sages et modérés, et quelques uns des plus notables bourgeois se réunirent sans armes, selon leur coutume, à l'hôtel-de-ville, avec le prévôt des marchands et les échevins, pour délibérer sur l'état des affaires. Considérant combien les derniers troubles avaient été préjudiciables à la chose publique, ils proposèrent de mettre bas les armes qu'on avait prises sans la permission du roi ou du duc de Guienne. Puis l'un d'eux, ayant été chargé de haranguer la multitude, engagea les habitants à rester tranquilles chez eux, à vaquer comme de coutume aux travaux de leurs métiers et aux soins de leur négoce, sans se laisser émouvoir par des bruits mal fondés et peut-être inventés à plaisir. « Je sais, dit-il, que l'incrédulité obstinée a quelquefois ses dangers; « mais il est bien plus dangereux encore de croire à la légère. Il n'est « point convenable que vous soyez agités, comme les feuilles, par « le moindre vent. Quoi de plus absurde, je vous le demande, que de

« Nec vos decet, more frondium, quibuscunque flatibus flexi-
« biles esse. Quid, obsecro, stulcius quam quibuscunque fabel-
« lis aures cordis habere patulas et tanquam certissimis adhi-
« bere fidem, cum quot homines videatis tot inter se variancia
« cernatis studia? Omnes ergo publicatis uno eodemque animo
« verba proferre; nil profecto hac existimacione stolidius. Et
« ne possitis de incognitis precipiti sentencia falli, vos in
« vosmetipsos debetis colligere, et quasi e specula mentis librato
« judicio intueri satores horum rumorum, si hostes an amici,
« infames an honesti sint, gerentes semper animo quod, si qui
« prodicionem in villam vel ducem Guienne attemptaverint,
« nec eorum apprehensio, incarceracio sive detencio vobis com-
« petit nisi de consensu regis. »

Factionis inique principibus proferre salubria quasi asino
surdo narrare fabulam idem fuit. Nam tumultuosis clamoribus :
« In vanum, inquiunt, nunc occulte, nunc publice regi, regni
« optimatibus et consiliariis exponi fecimus inconveniencia,
« que ex falsis proditoribus provenerunt. » Cum autem in calce
verborum addidissent : « Et propter negligenciam eorum juste
« properandum est nobis ad vindictam », mox quasi furiis
agitati fere tria milia abjectissimorum virorum, quos secum
traxerant, armatorum ad portam sancti Antonii deduxerunt,
et eam infra et extra civitatem obsidione cinxerunt, ne dominus Petrus de Essartis inde effugeret. Ex militari ordine minime
defuerunt, quorum consilio dirigerentur in agendis. Nam mox
eodem temporis cursu, domini de Heleyo, Leo de Jaquevilla
et Robinetus de Malliaco, milites, familiares ducis Burgundie,
ad id se libere obtulerunt, non sine admiracione multorum.
Sed michi sollicite sciscitanti quo ducti spiritu, responsum est
quia predictus de Jaquevilla affectabat ut fieret capitaneus

« prêter l'oreille à toutes sortes de contes et de les croire comme
« articles de foi, quand vous voyez qu'autant il y a d'hommes, autant
« il y a d'opinions diverses? Quoi! vous vous imaginez, vous publiez
« que vous êtes tous dans les mêmes sentiments! il n'y a rien de
« plus déraisonnable que cette pensée. Pour ne pas vous laisser aller
« à des jugements téméraires, vous devez vous recueillir en vous-
« mêmes, et examiner de sang-froid, avec mûre réflexion, si ceux
« qui sèment de pareils bruits sont des ennemis ou des amis, des misé-
« rables ou des honnêtes gens. Il ne faut pas oublier d'ailleurs que, si
« quelque trahison a été commise contre la ville ou contre le duc de
« Guienne, il ne vous appartient point de saisir ni de détenir les cou-
« pables sans le consentement du roi. »

Vouloir parler raison aux chefs de la sédition, c'était s'adresser à
des sourds : ils répondirent à ces sages conseils par des clameurs
tumultueuses. « C'est en vain, s'écrièrent-ils, que nous avons fait
« avertir le roi, les princes et leurs conseillers, soit en particulier,
« soit en public, des dangers auxquels nous exposaient les machina-
« tions des traîtres. Puisqu'ils n'ont tenu aucun compte de nos avis,
« nous avons le droit d'en tirer nous-mêmes vengeance. » En même
temps ces furieux entraînèrent avec eux jusqu'à la porte Saint-Antoine
près de trois mille misérables qu'ils avaient armés, et s'y postèrent en
dedans et en dehors des murs de la ville, afin d'empêcher messire
Pierre des Essarts de s'échapper. On vit dans cette conjoncture des
chevaliers se mettre à la tête des séditieux, entre autres les sires de
Helly, Léon de Jacqueville et Robert de Mailly, familiers du duc de
Bourgogne, qui, au grand étonnement de tout le monde, offrirent
d'eux-mêmes de les seconder. Je voulus connaître les motifs de leur
conduite, et j'appris que ledit Léon de Jacqueville ambitionnait le
poste de capitaine de Paris, qu'il obtint en effet plus tard, et que
les deux autres nourrissaient une haine implacable contre Pierre des
Essarts.

civitatis, quod postmodum obtinuit, et ambo in Petrum de
Essartis inexpiabili odio laborabant.

Ipse autem sibi ipsi et non immerito timens, quanquam
sciret se locum inexpugnabilem occupasse et armis valde munitum, unde circumstantes propulsare poterat, lenibus tamen
verbis uti statuit, et militibus predictis inordinateque concionis
ducibus de fenestra oppidi evocatis, dixit se evocatum a domino
duce Guienne advenisse, indeque litteras patentes suo sigillo
ostendit sigillatas. Addidit et ad mitigandum rabiem popularem
se nunquam aliquid excogitasse in regis regnive prejudicium,
urbis Parisiensis vel civium, seque prompto animo alibi seces-
surum, si exeundi concederetur facultas, nec alias reversurum,
usque quod revocaretur ab ipsis; idque devote junctisque
manibus supplicare votis omnibus universis. Animis obstinati
non modo preces vallidas reputaverunt inanes; ymo ipsi supplicanti magnis clamoribus infamem prodicionis obicientes
titulum, sacramentis terribilibus se mutuo astrinxerunt et inde
non recessuros, donec ad dedicionem veniret meritis suppliciis
deputandus; idque viribus attemptassent et inchoassent assultus, nisi prefati milites eos verbis lenibus delinissent. Eodem
quoque instanti dux Burgundie huc accedens, et Petro sub
paucis verbis dedicionem persuadens, dissuasit eciam universis
ne oppido regali violenciam inferrent, crimen lese majestatis
incurrendo, offerensque se fidejussorem pro obsesso, promisit
quod ad manus suas sine viribus veniret.

Pierre des Essarts, craignant avec raison pour sa vie, bien qu'il sût que le fort qu'il occupait était inexpugnable, abondamment pourvu d'armes et en état de repousser les assaillants, ne laissa pas d'avoir recours aux moyens de douceur; et s'adressant, du haut d'une fenêtre de la citadelle, auxdits chevaliers et aux autres chefs de la sédition, il leur dit qu'il était venu sur l'invitation de monseigneur le duc de Guienne, et leur montra des lettres patentes scellées du sceau de ce prince. Il ajouta, pour apaiser la fureur populaire, qu'il n'avait jamais songé à rien faire au préjudice du roi ou du royaume, de la ville de Paris ou de ses habitants; qu'il était prêt à se retirer ailleurs, si on lui laissait la faculté de sortir, et qu'il ne reviendrait pas à moins d'être rappelé par eux; qu'il leur demandait cette grâce et les en suppliait instamment à mains jointes. Mais ces forcenés, loin d'avoir égard à ses prières, proférèrent contre lui des cris épouvantables, lui reprochèrent sa trahison, et s'engagèrent entre eux par des serments terribles à ne point quitter la place jusqu'à ce qu'il se fût livré à merci, pour être puni comme il le méritait. Ils auraient mis leur projet à exécution et commencé l'assaut sur-le-champ, si lesdits chevaliers ne les eussent calmés par de douces paroles. Au même instant, le duc de Bourgogne étant survenu engagea en peu de mots Pierre des Essarts à faire sa soumission; puis il invita la multitude à ne pas encourir le crime de lèse-majesté en attaquant une forteresse du roi, s'offrit pour caution de Pierre des Essarts, et promit de le décider à se rendre sans résistance.

CAPITULUM III.

De gentibus domini ducis Guienne captis et incarceratis per promotores sedicionum civilium.

Interim dum agebantur predicta, fere usque ad viginti milia inique factionis hominum augmentatus est numerus, et hii omnes oppidi destructionem minabantur. Ad id eciam, quod impossibile reputabant, processissent, nisi dux ipse firmum et stabile tenere quod promiserat eorum ducibus cum juramento firmasset. Qui tamen, eo recedente, unam partem congregatorum ad oppidi custodiam relinquerunt, et reliquam ad perpetrandum majus scelus et alias inauditum perduxerunt. Si ab aliquo prepotente, ut publice ferebatur, inducti ad hoc fuerint, tunc non habui pro comperto; eos tamen domini ducis Guienne nocturnas et indecentes vigilias, ejus commessaciones et modum inordinatum vivendi molestissime tulisse, timentes, sicut dice-bant, ne infirmitatem patri similem incurreret in dedecus regni. Sciebant iterum quod nec materna monita nec consan-guineorum persuasiones sibi frenum abstinencie imposuissent. Ideo animo concipientes quod obstinacio de sibi familiarius assistentibus procedebat, eorum partem maximam capere et incarcerare statuerunt, ut sic terrore concussus quod verbis lenibus recusaverat emendaret.

Quod tante temeritatis audaciam tunc assumpserant sibi nunciatum fuit, et consultum ut mox, cum suis militibus, armigeris et servitoribus arma sumens, vexillum liliis aureis decoratum super portam erigi preciperet; idque eorum judicio furorem advenientis in parte maxima compescuisse potuisset. Adhuc predicta persuadebant, cum mox per fenestras domus

CHAPITRE III.

Les factieux arrêtent et emprisonnent des gens de monseigneur le duc de Guienne.

Cependant le nombre des factieux s'était accru jusqu'à près de vingt mille, et ils menaçaient tous de détruire la Bastille. Ils auraient mis ce projet à exécution, malgré les obstacles qu'il présentait, si le duc de Bourgogne n'eût juré à leurs chefs qu'il tiendrait fidèlement sa parole. Mais à peine les avait-il quittés, que laissant une partie des leurs à la garde de la place, ils emmenèrent le reste pour commettre un attentat plus grave et inouï jusqu'alors. Je n'ai pu savoir si, comme le bruit en courut, ils y furent poussés par quelque personnage puissant ; ce dont je suis sûr, c'est qu'ils ne pardonnaient pas à monseigneur le duc de Guienne ses orgies nocturnes, ses débauches et ses déportements scandaleux : ils craignaient, disaient-ils, qu'il ne tombât en la même maladie que son père, à la honte du royaume. Ils savaient aussi que ni les avis de sa mère, ni les conseils de ses parents, n'avaient pu mettre un frein à ces désordres. S'imaginant donc que cet endurcissement devait être attribué aux suggestions de ses familiers, ils résolurent d'arrêter la plupart d'entre eux et de les emprisonner, afin de l'obliger par la crainte à faire ce qu'on n'avait pu obtenir de lui par la douceur.

On annonça au duc cette résolution téméraire, et on lui conseilla de prendre aussitôt les armes avec ses chevaliers, ses écuyers et ses serviteurs, et d'arborer sur la porte de son palais la bannière des fleurs de lis. On pensait qu'il pourrait ainsi calmer en partie la fureur de la multitude. Mais, pendant qu'on délibérait à ce sujet, on aperçut par les fenêtres du palais le peuple qui accourait avec ses capitaines, animé d'une rage forcenée et diabolique. Après avoir planté l'étendard de la

populares cum suis capitaneis dyabolico spiritu agitatos et velud
vesano impetu accurrentes conspiciunt. Qui cum ante portam
domus fixissent vexillum ville, et domum circumvallari fecissent,
cum clamore terribili pecierunt ut cum duce loquerentur. Et
quamvis dissone voces tumultuantis populi id poscentis adeo
ipsum terruerint, ac si sibi ac ejus familiaribus imminere
mortis periculum judicaret, recusare tamen audienciam non
est ausus. Sed de consilio ducis Burgundie ad fenestras veniens :
« Ad quid, inquit, carissimi, ita commoti venistis? Libenter
« audiam, offerens me ad beneplacitum singulorum. » Ad
hec verba magister Johannes de Trecis, qui propositum inchoandum susceperat, signis et voce indicens silencium universis :

« Serenitati vestre, inquit, excellentissime domine, se humi-
« liter recommendant cives et subditi vestri, quotquot ob uti-
« litatem regni, honorem quoque vestrum cernitis convenisse.
« Nec paveatis si armatos ; nam pro defensione vestra, ut alias
« experimento didicistis, mortis discrimen non dubitarent
« subire. Molestissime tamen ferunt florem vestre regie juven-
« tutis a tramite progenitorum deviare per consilium quorum-
« dam proditorum, qui vobis cunctis horis et momentis familia-
« rius assistunt. Ad quantam morum indecenciam vos conantur
« inducere longe lateque per regnum noscunt omnes regnicole.
« Inde procul dubio tristantur cum venerabili regina matre
« vestra omnes lilia deferentes de regio sanguine procreati, ve-
« rentes ne, dum ad virilem perveneritis etatem, indignum vos
« faciant auctoritate sceptrigera. Hac de causa ipsos divina et
« humana animadversione dignos reputantes, et summe aucto-
« ritatis regis consiliarios adeuntes, rogavimus vicibus repetitis
« ut de servicio suo tollerentur. Quod quia hucusque dissimu-

ville devant la porte et fait investir le Palais de tous côtés, ils demandèrent à grands cris à parler au duc. Quoique les clameurs confuses
de cette multitude révoltée lui causassent une grande frayeur et qu'il
crût sa vie et celle de ses familiers sérieusement menacées, il n'osa pas
néanmoins refuser audience aux séditieux. D'après le conseil du duc
de Bourgogne, il se montra à la fenêtre : « Mes amis, leur dit-il, quel
« sujet vous amène, et d'où vient un si grand émoi? Je suis prêt à
« vous entendre, et j'agirai selon le bon plaisir de chacun de vous. »
A ces mots, maître Jean de Troyes, qui avait été chargé de porter la
parole, imposa silence à tous de la voix et du geste, et s'exprima ainsi :

« Très excellent seigneur, vous voyez rassemblés ici dans l'intérêt
« de votre royaume et de votre honneur vos bourgeois et sujets, qui
« viennent humblement se recommander à votre sérénissime gran-
« deur. Ne vous effrayez pas de ce que nous sommes en armes; car,
« nous n'hésiterions pas, l'expérience vous l'a déjà appris, à exposer
« notre vie pour vous défendre. Mais nous voyons avec le plus vif
« déplaisir qu'à la fleur de votre royale jeunesse vous soyez détourné
« de la route qu'ont suivie vos ancêtres par les conseils de quelques
« traîtres, qui vous obsèdent à toute heure et à tout instant. Il n'est
« personne qui ne sache dans le royaume combien ils ont à cœur de
« vous pervertir. L'auguste reine votre mère, et tous les princes du
« sang en sont profondément affligés; ils craignent que, quand vous
« aurez atteint l'âge viril, vous ne soyez incapable de régner. C'est
« pourquoi, considérant ces misérables comme dignes de l'animad-
« version de Dieu et des hommes, nous avons requis plusieurs fois les
« principaux conseillers du roi de les éloigner de son service. Comme
« ils n'ont jusqu'à présent tenu aucun compte de nos prières, nous
« venons demander qu'on nous les livre, afin que nous tirions ven-
« geance de leur trahison. »

« lando transierunt, iterum ad vindictam prodicionis eos pos-
« cimus nobis reddi. »

Quamvis multitudinem confusam circumstantem presum-
ptuosum propositum laudare audiret clamoribus horrisonis cum
summa displicencia, persuadente tamen domino duce Burgundie
regium modum retinens : « Vobis, inquit, bonis civibus et sub-
« ditis domini mei regis supplico ut ad opera vestra mechanica
« redeuntes conceptum deponatis furorem; nam meos familiares
« semper hucusque fideles reputavi. » Ad hec verba cancellario
suo repetenti : « Dicatis, si noveritis aliquos fidelitatis transgres-
« sores, ut debite puniantur, » qui loquebatur cedulam papi-
ream sibi obtulit fere quinquaginta summe auctoritatis milites
et armigeros ex familiaribus ducis continentem; quos omnes
idem cancellarius nominatim precedebat, monens ipsum reiteratis vicibus ut singulos alte et intelligibiliter nominaret. Cum
indignacione vehementi tunc dux sibi imperari auctoritate circumstancium ignobilium, ut proditores redderet nominatos,
audivit. Rubore quoque confusus pro tanta ignominia ad cameram regiam se traxit. Sed interim dum dedecus passum et periculum suorum non sine cordis amaritudine et lacrimosis que-
relis mente revolveret, dyabolici homines violenter et prope
vesano impetu, portis protinus effractis, cameram sunt ingressi.
Nec mora, ut statuerant, peniciora domus regie huc illucque
perscrutantes, cum domino duce de Baro, regis consobrino,
ipsius ducis cancellarium Johannem de Velliaco, Jacobum de
Ripparia ejus cambellanum, dominos Johannem Dengennes et
Johannem de Bossyaco, Egidium quoque et Michaelem de Vi-
triaco fratres ejus cubicularii, nec non Johannem de Mesneleyo
assuetum sibi dapes preparare cotidianis conviviis, cum septem
aliis, quorum nomina ad presens non teneo, comprehenderunt,

La foule applaudit par des cris frénétiques à cet insolent discours. Le duc de Guienne, malgré tout le déplaisir qu'il éprouvait, ne laissa pas de faire bonne contenance, d'après le conseil du duc de Bourgogne, et leur répondit : « Braves bourgeois et fidèles sujets du roi « notre sire, je vous supplie de retourner à vos métiers et de calmer « votre ressentiment ; car j'ai toujours regardé mes familiers comme « de fidèles serviteurs. » Son chancelier ajouta : « Dites si vous en « connaissez qui aient failli à leur devoir de fidélité ; ils seront punis « comme ils le méritent. » Alors celui qui portait la parole lui présenta un papier contenant une liste d'environ cinquante des principaux chevaliers et écuyers de la maison du duc, en tête de laquelle se trouvait le chancelier lui-même ; il l'invita même plusieurs fois à lire cette liste à haute et intelligible voix. Le duc éprouva une vive indignation, en s'entendant sommer par cette troupe de misérables de livrer les prétendus traîtres qui lui étaient désignés. Tout confus d'un tel affront, il se retira dans la chambre du roi. Mais pendant qu'il réfléchissait avec amertume et douleur à l'outrage qu'il venait d'essuyer et au danger de ses serviteurs, ces forcenés brisèrent les portes avec fureur et entrèrent de force dans la chambre. Ils parcoururent aussitôt le Palais dans tous les sens, ainsi qu'ils en étaient convenus, en fouillèrent les réduits les plus secrets, et y arrêtèrent monseigneur le duc de Bar, cousin du roi, le chancelier du duc, Jean de Vailly, Jacques de la Rivière, son chambellan, messire Jean d'Angennes et messire Jean de Boissay, les frères Gilles et Michel de Vitry, ses valets de chambre, Jean du Mesnil, son écuyer tranchant, et sept autres dont je ne me rappelle pas les noms [1] ; ils leur ordonnèrent, au nom du roi, de se rendre en prison. Ils poussèrent même la violence jusqu'à fouler aux pieds tous les égards dus au rang suprême, et osèrent, avec une bruta-

---

[1] C'étaient sans doute les deux fils de messire Regnault de Guienne, les deux Geresmes, Pierre de Nesson, un frère de Jean du Mesnil et un frère de Jean de Boissay, nommés par Monstrelet.

auctoritate precipientes regia ut se incarcerandos redderent. Sic laxando crudelitatis habenas, spretis penitus nobilitatis legibus, cum verecundia eciam viris duris et agrestibus abhominabili, unum ex hiis, videlicet Michaelem, quem domina ducissa Guienne salvandum susceperat, violenter de suo gremio abstraxerunt. Nec mora, omnes equestres duce Burgundie et multis aliis associatos nobilibus usque ad hospicium dicti ducis perduxerunt.

Principum commocionis inique durante vesania, quidam temulenti vino, ut creditur, non longe a domo ducis quemdam subtilem artificem de domo et familia domini ducis Biturie, Ouatelet nuncupatum, qui summam periciam habebat in construendis et dirigendis obsidionalibus instrumentis, repererunt; quem protinus occiderunt, sibi postmodum imponentes quod igne inextinguibili minatus fuerat in parte incendere civitatem. Nec cuidam alteri, cujus nomen non teneo, pepercerunt, quamvis domum comitis Virtutum tanquam tutum expeciisset refugium, quia eorum rabiem reprobabat. Dum sol eciam tenderet ad occasum, quemdam regis secretarium, nomine Radulfum de Brisac, submerserunt, sibi nescio si sine causa imponentes quod, guerra inter dominos durante, secreta regia suis hostibus revelasset.

CAPITULUM IV.

Prepositus Parisiensis captus et incarceratus fuit.

Hiis peractis, cum conciones prefate populares per ambitum oppidi sancti Antonii noctem insompnem, ne Petrus de Essartis vel ejus complices inde recederent, transegissent, quotquot comprehenderant ad regium castrum Lupare deduxerunt, ad

lité qui eût fait horreur aux hommes les plus sauvages, arracher des bras de madame la duchesse de Guienne Michel de Vitry, qu'elle voulait sauver. Puis ils les emmenèrent tous à cheval, en la compagnie du duc de Bourgogne et de plusieurs autres seigneurs, jusqu'à l'hôtel dudit duc.

Au plus fort de l'émeute, quelques hommes, égarés sans doute par l'ivresse, ayant rencontré près de l'hôtel du duc un ouvrier au service de monseigneur le duc de Berri, et faisant partie de sa maison, qui se nommait Watelet, et qui était fort renommé pour son habileté à construire et à diriger les machines de siége, le tuèrent sur-le-champ, et l'accusèrent ensuite d'avoir menacé d'incendier une grande partie de la ville à l'aide d'un feu inextinguible. Ils firent éprouver le même sort à un autre malheureux, dont j'ignore le nom, quoiqu'il se fût réfugié chez le comte de Vertus, dans l'espoir d'y trouver un asile sûr : son seul crime était d'avoir désapprouvé leurs attentats. Le même jour, dans la soirée, ils jetèrent à l'eau un secrétaire du roi, nommé Raoul de Brissac, qu'ils accusaient à tort ou à raison, je l'ignore, d'avoir révélé aux ennemis les secrets du roi pendant la guerre civile.

CHAPITRE IV.

Le prévôt de Paris est arrêté et mis en prison.

Après cela les séditieux, ayant passé toute la nuit sous les murs de la bastille Saint-Antoine pour que Pierre des Essarts ou ses complices ne pussent s'échapper, conduisirent tous leurs prisonniers au palais du Louvre, et les confièrent à la garde de quelques gens de la maison du roi conjointement et d'un certain nombre de bourgeois. Ils décidèrent

eorum custodiam quosdam de domo regia cum aliquibus civibus deputantes. Statuerunt eciam ut absentes, in quos non poterant insanire, auctoritate revocarentur regia, nisi vellent perpetuo proscripti exules reputari. Quo voce preconia in civitatis compitis publicato, eorum monitis dux Burgundie pulsatus, ut quod promiserat compleret, prepositum Parisiensem adiens precepit auctoritate regia ad dedicionem venire, nisi vellet a communitate circumstante frustratim dividi. Quod discrimen vitare cupiens, ducem ipsum cum nonnullis militibus intromisit, quos tunc ad custodiam ipsius sub pena capitis deputavit. Sic populari obsidione soluta, et armis depositis, quia criminabatur a multis et fama publica referebat ipsum illuc advenisse, ut prima die maii ad astiludia militaria in castro nemoris Vicenarum exercenda regem dominumque Guienne debebat conducere, inde cum manu longius vallida pugnatorum transducendos, ad peticionem plebis de loco eductus ad parvum Castelletum et postmodum ad aliud magnum, ut ibi securius custodiretur, perductus est. Ut fidem verbis facerent accusatores ipsius, eum asserebant ad perpetrandum dictum scelus fere quingentos viros armatos in Bria hucusque tenuisse, addentes in testimonium veritatis quod, ubi detencionem ipsius cognoverunt, mox quasi fumus evanescentes sedes alias quesierunt. Quid autem judicandum sit super hoc forsitan in finalibus dicetur.

CAPITULUM V.

De capuciis albis, insignibus mutue amicicie, sumptis per consilium promotorum commocionum civilium.

Per terribiles popularium clamores sic sub arta detento custodia, quem anno preterito velud patrem et principem vene-

aussi que les absents, qui s'étaient soustraits à leur fureur, seraient sommés, au nom du roi, de revenir à Paris, sous peine d'être considérés comme exilés et proscrits à jamais. Cette sommation fut faite par la voix du héraut, dans les carrefours de la ville. Puis le duc de Bourgogne, pressé par les séditieux d'accomplir sa promesse, s'aboucha avec le prévôt de Paris, et l'engagea, au nom du roi, à se rendre, s'il ne voulait être mis en pièces par la populace qui l'assiégeait. Le prévôt, pour échapper au péril, laissa entrer le duc dans la place avec quelques chevaliers ; il fut aussitôt placé sous la garde de ces chevaliers, qui durent répondre de lui sur leur tête. Alors le peuple cessa d'investir la place et mit bas les armes. Mais comme la rumeur publique accusait le prévôt d'être venu se poster en ce lieu avec l'intention de conduire le roi et monseigneur le duc de Guienne au tournoi qui devait avoir lieu le 1er mai dans le bois de Vincennes, et de les emmener ensuite plus loin sous l'escorte d'une troupe nombreuse de gens de guerre, on le fit sortir de la Bastille à la demande du peuple, et on l'incarcéra d'abord au Petit Châtelet, puis au Grand, afin qu'il y fût gardé plus sûrement. Ses accusateurs, à l'appui de leurs imputations, prétendaient que, pour assurer le succès de son entreprise, il avait cantonné dans la Brie près de cinq cents hommes d'armes, mais qu'à la nouvelle de son arrestation ces gens de guerre s'étaient dissipés comme de la fumée, et étaient allés chercher fortune ailleurs. Peut-être saura-t-on à la fin ce qu'il faut penser de cela.

CHAPITRE V.

Les séditieux, d'après le conseil de leurs chefs, prennent des chaperons blancs pour signe de ralliement.

Deux jours après que la populace eut ainsi obtenu à force de clameurs que l'on mit en prison celui que l'année précédente elle vénérait

rati fuerant, et nunc hostem publicum non sine multorum admiracione reputabant, biduo non expectato duces commocionis eorum domum ville adierunt, mercatorum preposito et scabinis petituri quid inde agendum esset. Quamvis se glorianter jactarent ad honorem et utilitatem regni, regis dominique Guienne rem notabilem gessisse, fuerunt tamen in consilio summe auctoritatis cives, qui arma sine auctoritate principis se sumpsisse, domum domini ducis Guienne violasse, ducem eciam de Baro, suum consanguineum, et familiares ipsius eo invito detinere reprobandam temeritatem reputabant. Sciebant et ipsum ducem cum summa displicencia id perferre. Ideo, ne in favorem ipsius cum duce Aurelianis ceteri sui consanguinei in vindictam tante ignominie odium inexpiabile in civitatem conciperent, ad eos dominum Petrum de Crodonio cum apicibus consuluerunt mittere, humili recommendacione premissa asserentes non se predicta egisse in eorum displicenciam, sed ad regis, domini quoque Guienne commodum et honorem. Dignum iterum duxerunt Universitatis Parisiensis doctores et magistros exorandos ne discreparent ab eis, sed hoc verbum coram rege et suis illustribus publicandum susciperent; quibus id solum responderunt quod pro posse atque libenti animo pacem inter eos et ducem Guienne procurarent. Responsione contenti et eodem spiritu commocionis agitati, ut prius, in signum mutue confederacionis et continuacionis temeritatis predicte, in principio maii fecerunt sibi fieri capucia alba; dominos quoque duces Guienne, Biturie et Burgundie adeuntes, ipsis tria obtulerunt, et vallidis impetraverunt precibus ut eisdem in signum quod villam et habitantes diligebant uterentur.

comme un père et un prince, et qu'elle regardait maintenant, au
grand étonnement de tous, comme un ennemi de l'État, les chefs de
la sédition se rendirent à l'hôtel-de-ville, pour consulter le prévôt des
marchands et les échevins sur ce qu'il y avait à faire. Malgré l'assurance avec laquelle ils se vantèrent d'avoir travaillé d'une manière
notable pour l'honneur et dans l'intérêt du royaume, du roi et de
monseigneur le duc de Guienne, les bourgeois qui avaient le plus d'influence dans le conseil déclarèrent que c'était un acte de témérité très
blâmable que d'avoir pris les armes sans la permission du roi, violé la
maison de monseigneur le duc de Guienne, et arrêté malgré lui le duc
de Bar, son cousin, et la plupart de ses familiers. On savait que ce
prince était vivement irrité de cette offense; et comme il était à craindre que par cette considération le duc d'Orléans et les autres princes
du sang ne conçussent contre la ville une haine implacable, et ne
cherchassent à tirer vengeance d'un pareil outrage, on résolut de leur
envoyer messire Pierre de Craon avec un humble et respectueux message, dans lequel on assurait qu'on n'avait eu aucun dessein de leur
déplaire, et qu'on avait agi dans l'intérêt et pour l'honneur du roi et
de monseigneur le duc de Guienne. Il fut aussi décidé que l'on supplie-
rait les docteurs et professeurs de l'Université de Paris de faire cause
commune avec le peuple, et de se charger de présenter ces explications
au roi et aux seigneurs de sa cour. Ceux-ci se contentèrent de répondre
qu'ils s'entremettraient volontiers de tout leur pouvoir pour ménager la paix entre eux et le duc de Guienne. Charmés de cette réponse,
les rebelles s'enhardirent dans leurs tentatives, et, au commencement
de mai, ils adoptèrent des chaperons blancs, comme signe de ralliement et comme preuve de leur persévérance dans l'esprit de rébellion.
Ils allèrent même trouver messeigneurs les ducs de Guienne, de Berri
et de Bourgogne, leur présentèrent trois chaperons, et obtinrent à
force d'instances qu'ils les portassent en témoignage de l'affection qu'ils
avaient pour la ville et pour le peuple de Paris.

CAPITULUM VI.

De propositis prolatis coram prefatis ducibus.

Ipsa et eadem die, ipsis ducibus per oratorem disertum persuaderi fecerunt, quod quicquid egerant gratum debebant habere, supplicantes ut quotquot incarcerati fuerant, ut assentatores et consultores pessimi punirentur, quia dominum Guienne docuerant penitus deviare a recto ordine vivendi progenitorum suorum, et hoc in dedecus regni et detrimentum incolumitatis sue. Libere et absque erubescencie velo proponi per oratorem fecerunt, ut sub regimine prudentissime matris sue venerabilis regine educatus ac bonis moribus instructus bone indolis juvenis speciem portendebat, non sine leticia et benedictione omnium regnicolarum Christum collaudancium quod tam docilem regi dederat successorem. « At ubi, inquit, « in juvenilem etatem evadentes, maternas regulas contem- « psistis, iniquorum consiliis aures patulas concessistis, qui vos « indevotissimum erga Deum, tardum atque negligentem ad « expediendum regni negocia et vices gerere genitoris reddide- « runt, et, quod eque moleste ferunt regnicole, vos dies in « noctes vertere, choreas dissolutas, commessaciones exercere « et quicquid dedecet statum regium docuerunt. »

Michi sepius miranti unde tantam verborum audaciam populus sumpserat, cum id solum deceret de regio sanguine procreatos, responsum est non sine consensu vel saltem maxime partis processisse, ideoque dolentes eorum monitis acquiescere contempsisse, feriis successivis per sollempnes in sacra pagina professores, nunc in presencia regine ipsius atque ceterorum ducum, nunc divisim monuerunt ut errata corrigeret, vivendi

CHAPITRE VI.

Discours tenus en présence des ducs de Guienne, de Berri et de Bourgogne.

Le même jour, les séditieux firent représenter auxdits ducs par un éloquent orateur qu'ils devaient avoir pour agréable tout ce qui avait été fait, et les supplièrent de faire punir tous les prisonniers comme de perfides flatteurs et de mauvais conseillers, qui avaient appris à monseigneur le duc de Guienne à s'écarter de la conduite régulière de ses aïeux, à la honte du royaume et au détriment de sa santé. Ils poussèrent la hardiesse jusqu'à lui faire dire qu'il était bien loin de ce temps où, formé par les sages leçons de la vénérable reine, sa mère, et élevé par elle dans la pratique du bien, il donnait de lui les plus belles espérances, et faisait l'orgueil et la joie de tous les Français, qui bénissaient le Seigneur d'avoir donné au roi un successeur d'un naturel si heureux. « Mais, ajouta l'orateur, depuis que parvenu à l'âge de l'adolescence « vous avez méprisé l'autorité maternelle et prêté l'oreille aux con- « seils des méchants, ils ont fait de vous un prince irréligieux, plein « de lenteur et d'indifférence dans l'expédition des affaires et dans « l'accomplissement des devoirs de la royauté que vous exercez au « nom de votre père. Les habitants du royaume voient avec déplaisir « qu'ils vous ont appris à faire de la nuit le jour, à passer votre temps « dans des danses dissolues, dans des orgies et dans toutes sortes de « débauches indignes du rang royal. »

Je ne pouvais comprendre comment le peuple avait été amené à une telle liberté de langage, qui ne pouvait tout au plus être permise qu'aux princes du sang. On me répondit que lesdits princes, ou du moins la plupart d'entre eux, y avaient donné leur assentiment. Irrités même de voir qu'on faisait peu de cas de leurs avis, ils firent adresser au duc pendant plusieurs jours les mêmes remontrances par de savants professeurs en théologie, tantôt en présence de la reine et des autres seigneurs, tantôt en particulier, pour l'engager à se corriger et à adopter un genre

modum honestum resumens. Sub variis involucionibus verborum tangendo que jam scripta sunt, sollempnis magister
Eustachius de Pavilliaco, qui primus coram duce Guienne
perorandum susceperat, sequenti die mercurii multa media
notanda auctoritatesque sacre scripture adduxit, ex quibus posset componi tractatus valde magnus, lectori forsitan tediosus.
Et ideo generalia persequens, quas virtutes debeant amplecti
digni in sceptris sedere, quod culmen sibi jure successionis
debebatur, disertissime narravit. Que autem vicia multos ad
regnandum reddiderunt inhabiles per hystorias ostendens, et
precipue Francorum, libere professus est genitorem egritudinem incurabilem, ducem quoque Aurelianis mortem ignominiosam incurrisse ob excessus juveniles, quos amodo nisi dignum
duceret vitare, causam dabat jus primogeniture transferendi
fratri suo juniori. Et hoc verbum regina venerabilis eidem
pluries dicitur affirmasse.

CAPITULUM VII.

Commissarii dati sunt, qui causas incarceratorum terminarent.

Finemque verbis faciens venerabilis magister addidit plebem
astantem rogare humiliter ut commissarii regii, qui dissipa-
tores prodigos regiarum opum habebant reformare, injunctum
sibi officium exequerentur diligencius solito, statuerentur et
alii, qui causas in carceribus detentorum examinandas susciperent, ut secundum demerita debite punirentur. « Et quia ite-
« rum, inquit, cum Armeniaci comite multi ex regis subditis
« nunc resident, qui per Guiennam grassantur hostiliter, inter
« duces tractatum compositum infringentes, et si hucusque
« intendent accedere ignoratur, iterum instantissime omnes

de vie plus convenable. Le lendemain mercredi, un fameux docteur, maître Eustache de Pavilly, qui avait été chargé le premier de haranguer le duc de Guienne, énuméra dans un long discours tout ce qui a été dit plus haut, et appuya ses assertions d'un grand nombre de citations remarquables, tirées de l'Écriture sainte. Je pourrais en former un ample traité, si je ne craignais de fatiguer le lecteur; je me bornerai à en indiquer les points principaux. Il exposa très éloquemment quelles sont les vertus que doivent embrasser ceux qui veulent se rendre dignes du trône où les appelle leur naissance; il montra par des exemples puisés dans l'histoire, et particulièrement dans l'histoire de France, les vices qui ont rendu certains princes incapables de régner, et il ne craignit pas de dire au duc de Guienne que c'était par suite des excès de sa jeunesse que le roi son père était tombé en une maladie incurable, et que le duc d'Orléans avait péri d'une manière ignominieuse; que, s'il ne voulait pas réformer sa conduite, il donnerait lieu de faire transférer son droit de primogéniture à son frère puîné. On ajoute même que l'auguste reine lui répéta plusieurs fois cette menace.

CHAPITRE VII.

On délègue des commissaires pour faire le procès des prisonniers.

Le vénérable docteur déclara, en terminant son discours, que la multitude qui l'environnait demandait humblement que les commissaires royaux chargés de poursuivre les dilapidations des finances eussent à s'acquitter de leur mission avec plus de zèle, et qu'on en nommât d'autres pour faire le procès des prisonniers, et les punir comme ils le méritaient. « Et comme il se trouve encore avec le comte « d'Armagnac, dit-il, beaucoup de sujets du roi qui commettent des « hostilités en Guienne, contrairement au traité conclu entre les « ducs, et qu'on ignore s'ils n'ont pas l'intention de venir jusqu'ici, « le peuple demande très instamment que les entrées du royaume soient « confiées à la garde des gens de guerre les plus fidèles. »

« orant ut introitus regni custodie fidelissimorum pugnatorum
« commitantur. »

Quanquam reprehensionem publicam dux non sine indignacione maxima audierit, nec tamen signum displicencie ostendere, sed modestiam in verbis tenere statuit. Annuens quoque
clementer quod supplicatum fuerat, de consilio sibi tunc assistencium militum et antistitum, duodecim commissarios eisdem
concessit propter eorum sufficienciam ibidem nominandos.
Cum famosis namque militibus dominis de Effemonte, Elia de
Chenac, Strabone de la Heuse, et Johanne de Morteul; magistri
Robertus Piedefer, Johannes de Longuolio, Elias dictus Felix
de Bosco, Dyonisius de Vasiere consiliarii sunt electi, quibus
Andreas Rouselli et Guarnotus de Sancto Yone, cives Parisienses, cum scriba curie Castelleti adjuncti sunt. Sic conten-
tatis ducibus commocionis popularis, cum dux ipsis dulciter
vale dixisset, amicabiliter supplicavit ut suos familiares et cognatum quos incarceratos tenebant, recommendatos haberent,
et resipiscentes ab inceptis a civilibus motibus deinceps abstinerent, quoniam audierat quod adhuc alios ex servitoribus suis
capere intendebant.

CAPITULUM VIII.

Comes Virtutum de Parisius recessit timens commocionem popularem.

Hac de causa, comes insignis Virtutum, bone indolis juvenis,
et quem dominus Guienne dilectum cognatum et collateralem
consortem sibi statuerat, non immerito territus, clam et in
habitu simulato de Parisius recessit, fratremque ducem Aurelianis adiens, relinquit qui assereret Parisiensium immoderatam
vesaniam fugiendi tam subito occasionem dedisse. Quorum-

Bien que le duc fût fort indigné de cette remontrance publique, il résolut de n'en témoigner aucun mécontentement, et de mettre dans ses paroles la plus grande modération. Il accorda de bonne grâce ce qu'on lui demandait, et, d'après l'avis des seigneurs et des prélats qui se trouvaient là, il nomma douze commissaires que leur mérite me fait un devoir de mentionner ici. C'étaient les illustres chevaliers messire d'Offemont, Élie de Chenac, Le Borgne de la Heuse et Jean de Morteuil, maîtres Robert Piedefer, Jean de Longueil, Élie dit Félix du Bois, Denys de Vasière, conseillers au Parlement, auxquels on adjoignit André Roussel et Garnot de Saint-Yon, bourgeois de Paris, et le greffier de la cour du Châtelet. Ayant ainsi contenté les chefs du mouvement populaire, le duc les congédia avec de douces paroles, et les pria affectueusement de traiter avec égard ses familiers et son cousin qu'ils retenaient prisonniers, les engageant à rentrer en eux-mêmes et à s'abstenir désormais de tout soulèvement. Il avait entendu dire en effet qu'ils avaient l'intention d'arrêter encore quelques uns de ses serviteurs.

CHAPITRE VIII.

Le comte de Vertus, effrayé de ce mouvement populaire, s'échappe de Paris.

L'illustre comte de Vertus, jeune prince de grande espérance, que monseigneur le duc de Guienne, son cousin, aimait beaucoup et avait attaché à sa personne, justement effrayé de ces troubles, quitta Paris en secret à la faveur d'un déguisement, et se rendit auprès de son frère le duc d'Orléans, laissant un des siens pour dire aux princes que c'était la fureur aveugle des Parisiens qui l'avait contraint de fuir si précipitamment. J'ai su par quelques gens de la cour bien informés

dam curialium fideli relacione comperi ipsum ducem fugam
similem pluries affectasse; quam cum assequi nequiret, litteras manu propria scriptas Aurelianis Britannieque ducibus,
regi quoque Sicilie Ludovico nec non et comiti de Alenconio
secretissime misisse continentes ut, jure consanguinitatis et
fidelitatis debite genitori, ipsi quasi in servitutem redacto
opem ferrent. Que ut ad Parisiensium venerunt noticiam,
portas ville ceperunt solito diligencius custodire, et scrutari
si quis exiens aliquas litteras secum ferret, et excubias nocturnas armati persolvere in circuitu domus regie sancti Pauli, ne
inde furtim erui valeret.

CAPITULUM IX.

Duces commocionis civilis quosdam incarceraverunt cives sine auctoritate quacunque.

Commocionis tamen popularis duces, regium parvipendentes
mandatum, sequenti die Jovis vicos civitatis more suo armati
peragrantes cum quodam Philippo de Monte nuncupato, ex
mercatoribus et summe auctoritatis civibus fere usque ad
sexaginta de suis domibus violenter et ex insperato eruerunt,
et de facto diversis mancipaverunt carceribus. Cognicionem
cause vera relacione didici, quia prima commocione popularium
sine auctoritate principis arma capere noluerant; et ne ex tam
temerario facto gravi punicione digni ducerentur, mox dominum ducem Guienne adeuntes asseruerunt inde ex apprehen-
sione regem immensas peccunias percepturum. Quod verbum
percipientes ipsum sine signo displicencie acceptasse, iterum
sugestione quorumdam assistencium eumdem induxerunt ut
dominum Johannem de Nielle, cancellarium suum, quem expu-
lerat, ad statum pristinum revocaret. Communitatis iterum

que le duc de Guienne tenta lui-même plusieurs fois de s'échapper, et que, ne pouvant y réussir, il envoya secrètement des lettres signées de sa main aux ducs d'Orléans et de Bretagne, au roi de Sicile Louis et au comte d'Alençon, pour les prier, au nom des liens de la parenté, au nom de la fidélité qu'ils devaient au roi son père, de venir à son aide et de le tirer de la captivité dans laquelle on le retenait. Les Parisiens, instruits de ces circonstances, se mirent à garder les portes de la ville avec les plus grandes précautions. On eut soin de fouiller tous ceux qui sortaient, pour s'assurer s'ils ne portaient point sur eux quelques lettres, et l'on établit des postes pour faire le guet en armes toutes les nuits autour de l'hôtel royal de Saint-Paul, afin qu'on ne pût enlever le prince furtivement.

CHAPITRE IX.

Les chefs de la sédition font emprisonner plusieurs personnes de leur propre autorité.

Cependant les chefs de la sédition, en dépit des ordres du roi, recommencèrent le lendemain jeudi à parcourir en armes les rues de la ville, ayant à leur tête un certain Philippe du Mont. Ils arrachèrent avec violence de leurs maisons près de soixante des principaux bourgeois et marchands, et les firent jeter en prison. J'ai su de bonne part que ce qui avait déterminé leur arrestation, c'est qu'au commencement de l'émeute ils n'avaient pas voulu prendre les armes avec les autres sans la permission du roi. Toutefois les séditieux, effrayés eux-mêmes sur les conséquences de leur attentat et redoutant un châtiment sévère, allèrent trouver monseigneur le duc de Guienne, et lui assurèrent que cette arrestation procurerait au roi de grosses sommes d'argent. Voyant que le duc les écoutait sans témoigner trop de déplaisir, ils l'invitèrent, d'après les suggestions de quelques uns de ceux qui se trouvaient là, et le décidèrent à réintégrer dans ses anciennes fonctions messire Jean de Nielle, son chancelier, qu'il avait destitué. Le duc, cédant aussi aux instances de la multitude, confirma dans son office Léon de Jacqueville, qu'il avait nommé capitaine de Paris; puis

precibus acquiescens, Leoni de Jaquevilla, quem constituerat
capitaneum Parisiensem, officium confirmavit; Dyonisio vero
de Calvo Monte, immundo excoriatori peccudum, pontis sancti
Clodoaldi et Symoni Caboche pontis de Charentonio commisit
custodiam, prestito fidelitatis juramento quod nec quempiam
hostem urbis per illos ingredi paterentur.

CAPITULUM X.

De domina de Charoloys.

Jam pridem regali consilio prepositi mercatorum et scabinorum Parisiensium vallidis precibus ut dominus comes de Charoloys, primogenitus ducis Burgundie, cum uxore sua filia
regis in Flandriam ducerentur, summe auctoritatis Gandavensium burgenses obtinuerant, quibus et sequenti luce percelebre in domo ville celebraverunt prandium. Addam et non
sine causa, quod, peracto convivio non sine actionibus graciarum, in signum fidelis amicicie mutue capucia alba susceperunt deferenda, se et sua offerentes ad suum beneplacitum
quociens opus esset. Nam, prout vera relacione tunc didici,
propter hoc ultimum ad urbes famosas regni miserant, et
simile responsum acceperant, excepto Senonis; addiderunt
quociens id ex voluntate regia proveniret. Tuncque non immerito timebatur ne inde majores rebelliones civiles quam antea
moverentur.

Prefata autem domina, cum octava die maii burgensibus Parisiensibus summe auctoritatis concomitata usque ad Indictum
pervenisset, et ipsis redeuntibus liberacionem avunculi sui
domini Ludovici de Bavaria dulciter recommendasset, inde ad
ecclesiam sancti Dyonisii cum marito suo venit; ibique devo-

il confia la garde du pont de Saint-Cloud à l'ignoble équarrisseur Denys de Chaumont, et celle du pont de Charenton à Simon Caboche, après leur avoir fait prêter serment de n'en livrer le passage à aucun ennemi de la ville.

CHAPITRE X.

De madame de Charolais.

Quelque temps auparavant, les principaux bourgeois de Gand avaient obtenu du conseil du roi, sur les instantes prières du prévôt des marchands et des échevins de Paris, que monseigneur le comte de Charolais, fils aîné du duc de Bourgogne, et la comtesse sa femme, fille du roi, fussent conduits en Flandre. Le lendemain on offrit aux Gantois un dîner magnifique à l'hôtel-de-ville. Je dois mentionner à ce propos une particularité assez remarquable, c'est qu'après le dîner les Gantois, ayant remercié de l'accueil qu'ils avaient reçu, prirent des chaperons blancs en signe d'alliance avec les Parisiens, et promirent de les assister de leurs personnes et de leurs biens en toute occasion. J'ai su de bonne source que l'on avait envoyé dans le même but des députations aux principales villes du royaume, et qu'on obtint partout des réponses favorables, excepté à Sens, dont les habitants firent cette réserve : « Pourvu que tel fût le bon plaisir du roi. » Aussi était-il à craindre qu'il n'éclatât des troubles civils plus graves qu'auparavant.

Madame de Charolais partit le 8 mai avec une escorte des principaux bourgeois de Paris, qui la reconduisirent jusqu'au Lendit. En les quittant, elle leur recommanda affectueusement la délivrance de son oncle monseigneur Louis de Bavière, et se rendit ensuite avec son mari à l'abbaye de Saint-Denys. Après y avoir fait ses dévotions, elle dit adieu à la France, et se mit en route pour la Flandre avec une

cione peracta Francie vale dicens, a multis militibus et armigeris armatis, qui eam hucusque expectaverant, usque in Flandriam est perducta.

CAPITULUM XI.

De incolumitate regis.

Dum procellosis ac pertimendis fluctibus, quos prescripsi,
agitaretur civitas, rex infirmitate solita laborabat. Qui decima
octava die maii sanum animum resumens, ad Nostre Domine
Parisiensis ecclesiam cum dominorum ducum Guienne ac Burgundie, nec non multorum illustrium sollempni comitiva peregre profectus est, Matri misericordiarum gracias redditurus.
Idemque fecit devote plebs communis, viros ecclesiasticos de
ecclesiis ad ecclesias processionaliter prosequendo. Nec sub
oblivionis tumulo estimo sepeliendum quod sibi illuc tendenti
sepedictus magister Johannes de Trecis, mercatorum associatus
preposito et scabinis, sibi obtulit capucium album ville, reverenter supplicans ut ipsum in signum cordialis amicicie quam
gerebat erga urbem et fideles cives suos in ea commorantes, ferre
dignaretur. Quo sine difficultate obtento, aule regie, curie Parlamenti principales et summe auctoritatis cives idem facere
vallidis precibus compulerunt cum rectore venerabili Universitatis Parisiensis, statuentes qui ducem Aurelianis, comitem
Virtutum fratrem suum, comitem de Alenconio et ducem de
Borbonio adirent et sciscitarentur quid mente gererent super
omnibus prelibatis.

Ipsa et eadem die, rex certos nuncios, milites et armigeros,
ad prenominatos dominos, ducem quoque Britannie cum apicibus regiis destinavit, monens omnes ut ad ipsum accederent ob-

suite nombreuse de chevaliers et d'écuyers en armes, qui étaient venus l'attendre en ce lieu.

CHAPITRE XI.

De la santé du roi.

Pendant que la ville était agitée par les orages violents et terribles dont j'ai parlé plus haut, le roi n'avait pas cessé d'être malade. Le 18 mai, il revint à la santé, et se rendit en pélerinage à l'église de Notre-Dame de Paris, accompagné de messeigneurs les ducs de Guienne et de Bourgogne et d'un nombreux cortége de nobles seigneurs, pour rendre grâces à la Mère des miséricordes. Le menu peuple témoigna aussi sa reconnaissance envers Dieu par des actes de dévotion, et suivit processionnellement le clergé d'église en église. A cette occasion je ne dois point passer sous silence qu'au moment où le roi était en chemin pour Notre-Dame, maître Jean de Troyes, que nous avons déjà souvent nommé, vint à sa rencontre, en compagnie du prévôt des marchands et des échevins, et lui présenta le chaperon blanc de la ville, en le suppliant respectueusement de vouloir bien le porter comme preuve de la cordiale affection qu'il avait pour la ville et pour les fidèles bourgeois de Paris. Le roi y ayant consenti sans difficulté, ils obligèrent par leurs instances les principaux personnages de la cour et du Parlement, les plus considérables d'entre les bourgeois, et le vénérable recteur de l'Université de Paris à en faire autant, et chargèrent une députation d'aller trouver le duc d'Orléans, le comte de Vertus, son frère, le comte d'Alençon et le duc de Bourbon, pour connaître leurs sentiments sur tout ce qui s'était passé.

Le même jour, le roi envoya certains chevaliers et écuyers auxdits seigneurs ainsi qu'au duc de Bretagne, avec des lettres écrites en son nom, par lesquelles il les invitait à venir lui rendre l'hommage qu'ils

sequium exequuturi debitum; addens quod eorum consilio dirigi
volebat in agendis, et mellifluis eorum colloquiis recreari. Jam
nuper nuncios suos ad ipsum direxerant scribentes humiliter
tanquam domino naturali, quod prompti erant eidem servire,
seque et sua offerentes ad sue beneplacitum voluntatis. Dux
quoque Aurelianis in civitate sua sub pena capitis preconisari
fecerat ne quis ex incolis sibi subditis regis familiares vel subditos injuriari verbis ausus esset vel de facto. Cum vero prefati
nuncii jam ville Parisiensi propinquassent, audientes commocionem civium, non immerito territi se usque Carnotum re-
traxerunt, donec audierunt regem effectum incolumem, et quod
nuncios suos ad quos transmissi fuerant dirigebat.

CAPITULUM XII.

In domibus domini ducis ac regine plures utriusque sexus nobiles capiuntur
et incarcerantur per rectores sedicionis civilis.

In domo regia sancti Pauli, duodecima die mensis maii,
magister Eustachius de Pavilliaco, ordinis sancte Marie de Car-
melo, in sacra pagina professor eximius, Tulliana eloquencia
pollens, apta quoque ad alliciendum animos auditoris, ad
requestam ducum sedicionum civilium, super inconvenientibus
ab eis perpetratis perorandum suscepit coram rege. Tediosum
quidem esset scriptis inserere quam diffuse deduxerit, quod
non in contemptum ejus apprehensiones curialium et intenciones peregerant, eciam et si invito domino duce Guienne,
neque debere irasci, quia juvenili etate segregati fuerint, qui
sibi persuaserant ab honestate regie dignitatis et progenitorum
moribus deviare. Ad propositum inter cetera exempla, ineptum
reputans hortulanum in horto odorifero herbas non eradican-

lui devaient; il désirait, ajoutait-il, les entretenir de diverses affaires et s'éclairer de leurs conseils pour les mesures à prendre. Ceux-ci, de leur côté, lui avaient adressé depuis plusieurs jours des messages; ils lui écrivaient humblement, comme à leur seigneur naturel, qu'ils étaient prêts à le servir, et qu'ils mettaient à sa disposition leurs personnes et leurs biens. Le duc d'Orléans avait même fait publier dans sa ville qu'il défendait à tous les habitants, sous peine de mort, d'insulter par des propos ou des actes offensants les serviteurs ou les sujets du roi. Mais lesdits députés, ayant appris à peu de distance de Paris les émeutes qui avaient éclaté dans cette ville, furent si effrayés, qu'ils se replièrent sur Chartres, et y séjournèrent jusqu'au moment où ils surent que le roi était revenu à la santé et avait envoyé ses députés vers leurs maîtres.

CHAPITRE XII.

Plusieurs seigneurs et nobles dames de la maison de monseigneur le duc de Guienne et de celle de la reine sont arrêtés et mis en prison par les chefs de la sédition.

Le 12 mai, à la requête des chefs de la sédition, maître Eustache de Pavilly, de l'ordre de Notre-Dame du Carmel, savant professeur en théologie et orateur fort éloquent, qui possédait à un haut degré l'art de persuader, alla haranguer le roi dans son hôtel royal de Saint-Paul, pour justifier tous les excès qui avaient été commis. Ce serait ennuyer le lecteur que d'exposer ici tout au long les considérations par lesquelles il prouva que l'arrestation et l'emprisonnement des gens de la cour n'avaient pas été faits par mépris pour son autorité, bien que malgré monseigneur le duc de Guienne, et qu'il ne devait pas s'offenser qu'on eût éloigné de la personne du jeune prince des gens qui le corrompaient et qui cherchaient à le détourner des devoirs du rang royal et des bonnes mœurs de ses ancêtres. Il cita, entre autres objets de comparaison, l'exemple du jardinier qu'on blâmerait amèrement, si, dans un parterre, il n'arrachait pas les mauvaises herbes

tem nocivas, que non sinunt odoriferas incrementum suscipere,
sic et impunes relinqui, impedientes ne a floribus liliorum pro-
deuntes virtutum summum culmen obtineant, indecentissimum
reputavit, addens regem debere optare ut tales velud radices
inutiles evellantur.

Cum Leone de Jaquevilla, capitaneo Parisiensi, duces commocionis civilis tunc aderant, qui verba in pectora alcius imprimentes et intemperancie facinus concipientes, ut alias, junctis
secum ex plebe humili fere decem milibus semiarmatis hominibus, exacta media luce ad domum regiam sancti Pauli redierunt,
et prope vesanis clamoribus a rege obtinuerunt ut a domino
Guienne audirentur. Ipsum ducem timor nec immerito invasit,
ut cognovit domum regiam viris armatis vallatam, sciens quod
popularis insana temeritas, quam innatus furor sepe exagitat,
nec racionis ordine regi novit, vel miseracione deflecti, sed semper prona ad scelera perpetranda eciam inaudita. Indeque territi
sunt sibi omnes nobiles astantes, et precipue ut audierunt ipsorum oratorem, magistrum Johannem de Trecis, hec in substancia loqui : « Poscunt, inquit, excellentissime princeps, quotquot
« cernitis convenisse, ut iterum proditores domum regiam fre-
« quentantes, qui pravis sugestionibus ad vicia multiplicia vos
« inducunt, incarcerandos tradatis. » Eidemque respondenti se
credere secum semper fideles familiares habuisse addidit : Que
« protuli, sciunt omnes et singuli, dignum ducentes ut eradi-
« centur herbe male, ne impediant florem juventutis vestre
« virtutum fructus odoriferos producere. » Duci suorum innocenciam alleguanti et roganti, ut contenti de jam captis in suos
amplius non sevirent, minime obtemperandum statuit; et cum
alte et intelligibiliter quos petebant nominasset, mox Leo de
Jaquevilla, sexdecim viris associatus armatis, aulam domini ducis

qui étouffent les plus belles fleurs, et il conclut que, par la même raison, on ne devait point laisser impunis ceux qui empêchaient les rejetons des fleurs de lis d'atteindre toute leur beauté et tout leur éclat. Il ajouta que le roi devait souhaiter qu'on fît disparaître de telles gens comme autant d'herbes inutiles.

Léon de Jacqueville, capitaine de Paris, et les principaux chefs de la sédition, qui se trouvaient là, ne perdirent rien de ces paroles, et se promirent bien de poursuivre le cours de leurs attentats. Ayant pris avec eux dans le menu peuple près de dix mille hommes à demi armés, ils revinrent dans l'après-midi à l'hôtel royal de Saint-Paul et obtinrent du roi par leurs cris forcenés qu'il engageât monseigneur le duc de Guienne à les entendre. Le duc fut saisi de frayeur en voyant l'hôtel royal environné de gens armés; il savait que la multitude aveugle, quand elle est égarée par la fureur, n'écoute ni la raison ni la pitié, et ne recule devant aucun crime. Les seigneurs de sa suite furent aussi très effrayés, surtout quand ils entendirent maître Jean de Troyes, l'orateur de la foule, s'exprimer en ces termes : « Très excellent « prince, tous ceux que vous voyez rassemblés ici, demandent que les « traitres qui restent encore à la cour, et dont les mauvais conseils « vous entraînent dans toutes sortes de vices, leur soient livrés pour « être jetés en prison. » Le duc ayant répondu qu'il croyait n'avoir jamais eu auprès de lui que des serviteurs fidèles, Jean de Troyes ajouta : « Nous sommes tous tellement convaincus de la vérité de ce « que j'ai avancé, que nous pensons qu'il faut arracher ces mauvaises « herbes, de peur qu'elles n'empêchent la fleur de votre jeunesse de « produire les doux fruits qu'on en doit espérer. » Vainement le duc allégua l'innocence de ses serviteurs, et pria les séditieux de se contenter de ceux qu'ils avaient déjà arrêtés et de ne point sévir contre d'autres. Jean de Troyes ne voulut rien entendre; il désigna à haute et intelligible voix ceux que l'on demandait, et au même instant Léon de Jacqueville monta dans l'appartement de monseigneur le duc avec seize hommes armés, et arrêta lesdites personnes au nom du roi, dont il prétendit avoir reçu un ordre verbal. On fit ainsi prisonniers

ascendens, eos protinus apprehendit. Auctoritate tunc regia, quam solo verbo dixerunt sibi concessam, dominos Reginaldum Dangennes, suorum cambellanorum principem, Robertum de Bossiaco, magistrum domus sue principalem, Johannem de Nielle, cui vallidis precibus restitui fecerant cancellariatus officium, Karolum de Villaribus et Johannem de Nantoullet et magistrum Johannem Picardi, secretarium regine, captivitatis jugum subire coegerunt. Ulteriusque laxantes sue temeritatis habenas nec absque erubescencie velo, domino Ludovico in Bavaria duci, domini Guienne avunculo, minime pepercerunt; sed ipsum cum domino Conrardo Bayer, ut alios, arripuerunt violenter. Quem excessum nepos impacientissime tulit, ad iracundiam iterum merito provocatus, quia reiteratis vicibus preces ejus non sine lacrimis fusas, ut permitteretur Alemanniam repetere tanquam exulem proscriptum, inanes reputaverunt. Ut cum letis principiis sepe superveniunt adversa, post triduum in apparatu maximo sperabat dominam comitissam de Mortaing, sororem comitis de Alenconio, et relictam domini Petri de Navarra, uxorem ducere. Sed cythara in luctum conversa est, ut incarceratum se vidit cum consortibus predictis.

Ignominiosum dedecus non sine amaritudine cordis, effusione lacrimarum et mestis singultibus regina mente revolvens, velud in se perpetratum, multis mediis temptavit libera restitucione fraterna emendari; sed iniquitatis principes preces ejus et monita non modo parvipenderunt, ymo ad ejus hospicium dominarumque Guienne ac Charroloys velud vesani et spiritu dyabolico agitati tendentes, scelus sceleri priori addiderunt, utique vilioribus viris mundi, duris et agrestibus universis reprobandum. Sane inter insignes feminas curiales, que in adventu ipsorum territe fugientes secreciora penetralia domus regie pete-

messire Renaud d'Angennes, premier chambellan du duc, Robert de Boissay, son premier maître d'hôtel, Jean de Nielle, auquel le peuple avait fait rendre, à force de prières, son office de chancelier, Charles de Villiers, Jean de Nantouillet, et maître Jean Picard, secrétaire de la reine. Leur audace ne s'arrêta pas là. Ils osèrent porter la main sur monseigneur le duc Louis de Bavière, oncle du duc de Guienne, et se saisirent violemment de lui, comme des autres, ainsi que de Conrad Bayer. Le duc de Guienne, justement indigné de cet attentat, eut encore la douleur de voir ses prières et ses larmes méprisées ; il ne put même obtenir qu'on laissât retourner son oncle en Allemagne comme un proscrit. Le duc Louis apprit ainsi que la fortune traverse souvent les événements qui s'annonçaient sous les plus heureux auspices ; il espérait épouser dans trois jours, au milieu de fêtes brillantes, madame la comtesse de Mortain, sœur du comte d'Alençon, et veuve de monseigneur Pierre de Navarre. Et voilà que tout ce bonheur se changeait en deuil, et qu'on le traînait en prison avec ses compagnons d'infortune.

La reine ressentit une amère douleur, et ne put contenir ses larmes et ses sanglots, en apprenant ces odieux attentats, qu'elle considérait comme une injure personnelle. Elle fit tous ses efforts pour obtenir qu'on rendît liberté à son frère. Mais les chefs de la sédition ne tinrent aucun compte de ses prières ni de ses remontrances. Poussés par une aveugle fureur et par une frénésie diabolique, ces forcenés mirent le comble à leur premier crime par un crime plus atroce, qui eût fait horreur aux hommes les plus méprisables et aux nations les plus sauvages. Ils saisirent de leurs mains sacriléges, avec une barbarie sans exemple, plusieurs dames de la cour, des plus nobles et des plus considérées, qui, en les voyant venir, s'étaient enfuies toutes tremblantes

bant, nobiles et fame bone dominas, de Noviento in Picardia, de Monte Auban, de Castro in Britannia ac de Quesneyo, cum undecim domicellis, proc! pudor, barbarico more, sacrilegis comprehenderunt manibus, et eas sine cognicione cause aut informacione previa captivandas per Secanam ad Palacium regium perduxerunt. Quot et quantis angustiis tunc regina, mellifluis privata cotidianis fratris colloquiis et consorcio dominarum sibi sedule obsequencium, afflicta fuerit exprimere calamo non valerem. Dicam tamen inde ipsam gravem egritudinem incurrisse, et procul dubio mortalem, nisi expertorum industria medicorum subvenisset, et vicissitudines rerum cordium Christus medicus in melius immutasset.

CAPITULUM XIII.

De requestis regi factis a ducibus commocionis civilis, quas obtinuerunt in parte,
quamvis irracionabiles viderentur.

Excessus equidem prelibatos ubique circumspectiores viri merito abhorrebant, nec credebant exactos adgressus tam temerarios sine secretis adminiculis quorumdam magnatorum processisse. Fuerunt quoque ex eis libere profitentes dominum ducem Burgundie hiis iniquissimis viris jurasse quod quidquid perpetrarent ratum et gratum haberet tacita auctoritate. Quos ut sequar animus non inclinat, cum id non habuerim pro comperto. At quociens scelus aliquod aggredi disponebant, quinquagenariis sibi presumpserant usurpare et decanis, summeque auctoritatis civibus jubebant sub interminacione mortis et direpcione mobilium arma cum eis sumere aut pro ipsis aliquos mittere, sicque terrorem incuciebant universis. Et quia egre ferebant sepius quosdam narrare quod insignes viros cepisse,

et étaient allées se cacher dans les appartements les plus secrets du palais, entre autres la dame de Noviant en Picardie, mesdames de Montauban, du Châtel en Bretagne, et du Quesnoy, ainsi que onze demoiselles, et sans autre forme de procès ils les emmenèrent par la Seine jusqu'au Palais pour les mettre en prison. Je ne saurais dire combien la reine souffrit alors de se voir ainsi privée de la présence de son frère et de la compagnie des dames de sa suite, dans laquelle elle trouvait tant de charmes et de douceur. Je ferai remarquer seulement qu'elle en tomba gravement malade; et elle eût sans doute succombé sans le talent des plus habiles médecins, et surtout sans l'assistance de Jésus-Christ, le médecin des cœurs, qui amena tout-à-coup une crise favorable.

CHAPITRE XIII.

Requêtes présentées au roi par les chefs de la sédition. — Elles sont accueillies en partie, quelque déraisonnables qu'elles soient.

Tous les gens sages avaient horreur de ces excès; ils ne pouvaient croire que des entreprises si téméraires eussent lieu sans la secrète connivence de quelques puissants personnages. On alla même jusqu'à dire hautement que monseigneur le duc de Bourgogne avait juré à ces misérables de ratifier et d'approuver tacitement tout ce qu'ils feraient. Je n'ai pas lieu de partager cet avis, n'ayant eu aucune preuve certaine du fait. Cependant toutes les fois que les séditieux se disposaient à commettre quelque attentat, ils avaient l'audace d'aller trouver les cinquanteniers et les dizeniers, et leur ordonnaient, ainsi qu'aux principaux bourgeois, en les menaçant de la mort et du pillage de leurs biens, de prendre les armes comme eux ou d'envoyer des gens à leur place; ils inspiraient ainsi partout l'épouvante. Ils se lassaient aussi d'entendre dire que c'était une honte ineffaçable pour les Parisiens qu'on eût arrêté, au mépris de l'autorité royale, tant d'illustres personnages, et qu'on les eût retenus si long-temps en prison,

auctoritatem regiam usurpando, et eos hucusque detinuisse in displicenciam domini ducis Guienne, ad perpetuam civium infamiam redundabat, sequenti die Mercurii, scilicet vicesima quarta maii, regem, qui cum ducibus Guienne, Biturie et Burgundie super quibusdam deliberabat arduis, armati more solito adierunt, et post salutacionem humilem dixerunt se aliqua supplicaturos majestati regie advenisse. Verbum susceperat perorandum magister Johannes de Trecis; cui facta loquendi gracia : « Excellentissime, inquit, princeps, nuper nobis con-« querentibus super tepido regni regimine, et per vestros « dispensatores proditores, excessivasque pensiones annuas, « benigne responsum fuit celsitudinem vestram viros graves et « modestos, timentes Deum, et zelum ad rem publicam habentes «•elegisse; qui serietenus statuta priscorum regum recensentes « statum regni in melius reformarent. Eos eleguanti stilo scimus « utilem composuisse tractatum et per capitula distinxisse ordi-« naciones regias, quas instanter supplicamus in regali Palacio « hac presenti ebdomada publicari, utque magnificeneius fiat, « vobis regali solio juxta lectum justicie more predecessorum « vestrorum presidente. »

In regis oculis sibique assistencium verba placere cancellarius respondens, ipsis adhuc rogantibus ut, cunctis incarceratis a regia expulsis penitus, quosdam sibi favorabilès, addam tamen ignobiles et sordidos, in officiis eorum ponerentur, dixit iterum eos nominandos regi, qui decerneret si tantis honoribus digni essent. Quo sine dilacione oblato per cedulam, addiderunt: Cer-« tum est, metuendissime domine, nos recenter quosdam nobi-« les et ignobiles incarcerari fecisse, qui vobis atque domino « Guienne inique famulabantur et contra honorem vestrum, in « dedecus regni vestri, ut in brevi, Deo dante, per commissarios

au grand déplaisir de monseigneur le duc de Guienne. En conséquence, le mercredi suivant, 24 mai, ils se présentèrent en armes,
selon leur coutume, devant le roi, qui tenait conseil sur quelques
affaires importantes avec les ducs de Guienne, de Berri et de Bourgogne. Après lui avoir offert leurs humbles salutations, ils dirent
qu'ils apportaient diverses requêtes à sa royale majesté; et maître
Jean de Troyes, qui devait porter la parole, ayant obtenu la permission d'exposer ce qu'il avait à dire, s'exprima ainsi : « Très excellent
« prince, lorsque dernièrement nous nous sommes plaints de la négli-
« gence qui se fait sentir dans le gouvernement du royaume, des
« dilapidations de vos officiers de finances et des pensions excessives
« qu'on paie chaque année, il nous a été répondu avec douceur que
« votre majesté avait choisi des hommes de bien et d'honneur, crai-
« gnant Dieu et affectionnés au bien du royaume, pour opérer de salu-
« taires réformes dans l'État en se conformant de point en point aux
« ordonnances des rois vos prédécesseurs. Nous savons qu'ils ont com-
« posé à ce sujet un fort beau traité en style très élégant, et qu'ils ont
« divisé lesdites ordonnances par chapitres. Nous demandons humble-
« ment qu'elles soient publiées cette semaine au Palais, et que, pour
« donner plus d'éclat à cette publication, vous teniez un lit de justice
« sur votre trône royal, suivant la coutume de vos ancêtres. »

Le chancelier ayant répondu que le roi et ses conseillers adhéraient
à cette requête, les séditieux demandèrent encore que tous ceux qui
avaient été mis en prison fussent chassés de la cour, et qu'on donnât
leurs emplois à des personnes dévouées à la cause du peuple; c'étaient,
je dois le dire, des gens obscurs et peu honorables. Le chancelier les
invita à soumettre les noms de ces personnes au roi, qui verrait si elles
étaient dignes d'un tel honneur. Ils présentèrent aussitôt une liste, et
ajoutèrent : « Il est vrai, très redouté seigneur, que nous avons der-
« nièrement fait emprisonner certaines gens de la noblesse et du peuple
« qui vous servaient mal, vous et monseigneur de Guienne, et qui
« agissaient contre votre honneur et contre celui de votre royaume,
« ainsi que les commissaires royaux vous le feront voir bientôt, Dieu

v.   7

« regales vobis luce clarius innotescet. Ideo tercio supplicamus
« ne ob hoc cordialem concipiatis rancorem, sed que gessimus
« ratum et gratum habeatis; nobis inde litteras vestras patentes
« dare dignemini sigillo regio roboratas. »

Ad hoc dominus dux Biturie, qui in deliberacionibus jure
antiquitatis primum locum obtinebat, pulsatus regis precibus,
reiteratis vicibus cum se optare diceret ut juniores primo in-
terrogarentur, respondit posse secure concedi litteras quas
petebant, dum tamen formam eorûm continerent. Quam sentenciam sequti sunt singuli, qui post eum consedebant. Secre-
tariis regiis concessa erant ex more committenda; sed quempiam acceptare noluerunt nisi magistrum Guillelmum Barraut,
quem tamen obtinuerunt invito cancellario; et quia cognoverunt tunc dixisse se timere ne in favorem eorum ampliora quam
peciissent litteris commendaret, omniaque sciret ad sigillan-
dum compelli; inde inexpiabile odium in eum conceperunt.

Ad peticionem quartam, ne de caducis quocunque titulo
fisco regio applicandis competitores importuni more solito
ditarentur, responsum est id jam regem statuisse, et ne, sub
amissione officii, cancellarius, secretarius, aut aulicus pro talibus laboraret, cum directe in dampnum maximum regis verte-
retur. Sed postremo cum rogarent ut morem progenitorum rex
observans, quemcunque locum peteret, secum liberos duceret
et reginam, quibus obsequeretur familia, indeque sibi maximum
emolumentum assererent profuturum, cancellarius respondit :
« Et si oporteat statum regium limitare, rex non vestro consi-
« lio, sed suorum illustrium et consanguineorum utetur. » Quod
verbum molestissime tulerunt, regique et sibi assistentibus vale
dicto, contra ipsius honorem statuerunt machinari.

« aidant, plus clairement que le jour. Nous vous supplions donc en
« troisième lieu de ne concevoir contre nous aucun ressentiment à ce
« sujet, de ratifier et d'avoir pour agréable ce que nous avons fait,
« et de daigner nous le témoigner par des lettres patentes scellées de
« votre sceau. » [1]

Monseigneur le duc de Berri, à qui son âge assignait le premier rang
dans le conseil, ayant été prié de donner son avis, insista pour que les
plus jeunes parlassent les premiers. Cependant, cédant aux instances
du roi, il répondit qu'on pouvait en toute sûreté accorder les lettres
qui étaient demandées, pourvu qu'elles fussent expédiées en bonne
forme. Cet avis fut adopté par tous ceux qui opinèrent après lui. La
rédaction des lettres devait être confiée aux secrétaires du roi; mais
les séditieux ne voulurent pas accepter d'autre rédacteur que maître
Guillaume Barraut; ce qu'ils obtinrent, même malgré le chancelier. Et
comme ils surent que celui-ci avait manifesté la crainte que le secrétaire, pour leur être agréable, n'insérât dans les lettres des concessions plus grandes qu'ils ne l'avaient demandé, et qu'on ne le contrai-
gnît à tout sceller, ils conçurent contre lui une haine implacable.

Quant à la quatrième requête, tendante à ce que d'importuns sol-
liciteurs ne pussent plus s'enrichir comme auparavant des biens caducs
qui devaient revenir au trésor royal à quelque titre que ce fût, on leur
répondit que le roi avait déjà statué à cet égard en défendant à son
chancelier, à ses secrétaires et aux gens de la cour, sous peine de
perdre leurs offices, de s'entremettre pour de pareilles faveurs, qui
étaient choses tout à fait préjudiciables au roi. Les séditieux demandaient en dernier lieu que, conformément aux usages de ses ancêtres,
le roi emmenât avec lui, quelque part qu'il allât, ses enfants, la reine,
et toute leur maison, et ils assuraient que ce serait pour lui une grande
économie. A cela le chancelier répondit : « S'il y a lieu de restreindre
« l'état du roi, ce n'est pas vous qu'il consultera, ce seront ses parents
« et les seigneurs de sa cour. » Cette réponse leur causa un tel dépit,
qu'ils prirent congé du roi et de l'assistance, et ne songèrent plus
qu'à comploter contre le chancelier.

[1] Voir dans Monstrelet la teneur de ces lettres patentes.

CAPITULUM XIV.

De regiis ordinacionibus publicatis.

In regnicolarum favorem, reformacionem quoque status tocius rei publice, que rex per sapientes mature componi fecerat, et ubique longe lateque per regnum statuerat observandum, velut legem edictalem, in regali Palacio divulgari, ut promiserat, statuit. Ad quod veniens cum generosis ducibus Guienne, Biturie et Burgundie, maii vicesima sexta die, multi inde mirati sunt, quia ipse et qui eos precedebant, more civium Parisiensium, alba capucia deferebant. Die igitur sequenti, ipso rege in regali solio Parlamenti camera presidente, cum ordinaciones regias magister Johannes Franxinis, scriba causarum curie Castelleti, vir utique litteratus et eloquencia clarus, fere per horam et dimidiam alte et intelligibiliter perlegisset, rex precepit illas firmiter et inviolabiliter servari; quod principes et prelati sibi lateraliter assistentes levatis dextris coram omnibus juraverunt. Quante vero utilitatis erant et quam sollicite regnicolis servande universis, post biduum iterum predicavit in domo regia sancti Pauli magister Johannes Brevis Coxe, elemosinarius regius. Cujus sentenciam sequens, non sub oblivionis tumulo sepeliendas, sed ad longum de verbo ad verbum dignum duxeram posterorum memorie commendare.

CAPITULUM XV.

De primo pallo pontis Parisiensis fixo.

Maii mensis die penultima, mercatorum prepositi, scabinorum et summe auctoritatis burgensium rex vallidis precibus

CHAPITRE XIV.

Publication des ordonnances royales.

Le roi résolut, conformément à ses promesses, de faire publier au Palais, sous forme d'ordonnance, les règlements qu'il avait fait mûrement élaborer et rédiger par des gens sages, en faveur de ses sujets et pour la réforme de l'État, et dont il désirait assurer l'exécution dans tout le royaume. Il se rendit pour cela au Palais, le 26 mai, accompagné des illustres ducs de Guienne, de Berri et de Bourgogne; et l'on fut fort étonné de voir que lui et tous ceux de sa suite portaient des chaperons blancs, à l'exemple des bourgeois de Paris. Le lendemain, le roi séant sur son trône en la chambre du Parlement, maître Jean du Fresne, greffier de la cour du Châtelet, homme instruit et éloquent, lut ces ordonnances à haute et intelligible voix. Cette lecture dura près d'une heure et demie; après quoi le roi recommanda qu'elles fussent strictement et inviolablement observées. Les princes et les prélats, assis à ses côtés, en firent le serment devant tous, en levant la main. Deux jours après, maître Jean Courtecuisse, aumônier du roi, dans un sermon qu'il fit à l'hôtel royal de Saint-Paul, représenta combien ces ordonnances étaient utiles, et combien il importait à tous les habitants du royaume de les observer fidèlement. C'était aussi mon avis, et j'avais même pensé à sauver ces ordonnances de l'oubli en les transmettant textuellement et tout au long au souvenir de la postérité. [1]

CHAPITRE XV.

Pose du premier pilier au pont de bois de Paris.

Le 30 mai, le roi, sur les instances du prévôt des marchands, des échevins et des principaux bourgeois, consentit à inaugurer la construc-

___
[1] Voir Monstrelet et le recueil des Ordonnances, tome X, page 68 et suiv.

acquiescens, ut pontis lignei Parisiensis videretur conſtructor precipuus, novi operis prima jaciendo fundamenta, ad figendum primum pallum regiam manum apposuit, idemque domini duces Guienne, Biturie et Burgundie fecerunt; quem quia de rippa Secane ecclesie beate Marie contigua usque ad alteram protendere· statuerant, pontem Nostre Domine statuit nominare. Jam jamque sciens structuram ob profunditatem fluvii Secane, aquarum quoque desursum descendencium in ipsum subterraneos meatus, opus magnis sumptibus civibus quoque importabilibus indigere, ipsis terciam partem subsidiorum ville percipiendam ad tempus concesserat, que annuatim summam triginta quinque milium francorum auri excedebat.

CAPITULUM XVI.

De Jacobo de Riparia et Johanne de Menesleio decollatis.

Casum detestabilem, utique feris horrendum, finem scilicet infaustum domini Jacobi de Riparia, prescriptis adiciam, qui dominum ducem Guienne, ejus collaterales milites, aulicos quoque regios mirari nec immerito fecerunt, ejus animum generosum in multis commendabilem attendentes. Nam quamvis generis claritate, decenti quoque statura et corporalibus viribus in domo domini ducis multos similes haberet, alacritatem cordis jocundo preferens semper in vultu, agilitate corporis ac affabilitate ceteris precellebat. Inerat et sibi prerogativa singularis, quia linguis variis loquebatur : unde exterorum nobilium ad curiam accedencium mercabatur graciam et amorem. Quid plura? ipsum cunctis urbanis moribus adornatum feliciorem ceteris judicassem, si ipsos semper temperancie legibus moderasset. Sed sollicitacione quorumdam aut propria

tion du pont de bois qu'on se proposait de faire à Paris et à en jeter les premiers fondements. Il alla poser de sa main royale le premier pilier; messeigneurs les ducs de Guienne, de Berri et de Bourgogne prirent aussi part à cette cérémonie. Comme ce pont était destiné à conduire de l'église Notre-Dame à l'autre rive de la Seine, le roi décida qu'il serait appelé le pont Notre-Dame. Sachant que cet ouvrage occasionnerait des dépenses énormes et très onéreuses aux habitants, parce que la rivière était très profonde en cet endroit et que les égouts de la ville y amenaient une grande masse d'eau, il leur accorda pour un temps la perception d'un tiers des subsides de la ville, qui excédait annuellement la somme de trente-cinq mille francs d'or.

CHAPITRE XVI.

Exécution de Jacques de la Rivière et de Jean du Mesnil.

J'ajouterai à ce que j'ai dit plus haut le récit d'un événement affreux, fait pour inspirer l'horreur même aux cœurs les plus insensibles; je veux parler de la mort déplorable de messire Jacques de la Rivière, mort qui causa un juste étonnement à monseigneur le duc de Guienne, aux chevaliers ses frères d'armes et aux gens de la cour, qui connaissaient ses nobles sentiments et son rare mérite. Ce n'est pas qu'il n'y eût dans la maison dudit duc beaucoup de seigneurs aussi remarquables que lui par l'éclat de la naissance, l'élégance de la taille et la force du corps; mais il se distinguait entre tous par sa joyeuse humeur, par son agilité et le charme de ses manières. Il joignait à ces qualités le précieux avantage de parler plusieurs langues, et il savait se concilier par là la faveur et l'affection des nobles étrangers qui venaient à la cour. En un mot, il était orné de tant de perfections, que je l'aurais considéré comme le plus heureux des hommes, s'il avait toujours su se maintenir dans les bornes de la modération. Mais, entraîné par les sollicitations de quelques amis ou par sa propre

fragilitate seductus, ad commessaciones, ebrietates, dissolutasque choreas noctibus pene singulis exercendum, ceteraque vicia, que corda juvenilia pervertunt, super omnes solitus erat exercere.

Michi tunc sepius sciscitanti detencionis ejus causam et quomodo mortuus incarceratus fuerat, a commissariis regiis, qui ipsum absolvere vel condempnare poterant, didici quod non tormentorum violencia sed ostencione litterarum suarum constabat quod habenas prodicionis in regem et dominum ducem Guienne laxare deliberaverat. « At ubi, inquiunt, a vicinis incarceratis « audivit nos tractare quod genus mortis subiret, desperacionis « baratrum voluntarie eligens : *Non videbo,* inquit, *quod villani* « *Parisienses gaudeant super ignominiosa morte mea.* Et hec « dicens, vas stagneum, in quo potus sibi ministrabatur, arri- « piens, reiteratis vicibus in caput suum inflixit; et sic se in « terram dedit precipitem, et moribundum reddidisset, nisi sibi « medici illico succurrissent. Tunc plagam ejus recentem ob- « struxerunt, ne cerebrum effunderetur in toto, opeque ipsorum « et industria novendio supervivens delictum detexit publice; et « post multa signa devocionis ostensa, suscepta ecclesiastica sa- « cramenta, diem signavit ultimum. » Cujus corpus ex anime, quod servando morem communem usque ad patibulum trahi et suspendi debuerat, regii judices in detestacionem enormis prodicionis usque ad communem plateam rerum venalium trahi, caput quoque abscisum lancea affigi, et truncum ad ultimum suspendi communi patibulo preceperunt, sabbato quarta die junii.

Ecce tetigi sequendo vulgalem oppinionem, mendacem tamen, quisquis alius de se scribat ignominiosum et cunctis detestabile genus mortis, quamvis sigillo taciturnitatis non censeam con-

faiblesse, il passait presque toutes les nuits dans la débauche, les orgies et les danses licencieuses, et se livrait avec une ardeur excessive à tous les vices qui corrompent le cœur de la jeunesse.

Je m'informai particulièrement des motifs de son arrestation et de la manière dont il était mort en prison, et j'appris des commissaires du roi chargés de lui faire son procès, qu'il avait été prouvé par des lettres écrites de sa main, sans qu'on eût recours à la torture pour lui arracher des aveux, qu'il avait eu le dessein de trahir le roi et monseigneur le duc de Guienne. « Mais, ajoutèrent-ils, ayant su par ses « compagnons de captivité que nous délibérions sur le genre de mort « qu'il devrait subir, il s'abandonna au plus violent désespoir : *Non,* « *dit-il, je ne verrai pas les vilains de Paris jouir du spectacle de* « *ma mort ignominieuse.* En achevant ces mots, il saisit le vase d'étain « dans lequel on lui servait à boire, s'en frappa la tête à plusieurs re- « prises et tomba mourant à terre ; il aurait succombé, si l'on n'avait « appelé aussitôt des médecins à son secours. On banda sa blessure « pour empêcher la cervelle de s'épancher. Grâce à cette assistance et « à ces soins, il vécut encore neuf jours ; il avoua publiquement son « crime, et mourut après avoir donné beaucoup de marques de dévo- « tion et reçu les sacrements de l'Église. » Son corps aurait dû, selon l'usage, être porté au gibet et pendu. Les juges royaux le firent traîner jusqu'à la place du Marché, en haine de son infâme trahison ; sa tête fut mise au bout d'une lance, et son tronc attaché au gibet, le samedi 4 juin.

Voilà comment on racontait sa mort parmi le peuple. Mais ce n'était pas l'exacte vérité. Je dois dire que des personnes dignes de foi m'ont assuré qu'il avait péri d'une façon ignominieuse et faite pour révolter

signandum quod nonnulli viri magnifici asserebant dominum
Leonem de Jaquevilla cum martello ferreo ictum mortalem in-
flixisse, ob mutuum objectum mendacium ; atrocitate cujus non
amplius vocem intelligibilem emisit, nec percussorem potuit
accusare.

Cum eodem Jacobo insignis armiger Johannes de Mesneleio,
formosus et graciosus juvenis, qui domino duci Guienne continue in conviviis serviens, escas edendas sibi consueverat minu-
tim scindere et preparare, similem ignominiosam mortem passus
fuit. Ad quam cum perduceretur, omnes ad compassionem mo-
vit et lacrimas, contricionem ipsius et signa devocionis attendentes.

CAPITULUM XVII.

De cancellario deposito per sedicionum popularium iniquos promotores.

Paulo alcius retrocedens, pandam modum, per quem principes
iniqui temerarie concionis popularis ad destitucionem cancellarii processerunt, quia votis eorum, ut superius dictum est, non
obtemperasset in toto, mox ut regem cognoverunt, transacta
ebdomada, infirmitatem solitam incidisse et mente alienatum, ut
alias. Nam dominos duces Guienne, Biturie et Burgundie adeuntes vicibus successivis, linguas virosas laxantes eidem calumpniando dixerunt virum senio jam confectum, insensatum,
regis munera excessiva ut bene merita indiferenter sigillantem,
cui nec aliqua cura inest nisi ut, regia ditatus munificencia, ditare valeat suos consanguineos et notos, ad tantum onus feren-
dum inhabilem; quantum dampnificaverat regem annuatim
inexplebilis ejus cupiditas, antiquis stipendiis non contenta,
quantis exactionibus coadjutores suos abuti permiserit ad ex-
torquendum injuste regnicolarum peccunias, per rotulum Uni-

tous les gens de bien. A la suite d'une contestation, dans laquelle messire de la Rivière et messire Léon de Jacqueville s'étaient donné mutuellement un démenti, celui-ci avait frappé son adversaire avec un marteau de fer, et la violence du coup avait été telle, que messire de la Rivière n'avait pu proférer une seule parole ni accuser son assassin [1].

Un jeune gentilhomme, fort bien fait et de bonne mine, nommé Jean du Mesnil, attaché au service de monseigneur le duc de Guienne en qualité d'écuyer tranchant, mourut comme ledit Jacques de la Rivière de mort ignominieuse. Lorsqu'on le conduisit au supplice, les signes qu'il donna de son repentir et de sa dévotion excitèrent partout la compassion et tirèrent des larmes de tous les yeux.

CHAPITRE XVII.

Les chefs de la sédition font destituer le chancelier.

Je vais reprendre les faits d'un peu plus haut, et exposer comment les chefs de l'émeute procédèrent à la destitution du chancelier, parce qu'il n'avait pas entièrement obtempéré à leurs désirs, ainsi qu'il a été dit ci-dessus. Ayant su que le roi avait eu une rechute la semaine précédente et était de nouveau privé de sa raison, ils allèrent trouver à plusieurs reprises messeigneurs les ducs de Guienne, de Berri et de Bourgogne, et ne se firent pas faute de calomnier le chancelier; ils dirent entre autres choses que c'était un homme affaibli par les années et dépourvu de bon sens, qui apposait le sceau indistinctement à toutes les concessions, méritées ou non, faites par le roi, et qui n'avait d'autre souci que d'enrichir ses parents et ses amis, comme il avait été enrichi lui-même par la munificence royale; qu'il était incapable de remplir de si hautes fonctions; que le rôle présenté par l'Université faisait voir de la manière la plus évidente, non seulement tout ce qu'avait coûté au roi chaque année cette insatiable cupidité, qui ne

---

[1] Monstrelet, en rapportant les mêmes faits, ajoute que ce fut Léon de Jacqueville qui fit répandre le bruit que le sire de la Rivière s'était suicidé.

versitatis luce clarius patere; amodo velud arborem inutilem
citoque falce mortali prescindendam ipsum posse reputari;
nec deinceps inter opum accumulatos acervos constitutum nisi
pacifica requie indigere. Eis et similibus verbis inanibus aures
principum pulsantes, vallidis et importunis obtinuerunt precibus ut, eidem subrogato magistro Eustachio de Atrio, cui
nuper filiam suam uxorem dederat, ab eodem regia reposceren-
tur sigilla. Ut illa tamen redderet non sine difficultate induxerunt, eo sepius respondente in hoc casu nulli debere parere
nisi regi, a quo assumptus fuerat in partem sollicitudinis regiminis regni ; quod quidem ministerium inter guerrarum
voragines, rerum vicissitudines prosperas et adversas, diligenter,
constanti animo et irreprehensibiliter se complevisse asserebat.
Sed timens ne more suo a comminatoriis et tonitruosis verbis
inde fulgor mortale sequeretur, cum sepe reiterarent : « Voluntarie vel invite obediatis, » ducibus annuit quod petebant.

CAPITULUM XVIII.

A burgensibus peccunie extorquentur per rectores sedicionum civilium.

Votis sceleratorum et excecrabilium hominum non amore sed
timore, ne sediciones atrociores solito in urbe suscitarent,
domini obtemperabant. Quorum auctoritatem attendens dominus de Heliaco, qui, relicta vallida manu Anglicorum in
Guienna, rediens eos se debellaturos obtulerat, si milites et
stipendia ministrarentur competenter, id penes predictos dominos eos statuit promovere. Quibus mox acquiescentes, viros
prudentes et industrios, videlicet dominum de Veterivilla, magistrum Radulfum Sapientis, Robertum de Belay et Johannem
Guerini elegerunt, qui in commodandis peccuniis equa lance

lui permettait pas de se contenter de ses anciens gages, mais encore toutes les exactions qu'il avait tolérées de la part de ses subordonnés, leur permettant d'extorquer de l'argent aux habitants du royaume; qu'on devait en conséquence le considérer comme un arbre inutile qu'il fallait faire tomber sans délai sous la cognée; que du reste il ne devait aspirer qu'à jouir en paix des trésors qu'il avait amassés. A force de rebattre les oreilles des princes de ces vains propos et d'autres semblables, ils parvinrent à obtenir que l'on donnât sa place à maître Eustache de Laître, qui avait récemment épousé sa fille, et qu'on lui ôtât les sceaux. Ce ne fut pas toutefois sans difficulté qu'il consentit à les rendre. Il répondait sans cesse qu'en pareil cas il n'était tenu d'obéir qu'au roi, qui l'avait appelé au gouvernement des affaires; il répétait qu'il avait toujours rempli ses fonctions avec courage et d'une manière irréprochable, au milieu des désordres de la guerre, dans l'adversité comme dans la prospérité. Mais il craignit qu'on n'en vînt des menaces aux voies de rigueur, et comme on ne cessait de lui dire : « Vous obéirez bon gré mal gré », il finit par se soumettre à ce qu'on lui demandait.

CHAPITRE XVIII.

Les chefs de la sédition extorquent de l'argent aux bourgeois.

Ce n'était point par sympathie que les princes acquiesçaient aux désirs de ces exécrables scélérats, c'était par crainte qu'ils n'excitassent dans la ville des séditions plus terribles. Le sire de Helly, récemment arrivé de Guienne, où il avait laissé une armée anglaise maîtresse de la campagne, voyant quelle était leur influence, offrit d'aller combattre l'ennemi, si on lui fournissait assez de troupes et d'argent, et fit appuyer son projet par eux auprès desdits seigneurs. La demande fut aussitôt accordée; d'habiles et prudents personnages, messire de la Viefville, maître Raoul le Sage, Robert du Bellay, et Jean Guérin furent chargés de fixer le taux d'un emprunt, qui serait prélevé sur les principaux bourgeois d'après une appréciation exacte des ressources

summe auctoritatis civium facultates metirentur, statuentes ut auctoritate regia Guillelmus dictus le Goues, Symon Caboche, Henricus de Trecis et Dyonisius de Calvomonte, qui tunc aderant supplicantes, taxacionem singulorum exequcioni darent.

Tanta auctoritate potiti et gaudentes materiam thesaurizandi se adeptos, sic rigorem eciam contra advocatos et officiales regios servaverunt, quod nonnullos incarcerari jusserunt, quia taxum impositum solvere recusabant aut diminui poscebant. Coegerunt et titulo accommodati subjacere prelatos et viros ecclesiasticos et quoscunque cognoverunt orphanorum aut ecclesiarum deposita aliqua conservare. Alme Universitatis Parisiensis supposita jugum simile subire statuerunt, et quia magister Johannes Jarson, cancellarius Parisiensis Ecclesie, in sacra pagina professor eximius, quem fautorem concionis Armeniace publice reputabant, taxum impositum solvere recusabat, mox prope vesano impetu domum suam adeuntes omnem ejus substanciam rapuerunt et abstulerunt de facto. Jam antea Indicti ecclesie beati Dyonisii peccunialem receptam, ad usum venerabilis abbatis, tunc temporis in theologia magistri, et religiosorum suorum convertendam, regia auctoritate rapuerant. In multos quoque alios de gremio Universitatis existentes perpetrassent similia vel pejora, nisi reverendus rector cum doctoribus et magistris principiis obstitisset, et procurans immunitatem studii multis feriis successivis, ablata iniquos exactores restituere coegisset.

Quod tamdiu ipsi nequam et abjectissimi consodalibus in urbe nequiter presidebant plebicole molestissime ferentes, in eos non desinebant maledictiones publice jaculari, et ut cum Juda proditore eternam perciperent porcionem, cum tunc emptores deessent unde ex mechanicis operibus solebant com-

de chacun, et l'on désigna, au nom du roi, pour présider à la levée de cet emprunt, Guillaume Legoix, Simon Caboche, Henri de Troyes[1], et Denys de Chaumont, qui étaient au nombre des promoteurs de cette affaire.

Ceux-ci, se voyant investis d'une telle autorité et voulant mettre à profit l'occasion de s'enrichir, déployèrent tant de rigueur, même contre les avocats et les officiers du roi, qu'ils en firent emprisonner plusieurs pour avoir refusé de payer leur taxe ou demandé qu'elle fût diminuée. Ils soumirent à cet emprunt forcé les prélats, les ecclésiastiques, et toutes les personnes qu'ils surent avoir en dépôt des biens appartenant à des églises ou à des orphelins. Ils voulurent aussi imposer la même charge aux suppôts de l'Université de Paris ; et comme maître Jean Gerson, chancelier de l'église de Paris, et fameux docteur en théologie, qu'ils tenaient pour un des fauteurs de la faction des Armagnacs, refusait de payer, ils entrèrent de force dans sa maison, comme des forcenés, la pillèrent et emportèrent tout le mobilier. Quelque temps auparavant ils s'étaient saisis, au nom du roi, de la recette du Lendit, appartenant à l'église de Saint-Denys, et réservée à l'usage des religieux et du révérend abbé, qui était alors docteur en théologie. Ils se seraient livrés à des rigueurs semblables ou pires encore contre beaucoup d'autres membres de l'Université, si le vénérable recteur, de concert avec les docteurs et les maîtres, ne se fût opposé à ces premières violences, s'il n'eût fait respecter par sa résistance énergique les franchises de l'Université, et forcé ces pillards à restituer ce qu'ils avaient pris.

Le peuple, fatigué de voir depuis si long-temps régner dans la ville de pareils misérables, ne cessait de proférer publiquement contre eux toutes sortes de malédictions, et leur souhaitait tous les supplices que souffre dans l'enfer le traître Judas. En effet, il n'y avait plus ni commerce ni consommateurs qui fissent vivre les artisans du produit de

[1] Fils de *Jean* de Troyes.

modum reportare, et continue in vigiliis nocturnis et diurnis
excubiis tempus in vanum terere cogerentur. Quid plura? adeo
summe auctoritatis civium odium incurrerunt, quod sibi publice in domo communi ville improperando eos abjectissimos
viros, immundis subservientes officiis, indignosque auctoritatis collate vocaverint, quia in regem et ducem res perpetra-
verant divina et humana animadversione dignas. Quarum causas
in eos retorquentes, cum quererent : « Et cur tunc nobiscum
« vestros familiares misistis? » Mox, « Misimus, responderunt,
« parentes auctoritati regie, quam tunc temerarie usurpastis,
« aggredienda tamen per vos scelera perpetrata ignorantes. »

Hac tamen reprehensione publica non miciores sed atrociores
effecti, cum ex peccuniali recepta quantum placebat cepissent
ad continuandum eorum cotidianum pomposum apparatum,
prope regio similem, inde octoginta milia scuta auri domino
de Hely militi tradiderunt, qui mox dominis ducibus vale dicto,
stipendiarios collegit pugnatores, ut Anglicos expugnaret. In
multitudine gravi pugnatorum et arcum educencium jam multis
mensibus exactis per Aquitaniam, uberiorem plagam regni,
hostiliter grassati fuerant, et multis parvis oppidis viribus occupatis, compatriotis ubique persuadebant urbes et civitates
muratas regi Anglie reddere, promittentes quod sic perpetua
immunitate gauderent a cunctis exactionibus absoluti. A mari-
timis eciam littoribus anglicanis socii ad eos libere confluebant,
non timentes a domino Karolo Dalebret, regi consobrino, impugnari vel aliqualiter impediri, quem sciebant impacientissime ferre se ab officio conestabularii Francie destitutum.
Eisdem quoque favebat comes Armeniaci, crucem rubeam
armis consutam, ut fuerat, deferens, ut et ipsi, in Gallicorum
contemptum, impacienter ad memoriam reducens quod anno

leurs métiers; chacun était obligé de perdre son temps à faire inutilement le guet jour et nuit. Enfin, les principaux bourgeois conçurent contre eux une telle haine, qu'ils ne craignirent pas de leur adresser publiquement des reproches en plein hôtel-de-ville, les traitant de misérables, qui remplissaient des fonctions infâmes, et qui avaient abusé de l'autorité dont ils étaient investis, en commettant contre le roi et le duc de Guienne des choses dignes de l'animadversion de Dieu et des hommes. Ceux-ci rétorquèrent ces reproches contre les bourgeois en leur disant : « Et pourquoi avez-vous envoyé vos gens avec nous? » —« Si nous les avons envoyés, répondirent les bourgeois, c'était pour « obéir aux ordres du roi, dont vous avez usurpé témérairement l'au- « torité, et parce que nous ignorions tous les crimes que vous médi- « tiez. »

Toutefois ces remontrances publiques, loin de les adoucir, ne firent que les rendre plus cruels. Après avoir prélevé sur la recette de l'impôt tout ce dont ils crurent avoir besoin pour entretenir leur train presque royal, ils remirent quatre-vingt mille écus d'or à messire de Helly, qui prit aussitôt congé de messeigneurs les ducs et recruta des gens de guerre pour aller combattre les Anglais. Depuis plusieurs mois ces ennemis du royaume couraient la riche contrée d'Aquitaine avec un grand nombre d'archers et de gens d'armes, et y exerçaient toutes sortes d'hostilités. Ils s'étaient rendus maîtres de plusieurs petits châteaux forts, et invitaient partout les habitants du pays à livrer au roi d'Angleterre leurs cités et leurs villes closes, leur promettant qu'ils jouiraient ainsi d'immunités perpétuelles et seraient affranchis de toute exaction. Il leur arrivait en toute liberté de nombreux renforts des côtes d'Angleterre, leurs compatriotes n'ayant à craindre ni résistance ni difficulté de la part de messire Charles d'Albret, cousin du roi, qu'ils savaient fort mécontent de ce qu'on lui avait ôté sa charge de connétable de France. Ils pouvaient aussi compter sur la connivence du comte d'Armagnac, qui portait, comme eux, en haine des Français, une croix rouge sur ses armes, et qui n'avait pas oublié dans son dépit la vaine tentative qu'il avait faite l'année précédente pour introduire de vive force à Paris les princes du sang.

frustra attemptaverat elapso consanguineos regis invitis Parisiensibus introducere in urbem.

Nec tamen opus est de profectione domini de Helyaco plura loqui, quam tunc militum et armigerorum numerosa multitudine reputabant insignem. Quam nundum quatuor mensium emenso spacio infaustam reddidit, cum Subizam attigisset, villam a Rupella octo milibus distantem, quam hoc anno Anglici occupaverant viribus. Tunc experimento didicit quam periculosum sit militares copias separare aggrediendo bellicanam [1]. De navibus educens exercitum, interim dum suos jubet turmatim, nescio quo ductus spiritu, municipium circumdare, ex eo capitaneus exiens cum sexaginta loricatis ad unguem in viginti, qui vexillum quod *estandardum* vocant jam deplicatum tenebant, acriter insurrexit, ingeminando ad mortem. Sic vexillo quasi sine resistencia occupato, mox qui locum jam ambiebant animo consternati deficiunt et vincuntur. Capitaneus autem, successus prosperos prosequi dignum ducens, ceteros qui jam naves repetebant invasit viriliter, et omnes aut trucidavit, regi affirmatum, aut subire jugum redempcionis coegit. Fuga illa predictus de Helyaco cum aliis multis militibus captus fuit, et inde apud Burdigalem, ut ibi custodiretur tucius, perductus. Ejus tamen infelicem casum dux Burgundie egre tulit, quia, quanquam esset statura pusillus, ipsum tamen consulti pectoris et in exercicio militari strenuissimum reputabat.

CAPITULUM XIX.

De tribus villis maritimis in Normannia combustis.

Fuerunt et quidam alii ex illo sinu marino, orbis extremo angulo, qui attendentes regnum posse inquietari facilius, cum

---

[1] Il faut supposer ici l'omission d'un mot tel que *expedicionem*.

Il est inutile d'entrer dans de longs détails sur l'expédition de messire de Helly. On en espérait beaucoup de succès à cause du grand nombre de chevaliers et d'écuyers qui y prirent part. Mais au bout de quatre mois elle échoua, au moment où il arrivait devant Soubise, ville située à huit milles de La Rochelle, et dont les Anglais s'étaient emparés cette année. Il apprit alors par expérience combien il est dangereux de diviser ses forces, quand on veut tenter des coups de main. Il venait de débarquer sous les murs de la place, et il envoyait ses troupes, je ne sais dans quel dessein, prendre successivement position autour de l'enceinte, lorsque le capitaine qui y commandait en sortit tout à coup avec soixante hommes armés de pied en cap, et fondit avec vigueur, en criant *à mort, à mort*, sur vingt chevaliers qui avaient déjà déployé la bannière appelée *étendard*. Cette bannière fut prise presque sans résistance ; aussitôt les gens du sire de Helly qui entouraient déjà la place perdirent courage et prirent la fuite. Le capitaine, voulant profiter de ce premier avantage, les attaqua vigoureusement, pendant qu'ils cherchaient à regagner leurs vaisseaux, et les égorgea tous ou les mit à rançon, suivant ce qu'on vint rapporter au roi. Dans cette déroute, messire de Helly fut fait prisonnier avec plusieurs autres chevaliers, et conduit à Bordeaux, pour y être gardé étroitement. Le duc de Bourgogne fut très affligé de sa mésaventure, parce qu'il faisait grand cas de ce chevalier, malgré sa petite taille, et qu'il le connaissait pour un habile et vaillant capitaine.

CHAPITRE XIX.

Les Anglais brûlent trois villes maritimes en Normandie.

D'autres aventuriers anglais étaient sortis de leur repaire maritime, situé à l'extrémité du monde, dans l'espoir que les divisions qui régnaient entre les princes des fleurs de lis leur permettraient d'at-

principes lilia deferentes inter se non concordarent, cum tribus
navibus pugnatoribus munitis littora petere Normanica, et
famosum portum de Dieppe in comitatu Augi situm, qui in
omnem orbem vela mittit, occupare temerarie presumpserunt.
Nam bello navali inito, cum Normanos in duabus navibus
constitutos, ut inopinatis discursibus hostium resisterent et
more solito piraticam exercerent, usque ad vite ultimum perduxissent, a supervenientibus sociis prelio restaurato, tandem
victi vela vertere coacti sunt et repetere Angliam, eorum capitaneo, famoso quodam milite, dum laudabiliter dimicaret, inter-
fecto. Cujus mortem novus rex Anglie impacienter ferens, cum
de suo genere existeret, ac vindicare cupiens, iterum majori
numero misit alios pugnatores, qui ex propinquis navibus et
marescagiis sagittas ac omne genus missilium emittentes et
continuantes assultus inquietarunt portum illum, ut, si possent,
viribus occupatum destruerent. Ad succursum commorancium
in eo domini duces Guienne, Biturie et Burgundie cum Strabone dicto de Laheuse, preposito Parisiensi, miserant quamplures armatos viros, qui tamen nil penitus profecerunt. Nam
cum quadam die exeuntes hostes ad descensum et conflictum
mutuum provocarent, sagittis et missilibus repulsi redire compulsi sunt, equis eorum in parte maxima interfectis. Anglici
vero, dolentes quod frustra villam capere conarentur, et ad
terram descendentes, ac per decem miliaria cedibus, rapinis,
incendiis ferventes, famosam abbaciam de Triportu cum villa,
portus quoque penitus destruxerunt; monachis quoque et habitatoribus interfectis, omnes quotquot vite relinquerant, captivos in Angliam perduxerunt.

taquer facilement le royaume, et ils avaient fait voile vers les côtes de Normandie avec trois vaisseaux garnis de gens de guerre. Ils projetaient de s'emparer de Dieppe, l'un des principaux ports du comté d'Eu, dont les navires allaient trafiquer dans toutes les parties de l'univers. Ayant rencontré les Normands, qui croisaient sur les côtes avec deux bâtiments, pour repousser les attaques imprévues de l'ennemi et exercer la piraterie, suivant leur coutume, ils leur livrèrent bataille. Déjà les Normands étaient aux abois, lorsqu'un renfort de leurs compatriotes vint rétablir le combat. Enfin les Anglais, vaincus et mis en déroute, reprirent le chemin de leur patrie, après avoir perdu leur capitaine, chevalier de grand renom, qui fut tué en faisant des prodiges de valeur. Le nouveau roi d'Angleterre, dont il était parent, éprouva un vif déplaisir de sa mort et résolut d'en tirer vengeance. Il envoya d'autres gens de guerre en plus grand nombre, avec ordre de lancer de leurs vaisseaux et des marécages voisins une grêle de traits et de projectiles sur le port de Dieppe, de l'attaquer à outrance et de faire tous leurs efforts pour s'en emparer et le détruire. Messeigneurs les ducs de Guienne, de Berri et de Bourgogne envoyèrent au secours des Dieppois le Borgne de la Heuse, prévôt de Paris, avec un bon nombre d'hommes d'armes; mais ce renfort eut peu de succès. Ayant un jour, dans une sortie, provoqué l'ennemi à faire une descente pour se mesurer avec eux, ils furent repoussés à coups de flèches et de traits, et forcés de retourner sur leurs pas, laissant sur le champ de bataille une grande partie de leurs chevaux. Bientôt même les Anglais, excités par le dépit de n'avoir pu prendre la ville, débarquèrent sur la côte, mirent tout à feu et à sang dans le pays à dix milles à la ronde, détruirent la célèbre abbaye de Tréport, ainsi que la ville, comblèrent les ports, massacrèrent les moines et les habitants, et emmenèrent prisonniers en Angleterre tous ceux auxquels ils avaient laissé la vie [1].

---

[1] Les chroniqueurs contemporains ne désignent pas plus que le Religieux les deux autres ports qui furent brûlés par les Anglais, comme l'indique le titre de ce chapitre. Monstrelet dit seulement : « Les « Anglois..... prirent port en la ville de « Tresport..... boutèrent le feu dedans, et « pareillement ardirent l'église et monastère « dudit lieu de Tresport et *aucunes villes* « assez près d'illec. »

CAPITULUM XX.

Nuncii consanguineorum regis mittuntur Parisius ad regem et dominum ducem
Guienne.

Vix Anglicorum effrenis crudelitas totique regno dampnosa
ad noticiam dominorum Guienne, Biturie et Burgundie venerat,
cum eis nunciatum est insignes principes Ludovicum, Sicilie
regem, Aurelianis et de Borbonio duces, comites vero de Alenconio et Augi, quosdam milites destinasse ut concordie latores;
quos ideo honorifice receperunt. Quibus et circa finem junii regali consilio, post exhibitum benignum salutacionis affatum,
facta loquendi gracia, que mente consanguinei gerebant, eos
dicunt, humili recommendacione premissa, regie celcitudini se
et sua prompto animo offerre, optantes super omnia obsequiosis
serviciis ejus graciam promereri; principes quoque presentes
affectuose rogare et amicabiliter hortari ut secum illibatam servantes unionem in pacis vinculo, secundum formam tractatus
jurati apud Autissiodorum, regi persuaderent locum aliquem
extra urbem Parisiensem eligere, ad quem secure accedentes
ejus dulci alloquio valerent recreari, et que simul mature deli-
beraverant in regis et regni commodum concernencia intimare.
Qui tunc presentes aderant, proponentem referunt in finalibus
addidisse qui se miserant dominos perlibenti animo promptos
exequcioni mandare quidquid preciperent, si preces eorum
dignum ducerent promovendas; quod et ipsi facere promiserunt, mox ut regem sentirent incolumitati restitutum. Sicque
nuncii vale dicto redeuntes id pro responsione retulerunt.

CHAPITRE XX.

Les princes du sang envoient des députés à Paris vers le roi et monseigneur le duc de Guienne.

Messeigneurs les ducs de Guienne, de Berri et de Bourgogne venaient de recevoir la nouvelle de ces cruautés commises par les Anglais au préjudice du royaume, lorsqu'on leur annonça aussi que les illustres princes Louis, roi de Sicile, les ducs d'Orléans et de Bourbon, les comtes d'Alençon et d'Eu avaient député vers eux un certain nombre de chevaliers porteurs de paroles de paix. Ils les accueillirent avec beaucoup d'égards, et leur donnèrent audience en conseil du roi vers la fin de juin. Là, ces envoyés, après avoir présenté l'hommage de leurs salutations, exposèrent les intentions des princes du sang. Ils dirent que leurs maîtres offraient au roi leurs respectueux compliments, et mettaient à sa disposition leurs personnes et leurs biens; qu'ils n'avaient rien plus à cœur que de mériter ses bonnes grâces par leurs fidèles services; qu'ils invitaient affectueusement les princes qui se trouvaient là et qu'ils les exhortaient amicalement à rester avec eux en paix et en parfaite union, conformément aux termes du traité juré à Auxerre, et à conseiller au roi de choisir hors de Paris un lieu où ils pussent venir en sûreté conférer avec lui, et lui faire connaître ce qu'ils avaient résolu après mûre délibération dans son intérêt et pour le bien du royaume. J'ai su par ceux qui assistèrent à cette audience que l'orateur chargé de porter la parole avait ajouté en finissant, que, si lesdits princes voulaient appuyer les requêtes des seigneurs qui les avaient députés, ceux-ci étaient prêts à exécuter tout ce qui leur serait prescrit. Les princes promirent de s'entremettre auprès du roi, dès qu'ils le verraient rendu à la santé. Les envoyés, ayant alors pris congé d'eux, rapportèrent ces promesses pour réponse.

CAPITULUM XXI.

De ambassiatoribus qui de Roma redierunt.

Memini me jam scripsisse regem, viros ecclesiasticos regni ac Universitatem Parisiensem venerandam cum episcopo Ambianensi, de Clarevalle, de Jumiegiis abbatibus multos doctores et magistros Romam misisse sollempnes, summo pontifici supplicaturos, ut regem et regnicolas recommendatos haberet, et pietatis intuitu decimas, servicia et cetera onera importabilia, a predecessoribus suis nuper imposita super ecclesiam Gallicanam, alleviaret in parte. Id juraverant ambassiatores in recessu pro viribus procurare. Sed circa finem junii redeuntes, ipsum dominum pappam regi et ex sanguine ipsius procreatis quasdam nominaciones favorabiliter concessisse, et ut familiaribus suis possent de beneficiis ecclesiasticis providere, eisdem eciam multa beneficia pinguia contulisse solummodo retulerunt. In hoc tamen se culpabiles nonnullis vive vocis oraculo libere professi sunt, quod, quamvis dominum papam in omnibus concedendis perciperent se habere propicium, bonum tamen proprium utilitati communi Ecclesie pretulerunt, et precipue episcopus Ambianensis, qui ceteris auctoritate precellebat. Nam vallidis precibus ad episcopatum assumptus Belvacensem, ceteras supplicaciones, quas susceperat promovendas, sub silencii tumulo sepeliendas consuluit.

A nunciorum vero reditu transacta ebdomada, alii ambassiatores venerunt Parisius, nunciantes Lendislaum, usurpatorem regni Sicilie et tyrannum, Romam violenter et inopinate ingressum, contra Romanos feliciter dimicasse, et quod, obtenta victoria, pappam ex urbe cum dominis cardinalibus exire compu-

CHAPITRE XXI.

Retour des ambassadeurs envoyés à Rome.

J'ai déjà dit plus haut que le roi, le clergé du royaume et la vénérable Université de Paris avaient député à Rome une ambassade solennelle, composée de l'évêque d'Amiens, des abbés de Clairvaux et de
Jumièges, et de plusieurs docteurs et maîtres, pour prier le pape de
prendre en considération les intérêts du roi et de ses sujets, et de daigner, par un effet de sa bienveillance, alléger les dîmes, services et
autres charges insupportables, dont ses prédécesseurs avaient accablé
depuis quelque temps l'Église de France. Les ambassadeurs avaient
juré, au moment de leur départ, de mettre tout en œuvre pour obtenir cette faveur. Mais lorsqu'ils revinrent, vers la fin de juin, tout ce
qu'ils purent annoncer comme résultat de leur mission, ce fut que
monseigneur le pape octroyait gracieusement au roi et aux princes du
sang certaines nominations et le droit de pourvoir leurs serviteurs de
bénéfices ecclésiastiques, et qu'il leur conférait à eux-mêmes plusieurs
riches bénéfices. Quelques uns d'entre eux avouèrent toutefois avec
franchise qu'ils étaient coupables d'avoir mis si mal à profit les bonnes
dispositions dans lesquelles ils avaient trouvé monseigneur le pape
pour tout ce qu'ils avaient à lui demander, et d'avoir préféré leur intérêt particulier au bien général de l'Église. L'évêque d'Amiens surtout
était d'autant moins excusable, qu'il était le plus considérable d'entre
les ambassadeurs. En effet, lorsqu'il eut obtenu à force de sollicitations
l'évêché de Beauvais, il conseilla à ses collègues de passer sous silence
les différentes requêtes dont il était chargé d'assurer le succès.

Une semaine après le retour de ces députés, il arriva à Paris d'autres
ambassadeurs, qui annoncèrent que le tyran Ladislas, usurpateur du
trône de Sicile, était entré de force et par surprise dans Rome, qu'il
avait battu les Romains, et qu'après sa victoire, le pape et les cardinaux
avaient été obligés de sortir de la ville et de s'enfuir en toute hâte, de

lerat et aufugere festinanter, ne caperetur ab ipso. Sic consilium
generale, quod pappa constituerat hiis temporibus celebrandum
super reformacione status universalis Ecclesie, differre opportuit
usque ad anni sequentis inicium, et quotquot convenerant ad
illud redire opportuit. Et breviloquio utens, cum perpauci viri
ecclesiastici, propter ubique vigentes guerrarum voragines
multis regionibus, aggrederentur iter transalpinum, monitis et
hortatu imperatoris, pappa consilium distulit usque ad omnium
Sanctorum festum, et in villa quadam Alemanie, que Constancia dicitur, statuit celebrandum.

CAPITULUM XXII.

Dominus Petrus de Essartis Parisius decollatus est.

Inducunt calamum rerum superveniencium vicissitudines
posterorum memorie commendare domini Petri de Essartis,
quondam Parisiensis prepositi, extraordinarium processum,
quem duces iniqui sedicionis civilis, qui res arduas in urbe,
invito domino duce Guienne ceterisque principibus ac summe
auctoritatis civibus, moderandas susceperant, reiteratis vicibus
postulaverant expediri. Sciebant equidem ducem eumdem incarceratum, dum suo pareret mandato, diuturnam quoque detencionem ipsius impacientissime ferre. Quapropter ne abso-
lutus ipsum ducem induceret ad injuriarum vindictam, libellum
diffamatorium regiis commissariis dederant multas enormes
prodiciones ab eo, ut asserebant, peractas contra regem et
regnum continentem; quas tanto majoris culpe aulici reputaverunt, quanto auctoritate eos omnes visus fuerat superare.
Nam prepositure et capitanie Parisiensis auctoritate potitus,
secretis quoque consiliis regi et principibus ex officio assistens

peur de tomber entre ses mains. Ainsi l'ouverture du concile général, que le pape voulait tenir à cette époque pour la réforme de l'Église universelle, dut être ajournée au commencement de l'année suivante, et ceux qui étaient venus pour y assister furent forcés de s'en retourner. Bref, comme la guerre, qui promenait ses ravages en tous lieux, avait empêché un grand nombre d'ecclésiastiques d'entreprendre le voyage d'Italie, le pape, d'après l'avis et sur l'invitation de l'empereur, différa la convocation du concile jusqu'à la fête de la Toussaint, et décida qu'il se tiendrait dans une ville d'Allemagne appelée Constance.

CHAPITRE XXII.

Messire Pierre des Essarts est décapité à Paris.

La suite des événements m'amène à parler de messire Pierre des Essarts, et à transmettre à la postérité le récit du procès extraordinaire intenté à cet ancien prévôt de Paris. Ce procès fut poursuivi sur les instances réitérées des chefs de la sédition, qui s'étaient emparés de l'autorité et de la direction des affaires en dépit de monseigneur le duc de Guienne, des autres princes et des principaux bourgeois. Ils savaient que ledit duc était fort irrité de ce qu'on avait incarcéré Pierre des Essarts pour avoir exécuté ses ordres, et de ce que sa détention se prolongeait ainsi. C'est pourquoi, craignant que, s'il était absous, il ne poussât le duc à la vengeance, ils avaient remis aux commissaires royaux un libelle diffamatoire contenant l'exposé de plusieurs trahisons énormes qu'il avait, disaient-ils, commises contre le roi et le royaume. Les gens de la cour publiaient que ces trahisons étaient d'autant plus coupables, qu'il avait joui d'une autorité supérieure à celle de tous les autres. En effet, investi de la prévôté et de la capitainerie de Paris, admis par les devoirs de sa charge aux conseils secrets du roi et des princes, il avait encore la haute main sur tous les trésoriers du roi, et, ce qui excitait surtout l'envie des autres seigneurs.

assidue, cunctis thesaurariis regiis eciam presidebat, et, quod a
nobilibus decurionibus optabatur avidius, tocius regni peccuniales financias ordinarie et extraordinarie collectas ad nutum
distribuebat. Quas et si manu prodiga accusatores prefati dicerent eum propriis usibus et amplis emendis possessionibus con-
vertisse, addebant et ex eisdem multam summam transivisse
illis, quos anno exacto rex viribus humiliare contendebat et
quos adversarios reputabat; quod autem in destructionem urbis
Parisiensis et mortem civium machinatus fuerat, regem quoque
et reginam ac ducem Guienne ab urbe temptaverat fraudulenter
educere, ut dicebant; sed si sibi imposita commiserat pro comperto non habui. Scio tamen quod inexplebili cupiditate cecatus,
cum elapso anno dux Aurelianis de villa et ecclesia sancti Dyonisii recessisset, illas prede exposuit et penitus depopulandas
concessit. Nec sub silencii tumulo censeo sepeliendum, quod
antea inter jam pacificatos duces et comites lilia deferentes
aurea odii et dissencionis fomitem ministravit, quia contra
tractatum pacis mutuum compositum et juratum dominum
Johannem de Monte Acuto, hospicii regii rectorem precipuum,
et, ut publice ferebatur, injuste jusserat decollari. Si cuncta sibi
objecta crimina in tormentis vel voce libera recognoverit
ignoro; adjudicatus tamen subire simile supplicium, cum ad
illud traheretur, non sine ammiracione multorum, leta fronte
atque jocundo aspectu, ac si mortem, ultimum terribilium, non
timeret, omnibus vale dicebat. Ad locum tamen ascendens, quo
plecti debebat, poposcit a judice ne ante mortem perpetrata
divulgarentur scelera. Quo concesso, spiculator solo ictu capite
ejus absciso, lancea quoque affixo, inde communi patibulo,
jullii prima die, ubi poni fecerat prenominatum Johannem,
truncum corporis suspendit.

il avait la libre disposition des revenus ordinaires et extraordinaires de l'État. Ses accusateurs disaient qu'il avait dissipé ces revenus en les appliquant à son usage et en faisant d'immenses acquisitions; ils reconnaissaient toutefois qu'une grande partie de cet argent avait passé entre les mains de ceux que le roi voulait combattre l'année précédente et qu'il tenait pour ses ennemis. Ils lui reprochaient, en outre, d'avoir machiné la ruine de la ville de Paris et la perte de ses habitants, et d'avoir tenté d'en faire sortir clandestinement le roi, la reine et le duc de Guienne. Je ne pourrais affirmer que ces griefs eussent quelque réalité; ce que je sais, c'est que l'année précédente, lorsque le duc d'Orléans avait quitté Saint-Denys, le prévôt, aveuglé par une insatiable cupidité, avait livré au pillage la ville et l'abbaye et les avait abandonnées à une entière dévastation. Je ne crois pas non plus devoir passer sous silence que, peu de temps auparavant, il avait allumé le feu de la discorde entre les princes de la famille royale, et réveillé des haines déjà assoupies en faisant périr injustement, disait-on, au mépris du traité conclu et juré, messire Jean de Montaigu, grand-maître de la maison du roi. Il fut condamné à son tour au même supplice. J'ignore si, cédant à la violence des tourments ou au cri de sa conscience, il fit l'aveu de tous les crimes qu'on lui imputait. Toujours est-il qu'il marcha à la mort avec un air calme et serein, qui causa une admiration générale; on eût dit qu'il n'avait aucune appréhension de cette dernière et si terrible épreuve, tant il disait tranquillement adieu à tout le monde. Cependant, en montant sur l'échafaud, il demanda au juge de lui épargner avant sa mort la lecture publique des crimes dont il était accusé. Cette grâce lui ayant été accordée, le bourreau lui coupa la tête d'un seul coup, la plaça au bout d'une pique, et alla pendre son corps au gibet, où Pierre des Essarts lui-même avait fait attacher peu auparavant celui de Montaigu. Cette exécution eut lieu le 1er juillet.

Sicque moriens ceteris, qui regiis dominantur in aulis, spectaculum extitit et exemplar ut desinant se feliciores aliis predicare, nisi auctoritatem sibi commissam assuescant freno circumspectionis ac legibus temperancie moderari. Qui tunc et sub uncis scopulo in adamantino suam auctoritatem firmasse opinantur, nunc fragilitatem suam, et more multorum loquens fortune ludibrium noscant, et letis modum ponere discant, ut sic aliorum periculo sue possint utilitati consulere.

CAPITULUM XXIII.

Ut majestatis regie contemptores dominum ducem Guienne offenderunt.

Jullii nona die, inter undecimam et duodecimam horam noctis, dum more solito armati viri nocturnas vigilias circa domum domini ducis Guienne peragerent, illuc dominus Leo de Jaquevilla, capitaneus Parisiensis, ascendens, ut sepe solitus erat, honore regio parvipenso et absque erubescencie velo, ipsum ducem choreis intentum redarguit, indecentissimum ducens regis Francie filium primogenitum sic a progenitorum honestate deviare. Et cum inde dominum Georgium de Trimolla graviter increparet quod hac hora duci tripudia dissoluta consuleret exercere, inde ad verbales injurias mutuo processerunt, utrinque mendacii titulum inferentes. Quod impacienter ferens dominus dux Leonem in pectore cum cutello ter percussit, et eum interfecisset; sed loricam duplicem, qua tectus erat, non poterat penetrare. Ut autem id cognoverunt vigiles, et quod prefatus Georgius Parisienses villanos, rebelles et proditores vocasset, mox iracundia repleti, domum quoque ingressi invitis portariis, extractis ensibus dictum militem et circumstantes alios occidissent, nisi dux Burgundie, eos verbis lenibus refrenans,

La mort dudit prévôt doit servir d'exemple et de leçon à ceux qui ont la principale autorité dans les cours; elle doit les avertir de ne pas se croire plus heureux que les autres, s'ils ne savent se renfermer dans de sages limites et s'ils abusent de leur pouvoir. Que ceux qui pensent avoir assis leur fortune sur une base inébranlable reconnaissent la fragilité des choses humaines, ou, comme on le dit vulgairement, les caprices du sort; qu'ils apprennent à réprimer leur orgueil, afin de pouvoir mettre à profit, pour leur propre compte, le malheur d'autrui.

CHAPITRE XXIII.

Insulte faite à monseigneur le duc de Guienne par les contempteurs de la majesté royale.

Le 9 juillet, entre onze heures et minuit, pendant que la garde faisait le guet, suivant la coutume, autour de l'hôtel de monseigneur le duc de Guienne, messire Léon de Jacqueville, capitaine de Paris, monta dans les appartements, comme il avait souvent l'habitude de le faire, et ayant trouvé le duc au milieu d'un bal, il osa le blâmer hautement, sans égard ni respect pour la dignité royale, et lui dit qu'il déshonorait son titre de fils aîné du roi de France par une conduite aussi scandaleuse. Puis il interpella messire Georges de la Trémoille et lui reprocha durement d'être cause que le duc se livrait, à une pareille heure, à ces danses dissolues. Le sire de la Trémoille lui donna un démenti, et ils en vinrent bientôt l'un et l'autre aux injures. Monseigneur le duc, irrité d'une telle audace, frappa Léon de Jacqueville de trois coups de couteau dans la poitrine, et l'aurait tué sur la place sans la double cuirasse qu'il portait. Les gens du guet, instruits de ce qui se passait, et ayant su que ledit Georges avait traité les Parisiens de vilains, de rebelles et de traîtres, accoururent comme des furieux, pénétrèrent, l'épée à la main, dans l'hôtel, en forçant les portes, et ils auraient égorgé le chevalier et plusieurs autres seigneurs de la compagnie, si le duc de Bourgogne ne les eût apaisés par de douces paroles, et ne les eût priés instamment, à plusieurs reprises

vallidis precibus et junctis manibus pluries poposcisset, ne
tanto scelere domum regiam fedarent.

Dux autem Guienne, dolore tactus intrinsecus ex displicencia
procedente, multis feriis successivis sputum sanguinolentum
emisit. Pretactam tamen violenciam cum aliis precedentibus ad
tempus dissimulare decrevit, quia jam cum summe auctoritatis
civibus ad urbis custodiam precipue deputatis deliberaverat,
qualiter dicti militis et suorum sequacium temerarii ausus viribus reprimerentur.

Hora eadem predicta, casuale incendium domum scolarium
sancti Dyonisii in parte magna combussit. Singulis quoque
diebus hujus ebdomade plurima edificia in multis partibus
dampnum simile passa sunt, inevitabile quidem propter estum
excessivum, qui tunc temporis vigebat.

CAPITULUM XXIV.

Civilis commocionis rectores conantur pacem principum impedire.

Morem consuetum servans, rex, sanitate recepta, cum ecclesiam beate Marie Parisiensis decima die jullii peregre visitasset,
ut comperit nuper consanguineos sibi ambassiatores misisse
optantes vinculum pacis inite strictius alliguari, consilio et
assensu Guienne, Biturie ac Burgundie ducum, virorum illustrium, nec non et antistitum, et sibi tunc assistencium, viros
graves et modestos, Tornacensem episcopum, Heremitam de
Faya, balivum sancti Audomari, dominum de Veterivilla, et magistrum Petrum de Marinniaco apud Vernolium in Normania,
ut rogaverant, destinavit. Ibi cum procuratoribus Aurelianis ac
de Borbonio ducum regem Sicilie Ludovicum, comites de Alen-

et les mains jointes, de ne pas souiller l'hôtel royal d'un si grand crime.

Le duc de Guienne fut si violemment affecté de cette scène, qu'il cracha le sang pendant plusieurs jours. Cependant il résolut de dissimuler pour un temps son ressentiment ainsi que ses griefs antérieurs. Il avait déjà concerté avec les principaux bourgeois préposés à la garde de la ville les moyens de mettre un terme aux entreprises téméraires du chevalier de Jacqueville et de ses complices.

A la même heure, le feu prit par accident à la maison des écoliers de Saint-Denys, et la consuma presque entièrement. Tous les jours de la même semaine, il en arriva autant à plusieurs édifices. De tels désastres étaient inévitables à cause de la chaleur excessive qui régnait alors.

CHAPITRE XXIV.

Les chefs de la sédition s'efforcent d'empêcher la réconciliation des princes.

Le 10 juillet, le roi ayant recouvré la santé se rendit en pèlerinage, selon sa coutume, à l'église Notre-Dame de Paris. Lorsqu'il apprit que les princes du sang lui avaient envoyé des députés pour lui témoigner le désir de resserrer les liens de la paix, il résolut, d'après l'avis et avec l'assentiment des ducs de Guienne, de Berri et de Bourgogne, des seigneurs et des prélats de son conseil, de faire partir ses ambassadeurs pour Verneuil en Normandie, ainsi que les princes l'en avaient prié ; il choisit à cet effet des hommes graves et recommandables, l'évêque de Tournay, l'Ermite de la Faye, le bailli de Saint-Omer, messire de la Viefville, et maître Pierre de Marigny. Ceux-ci trouvèrent dans cette ville les fondés de pouvoir des ducs d'Orléans et de Bourbon, le roi de Sicile Louis, les comtes d'Alençon et d'Eu,

conio et Augi repererunt, a quibus honorifice recepti et refecti dapsiliter triduo cum eis remanserunt; redeuntesque feriis successivis, primo regi, cui se recommendabant, gaudentes pro sospitate adepta, inde domino duci Guienne ac regine solum in presencia illorum, quos participes suorum dignum duxerat secretorum, quod proloqutum fuerat vive vocis oraculo retulerunt. Sub compendio legacio continebat prefatos dominos, non guerram sed pacem et concordiam mutuas cordialiter optantes, se et sua ad regis et eorum obsequium liberaliter offerre; iterum prompto animo venturos, quociens et ad quemcunque locum imperaret, dumtaxat villa Parisiensi excepta, et sibi parituros in omnibus tanquam suo domino naturali, dum tamen tractatus concordie apud Autissiodorum juratus inviolabiliter servaretur.

In oculis omnium assistencium racionabile visum est quod petebant. Dominus quoque Guienne, gaudens se sine nunciis assequtum quod ab excellencioribus urbis rogatus fuerat promovere, mox genitorem induxit ut ad eos nuncii mitterentur ad domum communem ville, interim dum negocia publica disponenda cum mercatorum preposito, scabinis et precipuis custodibus ville consultarent. Sed antequam interrogati successive quid sentirent, « tanquam a Domino factum dignum duximus approbandum » respondissent, cum capitaneo urbis Leone de Jaquevilla Dyonisius de Calvomonte, Symon Caboche, popularium seductores, cum centum fere complicibus loricati ad unguem, dumtaxat capite dempto, repente supervenerunt, et facto impetuoso tumultu, prope vesanis vocibus : « Et hanc « pacem factam, inquiunt, et ovinis pellibus circumtectam « dignum duximus reprobandam. »

Pro certo comperi tunc prefatum Symonem Caboche, immundissimum excoriatorem pecudum, multitudini confuse,

qui les accueillirent avec beaucoup d'égards et leur firent bonne chère
pendant les trois jours qu'ils restèrent à conférer ensemble. Après
quoi, ils revinrent et rapportèrent de vive voix le résultat de leur
mission, d'abord au roi, auquel ils présentèrent les compliments des
princes et leurs félicitations au sujet de son rétablissement, puis à
monseigneur le duc de Guienne et à la reine, mais seulement en présence de leurs plus intimes confidents. Leur relation contenait en substance que lesdits seigneurs, loin de désirer la guerre, n'aspiraient
qu'à la paix et à l'union, qu'ils mettaient avec empressement à la
disposition du roi et des princes leurs personnes et leurs biens, qu'ils
iraient volontiers le rejoindre toutes les fois qu'il le requerrait et en
quelque lieu que ce fût, à l'exception pourtant de la ville de Paris, et
qu'ils lui obéiraient en toutes choses, comme à leur seigneur naturel,
pourvu qu'on observât inviolablement le traité de paix juré à Auxerre.

Cette requête parut raisonnable à tout le conseil. Monseigneur de
Guienne, charmé d'avoir obtenu sans négociations ce à quoi les notables de la ville l'avaient prié de travailler, engagea aussitôt le roi
son père à le leur faire savoir en envoyant une députation à l'hôtel-
de-ville, pendant qu'ils délibéraient sur les affaires publiques avec
le prévôt des marchands, avec les échevins et les principaux gardiens
de la ville. Mais avant même qu'on eût pu demander successivement
l'avis de tous ceux qui étaient là, et qu'ils eussent le temps de répondre qu'ils approuvaient tout ce qui avait été fait comme chose réglée
par la Providence, Léon de Jacqueville, capitaine de Paris, Denys
de Chaumont et Simon Caboche, qui étaient les meneurs du peuple,
survinrent avec une centaine de leurs complices, armés de toutes
pièces mais tête nue, et se précipitant en désordre au milieu de l'assemblée, s'écrièrent avec fureur : « Notre avis est qu'il faut rejeter
« cette paix fourrée. »

J'ai su de bonne source qu'alors, comme chacun discourait à son
gré, Simon Caboche, cet ignoble écorcheur de bêtes, ayant imposé

dum quisque pro arbitrio verba daret, verbis et nutibus in-
dixisse silencium, torvosque oculos vertens in legatos respondisse : « Mirari satis non possumus, quod vos, qui continue
« factum regis approbastis, nunc persuadeatis pacem habere
« cum illis, qui nundum biennio exacto ipsum regem impugnare,
« et regnum destruere, regemque novum creare pro viribus
« temptaverunt. Si cordialiter optarent quod offerunt, utique
« Ludovicum Bourredon et Clignetum de Brebanto milites, sub
« signis ducis Aurelianis militantes, non passi fuissent in
« Guastinensi territorio Puteolum, Belnum, Pluvies ceteraque
« regis oppida, vi assultuum occupata, tamdiu tenuisse; nec
« paterentur hucusque in regis subditos rapinis intollerabilibus
« sevire, vel usque Stampas cotidianis discursibus habenas sue
« crudelitatis laxare. Quid indicat quod se suaque regi dulciter
« offerentes optant cum eo convenire, sed pro loco mutue con-
« vencionis hanc matrem urbium regni excipiunt, nisi signum
« odii inexpiabilis preconcepti, et ut in ipsam seviant fraudu-
« lenter? Quod frustra, anno exacto, viribus attemptaverunt, ut
« manifeste vidistis. Nec magnipendendum vobis est si contra-
« rium promittant, si rancorem depositum simulent precon-
« ceptum, si vos fideles nominent et amicos : quam viam con-
« sueverunt tenere procedendo ad injuriarum vindictam; quas
« asserunt vos in eos multipliciter commisisse, dum familiares
« suos et subditos statuistis bonis omnibus privari et variis ex-
« terminari suppliciis. Unde notum fieri volumus tam presen-
« tibus quam absentibus universis, quod, mox ut regem secum
« habebunt, dominum ducem ac reginam, non cessabunt, do-
« nec, cathenis vestris amotis, omni genere armorum vos videant
« destitutos, ac abolitis libertatibus antiquis, dampnosum jugum
« exactionum et collectarum peccunialium perpetuo subeatis, ut

silence de la voix et du geste à l'assemblée confuse, et jetant des regards farouches sur les envoyés, s'exprima ainsi : « Nous ne saurions
« assez nous étonner que vous, qui avez toujours pris parti pour le
« roi, vous lui conseilliez maintenant de faire la paix avec ceux qui
« ont employé tous leurs efforts, il n'y a pas deux ans, pour le com-
« battre, pour détruire le royaume et créer un autre roi. Si leurs
« offres étaient sincères, ils n'auraient pas souffert assurément que
« Louis Bourdon et Clignet de Brabant, qui servent sous les bannières
« du duc d'Orléans, eussent gardé si long-temps Puiseaux, Beaune,
« Pithiviers et les autres forteresses royales qu'ils ont prises dans le
« Gâtinais; ils ne leur permettraient pas d'exercer encore toutes sortes
« de cruautés contre les sujets du roi, et de pousser chaque jour
« leurs courses dévastatrices jusqu'à Étampes. Que prouvent l'em-
« pressement avec lequel ils mettent à la disposition du roi leurs
« personnes et leurs biens, et le désir qu'ils témoignent de conférer
« avec lui, en exceptant des lieux d'entrevue la capitale du royaume,
« sinon qu'ils conservent une haine implacable contre Paris, et qu'ils
« nourrissent le dessein de tenter traîtreusement contre cette ville
« quelque coup de main? ce qu'ils n'ont pu exécuter l'année der-
« nière malgré tous leurs efforts, comme vous l'avez vu. Ne vous fiez
« pas à leurs paroles, lorsqu'ils vous promettent le contraire, lors-
« qu'ils feignent d'avoir déposé leurs vieux sentiments de haine, et
« qu'ils vous traitent de fidèles et d'amis; c'est la marche qu'ils sui-
« vent ordinairement pour mieux assurer la vengeance de leurs in-
« jures. Or, ils prétendent que vous les avez outragés, en voulant
« dépouiller leurs serviteurs et leurs sujets de tous leurs biens et les
« faire périr par divers supplices. C'est pourquoi nous voulons faire
« savoir à tous, aux absents comme aux présents, que dès qu'ils
« auront avec eux le roi, monseigneur le duc et la reine, ils n'au-
« ront point de cesse qu'ils ne vous aient enlevé vos chaines, ôté
« toutes vos armes, ravi vos anciennes franchises, et qu'ils ne vous
« aient replacés pour toujours sous le joug ruineux de leurs exac-
« tions et de leurs tailles, afin de s'enrichir de vos dépouilles sui-
« vant leur coutume, et cela à votre honte éternelle. »

« inde more solito ditentur, et revera ad omnium vestrum igno-
« miniam sempiternam. »

Predictis et similibus mediis vir sordidus et agrestis, quamvis
armis refulgentibus insignitus, dissuadens ne rex consanguineos
permitteretur adire, addidit in finalibus : « Nam per Crucifixi
« guttatim emissum cruorem, si qui, quacunque auctoritate pre-
« mineant, id annuere presumant, eos ex nunc regis et preclare
« urbis Parisiensis proditores pessimos reputamus. » Ne de
comminatoriis verbis, ut sepe fit simili turbine rerum, procederetur ad scelus, solutum est colloquium. Quo iterum ipsa die
a decem et septem quaternariis, qui urbem in quinque partes
divisam custodiendam susceperant, quinquagenariis et decanis
sub se militantibus evocatis, secretissime celebrato, in unionis
et pacis sentenciam convenerunt. Huic tamen sentencie dumtaxat contradixerunt quatuor, qui populosa parrochiali ecclesia
sancti Eustachii presidebant. Quod dominus dux Guienne luce
sequenti audiens pacem volentes laudavit, et missorum precibus
leta fronte inclinatus ducem se obtulit, si negocium viribus in-
digeret, ipsumque maturandum suscepit. Penes pium genitorem
id reiteratis vicibus attemptavit, eciam in presencia suorum ambassiatorum, qui ejus sentenciam approbabant.

CAPITULUM XXV.

Que mente gerebant principes exprimuntur.

Et quia, ultra deliberacionem generalem dominorum prius
scriptam, multa alia se scire de consciencia eorum procedencia
nuncii tunc dixerunt, que optabant legatis regiis revelare,
cum in dedecus tocius regni verterentur, que ut scriptis redi-
gerent rex precepit, addentes in finalibus, quid super hiis agen-

Par ces paroles et par d'autres semblables cet homme ignoble, dont les façons grossières contrastaient avec l'éclat des armes dont il était revêtu, cherchait à empêcher une entrevue entre le roi et les princes du sang. Il ajouta en finissant : « Par le sang de Jésus-Christ qui a coulé « goutte à goutte, s'il en est ici, quelle que soit leur autorité, qui « aient l'audace de consentir à cette paix, nous les tenons dès ce mo- « ment pour traîtres au roi et à la bonne ville de Paris. » Il y avait lieu de craindre qu'on n'en vînt des menaces aux voies de fait, comme il n'arrive que trop souvent au milieu de semblables tumultes. Pour prévenir ce malheur, la séance fut levée tout aussitôt. Mais une autre réunion eut lieu secrètement le même jour, par l'entremise des dix-sept quarteniers qui étaient chargés de garder les cinq quartiers de la ville et qui y appelèrent les cinquanteniers et les dizeniers placés sous leurs ordres. Tout le monde y opina pour l'union et la paix, si l'on excepte toutefois les quatre chefs de la populeuse paroisse de Saint-Eustache. Monseigneur le duc de Guienne, ayant été informé le lendemain de ce qui s'était passé, loua beaucoup les partisans de la paix, accueillit avec empressement les prières de leurs députés, offrit de se mettre à leur tête, s'il était nécessaire d'avoir recours à la force, et se chargea de hâter la conclusion du traité. Il en parla plusieurs fois au roi son père, en présence de ses ambassadeurs, qui appuyèrent son avis.

CHAPITRE XXV.

Les princes exposent leurs doléances.

Outre ce que nous avons rapporté des dispositions générales des princes en faveur de la paix, leurs députés déclarèrent aussi qu'ils avaient reçu de leurs maîtres plusieurs instructions secrètes, dont ils désiraient faire part aux ambassadeurs du roi, d'autant plus qu'il s'agissait de choses qui pouvaient compromettre son honneur et celui de tout le royaume. Le roi les fit prier de mettre ces remontrances

dum consulerent, inde composuerunt rotulum continentem eos
molestissime ferre cur oppida, occasione transacte discordie et
nuper pacificate occupata, auctoritas regia non modo eis reddere diferebat, sed de recenti aliqua alia statuerat sibi reddi,
quasi de custodum fidelitate dubitaret; indecentissimum eos iterum reputare quod, quasi legibus nobilitatis parvipensis, inep-
tissimi viri, turbati capitis, moribus inconditi et ex abjectissimis
proavis ducentes originem, ad honores aule regie, municipio-
rum regiorum custodiam assumptis et regimen rerum civilium,
se digni eciam participacione consiliorum principum reputa-
rent; eos iterum abhorrere cum tamdiu domini ducis Guienne
avunculum, ducem eciam de Baro, consanguineum dilectum,
cum ceteris nobilibus Parisiensibus incarceratos tenuerint, et
ad similia perpetranda excitaverint ceteros cives regni, alba
eisdem offerentes capucia in signum confederacionis mutue nec
non et approbacionis temeritatis predicte.

Scriptis addebant nuncii : « Et si judicio nostro premisse
« displicencie penes dominos prefatos de facili valeant expiari,
« non tamen quod ipsi Parisienses tamdiu impedierint dominos
« regem, ducem Guienne ac reginam, tanquam noxios, inclu-
« sos, ne possent libere alibi se transferre. Nam scimus quod, ni
« resipiscant ab inceptis, in ipsos cruentis cedibus et incendiis
« inevitabilibus ad vindictam tante temeritatis procedent. »

CAPITULUM XXVI.

De incarceratis liberatis, et de viis adinventis ad impediendum pacem.

Ausus temerarii predicti, Deo detestabiles et celicolis universis, ex mandato rectorum commocionis popularis procedebant. Quidquid autem aggressi fuerant cives graves et modesti

par écrit, et d'y joindre leurs avis sur ce sujet. Ils dressèrent en conséquence un mémoire de leurs griefs, où ils déclaraient qu'ils étaient fort mécontents de ce que le roi non seulement différait de leur rendre les places qui leur avaient été enlevées à l'occasion des anciennes discordes aujourd'hui apaisées, mais encore de ce qu'il avait exigé la remise de quelques autres, comme s'il doutait de la fidélité de ceux qui y commandaient; qu'ils trouvaient scandaleux qu'au mépris des priviléges de la noblesse, des hommes incapables et sans expérience, de mœurs grossières et de basse extraction, fussent promus aux dignités de la cour, au commandement des places fortes et au gouvernement de l'État, et se crussent même dignes de prendre part aux conseils des princes; qu'ils étaient indignés que ces hommes retinssent si long-temps en prison l'oncle de monseigneur le duc de Guienne, et le duc de Bar son bien aimé cousin, ainsi que d'autres nobles personnages de Paris, et qu'ils eussent excité les autres habitants du royaume à commettre de pareils attentats, en les engageant à prendre des chaperons blancs en signe d'alliance et comme pour témoigner qu'ils approuvaient leur conduite.

Les députés ajoutèrent à leur mémoire : « Nous pensons que les « princes peuvent facilement oublier ces sujets de mécontentement; « mais ils n'oublieront pas si facilement que les Parisiens ont long- « temps retenu prisonniers, comme des criminels, monseigneur le « roi, le duc de Guienne et la reine, et qu'ils les ont empêchés de se « transporter où il leur plaisait. Nous savons au contraire que, s'ils « ne rentrent dans le devoir, les princes se feront infailliblement « justice en mettant tout à feu et à sang. »

CHAPITRE XXVI.

Délivrance des prisonniers. — Moyens imaginés pour entraver la paix.

Ces audacieux attentats, dignes de la colère de Dieu et de tous les saints, avaient lieu d'après l'ordre des chefs du mouvement populaire. Mais les hommes sages et les gens de bien réprouvaient une pareille

molestissime ferebant, sepiusque inquirentes per quem modum possent tolli de medio absque sanguine civili, jam optabant publice ut cum Dathan et Abiron viventes absorberentur. Quod attendentes commissarii regii, triduo non expectato, insignes dominas et domicellas cum multis aliis aulicis, quos sine cognicione cause vel informacione previa incarcerare fecerant, deliberaverunt insontes, prius tamen, unde cum multis aliis miror, prestito juramento quod detencionem et liberacionem suam sub perpetuo silencio tenerent consepultas. Sequendoque istam formam duces de Baro et Bavarie cum ceteris aliis liberos abire permisissent, nisi Johannes de Trecis cum suis consortibus restitisset. Et quamvis predictis illaqueati criminibus se sentirent lesam portare conscienciam, divinaque et humana animadversione dignos, non tamen obstinatum deposuerunt animum; sed metuentes ne Pacem jam tendentem ad principes, ut avidissimo amplexaretur affectu, dilectissima ejus soror Justicia sequeretur, ad vindictam perpetratorum scelerum, viam ejus sequentibus obstaculis impedire temptaverunt.

Ut cunctis terrorem incuciendo sine reprehensione iniquitates conceptas peragerent, preclariores civitatis viros, quos sibi nocivos opinabantur et conductores concordie, scriptis notare jusserunt, ut eos repente interficerent, cum oportunitas adesset. Sed sic quisque, ut id novit, quasi timoris et suspicionis stimulis agitatus, ad accelerandum ipsam solito studiosius laboravit. Preterea inimiciciarum incentores execrabiles ad metum quasdam litteras componi, a rege fraudulenter signari, et cancellario eorum precibus creato sigillari fecerunt, civitatibus Picardie transmittendas, que principes pacem petentes Picardis exosos redderent et merito exterminandos de terra. Nam post titulum « Karolus, Dei gracia, Francorum rex » in

conduite ; ils se demandaient souvent par quel moyen on pourrait se défaire d'eux sans effusion de sang, et ils souhaitaient publiquement de les voir engloutis vivants comme Dathan et Abiron. Les commissaires du roi, considérant ces dispositions, mirent en liberté trois jours après les illustres dames et demoiselles, et plusieurs autres personnes de la cour, qu'on avait fait incarcérer sans connaissance de cause, sans enquête préalable ; ils leur imposèrent toutefois pour condition, ce qui ne laissa pas de m'étonner moi et bien d'autres, qu'elles garderaient un éternel silence sur leur détention et sur leur délivrance. Ils auraient aussi rendu la liberté, sous les mêmes conditions, aux ducs de Bar et de Bavière et à tous les autres seigneurs, si Jean de Troyes et ses complices ne s'y fussent opposés. Ces misérables n'avaient point en effet renoncé à leurs coupables desseins, bien qu'ils sentissent leur conscience chargée de tant de crimes et qu'ils se reconnussent dignes de l'animadversion divine et humaine. Mais comme ils craignaient qu'à la suite de la Paix, qui revenait à grands pas vers les princes pour les unir étroitement, la Justice, sa sœur bien aimée, ne songeât à tirer vengeance de leurs forfaits, ils mirent tout en œuvre pour empêcher une réconciliation.

Afin d'accomplir leurs infâmes projets sans obstacle en frappant tout le monde de terreur, ils dressèrent une liste des bourgeois les plus considérables, qu'ils croyaient mal intentionnés à leur égard, et qu'ils soupçonnaient de s'entremettre en faveur de la paix ; ils voulaient les égorger à la première occasion. Mais aussitôt que leur plan fut connu, chacun, stimulé par l'inquiétude et par la crainte, n'en travailla que plus ardemment encore à hâter l'issue des négociations. En outre, ces exécrables fauteurs de discorde, pour accroître l'épouvante, composèrent des lettres qu'ils firent signer frauduleusement par le roi et sceller par le chancelier nommé sur leurs instances. Ces lettres, destinées aux villes de Picardie, avaient pour objet d'exciter la haine des Picards contre les princes qui demandaient la paix et de les représenter comme des gens dignes d'être exterminés. Voici quelle en était la substance : « Charles, par la grâce de Dieu, roi de France, etc.

substancia continebant : « Cives optimi et fideles, non vos sedu-
« cant adinventores verbosi; quin, quidquid dicatur, consan-
« guineos nostros proditores pessimos, adversarios quoque
« nostros atque regni reputamus; regimen nostrum ut conve-
« niens approbamus, nec aliud appetimus; nec plus filius noster
« dux Guienne molestiis se sentit inquietatum, quam quando
« bajulabatur genitricis in alvo. »

Adinventum mendacium miles nequam et subdolus Johannes
de Morolio divulgandum suscipiens, longe lateque per Picardiam horrendis et detestandis viciis famam principum deni-
gravit, asserens tam meritorium esse ad extremum exterminium
eorum viribus aspirare quam debellare adversarios Crucifixi.
Nec cessavit, linguam virosam laxando, ad id nobiles et ignobiles inducere, donec novit nuncios pacificos eorum jam Parisius attigisse. Dum sic ad insurgendum contra principes omnes
accenderet, et sedicionum principes, qui eum destinaverant,
simile attemptarent, regem dominumque Guienne adeuntes asseruerunt sub vexillis eorum multa milia loricatorum ad unguem
jamdiu militasse, qui castra regia occupantes crudeles discursiones usque Stampas dilatabant. Sed missis nunciis cognoverunt quod hec mala de voluntate ipsorum minime procedebant.
Hac de causa, decima quinta die jullii per ville Parisiensis compita voce preconia, preclangentibus lituis, publice divulgatum
est dominos Ludovicum Bourredon, qui se senescallum Biturie
nominabat, Clignetum quoque de Brebanto, qui sibi admiralli
Francie officium ascribebat, hostiles conciones septingentorum
bellatorum in direpcionem et predam regnicolarum usque Stampas adduxisse, indeque regem ad iracundiam nec immerito
provocatum, atque indigenarum querimoniis pulsatum, per
deliberacionem suorum illustrium et aliorum jure sibi in con-

« Excellents et fidèles bourgeois, gardez-vous d'écouter les semeurs
« de faux bruits, et croyez, quoi qu'on en dise, que nous tenons nos
« cousins pour des traîtres infâmes, pour ennemis de notre personne
« et de notre royaume. Nous approuvons notre gouvernement pré-
« sent, et nous n'en désirons pas d'autre. Notre fils le duc de Guienne
« n'est pas plus tourmenté maintenant que quand il était dans le
« sein de sa mère. »

Un chevalier perfide et intrigant, nommé Jean de Moreuil, fut
chargé de faire circuler ce manifeste trompeur dans toute la Picardie.
Il noircit la réputation des princes par d'infâmes et atroces calomnies,
affirmant qu'il était aussi méritoire de conspirer leur ruine que de
combattre les ennemis du Christ. Il ne cessa de répandre partout ces
odieuses calomnies et d'exciter contre eux les nobles et le peuple,
que lorsqu'il eut appris que leurs députés étaient arrivés à Paris,
pour traiter de la paix. Pendant qu'il travaillait ainsi à soulever tout
le monde contre les princes, les chefs de la sédition, qui l'avaient
envoyé, faisaient de leur côté les mêmes tentatives. Ils allèrent trouver
le roi et monseigneur le duc de Guienne, et leur assurèrent que plusieurs milliers d'hommes d'armes qui servaient depuis long-temps
sous la bannière des lis, et qui tenaient garnison dans les forteresses
royales, poussaient jusqu'à Étampes leurs courses dévastatrices. Des
envoyés furent dirigés exprès sur les lieux, et l'on sut que ces violences se faisaient sans la participation de ces hommes d'armes. On
ne laissa pas cependant de faire publier, le 15 juillet, dans les carrefours de Paris, par la voix du héraut et à son de trompe, que
messire Louis Bourdon, qui se disait sénéchal de Berri, et messire
Clignet de Brabant, qui s'attribuait le titre d'amiral de France,
avaient amené jusqu'à Étampes des bandes composées de sept cents
hommes d'armes pour piller et ruiner les sujets du roi ; que le roi en
était justement irrité, et que, pour faire droit aux plaintes des habitants, il avait décidé, d'après l'avis des grands de la cour et de son
conseil, que tous ceux qui auraient à cœur de venger une telle injure
pourraient leur courir sus en toute liberté, disperser et dépouiller

siliis assistencium, statuisse ut universi, ad tantam injuriam vindicandam cordialiter affecti, ad delendas et spoliandas predictas hostiles societates libere proficiscerentur; et si victores existerent, regali munificencia eorum bonis omnibus potirentur. Id roborari sigillo regio adversarii pacis procuraverant, lucri tacti cupidine, et ut alienis opibus ditarentur. Quapropter quod proclamatum fuerat aggredi cupientes, de villa Parisiensi ac nonnullis aliis duo milia statuerunt congregare pugnatores, qui stipendiis villarum et sub Leone de Jaquevilla, capitaneo Parisiensi, militarent. Sed mox ut se ad iter accinxerunt, status rerum mutatus est, ut dicetur.

CAPITULUM XXVII.

Que proponi fecerunt coram ambassiatoribus regiis principes pacem poscentes.

Nequiverunt impedire publice transquilitatis adversarii quin rex consanguineorum requestis dulciter acquieverit, per dominum de Offemonte, facundum militem, mandans usque Vernonem eos accedere, et ibidem expectare insignes duces Biturie et Burgundie missuros usque Pontisaram; per eumdem significans nuncium quod quidquid ad utilitatem regni, honorem sui, et concordie mutue stabilimentum concluderent, ratum et gratum haberet. Sane circumspectiores regnicole guerram atrociorem solito futuram jam judicabant. At ubi noverunt tantorum principum et ex eodem preclaro regali sanguine prodeuncium convencionem celebrandam, Dominum collaudaverunt, quasi arram jam tenerent concordie; ad quam cicius annuendam viri ecclesiastici ex tunc cum letaniis devotis missarumque sollempniis ad aures pulsavere summe majestatis. Nonnullos quibus rex secreta consueverat communicare consilia, ut duces tucius

lesdites compagnies, et que tout le butin qu'ils auraient fait leur serait abandonné par la munificence royale, s'ils demeuraient vainqueurs. Les ennemis de la paix, qui n'aspiraient qu'à profiter de ces dépouilles et à s'enrichir aux dépens d'autrui, firent en sorte que cette résolution fût scellée du sceau royal. Puis en vertu de cette proclamation, ils ordonnèrent une levée de deux mille hommes dans Paris et dans quelques autres villes. Cette armée devait être entretenue aux frais des villes et placée sous les ordres de Léon de Jacqueville, capitaine de Paris. Mais au moment où elle allait entrer en campagne, l'état des affaires changea tout à coup.

CHAPITRE XXVII.

Propositions de paix faites au nom des princes, en présence des ambassadeurs du roi.

Les ennemis de la tranquillité publique ne purent empêcher le roi d'acquiescer avec empressement aux requêtes des princes du sang. Il leur fit dire par messire d'Offemont, chevalier renommé pour son éloquence, de se rendre à Vernon, et d'y attendre les illustres ducs de Berri et de Bourgogne qu'il enverrait jusqu'à Pontoise. Il chargea le même personnage de leur annoncer qu'il ratifierait et approuverait tout ce qu'ils auraient décidé dans l'intérêt du royaume, pour son honneur et pour l'affermissement de la concorde. Jusque-là les gens sages avaient cru que la guerre allait devenir plus sanglante que jamais. Mais quand ils apprirent qu'il devait y avoir une entrevue entre de si grands princes, tous issus de l'illustre maison de France, ils rendirent grâces au Seigneur, comme s'ils eussent eu des gages assurés de la paix. Afin même d'en hâter la conclusion, le clergé invoqua le Tout-Puissant par de pieuses litanies et des messes solennelles. Le roi, voulant que les ducs pussent s'éclairer par d'utiles avis dans cette affaire, et mener à bonne fin les négociations, leur avait adjoint huit des principaux bourgeois qu'il avait coutume d'admettre à ses conseils secrets. Ces

dirigerentur in agendis, et deliberanda laudabiliori fine clauderentur, octo numero summe auctoritatis cives jusserat eisdem assistere. Qui et jullii vicesima prima die per villam sancti Dyonisii transeuntes, cum glorioso martiri inchoata devote recommendassent, villam sibi designatam illico pecierunt. Apostematum seva pestis, que ibidem utriusque sexus multos urgebat in mortem hinc inde, principes quod mente gerebant pacificum acceleravit expedire. Quapropter luce sequenti de Vernone sollempnes miserunt ambassiatores, viros utique modestos, probitate conspicuos et ideo nominandos ; inter quos magister Johannes de Cusse et magister Guillelmus Saygnet, qui propositum susceperat perorandum, auctoritate Ludovici regis Sicilie fungebantur. Hiis insignes Aurelianis et Borbonio duces Guillelmum de Braquemont militem, Petrum de Precy consiliarium, magistrum Hugonem Perier secretarium adjunxerant, secum comitis de Alenconio cancellarium Johannem le Veleur, magistrum Droconem de Asneriis cambellanum, et Thomam Bonasses secretarium habentes, nec non magistrum Petrum de Beauvoir et Ymbertum de Groslee, magistrum hospicii domini comitis Augi. Hiis in ducum presencia constitutis, cum data fuisset loquendi gracia oratori predicto, ut erat eloquencia clarus :

« Ad credenciam, inquit, nobis injunctam ex parte domino-
« rum nostrorum regis Sicilié, Aurelianis et de Borbonio du-
« cum, nec non de Alenconio et Augi comitum, vobis metuen-
« dissimis dominis Biturie et Burgundie, ac dominis meis de
« magno consilio regis dominique Guienne, in vestra socie-
« tate existentibus, explicandum, postquam opportet me loqui
« pro bono pacis, confidens de Dei gracia qui est actor pacis,
« favore et benivolencia audiencium assumo Psalmiste ver-
« bum : *Oculi mei semper ad Dominum,* psalmo vicesimo quarto.

députés passèrent par Saint-Denys le 21 juillet, et après avoir recommandé pieusement le succès de leur mission au glorieux martyr, ils se rendirent à Vernon. Une contagion cruelle, qui décimait la population de cette ville, engagea les princes à presser les négociations pour la paix. Aussi, dès le lendemain, ils députèrent de Vernon vers les envoyés du roi une ambassade composée de personnages non moins recommandables par leur sagesse que par leur probité, et dont je crois devoir citer les noms : c'étaient maître Guillaume Saignet, qui était chargé de porter la parole, et maître Jean de Cussé, tous deux représentants du roi de Sicile Louis. Les illustres ducs d'Orléans et de Bourbon leur avaient adjoint Guillaume de Braquemont, chevalier, Pierre de Précy, conseiller, et maître Hugues Périer, secrétaire, qui avaient avec eux le chancelier du comte d'Alençon, Jean le Veleur, maître Drogon d'Anières, son chambellan, et Thomas Bonassez, son secrétaire, ainsi que maître Pierre de Beauvoir et Imbert de Groslée, maître d'hôtel de monseigneur le comte d'Eu. Ces ambassadeurs ayant été introduits en présence des princes, Guillaume Saignet, qui était fort éloquent, prit la parole, et s'exprima ainsi :

« Puisqu'il convient que je parle en faveur de la paix et que j'expose les instructions que nous avons reçues de nos seigneurs le roi de Sicile, les ducs d'Orléans et de Bourbon et les comtes d'Alençon et d'Eu, devant vous, mes très redoutés seigneurs de Berri et de Bourgogne, et devant messieurs du grand conseil du roi et de monseigneur de Guienne, qui sont en votre compagnie, la cause que je défends m'inspirant toute confiance en la grâce de Dieu, qui est l'auteur de toute paix, ainsi qu'en la faveur et bienveillance des assistants, je prendrai pour texte ces mots empruntés au psaume vingt-quatrième du Psalmiste : *Oculi mei semper ad Dominum ,*

« Pro cujus introductione sapientis Platonis verbum accipio,
« inter cetera ejus dicta notabilia, cunctis dominis et princi-
« pibus preeminenciam in regimine publico habentibus directa :
« *Qui rei publice prefuturi sunt, duo precepta teneant, etc. :*
« *primum, quod in cunctis actibus suis aspectum habeant ad*
« *utilitatem publicam, particulare commodum postponendo;*
« *secundo, quod rem publicam, quam susceperunt regendam,*
« *reputant unum corpus, cujus caput ipsi sunt, subditi membra,*
« *taliter quod, si aliquod membrum lesum sit, doloris gravitas*
« *ascendat usque ad caput.* Ideo ad propositum considero istud
« regnum christianissimum et famosissimum esse quasi unum
« corpus, cujus summus dominus noster rex caput est et sub-
« diti membra.

   « Sed in quo gradu ponam dominos nostros de sanguine
« regali, qui nos mittunt, et vos metuendissimos dominos, qui-
« bus loquimur, nescio, quia caput non habemus nisi regem,
« cui equiparare vos non possum, nec eciam membris humilio-
« ribus, servando vestram debitam preeminenciam. Sed michi
« videtur quod possum vos et debeo comparare membris par-
« ticularibus capitis; et pro tanto quod inter cetera membra
« capitis oculi sunt nobiliores et mirabilioris condicionis, ipsis
« vos dominos meos equiparo, et propter tres excellencias et
« singulares condiciones quas habent : primo, quod oculi in cor-
« pore bene disposito per naturam sunt et debent esse duo
« unius forme, figure et aspectus, sine aliqua diferencia, et in
« casu quod est aliqua diferencia, sicut quod unus aspiciat di-
« recte, alter autem ex obliquo, vel quod unus sit clausus et alter
« apertus, inde diffamatur corpus, et sortitur vir nomen no-
« vum, sicut strabo vel non recte videns; ideo, videre meo, do-
« mini nostri, a quibus mittimur, et vos, metuendissimi domini,

« et je citerai, pour entrer en matière, une maxime de Platon, célèbre
« entre toutes celles qu'il adresse aux seigneurs et aux princes char-
« gés du gouvernement des affaires publiques : *Que ceux qui sont*
« *appelés à gouverner l'État ne perdent pas de vue qu'ils doivent*
« *d'abord ne songer dans toutes leurs actions qu'au bien public et*
« *le préférer à leur intérêt particulier, en second lieu, considérer*
« *l'État qu'ils sont chargés de gouverner comme un seul corps, dont*
« *ils sont la tête et leurs sujets les membres, de telle façon que, si*
« *quelque membre vient à être blessé, la douleur se fasse sentir*
« *jusqu'à la tête.* C'est pourquoi je considère ce royaume très chré-
« tien, qui est si renommé dans le monde, comme un seul corps, dont
« le roi notre souverain seigneur est la tête, et dont ses sujets sont
« les membres.

« Or, je ne sais quelle place assigner aux princes du sang qui nous
« envoient, et à vous, très redoutés seigneurs, à qui nous parlons ;
« car nous n'avons d'autre tête que le roi, auquel nous ne pouvons
« vous comparer, pas plus que nous ne pouvons, en raison de votre
« haut rang, établir de comparaison entre vous et les membres
« inférieurs. Mais il me semble que je puis et que je dois vous com-
« parer à certaines parties de la tête. Et comme tant est que parmi
« ces parties il n'y en a point qui soit plus noble et plus admirable
« que les yeux, c'est aux yeux que je crois devoir vous comparer,
« messeigneurs, en raison des trois qualités supérieures et particu-
« lières qui les distinguent. Premièrement, les yeux, dans un corps
« bien conformé, sont et doivent être au nombre de deux, ayant
« même forme, même aspect, même regard, sans aucune différence ;
« et dans le cas où il y en aurait quelqu'une, si, par exemple, l'un
« regardait droit et l'autre de travers, ou si l'un était fermé et l'autre
« ouvert, le corps en serait disgracié, et l'on donnerait à l'homme
« atteint de ce défaut le nom de borgne ou de louche. Ainsi, à mon
« avis, nos maîtres qui nous envoient, et vous, très redoutés seigneurs,
« à qui nous parlons, bien que vous soyez plusieurs, vous avez néan-

« quibus loquimur, supposito quod sitis plures numero, estis
« tamen et debetis esse unius voluntatis, unius respectus supra
« totum corpus supradictum, et debetis habere duos oculos nu-
« mero tendentes ad unum finem et unum bonum, commune
« scilicet, ex oculo intellectus per claram cognicionem, oculo
« affectionis per verum amorem, sine aliqua diferencia, ut
« dicit sapiens Ecclesiastici secundo : *Oculi sapientis in capite*
« *ejus.* Secundo oculi sunt in eminenciori parte tocius corporis ;
« ideo respiciunt et vigilant pro toto corpore, ut dicit prophecia
« Ezechielis tricesimo tercio : *Fili hominis, speculatorem dedi te*
« *domui Israel.* Similiter sunt domini nostri de sanguine re-
« gali, qui pro singulari amore, quem habent erga dominum
« nostrum et dominum suum, continue vigilant super custodie
« ipsius. Tercio, quia oculus, qui propter magnam nobilitatem
« suam habet formam rotundam et sphericam, sic sentit de cunc-
« tis membris corporis, quod, mox ut unum gravi dolore lesum
« est vel percussum, lacrimatur, ut dicit prophecia Jeremie decimo
« nono : *Plorans plorabis, et deduces oculos in lacrimam, quia*
« *captus est grex Domini.* Et ad propositum facit quod dicit
« Valerius libro octavo de Marcello tyranno, qui videns desola-
« cionem Siracusane urbis sibi adverse, quam violenter ceperat,
« non potuit se a lacrimis abstinere. Quid ergo debet facere
« verus dominus? Certe lacrimari ac plorare super dolore mem-
« brorum, exemplo Codri regis Atheniensis, qui pro acqui-
« rendo triumpho, et ut salvaret populum, scienter se permisit
« interfici. Et quia omnes domini sunt et debent esse similis
« condicionis, eos possum oculis assimilare resumendo verbum
« propositum : *Oculi mei semper ad Dominum.*

« *Mei,* in personis dominorum, qui nos mittunt, ac eciam in
« personis omnium nostrum, qui hoc onus assumpsimus. Non

« moins et devez avoir une même volonté, un même regard sur tout
« le corps. Vous devez avoir deux yeux, n'ayant en vue qu'une même
« fin et un même bien, qui est l'intérêt public, c'est à savoir l'œil de
« l'intelligence par une connaissance claire des choses, et l'œil de
« l'affection par un véritable amour, sans aucune différence, comme
« dit le sage dans le second chapitre de l'Ecclésiaste : *Sapientis oculi*
« *in capite ejus*. Secondement, les yeux sont placés dans la partie la
« plus éminente du corps ; c'est pourquoi ils regardent et veillent
« pour tout le corps, comme dit le prophète Ézéchiel au trente-troi-
« sième chapitre : *Fili hominis, speculatorem dedi te domui Israel.*
« Ainsi sont nos seigneurs du sang royal, qui, en raison de l'amour
« tout particulier qu'ils portent au roi notre sire et le leur, veillent
« continuellement sur sa personne. Troisièmement, l'œil, qui à cause
« de sa grande noblesse a une forme ronde et sphérique, est en rela-
« tion si intime avec les autres parties du corps, que, si l'une d'elles
« vient à être blessée ou douloureusement affectée, il pleure aussitôt,
« comme dit le prophète Jérémie au dix-neuvième chapitre : *Plorans*
« *plorabis, et deduces oculos in lacrymam, quia captus est grex Do-*
« *mini.* Je citerai encore à ce propos ce que rapporte Valère Maxime,
« dans son livre huitième, au sujet du tyran Marcéllus, qui, voyant
« la désolation de Syracuse, cette ville ennemie de Rome, qu'il avait
« emportée d'assaut, ne put retenir ses larmes. Que doit donc faire un
« seigneur légitime, sinon pleurer et compatir à la douleur de ses
« membres, à l'exemple de Codrus, roi d'Athènes, qui, pour assurer
« la victoire à son peuple et le sauver, fit volontairement le sacrifice
« de sa vie? Or, comme tous les seigneurs sont et doivent être de
« pareille condition, n'ai-je pas raison de les assimiler aux yeux, et de
« répéter ici les paroles que j'ai prises pour texte : *Oculi mei semper*
« *ad Dominum.*

« Le mot *mei* s'applique à la personne des seigneurs qui nous
« envoient, et même à la personne de nous tous, qui avons consenti
« à nous charger de cette mission. Ce n'est pas toutefois qu'aucun de

« tamen quod aliquis nostrum se comparet oculo, sed se dicit
« servitorem oculi et situatum inter minora membra corporis
« supradicti, sicut parva uncia parvi digiti manus dextre, me-
« dici nuncupati, que per veram disposicionem nature consuevit
« servire oculo; exemplo cujus cogimur in tam alta materia,
« que nobis multum est onerosa, sed est pro bono pacis, et
« obediendo oculo. Ideo *oculi mei.*

« *Semper,* quoniam omni tempore quilibet respectum debet
« habere ad dominum et maxime tempore adversitatis, ut re-
« citat Tullius *de Amicicia* dicens, quod domino et amico exis-
« tentibus in prosperitate dici debet : *Veni vocatus;* sed in
« adversitate : *Veni non vocatus;* et ut dicit Psalmista : *Sicut*
« *oculi ancille in manibus,* etc.

« *Ad Dominum,* hystorice, allegorice vel anagogice potest in-
« telligi; sed hoc verbum accepi pro quocunque terreno domino,
« supposito adhuc quod existat discolus, nec compleat ea que
« boni reges et principes adimplere teneantur juxta dictum
« apostoli Petri prime secundo dicens: *Estote subditi omni crea-*
« *ture propter Deum, et regi tanquam excellenti,* etc. Et ibimet :
« *Estote obedientes in timore dominis, non tantum bonis et mo-*
« *destis, sed eciam discolis.* Et sic videtur quod de omni domino
« potest dici verbum in principio assumptum : *Oculi mei sem-*
« *per ad Dominum.*

« Et ideo domini nostri qui nos mittunt, habentes oculum
« intellectus per claram cognicionem, et affectus per verum
« amorem, domino, tanquam capiti, et toto corpori istius chris-
« tianissimi regni timentes, ne de ipsis dicatur illud Ysaie quin-
« quagesimo sexto capitulo : *Speculatores ejus ceci omnes,*
« ut non dicatur eciam quod porco assimilentur, qui poma
« comedit sub arbore collecta, non respiciendo arborem ex

« nous veuille se comparer à l'œil ; mais nous nous disons tous servi-
« teurs de l'œil, et nous nous plaçons au nombre des parties infé-
« rieures dudit corps, comme l'ongle du petit doigt de la main droite,
« qu'on nomme le médecin, vu que, par la vraie disposition de la
« nature, il est destiné à être le serviteur de l'œil. C'est d'une façon
« analogue que nous sommes appelés à nous occuper d'une matière si
« importante : ce qui nous semblerait une charge fort onéreuse, si ce
« n'était pour le bien de la paix, et pour obéir à l'œil. Voilà pourquoi
« j'ai dit : *Oculi mei.*

« J'ai ajouté *semper*, parce que, en tout temps, chacun doit avoir
« les yeux tournés vers son seigneur, et surtout au temps de l'adversité,
« comme le remarque Cicéron, qui nous apprend, dans son traité *de*
« *l'Amitié,* que l'on doit dire à son seigneur et à son ami, quand ils
« sont dans la prospérité : *Venez, si l'on vous appelle,* et quand ils
« sont dans l'adversité : *Venez, sans attendre qu'on vous appelle,* et
« comme dit aussi le Psalmiste : *Sicut oculi ancillæ in manibus,* etc.

« *Ad Dominum* peut s'entendre dans un sens historique, allégorique
« ou anagogique. Mais j'ai voulu désigner par ce mot tout seigneur
« terrien, supposé même qu'il fût despote et qu'il ne remplît pas les
« devoirs auxquels sont astreints les bons rois et princes, suivant la
« parole de l'apôtre Pierre, qui dit au second chapitre de sa première
« épître : *Estote subditi omni creaturæ propter Deum, et regi tan-*
« *quam excellenti,* etc. ; et encore dans le même passage : *Estote obe-*
« *dientes in timore dominis non tantum bonis et modestis, sed etiam*
« *dyscholis.* Il semble donc qu'on peut appliquer à tout seigneur les
« paroles que j'ai prises pour texte : *Oculi mei semper ad Dominum.*

« C'est pourquoi nos seigneurs qui nous envoient, ayant un œil
« d'intelligence par une connaissance parfaite et un œil d'affectiou
« par un véritable amour pour leur seigneur, comme étant leur chef,
« et pour tout le corps de ce royaume très chrétien, ont appréhendé
« qu'on ne leur appliquât ce qui est rapporté au cinquante-sixième
« chapitre d'Isaïe : *Speculatores ejus cæci omnes.* Ils ont craint aussi
« d'être comparés au pourceau, qui mange les fruits qu'il trouve entas-
« sés au pied de l'arbre, sans regarder l'arbre qui les a produits. Consi-

« qua crescunt; attendentes eciam et perpendentes eciam ali-
« quos ineptos modos, qui sequti sunt, non est diu, et specia-
« liter in bona villa Parisiensi, quia viderunt totum corpus
« supradictum pati unam magnam distractionem, per quam
« potest levissime incurrere infirmitatem valde periculosam et
« talem, quod per continuacionem posset esse mortalis, quod
« Deus per suam misericordiam avertat! primo namque intel-
« lexerunt servientum regis, regine, domini ducis Guienne cap-
« cionem, que tantum dictis dominis ac domine pertinet et non
« aliis. Postea intellexerunt quod similiter factum est de domi-
« nabus et domicellis existentibus in comitiva regine domine-
« que Guienne, que tam pro honore dominarum suarum quam
« sexus feminei, cui jus multum defert ob honorem castitatis et
« prohibet sub penis maximis ne honeste femine tractentur in
« publico, ac eciam propter honorem ingenuitatis et nobilium
« domorum unde processerunt, videtur quod non debebant
« sic tractari. Ulterius conqueruntur quod, quamvis quorum-
« cunque dominorum de genere regali existencium cognicio
« non pertineat nisi regi et sanguinis sui dominis, dominus
« tamen dux de Baro, cognatus regis germanus, captus fuit et
« adhuc captus tenetur; unde mirabiliter dolent dicti domini
« et precipue rex et regina Sicilie, qui affectuose rogant et de-
« poscunt liberacionem ejus ac eciam domini de Bavaria, fra-
« tris regine, metuendissime domine sue. Et adhuc amplius do-
« lent de modo et forma habitis in precedentibus. Nam vera
« relacione cognoverunt id factum fuisse per viros carentes auc-
« toritate regali, in modum popularis rumoris et commoti po-
« puli; qui violenter portas hospiciorum dominorum regis et
« ducis Guienne effringentes, in verba presumptuosa contra
« ducem erumpebant, in quibus maximam displicenciam nec

« dérant aussi et examinant avec attention les désordres qui ont eu
« lieu récemment, et particulièrement dans la bonne ville de Paris,
« ils ont gémi de voir ledit corps éprouver un grand déchirement, qui
« peut facilement amener une maladie très dangereuse et de nature à
« devenir mortelle, si elle se prolonge : ce dont Dieu nous garde dans
« sa miséricorde ! Ils ont déploré d'abord l'arrestation des serviteurs
« du roi, de la reine, de monseigneur le duc de Guienne, qu'il
« n'appartient qu'auxdits seigneurs et à ladite dame de faire arrêter.
« Ils ont déploré ensuite qu'on en eût agi de la même façon envers les
« dames et demoiselles de la suite de la reine et de madame la duchesse
« de Guienne, auxquelles il semble qu'on devait épargner un sem-
« blable outrage, si l'on considère le respect qui est dû à leurs maî-
« tresses et la déférence à laquelle leur sexe a droit pour l'honneur
« de la chasteté, au point que les lois défendent sous les peines les
« plus sévères d'insulter en public les femmes honnêtes, et si l'on
« songe qu'elles méritaient aussi plus d'égards, en considération de
« leur haute naissance et des nobles maisons dont elles sont issues. Ils se
« plaignent en outre qu'on ait arrêté monseigneur le duc de Bar, cou-
« sin germain du roi, et qu'on le retienne encore prisonnier, au mé-
« pris des droits de tous les seigneurs de la maison royale, qui ne sont
« justiciables que du roi et des princes du sang; ce qui afflige singuliè-
« rement lesdits princes, et en particulier le roi et la reine de Sicile,
« qui demandent et requièrent instamment sa délivrance et celle de
« monseigneur de Bavière, frère de la reine, leur très redoutée dame.
« Mais il y a quelque chose qui les afflige encore plus, c'est la manière
« et la forme suivant lesquelles on a procédé en cette occasion; car
« ils ont su de bonne part que cela a été fait à la faveur d'une émeute
« et d'un soulèvement populaire, par des hommes qui n'étaient pas
« investis de l'autorité royale, et qui, forçant les portes des hôtels de
« monseigneur le roi et du duc de Guienne, se sont emportés jusqu'à
« insulter le duc et ont provoqué son juste ressentiment par leurs
« outrages. Ce qui leur est surtout pénible, c'est qu'ils ne connaissent
« pas une raison plausible, pas un prétexte valable qui ait pu donner
« lieu à de tels actes. Si on leur en avait fait connaître les motifs, ou

v.   14

« immerito accepit; et specialiter, cum nundum noverint ali-
« quam justam causam vel aliqualiter coloratam, quare expleta
« talia fieri debuissent; quam forte si cognovissent, vel nunc
« scirent, non tantum mirarentur. Ulterius continuando, ut
« dicitur, dictus dominus Guienne fuit et est nunc propria liber-
« tate privatus active et passive : active, quia non potest exire
« domum suam vel ad minus Parisiensem civitatem; passive
« autem, quia nullus, cujuscunque condicionis sit, et si de suo
« sanguine, nec alter, ausus est loqui nec conversari cum ipso,
« nisi illi qui custodiunt eum, ut consuetum est fieri alicui
« incarcerato honesto. Et id gravissimum est dominis, quod
« fraudentur et priventur visione et conversacione sui summi
« domini in terra, et ut fere eis esset post vitam hanc privari
« visione divina.

« Item queruntur et dolent quod, post premissa, Parisienses
« quasdam litteras dictis dominis miserunt, et alias quasi consi-
« miles bonis villis hujus regni, in effectu expleta predicta
« continentes, quas fundant super pravo regimine domini ducis
« Guienne, in fine poscentes quod quisque ageret similiter. Et
« quantum de litteris suis, illas leviter pertranseunt; sed quan-
« tum de litteris civitatibus missis, maxime conqueruntur, quia
« nulli competit scire, nisi sit de regio sanguine, aliquid quod
« oneret honorem tanti domini. Nec erat aliqua causa adinventa
« sive vera, quare alie urbes deberent simile facere, cum non
« sit in illis aliquis, qui se ausus fuisset intromittere de regimine
« tanti ducis. Et videtur quod hoc non inserebatur, nisi ad in-
« ducendum populum ut ageret quid sinistrum et irraciona-
« bile in prejudicium regis, domini Guienne, tocius eorum
« dominii, et eciam dictorum dominorum. Ulterius conquerun-
« tur quod, per quorumdam importunitatem predicta conti-

« s'ils les savaient maintenant, ils ne seraient pas si étonnés. On ajoute
« que ledit seigneur de Guienne a été et est encore en ce moment
« privé de sa liberté activement et passivement : activement, en ce
« qu'il ne peut sortir de son hôtel ou du moins de la ville de Paris;
« passivement, en ce que personne, quelle que soit sa condition,
« fût-ce un prince du sang ou autre, n'ose ni lui parler ni converser
« avec lui, excepté ceux qui le gardent, comme cela se pratique ordi-
« nairement pour un prisonnier de distinction. Aussi est-il bien dou-
« loureux pour les princes d'être frustrés et privés de la vue et de la
« conversation de celui qui est leur souverain seigneur sur la terre;
« c'est à peu près comme si on les privait de la vue de Dieu dans
« l'autre vie.

« *Item*, ils se plaignent et s'affligent de ce que, après tant d'atten-
« tats, les Parisiens leur ont envoyé certaines lettres, et d'autres à
« peu près semblables aux bonnes villes du royaume, pour les infor-
« mer de ce qui avait été fait, en rejeter la faute sur le mauvais gou-
« vernement de monseigneur le duc de Guienne, et demander que
« chacun imitât leur exemple. Quant aux lettres qui leur ont été
« adressées, ils ne s'y arrêtent point; mais pour celles qu'on a adres-
« sées aux villes, ils en sont fort scandalisés, parce qu'il n'appartient
« à personne, si ce n'est aux princes du sang royal, de rechercher ce
« qui pourrait entacher l'honneur d'un si puissant seigneur. Et d'ail-
« leurs il n'y avait aucun motif, vrai ou supposé, qui dût engager
« les autres villes à en faire autant, puisqu'il n'est personne dans ces
« villes qui eût osé se mêler de la conduite d'un si illustre duc. Aussi
« est-il vraisemblable que ces insinuations n'avaient d'autre but que
« de pousser le peuple à quelque acte fâcheux, à quelque attentat
« préjudiciable aux intérêts du roi, de monseigneur de Guienne, de
« leur autorité et même à la personne desdits princes. Ils voient avec
« beaucoup de peine que les factieux ont obtenu du roi, à force d'obses-

« nuancium, quedam mandata regia fuerunt impetrata, baro-
« nibus, militibus, scutiferis et vassallis dictorum dominorum
« transmissa, que in substancia continebant, quod, propter
« quodcunque sibi ab eisdem factum vel fiendum, minime
« comparerent nec essent in societate eorum, sed se tenerent
« in domibus suis, donec dominus conestabularius vel aliquis
« dominorum existencium Parisius pro ipsis mandarent. Unde
« nec immerito dolent, quia nunquam fecerunt vel intenderunt
« facere aliquid, unde vassallos suos deberent amittere, et cum
« rex ipsis indiget, debent eidem servire sub ipsis militando.

    « Conqueruntur iterum de multis aliis mandatis consimili-
« bus, per que aliqui officiarii regii occupaverunt de facto et
« adhuc conantur occupare castra sua et fortericias, ponendo
« se in possessione et saisina illorum, ponendo ibi custodes
« novos et deponendo capitaneos et castellanos eorum, quamvis
« sint notabiles milites et scutiferi, probitate conspicui et
« sine reprehensione, et qui semper fideliter servierunt et
« adhuc intendunt modis omnibus servire. Que res omnes et
« singule videntur eis extranee, nove atque displicentes, quia
« viam apperiunt et dant omnibus occasionem, tam in capite
« quam in membris, pessimi exempli et inobediencie et per
« consequens subversionis et ruine dominii, quia hoc insigne et
« christianissimum regnum semper continuatum fuit in bona
« prosperitate, principaliter propter bonam polliciam ipsius,
« in exhibicionem vere justicie, cujus fundamentum consistit
« in tribus, in quibus semper superavit omnia alia regna : et
« primo per scienciam, per quam fides christiana defensa fuit,
« justicia et bona pollicia continuata in ipso; postea per stre-
« nuam et laudabilem miliciam, per quam non tantum hoc
« regnum, ymo tota christianitas fuit et defensa; tercio propter

« sions, certains ordres qu'ils ont transmis aux barons, chevaliers,
« écuyers et vassaux desdits princes, pour leur enjoindre expressé-
« ment, quelque commandement qu'ils eussent reçu ou qu'ils dussent
« recevoir desdits princes, de ne pas obéir, de ne pas se trouver en
« leur compagnie, mais de rester chez eux et d'y attendre que mon-
« seigneur le connétable ou quelqu'un des seigneurs résidant à Paris
« les mandassent en leur nom. C'est un affront auquel ils sont d'au-
« tant plus sensibles, qu'ils n'ont jamais rien fait ni rien voulu faire
« qui dût les exposer à perdre leurs vassaux, et que, quand le roi a
« besoin d'eux, lesdits vassaux doivent servir sous leurs bannières.

« *Item*, ils se plaignent de beaucoup d'autres instructions semblables,
« en vertu desquelles quelques officiers du roi se sont emparés par voie
« de fait et s'efforcent encore de s'emparer de leurs châteaux et forte-
« resses, soit en se mettant en possession et en se saisissant desdites
« places, soit en y établissant de nouveaux commandants, et en dépo-
« sant leurs capitaines et châtelains, bien que ce soient de nobles
« chevaliers et écuyers, des gens d'honneur et sans reproche, qui ont
« toujours fidèlement servi et entendent toujours servir avec le même
« dévouement. Toutes ces choses leur paraissent étranges, nouvelles
« et fâcheuses, parce qu'elles ouvrent la voie à de mauvais exemples,
« tant pour la tête que pour les membres, et fournissent à tout le
« monde des occasions de désobéissance, et par conséquent de subver-
« sion et de ruine pour l'État. Car cet illustre royaume très chrétien
« s'est toujours maintenu en prospérité, surtout par son bon gouver-
« nement, et par la pratique de la véritable justice, fondée sur trois
« qualités qu'il a toujours possédées au plus haut degré entre tous les
« autres royaumes : la première est la science, au moyen de laquelle
« notre nation a défendu la foi chrétienne, pratiqué la justice et main-
« tenu une bonne administration ; la seconde, le courage et la valeur
« de notre chevalerie, qui a toujours protégé non-seulement le
« royaume, mais encore toute la chrétienté; la troisième, le grand
« nombre des sujets fidèles et leur obéissance spontanée à leur sou-

« magnum numerum fidelis populi subditi et sponte obedien-
« tis suo domino; que res per hec et similia expleta predicta
« leviter perverteretur et taliter quod, perverso omni ordine,
« unus officium alterius occupabit, et pedes qui solebant ferre
« caput, brachia et totum corpus, ibunt superius, et caput in-
« ferius. Et sic corpus perdidit omnia membra, omnem bonam
« regulam et disposicionem nature, ut dixit lex civilis : *Rerum*
« *commixtione turbantur officia.*

« Quapropter dicti domini nostri ad vos dolentes super pre-
« dictis, et videntes miserabilem consequenciam, nos mittunt
« ut oremus requirentes regi, regine, domino duci Guienne et
« vobis, metuendissimis dominis, vobis eciam, dominis consilia-
« riis regis, regine et domini ducis Guienne, hic presentibus,
« ut secundum exigenciam casuum exhibeatis pro posse reme-
« dia opportuna. Et sequendo oppinionem sapientum phisi-
« corum, eis videtur quod securior medicina et preservacio
« majoris infirmitatis tocius corporis supradicti est abstinencia.
« Et pro tanto, nomine dictorum dominorum vos rogamus, et
« nostro vobis supplicamus et poscimus quod deinceps talia
« expleta et modi supradicti, omnes eciam commissiones extra
« cessent penitus per exhibicionem vere justicie, per quam
« honor, preeminencia et vera libertas sint regi, domino duci
« Guienne, tanquam capiti, honores et prerogative consuete
« dominis, tanquam oculis dicti capitis, et vera justicia, pre-
« servando ab omni offensa Ecclesiam, nobilitatem et populum,
« tanquam brachia et tibie nobilissimi capitis supradicti. Et
« sic corpus supradictum veram sanitatem et pacem optimam
« obtinebit, quia *justicia et pax osculate sunt.* Quo in loco
« dicit Augustinus : *Quilibet appetit pacem in domo sua, sed*
« *justiciam, que est soror sua, mittit ad domum alterius; et*

« verain. Ces avantages seraient bientôt compromis par des excès tels
« que ceux qui ont eu lieu, si bien que tout ordre serait détruit, et
« les fonctions de chacun interverties ; les pieds, qui portent la tête,
« les bras et le reste du corps, iraient en haut, et la tête en bas. Et
« ainsi le corps perdrait tous ses membres, en même temps que toute
« sa régularité ; tout cet ensemble que lui a donné la nature serait
« anéanti, selon cette expression de la loi civile : *Rerum commixtione*
« *turbantur officia.*

« Tels sont les faits pour lesquels nosdits seigneurs vous exposent
« leurs doléances et dont ils redoutent les conséquences funestes ; c'est
« pourquoi ils nous envoient vers vous, afin de prier instamment le
« roi, la reine, monseigneur le duc de Guienne, et vous, très redoutés
« seigneurs, vous aussi, messieurs les conseillers du roi, de la reine et
« de monseigneur le duc de Guienne, ici présents, de porter remède,
« autant qu'il est en vous, à cet état de choses. Et, suivant l'opinion
« des plus savants médecins, qui recommandent l'abstinence aux ma-
« lades, ils pensent que c'est aussi le remède le plus sûr et le meilleur
« moyen de préserver l'État d'un plus grand mal. En conséquence,
« nous vous demandons, au nom desdits princes et au nôtre, nous vous
« supplions et vous conjurons de faire cesser désormais les violences
« et les voies de fait, ainsi que toutes les commissions extraordinaires,
« en rétablissant l'exercice de la véritable justice, afin que le roi et
« monseigneur le duc de Guienne conservent l'honneur, la préémi-
« nence et la vraie liberté qui appartiennent à la tête du corps, que
« les princes, qui en sont les yeux, jouissent de leurs dignités et pré-
« rogatives accoutumées, et que l'Église, la noblesse et le peuple, qui
« sont les bras et les jambes de la très illustre tête susdite, soient
« préservés de toute offense. Ainsi le corps recouvrera une entière
« santé et une heureuse paix ; car on pourra dire alors : *La justice*
« *et la paix se sont embrassées.* C'est à ce propos aussi que saint
« Augustin s'exprime en ces termes : *Chacun désire la paix dans sa*
« *maison, mais renvoie dans la maison d'autrui la justice, qui est*

« *ideo si vis habere veram pacem, opportet habere justiciam*
« *suam sororem.*

« Et si quis velit dicere quod abstinencia predicta sit peri-
« culosa ob metum duorum contrariorum, sicut guerre vel
« rigoris justicie, nomine dictorum dominorum respondemus
« quod vitabunt illa duo toto posse, et cordialiter offerent se
« ad faciendum dictam abstinenciam, expellendo gentes armo-
« rum dampnificantes hoc regnum per omnes vias et modos
« sibi possibiles. Et quantum ad rigorem justicie, attento
« dicto Platonis : *Quando princeps est contra rem publicam,*
« *tunc est sicut tutor, qui verberat pupillum cum cutello, cum*
« *quo ipsum deberet defendere,* quare eorum intencionis est
« sequi modum omnium bonorum principum, et precipue de
« domo Francie, qui consueverunt uti pietate et clemencia,
« dimittere et deponere omnem rancorem et omne malum velle
« conceptum contra villam Parisiensem, et omnium aliarum
« parcium, que forsitan de predictis possent onerari, et sup-
« plicare regi et regine, domino duci Guienne, ut obtineant
« absolucionem de omnibus rebus dictis tam de uno latere
« quam de altero, pro universis qui inde se vellent juvare.
« Desiderantque super omnia videre regem, reginam et domi-
« num ducem Guienne in sua debita libertate, in aliquo loco,
« sicut apud Rothomagum, Carnotum, Montem Argis, Mele-
« dunum, vel alio magis apto, excepta villa Parisiensi, pro
« primo adventu, non propter malivolenciam quam habeant
« contra ipsam nec habitantes in ea, sed ad vitandum omnem
« occasionem rumoris, qui leviter oriri posset inter servitores
« dictorum dominorum et aliquos de dicta congregacione, ad-
« visentur omnes securitates expedientes ad obviandum cunc-
« tis suspicionibus et inconvenientibus. Ad quem locum dicti

« *sœur de la paix. Si donc vous voulez avoir la véritable paix*, il
« *faut avoir avec elle la justice, sa sœur.*

« Et si l'on vient dire que l'abstinence dont nous parlons est dan-
« gereuse, en ce qu'elle pourrait amener les deux excès contraires,
« la guerre ou les rigueurs de la justice, nous répondons, au nom
« desdits seigneurs, qu'ils éviteront ces deux extrêmes de tout leur
« pouvoir, qu'ils offrent avec empressement de faire observer ladite
« abstinence, en employant tous leurs efforts pour chasser les gens
« d'armes qui ruinent le royaume. Quant aux rigueurs de la justice,
« ils ont présente à l'esprit cette pensée de Platon : *Quand un prince*
« *se déclare contre la république, il ressemble à un tuteur qui frappe*
« *son pupille avec le couteau qui devait servir à le défendre.* C'est
« pourquoi ils ont intention de suivre l'exemple de tous les bons
« princes, et principalement de ceux de la maison de France, qui
« ont toujours fait preuve de pitié et de clémence; ils déposeront et
« étoufferont tout ressentiment et tout mauvais vouloir contre la ville
« de Paris et contre ceux auxquels on pourrait imputer ce qui s'est
« passé; ils supplieront le roi, la reine et monseigneur le duc de
« Guienne d'accorder une amnistie générale de toutes lesdites choses,
« tant d'un côté que de l'autre, à tous ceux qui voudront désormais
« les seconder. Ils souhaitent par dessus tout avoir une entrevue en
« toute liberté avec le roi, la reine et monseigneur le duc de Guienne,
« dans un lieu tel que Rouen, Chartres, Montargis, Melun ou tout
« autre plus convenable, et, s'ils exceptent la ville de Paris, du moins
« pour la première entrevue, ce n'est pas par un sentiment de mal-
« veillance contre cette ville ou ses habitants, c'est pour éviter toutes
« les occasions de querelle qui pourraient survenir entre les serviteurs
« desdits princes et quelques gens de ladite ville. Ils désirent que dans
« ladite réunion il soit avisé aux moyens de prévenir par toutes les
« sûretés désirables toute espèce de soupçons et d'inconvénients. Ils
« se rendront avec empressement à ladite entrevue, afin de pourvoir
« au bon état et à la tranquillité de ce royaume, et de prendre à ce
« sujet toutes les mesures nécessaires. Tel est le but que se proposent
« lesdits princes, et que nous poursuivrons avec ardeur en leur nom,

« domini venient cordialiter ad providendum bono statui
« hujus regni et transquilitati ipsius, et super hoc advisentur
« modi securitatum possibilium, quia dicti domini et nos
« nomine ipsorum ad id libentissime intendemus honori, utili-
« tati et vere unioni istius nobilissimi corporis et omnium
« supradictorum membrorum. »

Finemque verbis faciens : « Si pauciora dixerim quam de-
« ceret, domini et socii mei illa poterunt supplere. Si nimis
« loqutus fuerim, vel protulerim aliquid quod oneret aliquem,
« vel sibi displiceat, supplico humiliter vobis, metuendissimis
« dominis meis, ut hoc imputetis fidelitati, simplicitati et
« ignorancie, affectate tamen ad bonum statum regis et trans-
« quilitatem regni sui; viso eciam et attento quod ad hoc
« naturaliter sum et ero per juramentum obligatus quamdiu
« vixero, ac eciam sequendo pro modico posse meo singularem
« affectionem, quam habet metuendissimus dominus meus rex
« Sicilie ad bonum istius materie; nec temeritati mee impu-
« tetur, malivolencie, nec affectioni inordinate, quam unquam
« habuerim nec adhuc intendo habere. »

CAPITULUM XXVIII.

Tractatus pacis composite inter duces sequuntur articuli.

Disertissime peroratis que in oculis omnium assistencium
placuerunt, insignis doctor qui proposuerat addidit ex verbis
suis aliqua scriptis notasse instantissime poscenda, dignum ducentes mittendos, quorum arbitrio resecanda submitterentur
vel agenda, ut debito componerentur ordine. Quo concesso,
ambo duces elegerunt quosdam, successive tamen, qui quatri-
duo eundo et redeundo finem rei tam presentibus quam absentibus dubium reddiderunt. Cum tamen mora tedium generaret,

« pour l'honneur, l'intérêt et la véritable union du corps illustre du
« royaume avec ses membres. »

L'orateur ajouta en finissant : « Si je n'ai point rempli complète-
« ment la tâche qui m'était imposée, messieurs mes collègues pour-
« ront suppléer à ce que je n'ai pas dit. Si j'en ai trop dit, ou s'il m'est
« échappé quelque chose dont quelqu'un puisse se croire blessé ou
« offensé, je vous supplie humblement, mes très redoutés seigneurs,
« de l'imputer à ma fidélité, à ma simplicité et à mon ignorance, et
« de croire que je n'ai eu en vue que le bien du roi et la tranquillité
« de son royaume, attendu que j'y suis tout naturellement et y serai
« toujours tenu par mes serments, tant que je vivrai, et que je n'ai
« qu'à suivre, autant qu'il dépend de mes faibles moyens, l'affection
« toute particulière dont mon très redouté seigneur le roi de Sicile
« est animé pour le succès de cette affaire. Que l'on n'attribue donc
« aucune de mes paroles à la témérité, à la malveillance ou à l'esprit
« de désordre, sentiments qui ne sont et ne seront jamais les miens. »

CHAPITRE XXVIII.

Suivent les articles du traité de paix conclu entre les ducs.

Après cet éloquent discours, qui obtint l'approbation de toute l'assistance, l'illustre docteur qui avait porté la parole ajouta qu'il avait
mis par écrit certains points, sur lesquels ses collègues et lui étaient
chargés d'insister particulièrement, et qu'il leur paraissait convenable
que l'on désignât des commissaires pour en délibérer, et pour décider
s'il y aurait quelques retranchements ou additions à faire, afin que
toutes choses fussent réglées définitivement. Cette ouverture ayant été
accueillie, les ducs confièrent cette mission à diverses personnes qui
devaient s'en occuper alternativement. Les négociations durèrent

utriusque partis vota principum induxerunt ut, exclusis pro-
lixarum disceptacionum anfractibus, unanimiter conveniret in
articulos compendiosos sequentes :

« Primo et principaliter inter dominos de regis sanguine
erit verus amor et integra unio; promittentque et jurabunt
quod deinceps remanebunt veri parentes et amici, et inde
litteras confectas sibi adinvicem tradent mutuoque jurabunt;
et ad majorem rei confirmacionem, servitores principales dictorum dominorum utriusque partis id promittent et jurabunt.

« Iterum quod dicti domini de regis sanguine, qui nuncios
suos et ambassiatores hic miserunt, omnes vias facti et guerrarum cessare facient, nec gentes armorum congregabunt; ymo
si aliquod mandatum fecerunt, illud cessare facient et penitus
anullabunt.

« Item quod ex toto fideli posse suo expellent et recedere
facient, celerius quod poterit fieri, gentes societatum sub Cligneto et Bourredon suisque adherentibus militantes, per
omnes vias et modos sibi possibiles; et, si dicte societates hoc
recusarent facere, dicti domini se exponent ad expellendum et
destruendum illos et omnes alios adversarios regis, qui regno
nocere conabuntur.

« Ulterius promittent quod de casibus, qui Parisius con-
tingerunt, non ferent aliquem rancorem, malivolenciam vel
dampnum ville nec particularibus personis illius, nec procurabunt eis inferre, quocunque modo sit, sub umbra justicie
vel alias. Et si aliqua securitas esset advisata pro bono ville et
personarum particularium ipsius, offerent se illam adjuvare et
procurare pro posse.

« Item quod dicti domini promittent et jurabunt super vivi-
ficam crucem, ad sancta Dei evvangelia, in verbo principis et

quatre jours, si bien que tout le monde, présents et absents, douta du succès. Toutefois on se lassa de tous ces retards, et l'on convint de part et d'autre que, laissant de côté tout sujet de discussions oiseuses, on s'en tiendrait d'un commun accord aux articles qui suivent :

« D'abord et avant tout, il y aura véritable amour et entière union entre les princes du sang royal; ils promettront et jureront de rester désormais bons parents et amis; ils s'en donneront réciproquement des lettres et s'y obligeront mutuellement par serment; et pour plus grande confirmation de la chose, les principaux serviteurs desdits seigneurs de l'un et de l'autre parti le promettront et le jureront également.

« *Item*, lesdits seigneurs du sang royal, qui ont envoyé ici leurs députés et leurs ambassadeurs, feront cesser toutes les voies de fait et de guerre, et ne rassembleront plus de gens d'armes; et, s'ils ont donné quelque ordre à ce sujet, ils le révoqueront et l'annuleront complétement.

« *Item*, ils emploieront fidèlement tout leur pouvoir pour congédier et faire retirer au plus tôt, par toutes les voies et moyens possibles, les gens des compagnies qui servent sous Clignet, Bourdon et leurs adhérents; et si lesdites compagnies s'y refusaient, lesdits seigneurs se mettront en mesure de les chasser et de les détruire, eux et tous les autres ennemis du roi qui chercheraient à nuire au royaume.

« *Item*, ils promettront de ne garder aucun ressentiment ni mauvais vouloir, et de ne causer aucun dommage à la ville de Paris ni aux particuliers, pour tout ce qui s'y est passé; et ils ne chercheront pas à leur en causer de quelque façon que ce soit, sous prétexte de justice ou autrement. Et si quelque mesure de sûreté était prise pour le bien de la ville et des particuliers, ils offriront d'en seconder et d'en favoriser l'exécution de tout leur pouvoir.

« *Item*, lesdits seigneurs promettront et jureront sur la vraie croix et les saints évangiles, sur leur parole de prince et leur honneur,

sub honore suo, quod complebunt et complere facient res supradictas universas, sine fraude vel malo ingenio; et inde regi tradent litteras sigillis propriis sigillatas.

« Item mediantibus rebus complendis, dicti ambassiatores requirunt, ut rex contramandet et revocari faciat cuncta mandata concessa, super pugnatoribus vel balistariis congregandis facta, cessareque faciat omnes vias facti et guerrarum, excepto contra dictas gentes societatum et alios adversarios suos, in casu quod non recedent vel expellentur, ut superius dictum est; similiter et quod cassare faciet et anullare penitus omnia mandata de recenti concessa ad ponendum in manu sua quedam castra et aliquas fortericias, ad deponendum capitaneos, instituendumque novos dictis locis vel aliis pertinentibus ad dictos dominos, et res ad primum statum reducet quantum ad hec. Et commissiones concessas a certo tempore datas pro factis quorumdam prigionariorum et aliorum, evocatorum vel evocandorum ad bannum, revocabit, et convenientur predicti per justiciam regis ordinariam et consuetam, absque hoc quod commissarii aliqui particulares de ipsis se intromittant.

« Requirunt iterum quod, supradictis rebus integraliter completis, rex, regina et dominus dux Guienne certa die ad aliquem locum conveniant extra Parisius, in quo predicti domini utriusque partis presentes sint ad firmandum bonam unionem et amorem inter eos, atque deliberandum super negociis regis rebusque necessariis, concernentibus utilitatem regis atque regni. Et si aliquis dubitaret ne prefati domini aut aliqui ipsorum vellent inducere regem, reginam et dominum Guienne ad odium vel vindictam contra villam Parisiensem vel aliquem inhabitancium in ea, vel quod regimen regni vellent sibi assumere, vel attrahere secum regem, reginam et dominum Guienne,

d'exécuter et de faire exécuter toutes les choses susdites, sans fraude ni mauvaise intention; et ils en délivreront au roi des lettres scellées de leurs sceaux.

« *Item*, moyennant l'accomplissement desdites choses, lesdits ambassadeurs requièrent que le roi contremande et fasse révoquer tous les ordres donnés pour la levée des gens d'armes et des arbalétriers, et qu'il fasse cesser toutes les voies de fait et de guerre, excepté contre lesdites gens des compagnies et ses autres ennemis, au cas qu'ils ne se fussent pas retirés ou qu'ils n'eussent pas été licenciés, comme il a été dit plus haut. Et pareillement il fera casser et annuler complétement tous les ordres expédiés récemment pour mettre en sa main certains châteaux et certaines forteresses, pour déposer les capitaines qui y commandent et en instituer de nouveaux dans lesdits lieux ou autres appartenant auxdits seigneurs, et il remettra à cet égard les choses dans leur premier état. Il révoquera également les commissions délivrées depuis un certain temps touchant le fait de certains prisonniers et autres, qui ont été ou qui doivent être cités à comparaître; lesquels seront renvoyés à la justice ordinaire et accoutumée du roi, sans que des commissaires particuliers s'en entremettent.

« *Item*, ils demandent que, lesdites choses étant accomplies intégralement, le roi, la reine et monseigneur le duc de Guienne se rendent à certain jour en un lieu déterminé hors de Paris, et que lesdits seigneurs de l'un et de l'autre parti y soient présents, tant pour confirmer la bonne union et amitié qui doit exister entre eux, que pour délibérer sur les affaires du roi et sur les choses nécessaires concernant son service et le bien du royaume. Et pour rassurer ceux qui craindraient que lesdits seigneurs ou quelques-uns d'entre eux ne voulussent inspirer au roi, à la reine et à monseigneur de Guienne des sentiments de haine ou de vengeance contre la ville de Paris ou contre quelqu'un de ses habitants, ou bien qu'ils n'eussent dessein d'usurper le gouvernement du royaume, ou d'entraîner avec eux le roi, la reine et monseigneur le duc de Guienne; pour faire disparaître, en un mot,

vel de quacunque alia re dubitaret in congregacione illa, dicti
domini promittunt tradere omnem securitatem possibilem,
et que tunc poterit advisari. »

CAPITULUM XXIX.

Pax calumpniatur a ducibus commocionis civilis.

Que scripta sunt dux Biturie approbans, cum legatorum
alterius partis laudaret modestiam, et eos vellet secum ad regem
ducere, idque alter penitus contradiceret, ex verbali conten-
cione inde orta, quod plurimi ex assistentibus crederent se in
vanum laborasse, et veraciter sic erat, nisi consuluissent eos in
Bellimonte manere, donec advocarentur a rege; et sic duces
pacifice redeuntes, die lune ultima jullii, ad sanctum Dyonisium
venerunt. Ibidem luce sequenti oracione peracta, celeriter Parisius pecierunt, regi predictos articulos offerentes; qui quamvis sibi et universis pacem optantibus acceptabiles visi sint,
tardavit tamen eos verbis commendare, donec copiam dominis
curie Parlamenti, venerabili Universitati Parisiensi transmisis-
set, ut super hiis deliberarent quid agendum. Eamdem copiam
mercatorum preposito, scabinis et summe auctoritatis burgensibus rex miserat, qui tamen sequenti die, scilicet Mercurii
secunda augusti, ut jussi fuerant, non potuerunt se in domo
ville communi adinvicem congregare sine hiis qui pacem ode-
rant et in exilium detrudere conabantur, ut mox perlectis
articulis evidentissime cognoverunt. Nam cum omnes modesti
et graves totum contentum in ipsis gratum et acceptabile repu-
tarent, et inter eos vir prudens et notabilis Robertus de Belay,
scabinus Parisiensis, pacem multipliciter recommendans, et
dicens omnes debere optare ut effulgeret hiis diebus, eos

toute crainte et tout soupçon au sujet de cette entrevue, lesdits seigneurs promettent de donner toutes les sûretés possibles, et en telle
forme qu'on le jugera convenable. »

CHAPITRE XXIX.

Les chefs de la sédition attaquent la paix par leurs calomnies.

Le duc de Berri approuva les articles susdits et loua la modération
des ambassadeurs de l'autre parti. Il voulait même les emmener avec
lui auprès du roi; mais le duc de Bourgogne s'y étant refusé, il en
résulta quelques contestations, qui firent craindre à plusieurs des assistants que tout ce qu'ils venaient de faire ne devînt inutile : ce qui fût
arrivé en effet, si l'on n'eût décidé qu'ils resteraient à Beaumont, jusqu'à ce qu'ils fussent mandés par le roi. La bonne harmonie étant ainsi
rétablie, les ducs partirent de Vernon; ils arrivèrent à Saint-Denys
le lundi 31 juillet, et le lendemain, après avoir fait leurs prières, ils
revinrent en toute hâte à Paris pour soumettre au roi lesdits articles.
Bien que le roi et tous ceux qui désiraient la paix n'y trouvassent rien
à redire, il différa cependant de les ratifier jusqu'à ce que messieurs
du Parlement et la vénérable Université de Paris, à qui il en envoya
une copie, lui eussent fait connaître leur avis. Il en transmit également copie au prévôt des marchands, aux échevins et aux principaux bourgeois, avec ordre de s'assembler le lendemain mercredi,
2 août, à l'hôtel-de-ville. Cette réunion eut lieu; mais on ne put en écarter ceux qui ne voulaient pas de la paix et qui cherchaient à la bannir,
comme on le vit clairement aussitôt après la lecture des articles. En
effet, tous les hommes sages et modérés ayant donné leur assentiment
et leur approbation au contenu desdits articles, entre autres l'échevin
Robert du Bellay, personnage de savoir et de réputation, qui vantait
beaucoup les avantages de la paix et disait que tout le monde devait
souhaiter de la voir briller d'un pur éclat, et que ceux qui ne la désiraient pas étaient des traîtres et des méchants, maître Henri de Troyes,
qui se trouvait là avec ses complices en armes, osa, en présence de

nepharios et iniquos nominasset, qui eam non affectabant, affuit
magister Henricus de Trecis cum complicibus armatis, qui sine
erubescencie velo cunctis audientibus objecit sibi mendacii
infamem titulum, pacemque hanc vulpinis pellibus involutam
asserens, cum repeciisset tercio : « Sunt nonnulli, qui nimio
« sanguine habundantes, minucione indigent gladiis peragenda,
« et opportet quod mutuo dimicemus, » sic stomachatus recessit.
Sed socii remanserunt postulantes ut deliberacio tardaretur
usque ad diem sabbati; quibus minime obtemperatum extitit,
divina gracia assistencium corda, sicut firmiter creditur, dirigente. Nam postea vera relacione didici eosdem adversarios
transquilitatis publice illud spacium requisisse instantissime,
ut interim in cives, regis consiliarios et ex clero quosdam, quos
nominatim noverat et scriptis redegerat, inopinate et crude-
liter sevirent. Excogitaverant tamen consilia que, secundum
ethereum citharistam, non potuerunt stabilire, et fraudatos se
a desiderio senserunt, ut audierunt in Palacio regali et Universitate omnes unanimiter quietam vitam et transquillam deinceps
elegisse.

CAPITULUM XXX.

Pro pace consolidanda dux et cives armati equitaverunt per urbem, et ipse dux
iucarceratos injuste liberavit.

Iterum luce sequenti Jovis, honorabiliores cives regem atque
dominum Guienne adeuntes, cum per quemdam locupletem
negociatorem, Petrum Aymerici vocatum, virum utique vivacis
ingenii, quanquam in senium jam vergentem, proponi fecissent
quanta aviditate pacem affectabant, per se ipsos viribus humi-
liandos promiserunt omnes eidem contradicentes, si qui essent,
dum tamen sub signis domini ducis Guienne militarent; quod

toute l'assemblée, donner un démenti insolent à Robert du Bellay; il déclara que c'était une paix fourrée, et répéta jusqu'à trois fois : « Il y « a des gens qui ont trop de sang, et qui ont besoin qu'on leur en tire « avec l'épée; il faut que nous en venions aux mains. » Après cette violente sortie, il se retira. Mais ses compagnons restèrent et demandèrent que la délibération fût renvoyée au samedi. On ne les écouta point, par l'effet sans doute d'une inspiration divine. Car j'ai su depuis de bonne part que ces ennemis de la tranquillité publique n'avaient si instamment demandé ce délai, que pour monter un coup contre les bourgeois, les conseillers du roi et quelques membres du clergé, dont Henri de Troyes savait les noms et qu'il avait désignés par écrit, et pour les maltraiter avec la dernière cruauté. Mais ils avaient formé un projet que, selon l'expression du divin Psalmiste, ils ne purent réaliser; ils se virent frustrés dans leurs espérances, lorsqu'ils apprirent que le Parlement et l'Université s'étaient unanimement prononcés pour le repos et la tranquillité.

CHAPITRE XXX.

Le duc de Guienne et les bourgeois parcourent la ville à cheval et en armes, pour affermir la paix. — Le duc rend la liberté aux personnes qu'on avait injustement incarcérées.

Le lendemain jeudi, les principaux bourgeois allèrent trouver le roi et monseigneur le duc de Guienne, et leur ayant représenté par l'organe d'un riche marchand, nommé Pierre Aymeric, homme plein d'activité, quoique d'un âge déjà avancé, combien ils désiraient ardemment la paix, ils s'engagèrent à réduire eux-mêmes par la force tous ceux qui tenteraient de s'y opposer, si toutefois monseigneur le duc de Guienne voulait se mettre à leur tête. Ce généreux prince y consentit sans hésiter, et leur recommanda de se trouver en armes le jour sui-

et generosus princeps sine cunctacione annuit, precipiens ut die sequenti ad curiam sancti Pauli armati propter hoc convenirent. Tum non sine graciarum actionibus cum regi ac duci vale dixissent humiliter, mox ipse dux ad Henricum de Trecis misit, qui ab eo claves oppidi sancti Antonii repeterent, quas sine ejus licencia servandas susceperat. Patrem vero ipsius magistrum Johannem de Trecis deposuit a custodia regalis Palacii, reputans eum cyrurgicum sordidissimum et tanto honore indignum.

Cives autem, in signum exuberantis leticie, nocte superveniente, armati in omnibus vicis et quadriviis civitatis ignes componi fecerunt copiosos, et nil in ore omnium resonabat nisi : « Pacem volumus et optamus. » Quod audientes Symon Caboche, Dyonisius de Calvomonte atque complices eorum, sumptis secum quadringentis viris loricatis ad unguem, cum manu balistariorum vallida, in domo communi ville se tenuerunt nocte illa, ad resistendum tamen prompti, si casus se obtulisset. Hec audiens dominus dux Burgundie, et quod quinquagenarii et decani die Veneris hostiatim sub se militantes cives adunabant, mane facto, ad illos, quos in curia sancti Germani Antissiodorensis noverat sub insigni cive Petro Augeri ante alios arma sumpsisse, veniens, verbis lenibus eos monuit reiteratis vicibus ut resipiscerent ab inceptis. Ad sedandum civiles motus imminentes prompte se offerens, promisit quod quidquid vellent impetrare erga regem vel dominum ducem Guienne, se mediante, sine dubio optinerent; sed solum id pro responsione habuit : « Mandatum super hoc a rege ac « domino duce accepimus, quibus sine dilacione, ut nostis, « obedire opportet. » Videns autem quod deposicionem armorum eis frustra consulebat, et quod in vanum laborabat, ac si

vant à l'hôtel Saint-Paul. Après qu'ils eurent pris humblement congé du roi et du duc, en leur rendant mille actions de grâces, le duc envoya demander à Henri de Troyes les clefs de la bastille Saint-Antoine, qu'il avait prises et qu'il gardait par devers lui sans sa permission. Il ôta même le commandement du Palais à son père, maître Jean de Troyes, en disant qu'un ignoble chirurgien ne méritait pas tant d'honneur.

Cependant, à l'entrée de la nuit, les bourgeois firent allumer des feux de joie, et se promenèrent en armes dans les rues et les carrefours de la ville. On entendait répéter de toutes parts : « Nous voulons, nous souhaitons la paix. » A cette nouvelle, Simon Caboche, Denys de Chaumont et leurs complices, prenant avec eux quatre cents hommes d'armes et une grosse troupe d'arbalétriers, allèrent à l'hôtel-de-ville, où ils passèrent la nuit, prêts à repousser la force par la force, si l'occasion s'en présentait. Monseigneur le duc de Bourgogne, informé de ce qui avait lieu, et apprenant que le vendredi matin les cinquanteniers et les dizeniers allaient de porte en porte rassembler les bourgeois de leurs quartiers, et qu'il y en avait qui avaient déjà pris les armes et s'étaient réunis dans la cour de Saint-Germain-l'Auxerrois sous la conduite d'un fameux bourgeois, nommé Pierre Auger, se rendit vers ces derniers, et les pressa doucement à plusieurs reprises de renoncer à leurs projets. Il offrit avec empressement sa médiation pour apaiser les troubles de la ville, et promit d'obtenir sans aucun doute du roi ou de monseigneur le duc de Guienne tout ce qu'on pourrait souhaiter. Mais on lui répondit : « Nous avons reçu à ce sujet du roi et de mon-« seigneur le duc des ordres formels, auxquels, vous le savez, il faut « obéir sans délai. » Voyant que ses exhortations et ses efforts pour leur faire mettre bas les armes étaient inutiles, et que ses paroles étaient comme un vain son qui frappe l'air et qu'emporte le vent, il se retira et alla trouver les principaux chefs qui s'étaient établis à l'hôtel-de-ville. Que leur dit-il? on l'ignore; ce qu'il y a de certain,

ventis verba daret vel verberaret aerem, recedens principales, qui domum ville occupaverant [1]. Quid autem eis dixerit ignoratur; sed certum est quod abhinc quotquot secum adunaverant successive et illicenciati recesserunt, sic quod non remanserunt cum ipsis nisi centum.

Dux autem Burgundie prefatus, ad regem inde accedens, iterum quosdam milites misit successive, qui civium, si fieri posset, mutarent propositum. Et hii quamvis reiteratis vicibus assererent se timere ne in via ab hostibus viribus impedirentur, nil tamen aliud responderunt, nisi : « Si hostes repe- « riamus, bene quidem; pedites tamen nostros, qui jam attin- « gerunt curiam sancti Pauli, opportet nos necessario sequi, et « sic principi, ut promisimus, obedire. »

Non adhuc octavam horam dies attingerat, .et domini curie Parlamenti, Universitatis quoque reverende doctores et magistri, qui cum processione sollempni virorum ecclesiasticorum urbis illuc advenerant, stantes in conspectu regis, magistrum Ursinum Talvende, pro universis proponentem, audiebant, qui jam coram rege et ducibus eos semper pacem dilexisse asseruerat et eam adhuc cordialiter optare. Et ut erat excellentissimus in sacra pagina professor, ipsam pacem multis laudibus attollens et nutritores ipsius, ostendensque multis auctoritatibus et exemplis quod omnes naturaliter hanc debebant appetere, inde articulos ad longum legerat, asserens omnes quoquot conspiciebant congregatos unumquemque ipsorum et justum et racionabile approbasse. Iterum nobiles incarceratos multipliciter recommendans, mirari se nec immerito dixerat cur tam diu commissarii regii eos detinuerant, maxime cum non haberent super quibus cujuscunque processus jacerent fundamenta, et quia

---

[1] Il faut supposer ici l'omission d'un mot tel que *adiit*.

c'est que ceux qui les avaient suivis disparurent successivement sans en demander la permission, et qu'il ne resta bientôt plus avec eux qu'une centaine d'hommes.

Le duc de Bourgogne se rendit ensuite auprès du roi, et envoya de nouveau vers les bourgeois quelques chevaliers, pour les engager, s'il était possible, à changer de résolution. Vainement leur représenta-t-on à plusieurs reprises qu'ils avaient à craindre de rencontrer des ennemis sur leur passage; ils se contentèrent de répondre : « Si nous ren- « controns des ennemis, à la bonne heure; mais il faut que nous allions « rejoindre nos gens de pied, qui sont déjà arrivés à l'hôtel Saint- « Paul, et que nous obéissions au prince, ainsi que nous l'avons « promis. »

Il n'était pas encore huit heures, et déjà messieurs du Parlement, ainsi que les docteurs et professeurs de la vénérable Université, qui s'étaient rendus à l'hôtel Saint-Paul en procession solennelle avec le clergé de Paris, étaient en présence du roi, et écoutaient maître Ursin Talvende, fameux docteur en théologie, qui portait la parole au nom de tous. Il avait commencé par déclarer, devant le roi et les princes, qu'ils avaient toujours tous aimé la paix, et qu'ils la désiraient encore de tout leur cœur. Après avoir fait, avec son éloquence ordinaire, un magnifique éloge de la paix et de ses partisans, et avoir prouvé, par beaucoup d'autorités et d'exemples, que tout le monde devait naturellement la désirer, il avait lu tout au long les articles du traité, et avait assuré que tous ceux qui étaient là présents en approuvaient le contenu comme juste et raisonnable. Rappelant ensuite les services des seigneurs qu'on avait incarcérés, il avait dit qu'il était fort étonné de ce que les commissaires du roi les retinssent si long-temps en prison, surtout lorsqu'il n'y avait pas de quoi établir le fondement d'un procès, et de ce qu'en rendant la liberté aux autres, ils les avaient contraints de jurer qu'ils garderaient un éternel silence sur leur détention et leur délivrance. Il allait terminer son

licenciando alios jurare compulerant quod qualiter detenti aut
liberati fuerant perpetuo reticerent. Sed nundum in calce sermonis matrem Universitatem recommendare ceperat, cum cives
armati ingrediuntur curiam. Quos ut videt dominus dux
Guienne, qui jam, sub veste serica auro texta, armis insignitus
erat, a genitore mox obtenta licencia, secum quoque duces
Biturie ac Burgundie ducens et arma suis capescere jubens,
ilico equum ascendit, et dum sibi exhiberentur a cunctis salutaciones humiles, in medio superveniencium, tanquam dux
omnium, se collocavit.

In oculis omnium fidelium subditorum gratum fuit conside-
rare principem suum futurum tanta tamque insigni associatum
comitiva. Nam recensentes numerum subsequencium et precedencium equestrium, triginta trium milium virorum loricatorum ad unguem referunt extitisse, qui et gregariorum quasi
multitudinem innumerabilem sequebantur. Et omnes more
solito balistarii et sagittarii cogebantur precedere lento gressu,
ne a ceteris nimium se elonguarent. Hac de causa quidam ex
hiis se usque ad domum ville transtulerunt, et ex certo proposito altissonis vocibus clamaverunt : « Quicunque diligit pacem
nos sequatur. » Ad quam vocem Caboche et sui complices cum
magistro Guillelmo Barraudi, regis secretario, exeuntes finxe-
runt se velle exequi quod jubebant. Sed ut se senserunt ab
eis aliquantulum elonguatos, per diverticula et vicos ferentes
fugientes celeriter de Parisius recesserunt, ne capti ob sua
demerita ultimum subirent supplicium.

Dominus vero dux Guienne in acie ordinata tendens usque
ad castrum Lupare, inde avunculum suum ducemque de Baro
cognatum liberavit, eis in signum dilectionis majorisque securitatis precipiens ut secum lateraliter equitarent; rediensque ad

discours par l'éloge de sa bonne mère l'Université, lorsque les bourgeois en armes entrèrent tout à coup dans la cour. Aussitôt monseigneur le duc de Guienne, qui était déjà revêtu de ses armes sous sa
robe de soie brochée d'or, sortit avec la permission du roi son père,
emmenant à sa suite les ducs de Berri et de Bourgogne; puis ordonnant aux siens de prendre les armes, il monta à cheval, et alla se
placer, comme chef suprême, au milieu des bourgeois, qui le saluè-
rent de leurs acclamations.

Ce fut une grande satisfaction pour tous les fidèles sujets de voir
leur futur souverain entouré d'une si nombreuse et si belle escorte.
En effet, des personnes qui se trouvaient là m'ont assuré que le nombre des cavaliers qui l'accompagnaient s'élevait à trente-trois mille
hommes d'armes, sans compter une multitude presque innombrable
de gens de pied. Des arbalétriers et des archers ouvraient la marche,
comme de coutume, et s'avançaient à pas lents, pour que les gens
de pied ne restassent pas trop en arrière. Cependant quelques uns
d'entre eux se portèrent vers l'hôtel-de-ville, et crièrent à haute
voix : « Que ceux qui aiment la paix nous suivent. » A ce cri,
Caboche et ses complices, ainsi que maître Guillaume Barraut, secrétaire du roi, sortirent et firent semblant de vouloir se rendre à
cette invitation. Mais dès qu'ils se virent un peu dégagés de la foule,
ils s'enfuirent par des rues détournées, et quittèrent Paris en toute
hâte, de peur d'être pris et de subir le châtiment dû à leurs méfaits.

Monseigneur le duc de Guienne, étant ainsi arrivé en ordre de
bataille au château du Louvre, mit en liberté son oncle et le duc de
Bar, son cousin, les fit monter à cheval et leur recommanda de se tenir
à ses côtés, en signe de bonne amitié et pour plus de sùreté. Il re-

Palacium regale, idem fecit de domino Roberto de Boysay, filiis ejus duobus, Antonio de Essartis, et cunctis incarceratis aliis in domo regia sancti Pauli comprehensis, mandansque Parisiensi episcopo ut cum Michaele de Victriaco quotquot per modum similem detinebat sibi remitteret indilate. Ut autem ad domum regiam est reversus, cives remisit ad propria; prandioque secum existentibus dominis celebrato, rex castri Lupare Ludovico de Bavaria commisit custodiam, porte vero sancti Antonii domino duci de Baro, et ville Parisiensi Biturie ducem capitaneum prefecit; nilque amplius actum est die illa.

Iterum sequenti die sabbati, dominus dux, ad captandum omnium et singulorum civium benivolenciam et favorem, pacem quoque cordibus eorum stabilius confirmandum, per civitatem, non sine benedictione omnium eumdem intuencium, equitavit, armis eciam insignitus, cum ducibus Biturie et de Baro, militum quoque ac scutiferorum nec non summe auctoritatis burgensium multitudine copiosa. Rediensque ad domum regiam, civibus regraciatus est dulciter, monens omnes tanquam fidelissimos pacis et concordie zelatores, ut ejus adversarios ubique perquirerent et caperent, et ne fraudibus eorum circumvenirentur incaute, civitatem die nocteque armati atque introitus ejus solito studiosius custodirent.

Sane generosissimus juvenis, sordidissimorum proditorum genere et operibus onerosa precepta dissimulando, quod arduis deliberandis interesse et regiam frequentando civilibus negociis presidere tam diu permisisset, mente non sine verecundia revolvens, hiis expulsis non immerito gaudebat libere uti posse consanguineorum consiliis et mellifluis eorum colloquiis recreari. Ignavie cives eciam ascribentes ampulosam eorum superbiam, publicis latrociniis et extorcionibus indebitis peccuniarum dedi-

tourna ensuite au Palais, et délivra également messire Robert de Boissay et ses deux fils, Antoine des Essarts et tous les prisonniers qui
avaient été arrêtés dans l'hôtel royal de Saint-Paul. Il écrivit en même
temps à l'évêque de Paris de lui renvoyer sur-le-champ Michel de
Vitry et tous ceux qu'il retenait de la même manière. De retour à
l'hôtel royal de Saint-Paul, il congédia les bourgeois. Le roi retint à
dîner avec lui les seigneurs qui avaient accompagné son fils, et après
le dîner, il remit la garde du château du Louvre à Louis de Bavière,
celle de la porte Saint-Antoine à monseigneur le duc de Bar, et la
capitainerie de la ville de Paris au duc de Berri. Voilà tout ce qui se
fit ce jour-là.

Le lendemain samedi, monseigneur le duc, pour se concilier les
bonnes grâces et la faveur des Parisiens, et pour confirmer dans tous
les cœurs l'espérance de la paix, parcourut de nouveau la ville à cheval en appareil de guerre, avec les ducs de Berri et de Bar et une suite
nombreuse de chevaliers et d'écuyers et des plus notables bourgeois;
il fut accueilli sur son passage par des bénédictions unanimes. En ren-
trant à l'hôtel Saint-Paul, il remercia gracieusement les bourgeois, et
les engagea tous, comme de fidèles partisans de la paix et de la concorde, à rechercher en tous lieux ceux qui s'y opposaient et à les arrêter, à faire le guet jour et nuit, et à veiller en armes avec un soin tout
particulier aux entrées de la ville, afin de ne pas se laisser surprendre
à l'improviste par leurs ennemis.

Ce généreux prince, après avoir subi l'insolente tyrannie de ces
traîtres, non moins méprisables par leur naissance que par leur conduite, ne pouvait se rappeler sans honte qu'il leur avait permis d'assister aux conseils, de paraître à la cour et de diriger les affaires de
l'État. Ce fut pour lui une grande joie de les voir expulsés, et de pouvoir suivre en toute liberté les conseils de ses proches et goûter le
charme de leur entretien. Les bourgeois, de leur côté, s'imputaient
à lâcheté et se reprochaient vivement d'avoir enduré si long-temps
l'orgueil intolérable de ces brigands, qui ne songeaient qu'à piller le

tam, ut didicerant pluries, tam diu sustinuisse, dolebant quod non cicius ducem super se habuerant ad eorum exterminium finale. Quod ut secundum qualitatem demeritorum subirent, ad inquirendum ipsos longe lateque per urbem operam exhibuerunt diligencie.

CAPITULUM XXXI.

De honore impenso Universitati Parisiensi a domino duce Guienne.

In villa Parisiensi diem sequentem dominicam viri ecclesiastici civibus devociorem solito reddere cupientes, cum in ecclesia beate Marie Parisiensis, campanis pulsantibus, Deo laudes altissonis vocibus decantassent, generalem processionem ad Sanctum Martinum de Campis peragentes, inter missarum sollempnia Deo gracias egerunt, de cujus munere venerat quod principes pacem fuerant amplexati, et, ut asserebant, sollide confirmatam. Ut autem luce sequenti magistros, doctores ac universos scolares alme Universitatis similem observanciam egisse devotissime audivit dominus dux Guienne, et ad memoriam reducens quod ultima eorum proposicione ipsis non vale dixerat, quod tunc omiserat, quamvis racionabili de causa, per humilitatem a tanto principe alias non exhibitam statuit recompensare. Nam Biturie, Burgundie, Bavarie ac de Baro ducibus, nec non aliorum baronum et militum copiosa multitudine comitatus, ad sanctum Bernardum, ubi omnes graduatos congregari fecerat, quasi super ardua deliberacione celebranda, veniens, cum, ab excellencioribus clericis introductus, omnes eidem assurrexissent humiliter, sedem ascendens regio more ornatam, juxta se lateraliter sedere fecit prenominatos principes. Dum omnes magnipenderent preter solitum hunc exhibitum

trésor, et à extorquer injustement de l'argent, comme on ne l'avait vu que trop souvent ; ils regrettaient de n'avoir pas eu plus tôt un chef pour les exterminer tous jusqu'au dernier. Aussi, voulant faire justice de ces misérables, déployèrent-ils la plus grande activité pour les rechercher par toute la ville.

CHAPITRE XXXI.

Marques de déférence données à l'Université de Paris par monseigneur le duc de Guienne.

Le lendemain, le clergé de Paris, désirant célébrer la solennité du dimanche avec une magnificence extraordinaire, chanta un *Te Deum* dans l'église de Notre-Dame, au son de toutes les cloches, puis se rendit en procession générale à Saint-Martin-des-Champs, et offrit à Dieu, pendant la messe, des actions de grâces de ce qu'il avait daigné faire embrasser aux princes le parti de la paix, et d'une paix solidement établie, disait-on. Monseigneur le duc de Guienne ayant appris que les maîtres, les docteurs et tous les écoliers de la vénérable Université s'étaient empressés de faire les mêmes cérémonies le jour suivant, et se rappelant qu'à la dernière audience qu'il leur avait accordée il avait oublié de leur dire adieu, résolut de réparer cet oubli, très excusable d'ailleurs, par un acte de déférence jusqu'alors inouï de la part d'un si grand prince. Accompagné des ducs de Berri, de Bourgogne, de Bavière et de Bar et d'un nombreux cortége de barons et de chevaliers, il vint à Saint-Bernard, où il avait fait assembler tous les gradués, comme s'il se fût agi de délibérer sur une importante question. Les principaux clercs étant allés le recevoir, et chacun s'étant levé respectueusement à son arrivée, il monta sur une espèce de trône qu'on lui avait préparé, et fit asseoir à ses côtés les princes qui l'accompagnaient. Cette marque extraordinaire de déférence fut appréciée de tous, et quelques uns des plus illustres de l'assemblée, vivement frappés de la majesté des seigneurs qui présidaient cette réunion ou qui y assistaient, firent remarquer que les

honorem, famosissimos quosdam novi, excellenciam presidencium et assistencium nobilium in pectora alcius imprimentes,
tunc scutum Francie tribus aureis liliis decoratum, que de-
signant miliciam, sapienciam et fidem, interpretasse, quia,
inquiunt, annales non referunt miliciam et sapienciam, que
fidei subserviunt, alias familiarius convenisse.

Congregatorum autem numerosam multitudinem dominus
Johannes de Nielle, cancellarius domini ducis Guienne, alloqutus, ipsum dixit huc cordialiter accessisse, ut venerandam Universitatem, scienciarum alumpnam dulcissimam, multis meritis
laudibus sibi recommendatam alias, in generosis suis filiis magistris et doctoribus presencialiter honoraret. « Non immerito,
« addidit; nam sicut a sole stelle, sic vos novit a patre lumi-
« num sapiencie divine et humane radiis illustratos; quibus non
« modo regnicolas omnes contemplari celicolarum gloriam
« didicistis, sed et hic in via mortali civiliter conversari sub
« pollicia juridicis legibus regulata, simulque morari in trans-
« quilitate pacis et requie temporalium opulenta. Sed et recen-
« cium dominus dux reminiscens, quam saluberrimis exhorta-
« cionibus, ne in regno res publica tumultuosis laborans
« anfractibus sedicionum discriminibus succumberet pacem
« principibus persuasistis ac civibus, quam et nunc Dei gracia
« favorabiliter amplectuntur, vos omnes felices nominat et
« dignissimos omni laude. Nolens ergo de vicio argui ingra-
« titudinis, inde vobis pro fidelitate sic servata erga coronam
« Francie regraciari dulciter dignum duxit, monens tamen et
« deprecans, ut assuetis oracionibus devotis aures divinas pul-
« setis, quatinus pacem solidam et perpetuam faciat auctor
« pacis Jhesus Christus, et votis omnium et singulorum hic
« assistencium parere prompto animo se promittit. »

trois fleurs de lis qui ornaient alors l'écu de France désignant la valeur, la sagesse et la foi, jamais l'histoire n'avait présenté de circonstance où la valeur et la sagesse, qui sont les servantes de la foi, se fussent trouvées unies plus étroitement.

Messire Jean de Nielle, chancelier de monseigneur le duc de Guienne, adressant alors la parole à ce nombreux auditoire, dit que le duc était venu avec plaisir dans cette enceinte, afin d'honorer lui-même, dans la personne des professeurs et des docteurs, leur vénérable mère l'Université, cette source féconde de toute science, dont il avait pu en tant d'autres occasions apprécier les mérites. « Et c'est « justice, ajouta-t-il; car de même que les étoiles sont éclairées par le « soleil, de même vous empruntez au père des lumières les rayons de « la sagesse humaine et divine. C'est ainsi que vous avez appris à tous « les habitants du royaume, non seulement à contempler la gloire des « saints, mais encore à vivre dans ce monde périssable sous les règles « de la police et des lois, et à goûter en même temps les charmes de « la paix et les douceurs du repos et de l'aisance. Monseigneur le duc « n'a pas oublié ce qui s'est passé récemment, ni les salutaires exhor- « tations à l'aide desquelles vous avez empêché la ruine de l'État battu « par les orages de la discorde civile; il se souvient que vous avez « conseillé aux princes et aux sujets la paix dont ils jouissent au- « jourd'hui, grâce à Dieu. Aussi vous proclame-t-il tous heureux et « dignes d'éloges. Ne voulant donc pas être taxé d'ingratitude, il a « cru devoir vous remercier affectueusement de la fidélité que vous « avez montrée envers la couronne de France; il vous demande et « vous prie en même temps de continuer d'adresser dévotement à Dieu « de ferventes prières, pour que Jésus-Christ, auteur de la paix, la « consolide et la perpétue, et il promet d'acquiescer avec empresse- « ment aux vœux de tous et de chacun de ceux qui sont ici présents. »

Tunc surrexit Nostre Domine Parisiensis cancellarius, et verba succinte prolata breviloquio recitans, id ultimum consensu omnium promisit fideliter adimplendum, ducique gracias agens super honore alias a tanto principe Universitati, regis filie, non impenso, supplicavit ut que consanguinei offerebant sibi acceptabilia essent, et deinceps via facti penitus anullata, cuncta secundum justiciam disponerentur in regno. Et sic e loco discessum est.

CAPITULUM XXXII.

Pax ubique proclamatur, et nuncii dominorum Parisius ingressi sunt.

Luce immediate sequenti, octava scilicet augusti, per urbis Parisiensis quadrivia, voce preconia, lituis resonantibus, rex pacem factam inter principes statuit divulgari, lege sanciens edictali et sub pena latronibus publicis infligenda, ne quis deinceps alterum Burgundum aut Armeniacum nominaret, que verba alicui improperando prolata injuriosa merito reputabantur, cum notam prodicionis omnibus significarent. Ipsa et eadem hora, rectores ecclesiarum civitatis cum utriusque sexus parrochialium multitudine copiosa ad Sanctum Martinum de Campis fecerunt processionem generalem; ubi, dum Creatori acceptabilis offerretur hostia, cancellarius ecclesie beate Marie collacionem faciens monuit omnes et singulos ut gratam habentes concordiam dominorum, ad ipsam conservandam pro viribus laborarent. Ad propositum multa eleguantissime dixit famosissimus magister, que, si scriberentur ad longum, forsitan attediarent lectorem, et compendio officerent quod studiosissime quero. Que facta tum fuerant in urbe regia a die exacta Mercurii recitans, Deum devote laudandum dignum duxit, velud pro miraculo manifesto, cum sine sanguine civili tam brevi spacio

Alors le chancelier de Notre-Dame de Paris se leva, et, après avoir repris succinctement ce qui avait été dit, il promit, au nom de tous, que le désir du duc de Guienne serait fidèlement rempli; il le remercia d'un honneur que jamais prince, si haut placé n'avait accordé à l'Université, toute fille du roi qu'elle fût; puis il le supplia d'accepter les propositions de paix qui lui étaient faites au nom des seigneurs de la maison de France, afin que, toutes voies de fait cessant dans le royaume, tout fût réglé à l'avenir d'après les lois de la justice. Après cela, la séance fut levée.

CHAPITRE XXXII.

La paix est proclamée partout. — Les envoyés des princes entrent à Paris.

Le lendemain 8 août, le roi fit publier par la voix du héraut et à son de trompe, dans tous les carrefours de Paris, la paix qui avait été conclue entre les princes, et défendit par ordonnance, sous les peines portées contre les voleurs, que personne se traitât désormais de Bourguignon ou d'Armagnac, dénominations qu'on regardait à juste titre comme injurieuses, parce qu'elles impliquaient le reproche de trahison. En même temps, les curés de toutes les paroisses de la ville firent une procession générale au milieu d'un immense concours d'hommes et de femmes, et se rendirent à Saint-Martin-des-Champs, où l'office divin fut célébré en grande cérémonie. Le chancelier de Notre-Dame prononça un sermon, dans lequel il engagea tous les assistants et chacun d'eux en particulier à se féliciter du rétablissement de la bonne harmonie entre les ducs et à travailler de tout leur pouvoir à la maintenir. L'illustre docteur déduisit fort éloquemment sur ce sujet une foule de considérations, que je ne reproduirai pas ici tout au long, de peur de fatiguer le lecteur et pour ne pas m'écarter de la brièveté dont je me suis fait une loi. Rappelant tout ce qui s'était passé dans la capitale depuis le mercredi précédent, il dit qu'on devait rendre de solennelles actions de grâces au Seigneur pour l'espèce de miracle qu'il avait opéré en faisant conclure si promptement la paix sans effu-

pax inchoata fuerat, invitis iniquis viris, qui eam modis omnibus statuerant impedire.

Nundum verba finierat, eum ad regem nuncii dominorum
ducum et comitum evocati, preposito quoque mercatorum,
scabinis et burgensibus associati, venerunt. Quos favorabiliter
excepit; et post collacionem ad recommendacionem pacis factam, pro themnate assumpto verbo etherei cythariste: *In pace in
idipsum dormiam et requiescam*, cum de salute singulorum consanguineorum diligenter inquisisset, eos omnes secum prandere
precepit. Transacta cum leticia dapsili refectione, et loco colla-
cionis lectis articulis missis, gratum ille ducibus assistentibus
sibi ceteros principes mutue unionis vinculum cordialiter obtulisse, et quod bellatorum conciones evocatas remittere pro-
mittebant. Sed cum pro loco convencionis, quem poscebant,
multas villas regias nominassent, rex Parisius elegit. Quos
quamvis ipsam unicam sciret excepisse, attendens tamen quod
alibi nec hospitari melius valerent, nec magnificencius recipi,
mox nuncios destinavit, qui auctoritate sua preciperent, armis
depositis, et solum cum decurionum familiari comitiva, ad eam
pacatam penitus et promotoribus commocionum popularium [1]
accelerare non differrent.

Ut vota sepe humana variis aguntur studiis, quidam scientifici viri tunc fuerunt, qui neutri parti contendencium dominorum huc usque faverant, sed solum emergencium rerum
fines commendabiles subsequturos optantes, regis imperio
libere et sine difficultate parituros dominos minime presagie-
bant. Oppinari simile animus inclinabat, injurias a Parisiensibus
ipsis dominis illatas ab ignominiosa nece, addam tamen condolenda, ducis Aurelianis sub compendio revolvens, et precipue

---

[1] Il faut sous-entendre ici un mot tel que *vacuam*.

sion de sang, et malgré les intrigues des méchants qui avaient tout fait pour l'empêcher.

Ce discours n'était pas encore achevé, quand les envoyés de messeigneurs les ducs et comtes qui avaient été mandés arrivèrent en compagnie du prévôt des marchands, des échevins et des principaux bourgeois. Ils furent accueillis avec bonté, et lorsque l'orateur, qui avait pris pour texte ce passage du divin Psalmiste : *In pace in idipsum dormiam et requiescam*, eut fini son sermon en faveur de la paix, le roi s'enquit avec intérêt de la santé de chacun de ses cousins, et invita tous les envoyés à dîner avec lui. Après le festin, qui se passa fort joyeusement, on lut, au lieu de la collation, les articles de la paix, et les ducs qui se trouvaient là témoignèrent beaucoup de satisfaction des assurances que les autres princes leur donnaient de leur bonne amitié, et de la promesse qu'ils faisaient de licencier leurs gens de guerre. Quant au lieu de l'entrevue, parmi toutes les villes royales qu'ils désignaient, le roi choisit Paris. Il n'ignorait pas que c'était la seule ville que les princes eussent exceptée ; mais, considérant que nulle part ailleurs ils ne seraient ni mieux logés ni plus somptueusement traités, il leur envoya dire en son nom de s'y rendre en toute hâte, sans armes et sans autre suite que les officiers de leur maison, puisqu'ils n'avaient plus rien à craindre dans une ville qui était maintenant paisible et délivrée de la présence des fauteurs de séditions.

L'esprit humain obéit facilement à toutes sortes d'impressions ; aussi chacun raisonna-t-il diversement sur ce sujet. Certaines personnes de savoir et d'expérience, qui jusqu'alors n'avaient pris fait et cause pour aucun des deux partis, et qui se contentaient d'appeler de tous leurs vœux la fin des discordes civiles, doutaient que les princes obéissent volontiers et sans difficulté aux ordres du roi. Je penchais fort pour cet avis, en songeant à tous les outrages que les Parisiens avaient fait subir auxdits seigneurs depuis la fin ignominieuse et lamentable du duc d'Orléans ; et cette opinion semblait d'autant plus admissible, qu'on savait que le duc de Bourgogne avait été reçu dans la ville en appareil de guerre, et que les habitants avaient refusé cet honneur aux

ut eos cognoverunt ducem Burgundie in apparatu bellico suscepisse, sed eis honorem similem denegasse. Nam cum dedecorosam repulsam temptassent viribus emendare, tanquam odii inexpiabilis incendium inextinguibile suscitassent in urbe, quidam sceleratissimi viri, popularis commocionis incentores, divina et humana animadversione digni, maculam in gloriam domus Francie ponere virosis linguis, eorum famam eciam nota prodicionis non erubuerunt publice denigrare, et tanquam criminaliter lesissent regiam majestatem, in res eorum laxantes crudelitatis habenas, nec contenti domini ducis Biturie domum ejus specialem, omnes regias picturis sumptuosissimis excedentem, flamma voraci consumpsisse extra urbem, ymo aliam de Nigella omni supellectili et utensilibus evacuaverunt, simileque perpetraverunt et de facto in aliis domiciliis dominorum. In eorum iterum odium et contemptum numerosam multitudinem summe auctoritatis civium ipsis favencium, tanquam exules proscriptos, ex urbe procuraverunt expelli et bonis omnibus privaverunt, ut culmine diviciarum habundanti ad inopiam odibilem transmigrarent. Ulterius, odio administrante furorem, per longum tractum temporis quotquot potuerunt reperire sub ipsis militantes varia mortis genera coegerunt subire. Barbaricam quoque exsuperantes seviciam, multos in ergastulis detentos, denegatis penitus alimentis et sacerdotum copia, diem ultimum signare statuerunt; quorum cadavera feris et avibus consumenda aut sterquiliniis publicis involuta relinquerunt.

Non ambigendum sciebam quin enormia pretacta civitatem exosam dominis reddidissent, et hiis scriptis addebam, perpetuo, nisi regis nuncii retulissent ipsos ad eam tanquam sibi dilectam proximo venturos promisisse, mandatoque regio prompto animo parituros. Ut mare placidum ex aspero, celum-

autres princes. Ceux-ci avaient voulu se venger à main armée de ce refus injurieux; mais leur tentative avait excité contre eux une haine implacable et attisé le feu de la guerre civile. Quelques misérables agitateurs, dignes de toute l'animadversion divine et humaine, n'avaient pas craint de souiller par leurs calomnies la gloire de la maison de France et d'accuser publiquement ces princes de trahison; ils avaient porté l'insolence jusqu'à les proclamer coupables de lèse-majesté royale et à mettre la main sur leurs biens. Non contents d'avoir brûlé la magnifique maison que monseigneur le duc de Berri avait hors de la ville¹, et qui renfermait une précieuse collection de tableaux, telle que n'en possédait aucun autre château royal, ils avaient pillé son hôtel de Nesle, enlevé tous les meubles et ustensiles, et commis les mêmes dégâts dans les hôtels des autres seigneurs. Ils avaient aussi fait chasser et bannir de la ville, par haine et par mépris pour eux, une foule de notables habitants qui avaient embrassé leur parti, et avaient fait confisquer tous leurs biens, en sorte que ces malheureux étaient tombés du faîte de la richesse dans la plus affreuse misère. Leur haine et leur vengeance allant toujours croissant, ils avaient fait périr par différents supplices tous les gens de guerre desdits princes dont ils avaient pu se saisir, et par un raffinement de barbarie que n'eussent point imaginé même des infidèles, ils avaient laissé mourir de faim un grand nombre de prisonniers, sans leur accorder les secours de la religion, abandonnant leurs cadavres aux animaux carnassiers et aux oiseaux de proie, ou les jetant à la voirie.

Je ne doutais pas que ces excès épouvantables n'eussent fait prendre la capitale en horreur aux princes, et j'étais prêt à soutenir qu'ils n'y reviendraient jamais, lorsque les envoyés du roi apportèrent la nouvelle que les princes acceptaient une entrevue à Paris, et avaient promis de s'y rendre bientôt et d'obéir avec empressement aux ordres du

¹ Le château de Bicêtre.

que ex nubilo serenum hylari ex aspectu sentitur, sic eos ab odio ad graciam animum deflexisse cives gratis audierunt auribus, et responsum tam acceptabile cunctis fuit, ut deinceps id solum sciscitarentur mutuo : « Et quomodo magnificencius « solito tam mansuetis dominis honorem debitum impen- « demus? »

CAPITULUM XXXIII.

De novis mutacionibus factis post pacem principum publicatam.

Predictos civilis sedicionis fautores latenter de Parisius evasisse egre ferens dux Guienne, in eorum odium et contemptum, quidquid inter vicissitudines rerum exactarum, ipsis promoventibus, factum fuerat cupiens anullare, voluit ut loco magistri Johannis de Trecis, Garnoti de Sancto Yonio, Roberti de Belay, alii tres ordinarentur scabini; sicque viri notabiles Petrus Augeri, quidam dictus Cyriacus et Johannes Marcelli electi sunt. Cancellarium quoque suum, dominum Johannem de Nyelle, per importunitatem eorum revocatum, privavit officio, et in locum ejus statuit magistrum Johannem Jouvenelli, virum utique scientificum, facundum, et ex generosis proavis ducentem originem, qui diu causas regias criminales magnifice perornaverat in Parlamento regali. Attendensque fugam arripuisse magistrum Eustachium de Atrio, quem cancellarium Francie procuraverant creari, genitorem induxit ut dominum Arnaudum de Corbeia revocaret. Qui cum, attendens se jam senio confectum, honorem recusasset, primum in Parlamento presidentem, magistrum Henricum de Marla, virum sane doctissimum, et precipue in complendis legacionibus arduis et longinquis, et magnifice representacionis in sede judiciali, in partem sue regie sollicitudinis assumpsit.

roi. Autant on éprouve de plaisir à voir le calme succéder à la fureur des flots, et le ciel sortir des nuages pur et serein, autant les Parisiens ressentirent de joie en apprenant que la haine des princes s'était changée en affection; leur réponse causa une telle satisfaction, que chacun se demandait : « Comment ferons-nous pour recevoir de si bons princes « avec tous les honneurs qu'ils méritent? »

CHAPITRE XXXIII.

De nouveaux changements ont lieu après la publication de la paix.

Le duc de Guienne, mécontent de ce que les fauteurs de la rébellion s'étaient échappés secrètement de Paris, voulut annuler, par haine et par mépris pour eux, tout ce qui avait été fait à leur instigation pendant les derniers événements. Il décida donc que de nouveaux échevins seraient nommés en remplacement de maître Jean de Troyes, de Garnot de Saint-Yon et de Robert du Bellay, et l'on choisit à cet effet trois notables bourgeois, Pierre Auger, un certain Cyriac, et Jean Marcel. Il destitua aussi son chancelier, messire Jean de Nielle, qu'il n'avait rappelé auprès de lui que pour satisfaire à des obsessions importunes, et il donna sa charge à maître Jean Juvénal, personnage également recommandable par son savoir, son éloquence et la noblesse de son origine, qui s'était long-temps signalé dans la charge d'avocat général du roi au Parlement. Comme maître Eustache de Laître, que les rebelles avaient fait nommer chancelier de France, avait aussi pris la fuite, le duc engagea le roi son père à rappeler messire Arnaud de Corbie. Celui-ci ayant décliné cet honneur à cause de son grand âge, le roi pourvut de ces hautes fonctions le premier président au Parlement, maître Henri de Marle, personnage d'un savoir éminent, qui avait rempli avec éclat plusieurs missions difficiles à l'étranger, et qui tenait dignement son rang à la tête de la magistrature.

Et quod utile visum est universis, commissariorum regiorum
nimiam multitudinem, quia triginta numerum excedentem,
hucusque cotidianis stipendiis frustra ditatam, deposuit, et in
compotorum camera, aliis quoque administracionibus regiis,
publicis et domesticis, novos rectores statui procuravit. Unde
multi circumspecti sepius repetebant quod vulgo dicitur :
« Divitum dominorum servicia non sunt hereditates vel posses-
« siones perpetue, cum sic ad nutum mutentur. »

Nec dum exacto triduo, dominos de Veteri villa, Philippum
Pictavis, familiares ducis Burgundie, nec non cum Johanne
Guerini Andreaque Rousselli multos alios burgenses, qui antea
inter motus tumultuosos fluctuancium rerum civilium se auda-
cius justo immiscefant, capi et incarcerari precepit. Unde domini Karolus de Savosiaco et Johannes de Courcellis, milites,
qui duci familiarius assistebant, cum nonnullis aliis nobilibus
et ignobilibus timore territi aufugerunt, extra libere vivere
quam incarcerari malentes. Egre eciam ferebat dominus dux
Guienne magistrum Guillelmum Barraut cum ceteris proditoribus et incentoribus sedicionum civilium evasisse, quia, quamvis regis secretarius existeret, in cunctis tamen sibi concessis
scribam ipsum habebant propicium, et ut publice ferebatur, in
cunctis agendis ejus consilio utebantur.

Ut autem rex assuetam rapacitatem quorumdam refrenaret,
sub capitali pena per compita civitatis statuit proclamari, ne
quis incarceratorum aliquem depredari, vel domum suam ingredi [1], nisi functus auctoritate regia; idque servandum statuit
in fugitivorum proditorum domiciliis. Quibus tamen, non sine
fremitu et horrore omnium audiencium, exequtores regii reperisse duos rotulos retulerunt, quos, quia suspicione mala non

---

[1] Il faut supposer ici l'omission d'un mot tel que *auderet*.

Une mesure qui fut aussi généralement approuvée, ce fut la sup-pression de cette multitude inutile de commissaires royaux, qui étaient plus de trente, et qu'on avait entretenus jusqu'alors à grands frais et sans profit, et la nomination de nouveaux membres à la chambre des comptes et dans les autres administrations royales, publiques ou privées. Aussi les gens sages répétaient-ils souvent ces paroles, qui sont pour ainsi dire proverbiales : « Les offices des grands ne sont « point des héritages, des propriétés perpétuelles, puisqu'on les « change ainsi à volonté. »

Trois jours après, le duc de Guienne fit arrêter et mettre en pri-son messire de la Viefville et messire Philippe de Poitiers, familiers du duc de Bourgogne, ainsi que Jean Guérin, André Roussel et plusieurs autres bourgeois, qui avaient pris précédemment une part très active aux désordres des dissensions civiles. Cette rigueur effraya messire Charles de Savoisy et messire Jean de Courcelles, deux des plus intimes chevaliers du duc de Bourgogne, qui s'enfuirent avec quelques autres seigneurs et bourgeois, aimant mieux vivre en liberté hors du royaume, que de courir le risque d'être emprisonnés. Mon-seigneur le duc de Guienne regretta particulièrement qu'on eût laissé échapper, avec les autres traîtres et fauteurs de rébellion, maître Guillaume Barraut, qui, malgré son titre de secrétaire du roi, avait toujours expédié avec complaisance tous les actes portant quelque concession en leur faveur, et qui, disait-on, les avait aidés de ses conseils en toute circonstance.

Cependant le roi, pour mettre un frein à la rapacité de certaines gens, fit publier dans tous les carrefours de la ville une ordonnance portant peine de mort contre quiconque oserait, sans son ordre, prendre quelque chose à ceux qui avaient été emprisonnés, ou péné-trer dans leurs maisons. Il voulut même qu'on respectât les maisons des traîtres qui avaient pris la fuite. Et pourtant les gens du roi décla-rèrent, au milieu d'un frémissement général d'indignation, qu'ils y avaient trouvé deux rôles, qui dénotaient une infâme trahison. On soumit ces rôles d'abord à messieurs du Parlement, puis à l'Université, pour que ces deux compagnies délibérassent sur ce qu'il y avait à faire.

carebant, eos dominis Parlamenti ac postmodum Universitati ostenderunt, ut deliberarent quid inde agendum esset. Primus namque fere ducentorum tam nobilium ex ergastulis eductorum quam aliorum absencium, nuper et reiteratis vicibus evocatorum ad bannum, nomina continebat; qui omnes numerum mille et quadringentorum excedebant. In alio vero multi cives famosi nominati erant cum ista addicione, *et progenies eorum;* et subtus unumquemque *T, B, R,* vel alia litera scripta erat, cum crucibus et aliis caracteribus. Si autem signa predicta ultimum exterminium eorum futurum designabant, ut a pluribus asserebatur firmiter, forsitan in sequentibus patebit. Dicam tamen quod, ebdomada non transacta, civis quidam, qui quemdam mimum duci Guienne dilectum, Courtebote nuncupatum, nequiter interfecerat durante commocione populari, duo quoque macellarii fratres, cognominati les Caylles, quia tunc magistrum Radulphum Brisac submerserant, tracti ad commune patibulum suspensi sunt. Qui tum super rotulis interrogati nil penitus recognoverunt, asserentes quod in eorum secretis consiliis minime evocabantur.

Nec diu post, instancia quorumdam nobilium, quia dicti proditores dominum Jacobum de Ripparia, Johannem de Mesneleio, dominum quoque Petrum de Essartis, quondam prepositum Parisiensem, injuste, ut asserebant, procuraverant decollari, eodem duce poscente, rex eorum corpora reddi statuit amicis, ut traderentur ecclesiastice sepulture.

Le premier contenait les noms de près de deux cents seigneurs qu'on avait tirés de prison, et d'un grand nombre d'autres personnages absents, qu'on avait plusieurs fois cités à comparaître ; il y en avait en tout plus de quatorze cents. Le second était une liste de plusieurs des plus notables bourgeois, sur laquelle on avait ajouté ces mots : *et leurs familles ;* et au dessous de chaque nom on avait tracé un *T*, un *B*, un *R*, ou une autre lettre avec des croix et d'autres signes. La suite prouvera peut-être si ces caractères signifiaient qu'on dût les mettre tous à mort, comme bien des gens le croyaient fermement. Je dirai toutefois qu'avant la fin de la semaine un bourgeois, et deux bouchers, les frères les Cailles, furent pendus au gibet de la ville, le premier pour avoir méchamment assassiné durant l'émeute un fou du duc de Guienne, nommé Courtebotte, que ce prince aimait beaucoup, les autres pour avoir noyé maître Raoul Brissac. Avant de les exécuter, on les interrogea sur le contenu des rôles ; mais ils répondirent qu'ils ne savaient rien, n'ayant jamais été appelés aux conseils secrets des rebelles.

Peu de temps après, à la requête du duc de Guienne, et sur les instances de quelques seigneurs, qui représentèrent que messire Jacques de la Rivière, Jean du Mesnil, et l'ancien prévôt de Paris, messire Pierre des Essarts, avaient été injustement décapités, le roi fit rendre leurs corps à leurs amis, pour qu'on leur donnât la sépulture ecclésiastique.

CAPITULUM XXXIV.

Dux Burgundie de villa Parisiensi confuse recessit, et cum rege Sicilie alii domini
ipsam urbem ingressi sunt.

Que scripta sunt dux Burgundie grato animo non ferens, et
circumspectorum judicio spiritu indignacionis tactus, presa-
giens quod prospera sibi suisque deinceps non succederent,
cum fortuna mutare vices statuit, et a rege tunc aucupium exer-
cente obtenta cum difficultate licencia, sub tanta celeritate ac
si inimicis capitalibus sequeretur, augusti vicesima tercia die
Flandriam peciit cum militum et armigerorum nobili comitiva.
Et quamvis postmodum Universitati litteras miserit, causam
tam inopinati recessus [1], et quod gratum habebat que inter
consanguineos deliberata fuerant, id egit tamen non sine multorum ammiracione, maxime cum non vale dixisset civibus Parisiensibus et ultimam diem mensis hujus expectasset, quam
insignis rex Sicilie, Aurelianis et de Borbonio duces, comites
quoque Virtutum et de Alenconio jocundo suo adventu insignem et commendabilem reddiderunt.

Mandato namque parentes regio et ad villam regalem accedentes, eisdem dominus dux Biturie honorifice occurrit cum
Parisiensi preposito, multisque militibus et armigeris; quem
Francie cancellarius cum consiliariis regiis sequtus est. Tercium
quoque ordinem tenuerunt mercatorum prepositus et burgenses. Et hii omnes, post impensum debitum salutacionis
affatum, leta fronte ostenderunt se cordialiter suum suscepisse
adventum. Et cum ad portam sancti Jacobi duci Biturie de non
injuriandis civibus per se vel per gentes suas, et de sumendis

---

[1] Il faut sous-entendre ici un mot tel que *continentes*.

CHAPITRE XXXIV.

Le duc de Bourgogne quitte Paris précipitamment. Le roi de Sicile et les autres
princes font leur entrée dans cette ville.

Le duc de Bourgogne était mécontent de tout ce qui se passait, et
son dépit n'échappait point aux plus clairvoyants. S'apercevant que
les affaires tournaient mal pour lui et les siens, il résolut de céder à la
fortune. Un jour que le roi volait l'oiseau, il lui demanda la permission de s'éloigner, et l'ayant obtenue non sans peine, il partit le
23 août, aussi précipitamment que s'il eût été poursuivi par ses plus
mortels ennemis, et se dirigea vers la Flandre avec une suite brillante de chevaliers et d'écuyers. Il écrivit peu après à l'Université
pour lui faire connaître les motifs d'un si brusque départ, et lui dire
qu'il approuvait tout ce qui avait été décidé par les princes du sang;
mais bien des gens ne laissèrent pas d'être fort étonnés, d'autant plus
qu'il n'avait pas pris congé des Parisiens ni attendu le dernier jour
du mois, qui fut signalé par de grandes fêtes, à l'occasion de l'arrivée
de messeigneurs le roi de Sicile, les ducs d'Orléans et de Bourbon,
les comtes de Vertus et d'Alençon.

Comme ces princes s'approchaient de la capitale, conformément
aux ordres du roi, monseigneur le duc de Berri alla au-devant d'eux
avec le prévôt de Paris et une escorte nombreuse de chevaliers et
d'écuyers. Le chancelier de France le suivait à la tête du conseil royal.
Venaient ensuite le prévôt des marchands et les bourgeois. Après avoir
offert aux princes l'hommage de leurs salutations, ils témoignèrent
par leur air de satisfaction qu'ils étaient ravis de les voir. Arrivés à
la porte Saint-Jacques, les princes promirent par serment au duc de
Berri de n'offenser en rien les habitants ni par eux-mêmes, ni par
leurs gens, et de payer à un prix raisonnable les vivres qu'on leur
fournirait. Puis ils entrèrent dans la ville au son des trompettes, avec

victualibus racionabili precio juramentum prestitissent, in habitibus missis a duce Guienne, videlicet violaceis clamidibus, ab utroque apertis latere, et capuciis bispartitis ex nigro et rubeo, quem habitum cives in parte maxima deferebant, personantibus lituis, villam ingressi sunt; quam in cunctis quadriviis civibus armatis ad unguem [1] repererunt, ad decorem, et ne viam impedirent populares. Ut ipsis pertranseuntibus altissonis vocibus laudes regias conclamarent eos quidam incitabat, huc illucque argenteam monetam proiciens, donec ad regale Palacium pervenerunt, ubi a rege amicabiliter recepti, et de salute singulorum dulciter interrogati, ipsis cenam dapsilem celebravit, et cum tanta leticia ac si in ultimis terre finibus per triennium mansissent. Omnes eciam dominus dux Guienne honorifice excepit, singulari tamen affectione ducem Aurelianis, cognatum ejus germanum, et in signum amoris precipui, quem erga ipsum gerebat, statuit ut deinceps vestes sericas auro textas suis similes deferret, lugubresque relinqueret, quas multis annis induerat in signum cordialis doloris necis ignominiose paterne.

CAPITULUM XXXV.

Sequntur que rex decrevit ad honorem consanguineorum suorum.

Rex autem in adventum consanguineorum gavisus est, et statuens in cunctis eorum acquiescere consiliis, sequenti die sabbati ordinavit ut in viridi camera regalis Palacii omnes, quod promiserant complentes, publice et successive jurarent ad sancta Dei evvangelia in verbo principis et sub honore sibi debito, quod quidquid continebant articuli prelibati fideliter

---

[1] Il faut supposer ici l'omission d'un mot tel que *repletam*.

le costume que leur avait envoyé le duc de Guienne, c'est-à-dire avec des manteaux violets, ouverts des deux côtés, et des chaperons mi-partis de noir et de rouge, comme les portaient la plupart des Parisiens. Ils trouvèrent toutes les rues garnies de bourgeois armés de toutes pièces pour leur faire honneur et maintenir la circulation libre. Un homme excitait la foule à pousser des acclamations sur leur passage, en jetant çà et là des pièces d'argent. Ils arrivèrent ainsi au Palais, où le roi les reçut avec bonté; il s'enquit gracieusement de la santé de chacun d'eux, leur donna un repas magnifique et leur témoigna autant de joie que s'ils fussent revenus des contrées les plus lointaines après une absence de trois ans. Monseigneur le duc de Guienne les accueillit aussi tous avec beaucoup d'égards; mais il montra une affection toute particulière au duc d'Orléans, son cousin germain, et, comme marque de la prédilection qu'il avait pour lui, il voulut que ce prince quittât désormais les habits de deuil qu'il avait gardés depuis le malheureux assassinat de son père, en témoignage de sa douleur filiale, et qu'il ne portât plus que des vêtements de soie pareils aux siens.

CHAPITRE XXXV.

Nouvelles mesures prises par le roi en l'honneur des princes du sang.

Le roi, charmé du retour de ses parents, et voulant désormais suivre leurs conseils en toutes choses, ordonna que le lendemain samedi ils se rendissent tous dans la chambre verte du Palais, et que là, conformément à leurs promesses, ils jurassent publiquement et l'un après l'autre, sur les saints évangiles, sur leur parole de princes et sur le respect qu'ils lui devaient, d'observer fidèlement et inviolablement tout ce qui était contenu dans les articles de la paix. Ils prêtèrent ce serment à genoux et avec tant de marques d'humilité, que tous les

et inviolabiliter custodirent. Quo flexis genibus peracto, et cum tot humilitatis signis quod et presentes ad pia provocabant suspiria, ipsa die cum hiis, qui consiliis regiis jure debebant assistere, mutuo considerantes regem exacto tempore per impressionem popularem et persuasiones fallaces quorumdam magnatorum quamplurima statuisse, que non modo in regis dedecus et regni prejudicium, sed et in denigracionem et diminucionem inclite fame sue redundabant,[1] penitus abolerentur. Regium igitur animum induxerunt ut sequentis ebdomade die Martis, eo sede regia presidente, in Parlamenti camera et juxta lectum justicie preparata, illic velud edictali lege, ad confusionem nequissimorum hominum, qui sic ipsum seduxerant, publice faceret revocari.

Quo concesso, die dicta, cancellarius Francie sub compendio propositum sic perorandum suscepit : « Primo, » inquit, sancte et individue Trinitatis invocato nomine, « regie celsitudini, « preteritarum rerum vicissitudines perspicaci oculo intuenti, « quosdam nuper vesano spiritu agitatos, reos crimine lese « majestatis, dum e regia violenter quosdam sanguine regio « procreatos et decuriones insignes sacrilegis manibus extraxe- « rint et ergastula tenere coegerint, luce clarius constitit. « Post quem temerarium ausum, non monitis vel consilio do- « mini ducis Burgundie nec cujuscunque lilia deferentis, ut « creditur, maxime cum in eorum vituperium redundasset, « preter solitum importunis precibus, imperio pocius quam « humilitate refertis, visi sunt obtinuisse, qui super impositis « maliciis, addam tamen adinventis, jacerent processi extraor- « dinarii fundamenta. Prefatos tamen commissarios merito « destituendos, non modo quia diu in vanum tempus terendo

---

[1] Il faut supposer ici l'omission de deux mots tels que *concluserunt ut.*

assistants en furent émus jusqu'aux larmes. Le même jour ils reprirent leur place au conseil, et considérant que le roi, par condescendance pour les exigences populaires et d'après les perfides conseils de quelques seigneurs, avait adopté plusieurs mesures non moins préjudiciables à sa personne et au bien du royaume, que contraires et attentatoires à son honneur, qu'il importait par conséquent qu'elles fussent cassées, ils l'engagèrent à tenir un lit de justice au Parlement le mardi de la semaine suivante, pour y faire prononcer publiquement par ordonnance la révocation de ces mesures, et pour confondre les intrigants qui l'avaient trompé.

Le roi y consentit, et audit jour le chancelier de France, qui était chargé de porter la parole, s'exprima succinctement en ces termes, après avoir invoqué le nom de la sainte et indivisible Trinité : « Sa « royale majesté, réfléchissant avec attention aux désordres passés, « s'est convaincue que certaines gens, égarés par l'esprit de rébellion, « se sont rendus coupables de lèse-majesté, en portant leurs mains « sacriléges sur des princes du sang et d'illustres seigneurs, et en les « arrachant par violence de la maison royale pour les jeter en prison. « Après cet audacieux attentat, qu'il ne faut sans doute attribuer ni « aux suggestions ni aux conseils de monseigneur le duc de Bourgogne « ou de tout autre prince du sang, puisque la honte en eût rejailli « principalement sur eux, ils ont obtenu à force de sollicitations im- « portunes et d'instances impérieuses plutôt qu'humbles et soumises, « qu'on chargeât des commissaires d'intenter à ces prisonniers un « procès extraordinaire sur les prétendus méfaits qu'on leur impu- « tait. Sa majesté estime que lesdits commissaires ont mérité d'être « destitués, non-seulement parce qu'ils ont perdu beaucoup de temps « sans rien faire, et n'ont rempli qu'avec négligence les devoirs qui « leur étaient imposés, mais aussi parce qu'ils ont dépassé de beau-

« terminos auctoritatis sic concesse negligenter fuerint exequti,
« sed quia eosdem pertransierint immoderancius quam deceret,
« regia censet majestas; et ideo predictam commissionem, quam
« videtis, delendam in frustra sentencialiter decernit. »

Quo sine cunctacione peracto, iterum prefate inique concionis querimoniosis requestis cancellarius addidit regem attedia-
tum statuisse scriptis redigi quasdam ordinaciones regias. « Sed
« quia sine assensu lilia deferencium condite fuerant, et eorum
« judicio regiam auctoritatem videntur limitare strictius quam
« deceret, eas in oculis omnium assistencium anullandas pe-
« nitus atque delendas frustratim dignum duxit. » Erant nonnulli presentes in secretis consiliis ex officio admittendi, qui
ordinaciones illas in principio multipliciter commendantes, ut
utiles toti regno, ad longum dixerant Francorum hystorie in-
serendas. Sed michi interroganti : « Et cur illas conclusistis
« abolendas ? » cum respondissent : « Sic favendo dominis secu-
« lum nostrum transigimus, » subjunxi immediate : « Ergo
« gallis campanilium ecclesiarum a cunctis ventis volvendis
« possem vos assimilari. »

Leta fronte rex Sicilie prelibata et cum rege assistentes principes audierunt, et mox pedibus ejus provoluti, flexis genibus
reiteraverunt aliam requestam factam. Ad quam alte et intelligibiliter cancellarius respondens : « Et rex, inquit, auctoritate
« sua omnes litteras nuper longe lateque per regnum in damp-
« num vel dedecus dominorum divulgatas revocat penitus et
« anullat. » Ad hanc vocem cum multi nobiles, in sentenciam
domini de Hengest transeuntes, altis vocibus quesivissent :
« Et quid dicetis de nobis, qui cum dominis fideliter mili-
« tavimus pro rege? » addidit : « Et regi placet ut simili privi-
« legio gaudeatis. » Quod verbum cum graciarum actionibus

« coup le terme fixé pour la durée de leur pouvoir. Elle ordonne en
« conséquence que ladite commission que voici soit lacérée. »

Cela fut exécuté sur-le-champ. Puis le chancelier ajouta que le roi,
cédant aux requêtes et aux obsessions des mêmes intrigants, avait
consenti à faire rédiger par écrit certaines ordonnances royales. « Mais,
« continua-t-il, comme ces ordonnances ont été faites sans l'assenti-
« ment des princes des fleurs de lis, et que suivant leur opinion elles
« restreignent l'exercice de l'autorité royale, il a jugé à propos
« qu'elles fussent annulées et déchirées en présence de toute l'assem-
« blée. » Il se trouvait parmi les membres du conseil privé des gens
qui, dans le principe, avaient beaucoup vanté ces ordonnances comme
avantageuses à tout le royaume, et déclaré qu'il fallait les insérer tout
au long dans les annales de France. « Pourquoi donc, leur deman-
« dai-je, avez-vous été d'avis qu'on les annulât? » — « C'est, me
« répondirent-ils, qu'en nous pliant ainsi à la volonté des princes,
« nous conservons notre position à la cour. » — « Je pourrais bien,
« leur dis-je alors, vous comparer aux coqs des clochers, qui tournent
« à tout vent. »

Le roi de Sicile et les princes qui étaient avec le roi furent charmés
de ce qu'on avait fait. Ils se jetèrent à ses pieds et lui présentèrent
à genoux une autre requête. Le chancelier y répondit en ces termes
à haute et intelligible voix : « Le roi révoque aussi et annulle de
« son autorité toutes les lettres publiées précédemment par tout
« le royaume au préjudice et contre l'honneur des princes. » A ces
mots, le sire de Hangest et plusieurs autres seigneurs, de concert avec
lui, s'écrièrent : « Et que direz-vous de nous, qui avons toujours
« fidèlement combattu pour le roi avec les princes? » — Le roi
« veut, ajouta le chancelier, que vous jouissiez du même privilége. »
Ils accueillirent cette assurance avec de vives actions de grâces et
avec une joie sincère, comme un gage de leur prochain rétablisse-

ac tanto [1] audierunt, ac si arram jam tenerent recuperandi status diu amissos pristinos et honores.

Post verba cancellarii, ut cives Parisienses cum doctoribus et magistris Universitatis reverende mutuo consuluerant, surgens quidam facundissimus orator serenitati regie humiliter eorum nomine supplicavit, ut sibi assistentes domini, quod juraverant complentes, armatas conciones expellerent, que a Burgo Regine usque ad Ligeris fluvium hostiliter grassabantur. Addidit verbis dominus dux Biturie : « Ymo, que usque ad « Alverniam omnia depopulantur. » Et interim cum ceteri domini successive supplicacionem de jure exaudiendam dicerent, dux Borbonii ad cives vultum convertens : « Nec timea- « tis, inquit, vos boni subditi domini mei regis. Nam si sponte « non recedant, insurgere in eos secure certe poteritis, quo- « niam non carebitis bellatorum sufficienti comitiva. » Quod verbum magnanimiter prolatum, assistencium judicio, ipsum dignum reddiderunt ad subeundum laborem. Addebant et seniores : « Sic sane a vestigiis strenuissimi non deviat geni- « toris, cujus ope et industria non modo, tempore Karoli regis « defuncti, Aquitanie municipia, sed et urbes et civitates mu- « ratas Anglici, regni adversarii capitales, corone Francie « reddiderunt. »

Hiis prolatis, obtinuerunt a rege flexis genibus principes assistentes, ut ea que processerant ab ore cancellarii, redacta litteris et sigillo regio roborata, longe lateque per regnum publice divulgarentur, ut universis constaret famam suam adinventis mendaciis denigratam exacto tempore extitisse, et quod omnes racionabiliter rex ad honores pristinos revocabat.

Sic e colloquio publico rex discedens, et monicione prin-

---

[1] Il faut supposer ici l'omission d'un mot tel que *gaudio*.

ment dans leur ancien état et dans les honneurs dont ils avaient été jadis dépouillés.

Quand le chancelier eut fini de parler, un éloquent orateur se leva pour porter la parole au nom des bourgeois de Paris et des docteurs et maîtres de la vénérable Université, ainsi que cela avait été convenu entre eux. Il supplia humblement sa royale majesté d'inviter les princes qui étaient présents à licencier, conformément à leurs promesses, les compagnies de gens de guerre, qui commettaient toutes sortes d'hostilités depuis Bourg-la-Reine jusqu'aux bords de la Loire. « Dites « même, ajouta monseigneur le duc de Berri, qu'ils poussent leurs « courses dévastatrices jusqu'en Auvergne. » Et pendant que les autres seigneurs appuyaient, chacun à leur tour, cette juste réclamation, le duc de Bourbon, s'adressant aux bourgeois : « Ne craignez rien, leur « dit-il, bons et fidèles sujets de notre sire le roi. Si ces gens ne se « retirent pas d'eux-mêmes, vous pourrez leur courir sus en toute « liberté, et soyez sûrs que vous ne manquerez pas de secours pour « vous seconder. » Cette généreuse parole fit penser à tous les assistants qu'il serait bien digne d'être le chef d'une telle entreprise. Les vieillards ajoutaient : « Il marche bien sur les traces de son valeureux « père, dont le courage et l'activité reconquirent à la France sur les « Anglais, pendant le règne du feu roi Charles, non-seulement les « places fortes d'Aquitaine, mais encore toutes les cités et les villes « closes dont ces ennemis mortels du royaume s'étaient emparés. »

Après cela, les princes qui se trouvaient là, se jetant aux genoux du roi, obtinrent que l'on dressât des lettres de tout ce qui avait été dit par l'organe du chancelier, qu'on y apposât le sceau royal et qu'on les publiât par tout le royaume, afin que tout le monde sût que leur réputation avait été ternie précédemment par d'infâmes calomnies, et que le roi faisait un acte de justice en les rétablissant dans leurs anciens honneurs.

Au sortir de cette assemblée, le roi, d'après l'avis des princes, se mit en devoir d'exécuter les résolutions qui venaient d'être prises. Il

cipum ad jam concessa progrediens, quamplures ab officiis destitutos, qui amministracionibus publicis et domesticis, baliviis regiis non sine lucro maximo solebant presidere, qui urbanas forensesque peccuniales collectas adunabant, ut gazis inferrentur regiis, revocavit. Collegio quoque venerabili calculancium annuas regni receptas, ut antea, archiepiscopum Senonensem de Monte Acuto presidere concessit. Non denegavit civibus, ut Petrus Genciani mercatorum prepositus iterum diceretur; et consencientibus dominis a custodia prepositure Parisiensis Strabone de la Heuse deposito, qui plus actibus militaribus quam decernendis sentenciis aptus erat, in sede judiciali Castelleti regii magistrum Andream Mercatoris, virum utique disertum, consulti pectoris et expertum, statuit collocari. Iterum dominum Karolum Dalebret, suum consobrinum, tanquam conestabularium suum, litteris evocavit; qui die sequenti dominica villam ingrediens, insignia officii, scilicet ensem regium, ante se ferre statuit. Permisit iterum, precibus dominorum, ut dominus Clignetus de Brebanto, qui de recenti regnum rapinis intollerabilibus dampnificaverat, Parisius ingrederetur libere. Et breviloquio utens, quotquot ad curiales honores dux Burgundie provexerat, prefati domini destituere procuraverunt, ut sibi faventibus restituerentur. Sicque experimento expulsi didicerunt quod sub sole nichil caducum stabile sit, sed

Omnia sunt hominum tenui pendencia filo,
Et subito casu que valuere ruunt.

Ipsa die, licencia eciam ab ipsis ducibus impetrata, dux Diorc vel Eboraci, insignis regis Anglie cognatus, a rege honorifice susceptus est; et quia sciebat ipsum advenisse ad querendum virginem regiis natalibus ortam, regi suo connubio

CHRONIQUE DE CHARLES VI. — LIV. XXXIV. 459

rappela plusieurs officiers destitués de leurs fonctions, les replaça à la tête des administrations publiques et privées et des bailliages royaux, qui étaient pour eux une source de fortune, et leur rendit la perception des impôts dans les villes et dans les campagnes. Il restitua à messire de Montaigu, archevêque de Sens, sa charge de président de la chambre des comptes. Il consentit, sur la demande des Parisiens, à renommer Pierre Gentien prévôt des marchands, et de l'aveu des princes, il déposa de l'office de prévôt de Paris le Borgne de la Heuse, qui était plus habile à se battre qu'à rendre la justice, et établit pour juge au Châtelet maître André Marchand, personnage disert, d'une sagesse et d'une expérience consommées. Il manda aussi monseigneur Charles d'Albret son cousin, en lui donnant dans sa lettre le titre de connétable de France; et le lendemain, qui était un dimanche, lorsque celui-ci entra dans la ville, il fit porter devant lui l'épée royale, marque distinctive de sa charge. Le roi permit enfin, à la demande des princes, que messire Clignet, qui tout récemment encore avait ruiné le royaume par d'affreux brigandages, rentrât à Paris en toute liberté. En un mot, lesdits seigneurs firent destituer et remplacer par leurs créatures tous ceux que le duc de Bourgogne avait pourvus d'offices à la cour. Ainsi ceux qui furent disgraciés apprirent à leurs dépens qu'il n'y a rien de durable en ce monde, et que

Tous les biens d'ici-bas n'ont qu'un court avenir;
Un seul instant suffit pour les anéantir.

Le même jour, les princes firent donner audience à l'illustre duc d'York, cousin du roi d'Angleterre, qui fut reçu par le roi avec toutes sortes d'égards. Comme on savait qu'il était venu chercher un parti pour son maître parmi les princesses du sang royal, on lui fit voir madame Catherine, fille du roi, alors âgée de treize ans, vêtue d'une

sociandam, dominam Katherinam, filiam regis tredenam, veste serica auro texta, gemmis et monilibus circumornatam, insigni quoque contubernio dominarum associatam ostenderunt, ut de forma, pulcritudine et aptitudine ipsius testimonium referret.

Luce immediate sequenti, Universitatis Parisiensis doctores et magistri, universi quoque scolares, et cives Parisienses simul, istis tamen unam partem strate regie tenentibus, ceteris quoque alteram, apud Sanctum Martinum de Campis sollempnem processionem fecerunt, ut Christus, pacis amator, pacem et concordiam inter duces et principes aurea lilia deferentes ac regnicolas initam sollidaret.

Inter summe auctoritatis principes nuper regiis litteris evocatos rex Johannem, ducem Britannie, qui filiam suam uxorem duxerat, desideraverat videre, et mellifluis verbis ipsius recreari. Quapropter luce jam advesperascente sequenti, omnes sanguine regio procreatos, dumtaxat ducibus Guienne et Aurelianis exceptis, sibi obviam direxit, qui eumdem regiam introducerent in urbem. Tunc Britones egre tulisse didici quod dux Aurelianis, ut alias consueverat, sibi obviam non exisset, et quod in conviviis regiis et observanciis curialibus eidem se preferret; unde ob contencionem verbalem inde motam de Parisius indignatus recessisset, nisi rex Sicilie Ludovicus ambos ad concordiam revocans inclinasset ut successivis feriis simul epularentur jocunde. Interim rex ipse non sine multorum ammiracione consenciit ut ducis Britannie filiam filius suus uxorem duceret, et parvipendens quod duci Burgundie id antea spopondisset, filiam ejus, que triennio jam cum desponsando manserat, eidem duci remisit. Et hec mutabilitas, quam certe durus homo et agrestis reprehensibilem judicasset, inter eos inexpiabilis odii fomitem ministravit.

robe tissue d'or et de soie, parée de pierreries et de joyaux et suivie d'un brillant cortége de dames, afin qu'il pût rendre un témoignage favorable de sa beauté, de sa grâce et de sa bonne mine.

Le lendemain, les docteurs et professeurs de l'Université de Paris, ainsi que tous les écoliers, et avec eux les bourgeois, rangés sur deux files de chaque côté de la rue, firent une procession solennelle à Saint-Martin-des-Champs, pour prier Jésus-Christ, le père de la paix, de consolider l'union et la concorde qui venaient d'être rétablies entre les ducs et les princes des fleurs de lis et les habitants du royaume.

Le roi regrettait de ne pas voir encore, parmi les puissants seigneurs qu'il avait naguère mandés par lettres royales, le duc Jean de Bretagne, son gendre, dont il désirait beaucoup la compagnie. C'est pourquoi, le lendemain, vers le soir, il envoya à sa rencontre pour l'introduire dans la capitale tous les princes du sang. Les ducs de Guienne et d'Orléans seuls n'y allèrent pas. Les Bretons furent, dit-on, vivement blessés en cette circonstance de ce que le duc d'Orléans ne lui avait pas rendu cet honneur, comme il l'avait toujours fait jusqu'alors pour les autres princes, et de ce qu'à la table du roi et dans toutes les cérémonies de cour il prenait le pas sur leur duc. Il en résulta quelque altercation entre les deux princes, et le duc Jean eût quitté Paris fort mécontent, si le roi de Sicile Louis n'eût ramené entre eux la bonne harmonie et ne les eût déterminés à dîner ensemble les jours suivants. Sur ces entrefaites, ce même roi, au grand étonnement de tous, consentit au mariage de son fils avec la fille du duc de Bretagne, malgré l'engagement qu'il avait pris antérieurement avec le duc de Bourgogne, et renvoya audit duc sa fille qui demeurait depuis trois ans avec son fiancé. Ce manque de parole, qui eût paru blâmable aux yeux mêmes de l'homme le plus insensible et le plus grossier, alluma entre eux une haine implacable.

CAPITULUM XXXVI.

De comite Vindocini, fratre comitis Marchie.

Ocio vagari non permisit calamum dies sequens adventum prefati ducis, sed dominum Ludovicum, Vindocini comitem, regis cognatum, militem devotum et affabilem, commendabilem reddidit; qui gracia devocionis ad ecclesiam beati Dyonisii accedens, et prostratus ante corpora martirum, votum quod emiserat persolvens, beato Ludovico obtulit cereum centum librarum. Michi familiariter et serietenus enarrans quod alia multa vota Deo, beate Marie ceterisque celicolis emiserat, cum occasionem quererem, respondit : « Quoniam indubitanter « credo quod excecrabilem seviciam fratris mei comitis Marchie « aliter non evasissem, quam tamen in me incitaverat exercere « invidia et aviditas rapiendi alienum dominium. Nam impa-« cientissime, inquit, ferens piam genitricem nostram, cujus « anima sancta requie fruatur, mortis articulo me solum et in so-« lidum ampli testamenti sui exequtorem, habundantis mobilis « custodem ac distributorem statuisse, cupiditatis stimulo agi-« tatus, non modo ampliora sibi quam receperam restituere « verbis minacioribus monuit, sed et sub interminacione mortis « patrimonium, diu possessum pacifice, sibi resignare. Iracundia « quoque succensus quod nolebam irracionabilibus assentire, « et tanquam nephandissimum crimen aliquod commisissem, « immemor dilectionis fraterne, ministros statuit detestabiles, « qui sine auctoritate judiciaria me apprehenderunt, nequiter « in teterrimos carceres posuerunt, ubi cum tristicia et dolore « mansi octo mensium spacio, cum cordis tamen amaritudine « summo judici, curie quoque celesti innocenciam meam re-

CHAPITRE XXXVI.

Du comte de Vendôme, frère du comte de la Marche.

Le jour qui suivit l'arrivée du duc de Bretagne fut signalé par celle de monseigneur Louis, comte de Vendôme, cousin du roi, chevalier non moins recommandable par sa piété que par sa douceur, dont je dois retracer ici l'éloge. Il vint à l'église de Saint-Denys pour y faire ses dévotions, se prosterna devant les reliques des martyrs, et offrit à Saint-Louis un cierge de cent livres, pour s'acquitter d'un vœu solennel. Comme il me racontait familièrement et avec détail tous les vœux qu'il avait faits en d'autres occasions à Dieu, à la sainte Vierge et aux saints, je lui demandai quel en était le motif : « C'est « que je suis fermement convaincu, me répondit-il, que c'était le seul « moyen d'échapper à l'exécrable cruauté de mon frère le comte de la « Marche, que la jalousie et la convoitise de mon bien animaient « contre moi. En effet, irrité de ce que notre pieuse mère, Dieu « veuille avoir son âme! m'avait institué à son lit de mort le seul et « unique exécuteur de son testament, le gardien et le dispensateur de « son riche mobilier, il n'écouta que son aveugle cupidité, m'enjoi- « gnit de lui rendre plus que je n'avais reçu et menaça même d'atten- « ter à ma vie, si je ne lui résignais mon patrimoine, dont j'avais joui « paisiblement jusqu'alors. Comme je refusais de céder à ces exi- « gences injustes, sa colère ne connut plus de bornes; foulant aux « pieds la tendresse qu'il devait à un frère, il envoya contre moi « d'infâmes agents, qui m'arrêtèrent sans aucune forme de procès, « comme si j'eusse commis quelque crime abominable, me jetèrent « sans pitié dans un noir cachot, où j'ai langui huit mois dans la « douleur et la tristesse, recommandant toutefois dans l'amertume « de mon cœur mon innocence au souverain juge et à toutes les puis- « sances célestes. Je vis enfin que mes prières n'avaient pas été vaines. « Vers la fête de Pâques, alors que je croyais bien fermement que mon « frère s'était emparé de mes terres et de tous mes biens, je fus informé

« commendans. Nec in vanum ipsis tandem sensii preces fu-
« disse. Instante nam sollempnitate Paschali, cum jam fratrem
« indubitanter crederem cunctis meis mobilibus et possessio-
« nibus potiri, novi regem Sicilie, dominum meum feodalem,
« hucusque id sibi dissuasisse. Cum carcerem perpetuum michi
« quidam acrius solito minarentur, nisi fratri consentirem,
« novi ecclesiarum rectores sibi absolucionis beneficium dene-
« gasse, quamdiu me teneret captivum. Modum deliberacionis
« mee, ante non excogitatum vel speratum, fateor sanctorum
« oraciones apud Deum impetrasse. Idcirco non incurram in-
« gratitudinis notam; sed, ut promisi, barbam et capillos sinam
« crescere, ut cernis, nec radi paciar, donec cuncta peregero
« eisdem libera voce promissa. » In calce autem verborum :
« Scio, inquit, quod si debitis querimoniis fratris mei seviciam
« et injurias perpessas sine causa majestati regie intimarem,
« inde claritatem nominis sui obnubilando, perhennem ignomi-
« niam reportaret. Sed advertens quod in me occasione generis
« redundaret, censui tantam infidelitatem sub silencio perpetuo
« pertransire. » Hiis narratis, ut in scriptis redigerem, missa
devotissime audita, ad regem Parisius remeavit.

CAPITULUM XXXVII.

Dux Burgundie ad regem nuncios misit.

Quamvis exacto tempore regem suos consanguineos adversarios censuisse penitere, et in eorum favorem quamplures ad
officia regia, tanquam insontes injusteque depositos, revocasse,
ducis Burgundie in laudem non redundaret, ad eum tamen septembris vicesima quinta die episcopum Attrebatensem, decanum
sancti Audomari, dominum sancti Georgii, cum aliis duobus

« que le roi de Sicile, mon suzerain, l'en avait dissuadé jusque-là. Puis,
« tandis qu'on me menaçait plus sérieusement que jamais d'une déten-
« tion perpétuelle, si je ne cédais à mon frère, j'appris que les rec-
« teurs des églises refusaient de lui donner l'absolution, tant qu'il me
« retiendrait en prison. C'est, je le reconnais, à l'intercession des
« saints auprès de Dieu, que je dois d'avoir obtenu ma délivrance,
« au moment même où j'en désespérais le plus. Je ne veux donc pas
« encourir le reproche d'ingratitude, et, suivant ma promesse, je
« laisserai croître ma barbe et mes cheveux, comme vous le voyez,
« sans les faire raser, jusqu'à ce que j'aie acquitté tous les vœux que
« j'ai faits librement. Je sais, ajouta-t-il en finissant, que si je portais
« plainte au roi contre mon frère, si je lui dénonçais les cruautés et
« les outrages qu'il m'a fait souffrir sans motif, l'éclat de son nom
« pourrait être terni, et son honneur flétri à jamais. Mais comme ce
« déshonneur rejaillirait sur notre famille et sur moi, j'ai cru devoir
« garder le silence sur un si noir attentat. » Après m'avoir fait ce
récit, pour que je le consignasse par écrit, il entendit la messe en
grande dévotion, et retourna ensuite à Paris auprès du roi.

CHAPITRE XXXVII.

Le duc de Bourgogne envoie des ambassadeurs au roi.

Bien que le duc de Bourgogne pût considérer comme une sorte
d'injure personnelle le regret qu'avait manifesté le roi d'avoir traité
jadis ses parents en ennemis, et la mesure par laquelle il rappelait,
en leur faveur, plusieurs officiers royaux comme innocents et injustement destitués, il ne laissa pas d'envoyer au roi, le 25 septembre,
une ambassade composée de l'évêque d'Arras, du doyen de Saint-
Omer, du sire de Saint-Georges et de deux autres chevaliers, avec

militibus misit, qui super vicissitudinibus curialibus ipsum
redderent cerciorem. Ambassiatorum spectate fidei integritas,
regi sibique assistentibus nota principibus, sine cunctacione,
post depensum debite reverencie affatum, fecit dicendi graciam
quid dux animo gerebat; idque prefatus episcopus, vir tulliana
pollens facundia, luculenter et prolixiori sermone peroravit;
quem compendiose tamen tangam, ne attediam lectorem.

Et in ducis, regis cognati, humili recommendacione verbi
sumens inicium, cum fidelitatem, quam semper gesserat prosperis et adversis erga regnum, multis laudibus extulisset, intulit
serenitati regie se et sua cordialiter offerre, et ardencius solito
obsequiosum famulatum, ad quod ultra ceteros principes ho-
minii ligii et mutui connubii generacionis utriusque legibus
astringebatur; supplicare iterum ne quid suspicaretur sinistrum,
si ultimate justo festinancius de Parisius recedens, domine
regine atque domino Guienne debitum non exhibuisset honorem, quia urgens necessitas, lege carens, tunc tempus non
concesserat ut vitaret insidias, sibi, ut vera relacione didicerat,
preparatas, et, quod mirabile reputabat, a recessu pacifico
convencionis hic assistencium dominorum; hostilis nequicie
causam penitus ignorare; se tamen fideliter affirmare, quidquid
assentatores pessimi consanguineorum suorum auribus insu-
surrent, ab inicio vicissitudinis rerum mutuam concordiam in
mente semper conceptam tenuisse; cordialiter amplexari quicquid inde extitit proloqutum et auctoritate regia redactum litteris; nec solam iotam ex eis, que mutuis vallata fuerunt sacramentis, transgressurum; rogare tamen singulos et universos
consanguineos presentes ut, per dilectionis rectum iter pacem
mutuam tam diu desideratam conducentes, discordie occasiones
adinventas, quantumcunque minimas, studeant declinare.

mission de s'informer des changements qui avaient eu lieu à la cour. Le mérite des ambassadeurs, qui était bien connu du roi et des princes, les fit recevoir sur-le-champ. Après les compliments d'usage, le roi leur ayant permis d'exposer les intentions du duc, l'évêque d'Arras, personnage d'une éloquence vraiment cicéronienne, prit la parole et fit un grand et beau discours, dont je ne rapporterai que les principaux points, de peur de fatiguer le lecteur.

Il commença par recommander humblement au roi le duc son cousin, fit un pompeux éloge de la fidélité qu'il avait toujours montrée envers le royaume dans la bonne et la mauvaise fortune, et déclara que ledit duc mettait entièrement à la disposition de sa majesté sa personne et ses biens, et qu'il était d'autant plus dévoué à son service, qu'il y était tenu plus que tous les autres princes par les liens de l'hommage lige et par ceux d'une double alliance entre leurs enfants; qu'il suppliait le roi de ne point lui supposer de mauvaises intentions, si tout récemment il avait quitté Paris avec trop de précipitation, sans prendre congé, comme il le devait, de madame la reine et de monseigneur le duc de Guienne; qu'il y avait été contraint par la nécessité, qui ne connaît pas de loi, et qu'il n'avait eu que le temps d'échapper aux piéges qu'on lui dressait, ainsi qu'il l'avait appris de bonne part; qu'il avait lieu de s'étonner de ces perfides machinations après le traité de paix qui avait été conclu avec les seigneurs ici présents; qu'il ignorait complétement les motifs d'une telle conduite; qu'il pouvait affirmer, sans crainte d'être démenti, quoi que d'exécrables flatteurs pussent dire contre lui à ses cousins, que dès le commencement des discordes civiles il avait toujours désiré l'union et la paix; qu'il avait accepté de bon cœur tout ce qui avait été décidé à ce sujet et rédigé par écrit au nom du roi; qu'il ne changerait pas même un iota aux clauses qui avaient été jurées de part et d'autre; et qu'il priait tous et chacun de ses cousins là présents de ramener par le droit chemin de l'affection une paix si long-temps désirée, d'éloigner jusqu'aux plus petites occasions de discorde, et de considérer que, de même

Nam persepe, ut scintilla modica dispendiosi incendii, sic et modica displicencia inextinguibilis odii fomitem administrat.

Istis et consimilibus verborum involucionibus coram regina dominoque Guienne usus feriis successivis persuadendo et corroborando intentum, rediens tamen cum comitiva prefata, post regium jocundissimum vale dictum, solum referre salutes cognato dilectissimo jussus est, et quod in brevi nuncios regios ad eum destinandos expectaret.

CAPITULUM XXXVIII.

De precipuis commotoribus civilium sedicionum bannitis.

Paulo alcius inter stupendas vicissitudines rerum, a vesano impetu principum commocionis civilis procedencium, non censui sub oblivionis sepeliendum tumulo, inter cetera sue malignitatis opera, quot et quantis domicilia regine atque domini ducis Guienne lacessierant injuriis, in summe ingenuitatis dominos, dominas et domicellas, tanquam in sontes et criminosos, suum exagitando furorem. Non modo ex generosis proavis ducentes originem, sed et duri et agrestes omnino regnicole, scelera excecrabilia dampnantes, actores nequissimos divina et humana animadversione dignos judicabant. Et quia fuge presidio hucusque se salvaverant, regali consistorio deliberatum extitit quid inde agendum esset. Regi lateraliter assistebant cum rege Sicilie, ducibus Biturie, Aurelianis ac de Borbonio, comitibus quoque de Alenconio, Virtutum, de Divite monte et de Tanquarvilla, Senonensis, Bituriensis archiepiscopi, Novioniensis et Ebroycensis episcopi. Aderant et cum magistro regalis hospicii plures domini consiliarii et cambellani regii, qui omnes unanimiter sanxerunt ut, legem

qu'une simple étincelle allume souvent un vaste incendie, de même le plus léger mécontentement peut faire naître dans les cœurs une haine implacable.

L'évêque d'Arras essaya pendant plusieurs jours encore de convaincre la reine et monseigneur de Guienne par ces discours habilement calculés. Mais lorsqu'il reparut devant le roi avec ses compagnons d'ambassade pour prendre congé de lui, le roi, après l'avoir reçu gracieusement, le chargea, pour toute réponse, de porter ses salutations à son bien aimé cousin, et de lui annoncer qu'il lui enverrait sous peu des ambassadeurs.

CHAPITRE XXXVIII.

Les principaux chefs de la guerre civile sont bannis.

J'ai rapporté plus haut les affreux désordres causés par l'aveugle fureur des principaux chefs de la guerre civile; j'ai retracé, entre autres attentats commis par eux, les violences auxquelles ils s'étaient livrés dans les hôtels de la reine et de monseigneur le duc de Guienne, et les outrages dont ils avaient accablé des seigneurs, des dames et des demoiselles de la première noblesse, en les traitant comme des coupables et des criminels. Tous les Français, depuis les plus illustres personnages jusqu'aux plus humbles habitants, condamnaient hautement ces exécrables forfaits, et appelaient sur la tête des coupables toute l'animadversion de Dieu et des hommes. Comme la plupart d'entre eux s'étaient soustraits au châtiment par la fuite, on délibéra dans le conseil du roi sur les mesures qu'il convenait de prendre à leur égard. À ce conseil assistaient le roi de Sicile, les ducs de Berri, d'Orléans et de Bourbon, les comtes d'Alençon, de Vertus, de Richemont et de Tancarville, les archevêques de Sens et de Bourges, les évêques de Noyon et d'Évreux, le grand-maître de la maison du roi, et plusieurs conseillers et chambellans. Ils furent unanimement d'avis que, conformément aux lois portées contre les malfaiteurs, on prononçât contre les absents une sentence d'exil et de bannissement, qui

servando contra malefactores, absentes banniti, exules quoque
proscripti publice proclamarentur. Id circa finem septembris,
reiteratis vicibus, diebus successivis, in compitis civitatis Parisiensis reliquisque urbibus regni completum est; et quociens
ad sonum lituorum populus congregabatur, mandatum regium
super id confectum voce preconia legebatur. Quod quia nomina
principalium ducum sedicionum civilium, que hucusque igno-
raveram, continebat, idcirco ad eorum ignominiam perpetuam
illud succinte scriptis meis inserere dignum duxi.

« Karolus, Dei gracia, Francorum rex, universis presentes
litteras inspecturis salutem.

« Quoniam a certo jam exacto tempore et citra, agressiones
mirabiles, enormes casus, detestabilia facta, crimina et delicta
in nostra bona villa Parisiensi per quosdam sediciosos pacis
perturbatores, rebelles et noxios criminis lese majestatis commissa et perpetrata fuerunt, que longe lateque per orbem, et
maxime in bonis villis regni nostri, publicari, manifestari et
notificari possent aliter quam per delinquentes fuerunt perpetrata, unde plura dampna, scandala, et inconveniencia irreparabilia multipliciter in nos, nostram majestatem regiam, ac
ceteros reges et terrenos principes, qui populum consueverunt
regere, ad obviandum predictis, nos, volentes rerum supradic-
tarum veritatem unicuique fieri manifestam, eamdem notum
facimus et per tenorem presencium manifestamus universis
talem esse, quod, cum in nostra dicta villa Parisiensi cum pre-
carissima et predilecta consorte nostra regina, precarissimis et
dilectis duce Guienne, filio nostro primogenito, avunculo nostro
Biturie, multis aliis de genere nostro, consiliariis eciam et servitoribus resideremus, ut consuetum est, exacto tempore, ac-
cidit quod die Veneris post Pascha, die videlicet vicesima octava

serait publiée en tous lieux. Cette proclamation se fit vers la fin de septembre, pendant plusieurs jours de suite, à Paris et dans les autres villes du royaume. On assemblait le peuple à son de trompe, et le crieur public lisait à haute voix l'ordonnance royale rendue à ce sujet. Comme les noms des principaux chefs de la rébellion, que j'avais ignorés jusqu'alors, y étaient mentionnés, j'ai cru devoir l'insérer ici sommairement, afin de perpétuer leur déshonneur.

« Charles, par la grâce de Dieu, roi de France, à tous ceux qui les présentes verront, salut.

« Comme depuis un certain temps d'audacieuses agressions, des tentatives étranges, des forfaits, des crimes et des attentats exécrables ont été commis et perpétrés dans notre bonne ville de Paris par quelques séditieux, perturbateurs de la paix, rebelles et coupables du crime de lèse-majesté, et que tous ces actes pourraient être publiés, divulgués et racontés en tous lieux, et surtout dans les bonnes villes de notre royaume, autrement qu'ils n'ont été commis par les délinquants, ce qui serait une occasion de beaucoup de dommages, de scandales et de maux irréparables pour nous, pour notre royale majesté et pour les autres rois et princes temporels, qui gouvernent les peuples, nous avons résolu d'obvier à ces inconvénients en faisant connaître à chacun la vérité sur lesdites choses. En conséquence, nous faisons savoir et notifions à tous par la teneur des présentes que les faits se sont passés ainsi qu'il suit. Tandis que nous résidions, selon notre coutume, dans notredite ville de Paris avec notre très chère et bien aimée épouse, la reine, nos très chers et bien aimés le duc de Guienne, notre fils aîné, le duc de Berri, notre oncle, beaucoup d'autres princes de notre sang, et plusieurs de nos conseillers et serviteurs, il arriva que le vendredi après Pâques, c'est-à-dire le 28 avril dernier, certaines gens, qui ne méritent d'être nommés ici que pour leur éternelle honte, Léon de Jaqueville, Robert de Mailly, Charles de Raucourt, dit de Lens, chevaliers, Guillaume Bar-

apprilis ultimo preteriti, ad perpetuam eorum infamiam merito nominandi Elio de Jaquevilla, Robertus de Malliaco, Karolus de Roucourt, dictus de Lens, milites, Guillelmus Barraut, tunc secretarius noster, quidam cyrurgicus, vocatus magister Johannes de Trecis et filii sui, Thomas dictus Goues et filii sui, Garnotus de Sancto Yone, carnifex, Symon, dictus le Coustellier, aliter Caboche, excoriator pecorum, Baudetus de Bourdis, Andreas Rousselli, Dyonisius de Calvomonte, magister Eustachius de Atrio, magister Petrus Cauchon, magister Dominicus Francisci, magister Nicolaus de Sancto Ilerio, magister Johannes Bon, magister Petrus Berbo, magister Felix de Bosco, magister Petrus Lombardi, magister Nicolaus Quesneyo, Johannes Guerini, Johannes Pymorin, Jacobus Lamban, Guillelmus Gente, Johannes Parent, Jacobus de Sancto Laurencio, Jacobus de Rothomago, Martinus de Neauville, Martinus de Coulommiers, magister Toussains Bayart, magister Johannes Rapiot, magister Hugo de Verduno, magister Laurencius Calot, Johannes de Rothomago, filius omasarie parvisii Nostre Domine, Johannes Malaert, dictus Fripier, et quamplures alii sui complices, fautores et adunatores, varii status, condicionis, et professionis, sediciosi, rebelles, pacis perturbatores et noxii criminis lese majestatis nec immerito dicendi, et post plurimas congregaciones secretas, conspiraciones et monopoles per eos factas variis locis dicte urbis, diurnis, nocturnis quoque spaciis, in excessivo numero armati, et cum vexillo deplicato, quod *estandardum* vocabant, per modum hostilem et inordinate potencie venerunt, et transeuntes ante hospicium nostrum Sancti Pauli, nobis insciis, non sine displicencia nostra et contra honorem nostrum, directe perrexerunt ad domum filii nostri ducis Guienne, quam conati sunt ingredi, et portas de facto confregerunt, in magnum scanda-

raut, alors notre secrétaire, un chirurgien nommé maître Jean de
Troyes et ses fils, Thomas dit Legoix et ses fils, Garnot de Saint-Yon,
boucher, Simon le Coutellier, autrement dit Caboche, écorcheur de
bêtes, Baudet des Bordes, André Roussel, Denys de Chaumont,
maître Eustache de Laitre, maître Pierre Cauchon, maître Dominique François, maître Nicolas de Saint-Ilier, maître Jean Bon,
maître Pierre Berbo, maître Félix du Bois, maître Pierre Lombard,
maître Nicolas du Quesnoy, Jean Guérin, Jean Pymorin, Jacques
Lamban, Guillaume Gente, Jean Parent, Jacques de Saint-Laurent,
Jacques de Rouen, Martin de Neauville, Martin de Coulommiers,
maître Toussaint Bayart, maître Jean Rapiot, maître Hugues de Ver-
dun, maître Laurent Calot, Jean de Rouen, fils d'une tripière du parvis Notre-Dame, Jean Malaert, dit Fripier, et beaucoup d'autres, leurs
complices, fauteurs et provocateurs des troubles, de différents états, de
toutes conditions et professions, qu'on peut appeler à juste titre séditieux, rebelles, perturbateurs de la paix et criminels de lèse-majesté,
après avoir tenu plusieurs assemblées secrètes, réunions et concilia-
bules en divers endroits de ladite ville, tant de jour que de nuit, se
montrèrent dans les rues en très grand nombre les armes à la main,
comme une bande ennemie et indisciplinée, avec une bannière déployée, qu'ils appelaient *étendard*, et passant devant notre hôtel de
Saint-Paul, se dirigèrent, à notre insu et à notre grand déplaisir
et déshonneur, vers l'hôtel de notre fils le duc de Guienne, où ils
essayèrent de pénétrer par force, et dont ils brisèrent les portes, au
grand scandale et à la honte de notre personne et de notredit fils.
Après avoir ainsi forcé l'entrée par un acte de violence terrible et
épouvantable, ils montèrent dans sa chambre, malgré les remontrances, les prières et les requêtes que leur adressaient, pour les
détourner de cet exécrable attentat, notre très cher fils, notre fidèle
cousin le duc de Bar, le duc Louis de Bavière, frère de notre épouse
bien aimée, plusieurs autres seigneurs, ainsi que nos chambellans et
officiers et ceux de notredit fils. Puis ils se saisirent par force et par
violence de notredit cousin de Bar, du chancelier de notre fils, et de
plusieurs autres seigneurs, ainsi que de quelques uns de ses chambel-

lum et dedecus nostrum et nostri filii supradicti. Sic ingressi per
vim et violenciam valde terribilem et formidabilem ad cameram
ejus perrexerunt, quamvis per eumdem filium predilectum et
fidelem cognatum nostrum ducem de Baro, Ludovicum ducem
in Bavaria, fratrem nostre dilectissime consortis, plures quoque
alios nobiles, cambellanos et officiarios nostros et nostri filii,
plures inhibiciones, preces et requeste eisdem facte fuerint, ne
rem tam nephandissimam attemptarent. Et tunc per vim et violenciam dictum cognatum nostrum de Baro, cancellarium nostri
filii, quamplures alios nobiles cum quibusdam cambellanis, consiliariis et servitoribus suis et nostris ceperunt. Unde, ex tanto
furore et commocione populari territus, noster filius fuit in
periculo incurrendi gravem egritudinem. Captos autem variis
mancipaverunt ergastulis, et tam diu quam potuerunt eos incarceratos tenuerunt. Eodem iterum vesano furore stimulante,
quosdam ex servitoribus nostris inhumaniter occiderunt; alios
carceribus particularibus posuerunt, quos postmodum ad in-
gentem et excessivam peccunialem redempcionem posuerunt.

« Inde quadam altera adhuc die, et suo pessimo et detesta-
bili perseverantes proposito, accedentes ad hospicium nostrum
Sancti Pauli, in presencia nostra multa proponi fecerunt, plane
et absolute dicentes quod certas personas volebant habere,
contentas in quodam rotulo, quem tenebant, qui erant in societate nostra, de quorum numero Ludovicus dux in Bavaria,
frater consortis nostre regine, erat unus, et plures alios ex cambellanis, consiliariis nostris, magistris nostri hospicii, et variis
nobis servientes officiis; quos omnes per vim et violenciam manifestam contra voluntatem nostram, ubi voluerunt, incarcerari
fecerunt. Nec excessibus predictis ac violenciis contenti, iterum
cum tumultu consueto cameram dilecte consortis nostre regine

lans, de ses conseillers et serviteurs et des nôtres, et telle fut l'émotion causée à notre fils par ce soulèvement populaire et cet attentat inouï, qu'il faillit en faire une grave maladie. Ils enfermèrent en diverses prisons ceux qu'ils avaient arrêtés et les y retinrent aussi long-temps qu'ils le purent. Dans les transports de leur rage forcenée, ils massacrèrent aussi sans pitié quelques uns de nos serviteurs, en jetèrent d'autres dans des cachots, et les obligèrent de se soumettre à une énorme et exorbitante rançon.

« Un autre jour, ces rebelles, poursuivant le cours de leurs détestables attentats, vinrent à notre hôtel de Saint-Paul, et firent exposer plusieurs requêtes en notre présence, déclarant formellement et péremptoirement qu'ils voulaient avoir certaines personnes dont le nom était indiqué dans un rôle qu'ils tenaient à la main, et qui étaient en notre compagnie, entre autres le duc Louis de Bavière, frère de la reine notre épouse, plusieurs de nos chambellans, conseillers, maîtres d'hôtel et autres officiers, et ils les entraînèrent malgré nous où ils voulurent par force et par violence, et les firent tous emprisonner. Non contents de tant d'excès et d'outrages, ils pénétrèrent toujours avec la même insolence dans l'appartement de la reine, notre épouse bien aimée, et portèrent malgré elle leurs mains sacriléges sur plusieurs dames et demoiselles, dont quelques unes étaient unies par les liens du sang à nous et à elle, et les traînèrent ignominieusement en

pecierunt, qua invita plures dominas et domicellas, ex quibus alique nobis et sibi jure consanguinitatis attinebant, sacrilegis apprehenderunt manibus, et ad carceres ignominiose perduxerunt. Unde regina territa, ex displicencia et ira inde concepta periculum mortalis egritudinis incurrisset, nisi divinum munus et physicorum opera sibi subvenisset. Inde malefactores predicti, contra detentos insontes per viam facti procedentes, quosdam per tyrannidem crudelem tormentis affecerunt contra omnem formam juris, quosdam ex generosis proavis trahentes originem inhumaniter in carceribus occiderunt, ipsis mortuis mendose imponentes quod mortem sibi consciverant, dictum homicidium imputantes, quos postea decollari et affigi patibulo preceperunt, alios in ergastulis secrete interfectos in Secanam postea projecerunt. Predictas vero dominas et domicellas inhumaniter tractaverunt, quamvis instantissime rogarentur ut detentis viam justicie apperirent et starent in judicio coram dominis nostri regii Parlamenti. Racionabili tamen consilio non modo obtemperare neglexerunt, sed per vim et violenciam falsas quasdam patentes litteras in cancellaria regio nostro sigillo procuraverunt sigillari. Nos quoque et dominum filium nostrum coegerunt ut eas approbaremus et signetis nostris manualibus firmaremus, approbando eorum omnia forefacta. Et ut sibi propicium cancellarium haberent, qui ad nutum suum deinceps sigillaret, fraudulenter, maliciose, per vim et violenciam, nostrum dilectum et fidelem cancellarium, Arnaudum de Corbeia, militem, qui nobis diu servierat, expulerunt et loco ejus substituerunt Eustachium de Atrio.

« In dictis autem litteris mendose affirmabatur quod, quidquid egerant et quod inde sequtum fuerat, de voluntate nostra ac filii nostri procedebat, et quod redundabat in commodum

prison. La frayeur, le déplaisir et le ressentiment firent tomber la reine en une maladie, qui eût été suivie de la mort, si la Providence et le savoir des médecins ne fussent venus à son secours. Après cela, ces malfaiteurs, procédant par voie de fait contre leurs prisonniers innocents, soumirent plusieurs d'entre eux aux plus affreuses tortures contre toute forme de justice, firent périr inhumainement en prison quelques gentilshommes de haute naissance ; puis, les accusant calomnieusement de s'être donné la mort, ils leur coupèrent la tête, et pendirent leurs corps au gibet, en punition de ce prétendu suicide ; enfin ils en égorgèrent d'autres en secret au fond de leurs cachots et jetèrent ensuite leurs cadavres à la Seine. Quant auxdites dames et demoiselles, ils les maltraitèrent indignement, malgré toutes les instances qu'on fit auprès d'eux pour obtenir qu'elles fussent jugées selon les formes de la justice et qu'elles comparussent devant messieurs du Parlement. Non seulement ils refusèrent d'acquiescer à une demande si légitime, mais encore ils se firent donner par force et par violence de fausses lettres patentes scellées de notre sceau royal en notre chancellerie. Ils nous contraignirent même, nous et monseigneur notre fils, à confirmer lesdites lettres et à les signer de notre propre main, comme pour nous faire approuver tous leurs forfaits. Voulant aussi avoir un chancelier à leur dévotion, qui scellât désormais tout ce qui leur plairait, ils expulsèrent frauduleusement et méchamment, par force et par violence, notre amé et féal chancelier, Arnaud de Corbie, chevalier, qui nous avait long-temps servi, et mirent en sa place Eustache de Laitre.

« Dans lesdites lettres il était affirmé faussement que tout ce qu'ils avaient fait et ce qui s'était ensuivi procédait de notre volonté et de celle de notre fils, et que c'était pour le bien de notre royaume. Ils

regni nostri, ipsasque litteras ad plures urbes et civitates regni transmiserunt. Item alias litteras diffamatorias et contra honorem filii nostri miserunt ad alias varias partes regni, ad attrahendum, inducendum ceteras villas et populares ad suam iniquam et infidelem intencionem, et ut attemptarent in personas propinquorum et consanguineorum nostrorum, contra nos et dominium nostrum, ad extirpandum, destruendum et machinandum in mortem claro progenitorum sanguine, tocius ordinis clericalis, tocius nobilitatis, cleri, milicie, burgensium, mercatorum et aliorum honestorum hominum, et ut dominii nostri atque regni sibi attribuerent regimen. Ad ipsas quoque suas infideles intenciones venire potuissent, attenta multitudine eisdem adherencium, favore eciam quorumdam incitatorum guerrarum et violatorum pacis. Et id luce clarius patuit per minas notorias, quibus publice utebantur contra quoscunque qui de concordia loquebantur, ac eciam propter inobedienciam, quam faciebant in nostra curia Parlamento, preposito eciam Parisiensi, perturbando omnem viam justicie et pacem impediendo pro posse; quam tamen gracia Dei, veri pacis actoris, et per sensum, fidelitatem et prudenciam quorumdam parentum nostrorum et amicorum, nostre filie Universitatis, bonorum burgensium et aliorum fidelium subditorum nostre bone ville Parisiensis, adepti sumus. Ipsam namque procuraverunt toto posse, et simul inito maturo consilio, quadam die, in magno valde numero ad dilectos filium nostrum et avunculum venerunt, unanimiter et una voce clamantes quod pacem desiderabant, et si vellent equos ascendere, secum irent prompti vel mori pro pace jam concordata et jurata. Affectabant eciam nostri boni burgenses nos libertati reddere et a servitute liberare, in qua nos diu tenuerant prenominati cri-

les adressèrent à la plupart des villes et cités du royaume. Ils envoyèrent aussi sur divers points de la France d'autres lettres diffamatoires et injurieuses pour notre fils, pour attirer dans leurs perfides et coupables trames les autres villes et le menu peuple, et les exciter à quelque attentat contre les personnes de nos parents et de nos cousins, contre nous et notre État, pour détruire et anéantir ce royaume en machinant la mort des seigneurs, de l'ordre ecclésiastique tout entier, de toute la noblesse, du clergé, des chevaliers, des bourgeois, des marchands et autres honnêtes gens, et pour s'attribuer le gouvernement de notre État et de notre royaume. Ils auraient pu même en venir à leurs coupables fins, attendu le grand nombre de leurs adhérents et l'appui que leur prêtaient quelques artisans de guerre et perturbateurs de la paix. C'est ce qui fut prouvé jusqu'à l'évidence par les menaces notoires qu'ils proféraient hautement contre tous ceux qui parlaient de concorde, comme aussi par la désobéissance qu'ils montrèrent en notre cour du Parlement et devant le prévôt de Paris, troublant toutes les voies de la justice et entravant autant qu'il était en eux le rétablissement de la paix, laquelle nous avons cependant obtenue par la grâce de Dieu, le véritable père de la paix, et par le bon sens, la fidélité, la prudence de quelques uns de nos parents et amis, de notre fille l'Université, des bons bourgeois et autres fidèles sujets de notre bonne ville de Paris. Ils y ont en effet travaillé de tout leur pouvoir, et, après en avoir mûrement délibéré entre eux, ils sont venus un certain jour en très grand nombre vers notre fils et notre oncle bien aimés, leur déclarer d'une voix unanime qu'ils désiraient la paix, que, s'ils voulaient monter à cheval, ils iraient avec eux, et qu'ils étaient prêts à tout sacrifier, même leur vie, pour la paix qui avait été déjà conclue et jurée. Nos bons bourgeois avaient aussi à cœur de nous rendre la liberté et de nous affranchir de la servitude dans laquelle nous avaient tenu long-temps lesdits rebelles. Alors nosdits fils et oncle parcoururent la ville à cheval le 4 août avec leurs familiers et lesdits bourgeois, se rendirent aux lieux où étaient enfermés les détenus, et les mirent sur-le-champ en liberté, entre autres notre bien aimé cousin le duc de Bar.

minosi. Et tunc predicti filius et avunculus cum suis familiaribus et predictis burgensibus quarta die augusti equitaverunt
per urbem, et petentes loca, quibus incarcerati tenebantur,
eos mox liberaverunt, inter quos et ducem de Baro, dilectum
nostrum cognatum.

« Que omnia attendentes prefati criminosi et cum quanta
diligencia filius et avunculus urbis policiam et regimen reformare conabantur, ut redderetur justicie gladius ociosus, et
attendentes scelerum suorum profunditatem, tanquam despe-
rati, nostra gracia et misericordia indigni, fugam mox arripuerunt et aufugerunt de villa. Ex eis tamen capti fuerunt aliqui,
quibus justicia facta fuit; fiet eciam aliis quod erit racionis.

« Transactis que prediximus, ad nos, in nostra dicta villa
Parisiensi, precarissimi et predilecti cognati filius et nepotes
rex Sicilie, Aurelianis et de Borbonio duces, comites de Alenconio, Augi et de Tanquarvilla accesserunt, quorum consilio,
filie eciam nostre Universitatis, fidelium consiliariorum et subditorum nostrorum, Dei gracia mediante, deinceps sic regemus
regnum nostrum, quod, mediante bona justicia, manere poterit in transquilitate et pulcritudine pacis. Et quia scriptis
redigi vel ore referri posset aliquid in contrarium rerum predictarum, quas reputamus veraces, vobis senescallo Engolesime
mandamus, et precipimus cunctis eciam officiariis, judicibus
et subditis dicte senescancie, rogamus et requirimus amicos,
nobis quoque benivolos, quod dictis falsis litteris vel relacio-
nibus non adhibeant aliquam credulitatem; et si contigerit
aliquem dictorum criminosorum vestram senescanciam petere,
dominia, jurisdictiones nostrorum confederatorum, vel si reperietis in dictis jurisdictionibus aliquem vel aliquos malefactorum residere, ipsos apprehendere aut apprehendi faciatis,

« Cependant les séditieux, considérant avec quel soin et quelle vigueur notre fils et notre oncle entreprenaient de rétablir l'ordre et la tranquillité dans la ville, et de rendre à la justice trop long-temps inactive son glaive vengeur, songeant aussi à l'énormité de leurs attentats, sentirent qu'ils étaient indignes de notre clémence et de notre pitié, désespérèrent de leur pardon, et s'enfuirent aussitôt de la ville. On en prit cependant quelques uns, et on en fit justice ; justice sera faite aussi des autres, comme il convient.

« Après quoi, nos très chers et bien aimés cousins, fils et neveux, le roi de Sicile, les ducs d'Orléans et de Bourbon, les comtes d'Alençon, d'Eu et de Tancarville, sont venus nous trouver dans notredite ville de Paris, et désormais aidé de leurs conseils et de ceux de notre fille l'Université, de nos fidèles conseillers et sujets, nous espérons, avec l'appui de la grâce divine, gouverner notre royaume de telle sorte que, moyennant une bonne justice, il puisse goûter les charmes de la paix et de la tranquillité. Et comme il pourrait arriver qu'on répandît des écrits ou des bruits qui seraient contraires auxdites choses que nous déclarons vraies, nous vous mandons à vous, sénéchal d'Angoulême, et nous enjoignons à tous les officiers, juges et sujets de ladite sénéchaussée, nous prions et requérons nos amis et partisans de ne pas ajouter foi à ces fausses lettres ou faux rapports. Et s'il advenait que l'un desdits criminels allât dans votre sénéchaussée ou dans les domaines et juridictions de nos alliés, ou bien si vous appreniez qu'un ou plusieurs de ces malfaiteurs résident dans lesdites juridictions, arrêtez-les ou faites-les arrêter, comme traîtres infâmes, homicides, rebelles à notre autorité, criminels de lèse-majesté envers leur seigneur naturel, et envoyez-les-nous, afin que nous les punissions selon leurs démérites, et que leur exemple serve de leçon aux autres.

tanquam pessimos proditores, homicidas, rebelles contra nos
et noxios criminis lese majestatis contra suum dominum naturalem, eosque nobis mittatis, ut ulcionem equa lance cum
offensione pensemus, ut ceteris possint cedere in exemplum;
litteras eciam nostras sollempniter voce preconia cum clangore
tubarum publicari faciatis cunctis locis, in quibus consuetum
est mandata regia proclamare, earum quoque copiam, ad ori-
ginale factam, affigi in valvis ecclesiarum, ad finem ne quis
possit ignoranciam pretendere, nec occasionem habeat credendi
contrarium; in hiisque non sit defectus, in tantum quod officiarii, judices et subditi nostri timent incurrere perpetuo
indignacionem nostram, ceteri quoque nobis benivoli affectant
nobis placere.

« In cujus rei testimonium presentibus litteris sigillum
nostrum duximus apponendum. — Datum Parisius, die decima
octava septembris, anno Domini millesimo quadringentesimo
decimo tercio, regni nostri tricesimo quarto. »

CAPITULUM XXXIX.

Sequntur regis littere concesse ad recommendacionem bone fame ac innocencie
consanguineorum suorum.

Egregium animi regii ab odio et persequcione consanguineorum suorum ad graciam deflexum fideles regnicole meritis
laudibus attollentes juste dicebant et civilium principes sedicionum dampnatos, qui in prefatos dominos linguas virosas
laxantes hucusque detestandis criminibus eorum preclaram
famam non erubuerant denigrare, ignavi, pusillanimes atque
vecordes homines, quibus nulla virtus, fiducia nec mentis vigor
inerat, ac astucia pessima usi sunt, ut sincere dominorum in-
sidiarentur fidei, donec experimento didicerunt quod frequen-

Faites aussi publier solennellement nos lettres par le héraut, à son de trompe, dans tous les lieux où il est d'usage de proclamer les ordonnances royales; faites-en afficher des copies conformes à l'original, sur les portes des églises, afin que nul n'en puisse prétendre cause d'ignorance, ni avoir occasion de croire le contraire; et que cela soit rigoureusement exécuté, en tant que nos officiers, juges et sujets craignent d'encourir à jamais notre colère, et que tous nos adhérents tiennent à nous plaire.

« En foi de quoi nous avons fait apposer notre sceau aux présentes lettres. — Donné à Paris, le dix-huitième jour de septembre, l'an du Seigneur mil quatre cent treize, et de notre règne le trente-quatrième. »

CHAPITRE XXXIX.

Suivent les lettres du roi accordées pour la justification et la réhabilitation des princes du sang.

Tous les bons Français applaudirent vivement à l'heureux changement qui avait déterminé le roi à faire le sacrifice de sa vengeance contre ses cousins et à leur rendre ses bonnes grâces; ils approuvèrent également la condamnation des chefs de la révolte, qui avaient répandu partout le venin de leurs calomnies contre lesdits seigneurs et n'avaient pas craint de ternir leur réputation par les plus noires accusations. En effet ces misérables, gens lâches et sans cœur, qui n'avaient ni vertu, ni foi, ni courage, avaient eu recours aux plus vils artifices pour faire suspecter la fidélité des princes; mais ils apprirent enfin à leurs dépens que souvent les méchants tombent dans leurs

ter sui artifex ruinam struit, et in eumdem, que in alterum
ejecerat venena, retorquet. Nam mendosis assercionibus suis
regnum tamdiu sediciosum reddidisse, ut ubique nobiles et ignobiles in ejus viscera arma verterent furiosa, et in necem genitoris, fratris, consanguinei et compatriote quisque viribus
aspiraret, rex impacientissime ferens, de consilio suorum illustrium eos non modo noxios criminis lese majestatis reputavit, sed innocenciam consanguineorum suorum ubique mani-
festare decrevit per suas litteras, que sequuntur :

« Karolus, Dei gracia Francorum rex, universis presentes
litteras inspecturis salutem.

« Cum nuper occasione et sub umbra divisionum, guerrarum
et discordiarum in regno vigencium inter quosdam sanguinis
et generis nostri, multa nobis dampnabiliter, mendaciose ac
sediciose relata fuerint atque data intelligi, cum in consilio
nostro et villa nostra Parisiensi deessent, qui consultando animum haberent liberum, qui nos possent fideliter consulere
et dirigere in agendis; nam nonnulli parciales erant et inordinate affectati, alii timebant timore qui cadere potest in
virtuosas personas et constantes, cum plures viderent pro
veritate dicenda ab officiis suis privatos, quosdam eciam prelatos, nobiles et alios de nostro consilio ac ville Parisiensis
violenter et torcionarie capi, depredari, ad redempcionem
cogi et cunctis mobilibus spoliari, unde multi nobis benivoli se
reddiderunt fugitivi et absentes; iterum multe littere patentes
dampnabiliter procurate et indebite obtente nomine nostro facte
fuerint, et magno sigillo nostro sigillate, transmisseque per
regnum et extra variis regionibus et precipue domino nostro
pape, regibus christianis, sacro collegio Rome, ac aliis magnis
principibus et dominis, continentes quod plane ac luce clarius

propres piéges, et que le poison qu'ils ont lancé sur autrui rejaillit sur
eux-mêmes. Le roi, vivement irrité qu'ils eussent si long-temps entre-
tenu par leurs mensonges la révolte dans son royaume, poussé les
nobles et le peuple à tourner leurs armes sacriléges contre le sein de
la patrie, armé le fils contre le père, le frère contre le frère, les
parents et les concitoyens les uns contre les autres, ne se borna point
à les déclarer criminels de lèse-majesté, d'après l'avis de son conseil,
mais il voulut aussi proclamer en tous lieux l'innocence de ses parents
par les lettres patentes qui suivent :

« Charles, par la grâce de Dieu, roi de France, à tous ceux qui les
présentes lettres verront, salut.

« Considérant que naguère, à l'occasion et sous le prétexte des
divisions, guerres et discordes qui régnaient dans le royaume entre
quelques princes de notre sang et de notre famille, on nous a dam-
nablement, calomnieusement et séditieusement rapporté et donné à
entendre plusieurs choses, auxquelles il nous était d'autant plus facile
d'ajouter foi, qu'il n'y avait ni dans notre conseil ni dans notre ville
de Paris personne qui eût l'esprit assez libre pour nous donner de
fidèles avis et nous diriger en ce que nous avions à faire, les uns
étant aveuglés à l'excès par l'esprit de parti, les autres paralysés par
la crainte qui peut atteindre quelquefois les gens vertueux et fermes,
parce qu'ils voyaient qu'en disant la vérité on s'exposait à perdre ses
emplois, qu'un grand nombre de prélats, de seigneurs et autres de
notre conseil et de la ville de Paris étaient violemment et impitoya-
blement arrêtés, pillés, mis à rançon, dépouillés de tous leurs biens,
ce qui a déterminé plusieurs de nos partisans à prendre la fuite et à
s'expatrier ; considérant que beaucoup de lettres patentes, frauduleusement surprises et injustement obtenues, ont été faites en notre nom,
scellées de notre grand sceau, et envoyées par tout le royaume et
même au dehors, en pays étrangers, notamment à notre seigneur le
pape, aux rois chrétiens, au sacré collége de Rome et autres grands
princes et seigneurs, lesquelles contenaient qu'il était venu clairement
et manifestement à notre connaissance, et que nous étions dûment et

v.   24

ad nostram venerat noticiam, et quod eramus debite et sufficienter informati tam per quasdam litteras, non diu est, re-
pertas, nobis ac consiliariis nostris oblatas, quam per opera,
que exacto tempore videramus, et de die in diem fide oculata
videmus, quamvis nuper id satis suspectum diuque coopertum,
palliatum et dissimulatum extitisset, quod Johannes Biturie,
avunculus noster, Karolus Aurelianis fratresque sui, nepotes
nostri, Johannes de Borbonio, Johannes de Alenconio, Karolus
Dalebret, cognati nostri, Bernardus de Armeniaco, adjutores,
consolatores, adherentes, confederati et complices eorum, pessimo, iniquo, perverso et dampnabili proposito moti et inducti,
conati fuerant et conantur nos de statu nostro et auctoritate
regali deponere et destituere, nos quoque pro posse suo destruere et nostram sobolem, quod Deus non paciatur! et in
Francia recreare novum regem, quod abhominabile est dictu
pariter et auditu, relacione indignum, et quod mentibus nostrorum fidelium subditorum fixum non credimus, et quod, in
predictis et aliis sibi nequiter et infideliter impositis, in nos
et nostram regiam majestatem magna et enormia delicta, crimina et maleficia, tam lese majestatis quam alia, commiserant;
insuper plures libelli diffamatorii facti et traditi, quibusdam
valvis ecclesiarum affixi fuerant, et locis publicis publicati in
gravem oneracionem et dedecus nobis sanguine et genere con-
junctorum, ut pote precarissimi avunculi nostri ducis Biturie,
carissimorum filii, nepotum et cognatorum nostrorum, ducum
de Aurelianis et de Borbonio, comitum Virtutum, de Alenconio, de Armeniaco ac eciam domini Dalebret, conestabularii
Francie, prelatorum quoque, baronum, nobilium et plurium
aliorum sibi benivolorum, nec non persone nostre et dominii
nostri; per quos libellos, per easdem nostras litteras expone-

suffisamment informé, soit par certaines lettres, trouvées naguères et remises à nous et à nos conseillers, soit par les actes dont nous avions été témoin précédemment, et dont nous sommes chaque jour encore témoin oculaire, quelque soin qu'on ait d'ailleurs apporté depuis long-temps à cacher, à couvrir, à pallier, à dissimuler le fait, que Jean de Berri, notre oncle, Charles d'Orléans et ses frères, nos neveux, Jean de Bourbon, Jean d'Alençon, Charles d'Albret, nos cousins, Bernard d'Armagnac et leurs aides, fauteurs, adhérents, alliés et complices, mus et poussés par un très méchant, inique, pervers et damnable propos, avaient cherché et cherchaient encore à nous déposer et dépouiller de notre état et autorité royale, à nous détruire, autant qu'il était en eux, nous et nos enfants, ce qu'à Dieu ne plaise! et à créer en France un nouveau roi, chose abominable à dire et à entendre, qu'on ne devrait pas rapporter et qui n'a pu certainement entrer dans l'esprit de nos fidèles sujets, et que par lesdites tentatives et autres qui leur étaient méchamment et perfidement imputées, ils avaient commis contre nous et notre royale majesté de grands et énormes délits, maléfices et crimes, tant de lèse-majesté que tout autre; considérant que plusieurs libelles diffamatoires avaient été faits, expédiés et affichés aux portes de certaines églises, et publiés en plusieurs lieux publics, au grand préjudice et déshonneur de plusieurs princes qui nous sont unis par le sang et la parenté, c'est-à-dire de notre oncle bien aimé le duc de Berri, de nos très chers fils, neveux et cousins, les ducs d'Orléans et de Bourbon, les comtes de Vertus, d'Alençon et d'Armagnac, comme aussi de messire d'Albret, connétable de France, des prélats, barons et seigneurs et de beaucoup d'autres personnages de leur parti, ainsi qu'au détriment de notre personne et de notre pouvoir, par lesquels libelles comme par lesdites lettres, nous exposions nosdits oncle, neveux et cousins à la vengeance de tous, afin qu'ils fussent arrêtés, mis à mort, privés de leurs terres, domaines et biens, déclarant qu'ils avaient forfait envers nous, corps et biens, exagérant leurs torts, pour les éloigner davantage d'auprès de nous, et soulever plus promptement le peuple contre eux, sous prétexte de certaines bulles accordées depuis plus de quarante ans contre les Compagnies,

bamus universis predictos avunculum, nepotes et cognatos, ut
caperentur, destruerentur, terris, dominiis et bonis omnibus
privarentur, eos declarando forefecisse erga nos, corpora et
bona sua, predictorum aggravando injurias, ut amplius elon-
garentur a nobis, et cicius populus commoveretur contra eos
sub colore quarumdam bullarum a quadraginta annis citra
concessarum contra gentes societatum, que sine titulo, sine
causa, sed auctoritate propria, gentes armorum adunabant, per
modum societatis, contra nos et regnum nostrum, que quidem
bulle contra avunculum, nepotes et cognatos applicari non
poterant, ut lucide patet per inspectionem illarum; ob defectum sani consilii, ut dictum est, sine preambula declaracione
domini nostri pape, sine notabilium prelatorum deliberacione,
ut casus optabat, nec servando ordinem juris, processus, admo-
niciones ad hoc requisitas, et sine deliberacione precedente,
indebite, per inordinatum favorem, vim et violenciam facte
fuerunt et declarate quedam excommunicacionis sentencie contra predictos nostri generis, subditos, officiales suos, sibi adherentes et benivolos; per quas, contra veritatem, per totum
regnum nostrum excommunicati publicati fuerunt, ulterius tanquam proditores et malefactores ad bannum fuerunt evocati, ac
de facto de regno nostro banniti, tanquam exules proscripti,
statu suo, honoribus, beneficiis et officiis privati, unde multi
seminati sunt et publicati errores, inhumane et inique peracte
, crudelitates in quosdam, captos et necatos occasione predictorum, animarum suarum salutem contemnentes ac pietatem naturalem, quam increduli nec modo diversarum sectarum viri,
ymo et alique bestie mute habuissent et habere deberent una ad
alteram, subtrahendo ipsis captis et exequcioni datis non modo
bona spiritualia, ut confessio, et oraciones, et elemosine ad

qui sans titre ni motif, et de leur propre autorité, rassemblaient des
gens d'armes contre nous et notre royaume, lesquelles bulles ne
pouvaient être appliquées contre nos oncle, neveux et cousins, ainsi
qu'il appert clairement de l'examen d'icelles; considérant que, vu le
défaut de bons conseils, ainsi qu'il a été dit, certaines sentences d'excommunication ont été dressées et publiées indûment, avec une partialité révoltante, par force et par violence, contre lesdits princes de
notre famille, leurs sujets, officiers, adhérents et partisans, sans
déclaration préliminaire de notre seigneur le pape, sans l'avis des
notables prélats, ainsi que le cas l'exigeait, sans forme de procès ni
règle de justice, sans les admonitions requises et sans aucune délibération préalable, et que par ces sentences ils ont été, contrairement à la
vérité, déclarés excommuniés dans tout le royaume, et en outre cités
à comparaître comme traîtres et malfaiteurs, bannis de fait de notre
royaume, exilés et proscrits, et comme tels, privés de leur état, de
leurs honneurs, bénéfices et offices; ce qui a donné lieu à la propagation d'une foule d'erreurs, et fait commettre d'injustes et horribles
cruautés contre plusieurs d'entre eux, qui ont été arrêtés et égorgés
à cette occasion, avec un raffinement de barbarie qu'on ne trouverait
pas, qu'on ne devrait pas trouver, non seulement chez les infidèles et
les hérétiques, mais encore chez les bêtes brutes; car, au mépris du
salut de leurs âmes, on a privé les prisonniers et ceux qu'on mettait
à mort de tout secours spirituel, c'est-à-dire de la confession, de la
prière, de l'aumône nécessaire pour leur subsistance; on a été jusqu'à
refuser à leurs cadavres la sépulture en terre profane, et on les a
exposés en pâture aux chiens, aux bêtes féroces et aux oiseaux de
proie, ce qui est dur et inhumain, et doit être réputé damnable,
inique, cruel et barbare, surtout dans un royaume très chrétien,
très pieux et catholique, comme est et doit être le nôtre; lesquelles
choses susdites ont toutes eu lieu à l'instigation et par suite des obsessions, violences, importunités et entremise de quelques séditieux,
perturbateurs de la paix et malintentionnés envers nosdits oncle, fils,
neveux et cousins, qui ont fait usage de moyens injustes et clandes-
tins, de faux rapports, de machinations et d'intrigues condamnables,

sustentacionem corporum, sed et corporibus eorum denegata
est sepultura eciam terra prophana, et exposita fuerunt canibus
feris et avibus devoranda; quod quidem durum, inhumanum,
dampnabile, iniquum, crudele et irracionabile debet reputari,
et precipue in regno christianissimo, piissimo et catholico, ut
nostrum est et debet esse; que quidem omnia et singula supradicta ad instigacionem, impressionem, violenciam, importunitatem et promocionem quorumdam sediciosorum, perturbatorum pacis, malivolorum predictorum nostrorum avunculi,
filii, nepotum et cognatorum facta fuerunt irracionabiliter
contra veritatem, clandestine, per machinaciones et fictiones
dampnabiles, ut cicius suum pessimum et iniquum prosequerentur intentum, prout postmodum fuimus et sumus plane et
certitudinaliter informati; idcirco, quia nolumus nec valemus
racionabiliter, quod predicta crimina et improperia, non vera,
sed facta et procurata, ut dictum est, remaneant ad gravem
oneracionem et dedecus consanguineorum nostrorum et aliorum
supradictorum, ut qui semper optavimus et optamus ut veritas
rerum ad lucem veniat, ac eciam reparari quidquid per errorem, inadvertenciam vel alias indebite factum esset per nos,
in gravem oneracionem et dedecus alterius et maxime illorum
qui sunt de sanguine nostro et genere, ut ad hoc racionabiliter
tenemur, notum facimus per presentes, ut plane informati et
cerciorati, sepe dictos avunculum, filium, nepotes et cognatos,
nec non prelatos, barones, nobiles et alios sibi benivolos,
semper bonam et fidelem intencionem erga nos habuisse, et
fuisse nostros fideles parentes, veros obedientes et subditos,
et tales erga nos ut debebant esse, et quidquid in contrarium
extitit publicatum, dampnabiliter factum fuit et subrepticie
impetratum, contra veritatem et racionem, ad promocionem,

afin de venir plus promptement à bout d'exécuter leurs coupables et perfides desseins, ainsi que nous en avons été depuis et en sommes maintenant informé avec pleine et entière certitude; ne voulant pas et ne pouvant raisonnablement souffrir que lesdites accusations et attaques calomnieuses ni que ces reproches controuvés et supposés, comme il a été dit, demeurent à la charge et au déshonneur de nos-dits cousins et autres, attendu que nous avons toujours désiré et désirons que la vérité se fasse jour, et que tout ce que nous aurions fait indûment par erreur, inadvertance ou autrement, au grand préjudice et déshonneur d'autrui, et surtout de ceux qui sont de notre sang et de notre famille, soit réparé, comme nous y sommes tenu raisonnablement; savoir faisons par les présentes, comme plei-nement informé et convaincu, que nosdits oncle, fils, neveux et cou-sins, ainsi que les prélats, barons, seigneurs et autres de leur parti, ont toujours eu de bonnes et fidèles intentions à notre égard; qu'ils ont toujours été nos fidèles parents, nos obéissants serviteurs et sujets, et tels qu'ils devaient être envers nous, et que tout ce qui a été publié à l'encontre a été extorqué par des moyens condamnables et d'une manière subreptice, contrairement à la vérité et à la raison, par l'en-tremise, les obsessions, instigations, importunités et violences de quelques séditieux, perturbateurs de la paix et malintentionnés pour eux, ainsi qu'il a été dit.

impressionem, instiguacionem, importunitatem et violenciam quorumdam sediciosorum, et perturbatorum pacis, et sibi malivolorum, ut dictum est.

« Quapropter omnes litteras et mandata contra honorem suum et oneracionem eorum facta, publicata, tangencia res predictas vel dependencia ex illis, declaravimus et per presentes declaramus torsionaria nulliusque valoris facta, et subrepticie impetrata, per relacionem malivolorum suorum, et nos in hoc decepisse, nec de veritate negociorum advertisse, ob defectum sani consilii et libertatis dicendi veritatem, ut dictum est, et quod ipsa scripta vel mandata et quascunque alias litteras, que onerarent honorem nostrorum avunculi, filii, nepotum, cognatorum, supradictorum aliorum, et generaliter omnia que inde sequta sunt, nos existentes in nostro Parlamento, tenentes lectum justicie, associati pluribus nostri generis et sanguinis, multis eciam prelatis et viris ecclesiasticis, tam de gremio filie nostre Universitatis quam aliis, nec non multis baronibus, militibus ac aliis notabilibus personis, tam de nostris consilio et Parlamento, nostra quoque bona villa Parisiensi, revocavimus et anullavimus, et per presentes revocamus, dampnamus et anullamus penitus. Universis nostris subditis, sub pena incurrendi indignacionem nostram, et in tantum quod timent nos offendere, prohibemus ne contra tenorem presentis assercionis, declaracionis, revocacionis et ordinacionis veniant, aliquid dicant vel faciant, nunc vel futuro tempore, verbo vel alias quovismodo. Et si aliqua ex antedictis mandatis nostris exhiberentur, custodirentur aut producerentur in judicio vel extra, volumus quod pro nunc vel in posterum fides adhibeatur aliqua. Ymo volumus et precipimus quod, ubicunque poterunt reperiri, deleantur et destruantur penitus, mandantes per

« C'est pourquoi nous avons déclaré et déclarons par les présentes que toutes les lettres et ordonnances faites et publiées à leur préjudice et contre leur honneur, concernant lesdites choses ou autres qui en dépendent, sont nulles et de nulle valeur, extorquées par violence, d'une manière subreptice, et par les intrigues de leurs ennemis ; que nous avons été trompé en cela, et n'avons pu apprécier la vérité, vu le défaut de bons conseils et l'absence de liberté dans les opinions, ainsi qu'il a été dit ; et que, dans un lit de justice tenu en notre Parlement, en compagnie de plusieurs princes de notre famille et de notre sang, d'un grand nombre de prélats et d'ecclésiastiques ; tant du sein de notre fille l'Université que d'ailleurs, de beaucoup de barons, chevaliers et autres personnages notables, soit de notre conseil et de notre Parlement, soit de notre bonne ville de Paris, nous avons révoqué et annulé, révoquons, condamnons et annulons entièrement par les présentes lesdits écrits ou ordonnances, et les autres lettres quelconques qui chargeraient l'honneur de nos oncle, fils, neveux, cousins, et autres susdits, et généralement tout ce qui s'est ensuivi ; défendons à tous nos sujets, sous peine d'encourir notre indignation et en tant qu'ils craignent de nous offenser, de contrevenir à la teneur de la présente assertion, déclaration, révocation et ordonnance, de rien dire ou faire à l'encontre, présentement ou à l'avenir, de parole ou autrement. Et si quelques unes de nos ordonnances ci-dessus mentionnées étaient exhibées, gardées ou produites en justice ou hors justice, nous voulons qu'on n'y ajoute aucune foi ni maintenant ni par la suite ; voulons même et ordonnons que, partout où l'on pourra les trouver, on les détruise et anéantisse, mandant par les présentes à nos fidèles conseillers, aux gens de notre Parlement, à notre prévôt de Paris, à tous nos baillis, prévôts, sénéchaux et autres justiciers, ainsi qu'à leurs lieutenants, de faire publier la présente assertion, déclaration, révocation et ordonnance, à son de trompe ou autrement, avec toute la solennité usitée pour les publications importantes, dans leurs auditoires et autres lieux où il est d'usage de faire les proclamations, dans les limites de leurs juridictions respectives, afin que personne n'en puisse prétendre cause d'ignorance. Voulons

presentes nostris fidelibus consiliariis, gentibus Parlamenti
nostri, preposito nostro Parisiensi, omnibus ballivis nostris,
prepositis, senescallis et aliis justiciariis, et eorum loca tenentibus, quatinus presentem assercionem, declaracionem, revocacionem et ordinacionem nostram, ne quis possit aliquam
ignoranciam pretendere, in suis auditoriis et aliis locis, in quibus consuetum proclamaciones fieri, infra metas jurisdictionum
suarum faciant publicari ad sonum lituorum vel alias, sollempniter, ut consueverunt facere publicaciones notabiles. Et hec
omnia volumus publice predicari per prelatos et clericos, qui
consueverunt populo predicare, qui super rebus superius
expressis dicant, quod deceptus fuit, subornatus et pessime
informatus exacto tempore per cautelas suprascriptas. Item
volumus et ordinamus quod transcripto et vidimus presencium
sub regali vel alio sigillo autentico factis plenariam fidem
adhibeant ut originali.

« In cujus rei testimonium sigillum nostrum presentibus litteris duximus apponendum. — Datum in curia nostra Parlamenti Parisius, prope lectum justicie, quinta die septembris,
anno Domini millesimo quadringentesimo decimo tercio et
regni nostri tricesimo quarto. »

CAPITULUM XL.

Qualiter mandatum regis Universitas approbavit.

Date presencium litterarum in compitis urbis regie Parisiensis
voce preconia et preclangentibus lituis, die undecima octobris,
publicacio successit. In valvis ecclesiarum originalia sunt affixa;
quem modum longe lateque per regnum in famosis villis regnicole servaverunt et precipue qui judiciaria potestate auctoritate

aussi que tout cela soit annoncé en chaire par les prélats et les clercs qui ont coutume de prêcher au peuple, et qu'ils l'avertissent, à propos des choses mentionnées ci-dessus, qu'il a été trompé, induit en erreur et très mal informé précédemment au moyen des ruses susdites. Voulons et ordonnons pareillement qu'à la copie et au vidimus des présentes, faits sous le sceau royal ou un autre sceau authentique, on ajoute même foi qu'à l'original.

« En témoignage de quoi nous avons fait apposer notre sceau aux présentes lettres. — Donné en notre cour du Parlement à Paris, près notre lit de justice, le cinquième jour de septembre, l'an du Seigneur mil quatre cent treize, et de notre règne le trente-quatrième. »

CHAPITRE XL.

Comment l'Université approuva l'ordonnance du roi.

La publication des présentes lettres se fit le 11 octobre par la voix du héraut et à son de trompe, dans les carrefours de la ville de Paris. Des copies en furent affichées aux portes des églises, et la même chose eut lieu dans toutes les principales villes du royaume, par les soins surtout de ceux qui rendaient la justice au nom du roi. Pendant plusieurs jours de ce mois et du suivant, on fit à Paris et ailleurs des

regia fungebantur. Hujus mensis et sequentis multis feriis successivis, Parisius et alibi, de ecclesiis ad ecclesias facte sunt generales letanie, et inter missarum sollempnia, post collaciones peractas, ad recommendacionem pacis et consanguineorum regis, ad justificacionem cause ipsorum, mandata regia alte et intelligibiliter perlecta sunt; quem modum servavit ecclesie beati Dionysii venerabilis conventus die decima nona novembris in sollempniori parrochia ville, scilicet sancti Marcelli, faciens stacionem.

In signum evidentissimum quod tales observancie de consilio et assensu alme Universitatis Parisiensis procedebant, in congregacione generali apud sanctum Marturinum celebrata, omnes et singuli venerabiles doctores et magistri litteris approbaverunt quod rex decreverat; quarum tenorem, eorum jussionibus parens, ut teneor, scriptis interserere dignum duxi :

«Universis presentes litteras inspecturis Universitas studii Parisiensis dare gloriam Deo, et veritatem, quam prehonorare sanctum est, liberis animis predicare.

« Legimus Assuerum, regem tam potentissimum, priores quasdam litteras, quas adversus salutem populi Judaici, fraudulenter inductus ab Aman perfido, promulgari preceperat, revocasse per alteras miciores, postquam informacio sibi verior et justior per Ester reginam apparuit, dicens inter cetera quod multi bonitate principum et honore, qui eis collatus est, abusi sunt in superbia, et Dei cuncta cernentis arbitrantur se fugere posse sentenciam, qui aures principum simplices et ex sua natura alios estimantes callida fraude deceperunt. Que res et ex veteribus probatur hystoriis et ex hiis que geruntur cotidie, quomodo malis quorumdam sugestionibus rerum studia depraventur. Unde providendum est paci omnium provinciarum;

processions générales, où l'on chantait des litanies, et chaque fois, au milieu de la messe, après le sermon, on lisait l'ordonnance royale à haute et intelligible voix pour recommander la paix et justifier la conduite des princes. Les vénérables religieux de l'abbaye de Saint-Denys suivirent cet exemple, en faisant, le 19 novembre, une procession à l'église de Saint-Marcel, la principale paroisse de la ville.

Afin de témoigner d'une manière éclatante que tout cela avait lieu d'après son avis et avec son assentiment, la vénérable Université de Paris se réunit en assemblée générale à Saint-Mathurin, et là, les vénérables docteurs et professeurs approuvèrent tous ensemble et chacun en particulier ce que le roi avait ordonné, et en firent dresser des lettres, dont j'ai cru à propos d'insérer ici la teneur, conformément à leur invitation, et comme c'est mon devoir.

« L'Université de Paris, à tous ceux qui les présentes lettres verront, gloire à Dieu et libre prédication de la vérité, que l'on doit honorer par-dessus tout.

« Nous lisons dans l'histoire qu'Assuérus, ce roi si puissant, ayant été circonvenu par le perfide Aman et poussé par lui à publier certaines lettres contre le salut du peuple juif, les révoqua par d'autres lettres plus douces, lorsque la vérité et la justice lui eurent été manifestées par la reine Esther ; il disait entre autres choses que beaucoup de gens abusent, dans leur orgueil, de la bonté des princes et des honneurs qui leur sont conférés, et croient pouvoir échapper au jugement de Dieu qui voit tout, après avoir, par de coupables artifices, surpris la simplicité des princes habitués à juger les autres d'après eux-mêmes. Il est prouvé, ajoutait-il, et par les faits de l'histoire ancienne, et par ceux dont nous sommes chaque jour témoins, que la vérité est dénaturée par les coupables suggestions de certaines personnes. En conséquence il est urgent de pourvoir à la tranquillité des provinces de l'empire, et si nous donnons aujourd'hui des ordres contraires à ceux

nec putare debetis, si diversa jubemus, ex animi nostri prove-
nire levitate, sed pro qualitate et necessitate temporum, ut rei
publice poscit utilitas, ferre sentenciam. Hec ille; que nunc
idcirco repetere censuimus, quia hec ipsa tempora, hec acta
christianissimi regis nostri et patris serenissimi respiciunt,
sicut ex patenti tenore litterarum suarum die quinta septembris,
anno millesimo quadringentesimo decimo tercio, dum in Parlamento suo lectum justicie teneret, nobis innotuit. Illic enim
loquitur idem rex noster et pater illustrissimus quo pacto mendaciorum vinculis fuerit irretitus, ymo violenter tractus contra
multos de sanguine suo durissima, feralia et indigna ferre edicta.
Sic olim Babilonii coegerunt regem, ut traderet Danielem :
Alioquin, inquiunt, *succendemus te et domum tuam,* alleguantes
mendaciter quod adversus salutem regis legumque suarum
Daniel orans commiserat.

« Plane miserandum pocius in rege nostro quam mirandum
vel criminandum, si per defectum boni, ut ipse loquitur, consilii, per sugestiones insuper malivolas et crebras seductus extitit, cum legamus ipsum David, tantum regem et prophetam,
exheredasse Miphiboset, filium Jonate, ob subdolum verbum
Sybe servi nequam. Et ut de gentilium exemplis aliqua dicamus,
quid aliud fuit efficacius ad Trojanum illud excidium quam
perfidiis Sinon,

> . . . . *In utrumque paratus*
> *Aut versare dolos, aut certe occumbere morti.*

Hinc egregius poeta, Famam describens, appellat eam :

> *Monstrum horrendum, ingens, quod magnas territat urbes,*

A qua provenit illud tragicum :

> *Turbine magno spes sollicite*
> *Urbibus errant trepidique metus.*

qui ont précédé, on doit non pas l'attribuer à la légèreté de notre esprit, mais penser que les circonstances et la nécessité nous ont dicté une résolution conforme aux intérêts publics. Voilà ce que disait ce prince. Et nous, nous avons cru devoir reprendre ici ses paroles, parce qu'elles s'appliquent à notre époque, aux actes de notre très chrétien prince et sérénissime père, ainsi qu'il appert par la teneur des lettres patentes qu'il a données en son lit de justice, au Parlement, le 5 septembre de l'an mil quatre cent treize. Car notredit roi et très illustre père y expose comment il a été non seulement trompé par d'odieux mensonges, mais même violemment entraîné à rendre contre plusieurs princes de son sang des édits cruels, sanguinaires et indignes. C'est ainsi que les Babyloniens forcèrent jadis leur roi à leur livrer Daniel : *Autrement*, disaient-ils, *nous te brûlerons toi et ta maison.* Et ils alléguaient faussement que Daniel avait par ses prières conspiré contre la vie du roi et contre les lois.

« Notre roi mérite assurément d'être plaint plutôt que d'être blâmé ou accusé, s'il a été, faute de bons conseils, comme il l'assure, séduit par de coupables et continuelles suggestions, puisque nous lisons que David lui-même, ce roi-prophète, déshérita Miphiboseth, fils de Jonathas, sur les accusations mensongères de son perfide serviteur Siba. Et si nous voulions citer aussi quelques exemples pris dans le paganisme, rien ne contribua plus à la ruine de la fameuse Troie que la ruse de Sinon,

> *Ce perfide, tout prêt à l'un ou l'autre sort,*
> *A tromper les Troyens, ou recevoir la mort.*

C'est pour cela que l'illustre Virgile, décrivant la Renommée, l'appelle

> *Monstre informe, hideux, semant partout l'effroi.*

C'est à elle aussi que s'appliquent ces vers d'un tragique :

> *Quand l'État est troublé par de sourdes rumeurs,*
> *L'espérance et la crainte agitent tous les cœurs.*

illud quoque Psalmiste : *Vidi iniquitatem et contradictionem in civitate ;* propterea premittit : *precipita, Domine, et divide linguas eorum.* Et talia legimus et videmus sine numero. Addamus, ad excusacionem regis nostri, terrificas erga subditos, ymo consanguineos proprios incussiones, nec dum verberum, vinculorum, sed carceris et mortis, propter quas esse non poterat animus in consulendo liber. Addamus promissiones, munera, provisiones et stipendia, ceteraque plurima, quibus irritantur passiones improbe, excecatrices mentis, sicut canit Boecius :

Nubila mens est vinctaque frenis,
Hec ubi regnant.

« Illud porro non convenit preterire quemadmodum plurimi veritatem zelantes et cognoscentes compulsi sunt in hac vasta turbulentaque tempestate, alii fugam velud exules capere, alii semet occludere et templis se tueri, alii digitum ore suo opponere, ne forte predicata tunc veritas vel conculcaretur, vel laceraretur in sui et docencium eam scandalum sive detrimentum, juxta Christi verbum : *Nolite sanctum dare canibus, neque proiciatis margaritas ante porcos.* Hinc, proc dolor, evenit ut omnes predicti sedicionis amatores, pacis omnes adversarii, homines conducti ad fabricandum disseminandumque mendacia, homines quibus erat in bello quam in pace opulencia major et tyrannis liberior, irruerunt in rem publicam sine lege, sine ordine, confundentes fasque nephasque, ut prevalerent in mendosis assercionibus suis, in libellis famosis, in calumpniis innocentum, in spoliacionibus divitum, in rebellionibus adversus nobiles implacabili furore suscitandis, in omni denique, quod est infelicissimum, peccandi libertate, dum

et ces paroles du Psalmiste, lorsqu'il dit : *Vidi iniquitatem et contradictionem in civitate*, et qu'il s'adresse ainsi à Dieu : *præcipita, Domine, et divide linguas eorum*. Nous lisons et voyons de ces choses partout en grand nombre. Ajoutons, pour justifier notre roi, qu'en songeant aux terribles menaces employées contre ses sujets et même contre ses parents, en les voyant exposés à la torture, aux fers, à la prison et à la mort, il ne pouvait conserver sa liberté d'esprit. Ajoutons aussi les promesses, les présents, les emplois, les salaires, et tous les autres moyens de séduction, à l'aide desquels on excite les mauvaises passions, qui aveuglent la raison, comme dit Boèce dans ces vers :

> *Quand la passion domine, un funeste nuage*
> *Obscurcit notre esprit, courbé sous l'esclavage.*

« Il n'est pas non plus hors de propos de dire ici comment bien des gens qui aimaient et qui connaissaient la vérité ont été forcés, au milieu de cette horrible tempête, les uns de prendre la fuite comme des proscrits, les autres de se cacher et de chercher un asile dans les temples, d'autres enfin de s'imposer silence, de peur que la vérité qu'ils auraient publiée en ce moment ne fût foulée aux pieds ou mise en pièces à leur grand scandale et détriment, suivant cette parole de Jésus-Christ : *Ne donnez pas une chose sainte à des chiens, et ne jetez pas de perles aux pourceaux.* Il en est résulté, hélas ! que ces fauteurs de séditions, ces ennemis de toute paix, ces hommes soudoyés pour fabriquer et débiter partout des mensonges, qui avaient plus à gagner et qui pouvaient exercer plus librement leur tyrannie dans la paix que dans la guerre, se sont jetés sur la chose publique, sans loi et sans ordre, confondant le juste et l'injuste, afin de prévaloir par leurs mensonges et leurs infâmes libelles, par leurs calomnies contre les innocents, leurs spoliations contre les riches, leurs rébellions et leurs fureurs implacables contre les seigneurs, enfin par la funeste habitude qu'ils ont prise de faire le mal en toute liberté, personne n'osant les contredire ni s'opposer à leurs violences et servir

non erat qui contradicens ascenderet ex adverso, opponens se
murum pro domo Israel. Hinc demum ortum est, quod ausu
temerario facte sunt publicaciones litterarum sub regis vel aliorum principum, ymo eciam nostre Universitatis nominibus violenter extortarum; unde multi ex regno et extra regnum falli
potuerunt, et a veritatis et recte vivendi semitis abduci tam
in materia excommunicacionum, sicut explicat prefatus rex
noster, quam aliunde, multipliciter eciam in gremio nostro;
unde vehementer ingemiscimus, et preteritorum horum maliciam dierum mestissime recolimus.

« Postquam vero nunc, jubente Domino, aura serenior effulsit,
et apparente veritatis aurora, conturbatores effugerunt, velud
estimantes eam umbram mortis, nos liberioribus animis respi-
ramus, obsecrantes ut nemo deinceps cito moveatur contra
veritatem vite, justicie et discipline, neque per litteras velud
ex nobis missas, neque per predicaciones vel alias publicaciones, si forte vel facte sint vel posterius fient adversus illam ges-
tarum rerum seriem, quam prenominatus rex noster et pater
christianissimus suis patentibus litteris novissime promulgan-
dam sollempnissimo ritu decrevit, quarum contenta favorabiliter
amplectimur, gaudentes tam execrabile facinus a domo vel a
genere regio alienum reperiri. Approbamus insuper eadem
contenta, quantum ad nos attinet, et in publicam omnium noticiam, tanquam rem sua veritate probatissimam et omni gaudio
dignissimam, devenire vehementer optamus.

« In quorum premissorum testimonium sigillum nostrum
magnum presentibus litteris duximus apponendum. — Datum
Parisius in congregacione nostra generali apud Sanctum Marturinum sollempniter celebrata, anno Domini millesimo quadringentesimo decimo tercio, die prima mensis decembris. »

de rempart à la maison d'Israël. Il en est encore résulté qu'ils ont poussé l'audace et la témérité jusqu'à publier, au nom du roi ou des autres princes, et même de notre Université, des lettres extorquées par force ; ce qui a pu induire en erreur beaucoup de gens dans le royaume et au dehors, et les détourner du sentier de la vérité et de la saine doctrine, soit en matière d'excommunication, comme l'explique notredit roi, soit autrement ; et il n'y en a eu que trop d'exemples, même dans notre giron. Aussi éprouvons-nous de vifs regrets à ce propos, et songeons-nous avec une profonde tristesse à la perversité de ces temps passés.

« Mais à présent qu'il a plu au Seigneur de nous donner un jour plus serein, et qu'en voyant paraître l'aurore de la vérité les perturbateurs se sont enfuis, comme devant l'ombre de la mort, nous respirons avec plus de liberté, et nous supplions tous les honnêtes gens de ne point s'émouvoir désormais si facilement contre la vérité de la vie, de la justice et de la discipline, et de ne tirer aucune conséquence de ces lettres qui peuvent sembler émanées de nous, ni des prédications ou autres publications quelconques, qui pourraient avoir été faites ou se faire à l'avenir contre la série de faits que notredit roi et père très chrétien a tout récemment voulu notifier d'une manière solennelle par ses lettres patentes, et dont nous accueillons le contenu avec d'autant plus de faveur que nous nous applaudissons de voir que les personnes de la maison et du sang de nos rois sont étrangères à de si exécrables attentats. Nous approuvons en outre ledit contenu, autant qu'il nous appartient de le faire, et souhaitons ardemment que tout le monde en prenne connaissance, comme d'une chose très évidente par elle-même et digne d'exciter une joie unanime.

« En foi de quoi nous avons fait apposer notre grand sceau aux présentes lettres. — Donné à Paris, en notre assemblée générale, tenue solennellement à Saint-Mathurin, le 1er décembre, l'an du Seigneur mil quatre cent treize. »

CAPITULUM XLI.

De conjugio Ysambardi, fratris regine Francie.

Paulo alcius retrocedens ad aliqua pro nimia acceleracione omissa, domini Ludovici Bavarie et comitisse de Mortain, relicte quondam domini Petri de Navarra, insigne connubium calamus notandum suscepit, quod Francie venerabilis regina, soror sponsi, mensis octobris prima die, in hospicio regali Sancti Pauli censuit honore summo celebrandum. Prandio nupciali nil dapsilitatis defuit quod decuisset regiam majestatem, illudque rex, domini duces Guienne et Aurelianis honorare personaliter statuerunt cum aliis ducibus et comitibus de regali sanguine procreatis, excepto dumtaxat comite de Alenconio, fratre sponse, et ut vulgo ferebatur, quia super ampli patrimonii divisione mutuo disceptabant. Nil inde notandum puto nisi quod, contra morem ad secundas transeuncium nupcias, die sollempni transacto, cum sponso milites et armigeri in astiludiorum jocis militaribus triduum exegerunt, quorum armorum fragore et ictuum lancearum insigne contubernium in circuitu presidencium dominarum illis preconizandum relinquo, qui ex officio sciunt echonizare plausus theatrales.

CAPITULUM XLII.

Regi Francie nuncios sollempnes rex Hungarie destinavit.

Nundum emenso novendio hujus mensis, rex speciales nuncios consanguinei sui regis Hungarie, nuper ad imperium electi, sereno vultu audivit asserentes eumdem, consilio et assensu

CHAPITRE XLI.

Mariage d'Ysambard [1], frère de la reine de France.

Je vais reprendre ici quelques faits que la rapidité du récit m'a fait omettre ; je mentionnerai entre autres l'illustre mariage de monseigneur Louis de Bavière avec la comtesse de Mortain, veuve de messire Pierre de Navarre. L'auguste reine de France, sœur dudit seigneur, fit célébrer cette union par des fêtes magnifiques, le 1er octobre, en l'hôtel royal de Saint-Paul. Le repas de noces fut d'une somptuosité qui ne laissa rien à désirer, et tel qu'il convenait à la majesté royale. Le roi et messeigneurs les ducs de Guienne et d'Orléans l'honorèrent de leur présence, ainsi que les autres ducs et comtes du sang royal, excepté le comte d'Alençon, frère de l'épousée, parce qu'ils étaient, dit-on, en contestation pour le partage de leur riche patrimoine. Il ne s'y passa du reste rien de particulier, si ce n'est que, contrairement aux usages suivis dans la célébration des secondes noces, il y eut, le lendemain du mariage, un tournoi, où les chevaliers et les écuyers s'exercèrent à la joute avec l'époux. Ces fêtes durèrent trois jours. Mais je laisse aux hérauts d'armes, dont c'est le métier, le soin de chanter les prouesses et les coups de lance par lesquels les champions cherchèrent à mériter les suffrages des nobles dames qui y assistaient.

CHAPITRE XLII.

Le roi de Hongrie envoie une ambassade solennelle au roi de France.

Le 9 du même mois, le roi reçut avec bonté les ambassadeurs de son cousin le roi de Hongrie, nouvellement élu empereur, qui vin-

---

[1] C'est la première fois que le Religieux donne ce nom à Louis de Bavière, qui n'est connu dans l'histoire que sous le nom de Louis *le Barbu*.

nobilium et ecclesiasticorum virorum sue dicionis, statuisse
consilium generale proximo promovendum, ut sciretur quis
trium contendencium de papatu legittime presideret, a quo et
benedictionem imperialem rite posset recipere. Ipsum et sub
compendio nuncii addiderunt proximum omnium Sanctorum festum pro prefixo, consensu domini pape, termino
assignasse, atque pro loco convencionis villam Constancianam
Theutonicis subditam imperatoribus elegisse, rogareque amicabiliter regem ut de prelatis et clericis regni sui illuc mittere
dignaretur, quorum prudencia Deo placens negocium dirige-
retur salubrius. Sibi tamen supplicantibus, recommendacione
premissa, ut sentenciam approbaret, responsum est :

« Serenissimum regem hic presentem ad tollendum funditus
« scisma pestiferum, quod in exilium gravissimum pacem di-
« lectissimam et optimam detruserat, ut ad proprium cubile
« suum, quod est Ecclesia, rediret velud ad suam regionem,
« totis conatuum viribus nuper elaborasse constat universis.
« Nec arbitramur circumspectionem vestram ignorare ut, sex
« lustris jam exactis, longe lateque per christianitatem lega-
« ciones laboriosissimas et sumptuosas jusserit frequentare, ut
« mereretur videre hujus pacis serenissimam faciem suis tem-
« poribus effulgere, idque peroptatum bonum credidit attigisse,
« quoniam ambo contendentes juri suo vero sive pretenso ce-
« dere libere ac mutuo convenire propter hoc voverunt ac
« juraverunt. At ubi dominandi ambicione excecatos eos vidit
« anfractibus interminabilibus et inegressibilibus laberintis su-
« per loco convencionis disceptare, et tempus in vanum terere,
« neutri disposuit obedire, rogans reges et principes hanc sen-
« tenciam tenere, ne scisma execrabile suum perpetuarent in
« evum. Utriusque collegii cardinalium judicio id precipue in-

rent lui annoncer que leur maître, d'après l'avis et le consentement
des seigneurs tant ecclésiastiques que séculiers de ses États, avait résolu
de demander la réunion prochaine d'un concile général, afin d'y
faire décider lequel des trois prétendants à la papauté était le légitime
pontife et devait le couronner empereur. Ils ajoutèrent qu'il avait fixé,
de concert avec monseigneur le pape, l'époque de la Toussaint prochaine pour l'ouverture du concile, et la ville impériale de Constance
pour lieu de la réunion, et qu'il priait affectueusement le roi de daigner y envoyer une députation des prélats et du clergé de son royaume,
dont la prudence pût contribuer au succès d'une œuvre si agréable à
Dieu. Après les compliments d'usage, ils supplièrent instamment le
roi d'approuver cette résolution, et voici ce qui leur fut répondu :

« Tout le monde sait que le sérénissime roi ici présent a travaillé
« de tout son pouvoir à l'extirpation de l'exécrable schisme, qui avait
« banni et réduit à l'exil la paix si précieuse et si désirée, et qu'il a
« employé tous ses efforts pour la faire rentrer dans le sein de sa
« patrie, qui est l'Église. Et nous ne pensons pas que votre sagesse
« ignore que, depuis plus de trente ans déjà, il n'a cessé d'envoyer
« des ambassadeurs dans tous les pays de la chrétienté, sans épar-
« gner ni la peine ni la dépense, afin de voir ladite paix briller d'un
« éclat pur et serein pendant son règne. Il croyait avoir atteint ce
« but tant souhaité, quand les deux compétiteurs promirent et jurè-
« rent de renoncer librement à leurs droits réels ou prétendus et de
« s'aboucher à ce sujet. Mais lorsqu'il a vu qu'aveuglés par l'ambi-
« tion, ils s'engageaient dans des discussions sans fin et dans un laby-
« rinthe de difficultés inextricables relativement au choix du lieu de
« l'entrevue, et qu'ils ne cherchaient qu'à gagner du temps, il a pris le
« parti de n'obéir ni à l'un ni à l'autre, et a engagé les autres rois et
« princes à imiter son exemple, afin de ne pas perpétuer à jamais l'exé-
« crable schisme. C'était là précisément qu'ils voulaient en venir, au
« dire des cardinaux de chaque collége. Aussi, lesdits cardinaux, pous-
« sés sans doute par une inspiration divine, se réunirent et invitèrent

« tendebant. Ideo, aspirante Deo, ut creditur, invicem conve-
« vientes ex Italia, Francia, Anglia, ceterisque regionibus,
« summe auctoritatis prelatos et clericos litteris evocaverunt, ut
« generali consilio Pisis super hoc celebrando interessent, con-
« tendentibus supplicando ut cum ipsis convenirent quod
« votis et juramentis promiserant completuri. Salubria autem
« monita cum indurato animo contempsissent, et assensu as-
« sistencium virorum ecclesiasticorum, servantes ordinem ju-
« ris, eos reputaverunt contumaces et dignitate appostolica
« indignos; et ulterius procedentes, immortalis memorie vi-
« rum, dominum Petrum de Candia, cardinalem Constantino-
« politanum, in summum pontificem concorditer elegerunt,
« quem et Alexandrum vocaverunt. Noveritis igitur, reverendi
« domini, hunc nostrum regem, metuendissimum dominum,
« ratum et gratum habuisse quod Ecclesia sufficienter congre-
« gata tunc decrevit; cum ceteris quoque regibus et princi-
« pibus christianis grato concurrens affectu, ipsum dominum
« Alexandrum Christi vicarium indubitatum tenuit. Domino
« quoque Johanni, successori suo, nunc in sede appostolica legit-
« time collocato, tanquam unico pastori universalis Ecclesie
« hucusque obedivit et obedire intendit, quamdiu non recusabit
« cedere juri suo. Votis tamen dilecti cognati sui condescen-
« dens, cui se dulciter recommendat, non intendit quemquam
« illuc profecturum voluntarie impedire. Nam et sicut sub se
« ipso regnum optat prosperari, sic et Ecclesiam universalem
« sub hoc summo pontifice, et ut possit remanere in transqui-
« litate pacis et requie temporalium, nisi pro cujus protectione
« eciam personaliter libentissime laboraret. »

Jam notata ambo nuncii ad ecclesiam regalem beati Dyonisii venientes devocionis gracia retulerunt; mihi sciscitanti si

« par lettres les principaux prélats et membres du clergé d'Italie, de
« France, d'Angleterre et des autres pays, à se rendre au concile
« général qui se tiendrait à Pise; ils supplièrent en même temps les
« deux compétiteurs de se joindre à eux, pour accomplir ce qu'ils
« avaient promis et juré. Mais comme, dans leur endurcissement, ils
« ne tinrent aucun compte de ces avis salutaires, les cardinaux, par
« le conseil et du consentement de tous les ecclésiastiques là présents,
« et conformément aux règles du droit, les déclarèrent contumaces et
« indignes de l'autorité apostolique. Puis passant outre, ils élurent
« d'un commun accord, pour souverain pontife, monseigneur Pierre
« de Candie, d'immortelle mémoire, cardinal de Constantinople,
« qu'ils appelèrent Alexandre. Or il faut que vous sachiez, révérends
« seigneurs, que notre très redouté sire le roi a ratifié et agréé ce que
« l'Église, représentée d'une manière suffisante, a décidé en cette
« occasion, et que, de concert avec la plupart des autres rois et princes
« chrétiens, il a reconnu ledit seigneur Alexandre pour véritable
« vicaire de Jésus-Christ. Il a obéi jusqu'à présent à monseigneur
« Jean, son successeur, comme au légitime possesseur du siége apos-
« tolique et à l'unique pasteur de l'Église universelle, et son intention
« est de lui obéir, tant qu'il ne refusera pas de renoncer à ses droits.
« Toutefois, pour condescendre aux désirs de son bien aimé cousin,
« auquel il se recommande affectueusement, il n'entend retenir aucun
« de ceux qui voudraient se rendre à Constance. Car, de même qu'il
« désire voir la France prospérer sous son règne, de même aussi il
« souhaite que l'Église universelle puisse goûter sous ce souverain
« pontife les charmes du repos et de la paix; il exposerait même avec
« empressement sa personne pour la défendre. »

Les ambassadeurs, étant venus à l'église royale de Saint-Denys
pour y faire leurs dévotions, nous rapportèrent les choses ci-dessus

quid aliud memorandum gerebant animo, responderunt : « Ad
« dominum nostrum redeuntes salutes recommendabiles repor-
« tamus ex parte regis Francie, cujus magnificenciam merito non
« tacebimus, quia nobis vale dicens contulit munera preciosa,
« que reputamus inestimabilis valoris. » Ibidem iterum libere
subjunxerunt dominum suum sicut et regi Francie, sic et ceteris
regibus christianis sollempnes ambassiatores jam misisse super
hujusmodi consilio celebrando; quod quia sine consensu trium
contendencium de papatu expediri non poterat, eos nunciis et
apicibus suppliciter monuisse, ut in ipso personaliter interessent aut pro se ipsis procuratores mitterent competentes.

CAPITULUM XLIII.

Dux Burgundie regi conqueritur super multis frivolis et adinventis.

Rex, promissionis nuper facte nunciis ducis Burgundie
memor, circa finem hujus mensis per episcopum Ebroycensem,
dominum de Dompna Petra, admirallum, et magistrum Johannem de Monstriolio, secretarium, responsum secretissimum sibi
misit. Quod quamvis tunc ignoraverim, arbitror tamen veri-
militer tunc utrinque fuisse proloqutum super multis que
postmodum dux regi litteris clausis intimavit, que, premissa
recommendacione humili, sub compendio continebant :

« Metuendissime domine mi, scio vos mente tenere quomodo,
« per ordinacionem vestram, metuendissimi domini filii vestri
« et mei, domini ducis Guienne, consanguineorum vestrorum
« plurium ac vestri consilii, et ad humilem requestam filie
« vestre Universitatis Parisiensis, virorum ecclesiasticorum,
« prepositi mercatorum, scabinorum et generaliter proborum

exposées. Je leur demandai s'ils avaient à me citer quelque autre particularité remarquable au sujet de leur ambassade : « En retournant « vers notre maître, me répondirent-ils, nous lui portons les com- « pliments affectueux du roi de France, dont nous ne manquerons pas « de vanter la munificence ; car lorsque nous avons pris congé de lui , « il nous a comblés de riches présents, qui nous paraissent inappré- « ciables. » Ils ajoutèrent ensuite d'eux-mêmes que leur souverain avait envoyé aux autres rois de la chrétienté, comme au roi de France, des ambassades solennelles au sujet de la tenue dudit concile, et que, comme on ne pouvait rien faire sans le consentement des trois prétendants à la papauté, il les avait instamment invités par lettres et par messages à s'y rendre en personne ou à y envoyer, en leur lieu et place, des fondés de pouvoir compétents.

CHAPITRE XLIII.

Le duc de Bourgogne se plaint au roi de plusieurs griefs frivoles et imaginaires.

Le roi, pour accomplir la promesse qu'il avait faite naguère aux ambassadeurs du duc de Bourgogne, lui envoya vers la fin du mois une réponse secrète, et choisit pour cette mission l'évêque d'Évreux, l'amiral messire de Dampierre, et maître Jean de Montreuil, son secrétaire. J'ignore quel était l'objet de ce message ; mais il est vraisemblable qu'il y eut de part et d'autre plusieurs pourparlers au sujet de choses dont le duc écrivit peu après au roi par lettres closes. Ces lettres , après les compliments d'usage, contenaient à peu près ce qui suit :

« Mon très redouté sire, je sais que vous n'avez pas oublié comment, « par votre ordre et de l'avis de mon très redouté seigneur le duc de « Guienne, votre fils et le mien, de plusieurs princes de votre sang « et des membres de votre conseil, ainsi qu'à l'humble requête de « votre fille l'Université de Paris, du clergé, du prévôt des mar- « chands, des échevins et généralement de tous les gens de bien de « ladite ville, un traité de paix, d'amour et d'union a été conclu

« hominum dicte urbis, per prefatos super pace, amore et
« unione dictorum de sanguine vestro existencium quidam trac-
« tatus compositus nuper fuit et juratus iterum, et pro com-
« modo, quod inde evenire poterat, et generaliter toti regno,
« et precipue pro reparacione status miserabilis regni vestri,
« quod erat in via desolacionis, nisi Deus nobis misericorditer
« inspirasset dictum tractatum jurare, cum per illum populus
« et regnicole possint quiescere in transquilitate pacis et requie
« temporalium opulenta, ut quidam famosus orator, consi-
« liarius metuendissimi domini et cognati regis Sicilie, tunc
« notabiliter ostendit. Et quamvis tractatum tunc juraverim in
« presencia multorum firmiter et inviolabiliter servare, ne
« tamen, post recessum ultimum, celeriorem forsan, isto quis
« crederet me contrarium facturum, mox litteras vobis misi,
« demum nuncios speciales super corroboracione et confirma-
« cione illius.

« Sed istis non obstantibus, quidam novendarum rerum ad-
« inventores iniqui multa contra vestram egerunt ordinacionem
« in prejudicium et vituperium mei et meorum; que quidem,
« metuendissime domine, non teneo de voluntate vestra, do-
« mini ducis Guienne, nec consanguineorum vel consiliariorum
« vestrorum processisse, sed per instiguacionem et promocionem
« aliquorum importunas, qui excogitare non cessant, ut per vias
« extraneas valeant honorem meum perpetuo denigrare; quo-
« rum tamen animos utinam Christus ad viam bonam reducat!

« Veniens autem ad declaracionem casuum, ipsis instiguan-
« tibus, post roboratum tractatum et juratum, in contemptum
« mei, plures equitature hominum armatorum in Parisiensi
« urbe vestra, circa hospicium meum, vicinorum et convica-
« neorum meorum facte fuerunt, et me apprehendissent vio-

« naguère et juré entre vosdits parents, en vue du bien qui pouvait
« en résulter pour toute la France en général, et particulièrement
« afin de mettre un terme au déplorable état de votre royaume, qui
« était dans la voie de la désolation, si Dieu, dans sa miséricorde,
« ne nous eût inspiré de jurer ledit traité, à la faveur duquel votre
« peuple et vos sujets pourront goûter tranquillement les charmes du
« repos et les douceurs de l'aisance, ainsi que l'a démontré fort élo-
« quemment un illustre orateur [1], conseiller de notre très redouté
« seigneur et cousin le roi de Sicile. Et bien que j'aie juré alors en
« présence de beaucoup de personnes d'observer fidèlement et invio-
« lablement ce traité, craignant que mon dernier départ, trop brusque
« peut-être, ne donnât lieu de me soupçonner de dispositions défa-
« vorables à cet égard, je vous ai envoyé une lettre, puis des ambas-
« sadeurs pour corroborer et confirmer mes engagements.

« Nonobstant cela, certains fauteurs de troubles n'ont pas craint
« d'aller à l'encontre de votre ordonnance, au grand préjudice de
« mon honneur, de ma personne et des miens. Je sais bien, très re-
« douté sire, que tout cela ne procède pas de votre volonté, ni de celle
« de monseigneur le duc de Guienne, ou de vos cousins et conseillers,
« mais qu'il faut l'attribuer aux instigations et aux suggestions impor-
« tunes de certaines gens, qui cherchent sans cesse toutes sortes
« d'étranges moyens pour ternir mon honneur. Puisse néanmoins le
« Seigneur les ramener dans la bonne voie !

« Passant à l'énoncé des faits, je dirai d'abord que c'est à leur insti-
« gation que, depuis la confirmation et la ratification du traité, des
« gens armés ont, à plusieurs reprises, parcouru à cheval les rues de
« votre bonne ville de Paris, qu'ils se sont montrés autour de mon

---

[1] Voir ci-dessus, chap. xxvii, p. 97, le discours de maître Guillaume Saignet.

« lenter, nisi inopinate recessissem : que pacis, amoris, vel
« unionis signa non sunt. Iterum post et ante predicta, eorum
« consilio, multi qui vobis et michi fideliter ab antiquo servie-
« rant, capti et incarcerati fuerunt, redempcionis jugum impor-
« tabile ferre et de Parisius recedere coacti sunt. Et breviloquio
« utens, indistincte quotquot michi favere videbantur ab ho-
« noribus et officiis suis fuerunt destituti, eciam qui illa per
« electionem optinebant; idque solum eis impositum scio, quia
« nimis erant Burgundi. Graviter eciam censeo perferendam
« continuacionem tante displicencie; et si arguunt me similia
« egisse, dum eram in vestro servicio occupatus, respondetur :
« *Esto quod verum sit, nundum tamen tractatus juratus fuerat.*
« Et sic luce clarius patet, attentis terminis ordinacionis vestre
« super pacifica unione fundatis, quod hoc non est nisi vindicte
« et divisionis signum. Melius quoque esset, ad servandum unio-
« nem, ut per bonum consilium provideretur vestris officiis,
« non personis.

   « Reprehensibile crimen fuit in vestra curia, domine regine,
« domini ducis Guienne ac consanguineorum vestrorum, michi
« eciam verbo favere. A roboracione tractatus, et salvo honore
« vestro, mendaces collaciones publice perorate sunt in meum
« dedecus et per parabolas, a scientificis tamen viris intellectas,
« que directe veniunt contra juramentum factum et fomitem dis-
« sencionis ministrant in prejudicium regni vestri, quod tamen
« Deus avertat! Longe lateque per regnum vestrum, et ultra,
« fuerunt littere misse, que sane intellecte dedecus vestrum,
« plurium de vestro sanguine, Universitatis filie vestre et ville
« Parisiensis continent. Et si quis diceret id factum fuisse ad
« recuperandum honorem ipsorum, qui per quasdam alias lit-
« teras fuerant onerati, ad minus debuissent in ipsis inseruisse

« hôtel et des maisons de mes voisins et des habitants de mon quar-
« tier, et m'auraient appréhendé de force, si je ne m'étais retiré tout
« à coup; ce ne sont pas là des démonstrations de paix, d'amour et
« d'union. De plus, avant et après lesdites choses, plusieurs des fidèles
« et anciens serviteurs de votre majesté et de ma personne ont été,
« d'après le conseil de ces gens, arrêtés, incarcérés, mis à rançon et
« obligés de quitter Paris. En un mot, on a indistinctement privé de
« leurs honneurs et de leurs offices tous ceux qui paraissaient m'être
« affectionnés, même ceux qui devaient leurs charges à l'élection; et
« je sais que tout ce qu'on leur reprochait, c'était d'être trop Bour-
« guignons. Je crois avoir droit aussi de me plaindre de la continua-
« tion de pareils outrages. Car si l'on m'objecte que j'en ai fait autant
« lorsque j'étais employé à votre service, je puis répondre : *C'est vrai,*
« *soit, mais le traité n'était pas encore juré.* Ainsi, il est évident,
« attendu les termes de votre ordonnance, fondés sur l'union paci-
« fique, que ce n'est qu'une preuve de vengeance et de division. Il
« vaudrait mieux aussi, pour conserver l'union, qu'il fût pourvu par
« bon conseil aux offices royaux, et sans acception des personnes.

« C'était un grand crime à votre cour, à celle de madame la reine,
« de monseigneur le duc de Guienne et de vos cousins, que de dire
« seulement un mot en ma faveur. Depuis la confirmation du traité,
« et sauf votre honneur, des discours calomnieux ont été prononcés en
« public pour me diffamer; et bien qu'on ait parlé par paraboles, le
« sens en était parfaitement intelligible pour les personnes éclairées.
« Cela est directement contraire au serment prêté, et entretient, au pré-
« judice de votre royaume, des ferments de discorde, dont Dieu vous
« préserve ! On a envoyé dans toutes les parties de la France et même
« au dehors des lettres qui sont évidemment injurieuses pour vous,
« pour la plupart des princes du sang, pour votre fille l'Université
« et pour la ville de Paris. Et si l'on vient dire que cela a été fait pour
« réparer l'honneur de ceux qui avaient été attaqués par d'autres
« lettres, au moins aurait-on dû y insérer celles qui ont été rédigées

« illas recenter confectas, et sic terminos tenuissent ordina-
« cionis vestre.

« Et quia aliqui dicunt quod contra ordinacionem vestram
« armatos viros teneo in dampnum regnicolarum, certum est
« quod de mandato vestro dominus Biturie, avunculus meus, et
« ego mille stipendiarios viros tenuimus ad obviandum quibus-
« dam societatibus, que in dedecus vestrum conabantur venire
« contra villam vestram Parisiensem; sed tractatu peracto, eos
« remisi ad propria, nec de post aliquem ipsorum mecum re-
« tinui. Et si quis ex eis remanserit, hoc procedit ex voluntate
« propria, et forte ut aliis concionibus resistant, quas aliqui
« tenent contra ordinacionem vestram inter Secane, Ligeris
« et Ione riparias, et procul dubio in detrimentum nobilium,
« ignobilium et ecclesiarum regni vestri. Et cum dicunt se cre-
« dere quod congregem agmina bellatorum, vere illud facere
« non intendo, sed mandatis vestris semper fideliter obedire;
« et quia quidam obloqutores iniqui eorum auribus insusurrant
« quod Parisius homicidas miseram ad interficiendum eos,
« cum reverencia, hoc falsum est, nec unquam excogitavi tan-
« tum scelus.

« Impacienter eciam perfero quod, hoc non obstante, in con-
« temptum persone mee plures condampnaverunt velud exules
« proscriptos, et, ut ipsi michi asseruerunt, sine causa; nam
« dicunt id se clare posse ostendere, si essent securi de suis
« corporibus et judicialiter audirentur. Hoc tamen non dico
« ad impediendum punicionem, si qui eorum forefecerint
« contra dominam reginam vel dominum ducem Guienne.

« Ultra omnia que predixi, sigillata fuerunt plura domicilia
« multorum vobis et michi serviencium circa domipolas vel
« forum rerum venalium et domum meam de Artesio. Nam

« tout récemment : on se serait ainsi conformé aux termes de votre
« ordonnance.

« Quant à ce qu'on m'accuse d'entretenir des gens de guerre,
« contrairement à votre ordonnance, et au détriment du royaume,
« tout le monde sait que c'est par votre exprès mandement que mon-
« seigneur le duc de Berri, mon oncle, et moi, avons gardé près de
« nous mille hommes d'armes pour combattre certaines compagnies,
« qui venaient vous braver jusque dans votre ville de Paris. Mais après
« la conclusion du traité, je les ai renvoyés tous dans leurs foyers,
« sans en retenir un seul auprès de moi. Et si quelques uns d'entre
« eux sont restés, c'est de leur propre mouvement et dans le dessein,
« peut-être, de résister à d'autres compagnies, que certaines gens
« entretiennent, malgré votre ordonnance, entre la Seine, la Loire
« et l'Yonne, au préjudice des seigneurs, du menu peuple et des
« églises de votre royaume. Et à ceux qui croient que je rassemble
« des hommes d'armes, je réponds que je ne songe aucunement à
« cela, et que je suis toujours prêt à obéir fidèlement à vos ordres.
« D'infâmes calomniateurs m'accusent aussi tout bas auprès des princes
« d'avoir envoyé des assassins à Paris pour les égorger : cela est faux,
« sauf votre respect ; je n'ai jamais conçu un crime si horrible.

« Je vois en outre avec un vif déplaisir que, nonobstant cela, on
« ait exilé et proscrit, par mépris pour moi, plusieurs personnes, qui
« m'ont protesté de leur innocence, et qui déclarent être prêtes à la
« prouver jusqu'à l'évidence, si on garantit leur sûreté et qu'on veuille
« les entendre en justice. Toutefois je ne dis pas cela pour empêcher
« le châtiment d'aucun de ceux qui auraient forfait envers madame la
« reine ou envers monseigneur le duc de Guienne.

« Ce n'est pas tout encore. On a mis les scellés dans les maisons d'un
« grand nombre de vos serviteurs et des miens, tant au quartier des
« halles ou du marché qu'aux environs de mon hôtel d'Artois, parce
« qu'on assurait faussement qu'on y trouverait des lettres monitoires

« mendaciter asserebant quod ibi reperirentur littere monitorie
« a me misse ad commocionem vel sedicionem commovendam, et
« super hoc in Castelleto vestro multe mulieres examinate fue-
« runt. Sed qui adinvenerunt predicta graviter peccant, quia
« nunquam cogitavi aliquid facere contra ordinacionem ves-
« tram, nec debetis ymaginari quod illi, quos nominavi, Pari-
« sius vel alibi commorantes, vellent aliquid amore mei facere
« contra honorem vestrum; nec Deus me tantum vivere pa-
« ciatur quod id videam evenire!

    « Referunt iterum illi quod tractavi de connubio filie mee
« cum Anglicis, quibus et debebam reddere castra de Croteyo,
« Cesaris Burgo et de Cadonio; sed ipsi menciuntur salva reve-
« rencia vestra, quia id nunquam excogitavi vel optavi. Et uti-
« nam placeret Deo, quod omnes alii ita firmi et stabiles essent
« ad conservacionem regni vestri et progeniei vestre sicut ego
« semper fui et intendo, quamdiu vixero, esse. Ultra omnia
« predicta, ab iniquis hominibus multa facta fuerunt et procu-
« rata contra statum et honorem persone mee alias declaranda,
« que non pacis, sed divisionis et guerre mortalis occasionem
« ministrant. Et adinveniunt omnes vias possibiles ad elonguan-
« dum me ab amore vestro atque domini ducis Guienne, quo-
« rum optavi honores et commodum omni tempore vite mee.
« Non tamen id dico, ut velim ire contra ordinacionem vestram
« vel infringere tractatum, sed ut per graciam teneatur sine
« infractione ad reparacionem status regni, quod tantum pas-
« sus tempore retroacto, quod nullus tam crudelis est, qui
« posset siccis oculis dampna passa ad memoriam reducere.

    « Supplico igitur vobis, metuendissime domine, humillime
« et cordialius quam possum, ut provideatis dictis inconve-
« nientibus per talem modum, quod illi qui sunt inde lesi de

« envoyées par moi pour exciter une émeute ou une sédition ; beaucoup
« de femmes ont été même interrogées à ce sujet dans votre Châtelet.
« Mais ceux qui ont imaginé ces calomnies sont bien coupables ; car
« je n'ai jamais songé à rien faire contre votre ordonnance, et vous
« ne devez pas croire que ceux dont j'ai parlé, habitants de Paris ou
« autres, voudraient, par dévouement pour moi, faire quelque chose
« contre votre honneur. A Dieu ne plaise que je vive assez long-temps
« pour être témoin d'un pareil malheur !

« On m'accuse aussi d'avoir traité d'un mariage pour ma fille avec
« les Anglais, auxquels je devais livrer, dit-on, les forts du Crotoy,
« de Cherbourg et de Caen : c'est un mensonge, sauf votre respect ;
« car je n'en eus jamais ni la pensée ni l'envie. Plût à Dieu que tous
« les autres fussent aussi fermement dévoués à la conservation de votre
« royaume et de vos enfants, que je l'ai toujours été et que je compte
« l'être tant que je vivrai. En outre, certaines méchantes gens ont
« machiné et commis contre ma personne et contre mon honneur des
« attentats, que je ferai connaître en temps et lieu, et qui, loin de
« contribuer au maintien de la paix, fomentent les dissensions et la
« guerre civile. Ils cherchent tous les moyens possibles pour m'aliéner
« votre affection et celle de monseigneur le duc de Guienne, dont
« j'ai toute ma vie souhaité la gloire et le bonheur. Et je ne dis pas
« cela pour avoir quelque prétexte d'aller à l'encontre de votre ordon-
« nance ou d'enfreindre le traité, mais pour vous engager à veiller
« au maintien dudit traité, et à remédier aux maux du royaume, qui
« ont été si grands, dans ces temps passés, qu'il n'est pas un homme
« assez insensible pour s'en souvenir sans verser des larmes.

« Je vous supplie donc, très redouté sire, le plus humblement que
« je puis et de tout mon cœur, d'obvier auxdits inconvénients,
« de telle sorte que ceux qui en ont souffert n'aient plus sujet de se

« hoc non doleant, et quod tractatus juratus teneat, ut regni-
« cole possint quiescere in pulcritudine pacis quam optabant.
« Et ad istud exequendum promptus sum exponere me, omnia
« bona mea, confederatos meos et amicos. Conservet vos Altis-
« simus et omnes vestros subditos fideles! — Scriptum in Gan-
« davo villa nostra, decima sexta die novembris. »

Quod regem postulaverat, reverende Universitati, Parisiensis urbis civibus, et consiliariis regiis dignum duxit litteris
intimare, rogare eque universos et singulos ut eorum opera
effectum debitum sortiretur, si se ipsum vellent habere in
cunctis amabilem servitorem. Addebat: « Et ne debeatis ymagi-
« nari vel credere obloqutoribus falsis asserentibus quod prop-
« ter dicta contra me et facta Parisius odium inexpiabile in
« habitantes conceperim. Nam revera, quamdiu in gracia
« domini mei regis, domini ducis Guienne ac regine manebi-
« tis, ut boni subditi et fideles, me obsequiosum votis vestris
« in cunctis reperietis. »

Preces incassum fuse sunt, et scripta sub quadam dissimulacione parvipensa. Nam quibus dirigebantur non dissuaserunt
dominis ne ad displicenciam ducis solito acrius procederent,
et, quod eum magis ad iracundiam provocavit, expulsis quotquot ad officia regia promoverat, eciam dominum de Domna
Petra, hominem suum, per electionem Francie factum admirallum, destituerunt, et in locum ejus dominum Clignetum
de Brebanto constituerunt.

« plaindre, et que le traité juré soit observé, afin que les habitants du
« royaume puissent goûter les douceurs du repos auquel ils aspirent.
« Et pour atteindre ce but, je suis prêt à exposer ma personne, mes
« biens, mes alliés et mes amis. Dieu vous garde, vous et tous vos
« fidèles sujets! — Écrit en notre ville de Gand, le 16 novembre. »

Le duc crut devoir adresser à la vénérable Université, aux bourgeois de Paris et aux conseillers du roi des lettres, dans lesquelles il leur
donnait avis de ce qu'il avait demandé à sa majesté, et les priait tous en
général et chacun d'eux en particulier de s'entremettre pour lui faire
obtenir satisfaction, s'ils voulaient trouver en lui un serviteur dévoué
en toute occasion. « Au reste, ajoutait-il, gardez-vous de rien croire
« des faux bruits que font courir ces calomniateurs, qui assurent que
« j'ai conçu une haine implacable contre les Parisiens à cause de tout
« ce qui a été dit et fait contre moi. Tant que vous serez dans les
« bonnes grâces de monseigneur le roi, de monseigneur le duc de
« Guienne et de la reine, comme de bons et fidèles sujets, vous me
« trouverez empressé de satisfaire à tous vos désirs. »

Les prières du duc furent sans succès, et l'on tint si peu compte
de ses lettres, que ceux à qui elles étaient adressées ne firent rien pour
chercher à diminuer l'animosité des princes contre lui; mais ce qui
mit le comble à son déplaisir, c'est qu'après avoir destitué tous ceux
qu'il avait pourvus d'offices à la cour, on ôta à messire de Dampierre,
son vassal, la charge d'amiral de France à laquelle il avait été promu
par élection, et qu'on mit à sa place messire Clignet de Brabant.

CAPITULUM XLIV.

Dux Borboniensis Subizam viribus occupavit.

Paulo alcius memini me scripsisse quod dux Borboniensis
inclitus, jussu regis, exercitum in Aquitaniam transducendum
susceperat, ut recuperaret quedam castra anno exacto ab
Anglicis occupata, idque censeo resumendum. Nam profecto,
judicio baronum patrie, hanc expedicionem bellicam laudabiliter inchoavit. Sane quamvis auctoritate regia super agendis
et aggrediendis rebus evocati dissuaderent bellatorum agmina
per .patriam equitare ob multitudinem hostium circumadja-
cencium, sub tectisque hyemis instantem inclemenciam consuluissent declinare, donec aura lenior affulgisset, ipse tamen,
summam ignominiam reputans tam diu tempus in vanum
terere et marcescere ocio, huc illucque exploratores misit, qui
referrent si interim aliquid aggredi posset dignum laude. At
ubi comperit subsidiarios ville maritime de Soubize Burdega-
lensem peciisse ut stipendia debita procurarent, et ad custodiam loci sui tantum armatos pugnatores relinquisse, qui assi-
duis erupcionibus Rupelle famosissimum portum, qui in omnes
maris margines vela mittit, infestabant, nec sinebant navali
subsidio merces communes et peregrinas illuc ferre, ibi suorum
commilitonum vires statuit experiri. Operosum equidem non
ignorabat urbem multo populari incolatu insignem, fossa
duplici ac muro solido circumcinctam, posse viribus occupare.
Sed quia semper ardua aggredi amat virtus, de Nyordi oppido
Xantonensem urbem perveniens, suos consodales huc illucque
dispersos recollegit, et dominum Guastonetum, Guichardum
quoque de Villaribus, viros utique industrios, mox ad Rupel-

CHAPITRE XLIV.

Le duc de Bourbon emporte d'assaut la ville de Soubise.

J'ai déjà dit ci-dessus que l'illustre duc de Bourbon avait été chargé par le roi de conduire une armée en Aquitaine, pour reconquérir sur les Anglais plusieurs places dont ils s'étaient emparés l'année précédente. Je crois devoir reprendre le récit de cette expédition, qui, au dire des barons du pays, fit beaucoup d'honneur au duc. Lesdits seigneurs, qu'il avait assemblés au nom du roi, pour prendre part à cette entreprise, n'étaient pas d'avis qu'il entrât immédiatement en campagne, à cause du grand nombre des ennemis qui se trouvaient dans les environs, et lui conseillaient de prendre ses quartiers d'hiver et d'attendre le retour de la belle saison; mais le duc, regardant comme une honte de perdre le temps dans l'attente et dans l'inaction, envoya de tous côtés des éclaireurs pour savoir s'il y avait quelque bon coup de main à tenter. Ayant appris que les gens de guerre en garnison dans la ville maritime de Soubise étaient allés à Bordeaux pour toucher l'argent de leur solde, et qu'ils n'avaient laissé, pour la garde de la place, qu'un petit nombre des leurs, qui infestaient par des sorties continuelles le fameux port de La Rochelle, et entravaient le commerce en s'opposant au passage des navires chargés de toutes sortes de marchandises, il résolut d'essayer ses forces contre Soubise. Il ne se dissimulait pas qu'il était très difficile d'emporter de vive force une ville populeuse, défendue par un double fossé et par de bonnes murailles. Mais la valeur aime à braver les obstacles. Il se rendit de Niort à Saintes, où il rallia tous ses compagnons d'armes cantonnés çà et là dans les environs, et dépêcha aussitôt vers La Rochelle deux habiles chevaliers, messire Gastonnet et Guichard de Villiers, pour s'y procurer en toute hâte des échelles et toutes les machines propres à donner l'assaut. L'armée du duc était composée de treize cents hommes d'armes et de huit cents arbalétriers et archers. Il la partagea en trois corps, et donna le commandement du premier, qui comprenait trois

lam direxit, qui scalas et instrumenta cetera assultibus apta celeriter prepararent. In comitatu suo mille et trecentos viros loricatos ad unguem ac octingentos balistarios et sagittarios tunc habebat; quos et tripharie dividens, suo illegittimo, marescallo, Fayete nuncupato, senescallo Pictavensi, ac domino Guillelmo Darlande, viris utique strenuitate conspicuis, primam aciem commisit, in qua trecenti viri et totidem sagittarii fuerunt. Dominum vero Johannem de Boynoi cum septingentis bellatoribus jussit tercium ordinem tenere. Et sic aciebus ordinatis, fluvium propinquum per pontem transiens, anteguardiam misit prope villam, die videlicet lune vicesima prima novembris; sequentique luce, cum per ipsum cum comite Marchie loci fortitudinem attente considerasset, per ambitum equitando, scalas et instrumenta assultibus inferendis apta, sibi per mare allata, bellatoribus precepit distribuere.

Non reticendum censeo, quod in vanum prius hostes ipsi innotuerant debere reminisci quam fideliter secum anno militaverant exacto, ut ejus propositum immutarent. Sed attendentes ipsum mandatum regium pre cunctis preponere, ac intentum sedulo in exhonerandis dictis rebus, audaciam sumpserunt exeundi, et anteguardiam subito invaserunt, cum terribili clamore ingeminantes ad arma. Quamvis forcium eciam virorum animos repentina sepe concuciant, nec tamen ipsis defuit audacia resistendi, initumque est atrox prelium, et multi ex invadentibus, eciam ex generosis proavis trahentes originem, in conflictu fuerunt interfecti; ex aliis eciam quamplures graviter vulnerati. Tandem tamen ex locagiis propinquis Gallici accurrentes hostes retrocedere fecerunt, et sic ambarum portarum ville lignea propugnacula lucrati sunt. Ponte quoque levatili unius porte vi dimisso, multi fossata

cents hommes et autant d'archers, à son bâtard, au maréchal Lafayette, sénéchal de Poitou, et à messire Guillaume d'Arlande, chevaliers d'une valeur éprouvée. Il plaça à l'arrière-garde messire Jean de Boinoy avec sept cents combattants. Ayant ainsi réglé son ordre de bataille, il traversa la rivière voisine sur un pont, et envoya son avant-garde sous les murs de la ville, le lundi 21 novembre. Le lendemain, il alla lui-même reconnaître la place avec le comte de La Marche, fit le tour des murs à cheval, et donna ses ordres pour la disposition des échelles et des autres machines propres à l'assaut, qu'on lui avait apportées par mer.

Je dois mentionner qu'avant ces préparatifs les ennemis, espérant faire changer le duc de résolution, l'avaient prié de se souvenir avec quelle fidélité ils avaient servi sous sa bannière l'année précédente. Mais quand ils virent qu'il songeait avant tout à exécuter les ordres du roi, et qu'il était fermement résolu à poursuivre son entreprise jusqu'au bout, ils se décidèrent à tenter une vigoureuse sortie, et fondirent à l'improviste sur son avant-garde en criant d'une voix terrible : Aux armes! aux armes! Malgré l'étonnement que cause souvent une attaque soudaine aux cœurs les plus intrépides, les gens du duc ne laissèrent pas de soutenir le choc. On se battit avec acharnement, et plusieurs des assaillants, même des plus nobles, furent tués dans la mêlée; d'autres en grand nombre furent grièvement blessés. A la fin, cependant, leurs compagnons étant accourus à leur secours de leurs quartiers voisins, ils forcèrent l'ennemi à lâcher pied, et se rendirent maîtres des palissades qui défendaient deux des portes de la ville. Ils abaissèrent de force le pont-levis de l'une de ces portes, et plusieurs d'entre eux, traversant les fossés, furent bientôt au pied des murs.

pertranseuntes muros celeriter attigerunt; quia tamen non
erant balistariis sufficienter muniti, dux eos retrocedere precepit, statuens ut sequenti luce, antequam elucesceret aurora,
scale et fossoria debite distribuerentur ad inchoandum assultus.

Tunc eciam capitaneis bellatorum et balistariorum copia sufficienter concessa, circa meridiem, cum lituorum sonitu et deplicato vexillo quod estandardum dicebatur, eos prope villam
duxit, monens omnes et singulos, ut petentes per ambitum loca
ipsis assignata totis viribus anhelarent ad probitatis titulum
acquirendum. Vix hec et similia exhortatoria verba circum-
eundo milites et armigeros finierat, cum mox, ut leones famelici in predam veherentur, sic et fulminei evolantes fossata trans-
currunt, et dum continuatur tractus utrobique, jactus quoque
lapidum manipularium ponderosus, quinque scale muris protinus applicantur, ut manutentim pugnarent. Fuerunt et qui
cum celtibus et fossoriis ferreis murorum saxea fundamenta
statuerunt suffodere, ut per subterraneum meatum urbem
intrare valerent, interim dum ceteri sex ferme horarum spacio
utrinque cum lacertis hectoreis mutuum continuaverunt conflictum, in quo sane multi moribundi ceciderunt, multi eciam
evaserunt letaliter sauciati.

Referre eventus varios singulorum et quam laudabiliter quisque se habuit in assultibus predictis longum esset et compendio
contrarium, quod studiose semper quero. Didici tamen a multis
se nusquam alias atrociores gessisse vel pertulisse, et quod,
adversariis animo consternatis, sub vexillo ducis militantes,
sicut primos inchoaverant agressus, sic et priores ingressi
villam exclamaverunt et constituerunt predalem. Et quamvis
socios subsequentes dux Borboniensis permiserit in urbanos
redempcionibus et perangariis multis uti, quia faverant hosti-

Mais comme les arbalétriers n'étaient pas en assez grand nombre pour les soutenir, le duc fit sonner la retraite, remit l'attaque au lendemain, et ordonna que les échelles et les pioches fussent prêtes avant l'aurore.

Ce jour-là, le duc, ayant donné à chacun de ses capitaines un nombre suffisant d'hommes d'armes et d'arbalétriers, et ayant fait déployer la bannière qu'on appelait *étendard,* conduisit ses gens à l'assaut, vers midi, au son des trompettes, recommandant à tous de prendre autour de l'enceinte les postes qui leur étaient assignés, et de montrer tout ce que pouvait leur vaillance. A peine avait-il fini de donner ainsi ses instructions et ses encouragements en parcourant les rangs, que les chevaliers et les écuyers s'élancèrent avec l'impétuosité de la foudre, comme des lions affamés qui se jettent sur leur proie; ils traversèrent les fossés, au milieu d'une grêle de traits et de pierres énormes qui se croisaient de toutes parts, et appliquèrent aux murs cinq échelles pour atteindre l'ennemi et l'attaquer corps à corps. Pendant ce temps, quelques uns de leurs compagnons cherchaient à saper les fondements des remparts à coups de pioches et d'autres instruments en fer, afin de pénétrer dans la ville par une ouverture souterraine. On se battit de part et d'autre avec acharnement pendant près de six heures; il y eut un grand nombre de morts et de blessés.

Je ne rapporterai pas tous les incidents de ce siége, ni toutes les prouesses par lesquelles chacun s'y fit remarquer : ce récit serait trop long et contraire à la brièveté dont je me suis fait une loi. Je me contenterai de dire que j'ai appris de plusieurs de ceux qui prirent part à cette action, qu'ils n'avaient jamais assisté à une si rude et si chaude affaire, et que, les assiégés perdant enfin tout espoir, ceux que commandait le duc, et qui avaient commencé l'assaut, furent aussi les premiers qui entrèrent dans la ville et crièrent au pillage. Le duc de Bourbon permit à ses compagnons d'armes de mettre à rançon les habitants et les abandonna à leur discrétion, parce qu'ils avaient favo-

bus, edictali tamen lege et sub capitali pena prohibuit voce preconia, ne quis ecclesias violaret neque ab eis auferret reliquias, jocalia vel ecclesiastica ornamenta; et ne villa amplius esset receptaculum hostium, ejus fossata repleri et muros solo equari precepit. Que prescripta sunt dux prefatus per duos insignes milites regi significare curavit. Quod audientes cives Parisienses et viri ecclesiastici sollempnem et generalem processionem peregerunt, et stacionem in ecclesia Sancti Germani Autissiodorensis facientes, inter missarum sollempnia eximius professor in sacra pagina, magister Benedictus Genciani, monasterii Sancti Dyonisii religiosus, pacem regni, strenuitatem ducis, et quomodo fideliter promissa compleverat luculenter more suo commendavit.

CAPITULUM XLV.

De nunciis regis Francie in Anglia missis.

Circa finem hujus mensis, dux Eboraci, quem insignes duces et comites regis consanguinei subsidiarium hucusque tenuerant, rediit in Anglia, prius regi vale dicto, qui eciam de consilio predictorum dominorum dominum Karolum Dalebret, tum conestabularium Francie, Bituricensem archiepiscopum et magistrum Gonterum Colli, secretarium suum, post eum destinavit, qui super tractatu pacifico regnorum Francie et Anglie, vel saltem longo induciali federe, cum rege Anglie convenirent. Id non modo dux prefatus fideliter procurandum susceperat, sed ut et filia regis domina Catherina, puella pulcherrima, regi Anglie lege matrimoniali jungeretur. Cum autem nuncii dicti diu in regno mansissent, redeuntes circa finem mensis februarii, retulerunt induciale fedus a festo Purificacionis usque ad

risé les Anglais ; mais il défendit sous peine de mort, par une ordonnance qui fut publiée à son de trompe, de profaner les églises ou d'en enlever les reliques, joyaux et ornements ecclésiastiques. Et pour que la ville ne servît plus de repaire aux ennemis, il en fit combler les fossés et raser les murailles. Il chargea ensuite deux illustres chevaliers d'aller annoncer ce succès au roi. A cette nouvelle, les habitants de Paris et les membres du clergé célébrèrent une procession solennelle et générale, et firent une station à l'église de Saint-Germain-l'Auxerrois. Pendant la messe, un célèbre professeur de théologie, maître Benoît Gentien, religieux de l'abbaye de Saint-Denys, prononça un éloquent discours, dans lequel il vanta beaucoup la paix du royaume, la valeur du duc, et la fidélité avec laquelle il avait accompli ses promesses.

CHAPITRE XLV.

Le roi de France envoie des ambassadeurs en Angleterre.

Vers la fin du mois, le duc d'York, que les princes du sang avaient jusqu'alors retenu à la cour, retourna en Angleterre, après avoir pris congé du roi. Peu de temps après, le roi, d'après l'avis desdits seigneurs, députa messire Charles d'Albret, connétable de France, l'archevêque de Bourges, et maître Gontier Col, son secrétaire, pour s'entendre avec le roi d'Angleterre au sujet d'un traité de paix, ou au moins, d'une longue trêve entre les deux royaumes. Le duc d'York s'était chargé de suivre cette négociation et en même temps de demander pour le roi son maître la main de madame Catherine, fille du roi, princesse d'une rare beauté. Lesdits ambassadeurs, après un assez long séjour en Angleterre, revinrent vers la fin de février, et annoncèrent qu'ils avaient obtenu une trêve d'un an, à partir de la Purification. Ils amenèrent avec eux messire Mortimer, un illustre chevalier et un célèbre docteur, qui devaient entrer en pourparler avec le roi de France, la reine, monseigneur le duc de Guienne, ses oncles

annum regem Anglie concessisse. Secum tamen dominum Mortui Maris, quemdam insignem militem, ac unum doctorem sollempnem adduxerunt, qui super connubio ipsius regis et filie regis Francie cum rege et regina, domino duce Guienne, ejus avunculis et cognatis haberent colloquium; quos conestabularius, comes Virtutum et comes Vindocini de Sancto Dyonisio usque Parisius die quarta marcii honestissime conduxerunt.

CAPITULUM XLVI.

Regis Francie filius junior desponsatur.

Mensis decembris decima octava die, quamvis rex solita egritudine laboraret, dominus tamen Karolus, comes Pontivensis, ejus filius natu junior, in castro suo Lupare, regina venerabili, rege Sicilie Ludovico, Guienne et Aurelianis ducibus, comitibus quoque Virtutum, Augi et Armeniaci presentibus, filiam regis Sicilie, cognatam suam, adhuc annos agentem pueriles desponsavit.

CAPITULUM XLVII.

Ne regnicole faverent duci Burgundie dominus dux Guienne impedivit.

Circa finem mensis decembris, dux Burgundie civibus Parisiensibus et multis urbibus regni apices destinavit, et breviloquio utens, inter cetera continentes quod, quamvis tractatum pacis juratum apud Carnotum, Autissiodorum et Pontisaram intenderet inviolabiliter servare, a recessu tamen suo de Parisius, in sui odium et contemptum, multi ex suis servientibus fuerant bonis omnibus spoliati et importabiliter vexati sine causa,

et ses cousins, au sujet du mariage de leur roi et de la fille du roi de France. Le connétable, le comte de Vertus et le comte de Vendôme allèrent au-devant d'eux jusqu'à Saint-Denys, et les amenèrent à Paris, le 4 mars, en grande cérémonie.

CHAPITRE XLVI.

Fiançailles du plus jeune fils du roi de France.

Le 18 décembre, quoique le roi fût repris de sa maladie, son plus jeune fils, monseigneur Charles, comte de Ponthieu, fut fiancé à la fille du roi de Sicile, sa cousine, qui n'était encore qu'un enfant. La cérémonie se fit au château royal du Louvre, en présence de l'auguste reine, de Louis, roi de Sicile, des ducs de Guienne et d'Orléans, des comtes de Vertus, d'En et d'Armagnac.

CHAPITRE XLVII.

Monseigneur le duc de Guienne empêche les habitants du royaume de se déclarer en faveur du duc de Bourgogne.

Vers la fin du mois de décembre, le duc de Bourgogne envoya aux bourgeois de Paris et à plusieurs villes du royaume des lettres qui contenaient, entre autres choses, que, malgré l'intention formelle où il était d'observer inviolablement le traité de paix juré à Chartres, à Auxerre et à Pontoise, on avait, par haine et par mépris pour sa personne, dépouillé de tous leurs biens et cruellement maltraité, depuis son départ de Paris, plusieurs de ses serviteurs. Il disait aussi qu'il était surtout irrité de ce que certains ministres d'iniquité avaient

impacienter eciam se ferre asserens, quod quidam iniquitatis
ministri ducissam Guienne temptaverant violare. Addebat ulterius se litteras domini ducis Guienne, propria manu scriptas,
et suo secreto sigillo sigillatas, recepisse, continentes quod in
castro Lupare cum regina tanquam captivus inclusus tenebatur; ideo ipsum accelerare rogabat ut viribus sue posset restitui
libertati. In calce autem dictarum litterarum habebatur : « Et
« quia de cunctis, que possideo in regno, domino regi et duci
« Guienne fidelitatem promisi, ideo sibi obtemperare cupiens,
« in proximo accessurus Parisius, vos omnes attente rogans, ut
« tanquam fideles subditi domini mei regis, et propter hono-
« rem ejus me dignemini juvare in hoc casu. »

Abhinc in suburbiis et plana patria circum circa Parisius
commorantes, timore perterriti, ac si Anglici, regni adversarii
capitales, propinquarent, omnia victui necessaria omnemque
supellectilem et queque desiderabilia habebant ad urbem ferre
ceperunt, idque tandem rex precepit fieri de reliquiis, jocalibus et cartis ecclesie beati Dyonisii, non sine ammiracione
multorum, cum scirent nunquam simile accidisse. Mox autem
ut ad noticiam regine, regis Sicilie, ducum Guienne et Aurelianis, comitum quoque Virtutum, Augi, Vindocini et Armeniaci venit, que dux urbibus scripserat, eodem castro Lupare,
mensis januarii nona die, secum octo ex suppositis venerande
Universitatis et septem summe auctoritatis civibus Parisiensibus accersitis, consilium secretissimum inierunt; quod quamvis
singuli juraverint sub sigillo perpetue taciturnitatis consigna-
tum servare, per sequencia tamen patuit satis clare quid tunc
deliberatum extitit. Tunc cancellarium Francie dixisse com-
perio, lilia deferentes cum regina egre ferre quod dominus dux
Guienne, genitoris vices supplens, negligenter consiliis cele-

voulu attenter à l'honneur de la duchesse de Guienne. Il ajoutait
qu'il avait reçu des lettres écrites de la propre main et scellées du sceau
particulier de monseigneur le duc de Guienne, dans lesquelles ce
prince se plaignait d'être retenu comme prisonnier au château du
Louvre avec la reine, et le priait d'accourir en toute hâte pour le
remettre par force en liberté. Lesdites lettres finissaient en ces termes :
« Et comme j'ai promis fidélité à monseigneur le roi et au duc de
« Guienne pour tout ce que je possède dans le royaume, j'irai pro-
« chainement à Paris, afin de me conformer à leurs ordres, et je vous
« supplie tous instamment de me prêter assistance, comme de fidèles
« sujets de notre sire le roi, dans une occasion qui intéresse son hon-
« neur. »

A cette nouvelle, tous les habitants des faubourgs et des environs
de Paris, frappés d'épouvante, comme à l'approche des Anglais, ces
ennemis mortels du royaume, s'empressèrent de transporter dans la
ville toutes les provisions nécessaires à leur subsistance, tout leur
mobilier et tout ce qu'ils possédaient de plus précieux. Le roi ordonna
même qu'on y transportât également les reliques, les joyaux et les
chartes de l'abbaye de Saint-Denys : ce qui causa d'autant plus d'étonnement, qu'on n'avait jamais rien vu de pareil. Lorsque la reine, le roi de
Sicile, les ducs de Guienne et d'Orléans, les comtes de Vertus, d'Eu,
de Vendôme et d'Armagnac eurent connaissance de ce que le duc avait
écrit aux villes, ils tinrent un conseil secret au château du Louvre,
le 9 janvier, et y appelèrent huit des suppôts de la vénérable Université et sept des principaux bourgeois de Paris. Ils s'engagèrent tous
par serment à garder le plus grand silence sur le résultat de leurs
délibérations ; mais la suite révéla assez clairement ce qui avait été
décidé. J'ai su que le chancelier de France dit alors que la reine et
tous les princes du sang voyaient avec peine que monseigneur le duc
de Guienne, qui remplaçait le roi son père, refusât souvent par négligence d'assister aux conseils que l'on tenait pour le gouvernement
des affaires, parce qu'il avait autour de lui de misérables flatteurs, dont

brandis super regimine regni interesse sepius recusabat, cum
secum iniquos assentatores haberet, qui eum degenerem sequi
lasciviam, turpi quoque languere ignavia, et pluribus vacare,
ut resonantibus organis vel timpanis tinnientibus, diebus singulis incitabant, nec ambigendum, si duci Burgundie scripserat, quin sugestionibus processisset.

Cum verbis finem fecisset, quotquot fuerant congregati, qui
et prius regine juramentum prestiterant de veritate dicenda,
dictante consciencia libera, dignum duxerunt dominos de
Moyaco et de Monte Albano a duce segregari et ad lares proprios remittendos, Johannem vero de Croyeio militem castro
Montis Leherii servari. Quod audientes Strabo dictus de la
Heuse, Brunellus de Sancto Claro et quamplures alii milites,
qui duci faventes Burgundie predictorum forsitan complices
existebant, mox a ducis curia illicenciati recesserunt. Et quia
fama publica referebat Parisienses pro demeritis bannitos vel
perpetuo dampnatos exilio, cum duce Burgundie residentes,
ipsum sepius hortari et monere ut Parisius acceleraret venire
cum agminibus pugnatorum, asserentes maximam partem
civium ejus desiderare adventum, statuerunt in predicto regali
consistorio ad eum auctoritate regis, regine, domini ducis
Guienne nuncios mittere cum apicibus regiis prohibentes ne
id ausus esset attemptare, si timebat offendere regiam majestatem, rebellis quoque et inobediens reputari.

At ubi noverunt ipsum, litteras missas parvipendendo, respondisse se in brevi sine dubio venturum, non in prejudicium
regis neque regni, sed ut mandato domini ducis Guienne sibi
misso obedienter pareret, iterum decima sexta die hujus mensis, jubente regina, ad castrum Lupare convenerunt, secum
quosdam ex suppositis venerande Universitatis, civibus quoque

les conseils l'excitaient chaque jour à un libertinage indigne de sa naissance, à une honteuse oisiveté et à des plaisirs frivoles, tels que le son des orgues et le bruit des tambours, et que s'il avait écrit au duc de Bourgogne, il n'y avait pas à douter que ce ne fût à la suggestion de ces courtisans.

Quand le chancelier eut fini de parler, tous les assistants, qui avaient prêté serment à la reine de dire la vérité, déclarèrent, sur leur honneur et leur conscience, qu'ils étaient d'avis qu'il fallait éloigner de la personne du duc les sires de Mouy et de Montauban, et les renvoyer chez eux, arrêter messire Jean de Croy, chevalier, et le garder dans le château de Montlhéry. A cette nouvelle, Le Borgne de la Heuse, Bruneau de Saint-Clair et beaucoup d'autres chevaliers, partisans du duc de Bourgogne, et peut-être complices des seigneurs susdits, quittèrent sur-le-champ la cour du duc, sans prendre congé de lui. Cependant, comme le bruit courait que les Parisiens qui avaient été bannis ou condamnés à un exil perpétuel pour leurs méfaits, et qui s'étaient retirés auprès du duc de Bourgogne, lui conseillaient et le pressaient sans cesse de marcher sur Paris en toute hâte avec ses hommes d'armes, l'assurant que la plupart des habitants désiraient son arrivée, il fut résolu dans ledit conseil qu'on lui enverrait des ambassadeurs de la part du roi, de la reine et de monseigneur le duc de Guienne, avec des lettres du roi, pour lui faire défense d'entreprendre ce voyage, s'il craignait d'offenser sa royale majesté et d'être réputé rebelle et félon.

Mais, lorsqu'on apprit que, sans tenir aucun compte de ce message, il avait répondu qu'il ne manquerait pas de se rendre au plus tôt à Paris, non pour causer aucun préjudice au roi ou au royaume, mais pour se conformer aux injonctions de monseigneur le duc de Guienne, un nouveau conseil fut convoqué au château du Louvre par ordre de la reine, le 16 du même mois, pour délibérer sur ce qu'il y avait à faire. Quelques suppôts de la vénérable Université et quelques bourgeois

Parisiensibus evocantes, ut deliberarent quid inde agendum
esset. Super imminenti negocio plura Richardus, alias Robertus Latomi, consiliarius regine, lingua diserta proponens et
quam regnum dampnificatum fuerat et ipsa occasione dissidencium dominorum, addidit et eos ab inicio regni curam sibi
unanimiter commisisse, quociens rex solita egritudine laboraret, ac obedienciam promisisse, impacienterque perferre
quosdam, spretis regiis mandatis, ad dampnificandum regnum
viribus aspirare. Ad quorum inobedienciam reprimendam nec
parcere suis, quantumcunque desiderabilibus, gazis disponebat, dum tamen omnes domini assistentes vim vi repellere
dignum et justum deliberarent cum ipsa.

In oculis omnium assistencium acceptabilis visus est sermo
proponentis, quem et exequendum dignum ducens regina ma- .
gnanimis cum juramento firmavit publice quod deinceps,
quotquot venirent ad nocendum ville Parisiensi vel regno, ejus
adversarios et justissime expugnandos reputabat; idemque
dominus dux Guienne et ceteri consequenter juraverunt. Sic e
consilio principum regni discessum. Moxque duci Burgundie
dux Guienne iterum litteras misit, monensque ut resipisceret
ab inceptis addidit sibi cunctisque lilia deferentibus displicere
quod arma non deponeret. Sed ejus pertinaciam attendens,
mox ducem Borboniensem cum suis pugnatoribus ab Aquitania
evocans, illis quos secum habebat Parisius, die Sancti Vincen-
cii, in memoriam sue nativitatis et signum amicicie singularis,
sollempne prandium celebravit. Et ne ignobile vulgus urbium
et civitatum, natura semper mobile, scriptis ab eodem duce
seduceretur transmissis, sed ipsa frivola et adinventa reputa-
ret, oppositum jussit proprio corroborari sigillo, sic notum
faciens universis se non detineri captivum, sed quorsum pla-

de Paris y furent appelés. Richard, dit Robert le Maçon, conseiller de la reine, prit la parole en son nom sur l'affaire en question, et exposa avec éloquence combien le royaume avait eu à souffrir à l'occasion de la discorde des seigneurs. Il ajouta que c'était d'abord à elle qu'on avait confié le soin de diriger les affaires, toutes les fois que le roi serait repris de sa maladie, et que chacun lui avait promis obéissance ; qu'elle voyait avec déplaisir que certaines gens, au mépris des ordres du roi, cherchassent tous les moyens de bouleverser le royaume les armes à la main ; qu'elle était résolue, pour réprimer leur désobéissance, à faire le sacrifice de tous ses biens, pourvu que les seigneurs là présents se joignissent à elle pour repousser la force par la force.

Ce discours fut accueilli avec faveur par tous les assistants, et l'auguste reine, afin de témoigner qu'elle voulait donner suite à ces résolutions, s'engagea publiquement par serment à traiter désormais comme ennemis de l'État et à combattre tous ceux qui tenteraient de nuire à la ville de Paris ou au royaume. Monseigneur le duc de Guienne et les autres membres du conseil prêtèrent successivement le même serment. Puis l'assemblée se sépara. Aussitôt après, le duc de Guienne écrivit une seconde fois au duc de Bourgogne, pour l'engager à renoncer à son entreprise, et lui faire savoir que lui et tous les princes du sang trouvaient mauvais qu'il ne déposât point les armes. Mais voyant qu'il persistait dans son dessein, il rappela d'Aquitaine le duc de Bourbon et ses gens de guerre, et le jour de la Saint-Vincent, qui était l'anniversaire de sa naissance, il donna un grand festin, en témoignage de son amitié particulière, à ceux qu'il avait avec lui à Paris. Et comme le menu peuple des villes et des cités, qui est naturellement très mobile, pouvait se laisser séduire par les manifestes du duc de Bourgogne, il fit rédiger et sceller de son sceau des lettres toutes contraires, afin de montrer que toutes les assertions dudit duc n'étaient que faussetés et mensonges. Il y faisait savoir à tous qu'il n'était pas vrai qu'il fût retenu prisonnier, qu'il pouvait

ceret tendere, et agendi quidquid vellet liberam habere facultatem; se rursum ducisse dilectissime consortis famam integram
approbare, scireque sibi hucusque omnes regnicolas summos
exhibuisse honores, obsequiosum famulatum, et complacuisse
in omnibus, nec aliquem cujuscunque preeminencie attemptasse in suum dedecus, et, quidquid ejus genitor civitatibus
asserebat, ipsum minime ignorare ut, reiteratis vicibus, nunciis et apicibus regis, regine et suis prohibitus sit, nisi vellet
rebellis et inobediens reputari, privari quoque possessis dominiis, ne collectis pugnatoribus Parisius ausus esset accedere,
nec per regnum hostiliter equitare.

Si proprio motu ducis vel quorumdam previa instiguacione
id processerit in ambiguo relinquens, dicam tamen quod quarta
februarii die ipse in armis refulgentibus, ducibus, comitibus,
consanguineis suis, aliisque nobilibus et consiliariis regiis nec
non summe auctoritatis burgensibus loricatis ad unguem comitatus, ad plateam communem Gravie veniens, per cancellarium
suum dominum Johannem Juvenelli, militem, alte, intelligibiliter et quasi voce preconia predictas litteras legi fecit. Quo
peracto, quidquid difuse continebant, post ipsum principes
et barones tunc presentes levantes dextras ratum et gratum
habere juraverunt. Et tunc in eadem militari pompa vicos,
bivia circumiens civitatis, et se constituens hujus precipuum
defensorem, statuit ut deinceps quotquot congregati erant,
nobiles, consiliarii et burgenses, diurnas excubias nocturnas-
que vigilias successivis vicibus exercerent, et staciones in portis. Duces vero et barones regalis prosapie statuit singulis diebus et alternatis vicibus per urbem in apparatu bellico equitare, ut eorum magnificencia repressi populares a civilibus
motibus abstinerent, mox ut sciretur quod dux Burgundie ad
urbem accedebat.

aller où bon lui semblait, et agir en toute liberté; qu'il déclarait intacte la réputation de la duchesse, son épouse bien aimée; que tous les habitants du royaume avaient toujours été pleins de respect, de dévouement et d'obéissance pour elle; qu'ils avaient cherché à lui complaire en toute chose, et que personne, de quelque rang qu'il fût, n'avait tenté de porter atteinte à son honneur; que, quoi que le duc son père pût affirmer aux villes, il n'ignorait pas qu'à diverses reprises le roi, la reine et lui-même lui avaient défendu par lettres et par messages, sous peine d'être déclaré rebelle et félon et privé de ses domaines, d'oser approcher de Paris avec ses gens de guerre, et de courir en ennemi par le royaume.

Je ne rechercherai pas si le duc fit tout cela de son propre mouvement ou à l'instigation de quelques conseillers. Je dirai néanmoins que le 4 février il se rendit à la place de Grève, couvert d'une brillante armure et accompagné des ducs et comtes, ses parents, de beaucoup d'autres seigneurs, des conseillers du roi et des plus notables bourgeois, tous armés de pied en cap, et fit lire lesdites lettres à haute et intelligible voix, comme à cri public, par messire Jean Juvénal, son chancelier. Cela fait, lui et tous les princes et barons qui se trouvaient là jurèrent en levant la main droite, qu'ils avaient pour ratifié et pour agréable tout ce que lesdites lettres contenaient. Après quoi, il parcourut en même équipage les rues et les carrefours; et, se constituant le défenseur principal de la ville, il ordonna que désormais tous ceux qui étaient rassemblés autour de lui, seigneurs, conseillers et bourgeois, fissent à tour de rôle le guet jour et nuit, et veillassent à la garde des portes. Quant aux ducs et aux barons du sang royal, il leur prescrivit de parcourir chaque jour la ville à cheval en appareil de guerre, afin de contenir le peuple par ce déploiement de puissance, et d'empêcher les émeutes d'éclater, lorsqu'on saurait que le duc de Bourgogne approchait de Paris.

CAPITULUM XLVIII.

Dux Burgundie, contra mandatum regium, cum pugnatorum copia venit prope Parisius, ut urbem ingrediretur.

Jam jamque in consiliis antea celebratis regina, dominus dux Guienne, ejus avunculi, cognati et consanguinei statuerant ad burgenses urbium et civitatum Picardie, custodes quoque poncium et fluviorum regia mandata dirigere, in quibus insertum erat, sub pena exulatus perpetui et proditoribus infligenda, ne ipsum ducem transire permitterent, cui et, si precepta sperneret, viribus repugnarent. Edicti tamen regalis transgressores plures censeo notandos. Nam per Novionium libere transiens, cum Suessionis super fluvium Esne sita pervenisset, honorifice receptus est; indeque graciose recedens et sine dampno civium, Anthonium de Crodonio, militem, cum multis bellatoribus ibi custodem relinquit, ut, si casus accideret, per civitatem redire sine difficultate valeret. Inde petens Compendium, interim dum locum tenens balivi Silvanetensis, magister Henricus Aucher, qui portarum introitus servandos susceperat cum perpaucis, qui sibi obedierant, duci mandatum offerret regium, et dux ipse versa vice litteras ducis Guienne ostenderet, asserens se non venisse ut tanquam dampnificaret, ville prepositus, burgenses et plebs communis impacienter ferentes tamdiu votis ejus[1], mox de facto apertis portis ponteque demisso, ipsum intromiserunt gaudentes. Multis peccunialibus et angariis aliis sane oppressi fuissent quotquot sibi non favebant, nisi sibi humiliter supplicassent ut reminisceretur quod nec cuipiam habitancium nocere promisisset. Et sic, cum vix aurora solis sequentis nunciaret adventum, recedens et locum relinquens pugnatoribus munitum,

---

[1] Il faut supposer ici l'omission d'un mot tel que *resisti*.

CHAPITRE XLVIII.

Le duc de Bourgogne , malgré les ordres du roi , s'avance vers Paris avec une troupe de gens de guerre , pour y entrer de vive force.

Conformément aux résolutions prises dans les conseils précédents, la reine, monseigneur le duc de Guienne, ses oncles, cousins et parents, avaient envoyé aux bourgeois des villes et cités de la Picardie et aux gens chargés de la garde des ponts et des rivières un mandement royal, qui leur enjoignait, sous peine d'être punis comme traîtres et bannis à perpétuité, de ne point laisser passer le duc de Bourgogne, et de le repousser par la force, s'il enfreignait les ordres du roi; mais ce mandement ne fut point respecté partout. En effet, le duc passa librement par Noyon, et étant arrivé à Soissons sur l'Aisne, il y fut reçu avec honneur; puis quand il partit de cette ville, dont il chercha à se concilier les habitants en évitant de leur causer aucun dommage, il y laissa pour gouverneur le chevalier Antoine de Craon avec une garnison nombreuse, afin de se ménager une retraite sûre et facile, en cas de revers. De là il se rendit à Compiègne, où le lieutenant du bailli de Senlis, maître Henri Aucher, qui s'était chargé de garder les portes avec une poignée d'hommes, montra au duc les ordres du roi. Le duc, de son côté, lui présenta les lettres du duc de Guienne, l'assurant qu'il n'arrivait point avec l'intention de faire aucun mal à la ville. Pendant ce temps, le prévôt, les bourgeois et le menu peuple, irrités de voir opposer tant de résistance aux vœux du duc, ouvrirent les portes, abaissèrent le pont-levis et le reçurent en grande joie. Ceux du parti contraire auraient été accablés d'amendes et de mille autres vexations, s'ils ne l'avaient humblement supplié de se souvenir qu'il avait promis de ne faire de mal à personne. Le lendemain au point du jour, il se remit en route, après avoir laissé une garnison dans la place. N'ayant pu entrer à Senlis, dont les portes lui furent fermées, il alla à Dammartin, où il s'arrêta deux jours, au grand préjudice du pays d'alentour.

post ingressum civitatis Silvanetensis libere denegatum, ad Dominum martinum veniens, biduo ibi remansit cum irreparabili dampno patrie adjacentis.

Regni principes et consiliarios non latebat quin in brevi Parisius esset per Sanctum Dyonisium accessurus; sed inhabitantibus villam querentibus quid possent agere sine transgressione mandati regii, cum resistere non valerent, responderunt : « Clausis portis, ponteque levato, sibi scriptum regium osten- « datis, neminem tamen verbo nec facto offendentes, sed cum « modestia expectantes si violenciam aliquam dignum duxerit « inferre. » Tunc tamen cum preposito ville duodecim alii signa ducis sequebantur, qui sibi ejus ingressum liberum reddere cupientes, circa noctis conticinium, latenter per muros, ut proditores pessimi, ipsam villam ingressi sunt. At ubi sequenti luce acies appropinquare sensierunt, mox tensis arcubus et evaginatis ensibus portam celeriter adeuntes et exclamantes : *Rex ducesque Guienne et Burgundie vivant!* interim dum ad custodiam ejus deputati et inde territi mandatum regium offerebant, ipsam apperiunt, et demisso ponte omnes ingredi fecerunt. Numerum militancium pugnatorum assueti ex officio recensere, ipsum ducem comitatum duobus milibus loricatorum ad unguem referebant. Quos, sicut condictum fuerat, in tres se dividentes acies, Burgundiones, qui preibant, Aubertum Villare pecierunt; dux vero, in villa remanens cum Picardis qui sequebantur, Flamingis jussit extra in suburbiis et villagiis propinquis collocari. Nilque amplius actum die illa, scilicet februarii septima.

Suum tamen preconem armorum et triumphorum precipuum die sequenti regi, domino duci Guienne et sibi assistentibus ducibus et comitibus destinavit; cui facta[1] dicendi quid-

---

[1] Il faut supposer ici l'omission d'un mot tel que *gracia.*

Les princes et les conseillers savaient bien qu'il ne tarderait pas à marcher sur Paris par Saint-Denys, et lorsque les habitants de cette dernière ville leur envoyèrent demander ce qu'ils pouvaient faire sans contrevenir aux ordres du roi, n'étant pas en état de résister, on leur répondit : « Tenez vos portes fermées et le pont levé, et montrez-lui « l'écrit royal; gardez-vous toutefois de rien dire ou de rien faire qui « puisse offenser qui que ce soit, et attendez avec calme qu'il se dé- « cide à employer la violence. » Mais le duc avait avec lui le prévôt de la ville et douze autres habitants, qui avaient à cœur de lui livrer la place, et qui, vers le milieu de la nuit, y pénétrèrent furtivement, comme d'infâmes traîtres, en escaladant les murs. Le lendemain, dès qu'ils virent approcher son armée, ils coururent vers la porte, l'arc bandé et l'épée nue, en criant : *Vivent le roi et les ducs de Guienne et de Bourgogne!* Pendant que le poste, effrayé de leurs cris, leur montrait l'ordre du roi, ils ouvrirent la porte, abaissèrent le pont et firent entrer tous les Bourguignons. Je tiens de ceux qui furent chargés du recensement des troupes, que le duc avait alors avec lui deux mille hommes d'armes, qui se partagèrent en trois corps, ainsi qu'il avait été convenu. Les Bourguignons, qui composaient l'avant-garde, allèrent se poster à Aubervilliers. Le duc resta à Saint-Denys avec les Picards, qui formaient le second corps, et ordonna aux Flamands de se loger dans les faubourgs et les villages voisins. Voilà tout ce qui se fit ce jour-là, qui était le 7 février.

Le lendemain, le duc députa un de ses hérauts d'armes vers le roi, monseigneur le duc de Guienne, les ducs et les comtes qui étaient avec eux. L'envoyé, ayant obtenu la permission d'exposer l'objet de son message, annonça, après d'humbles compliments, que son maître était

quid vellet, post benignam recommendacionem, dominum suum dicit amborum mandatis obtemperando advenisse, singulosque affectuose rogare ut intromissus eorum dulci recrearetur alloquio. Libere iterum loquens, absque erubescencie velo dominum ducem Guienne addidit alias sibi significasse quod tenebatur inclusus et suo suffragio indigebat. Quod verbum omnes principes presentes sciebant frivolum et adinventum. Ideo nuncium, post perceptam dapsilem refectionem, mox comes Armeniaci ad ducem remisit, precipiens auctoritate regia ne reverteretur amplius, nisi optaret ultimum subire supplicium.

Ipsa die ab hiis, quos dux prefecerat negociis expediendis publicis, exquisiti sunt ubique artifices, qui lignis secandis, dolandis et copulandis habebant experienciam, captaque pro votis sufficiente materia, invitis tamen mercatoribus publicis, opus sibi insolitum inceperunt. Sed ad quid michi querenti responderunt arbitrari se pontes facere ad transmeandum flumina, vel usque ad muros urbium sicco pede pertranseundum, ut manutentim pugnaretur. Et si que mente gerebant gentes ducis nesciretur, frequenter tamen jactabant se villam Parisiensem per amorem vel violenciam ingressuros, forsan non attendentes quanta cura, quanta sollicitudine, et quam diligenti studio omnes introrsum manentes et precipue strenui in armis milites et ingenio astuti, comes Armeniaci, Johannes de Gaucourt, et Ludovicus Bourredon assidue laborabant, ut a suo desiderio fraudarentur. Sane ad arbitrium eorum cuncta gerebantur; et turribus, in murorum ambitu, armis et presidiis munitis, milites et armigeri summeque auctoritatis cives, vicibus successivis, per peribulum murorum nocturnas vigilias sedulo persolvebant. Ipsi vero, diebus singulis, de porta ad portam, et per vicos et civitatis compita cum apparatu bellico

venu pour obéir aux ordres du roi et du duc de Guienne, et qu'il les priait tous affectueusement de lui permettre d'entrer dans la ville, pour qu'il pût jouir de leur doux entretien. Poursuivant ensuite hardiment ce qu'il avait à dire, il ajouta que monseigneur le duc de Guienne lui avait fait savoir récemment qu'on le tenait captif et qu'il avait besoin de son secours : assertion que tous les princes là présents savaient être frivole et mensongère. Aussi le comte d'Armagnac, après avoir fait faire bonne chère au héraut d'armes, le renvoya vers son maître, en lui ordonnant, au nom du roi, de ne plus revenir, s'il ne voulait être puni du dernier supplice.

Le même jour, ceux que le duc de Bourgogne avait chargés de veiller à l'exécution de ses projets firent chercher partout des charpentiers et des menuisiers, et après avoir réuni tous les matériaux nécessaires, au grand déplaisir des marchands de la ville, ils les mirent à l'œuvre. Je voulus savoir ce qu'ils faisaient; ils me répondirent qu'ils croyaient construire des ponts pour que l'armée pût passer les rivières, arriver à pied sec jusqu'aux murailles des villes, et combattre de près. Bien qu'on ne connût pas les intentions des gens du duc, toujours est-il qu'ils se vantaient souvent qu'ils entreraient à Paris de gré ou de force. Ils ignoraient sans doute avec quel soin, quelle sollicitude, quelle vigilance tous ceux qui étaient dans la ville, et principalement les vaillants et habiles chevaliers, le comte d'Armagnac, Jean de Gaucourt, et Louis Bourdon travaillaient sans relâche à déjouer leurs projets. C'était en effet d'après leurs ordres que tout se faisait, que les tours qui flanquaient les murailles étaient garnies d'armes et de soldats, et que des chevaliers, des écuyers, de notables bourgeois faisaient alternativement le guet pendant la nuit. Eux-mêmes parcouraient chaque jour à cheval et en appareil de guerre les rues et les carrefours de la ville, allant de porte en porte, afin de prévenir les émeutes et les soulèvements. Comme ils savaient que le menu peuple était attaché de cœur au parti du duc de Bourgogne, ils obtinrent, de concert avec les autres seigneurs, qu'on fît publier partout par la voix du héraut, au nom du roi, qu'aucun de ces gens-là, sous peine du gibet,

equitabant, ne subiti aut sediciosi civiles tumultus orirentur.
Et cum scirent communem populum duci Burgundie cordialiter
adherere, impetraverunt cum ceteris nobilibus ubique publicari voce preconia, auctoritate regia, et sub pena suspendii,
ne quis eorum arma capesseret vel accederet ad muros, sed in
domibus pacifici resident mechanicis artibus et negociacionibus publicis more solito vacantes.

Arbitrabatur utique dux eos aditus urbis servare, ut alias;
quos et non sibi denegandos exules proscripti Parisienses sub
eo militantes asserebant, mox ut eum appropinquare sentirent, eciam si commocionem civilem deberent excitare. Qua spe
fretus, antequam diei sabbati aurore sidus elucesceret matuti-
num, acies ordinatas ad campestria educens et Parisius appro-
pinquans, unde posset aspicere portam Sancti Honorati, omnes
pede fixo fere per horam et dimidiam statuit rei exitum expectare. Ad votum tamen quod cogitabat non successit, industria
et consilio dominorum infra manencium. Nam cognito ejus adventu, comes Armeniaci per urbem cum pugnatoribus equitavit,
monens omnes attencius ut securi cotidianis operibus insu-
darent, cunctis quos in muris constituerat precipiens, ut tantum tanquam erecte statue et immobiliter persistentes, nec
jacula nec sagittas emitterent, et ne equitatoribus ducis fortiter
instantibus, ut ipse introduceretur, verbum aliquod proferrent.
Quod attendens dux prefatus et sic se delusum impacientissime
ferens, mestus, dolens, indutus confusione et rubore, coactus
est reducere copias militares, et super recessu deliberaciones
habere, nec reticendum censeo, postquam monasterium et villam plurimum dampnificassent in victualibus aliisque necessariis captis, nec solutis, quamvis prius elevans manum dextram
in verbo principis contrarium promisisset.

n'eût à prendre les armes ou à s'approcher des murs, et que chacun d'eux restât paisiblement chez soi, pour se livrer, comme de coutume, à ses travaux d'atelier ou à ses affaires de commerce.

Le duc était persuadé qu'ils étaient employés comme autrefois à la garde des portes, et les exilés parisiens, qui servaient sous sa bannière, l'assuraient qu'on les lui ouvrirait dès qu'on le verrait paraître, fallût-il exciter un soulèvement en sa faveur. Sur cette espérance, il se mit en marche le samedi matin, avant l'aube du jour, et s'avança en ordre de bataille vers Paris. Lorsqu'il fut en vue de la porte Saint-Honoré, il fit faire halte à ses troupes et attendit de pied ferme pendant près d'une heure et demie. Mais ses vœux et son attente furent déjoués par l'adresse et la prudence des seigneurs qui résidaient à Paris. A la nouvelle de son arrivée, le comte d'Armagnac parcourut la ville à cheval avec une escorte de gens de guerre, engagea les habitants à vaquer à leurs affaires en toute sûreté, comme à l'ordinaire, et recommanda à tous ceux qu'il avait placés sur les murs de rester immobiles comme des statues, sans lancer ni trait ni flèche, sans répondre un seul mot aux coureurs du duc qui viendraient les presser d'ouvrir la porte à leur maître. Ledit duc éprouva un vif dépit de voir échouer ainsi son entreprise; triste et couvert de honte et de confusion, il fut obligé de décamper avec son armée et d'aviser à la retraite. Mais, je dois le dire, il ne partit qu'après avoir causé le plus grand dommage à la ville et à l'abbaye, en prenant les vivres et les autres choses nécessaires sans les payer, quoiqu'il eût promis, sur sa parole de prince et en levant la main droite, de faire le contraire.

CAPITULUM XLIX.

De regali edicto contra personam ducis Burgundie publicato , in quo narrantur
enormitates ab ipso perpetrate a morte domini ducis Aurelianensis.

Prefato duci hiis consiliis intento nuncius quidam narravit
die Martis decima tercia februarii regem cum principibus generis sui ad ecclesiam Nostre Domine causa devocionis equitasse
pro sospitate restituta. Addidit et quod rediens litteras regias
publice jusserat promulgari in suum dedecus continentes quod
omnia, que a nece dolorosa ducis Aurelianensis usque ad annum
exactum in regno gesserat, calumpniando reprobabat, quia ex
malo consilio et pessima intencione ipsius processerat. Quod
vituperium ferre equanimiter non valens et accelerans recessum, pontibus ligneis jam paratis, ad quid tamen michi hucusque incognitum, nocte proxima flamma voraci consumptis,
sequenti die Veneris per eamdem viam, per quam venerat, in-
gloriosum reduxit exercitum. Et quia moderno seculo posteri
succedentes regem tunc penituisse, quod tam diu regni ardua
disponendo ducis Burgundie consiliis, ut superius scriptum
est, adheserat, merito mirabuntur, idcirco ne mentis regie alte-
racionem adinventam credant vel suspectam habeant veritatem,
ejus motiva regali suo edicto contenta eorum noticie dignum
duxi tradere sub hac forma :

« Karolus, Dei gracia, rex Francorum. Cum nuper post
dampnabile homicidium et crudele, commissum et perpetratum
jussu et ordinacione cognati nostri Johannis de Burgundia, in
persona quondam precarissimi et predilectissimi unici fratris
nostri germani Ludovici, ducis Aurelianis, cui parcat Altissimus! inde prefatus de Burgundia, contra voluntatem et nostram

CHAPITRE XLIX.

Publication d'un édit du roi contre la personne du duc de Bourgogne, contenant le récit des attentats commis par ledit duc depuis la mort de monseigneur le duc d'Orléans.

Pendant que le duc de Bourgogne songeait à se tirer d'embarras, un courrier vint lui annoncer que le mardi 13 février, le roi s'était rendu à cheval, avec les princes de sa famille, à l'église Notre-Dame, pour remercier Dieu du rétablissement de sa santé, et qu'à son retour il avait fait publier à son de trompe des lettres royales fort injurieuses pour lui, contenant qu'il condamnait et réprouvait, comme procédant de mauvais conseils et d'intentions coupables, tout ce que ledit duc avait fait dans le royaume depuis la mort déplorable du duc d'Orléans jusqu'à l'année qui venait de s'écouler. Ne pouvant endurer patiemment un tel affront, il hâta sa retraite, et après avoir fait brûler pendant la nuit les ponts de bois qui avaient été préparés, je ne sais encore pour quel usage, il décampa le lendemain vendredi, et ramena honteusement son armée par la route qu'il avait suivie en venant. Comme la postérité pourrait à bon droit s'étonner que le roi se fût alors repenti d'avoir si long-temps suivi les conseils du duc de Bourgogne dans le gouvernement des affaires publiques, ainsi qu'il a été dit ci-dessus, j'ai cru devoir, dans l'intérêt de la vérité, et pour qu'on ne doutât point du changement survenu dans les dispositions du roi, transmettre à la connaissance des générations futures les motifs énoncés dans l'édit royal, sous la forme suivante :

« Charles, par la grâce de Dieu, roi de France, etc. Comme depuis le damnable et cruel homicide, commis et perpétré par ordre et commandement de notre cousin Jean de Bourgogne sur la personne de notre très cher et bien aimé frère unique Louis, duc d'Orléans, dont Dieu veuille avoir l'âme ! ledit de Bourgogne est entré dans notre ville de Paris avec une armée de gens de guerre, contre notre volonté et malgré notre défense, renouvelée à plusieurs reprises, et qu'il a

inhibicionem per nos pluries sibi factam, villam nostram Parisieusem ingressus cum multitudine magna pugnatorum, per medium quarumdam rerum notorie falsarum et veritate carencium et errorum plurium, in scandalum et periculum dominii nostri tociusque rei publice conatus fuisset justificare prefatum horribile et detestabile homicidium, nos attente considerantes mala ingencia, inconveniencia, dampna quoque irreparabilia, que hujus occasione nobis, populo nostro et cunctis subditis regni poterant accidere, volentesque obviare toto posse dictis periculis et inconvenientibus, apud Carnotum villam convenire fecissemus precarissimum et predilectum filium, et nepotem nostrum comitem Virtutum, fratrem suum, filios prenominati fratris nostri, tunc minores annis et sub tenera etate constitutos, ibidemque inter eos ex una parte et dictum de Burgundia ex altera componi fecissemus quemdam tractatum pacificum, quem et si prefati dicti nepotes sibi durum et extraneum sentirent, nichilominus nobis obediendo et compaciendo regnicolis ne dampna predicta incurrerent, illum tamen pacientissime transegerunt. Sed quamvis, inter cetera contenta in tractatu, dictus de Burgundia jurasset in manibus nostris et promisisset quod ex tunc et deinceps verus et fidelis amicus eorum existeret ac eisdem favencium, cito tamen post egit contrarium. Nam parvipendendo promissa sacramentis vallata, ut vindictam sumeret de quibusdam nostris servitoribus, quos nos suspicabatur induxisse ut necem fraternam judicialiter puniremus, utque posset assequi quod semper affectaverat, videlicet ut solus personam nostram et totum regeret, propter que dampnabile homicidium jusserat perpetrari, quamplures ex fidelibus servitoribus nostris capi et morti judicari precepit, et ab aliis, per vias extraneas et irracionabiles, graves et excessivas summas peccuniarum extorquere.

essayé de justifier cet horrible et détestable homicide au moyen de plusieurs assertions erronées, ou notoirement fausses et dépourvues de vérité, au grand scandale et péril de notre État et de la chose publique; considérant attentivement les maux et inconvénients sans nombre et les dommages irréparables qui pouvaient nous arriver à cette occasion, à nous, à notre peuple et à tous les sujets de notre royaume, et voulant obvier de tout notre pouvoir auxdits dangers et inconvénients, nous avons réuni en la ville de Chartres notre très cher et bien aimé fils et notre neveu le comte de Vertus, son frère, enfants de notredit frère, tous deux mineurs alors et encore en bas âge, et là nous avons fait conclure entre eux d'une part et ledit de Bourgogne, d'autre part, un traité de paix, que nosdits neveux, pour nous obéir et pour épargner aux habitants du royaume les dommages susdits, ont signé avec résignation, bien que ledit traité leur parût dur et étrange. Mais ledit de Bourgogne, quoiqu'il nous eût juré et promis entre autres choses d'être dorénavant le véritable et fidèle ami de ces princes et de leurs partisans, n'a pas tardé à faire tout le contraire. Sans se soucier des serments qu'il avait prêtés, et pour se venger de quelques uns de nos serviteurs qu'il soupçonnait de nous avoir engagé à poursuivre en justice l'assassinat de notre frère, comme aussi pour atteindre le but auquel il avait toujours aspiré, c'est-à-dire pour gouverner seul et notre personne et tout le royaume, ce qui l'avait poussé à commettre un si damnable homicide, il a fait arrêter et condamner à mort plusieurs de nos fidèles serviteurs, et a extorqué à d'autres par des moyens étranges et iniques des sommes énormes et exorbitantes.

« Tunc nostri prenominati nepotes, attendentes eumdem, contempnendo promissa cum sacramentis firmata, pactum compositum infregisse, nobis supplicaverunt humiliter et repetitis vicibus ut eisdem exhiberemus justiciam de homicidio sui genitoris, sicut jure tenebamur. Sed prefatus de Burgundia, qui nostros fideles servitores officiis suis privaverat, et quosdam sibi favorabiles loco eorum substituerat, hanc justiciam facere impedivit. Quodque reprehensibilius fuit, videns quod propter defectum justicie volebant per viam facti contra ipsum procedere, ut dictum scelus horribile vindicarent, sicut naturaliter tenebantur, eisdem imposuit, et contra omnem veritatem publicare fecit, quomodo sufficienter eramus informati quod ipsi et quidam alii de genere nostro cum eis tunc residentes nos intendebant privare et destituere a statu nostro et dignitate regali, et in Francia creare novum regem. Ulterius sub umbra dictorum mendaciorum et adinventarum rerum commovit populum nostrum contra eos atque sibi adherentes. Nos quoque induxit eisdem guerram inferre, volens sic cooperire suam pessimam et dampnabilem querelam, nos monens ut conduceremus istam recentem querelam super predictis fundatam mendaciis; unde intollerabilia mala et inconveniencia sunt sequta, ut luce clarius constat universis. Nam sub umbra dicte guerre prefatus de Burgundia plures notabiles milites et armigeros, nepotibus et consanguineis nostris faventes, apprehendi, in Castelleto nostro Parisiensi et alibi incarcerari mandavit; ex quibus quosdam variis afflictos tormentorum generibus sine causa extremum fecit subire supplicium, quosdam in carceribus perire jussit famis inedia, prius eisdem confessionibus denegatis et ceteris ecclesiasticis sacramentis, et, ne ecclesiastice sepulture corpora traderentur, in locis profanis, agris et itineribus

« Alors nosdits neveux, considérant que ledit de Bourgogne avait, au mépris de ses serments, violé le traité conclu, nous ont supplié humblement et à plusieurs reprises de leur faire rendre justice de l'assassinat de leur père, comme de droit nous y étions tenu. Mais ledit de Bourgogne, qui avait privé nos fidèles serviteurs de leurs offices et les avait remplacés par ses créatures, a empêché la justice d'avoir son cours; et, ce qui est plus répréhensible, voyant que, faute de pouvoir obtenir justice, ils voulaient procéder contre lui par voie de fait, pour tirer vengeance de cet horrible attentat, comme ils y étaient tenus naturellement, il les a accusés eux-mêmes et a fait publier contre toute vérité que nous étions suffisamment informé qu'ils avaient le projet, eux et quelques autres princes du sang qui étaient alors avec eux, de nous priver et dépouiller de notre état et de notre dignité royale, et de créer en France un nouveau roi. En outre, à la faveur de ces mensonges et de ces calomnies, il a excité notre peuple contre eux et leurs adhérents. Il nous a déterminé nous-même à leur faire la guerre, dans l'espoir de couvrir ainsi sa perfide et damnable accusation, en nous amenant à épouser cette querelle fondée sur lesdits mensonges; de là sont résultés des maux et des inconvénients intolérables, comme chacun ne le sait que trop. Car, sous prétexte de cette guerre, ledit de Bourgogne a fait arrêter et incarcérer soit à notre Châtelet de Paris, soit ailleurs, un grand nombre d'illustres chevaliers et écuyers, partisans de nos neveux et cousins. Puis il a fait mettre à mort les uns, sans aucun motif, après leur avoir fait subir toutes sortes de tourments; il a laissé mourir les autres de faim dans leurs prisons, en leur refusant la confession et les autres sacrements de l'Église; et, afin que leurs corps ne reçussent pas la sépulture chrétienne, il les a fait jeter dans des lieux profanes, dans les champs ou sur les grands chemins, et les a abandonnés en pâture aux chiens, aux bêtes féroces et aux oiseaux de proie. Il n'a pas même voulu souffrir qu'on baptisât leurs enfants, ce qui est directement contraire à la foi catholique ; et dans tout cela il a bien évidemment surpassé les horribles cruautés et inhumanités commises dans les temps passés. En outre, et toujours sous le prétexte de ladite guerre, qu'il

publicis relinqui canibus, feris et avibus devoranda. Nec passus
est ut eorum baptizarentur infantes, quod directe discrepat a
fide catholica. Et in hiis procul dubio horribiles crudelitates et
inhumanitates exactas temporibus retroactis visus fuit exces-
sisse. Preterea sub umbra predicte guerre, non nostri occasione,
sed sui delicti particulariter mote, a subditis nostris talliarum,
accomodati et reformacionum titulis, excessivas collegit peccuniarum financias; thesauros ecclesiarum, viduarum et puerorum minoris etatis deposita, occasione repeticionum vel retrac-
tionum hereditatum in nostris curiis Parlamenti et Castelleti
posita et consignata, subripuit; valorem quoque monetarum
nostrarum de facto diminui fecit in prejudicium regnicolarum
et tocius rei publice; sicque unum milionem auri collegit, ut
clare patere potest registris camere compotorum, quem tamen
non ad nostrum sed suum convertit commodum singulare. Exinde cunctis notum est quod mercandisie et alie res agrediende
pro bono et utilitate regni nostri impedite fuerunt per multum
temporis spacium, resditusque dominii nostri et subsidiorum
regni valde fuerunt diminuti.

« Nec de predictis ille de Burgundia contentus, ymo ad destruendum penitus predictos nepotes nostros, predilectum avunculum nostrum, ducem Biturie, et quosdam alios de genere
nostro, ut solus regnum regeret, nos et precarissimum filium
nostrum primogenitum, ducem Guienne incitavit ad debellan-
dum predictos, multos ex consanguineis nostris coegit arma
sumere, ac si guerram pro nobis duceret; de Parisius nos eduxit,
ut eos expugnaremus, tanquam hostes capitales, qui tamen
semper fuerunt nostri fideles parentes, subditi, et nobis obedientes in omnibus. Et de facto monuit nos villam Bituricensem, ubi degebat predilectus patruus noster, obsidione cingere

a entreprise non dans notre intérêt, mais pour assurer l'impunité de son crime, il a levé sur nos sujets des sommes énormes à titre de tailles, d'emprunts et de réformes; il a enlevé les trésors des églises, et pillé dans les greffes de notre cour du Parlement et du Châtelet l'argent mis en dépôt et consigné en faveur des veuves et des enfants mineurs, à l'occasion de répétitions ou de retraits d'héritages; il a fait diminuer la valeur de nos monnaies, au préjudice de nos sujets et de l'État. Il a ainsi amassé un million d'or, comme il est facile de le vérifier sur les registres de la chambre des comptes. Et cependant il n'a pas employé cet argent à notre service, mais l'a converti à son usage particulier. C'est pour cela que les trafics et les autres opérations qui auraient pu tourner au bien et à l'avantage de notre royaume ont été entravés pendant si long-temps, et que les revenus de notre domaine et des subsides du royaume ont été considérablement diminués.

« Non content de tout cela, ledit de Bourgogne, qui voulait exterminer entièrement nosdits neveux, notre oncle bien aimé le duc de Berri et quelques autres princes de notre famille, afin de gouverner seul le royaume, nous a engagé, nous et notre très cher fils aîné, le duc de Guienne, à marcher contre lesdits seigneurs, et a forcé plusieurs de nos parents à prendre les armes, comme s'il eût fait la guerre pour nous. Il nous a emmené hors de Paris pour les aller combattre, comme nos ennemis mortels, bien qu'ils aient toujours été nos fidèles parents et sujets, et qu'ils nous aient toujours obéi en toutes choses. Il nous a persuadé d'assiéger Bourges où résidait notre oncle bien aimé, et nous a retenu devant cette ville pendant plus de cinq semaines, à notre grand déplaisir; car les chaleurs excessives et insupportables et

quinque ebdomadarum spacio et amplius, quod nobis summe
displicuit; nam propter nimios et excessivos calores ac propter
infectionem morticiniorum subsequentem fuimus in magno
periculo. Propter quod, loco cedentes, cum venissemus apud
Autissiodorum, villam nostram, ibidem avunculo, nepotibus et
consanguineis nostris evocatis, auxiliante Domino, iterum
tractatum pacificum inter eos et confederatos eorum, dictum
quoque de Burgundia et confederatos ipsius composuimus;
quem ab utraque parte sollempniter juraverunt et promiserunt
tenere et inviolabiliter custodire.

«Sed mox ut ad villam nostram Parisiensem pervenimus, ille
de Burgundia, contra juramenta facta, nomine nostro quedam
edicta secrete componi fecit, per que revocabamus penitus
multa, que nos et predilectus filius noster promiseramus componendo tractatum pacis predictum, videlicet restitucionem
terrarum, hereditatum, beneficia et officia illorum, qui nepotum et consanguineorum nostrorum partem tenuerant. Quod
pejus est, longo tempore post, de facto litteras nostras, super
restituendis castris, domibus ac hereditatibus supradictis nostris
nepotibus et ipsis faventibus factas, parvipendens, castra Cou-
ciaci, Petrofundi et dominia aliorum tenuit, nec litteris nostris
et verificacionibus illarum transactis per nostram curiam Parlamenti in hiis et similibus rebus, ut non esset qui ipsum de
Burgundia vel ejus complices reprehendere ausus esset. Preterea
ut ad nutum nos, dilectissimam consortem nostram reginam,
precarissimum filium nostrum primogenitum posset regere, et
regnum nosque tenere subjectos et libertate privatos, quosdam
plebeios abjecti et infimi status ville nostre Parisiensis exaltavit,
qui auctoritate sua et exhortacione nos regere voluerunt, sepius
ad consilia nostra et ad curiam nostram Parlamenti impetuose

les exhalaisons fétides produites par les cadavres nous ont mis en grand danger, et nous ont contraint de décamper. Etant arrivé en notre ville d'Auxerre, nous y avons mandé notre oncle, nos neveux et nos cousins, et avec l'aide de Dieu, nous avons fait conclure un nouveau traité de paix entre eux et leurs alliés d'une part, et ledit de Bourgogne et ses alliés d'autre part, et chacun d'eux s'est engagé par une promesse et un serment solennel à garder et à observer inviolablement ledit traité.

« Mais dès que nous avons été revenu à Paris, ledit de Bourgogne, contrairement aux serments prêtés, a fait rédiger secrètement en notre nom certaines ordonnances, par lesquelles nous révoquions plusieurs articles que nous et notre bien aimé fils avions promis d'exécuter lors de la conclusion dudit traité de paix, à savoir : la restitution des terres, héritages, bénéfices et offices de ceux qui avaient été dans le parti de nos neveux et cousins. Ce qui est pis encore, c'est que, long-temps après, au mépris des lettres par lesquelles nous ordonnions de restituer à nosdits neveux et à leurs partisans leurs châteaux, maisons et héritages, il a gardé les châteaux de Coucy, de Pierrefonds et autres domaines, et lorsque nos lettres ont été vérifiées en notre cour du Parlement, il ne s'est trouvé personne qui osât blâmer ledit de Bourgogne ou ses complices. De plus, pour nous gouverner à son gré, ainsi que la reine notre épouse bien aimée et notre très cher fils aîné, pour nous tenir dans sa dépendance et nous priver de toute liberté, nous et le royaume, il s'est entouré de gens de la condition la plus abjecte et du plus bas étage de notre ville de Paris, qui ont voulu nous diriger par leurs conseils et leur autorité, et qui plus d'une fois sont entrés avec impétuosité et violence dans nos conseils et en notre cour du Parlement, et ont proféré contre nos conseillers et nos officiers des menaces telles, que la justice ne pouvait avoir son cours, et qu'il fallait bien finir par tout régler selon leur volonté. Ces misé-

et violenter venerunt, consiliariis et officiariis nostris verbales
minas taliter inferendo, quod nullibi justicia locum habere poterat, et sic finaliter opportebat quod ad nutum eorum omnia
disponerentur. Continuandoque suos adgressus dampnabiles,
Veneris vicesima octava die apprilis preteriti, advertentes prefati
abjectissimi viri quod quidam ex consanguineis et officiariis nostris, regine et filii nostri, de gremio quoque filie nostre Universitatis, nec non de burgensibus et mercatoribus dicte ville nostre
Parisiensis, egre ferebant regimen et auctoritatem eorum,
timentes ne ab illa deponerentur inviti et de forefactis punirentur perpetratis, magnam partem congregaverunt civium; et
quamvis eorum major numerus ignoraret quid vellent agere,
de facto, sine auctoritate justicie, in armis et hostiliter cum
vexillo explicato, ante domum filii nostri venerunt, in qua,
eodem invito, dilectissimum cognatum nostrum de Baro et
plures alios ejus consiliarios, officiales et servitores ceperunt,
quorum nomina in quodam rotulo scripta erant, quem prefatus de Burgundia portabat in manica. Quos et primo duci
fecit ad domum suam de Artesio, ac postmodum ergastulis
variis mancipari, et ita dure tractari, quod quidam eorum diem
ultimum signaverunt, et alii diuturne captivitatis tedio importabiliter sunt affecti.

« Sequenter altera die, prefati viles et infimi status viri, per
exhortacionem prefati de Burgundia, in armis et cum vexillo,
quod estandardum dicebatur, deplicato, ad domum nostram
Sancti Pauli venerunt. Quam violenter ingressi, nobis, consorte
nostra et filio primogenito invitis, de facto dilectum fratrem
nostrum Ludovicum, ducem in Bavaria, cum quibusdam officiariis dilecti filii nostri, quasdam eciam dominas et domicellas
insignes, existentes in servicio dilecte consortis nostre, cepe-

rables n'ont pas borné là leurs coupables attentats ; le vendredi 28 avril dernier, s'étant aperçus que quelques uns de nos cousins et des officiers, tant de notre maison que de celles de la reine et de notre fils, des membres de notre fille l'Université, des bourgeois et marchands de notredite ville de Paris, commençaient à se lasser de leur gouvernement, et craignant d'être dépouillés de leur autorité et punis de leurs forfaits, ils ont réuni un grand nombre de gens du peuple, et sans leur dire ce qu'ils voulaient faire, ils sont allés avec eux en armes et bannière déployée, sans autorité de justice, devant l'hôtel de notre fils, et là ils ont arrêté, malgré lui, notre bien aimé cousin le duc de Bar et plusieurs autres de ses conseillers, officiers et serviteurs, dont les noms étaient inscrits sur une liste que ledit de Bourgogne portait dans sa manche. Il les a fait d'abord conduire à son hôtel d'Artois, puis enfermer dans diverses prisons, et traiter avec tant de cruauté, que quelques uns d'entre eux en sont morts ; les autres ont langui dans les ennuis d'une longue captivité.

« Un autre jour, ces gens sans aveu, tous de la lie du peuple, sont venus, à l'instigation dudit de Bourgogne, jusqu'à notre hôtel de Saint-Paul, les armes à la main et avec leur étendard déployé. Ils y ont pénétré de vive force, malgré nous, malgré la reine notre épouse et malgré notre fils aîné, ont arrêté, en présence même de la reine, notre bien aimé frère le duc Louis de Bavière, avec quelques officiers de notre bien aimé fils et plusieurs nobles dames et demoiselles attachées au service de notre épouse bien aimée, et les ont tous enfermés en différentes prisons, où ils les ont laissés long-temps en danger de mort. Ils ont commis ensuite plusieurs autres excès et attentats,

runt in ejus presencia, et omnes variis mancipaverunt carceribus, in quibus diu in magno periculo personarum suarum
remanserunt. Plures alios excessus postmodum commiserunt et
delicta, de nocte, hora suspecta, sine auctoritate justicie, plures
officiarios nostros, cives quoque Parisienses capiendo et incar-
cerando propriis domiciliis, et ex eis aliquos secrete interfecerunt, submerserunt vel ad redempcionem peccunialem et
importabilem posuerunt. Nec erat qui eos apprehendere ausus
esset, quia consensu et auctoritate dicti de Burgundia hec age-
bant. Sicque mediantibus illis iniquis ministris, de quorum
numero multos in serviciis et officiis nostris dictus de Burgundia posuerat, nos, conjux nostra dilecta et noster primogenitus filius ad tantam servitutem reducti fuimus, quod nec
poteramus aliquid determinare libere ad utilitatem regni,
donec per Dei graciam, provisionem et diligenciam precarissi-
morum cognati nostri regis Sicilie, filii et nepotis nostri ducis
Aurelianis, cognatorum nostrorum ducis Borbonii, Alenconis
et Augi, ac plurium aliorum consanguineorum nostrorum, nec
non prelatorum, militum, scutiferorum, suppositorum curie
Parlamenti, filie nostre Universitatis, burgensium quoque ac
mercatorum ville nostre Parisiensis, ad nostram pristinam
libertatem reducti fuimus, et quod per nos, ut alias apud Autissiodorum, pax jurata reformata fuit et de recenti jurata tam
per predictum de Burgundia quam per alios de genere nostro.

« Is tamen de Burgundia, die Veneris quarta augusti jam
exacti, antequam filius noster primogenitus per villam Parisiensem equitaret, conatus fuit dictam pacem infringere, publicari faciens pluribus domiciliis et locis communibus quod
assentire dicte pacis erat destructio ville et civium; que in-
ductio falsa pessima atque dampnabilis erat. Displicenciam

arrêtant de nuit, à des heures indues, sans autorité de justice, plusieurs de nos officiers et des bourgeois de Paris, et les incarcérant dans leurs propres maisons; ils en ont même égorgé ou noyé secrètement quelques uns, et ont contraint les autres à payer d'exorbitantes rançons. Et personne n'osait les appréhender, parce qu'ils agissaient avec l'assentiment et au nom dudit de Bourgogne. Ainsi, au moyen de ces infâmes ministres d'iniquité, que ledit de Bourgogne avait pour la plupart mis à notre service ou pourvus d'offices à notre cour, il nous avait réduits, nous, notre épouse bien aimée et notre fils aîné, à une telle servitude, que nous ne pouvions rien ordonner en liberté dans l'intérêt du royaume, jusqu'au moment où, par la grâce de Dieu, par la sagesse et par les soins de notre très cher cousin le roi de Sicile, de notre fils et neveu le duc d'Orléans, de nos cousins le duc de Bourbon, les comtes d'Alençon et d'Eu, de plusieurs autres princes du sang, des prélats, chevaliers et écuyers, des gens de notre cour du Parlement et suppôts de notre fille l'Université, enfin des bourgeois et marchands de notre ville de Paris, nous avons été rendus à notre première liberté, et avons, comme précédemment à Auxerre, renouvelé la paix jurée, et exigé qu'elle fût jurée de nouveau tant par ledit de Bourgogne que par les autres princes de notre famille.

« Cependant, le vendredi 4 août dernier, avant que notre fils aîné parcourût à cheval la ville de Paris, ledit de Bourgogne a essayé d'enfreindre ladite paix en faisant publier dans plusieurs maisons et lieux publics, que consentir à ladite paix c'était ruiner la ville et les habitants : induction qui était aussi perfide et condamnable qu'elle était fausse. Ensuite, mécontent de voir que la paix était rétablie, et voyant que les misérables qui l'avaient troublée et violée s'étaient

autem sumens de pace sic reformata, et quod predicti abjecti
viri perturbatores et violatores hujus aufugerant de villa nostra Parisiensi, ne punirentur pro delictis commissis et perpetratis, mox de societate nostra et villa dicta recessit, fingens
quod Burgundiam petebat, quam tamen tunc non adiit, sed
comitatum Flandrie, in quo et aliis dominiis sibi subditis
dictos criminosos pacis violatores ac proditores et homicidas
pessimos, qui precepto suo interfecerant fratrem nostrum, ut
dictum est [1].

« Et quamvis post recessum suum ad eum sollempnes nuncios nostros miserimus, qui poscerent nomine nostro et preciperent reddere malefactores, quos secum detinet, quorum
quidam dinoscuntur crimen lese majestatis erga nos commisisse, qua de causa de regno nostro expulsi sunt, tanquam
exules proscripti, perpetuo, atque alii ad jura regia sufficienter
fuerunt evocati, ut secundum demerita sua judicialiter punirentur, nobis quoque restitueret castra nostra de Croteyo, de
Cadonio et de Chino, que indebite occupat contra voluntatem
nostram, nichilominus que precepimus facere recusavit inobe-
diendo nobis. Quodque pejus reputamus, sub umbra quorumdam falsorum et adinventorum colorum, de Burgundia, Sabaudia, Artesio, aliisque locis plurimis pugnatorum ingentes copias
congregavit, ut veniret ad villam nostram Parisiensem; et ut
liberius et favorabilius per villas nostras transiret, civibus litteras clausas transmisit, requirens auxilium et juvamen, addens
quod evocatus a nobis et a filio nostro ad nos venire intendebat,
ut nos liberaret de servitute carcerali, in qua detinebamur, ut
dicebat : quod falsum est et notorium mendacium, quia nunquam in majori libertate fuimus, quam a tempore sui recessus

---

[1] Il faut supposer ici l'omission d'un mot tel que *recepit*.

enfuis de notre ville de Paris, pour éviter le châtiment dû à leurs crimes, il s'est retiré de notre cour et de ladite ville, feignant de se rendre en Bourgogne. Mais au lieu de partir pour cette province, il est allé dans son comté de Flandre, où il a donné asile, comme dans ses autres domaines, à ces criminels, transgresseurs de la paix, traîtres et homicides exécrables, qui, par ses ordres, avaient assassiné notre frère, comme il a été dit.

« Depuis son départ, nous lui avons envoyé une ambassade solennelle pour lui faire demander et enjoindre en notre nom de nous livrer les malfaiteurs qu'il retient auprès de lui, dont les uns ont notoirement commis le crime de lèse majesté, et ont été pour ce motif chassés de notre royaume, et bannis à perpétuité, les autres ont été décrétés d'ajournement personnel pour être punis selon leurs démérites ; nous lui avons fait enjoindre également de nous restituer nos châteaux du Crotoy, de Caen et de Chinon, qu'il occupe indûment contre notre volonté. Néanmoins il a refusé de se soumettre à nos ordres et de faire ces restitutions. Mais ce qui nous semble pis encore, c'est que, sous de vains et frivoles prétextes, il a levé en Bourgogne, en Savoie, en Artois et en plusieurs autres lieux, une armée considérable pour marcher sur notre ville de Paris, et afin d'obtenir un libre passage et un accueil favorable dans toutes nos villes, il a adressé aux habitants des lettres closes dans lesquelles il leur demandait secours et assistance, prétendant ne venir que parce qu'il avait été mandé par nous et par notre fils, pour nous délivrer de la servitude dans laquelle on nous retenait comme captifs, disait-il ; ce qui est une fausseté, un mensonge notoire, car nous n'avons jamais joui de plus de liberté que depuis son départ jusqu'à ce jour. Il n'est pas vrai non plus qu'il ait été mandé par nous. Ce qui est certain au contraire, c'est que nous et notre fils lui avons défendu par lettres patentes, et en tant qu'il craignait de nous offenser, de venir avec ses gens de guerre. Non seulement il a méprisé cet ordre ; mais, ce qui est plus grave à nos yeux, il retient

fuimus et hucusque. Nec est verum quod a nobis super hoc mandatum receperit; sed certum est quod nos et filius noster, in quantum timebat nos offendere, sibi prohibuimus, et per patentes litteras, ne cum pugnatoribus veniret. Nec modo contempsit imperium; ymo, quod deterius reputamus, ostiarium curie nostre Parlamenti, quem ad eum cum litteris nostris miseramus, de facto retinet; qui tamen pro posse suo debitum suum peregit.

« Sicque prefatus de Burgundia, continuando suum malum et dampnabile propositum, mandata nostra parvipendendo, quamvis simus supremum ejus dominum, seque reddendo rebellem et inobedientem, iter arripuit versus villam nostram Parisiensem cum multitudine gravi pugnatorum, balistariorum et sagittariorum, per modum guerre et hostilitatis, perturbando et infringendo dictam pacem per se sic sollempniter juratam, ut dictum est, constituendo se ingratum et indignum bonis et graciis benignitate regia sibi alias collatis tempore retroacto. Et in societate sua tenet predictos iniquos proditores, homicidas, dilecte pacis violatores, criminosos et irretitos crimine lese majestatis, et jure exulacione multatos perpetua, de regno nostro expulsos; et perturbat populum nostrum, ut sedicionem in villa nostra Parisiensi faciat et alibi. De facto eciam villam nostram Compendii ingressus, contra litteras et inhibiciones factas dicte ville habitantibus, ne paterentur ipsum ingredi cum copiis bellatorum, quas tamen non potuit ignorare nec residentes cum ea, et quod pejus est, de facto ipsam villam tenet et occupare conatur contra voluntatem nostram. Simili eciam modo occupavit et occupat villam nostram Suessionis et deinde villam nostram sancti Dyonisii, ut ipsam quasi municipium aptum habeat contra nos et villam nostram Parisiensem.

encore l'huissier de notre Parlement que nous avions chargé de lui porter ce message, bien qu'il se soit renfermé scrupuleusement dans les limites de sa mission.

« Ainsi ledit de Bourgogne, persévérant dans ses mauvais et damnables desseins, ne tenant aucun compte de nos ordres, et ne craignant pas de se montrer rebelle et félon envers son souverain seigneur, s'est mis en route vers notre ville de Paris avec des troupes nombreuses de gens d'armes, d'arbalétriers et d'archers; par ces démonstrations hostiles et ces préparatifs de guerre, il a troublé et enfreint ladite paix qu'il avait si solennellement jurée, comme il a été dit, et s'est montré ingrat et indigne des biens et faveurs qui lui ont été conférés précédemment par la munificence royale. Il continue de garder en sa compagnie tous ces exécrables traîtres et homicides, violateurs de la paix, criminels et coupables de lèse majesté, justement chassés de notre royaume et bannis à perpétuité, et il excite notre peuple à se révolter dans notre ville de Paris et ailleurs. Il est aussi entré de vive force dans notre ville de Compiègne, malgré les prohibitions et défenses que nous avions faites aux habitants de ladite ville de le laisser entrer avec ses troupes, et que ni lui ni ses adhérents n'ont pu ignorer; et, qui pis est, il garde de fait ladite ville et veut en rester maître contre notre volonté. Il a occupé de la même manière et occupe encore notre ville de Soissons, et notre ville de Saint-Denys, dont il voudrait faire comme une place d'armes contre nous et notre ville de Paris. Enfin, pour donner une preuve manifeste de ses coupables et criminelles intentions, il s'est présenté sous les murs de Paris, à la tête d'une armée nombreuse et enseignes déployées, et y est resté long-temps, envoyant ses coureurs jusqu'aux portes de la ville, dans l'espoir d'y exciter ainsi une sédition et d'y entrer de

Ostendendoque efficaciter suam iniquam et dampnatam voluntatem, hostiliter in manu vallida cum vexillo deplicato venit
ante villam nostram Parisiensem, ibique se diu tenuit pede fixo,
usque ad portas ville cursores suos premittens, sic credens in
ipsa sedicionem commovere et ipsam ingredi violenter, tanquam adversarius capitalis, et committendo crimen lese majestatis. Inde varii clamores et querimonie ad aures nostras
venerunt, et de die in diem veniunt incessanter.

« Ideo notum facimus universis quod, attente consideratis
prelibatis aliisque quampluribus, ad hec nos moventes, et precipue modis quos semper tenuit erga nos prefatus de Burgundia a nece condolenda fratris quondam nostri et usque nunc, et
quod in omnibus factis suis semper per viam facti, potenciam et
vim armorum processit, et quod alias vicibus repetitis nobis
non obedivit in materia simili, scilicet transgrediendo mandata
nostra sibi facta de non veniendo ad nos nec ad nostram villam
Parisiensem cum potencia armorum, nec unquam edictis nostris
voluit obedire, nisi in hiis que sibi placuerunt, ea propter debet
reputari ingratus et privandus omnibus bonis et graciis per nos
alias sibi factis; habita eciam super predictis matura deliberacione consilii cum pluribus de genere nostro, nonnullis aliis
prudentibus et probis hominibus tam de nostro magno consilio quam de nostra curia Parlamenti, de gremio filie nostre
Universitatis, nec non et civibus, burgensibus et mercatoribus
ville nostre Parisiensis in magno numero congregatis, ipsum
de Burgundia et omnes alios, qui a publicacione litterarum
nostrarum sibi accommodabunt consilium, auxilium vel favorem, tenuimus et reputavimus, per presentes tenemus et reputamus rebelles, nobis inobedientes, fractores et violatores
pacis, et consequenter inimicos et adversarios nostros reputa-

force, comme un ennemi mortel, commettant par là le crime de lèse majesté. C'est ce qui a donné lieu aux plaintes et aux doléances qui sont venues et qui viennent encore chaque jour à nos oreilles.

« En conséquence, nous faisons savoir à tous qu'ayant considéré attentivement lesdites choses et beaucoup d'autres qui ont motivé notre résolution, principalement la conduite que ledit de Bourgogne a toujours tenue à notre égard depuis la mort lamentable de notre frère jusqu'à présent, et attendu que, dans toutes ses actions, il n'a cessé de procéder par voie de fait, par puissance et par force d'armes; que dans d'autres circonstances il nous a désobéi à plusieurs reprises en matière semblable, notamment en enfreignant la défense que nous lui avions faite de venir en armes à notre cour ou dans notre ville de Paris; qu'il ne s'est jamais soumis à nos ordres qu'autant qu'il lui a plu; que pour tous ces motifs il doit être réputé ingrat et privé de tous les biens et faveurs qu'il a précédemment reçus de nous; après en avoir mûrement délibéré avec plusieurs des princes du sang, des membres les plus sages et les plus recommandables de notre grand conseil, de notre cour du Parlement, et de notre fille l'Université, ainsi que des bourgeois et marchands de notre ville de Paris, assemblés en grand nombre, nous avons tenu et réputé et par les présentes tenons et réputons pour rebelles et désobéissants, infracteurs et violateurs de la paix, et conséquemment ennemis et adversaires de notre personne, de l'État et de tout notre royaume, ledit de Bourgogne et tous ceux qui, à partir de la publication de nos lettres, lui prêteront aide, conseil ou assistance. Et par les raisons susdites, nous avons résolu d'assembler toutes nos forces, aussitôt que faire se pourra, et de mander tous nos vassaux et arrière-vassaux, ainsi que les bourgeois de la milice, afin qu'ils se mettent à notre service et qu'ils nous

mus tociusque rei publice regni nostri. Et propter causas predictas statuimus convocare, cicius quod fieri poterit, per militares expediciones generales, omnes feodales et retrofeodales
nostros, regni eciam cives qui guérras sequi consueverunt
armati, ut nobis serviant, nosque adjuvent ad resistendum pessime voluntati et agressui temerario dicti de Burgundia et con-
sodalium suorum, ut possint reduci ad obedienciam nostram,
ut juris est, puniri quoque et castigari de forefactis commissis,
et taliter quod honor nobis remaneat et possint cedere aliis in
exemplum.

« Unde damus in mandatis per presentes nostris fidelibus
consiliariis, curie nostre Parlamenti, preposito Parisiensi, omnibus balivis, senescallis, prepositis et aliis justiciariis et officiariis nostris vel eorum loca tenentibus, ut presentes litteras
in sedibus, auditoriis suis, mercatis, et locis publicis, quibus
edicta regalia preconizari consueverunt, publicent et publicari
faciant, ne quis ignoranciam valeat pretendere; auctoritate
nostra eciam precipientes predictis ut, cicius quam poterunt,
armati ad nos veniant et nobis serviant in hiis que precipiemus,
si timent indignacionem nostram incurrere, ad id ceteros
constringentes, si opus sit, per capcionem et explectacionem
bonorum, arrestum et detencionem personarum omnium et
singulorum, quos inobedientes reperient edictis nostris et ordinacionibus supradictis.

« In cujus rei testimonium sigillum nostrum presentibus litteris apponi fecimus. — Datum Parisius, decima die februarii,
anno Domini millesimo quadringentesimo decimo tercio, et
regni nostri tricesimo quarto. »

Erant littere sic signate : « Per regem, ad relacionem magni
consilii celebrati in presencia regine et domini ducis Guienne. »

aident à résister aux desseins criminels et aux attaques téméraires dudit de Bourgogne et de ses complices, à les ramener à notre obéissance, comme il est juste, à les punir et châtier de leurs forfaits, de telle sorte que notre honneur reste sauf, et qu'ils puissent servir d'exemple aux autres.

« C'est pourquoi, nous donnons en mandement par les présentes à nos fidèles conseillers, à notre cour du Parlement, au prévôt de Paris, à tous les baillis, sénéchaux, prévôts et autres justiciers et officiers, ou à leurs lieutenants, de publier et faire publier les présentes lettres en leurs siéges et auditoires, dans les marchés et lieux publics, où sont ordinairement promulguées les ordonnances royales, afin que personne n'en puisse prétendre cause d'ignorance ; leur ordonnons aussi, en vertu de notre autorité royale, de venir nous trouver en armes le plus tôt qu'ils pourront, pour nous servir en tout ce que nous leur commanderons, si tant est qu'ils craignent d'encourir notre colère ; contraignant les autres à en faire autant, si besoin est, par saisie et confiscation des biens, par arrêt et détention des personnes de tous et chacun de ceux qu'ils trouveront rebelles à nos édits et ordonnances susmentionnés.

« En foi de quoi nous avons fait apposer notre sceau aux présentes lettres. — Donné à Paris, le 10 février de l'an du Seigneur, mil quatre cent treize, et de notre règne le trente-quatrième. »

La lettre était ainsi signée : « Par le roi, à la requête du grand conseil tenu en présence de la reine et de monseigneur le duc de

Nomen secretarii erat DARIAN. In dorso litterarum scriptum erat : « Littera in curia Parlamenti publicata fuit, die duodecima februarii, anno dicto. » Nomen scribe BAYE. Et : « Publicata in judicio Castelleti Parisiensis, die lune duodecima februarii, anno predicto, presente magistro Radulpho Auchier, et pro tribunali sedente. » Dieque martis sequente publicata fuit per quadrivia ville Parisiensis et aliis locis, ubi consuetum est edicta preconizari regia, et ad sonum lituorum. Publicataque inde fuit in villa Sancti Dyonisii, die lune vicesima sexta februarii, anno Domini millesimo quadringentesimo decimo tercio.

CAPITULUM L.

Sequntur asserciones magistri Johannis Parvi pro justificacione ducis Burgundie super condolenda morte ducis Aurelianensis prolate et Parisius condempnate.

Quorumdam circumspectorum virorum et eminentis sciencie consciencie scrupulus calamum septem annis retrocedere monet ac notare magistrum Johannem Parvi, tunc famosum in sacra pagina professorem, non modo ducis Burgundie super nece condolenda ducis Aurelianensis justificaciones proposuisse frivolas, sed et multa in proposito dixisse fidei dissona atque reprehensione digna. Michi sepius siscitanti cur tam diu Parisiensis antistes et heretice pravitatis inquisitor, quod sciebant majestati divine displicere, promovere neglexerant, responderunt formidabilem auctoritatem ducis Burgundie obstitisse. Nam quamdiu predicta penitus auferre a memoria hominum conatus est, ea sub taciturnitatis signaculo retinere opportuit. At ubi affuit optata securitas et opus agrediendi concessa est facultas libera suppositis venerande Universitatis Parisiensis, generaliter indixerunt, sub penis latis in jure, omnia que in quaternis et transcrip-

Guienne. » « Le secrétaire, signé DARIAN. » Au dos de la lettre était écrit : « Publiée en la cour du Parlement le 12 février de ladite année. » « Le greffier, signé BAYE. » Puis : « Publiée en l'auditoire du Châtelet de Paris, le lundi 12 février de ladite année, en présence de maître Raoul Auchier, siégeant sur son tribunal. » Le lendemain, mardi, la même déclaration fut publiée à son de trompe dans les carrefours de la ville de Paris et autres lieux, où l'on promulguait ordinairement les ordonnances royales; elle le fut également dans la ville de Saint-Denys, le lundi 26 février de l'an du Seigneur, mil quatre cent treize.

CHAPITRE L.

Certaines assertions produites par maître Jean Petit, pour la justification du duc de Bourgogne, au sujet de la fin déplorable du duc d'Orléans, sont condamnées à Paris.

Un scrupule de conscience, qui m'a été inspiré par plusieurs personnes de savoir et d'expérience, m'engage à remonter de sept années en arrière, et à faire remarquer qu'à cette époque maître Jean Petit, fameux professeur de théologie, pour justifier le duc de Bourgogne du déplorable assassinat du duc d'Orléans, avait non seulement allégué de mauvaises raisons, mais encore émis des assertions contraires à la foi et dignes de blâme. J'avais souvent témoigné mon étonnement de ce que l'évêque de Paris et l'inquisiteur de la foi avaient si long-temps négligé de poursuivre des propositions qu'ils savaient offensantes pour la majesté divine, et l'on m'avait toujours répondu que la crainte qu'inspirait le pouvoir du duc de Bourgogne les en avait empêchés. En effet, tant qu'il chercha à effacer de la mémoire des hommes le souvenir de cet attentat, il fallut garder un profond silence à ce sujet. Mais quand vint le moment tant souhaité où l'on n'eut plus rien à craindre, quand les suppôts de la vénérable Université de Paris purent se mettre à l'œuvre en toute liberté, ils ordonnèrent à tout le monde, sous les peines portées par le droit, de représenter sans délai tout ce qu'on

tis voluminibus ex proposicione prefati Johannis Parvi, quam vocaverat justificacionem ducis Burgundie, penes se hucusque tenuerant, sine dilacione afferrent. In episcopali sane camera sollempniores magistros et bachalarios in sacra pagina, in utroque eciam jure peritos dignum duxerant evocare, quorum consilio erronea et resecanda notarent. Cui operi cum multis feriis successivis diligenter et in favorem fidei operam impendissent, ex numerosa congregacione predictorum decima sexta die januarii sexdecim magistros ex collegiis Parisiensibus elegerunt, qui ex quaternis predictis novem asserciones extraxerunt et condempnandas dixerunt sub hac forma :

« Presupposita descripcione tyranni, quam allegat prefatus Johannes Parvi proponens a beato Gregorio, in probacione prime proposicionis quarti articuli predicte justificacionis, quam appellat veritatem, videlicet : *Tyrannus proprie dicitur, qui in re publica non jure principatur aut principari conatur,* prima assercio : *Secundum legem naturalem, moralem et divinam licitum est unicuique subdito, sine quocunque mandato vel precepto, occidere vel occidi facere omnem tyrannum, qui per cupiditatem, decepcionem, sortilegium, malum ingenium, machinatur contra salutem corporalem regis et summi domini sui, ut sibi auferat eximium et excellentissimum dominium suum, est non modo licitum, ymo honorabile et meritorium, et maxime quando est tante potencie quod justicia bono modo non potest fieri de ipso,* forma condempnacionis erronea est in fide et moribus, ac multipliciter scandalosa.

« Secunda assercio : *Lex naturalis, moralis et divina unumquemque subditum auctorizat ut interficiat vel interfici faciat dictum tyrannum,* condempnacio erronea est in fide et moribus.

« Tercia assercio : *Licitum est unicuique subdito, honorabile*

avait gardé jusqu'alors par devers soi, dans des cahiers ou manuscrits, de la proposition dudit Jean Petit, qu'il avait appelée la justification du duc de Bourgogne. Ils firent assembler dans la grande salle de l'évêché les plus célèbres maîtres et bacheliers en théologie, et les docteurs en droit canon et en droit civil, afin d'indiquer, d'après leur avis, les passages erronés et à retrancher. Après avoir employé consciencieusement plusieurs jours de suite à cet examen, dans l'intérêt de la foi, ils choisirent parmi les membres de cette assemblée, le 16 janvier, seize professeurs des collèges de Paris, qui recueillirent dans lesdits cahiers neuf assertions, et les déclarèrent condamnables en la forme suivante :

« Présupposé la description du tyran, que ledit Jean Petit prétend avoir tirée de saint Grégoire à l'appui de la première proposition du quatrième article de ladite justification, qu'il appelle vérité, savoir : *On appelle proprement tyran celui qui commande ou veut commander dans l'État sans y avoir aucun droit*, la première assertion : *Selon la loi naturelle, morale et divine, il est permis à tout sujet, sans ordre ni mandement quelconque, de tuer ou de faire tuer tout tyran qui, par cupidité, déception, sortilège ou artifice, conspire contre la vie du roi son seigneur souverain, pour lui enlever sa noble et très excellente seigneurie; et cela est non seulement licite, mais même honorable et méritoire, surtout quand le tyran est si puissant qu'on ne pourrait faire justice de lui par les voies ordinaires*, est une forme de condamnation erronée en foi et en morale, et grandement scandaleuse.

« La seconde assertion : *La loi naturelle, morale et divine autorise tout sujet à tuer ou à faire tuer ledit tyran*, est une condamnation erronée en foi et en morale.

« La troisième assertion : *Il est permis à tout sujet, il est hono-*

ac meritorium ut occidat vel interfici faciat prefatum tyrannum, proditorem et infidelem suo regi et summo domino, per exploratores et insidias, nec non et dissimulare quod hoc agere intendat, condempnacio erronea, crudelis est et impia.

« Quarta assercio : *Equitatis et racionis est, quod omnis tyrannus tam ignominiose occidatur per decepcionem et insidias; et tali morte debent multari tyranni infideles,* condempnacio erronea est et impia.

« Quinta assercio : *Qui interficit vel interficere facit prefatum tyrannum modo dicto, reprehendi non debet, nec hoc solo rex contentus esse non debet, sed et factum acceptabile habere debet et illud auctorizare, si opus fuerit,* condempnacio erronea est in fide et moribus, et lesiva regie majestatis.

« Sexta assercio : *Illum qui modo jam dicto prefatum tyrannum occidit vel occidi facit, rex in tribus premiare et remunerare tenetur, scilicet in amore, honore et diviciis, ad exemplum remuneracionis facte Michaeli archangelo pro expulsione Luciferi de regno Paradisi, ac eciam illius insignis viri Phinees pro interfectione ducis Zambri,* condempnacio erronea est in fide et moribus, et piarum aurium offensiva.

« Alia assercio : *Interfectorem prefati tyranni per modum supradictum rex plus debet diligere quam antea, et predicari facere fidem suam et bonam fidelitatem per regnum suum et extra, per litteras, per modum epistole vel alias,* condempnacio erronea est in fide et moribus, regi injuriosa et multipliciter scandalosa.

« Octava assercio : *Littera occidit, spiritus vivificat, sic intelligendum est quod semper tenere sensum litteralem in sacra Scriptura est occidere animam suam,* condempnacio distorta est et

rable et méritoire de tuer ou de faire tuer ledit tyran, traître et infi-
dèle à son roi et souverain seigneur, par guet-apens et par embûches,
et de dissimuler ses intentions à ce sujet, est une condamnation erronée, cruelle et impie.

« La quatrième assertion : *Il est de l'équité et de la raison que
tout tyran soit ainsi ignominieusement mis à mort par déception et
par embûches, et les tyrans infidèles doivent périr de pareille mort*,
est une condamnation erronée et impie.

« La cinquième assertion : *Quiconque tue ou fait tuer ledit tyran de
la manière susdite ne doit pas être blâmé ; et le roi ne doit pas se
contenter de ne pas le blâmer, il doit encore avoir le fait pour agréable
et l'autoriser, si besoin est*, est une condamnation erronée en foi et
en morale, et attentatoire à la majesté royale.

« La sixième assertion : *Le roi est tenu de récompenser et de rému-
nérer de trois façons, en amour, en honneurs, en richesses, celui
qui a tué ou fait tuer ledit tyran de la manière susdite, à l'exemple
de la récompense accordée à l'archange Michel pour avoir chassé
Lucifer du royaume de Paradis, et de celle qu'obtint l'illustre Phi-
nées pour avoir tué le général Zambri*, est une condamnation erronée en foi et en morale; et offensante pour de pieuses oreilles.

« La septième assertion : *Le roi doit aimer plus qu'auparavant
celui qui a tué ledit tyran de la manière susdite; il doit faire publier
sa fidélité et son dévouement dans le royaume et au dehors par
déclarations et par lettres ou autrement*, est une condamnation erronée en foi et en morale, injurieuse pour le roi, et grandement scandaleuse.

« La huitième assertion : *La lettre tue, l'esprit vivifie, doit être
entendue en ce sens, que s'en tenir toujours à l'interprétation littérale
de l'Écriture sainte, c'est tuer son âme*, est une condamnation

erronea in fide, cum ex solo sensu litterali sumi possit efficax argumentum.

« Nona assercio : *In casu federis, juramenti, promissionis vel confederacionis facte ab uno milite ad alterum, quocunque modo fiat, si contingat quod vertatur in prejudicium unius promittencium, vel confederatorum, sponse sue vel liberorum suorum, predicta minime tenetur custodire; hoc probatur ex ordine caritatis, quo quilibet plus tenetur seipsum diligere, uxorem et liberos quam alterum,* condempnacio erronea est in fide et moribus, et ad omnia perjuria viam prebens. »

In hanc sentenciam non modo convenerunt evocati doctores et magistri, sed et quod tota proposicio magistri Johannis Parvi erat omni scriptu et relacione indigna. Ubi autem prefati episcopus et inquisitor heretice pravitatis venerabiles omnem congregacionem magistrorum evocatam ad consilium fidei totam proposicionem magistri Johannis Parvi, sicut asserciones, simili condempnacione dignam censuisse cognoverunt, vicesima tercia die februarii, in episcopali camera, presentibus multis doctoribus et magistris, nonnullis quoque prelatis ac populi multitudine copiosa, id sequenti biduo judicialiter protulerunt exequcioni dandum in parvisio ecclesie cathedralis. Ubi loca tunc constructa ex lignis dolatilibus ascendentes, ut sic ab infinita fere populi multitudine circumstante cerni possent, cum luculenter, alte et intelligibiliter ipsarum enormitatem ex ore magistri Benedicti Genciani, in sacra pagina eximii professoris, ostendissent, eas tanquam erroneas in fide et moribus multipliciter scandalosas flamma voraci consumi preceperunt.

Et cum hec et paulo alcius scripta in dedecus ducis Burgundie redundarent, experimento didicit quam reprehensibile sit de-

forcée et erronée en foi, parce que c'est du sens littéral seulement qu'on peut tirer un argument efficace.

« La neuvième assertion : *En cas d'alliance, de serment, de promesse ou de pacte entre deux chevaliers, de quelque façon que cela se fasse, s'il arrive que le pacte tourne au préjudice de l'un des promettants ou de ses alliés, de sa femme ou de ses enfants, on n'est nullement tenu de garder sa parole : cela se prouve par les règles de la charité, en vertu desquelles chacun doit aimer sa personne, sa femme et ses enfants plus qu'autrui*, est une condamnation erronée en foi et en morale, qui ouvre la voie à tous les parjures. »

Les docteurs et maîtres assemblés non seulement adoptèrent cet avis, mais déclarèrent aussi que tout le discours de maître Jean Petit était indigne d'être reproduit par écrit ou de vive voix. Lorsque ledit évêque et le vénérable inquisiteur de la foi surent que toute l'assemblée des professeurs, réunis en conseil de foi, avait déclaré que le discours entier de maître Jean Petit méritait d'être condamné ainsi que les neuf assertions, ils ordonnèrent, le 23 février, en présence d'un nombre considérable de docteurs, de maîtres et de prélats, et d'un grand concours de peuple assemblés en la grande salle de l'évêché, que cette sentence serait mise à exécution le surlendemain au parvis de l'église cathédrale. Au jour dit, ils montèrent sur un échafaud dressé à cet effet, de telle façon qu'ils pussent être vus par toute la foule qui les entourait, et après avoir fait proclamer à haute et intelligible voix l'énormité de ces propositions par l'organe de maître Benoît Gentien, savant professeur de théologie, ils les firent livrer aux flammes, comme erronées en foi et en morale, et grandement scandaleuses.

Ces faits et ceux qui ont été racontés plus haut portèrent une grave atteinte à l'honneur du duc de Bourgogne, qui éprouva à ses dépens

generare claros viros, precipue ut audivit quod inde penes modestos et graves in subsannacionem et contemptum conversus fuerat, viles quoque, gregarii et abjecti continuo sibilo et cantilenis satiricis famam ejus denigrantes ipsum proditorem publice nominabant.

combien les grands personnages sont blâmables de déroger à leur haute naissance. Mais ce qui lui causa surtout un vif dépit, ce fut d'apprendre qu'il était devenu un objet de mépris et de risée pour les hommes modérés et sages, et que le menu peuple, les gens de bas étage poursuivaient son nom de huées, le bafouaient dans des chansons satiriques, et le traitaient publiquement de traître.

CHRONICORUM
KAROLI SEXTI
LIBER TRICESIMUS QUINTUS.

Anni Domini mccccxiv.
$\begin{cases} \text{Pontificum iv,} \\ \text{Imperatorum iv,} \\ \text{Francorum xxxv,} \\ \text{Anglorum ii,} \\ \text{Sicilie xiv.} \end{cases}$

CAPITULUM I.

De treugis datis.

Auui Domini mcccCXIV.

VICISSITUDINES rerum Francie et Anglie regnis emergencium utrinque reges induxerunt ut ab instanti festo Purificacionis et usque ad annum inclusive fedus induciale mutuo iniretur; quod tamen non servaverunt qui lucri cupidine piscacionibus marinis insistebant, nec qui piraticam detestandam consueverant exercere.

CAPITULUM II.

Villam Compendii rex agredi deliberans, vexillum beati Dyonisii in ejus ecclesia domino Guillermo Martelli deferendum commisit.

Inter rerum pretactas vicissitudines, cum nonnulli auimo fluctuarent, quasi procellosis undis displicencie agitati, cum pacificam non valerent attingere stacionem, lues accidentalis

CHRONIQUE
DE CHARLES VI.

LIVRE TRENTE-CINQUIÈME.

An du Seigneur 1414 [1].
$$\begin{cases} \text{4}^e \text{ année du règne du pape,} \\ \text{4}^e \text{ ———————— de l'empereur,} \\ \text{35}^e \text{ ———————— du roi de France,} \\ \text{2}^e \text{ ———————— du roi d'Angleterre,} \\ \text{14}^e \text{ ———————— du roi de Sicile.} \end{cases}$$

CHAPITRE Ier.

Conclusion d'une trève.

Les événements survenus en France et en Angleterre engagèrent les deux rois à conclure une trève d'un an, à partir de la fête de la Purification. Toutefois, cette trève ne fut pas observée par ceux qui faisaient la pêche sur les côtes et en tiraient de gros profits, ni par ceux qui se livraient à l'odieux métier de pirate.

CHAPITRE II.

Le roi, qui avait résolu d'attaquer la ville de Compiègne, remet l'oriflamme à messire Guillaume Martel, dans l'église de Saint-Denys.

Au milieu de ces événements divers, qui tenaient les esprits dans l'inquiétude et l'alarme et faisaient sentir plus vivement à chacun le

[1] L'année 1414 commença le 8 avril.

totique regno nociva occurrit michi notanda; nec a proposito dissidet, cum ejus occasione rex aliquantisper sequi distulerit premissas cohortes pugnatorum. Februarii sane atque marcii mensibus venti Borealis inclemencia perdurante, ex tussis et reumatis immundo fluxu quasi repente infirmitas hec processit. Ad cujus primum accessum raucitas, dolor vehemens capitis, exinanicio omnium artuum corporalium, alteracio quoque appetitus sequebantur, et sic pauperes cum divitibus, senes cum minoribus indiferenter vexavit. Morbum similem, esto magis letiferum, alias memini me scripsisse in uno tamen a modernorum seculo inaudito, ideo nunc notandum, diferentem. Nam Parisius et alibi auditoriis regiis judices multis feriis sedere pro tribunali desierunt, cum tediosa raucitas oratoribus et causidicis famosis consuetam eloquenciam suspendisset.

Quamplures etate graves, summe tamen ingenuitatis viros vis egritudinis tunc absumpsit, inter quos dominum de Osmonte michi semper reverenti suspirio et pro curialitatibus tectis michi sepius concessis, dum in castris regiis sub sicca palea vel herbis virentibus lectus erat, censeo nominandum, militem utique consulti pectoris, in armis strenuum, quem et propter emeritam fidem rex statuerat in expedicionibus bellicis vexillum suum deferre, quod auriflamma vel vexillum sancti Dyonisii vocatur. Tam spectabilis viri mortem regii decuriones et aulici, urbanis ejus moribus et armorum exercitacione a novem lustris imbuti, multis diebus planxerunt. Et quamvis ex eis plures sibi similes potuissent reperiri, rex tamen Guillelmum Martelli, dominum de Baqueville, cambellanum suum, virum facundia clarum, strenuum in agendis et ex generosis proavis ducatus Normanie ducentem originem, tanta auctoritate dignum duxit honorandum.

regret de ne pouvoir goûter la paix et le repos, le royaume fut affligé d'une épidémie cruelle, qu'il n'est pas hors de propos de mentionner ici, puisqu'elle décida le roi à différer quelque temps son départ pour l'armée. Le froid rigoureux, produit par le vent du nord qui souffla sans relâche pendant les mois de février et de mars, occasionna des rhumes et des toux qui donnèrent naissance à ce fléau. La maladie s'annonçait tout d'abord par de l'enrouement, de violents maux de tête, une langueur générale et le défaut d'appétit. Elle atteignit indistinctement les pauvres et les riches, les vieillards et les jeunes gens. Je me souviens d'avoir déjà décrit ailleurs une épidémie semblable, mais beaucoup plus meurtrière; toutefois celle-ci fut signalée par des particularités dont les contemporains n'avaient pas encore vu d'exemple. A Paris et ailleurs, les juges furent obligés de suspendre leurs audiences pendant plusieurs jours, parce que les principaux avocats et les orateurs les plus fameux avaient une extinction de voix et ne pouvaient plus plaider.

Plusieurs personnages de grande naissance et d'un âge fort avancé succombèrent à la violence du mal. Je crois devoir citer entre autres messire d'Aumont, objet de mes regrets éternels, qui me donna souvent une généreuse hospitalité dans sa tente, lorsque je n'avais d'autre lit qu'un peu de paille ou l'herbe fraîche. C'était un chevalier plein de sagesse et de valeur, qui par sa fidélité éprouvée avait mérité que le roi lui confiât le soin de porter dans les batailles sa bannière dite l'oriflamme ou l'étendard de saint Denys. Les seigneurs et les officiers de la cour, qui depuis quarante-cinq ans avaient apprécié la courtoisie et la vaillance de cet illustre personnage, pleurèrent long-temps sa mort. Parmi les nombreux chevaliers qui pouvaient aspirer à l'honneur de le remplacer, le roi fixa son choix sur Guillaume Martel, sire de Bacqueville, son chambellan, non moins recommandable par son éloquence que par ses talents militaires, qui appartenait à une illustre famille du duché de Normandie.

Rebelles inde subditos statuit agredi; ne tamen recedens in urbe Parisiensi intestine controversie orirentur aut civiles discordie, que pestifere semper ac magnis urbibus funestiora fuerunt, quam bella externa, quam fames morbive, supplicantibus civibus, dilectissimos sibi ducem Biturie ac regem Sicilie Ludovicum, avunculum et cognatum, cum octingentis electis pugnatoribus relinquit, qui rerum emergencium vicissitudines viribus et prudencia mitigarent. Inde oracione peracta in ecclesia beate Marie Parisiensis, biduo non exacto, more progenitorum suorum, ad dedicatum a Christo monasterium beati Dyonisii, Francie peculiaris patroni, die Paschalis floridi, non tamen ipsorum more, unde miror, suis consanguineis et illustribus comitatus, gracia devocionis accessit, luceque sequenti, cum loci abbas venerabilis Philippus missam conventualem ad altare gloriosi martiris celebrandam suscepisset, rex suum militem vexillo regio taliter insignivit. Ante secretas collectas dictus abbas collacionem faciens, priusquam dicti militis insigne genus, magnanimitatem, aptitudinem et prudenciam in agendis multipliciter commendasset, vel quanta mala passi fuerant regnicole, occasione guerre nunc vigentis, disseruisset, diserte multis racionibus et exemplis regem docuit quod, quociens pro ipsis se offerebat ad malefactorum vindictam, non numeroso exercitu, sed in auxilio Dei, devotarum personarum et celicolarum oracionibus debebat specialiter sperare, addens et quod speciali devocione gloriosi martiris beati Dyonisii suffragium imploraret, cujus vexillum nunc poscebat. Sermonis finem faciens, et post corporis Christi consecracionem usque ad *Agnus Dei* perveniens, illud regi tenendum obtulit, benedictiones consuetas intelligibiliter proferendo, militem dictum flexis genibus et sine capucio jurare fecit super sacratissimum corpus

Le roi résolut ensuite de marcher contre ses sujets rebelles. Mais voulant prévenir les troubles que son absence pouvait occasionner à Paris et empêcher le retour des discordes civiles, fléau toujours dangereux et plus funeste encore aux grandes villes que la guerre étrangère, que la famine et les maladies, il laissa dans la capitale, à la requête des bourgeois, le duc de Berri et le roi Louis de Sicile, ses bien aimés oncle et cousin, avec huit cents hommes d'armes d'élite, pour y maintenir l'ordre par la force des armes et par leur prudence. Deux jours après, c'est-à-dire le jour de Pâques fleuries, ayant dit ses prières dans l'église de Notre-Dame de Paris, il se rendit, pour faire ses dévotions, suivant la coutume de ses ancêtres, au monastère de saint Denys, le patron particulier de la France, consacré par Jésus-Christ; mais ce qui m'étonna, c'est qu'il n'était pas accompagné, selon l'usage, des princes du sang et des grands de sa cour. Le lendemain, le vénérable abbé Philippe de Villette ayant célébré la messe conventuelle à l'autel du glorieux martyr, le roi remit solennellement l'oriflamme entre les mains de son chevalier. Voici comment se passa cette cérémonie. Avant les collectes secrètes, ledit abbé, montant en chaire, fit un pompeux éloge de la noblesse, du courage, de la prudence et du mérite de Guillaume Martel; et, après avoir rappelé tous les maux qu'avaient soufferts les habitants du royaume à l'occasion de la guerre civile, il remontra éloquemment au roi, par beaucoup de raisons et d'exemples, qu'en se disposant à tirer vengeance des offenses de ses ennemis, il devait moins compter sur le nombre de ses troupes que sur le secours de Dieu, sur les prières des personnes pieuses et sur l'intercession des saints; il lui recommanda ensuite d'implorer spécialement avec ferveur la protection du glorieux martyr saint Denys, dont il venait demander la bannière. Le sermon achevé, il reprit l'office divin; arrivé à la consécration et à l'*Agnus Dei*, il remit la bannière entre les mains du roi, en prononçant à haute voix les bénédictions accoutumées, et fit jurer sur le sacré corps de Jésus-Christ audit chevalier, qui était à genoux et sans chaperon, de garder fidèlement l'oriflamme jusqu'à sa mort. Alors Guillaume Martel, les mains jointes, demanda dévotement à Dieu la grâce d'accomplir son

Christi, quod illud usque ad mortem fideliter custodiret. Hoc instanti et ipsi devote junctis manibus supplicanti ut valeret adimplere quod sibi promiserat, cum rex sine cunctacione respondisset : « Ad id certe peragendum, consanguineorum nos- « trorum judicio, vos sufficientem novimus, et quod in finalibus, « Domino concedente, inde honorem poteritis reportare, et fa- « mam nominis vestri reddere gloriosam, » abbas, sacra commu- nione percepta et ministerium consummans, sibi sumendum tradidit celeste viaticum corpus Christi. Miles autem circum- spectus, attendens se jam sexagenarium etate et quod ejus vigor corporeus jam incipiebat tabescere, pre nimia senectute sine difficultate maxima non posse vexillum regium, si necessitas urgeret, deplicatum deffendere, inclitos milites et robustos, filium suum primogenitum, dominum Johannem de Betas, do- minum Sancti Clari, consodales et coadjutores elegit, et illud quasi preciosissimum monile a collo ad pectus usque depen- dens detulit multis feriis successivis ante regem, donec Silvane- tum pervenisset.

CAPITULUM III.

Regi precipienti subsidiariis ducis Burgundie ut ex Compendii urbe recederent, obtemperatum non fuit.

Exequcioni mandare rex jam statuerat cum generosis et predilectis ducibus Biturie, ejus patruo, Aurelianensi, Borbo- niensi, de Baro et Bavaria, comitibus quoque Virtutum, Augi, de Alenconio, de Divite Monte, atque conestabulario ejus, cognatis et consobrinis, nec non comite Arminiaci ceterisque consiliariis mature deliberata, et ut temerarie offense ducis Burgundie, nuper in majestatis regie dedecus ac regni intol-

serment ; à quoi le roi répliqua sur-le-champ : « D'après les témoi-
« gnages des princes de notre sang, nous vous tenons pour capable
« de remplir cette fonction , et, Dieu aidant, vous en retirerez bien-
« tôt beaucoup d'honneur et vous rendrez votre nom illustre. »
L'abbé, après avoir communié et consommé le sacrifice, donna aussi
l'hostie sainte audit chevalier. Celui-ci, considérant qu'il avait déjà
soixante ans, que ses forces commençaient à s'affaiblir, et que, s'il
fallait déployer la bannière royale, il ne pourrait, à cause de son grand
âge, la défendre convenablement, choisit pour aides et compagnons
de vaillants et robustes chevaliers, son fils aîné, messire Jean de
Betas, et messire de Saint-Clair, et porta plusieurs jours cette bannière
pendue à son cou comme un joyau précieux, jusqu'à ce que le roi fût
arrivé à Senlis.

CHAPITRE III.

Le roi ordonne aux troupes du duc de Bourgogne d'évacuer la ville de Compiègne.
— Elles refusent d'obéir.

Le roi était bien décidé à exécuter les résolutions qu'il avait prises,
après mûre délibération, de concert avec ses illustres et bien aimés parents le duc de Berri, son oncle, les ducs d'Orléans, de Bourbon, de
Bar et de Bavière, les comtes de Vertus, d'Eu, d'Alençon, de Richemont et le connétable, ses cousins, le comte d'Armagnac et les autres
conseillers, et à punir par la voie des armes les offenses commises
récemment par le duc de Bourgogne contre sa royale majesté, au
grand préjudice du royaume. Les lettres qu'il avait fait rédiger à ce

lerabile dampnum perpetrate, viribus vindicarentur. Quante qualesve fuerunt, et cum quanta displicencia ipsas pertulerit, ex ejus litteris prescriptis anno exacto satis constat, et novissime, ut vidit ipsum, pacis mutue jurate fractorem inverecundum, quosdam cognacionis obscure et sortis infime in partem sue sollicitudinis et de facto assumpti regiminis regni erexisse, qui spreto juris ordine, absque erubescencie velo, quamplures utriusque sexus nobiles et precipue consanguineos suos diu in ergastulis tenere presumpserant. Egre eciam tulerat quod idem dux, spreto regali edicto, cum bellatorum agminibus et apparatu bellico, non modo ad villam Parisiensem accesserat, ut ipsam, mota civili sedicione, intraret, sed et Compendii et Suessionis villis regiis armatos collocaverat milites, qui sibi recessus et introitus liberos custodientes, quociens opus esset, nobiles et populares circumadjacentis patrie sibi sollicitarent favere.

Ne tamen lenibus verbis seducti spiritum rebellionis ausi essent assumere, ex cunctis oris Francie jam ad regem convenerant ingencia bellatorum agmina, Vasconum quoque et Alemanorum sub comite Arminiaci, et Aymedio de Saleburia militancium vis immensa, et ubique lege edictali et voce preconia subditos feodales militaris etatis jusserat castra sequi, recusantibus supraaddita peccuniali et arbitraria mulcta. Et quamvis tunc vera relacione regem didicerim exercitum congregasse, qui suffecisset ad delendum multas barbaras naciones, adeo tamen sic excelsum submisit animum, ut ad subsidiarios ducis mitteret, qui monerent eos resipiscere ab inceptis, villas detentas injuste, nec duci Burgundie subditas, sine cunctacione redderent, immunesque recedentes quo vellent, alibi transmigrarent, si optabant ejus graciam promereri. Miti legacioni

sujet, l'année précédente, font assez connaître la nature et l'étendue
de ces offenses et le mécontentement qu'elles lui avaient causé. Il était
surtout fort irrité de ce que le duc avait enfreint sans pudeur les
traités jurés de part et d'autre, admis dans sa confiance et appelé de
fait au gouvernement de l'État des hommes sans naissance et du plus
bas étage, qui avaient poussé l'impudence jusqu'à oser mettre en
prison, au mépris des lois, plusieurs seigneurs et nobles dames, et
même quelques princes du sang. Il avait vu aussi avec un vif déplaisir
que ledit duc, contrairement à ses ordres, se fût approché de Paris à
la tête d'une armée et en appareil de guerre, afin d'y exciter un soulèvement qui lui en ouvrît les portes, et qu'il eût mis garnison dans
les bonnes villes de Compiègne et de Soissons, pour s'en assurer l'entrée et la sortie, et pour chercher à attirer, au besoin, dans son parti
la noblesse et le peuple des environs.

Le roi, voulant déjouer ces intrigues et prévenir toute tentative de
révolte, avait mandé des troupes considérables de toutes les provinces
de France, et y avait joint des corps nombreux de Gascons et d'Allemands, que lui avaient amenés le comte d'Armagnac et Amédée de
Salisbury. Il avait fait publier partout, à son de trompe, une ordonnance qui enjoignait à tous ses vassaux en âge de porter les armes de se
rendre dans son camp, sous peine d'amende. Il se vit bientôt, comme
je l'ai su de bonne part, à la tête d'une armée qui eût suffi pour
détruire plusieurs nations barbares. Néanmoins il poussa la condescendance jusqu'à envoyer dire aux gens du duc que, s'ils voulaient
obtenir leur pardon, ils eussent à cesser toute résistance et à rendre
sans délai les villes dont ils s'étaient injustement emparés, et qui
n'appartenaient pas au duc de Bourgogne; il leur offrit même un sauf-
conduit pour se retirer où ils voudraient. Mais ils ne tinrent aucun
compte de ces offres généreuses, et les sages avis par lesquels on essaya
de combattre leur obstination furent comme autant de paroles adres-

minime paruerunt, et obstinatis animo persuadere salubria, quasi asinis surdis narrare fabulam idem fuit. Nam omnes in circuitu agrestes acolas et suburbanos coegerunt cum bonis et omni supellectile urbes sibi commendatas petere, sub obtentu securitatis, et potissime cum fossatis, muris et densis turribus essent per circuitum munite. Veraci relacione tunc capitaneos didici omnium et singulorum animos gravi oracione ad resistendum excitasse, et ut secure cum eis remanentes non timerent quoscunque adversarios accessuros, et sperarent ante unicum assultum ducis Burgundie presidium procul dubio affuturum, atque ad id tres legiones bellatorum tam peditum quam equitum congregasse. Ut amplius captarent eorum benivolenciam, et in favorem sui ducis, contra ducem Aurelianensem reiteratis vicibus habenas sue crudelitatis laxantes, per comitatum Valesii et terras sibi subditas hostiliter grassando, captivaverunt colonos, et odibile redempcionis jugum subire coegerunt, omnes greges et armenta rapuerunt, sepius ingenti preda onusti, urbes sibi commendatas repetentes, eas habundanciores bonis omnibus reddiderunt, minime advertentes quod hec male acquisita non possiderent diucius.

CAPITULUM IV.

Villa Compendii obsidione cingitur, machine jaculatorie per ambitum collocantur ; nec tamen subsidiarii ducis Burgundie obstinatum deposuerunt animum.

Vera quidem me non pudebit fateri, et quod ceteri pugnatores stipendarii auctoritate regia evocati, exteri precipue, Vascones, Britones et Alemani suburbiis variis et villagiis locati, similia perpetrabant. Quapropter rex et principes sui generis, regnicolarum querimoniis pulsati, eos omnes Compen-

sées à des sourds. Ils forcèrent tous les paysans des environs et les habitants des faubourgs de se réfugier avec tous leurs biens et leur mobilier dans les villes où ils tenaient garnison, sous prétexte qu'ils y seraient plus en sûreté, parce qu'elles étaient défendues par des fossés et d'épaisses murailles flanquées de tours. J'ai su de source certaine qu'en même temps les capitaines cherchaient à échauffer leur courage par de pressantes exhortations, et qu'ils les engageaient à se bien défendre, et à rester avec eux sans craindre aucun ennemi, quel qu'il fût, les assurant qu'avant le premier assaut le duc de Bourgogne viendrait à leur secours, et que déjà il avait réuni à cet effet trois corps de fantassins et de cavaliers. Afin de les attacher plus étroitement à leur cause et à celle de leur duc, ils commirent, à plusieurs reprises, de cruelles hostilités sur les terres du duc d'Orléans, et coururent le comté de Valois et ses dépendances, faisant prisonniers et rançonnant sans pitié les gens de la campagne, et enlevant le gros et le menu bétail. Ils revenaient ainsi souvent chargés de butin dans les villes où ils s'étaient cantonnés, et y rapportaient en abondance toutes sortes de provisions, ne songeant pas qu'ils ne jouiraient pas longtemps de tous ces biens mal acquis.

CHAPITRE IV.

Siége de la ville de Compiègne. — Les batteries sont dressées autour des murs ; néanmoins les gens du duc de Bourgogne persévèrent opiniâtrément dans leur résistance.

Je dois dire, parce que c'est la vérité, que les gens de guerre assemblés au nom du roi, et principalement les étrangers, Gascons, Bretons et Allemands, cantonnés dans les faubourgs et les villages, commettaient des excès semblables. C'est pourquoi le roi et les princes du sang, touchés des plaintes des habitants, ordonnèrent aux troupes de se diriger en toute hâte sur Compiègne, afin de tourner tous leurs

dium accelerare jusserunt, ut hostes viribus humiliarent pro posse. Nec defuerunt cum eis qui arietes et catos componerent, cuniculos quoque subterraneos usque ad intima ville producerent, necnon et ferrarii, cementarii, et qui erigendi emittendique machinas jaculatorias habebant experienciam; quibus datum est in mandatis ut usque ad regis adventum preludia obsidionalia exercentes, urbis clausuram debilitarent continue. Iterum cum balistariis et arcum educentibus, expertos artifices in lignis secandis, dolandis et copulandis domini premiserunt, qui per transversum fluvii muris urbis adjacentis, solidum pontem firmarent, ut, durante obsidione, obsessores, quociens opus esset, mutuo se juvarent; idque penitenciali ebdomada auctoritate regia statutum est.

Tunc tamen rex, solite clemencie memor, cum quibusdam consiliariis suis camere Parlamenti magne auctoritatis magistrum Oudardum Genciani et magistrum Guillelmum Chanteprime iterum misit Compendium, non sine multorum murmure, et precipue extraneorum castris residencium regis, publice asserencium, non decere regiam majestatem uti legacione uti erga rebelles subditos, quos sciebat temporali animadversione dignos, posseque ab ipsis faciliter viribus superari. Quam avide eorum sanguinem sicientes optabant urbem bonis omnibus depredari, nuncii luculentissime depromentes, inobedienciam regi factam tanquam scelus nephandissimum agravant, rebellionem ostensam excecrantur, et addentes cum quanta displicencia ipsam pertulerat, monuerunt omnes et singulos, ut attendentes ejus benivolenciam, ad cunctis patentem ejus clemenciam accederent, ut suppliciter implorarent veniam de commissis. Sed redeuntes Silvanetum, ubi Dominice resurrectionis rex sollempnes ferias peragebat, ipsi presidenti in

efforts contre leurs ennemis. On leur adjoignit des ouvriers pour fabriquer des béliers et des chats, et pour creuser des galeries souterraines qui conduiraient au cœur de la ville, ainsi que des forgerons, des maçons et d'habiles artilleurs, et on leur ordonna de commencer les travaux du siége en attendant l'arrivée du roi, et de battre continuellement en brèche les remparts de la ville. On fit partir aussi avec eux, outre les arbalétriers et les archers, un certain nombre de charpentiers et de menuisiers, pour établir sur la rivière qui baigne les murs de la ville un pont qui permît aux assiégeants de se secourir au besoin les uns les autres pendant le siége. Par ordre du roi, la semaine sainte fut employée à ces travaux.

Cependant le roi, qui penchait toujours vers la clémence, envoya de nouveau à Compiègne quelques uns de ses conseillers de la chambre du Parlement avec maître Oudard Gentien et maître Guillaume Chanteprime, personnages fort considérés. Cette démarche fut généralement blâmée, surtout par les étrangers qui étaient à la solde du roi. La majesté royale, disaient-ils hautement, ne devait pas descendre jusqu'à négocier avec des sujets rebelles, qu'on savait dignes de châtiment, et qu'il était si facile de soumettre par la force. Les députés représentèrent éloquemment aux assiégés combien ces étrangers avaient soif de leur sang et aspiraient au pillage de la ville; ils leur reprochèrent comme un crime inouï leur désobéissance au roi, flétrirent énergiquement leur rébellion, et leur témoignant combien le roi en était irrité, ils les engagèrent, tous ensemble et chacun d'eux en particulier, à se confier en sa bonté, et à recourir à sa clémence inépuisable, en implorant humblement le pardon de leur faute. Mais ils ne purent les persuader, et lorsqu'ils revinrent à Senlis, où le roi était allé passer les fêtes de Pâques, ils lui annoncèrent, en présence des ducs et des princes assemblés, que ni les menaces, ni les avis salutaires n'avaient pu vaincre l'obstination de ses ennemis, qui s'étaient

consistorio ducum et principum retulerunt se in vanum attemptasse, nec minis nec salubribus monitis corda saxea hostium
emolliri, semper responsis suis addencium, quod tanquam
fideles subditi regis et ducis Guienne urbem hucusque custodierant indempnem, quos et non poterant credere agmina bellatorum personaliter adduxisse. Iterum retulerunt sub signis
militaribus Hugonis de Alneto, domini Guillelmi de Sorel,
Martelletti de Mesneleyo, domini de Sancto Leodegario, Hec-
toris de Saveuse, ballivi de Fouqueroles, quingentos viros
armatos manere, qui vigilanti studio precaventes ne villa in
manus premissorum pugnatorum veniret, sepius et fere horis
singulis cum balistis et machinis jaculatoriis ictus mortales
inferebant.

CAPITULUM V.

**De incendio dampnoso quod hospicia dominorum ducum consumpsit, et de punicione
civium Novioniensium.**

Regi eciam nuncii retulerunt peritos artifices adhuc per ambitum ville contexendis cratibus, scalis connectendis et compo-
nendis arietibus, qui muris applicarentur, insudare. Quare, ne
quas secum copias militares adduxerat, equorum pabula per-
quirendo, nimis vexarent patriam adjacentem, loco cedere
statuit apprilis die undecima, premittens aule regie ministros,
qui sibi et suis illustribus apud Novionium hospicia prepararent. Estimo non mirandum si egre tulerit ipsis cives urbis
introitum usque ad diem sequentem denegasse. Recedens tamen
in apparatu bellico et aciebus dispositis, prope muros Compendii pertransiens ut inde obsessi territi ad dedicionem venirent, apud Pontem Soisyaci, a loco solum duobus milibus
distantem, suos pernoctare jussit; quod tamen non peregerunt

contentés de leur répondre qu'ils avaient jusqu'alors gardé la ville en fidèles sujets du roi et du duc de Guienne et sans y causer aucun dommage, et qu'ils ne pouvaient croire que les princes en personne eussent amené contre eux des gens de guerre. Ils ajoutèrent qu'il y avait, sous la conduite de Hugues d'Aulnay, de messire Guillaume de Sorel, de Martelet du Mesnil, du sire de Saint-Léger, d'Hector de Saveuse, et du bailli de Fouquerolles, cinq cents hommes d'armes spécialement chargés de défendre la ville contre les troupes de l'avant-garde royale, et qui faisaient de grands ravages par les décharges continuelles de leurs machines et de leurs batteries.

CHAPITRE V.

Un incendie terrible consume les quartiers de messeigneurs les ducs. — Punition des habitants de Noyon.

Les mêmes députés annoncèrent aussi au roi que les ouvriers n'en continuaient pas moins à pratiquer des galeries autour de la ville, et à construire les échelles et les béliers dont on devait faire usage contre les murs. C'est pourquoi le roi, voulant épargner au pays les dégâts que commettraient ses troupes en cherchant du fourrage, résolut de partir le 11 avril, et détacha en avant quelques officiers de sa cour avec ordre de préparer des logements à Noyon pour lui et pour les seigneurs de sa suite. Les habitants de cette ville leur en refusèrent l'entrée jusqu'au lendemain; ce dont le roi fut vivement offensé. Cependant il partit en appareil de guerre et en ordre de bataille, passa sous les murs de Compiègne, afin d'effrayer les assiégés et de les déterminer à se rendre, et s'arrêta à deux lieues de là, à Pont de Choisy, pour y passer la nuit [1]. En cet endroit eut lieu un évé-

_____

[1] Monstrelet dit que le roi, en partant de Senlis, alla loger à Verberie.

sine suspicione prodicionis imminentis. Nam circa noctis cre-
pusculum, grave incendium subito suscitatum est, quod insi-
gniores domus ville consumpsit penitus et cremavit, et precipue
in quibus rex, dominus dux Guienne et alii principes locati
erant, et revera in prejudicium personarum singulorum redundasset, si hora qua sompnus gravis mortales solet premere acci-
disset. Fama publica referebat Inguerrannum de Bornovilla
per tres sordidos et abjectissimos viros corruptos peccunia incendium procurasse, et quod de Suessonica urbe cum electis
pugnatoribus exire promiserat, et in regem, dominum ducem
Guienne, ac ceteros principes regii generis insurgere, si proditores prefati, divina et humana animadversione digni, horam
condictam expectassent.

Pro veritatis argumento, sequenti die, regii satellites unum
de tribus miserrimis viris ostenderunt, qui hec confessus fuerat, quem et apud Novionium perduxerunt, ut capite plectere-
tur; sed quidquid vulgus tunc referret, a summe auctoritatis
decurionibus didici, quod id adinventum erat, et quod, igne
excitato per negligenciam quorumdam famulorum, activitatem
subitam egerat venti violencia tunc vigentis. Igitur ex ergastulis
soluto misero viro, quem lingua propria, esto violencia tormentorum convicerat, cum ad reparandas in parte casuales
ruinas rex pluribus manum munificam liberaliter extendisset,
ad corrigendum civium insolenciam, qui ministris suis verbis
procrastinaverant ingressum, cum principibus generis sui, suis
quoque illustribus et consiliariis processit. Ex deliberacione
communi tantam temeritatem cuncti noverant processisse;
cives quoque inobedienciam expiassent, vel capitalem sentenciam subeundo, vel direpcionem bonorum, nisi rex, domini
ducis Guienne precibus condescendens, crimen civile fecisset,

nement qui dut faire soupçonner quelque trahison. Vers le soir, un violent incendie éclata tout à coup, brûla et détruisit presque entièrement les plus belles maisons de la ville, et particulièrement celles où étaient logés le roi, monseigneur le duc de Guienne et les autres princes. Il est probable qu'ils eussent tous péri, si le feu s'était déclaré à l'heure où chacun dort d'un profond sommeil. Le bruit courut que c'était Enguerrand de Bournonville qui avait payé trois misérables pour allumer cet incendie, qu'il avait promis de sortir de Soissons avec un corps d'élite pour surprendre le roi, monseigneur le duc de Guienne et les autres princes de la famille royale, et qu'il aurait exécuté son projet, si ces traîtres, dignes de l'animadversion divine et humaine, avaient attendu l'heure convenue.

Le lendemain matin, en effet, les gens du roi arrêtèrent un de ces trois misérables qui avait avoué le fait, et l'amenèrent au camp devant Noyon pour qu'il y subît la peine capitale. Mais quoique l'on crût généralement à leur culpabilité, j'ai su par quelques uns des principaux officiers de la cour que ces bruits étaient controuvés, que l'incendie devait être attribué à la négligence de quelques valets, et qu'un grand vent, qui s'éleva tout à coup, lui avait donné une activité extraordinaire. On remit donc en liberté ce malheureux, à qui la violence seule des tourments avait arraché des aveux. Le roi, après avoir laissé de nombreuses marques de sa munificence pour la réparation des dommages causés par l'incendie, se mit en devoir de châtier, de concert avec les princes du sang, ses principaux seigneurs et ses conseillers, l'insolence des habitants de Noyon qui avaient tardé d'ouvrir leurs portes à ses officiers. On savait que cet acte d'une inconcevable témérité avait été décidé dans une réunion générale des habitants, et on leur eût fait expier leur désobéissance par le dernier supplice ou par le pillage de la ville, si le roi, par condescendance pour monseigneur le duc de Guienne, n'eût consenti à considérer ce crime comme une affaire civile et n'eût fait publier partout à son de trompe

ubique lege edictali et voce preconia faciens publicari, ne quis sub capitali multa aliquem eorum sine auctoritate judiciaria molestaret. Regali tamen consistorio decretum fuerat quod inobediencie motores principales penam peccunialem subirent, et antequam in ergastulis propter hoc mitterentur, triumphorum regiorum preco precipuus Suessionem peciit, qui militibus et armigeris illuc invito rege residentibus preciperet auctoritate sua, ut inde mox recederent, si optabant ejus graciam promereri.

CAPITULUM VI.

De temeraria responsione illorum qui villam Suessionis, et temerario ausu illorum qui Compendium occupabant.

Rediens preco regius, et omnes edictum regium impacienter referens audivisse, addidit et pro omnibus Ingerrannum de Bornovilla respondisse quod regis ac ducis Guienne fideliores subditi quam infideles Armeniaci secum residentes semper extiterant, ipsisque ac suis familiaribus tantum civitatis ingressum, quem hucusque ab omni violencia vel dampno custodierant, humiliter offerebant. Ignominiosum responsum in dedecus aurea lilia deferencium, qui residebant cum rege, dominus dux Guienne impacienter audiens, per nuncium iterum, suum quoque tubicinem, ipsis sub interminacione mortis intimavit ut genitoris jussionibus obedienter parerent. Sed prefatus Ingerrannus, tunc et minas despiciens, remandavit quod et guerrarum jure urbem duci Aurelianis subditam ipse et sui consodales occupabant, cum existeret ducis Burgundie adversarius capitalis, cui et semper favere promiserant.

Verbalem tam arrogantem repulsam universi principes impacienter ferentes, expiandam viribus censuissent, nisi luce

une ordonnance qui défendait, sous peine de mort, d'inquiéter les habitants sans autorité de justice. Il fut arrêté toutefois en conseil que les principaux moteurs de cette désobéissance seraient condamnés à une amende. Avant qu'ils fussent mis en prison pour cela, un roi d'armes fut envoyé à Soissons pour enjoindre, de la part du roi, aux chevaliers et aux écuyers qui tenaient cette ville contre sa volonté, d'en sortir sur-le-champ, s'ils voulaient obtenir leur pardon.

CHAPITRE VI.

Réponse insolente de ceux qui tenaient la ville de Soissons. — Entreprise téméraire de la garnison de Compiègne.

Le roi d'armes annonça, à son retour, que les ordres du roi avaient été mal reçus; il ajouta qu'Enguerrand de Bournonville avait répondu, au nom de tous, qu'ils avaient toujours été plus fidèles sujets du roi et du duc de Guienne que les traîtres d'Armagnacs qui étaient en leur compagnie, et qu'ils offraient humblement auxdits princes et aux gens de leurs maisons seulement, l'entrée de la ville, qu'ils avaient jusqu'à ce jour préservée de toute violence et de tout dommage. Monseigneur le duc de Guienne, vivement irrité d'une réponse si outrageante pour les princes du sang qui étaient auprès du roi, renvoya aux habitants son héraut particulier avec un nouveau message, pour leur enjoindre, sous peine de mort, d'obtempérer sur-le-champ aux ordres du roi son père. Mais ledit Enguerrand, dédaignant ces menaces, répliqua que ses compagnons et lui occupaient, en vertu du droit de la guerre, une ville appartenant au duc d'Orléans, attendu qu'il était l'ennemi déclaré du duc de Bourgogne, dont ils avaient promis de défendre la cause.

Tous les princes furent indignés de ce refus arrogant, et se seraient mis en devoir d'en tirer vengeance, si le lendemain un courrier

sequenti nuncius superveniens retulisset, obsessos in Compendio non modo ictus obsidionalium machinarum potentissime hucusque pertulisse, sed ob eorum absenciam temerarium ausum assumpsisse sepius exeundi, ut obsessores invaderent. Subjunxit idem nuncius quod hujus mensis apprilis vicesima prima die, triplicem discursionem hostilem exercendo, cum suburbium famosius urbis in parte maxima flamma voraci consumpsissent, cum viris et equis ibi repertis, majorem machinam jaculatoriam, que *burgensis* vocabatur, inhabilem ad emittendum lapides reddiderunt, tresque alias minores abstulerunt, earum artificibus interfectis, et inde per pontem ligneum fluvium transeuntes, Arminiacos invaserunt, a quibus tamen repulsi fugere coacti sunt, multis ex suis occisis. Finemque verbis faciens, addidit nuncius universos in obsidione residentes, et precipue Britones, Guascones et Alemanos, viros utique prede avidissimos, eorum presenciam affectuose prestolari, spondentes sub amissione capitum, quod si spe remuneracionis laborum assiliendi concederetur facultas, et obsessos regi redderent captivandos, villa viribus occupata.

CAPITULUM VII.

Rex ad obsidionem Compendii rediens, obsessis in apparatu bellico se ostendit militibus, qui post multa colloquia recesserunt, et villam restituerunt.

Excecrabili tamen tactos cupidine, regem minime tendere ad destructionem ville regie, quam prisci progenitores, et precipue illustris Karolus Calvus turribus densis cinxerat, amplis edificiis super alias urbes regni exornaverat, et ad quam sepius invehebantur non modo terrestri itinere, sed et per amnem muris allabentem, merces peregrine et communes, unde mul-

n'était venu donner avis que les assiégés de Compiègne, qui jusqu'alors avaient soutenu vigoureusement les efforts des machines, enhardis par l'absence des princes, faisaient de fréquentes sorties contre les assiégeants. Le même courrier ajouta que, le 24 de ce mois d'avril, ils avaient fait une triple attaque, et qu'ayant livré presque entièrement aux flammes le faubourg le plus considérable de la ville avec tout ce qui s'y trouvait d'hommes et de chevaux, ils avaient mis hors de service la plus grande des machines de siége, qu'on appelait *la bourgeoise*, en avaient emporté trois autres plus petites, après avoir tué ceux qui les manœuvraient; que, passant ensuite la rivière sur un pont de bois, ils s'étaient jetés sur les Armagnacs, mais qu'ils avaient été repoussés et mis en fuite et avaient perdu beaucoup de monde. Il annonça, en finissant, que tous les gens de guerre employés au siége, et particulièrement les Bretons, les Gascons et les Allemands, tous très avides de pillage, attendaient impatiemment l'arrivée des princes, et qu'ils s'engageaient, sur leur tête, à s'emparer de vive force de la ville et à remettre les assiégés entre les mains du roi, si on leur permettait de donner l'assaut et qu'on leur promit le pillage.

CHAPITRE VII.

Le roi retourne au siége de Compiègne, et se montre en appareil de guerre aux chevaliers assiégés, qui après plusieurs pourparlers se retirent et livrent la ville.

Il n'entrait pas dans la pensée du roi de détruire une de ses bonnes villes, que ses ancêtres et l'illustre Charles le Chauve en particulier s'étaient plu à entourer de fortifications redoutables, qu'ils avaient entre toutes les villes du royaume ornée de beaux édifices, qui servait d'entrepôt à un grand commerce par terre et par eau, et qui en tirait des profits considérables. Les événements qui suivirent le prouvèrent bien à ces gens affamés de pillage. Le roi, quittant Noyon à la tête de

tum commodum reportabat, sequencia docuerunt. Nam de
Novionio exiens, octo milibus militibus et armigeris loricatis
ad unguem comitatus et in quinque divisis aciebus, prope Compendium venit, unde e muris cominus ab oppidanis cerni posset, et pede fixo aliquantula mora facta, ex duobus suis vexilli-
feris unum misit, qui diceret : « Nunc certissime vobis constet
« ibi regem personaliter adesse, cui obtemperare in cunctis
« consulo, ut pocius valeatis ejus innatam clemenciam quam
« potenciam experiri. » Et mox rex, cum partem illam ducis de
Baro et comitis Arminiaci, qui anteguardiam regebant, custodie
commendasset, per pontem ligneum pertransiens, et reliquam
partem duci Aurelianensi, comitibus de Alenconio, Augi et de
Divite Monte precipiens obsidione cingere, in suburbio propinquo solum centum passibus distante ab hostibus et in ecclesia Sancti Germani se locavit. Quamvis ab eadem parte obsessi
loco parcentes, a sagittarum tractu et emissione lapidum mola-
rium abstinuerunt, cum continue viderent ad fenestras aule
regis ejus vexilla dependencia, hiis tamen et similibus instrumentis alia loca pro posse impetebant, usque ad recessum
suum, nisi quando, gracia celebrandi mutua consilia, fedus
induciale dabatur.

Castris regiis tunc degebam humo nuda jacens cum generosis scutiferis, qui regis fercula mense sue cotidie appone-
bant, a quibus didici obsessos inquisivisse quomodo possent
exire liberi et immunes cum thesauris et locupleta supellectile
a longo tempore predis et latrociniis parta. Quod verbum regali
colloquio cum regis consanguineis Francie conestabularius
reprobans, indignissimum reputavit criminosos et irretitos
crimine lese majestatis sic absolvi, et qui solum a gregariis
regiis humiliari poterant, nisi prius pro commissis petita venia

huit mille chevaliers et écuyers armés de toutes pièces et partagés en
cinq corps, s'avança sous les murs de Compiègne, de manière à ce que
les assiégés pussent l'apercevoir du haut de leurs remparts, s'arrêta
quelque temps, et leur fit dire par un de ses deux porte-bannières :
« Vous ne doutez pas maintenant que le roi ne soit ici en personne ;
« je vous conseille donc de lui obéir en toutes choses, si vous voulez
« éprouver sa clémence ordinaire plutôt que les effets de sa puis-
« sance. » Puis le roi, confiant la surveillance de ce côté de la ville
au duc de Bar et au comte d'Armagnac, qui commandaient l'avant-
garde, passa la rivière sur un pont de bois, ordonna au duc d'Orléans,
aux comtes d'Alençon, d'Eu et de Richemont de bloquer l'autre côté,
et se posta dans un faubourg, à cent pas seulement de l'ennemi, et
dans l'église de Saint-Germain. Les assiégés épargnèrent ce lieu et
s'abstinrent de lancer des flèches et des pierres de ce côté, parce qu'ils
voyaient les bannières du roi flotter aux fenêtres de son appartement ;
mais, jusqu'au moment où ils évacuèrent la place, ils ne laissèrent
point de faire pleuvoir sans relâche toutes sortes de projectiles sur
les autres quartiers de son armée, excepté dans les intervalles de trêve
qu'on accordait pour entrer en pourparler.

Je me trouvais alors dans le camp du roi, couchant sur la dure avec
de nobles écuyers, qui servaient chaque jour le roi à table, et j'appris
d'eux que les assiégés demandèrent qu'il leur fût permis de s'éloigner
en toute liberté avec les honneurs de la guerre, et d'emporter les
trésors et le riche butin qu'ils avaient amassés depuis long-temps
par le pillage et la rapine. Le connétable de France et les princes
du sang combattirent cette demande dans le conseil, et déclarèrent
qu'il serait scandaleux que des rebelles, des criminels de lèse-majesté, qu'une poignée de simples soldats pourrait facilement soumettre, fussent ainsi absous sans avoir demandé et obtenu le pardon

et obtenta; quod et plures incliti decuriones cum domino de
Baquevilla persuadere susceperunt diei sequentis illucescente
aurora. Ipsis autem non modo aditu urbis, sed et mutuo colloquio penitus denegatis, quamvis inducialia signa reiteratis vicibus ostenderint, advesperascente tamen die, cum micius se
habentes tubicini et preconi regiis deliberacionem usque ad
sequentem diem postulassent, ut mutantes propositum obediencie amplecterentur virtutem, rex insignes dominos de Liniaco,
de Livriaco, et de Torsiaco ad eos destinavit. Quam prudenter,
quam luculenti sermone id eis persuaserint, non tamen in villam, sed infra antemurale introducti, ad longum scribere officeret compendio, quod studiose quero; dicam tamen quod
cum sine pudore pluries excusaciones frivolas pretendentes
assererent, non credere regem Francie cum eis presencialiter
esse, ordinatum extitit ut luce sequente quosdam sub salvo
conductu ducerent et reducerent qui rei veritatem ceteris inti-
marent. Sperabant secum mittendos quosdam summe auctoritatis burgenses; sed quemdam cyrurgicum, quem Johannem
Quieret vocabant, et Henricum de Alliaco, qui, judicio omnium
regia circumstancium in aula, ex lenocinio, scortis publicis,
patre quoque blasphemarum et perjuriorum, taxillorum ludo
hucusque statum sibi quesierat, ad regem, cujus vultum respi-
cere omnes dicebant indignos, adduxerunt. Et hii quidem in
regis presencia, Guienne, Aurelianis, de Baro, Borboniensis,
de Bavaria ducum, comitum quoque Virtutum, Augi, de Alenconio, Marchie, Vindocini, Armeniaci, et de Divite Monte nec
non conestabularii Francie, Guienne et Aurelianensis cancel-
lariorum constituti, cum post impensum debite reverencie
signum dictus cyrurgicus affari cum licencia cepisset, et prolixiori sermone villam cum habitatoribus recommendans, eos

de leurs offenses. Le lendemain matin, plusieurs illustres seigneurs de la cour, ayant à leur tête le sire de Bacqueville, se chargèrent d'aller faire des représentations aux assiégés. Mais on refusa de les admettre dans la ville, et même de les entendre, bien qu'ils eussent fait à plusieurs reprises des signaux pour parlementer. Cependant, vers le soir, les assiégés se montrèrent plus traitables, et demandèrent au héraut ou roi d'armes de sa royale majesté un délai jusqu'au lendemain, pour revenir à de meilleurs sentiments et rentrer dans l'obéissance. Le roi leur envoya alors les illustres seigneurs de Ligny, de Livry et de Torcy; mais on ne les laissa pas pénétrer dans la ville; ils ne furent reçus que dans la première enceinte des murs. Je ne rapporterai pas tout au long les sages et éloquentes représentations que ces envoyés firent aux habitants; ce détail serait contraire à la brièveté dont je me suis fait une loi. Je me contenterai de dire que les assiégés ayant allégué à plusieurs reprises des excuses frivoles, et prétendu qu'ils ne croyaient point que le roi fût en personne dans le camp, les envoyés convinrent qu'ils emmèneraient avec eux, le lendemain, et ramèneraient, sous la foi d'un sauf-conduit, quelques uns de la ville qui pourraient attester le fait aux autres. Ils pensaient qu'on choisirait à cet effet les bourgeois les plus considérables; mais on leur adjoignit deux hommes généralement regardés comme indignes de paraître devant le roi, un chirurgien, appelé Jean Quiéret, et un nommé Henri d'Ailly, connu de tous les gens de la cour pour un homme qui n'avait depuis long-temps d'autre moyen d'existence que le produit des maisons de débauche et de prostitution et le jeu de dés, père du blasphème et du parjure. Lorsqu'ils eurent été amenés en présence du roi, des ducs de Guienne, d'Orléans, de Bar, de Bourbon et de Bavière, des comtes de Vertus, d'Eu, d'Alençon, de la Marche, de Vendôme, d'Armagnac et de Richemont, du connétable de France et des chanceliers de Guienne et d'Orléans, ledit chirurgien prit la parole. Après avoir offert à l'assemblée l'hommage de ses salutations, il commença un long et insolent discours en faveur de la ville et de ses habitants, et déclara qu'ils avaient toujours été fidèles au roi. Le chancelier de France lui répliqua que rien n'était moins vrai, puisqu'ils

fideles semper extitisse erga regem adjecisset, id negavit cancellarius Francie, quia regiis non paruerant mandatis. Cumque, ad excusacionem frivolam alias repetitam se convertens, respondisset, « Adhuc in villa non credunt quod rex personaliter ibi « sit, » ab eoque audivisset, « Id ridiculosum et adinventum « reputamus, et nobis displicet quod hucusque renuistis nobis « villam aperire, » verbis tamen subjunxit dominus dux Guienne : « Et nisi pareatis genitori, penas utique luetis, suis « et nostris exterminati viribus. »

In comitiva igitur prefatorum militum redeuntes, non sine ignominiosis verbis plurimis vociferantibus : « Vidistis nunc « regem vestrum, pessimi proditores, » ut jussi fuerant auctoritate regia, militibus et armigeris dixerunt, die crastina oraculo vive vocis aperiendum quod in animo gerebant; id tandem, quamvis inviti, facere promiserunt, dum tamen pro se ipsis traderentur obsides quos optarent. Quamvis sic justo rigorosius procedere viderentur, rex tamen, indempnitati ville et subditorum suorum cupiens providere, annuit quod petebant, dieque dicta dominos de Hangest, de Morvilier et Franciscum de Grygnans, milites, quos elegerant, quos sciebant aulam regiam minime frequentare, per dominum de Yvriaco misit, qui rediens ex urbe Hugonem de Lannoy et Marteletum de Mesneleio cum duobus scutiferis, de burgensibus vero Johannem Feron, Jacobum de Rotulo et Johannem Quiret secum adduxit. Hii simul ordinaverant, post impensum debite salutacionis affatum, verbis quoque recommendacionem humilem, ipsi regi offerre duo dolia optimo vino plena, et in signum hujus duo vascula aurea illo plena secum afferri fecerant, que tamen gustare respuit regius pincerna; munus quoque vilipendens, regem dixit non indigere vino suo, quoniam

refusaient d'obéir aux ordres du roi; et comme le chirurgien avait encore une fois recours à l'excuse frivole précédemment alléguée, et répondait : « On ne croit pas encore dans la ville que le roi soit ici en « personne. » « C'est un prétexte ridicule et une fausseté, reprit le « chancelier, et nous sommes très mécontent que vous nous ayez « jusqu'à présent refusé l'entrée de la ville. » « Et si vous n'obéissez « au roi mon père, ajouta le duc de Guienne, vous serez châtiés et « exterminés par nos armes et les siennes. »

Les députés s'en retournèrent donc en compagnie des mêmes chevaliers, non sans être assaillis par les injures de la foule qui leur criait de tous côtés : « Mauvais traîtres, vous avez vu votre roi maintenant. » De retour auprès des chevaliers et des écuyers de leur parti, ils leur annoncèrent, d'après l'ordre qu'ils en avaient reçu du roi, qu'il fallait le lendemain faire connaître de vive voix leurs intentions. Ceux-ci le promirent, mais à regret, et sous la condition qu'on leur livrerait certains otages à leur choix. Quelque exorbitantes que parussent ces prétentions, le roi, qui voulait sauver la ville et ses sujets, consentit à ce qu'ils demandaient, et leur envoya, ledit jour, sous la conduite du sire d'Ivry, le sire de Hangest, le sire de Morvilliers et François de Grignan, qu'ils avaient eux-mêmes désignés, parce qu'ils savaient que ces seigneurs allaient peu à la cour. Messire d'Ivry ramena de la ville Hugues de Lannoy et Martelet du Mesnil, avec deux écuyers et trois bourgeois, Jean Féron, Jacques du Rôle et Jean Quiéret. Ceux-ci avaient décidé entre eux qu'après avoir salué le roi, et lui avoir présenté les humbles hommages de la ville, ils lui offriraient deux tonneaux d'excellent vin, dont ils avaient fait apporter avec eux, pour échantillon, deux vases d'or remplis jusqu'au bord. Mais l'échanson du roi refusa d'y goûter; il repoussa même leur présent, en disant que le roi n'avait pas besoin de leur vin, parce qu'ils n'étaient point gracieux à son égard, et qu'ils ne se montraient raisonnables ni dans leurs propositions ni dans leurs réponses. Cependant, Hugues de Lannoy, au lieu de prendre un ton humble, prononça un discours plein d'arrogance. Il

nec graciosi erant, nec racionabiles in proposito et responsis. Verbis sane non humilitate, sed arrogancia refertis usus
prenominatus miles Hugo, et a laudibus suis suorumque conso-
dalium sumens exordium, longum texuit sermonem, quam
fideliter sub regiis militaverat vexillis, quibus et obedienter
parere promittebat, quamdiu vitam duceret in humanis. Addidit et eos neque Compendii villam usurpasse, sed auctoritate
regia occupasse, cujus et tenorem secum deferebat, continentem ut ad peticionem domini ducis Burgundie constitutus fuerat hujus custos et deffensor, et ipsam hucusque regi et domino
duci Guienne conservaverant indempnem. Oratoris non muta-
verunt propositum verba Francie cancellarii querentis, « Et cur
ipsis jubentibus portas non aperuistis? » quin sine cunctacione
responderet, id ducem Burgundie precepisse, qui in brevi cum
comitiva insigni eis obsequiosum se offerret, et sufficienter responderet, rogans regem ut ipsum tanquam dilectum cognatum
recommendatum haberet, et memoriter retineret, quot bona
sibi fecerat tempore retroacto. Quod verbum impacienter audiens et eos remittens, jussit ut viam aliam sequerentur.

Sperabant utique alienarum substanciarum avidissimi rap-
tores, nunciorum arroganciam regem et principes ad diripien-
dum urbem accendisse, indeque leti, interim dum per triduum
mutua celebrarentur consilia, me audiente, ad cautelam obsessis pluries persuaserunt, ut usque ad mortem fortiter se defen-
derent, asserentes quod sciebant, si ad dedicionem venirent,
omnes capite plecterentur. Inordinatum affectum extere naciones in actum procul dubio perduxissent, que judicio omnium
circumspectorum non modo urbem predictam, sed et residuum
regni predale libenter exposuissent, nisi principes incliti inchoatam miliciam decorare benignitate statuissent, et regem

commença par faire son éloge et celui de ses compagnons, et par rappeler longuement avec quelle fidélité il avait servi le roi, promettant de lui rester soumis toute sa vie. Il ajouta qu'ils n'avaient point usurpé la ville de Compiègne, mais qu'ils s'y étaient établis en vertu d'un ordre royal, dont il avait sur lui la copie, portant que c'était à la demande de monseigneur le duc de Bourgogne qu'il en avait été nommé le gardien et le défenseur, et que jusqu'à ce jour ils l'avaient conservée au roi et à monseigneur le duc de Guienne, sans y causer le moindre dommage. « Pourquoi donc, lui dit alors le chancelier de « France, ne leur avez-vous point ouvert vos portes, quand ils vous « l'ordonnaient? » Il répondit, sans s'émouvoir et sans hésiter, qu'il s'était conformé aux instructions du duc de Bourgogne, qui devait bientôt venir lui-même avec une brillante escorte leur offrir ses hommages, leur donner sur toutes choses des explications satisfaisantes, qu'en attendant ledit duc priait le roi de l'avoir pour recommandé comme son bien aimé cousin, et de se souvenir de tous les services qu'il lui avait rendus jadis. Ce langage déplut fort au roi, qui les renvoya en les invitant à suivre une autre ligne de conduite.

Les gens avides de pillage et de butin espéraient que l'arrogance des députés déterminerait le roi et les princes à autoriser le sac de la ville, et ils s'en réjouissaient. J'ai même entendu quelques uns d'entre eux, pendant les trois jours que durèrent les conférences, conseiller perfidement aux assiégés de tenir bon jusqu'à la mort, leur assurant qu'on avait résolu de les faire tous périr, s'ils en venaient à capituler. Les étrangers mercenaires qui, au dire des gens sages, étaient disposés à piller non seulement cette ville, mais encore tout le reste du royaume, auraient fini par satisfaire leur cupidité effrénée, si les illustres princes n'eussent résolu de signaler par leur générosité l'expédition qu'ils avaient entreprise, et si le roi n'eût mieux aimé triompher de ses sujets par la clémence que par la force des armes. On vit

velle subditos non victrici gladio, sed cum clemencia guber-
nare. Quod ipsam virtutem pre cunctis aliis amplectebatur,
luce clarius in finalibus cognoverunt. Nam cum per quatriduum
ad colloquia regia convenissent, premissis semper obsidibus
pro se ipsis, quod ipse rex impacientissime ferebat, mox tamen
regiis pedibus advoluti humiliter veniam junctis manibus pecierunt de commissis; ipsa digna capitali sentencia decrevit civilia
reputari. In regis convenientes sentenciam quotquot sibi con-
sanguinitate astabant vel officiorum jure, iterum obtinuerunt
ut universi urbani eadem immunitate gauderent. Omnium
quoque assensu unanimi statutum est ut forenses die septima
maii regia usque castra conducerentur secure cum armis et
communibus sarcinis, quas equis vehi solebant, prius tamen
prestito fidelitatis juramento, et quod deinceps regi in omnibus fideliter obedirent.

CAPITULUM VIII.

Regi precipienti ut Suessionensis civitas sibi redderetur, obtemperatum non fuit.

Aptatis inde navibus que obsidionalia instrumenta per Ysare
fluvium usque Suessionis veherent, ibique premissis extraneis
subsidiariis, conestabularii, ducis de Baro et comitis Arminiaci
signa sequentibus, et in anteguardiam constitutis, sequenti die
rex et sui consanguinei insignes urbem inermes ingressi sunt.
Quem ingressum pacificum omnes sub eorum vexillis militantes
cum tantis laudibus, me audiente, attollebant, ac si de multis
hostibus regni gloriosissime triumphasset. Turmas quas premiserat militares, regales nuncii usque Suessionis perduxerant,
qui cum difficultate magna aditu antemuralis principalis porte

en effet jusqu'à l'évidence que cette vertu était celle qui le distinguait entre toutes les autres. Après quatre jours de pourparlers, auxquels les assiégés ne se rendaient qu'après s'être fait livrer des otages pour leur sûreté, ce qui déplaisait fort au roi, ils finirent par se jeter à ses pieds, et lui demandèrent humblement et à mains jointes pardon de leurs fautes. Le roi consentit à ce qu'on se bornât à poursuivre civilement un crime, qui méritait la peine de mort. Les seigneurs qui assistaient au conseil, soit par les droits du sang, soit par ceux de leur charge, approuvèrent cette clémence, et obtinrent la même grâce pour tous les habitants. Il fut aussi décidé d'un commun accord que les gens de la garnison seraient amenés le 7 mai jusqu'au camp du roi avec leurs armes et bagages, après avoir juré toutefois qu'ils obéiraient désormais fidèlement au roi en toutes choses.

CHAPITRE VIII.

Le roi fait sommer la ville de Soissons de se rendre; les habitants s'y refusent.

Après avoir fait transporter par l'Oise sur des bateaux les machines de siége jusqu'à Soissons, et avoir envoyé contre cette ville les compagnies étrangères, qui formaient l'avant-garde sous les ordres du connétable, du duc de Bar et du comte d'Armagnac, le roi et les princes du sang entrèrent le lendemain, sans armes, dans la ville de Compiègne. J'ai entendu tous ceux qui avaient pris part à cette expédition, parler de cette entrée pacifique avec autant d'éloge, que s'il s'était agi de la plus éclatante victoire remportée sur une armée ennemie. Le roi avait fait accompagner son avant-garde jusqu'à Soissons par des députés, qui s'étant fait admettre à grand'peine dans la première enceinte élevée en avant de la porte principale de la ville, firent

urbis impetrato, accitis summe auctoritatis civibus et pugnatoribus ad custodiam ejus deputatis a duce Burgundie, regem dixerunt precipere ut sibi ac consanguineis suis accessuris in brevi
civitatem redderent; universos quoque debere reminisci, quam
periculosum fuerat ipsis invitis.tamdiu illam retinuisse, sicque
humanam animadversionem procul dubio merito incurrisse;
quos quamvis inde iracundia digna motos minime ignorarent,
scirent tamen excessus inobediencie oblituros, si corda humilia
resumentes, de commissis indulgenciam humiliter flagitarent;
satis eos didicisse cunctis patentem eorum benignitatem, cum
neque in Novionio, nec Compendio unicum ex rebellibus capitalem precepissent subire sentenciam, quam et cunctis sine
dubio minabantur, si obstinato animo responderent se nolle
obtemperare mandatis, idque mutuo deliberarent breviter et
succinte.

Cum Antonio de Crodonio milite, qui se custodem precipuum
dicebat civitatis, multi aderant prepotentes et ex generosis
proavis trahentes originem. Pro quibus omnibus Inguerrannus
de Bornovilla, armiger insignis, robustus corpore et eloquen-
tissimus, cum Picardus existeret, presumens respondere, assistencium primo fidelitatem multipliciter commendavit; addidit
et eos omnes et singulos nunquam ab ejus semitis deviasse,
nec in aliquo regem vel dominum ducem Guienne offendisse,
sed propter utilitatem regni, amborum quoque honorem pro
viribus, dum sub vexillis incliti ducis Burgundie militabant,
se et sua exposuisse cum eodem, qui utique expedicione bellica
ipsis laudabiliter servivit. « Quisquis autem eorum auribus
« susurrat contrarium, et quod inde summis laudibus attolli
« non debeat, respondent quod procul dubio verba dat adin-
« venta, et seducunt ambos serenissimos principes, dominos

appeler les principaux d'entre les bourgeois et les hommes d'armes
préposés par le duc de Bourgogne à la garde de la place, et leur déclarèrent que le roi, qui allait arriver avec les princes du sang, les som-
mait de lui rendre la ville. Ils leur représentèrent à quels dangers
ils s'étaient exposés en la gardant si long-temps contre sa volonté,
combien ils avaient ainsi encouru l'animadversion des hommes. Toutefois ils les assurèrent que les princes, quoique justement irrités contre
eux, étaient disposés à oublier leur coupable désobéissance, s'ils con-
sentaient à se soumettre et à demander humblement pardon de leurs
torts. L'exemple de Noyon et de Compiègne, ajoutèrent-ils, leur prouvait jusqu'où allait la clémence des princes, qui n'avaient fait mettre
à mort aucun habitant de ces villes rebelles; mais ils devaient s'attendre à être tous passés au fil de l'épée, s'ils persistaient obstinément
à résister aux ordres du roi. Ils les invitèrent donc à en délibérer
promptement et dans le plus bref délai.

Il y avait à cette entrevue, avec messire Antoine de Craon, qui
se disait le principal commandant de la ville, plusieurs vaillants chevaliers issus de nobles familles. L'un d'eux, Enguerrand de Bournonville, écuyer picard de grande réputation, renommé pour sa valeur et
pour son éloquence, prit la parole au nom de tous. Il commença par
faire un pompeux éloge de la fidélité des assistants, et ajouta que
jamais aucun d'entre eux ne s'était écarté du sentier de l'honneur, et
n'avait offensé en quoi que ce fût le roi ou monseigneur le duc de
Guienne; qu'ils avaient au contraire exposé plus d'une fois avec empressement leurs personnes et leurs biens dans l'intérêt du royaume et pour
l'honneur de ces deux princes, ainsi que l'illustre duc de Bourgogne,
sous la bannière duquel ils combattaient, et qui avait sans contredit
rendu de grands services à sa majesté dans la dernière guerre. « S'il y a,
« dit-il en finissant, des gens assez hardis pour soutenir le contraire
« et prétendre que le duc ne mérite pas toutes sortes d'éloges, je
« déclare qu'ils en ont menti, et ne cherchent qu'à abuser les deux
« princes sérénissimes, nos seigneurs naturels, auxquels nous nous

« nostros naturales, quibus et nos recommendantes humiliter,
« urbis ingressum offerimus, quociens huc accedent secum tan-
« tum familiam domesticam adducentes. »

CAPITULUM IX.

Continuando discursiones hostiles, bastardus de Borbonio occisus est, et rex
obsidione jussit cingere civitatem.

Quamvis minime ignorarent quod principes impacienter
audirent insolentissimum responsum, nec tamen inde territi,
sed omni reverencia parvipensa, ex urbe in apparatu bellico
exeuntes, in nostros foris locatos inopinate irruerunt, qui fortiter resistendo, peracto parvo conflictu, invasores retrocedere coegerunt, multis ex suis occisis. Utrinque tribus feriis
successivis, nunc claris occursibus nunc puderosis repulsis
marcios continuaverunt congressus, quibus, et si plures ex generosis progenitoribus ducentes sanguinis dignitatem, hinc inde
cum lacertis hectoreis ictus ingeminantes, multa strenue gesse-
rint, incliti tamen ducis Borboniensis defuncti filium illegitti-
mum, quanquam ex genitrice nobili, militem utique agilem
censebant indubitanter preferendum. Estimatis equidem ejus
moribus urbanis et militaribus, subsidiarii regii sub ejus signis
jam militare contendebant, dum adhuc ex flore gratissime juventutis in virilem etatem evaderet, que tamen, ut assolet, nimis
precipitem et plus equo propriis viribus confidentem ipsum,
proc dolor, reddidit in agendis. Nam die decima maii, audiens adversarios more solito hostiles discursiones exercere,
mox semiarmatus prosiliens, ac si cum pabulatoribus ire vellet
cum suis pugnatoribus, non modo ipsos retrocedere compulit,
multis utrinque occisis, sed et antemurali porte urbis viribus

« recommandons humblement, étant tout disposés à les recevoir dans
« cette ville, toutes les fois qu'il leur plaira d'y venir accompagnés seu-
« lement des officiers de leurs maisons. »

CHAPITRE IX.

Le bâtard de Bourbon est tué dans un engagement. — Le roi fait investir la ville
de Soissons.

Ceux de Soissons n'ignoraient point que les princes étaient fort
irrités de leur insolente réponse ; mais ils s'en effrayèrent peu, et sans
se soucier de ce qui pourrait arriver, ils sortirent de la ville en appareil de guerre, et fondirent tout à coup sur nos troupes, qui leur
opposèrent une vigoureuse résistance. Après un court engagement, les
assaillants furent repoussés avec une perte considérable. Pendant trois
jours il y eut entre les deux partis des rencontres semblables, qui
furent signalées par des alternatives de revers et de succès. Beaucoup
de nobles chevaliers s'y firent remarquer par leur bravoure et leurs
prouesses. Mais on distingua par-dessus tous les autres le bâtard du
feu duc de Bourbon, brave chevalier, dont la mère était de noble
origine. Les troupes du roi, qui appréciaient à la fois sa courtoisie et
sa valeur, se disputaient l'honneur de servir sous ses ordres ; il sortait
à peine de l'adolescence et entrait dans l'âge viril ; mais hélas ! ce fut sa
jeunesse même qui, comme il arrive ordinairement, le rendit trop
imprudent et trop confiant dans ses propres forces. Le 10 mai, ayant
appris que les ennemis couraient le pays, selon leur coutume, il partit
à la hâte avec ses gens sans revêtir son armure, comme s'il se fût agi
seulement d'aller fourrager, les attaqua courageusement, et non content de les avoir mis en fuite après un engagement meurtrier, il pénétra
de vive force dans la première enceinte de la ville ; mais en voulant
pousser plus avant, il reçut un coup d'arbalète qui lui traversa la
gorge, et mourut de cette blessure le lendemain, après avoir reçu
dévotement les sacrements de l'Église. Le même jour l'armée royale
arrivait devant la ville. En apprenant cette circonstance, je crus

occupato, dum ulterius progredi conaretur, ictu catapulte a balistario emisse, nudo gutture transfixo, sequenti die obiit, prius devote susceptis ecclesiasticis sacramentis. Ex presentibus presagiendo futura, mortem ejus multis aliis expiandam judicavi, ut ipsa die comperi civitatem regias conciones attigisse. Nam ut ducem Borbonii, qui hunc amabat tanquam fratrem legittimum, pertranseam, rex et omnes principes lilia deferentes tantum super ejus interitu doluerunt, ac si quisque cognatum germanum et ex utroque parente procreatum amisisset.

CAPITULUM X.

Quomodo villa Suessionensis capta fuit.

Jam super progressu rerum gerendarum rex et principes mutuo celebraverant secreta colloquia, michi penitus ignota; scio tamen quod hac die, metatis per urbis ambitum castris, cum rex abbaciam Sancti Johannis de Vineis pro domicilio elegisset, obsessis nuncios iterum destinavit, qui auctoritate sua dedicionem imperarent ad sue beneplacitum voluntatis. Minime siluerunt sibique ac ceteris principibus plurimum displicere quod id tam diu tardassent, et maxime duci Aurelianensi, qui comitatum ville a rege tenebat in feodum; sed quasi dedisse verba vento, idem fuit. Nam Inguerrannus, quam antea pro aliis arrogancius respondens, in calce prolixe narracionis dixit : « Et si, inquit, introitum ville dominis nostris regi et suo pri- « mogenito non negemus, juxta tamen observaciones guerra- « rum juste ipsam occupamus, cum simus obedientes duci « Burgundie, cui dux Aurelianensis est adversarius capitalis. » Morte igitur consanguinei dilecti, esto illegittimi, et pertinaci rebellione civium tunc ostensa, quasi vivo aculeo displicencie

pouvoir présager que cette mort serait expiée par bien d'autres. Car, sans parler du duc de Bourbon, qui aimait ce prince comme un frère légitime, le roi et tous les princes du sang furent aussi affligés de sa mort que s'ils eussent véritablement perdu en lui un cousin germain.

CHAPITRE X.

Comment la ville de Soissons fut prise.

Le roi et les princes avaient eu plusieurs conférences secrètes au sujet de leur plan de campagne. Je n'ai point eu connaissance de ce qui s'y passa ; je sais seulement que ce jour-là même le roi, après avoir assis son camp autour de la ville et choisi pour quartier l'abbaye de Saint-Jean-des-Vignes, envoya de nouveau sommer les assiégés de se rendre à merci. Les députés leur représentèrent que le roi et les autres princes étaient fort irrités de ce qu'ils avaient tant tardé à se soumettre, et surtout le duc d'Orléans, qui tenait en fief du roi le comté de Soissons. Mais tous leurs avis furent autant de paroles emportées par le vent. Enguerrand de Bournonville leur répondit, au nom de tous, avec plus d'arrogance encore que la première fois, et leur dit en finissant : « Nous ne refusons pas l'entrée de la ville à notre « sire le roi ni à son fils aîné ; mais il n'en est pas moins vrai que nous « l'occupons légitimement suivant les usages de la guerre ; car nous « ne faisons en cela qu'obéir au duc de Bourgogne, dont le duc d'Or- « léans est l'ennemi mortel. »

Les princes, poussés à bout par la mort du bâtard de Bourbon, leur bien aimé cousin, et par l'obstination manifeste des habitants,

principes stimulati, unanimiter concludunt prohibendum universis ne quis ipsis super induciali federe loqueretur vel tractatu pacifico, sed opportunitatem assultuum inchoandorum
sollicite expectando, sagittarum tractum, omnis generis missilium ac instrumentorum obsidionalium incessanter emitterent.
Ex machinis eciam jaculatoriis usque ad diem maii vicesimam
non segnius quam obsidentes obsessi molares lapides cum
horribili fragore, ac si ex infernali furia procederent, emiserunt, et sepius, quod impacienter ferebant universi, ubi vexilla
regia ad fenestras regalis hospicii aspiciebant ad solem reful-
gere, ac si in interitum ipsius ac decurionum suorum cordialiter
aspirarent.

Quod tante temeritatis audacia procedebat, quia indubitanter sperabant ducem Burgundie venturum qui viribus obsidionem solveret, cunctis innotuit, ut viderunt nuncium subiisse
capitale supplicium, qui interim bellatorum agmina temptaverat
pertransire, ut ad eum acceleraret venire. Ex parte quidem civium
litteras deferebat, in substancia continentes : « Metuendissime
« domine noster, humili recommendacione premissa, noveritis
« adversarios nostros nos undique obsidione cinxisse, quos et
« diu sustinere non valemus; ideo supplicamus ut, sicut alias
« promisistis, nobis succurrere non tardetis. » Prefatus eciam
de Bornovilla Inguerrannus idem litteris supplicabat; strenuitatem quoque ac numerum obsidencium multipliciter commendans, addebat in calce verborum : « Equidem formidabile nobis
« est videre contra nos regem, supremum nostrum dominum,
« tot pugnatoribus comitatum, qui continue nos intollerabiliter
« coartant, nostrum sane finale exterminium aspirantes. »

Inde territi qui Sancti Medardi ecclesiam hucusque occupaverant, et pocius cupientes regis benivolenciam quam poten-

décidèrent unanimement qu'il ne serait plus permis de parler de trêve
ni de traité de paix, et recommandèrent qu'en attendant le moment
de donner l'assaut, on ne cessât de faire pleuvoir sur la ville une
grêle de flèches et toutes sortes de projectiles. Jusqu'au 20 mai, les
assiégés ne déployèrent pas moins de vigueur que les assiégeants, et
ripostèrent en faisant jouer leurs batteries, lançant d'énormes pierres
avec un horrible fracas qui semblait sortir de l'enfer. Ce qui excita
partout la plus vive indignation, c'est qu'ils dirigeaient le plus souvent leurs coups vers l'endroit où ils voyaient briller au soleil les
bannières royales flottant aux fenêtres de l'appartement du roi,
comme s'ils n'eussent rien tant désiré que sa mort et celle des seigneurs de sa cour.

Ce qui leur inspirait tant d'audace, c'est qu'ils avaient l'espoir que
le duc de Bourgogne viendrait bientôt faire lever le siége. On n'en
douta plus, quand on sut que les princes avaient fait arrêter et mettre
à mort un courrier qui avait essayé de traverser le camp pour arriver
jusqu'au duc, et qui lui portait, de la part des habitants, un message
dont voici la substance : « Notre très redouté seigneur, nous vous
« faisons savoir, en nous recommandant humblement à vous, que nos
« ennemis nous ont investis de tous côtés, et que nous ne sommes pas
« en état de leur résister long-temps; nous vous supplions donc de
« venir sans retard à notre secours, comme vous nous l'avez promis. »
Enguerrand de Bournonville lui adressait la même prière, en lui
représentant vivement la valeur et le nombre des assiégeants, et ter-
minait sa lettre par ces mots : « C'est une chose terrible pour nous de
« voir contre nous le roi, notre souverain et naturel seigneur, accom-
« pagné de tant de gens de guerre, qui nous pressent sans relâche
« d'une façon intolérable, et qui n'aspirent qu'à notre ruine. »

En effet, la frayeur commençait à gagner les assiégés; et ceux qui
gardaient le poste de l'abbaye de Saint-Médard, aimant mieux s'en

ciam experiri, ipsi se submiserunt penitus, locum suis gentibus relinquentes, que tamen non sine difficultate vicinum suburbium fortificatum ab hostibus commisso prelio lucrati sunt; nam ex ipsis strage plurima peracta, perpauci ad Ingerrannum dominum suum redierunt. Qui ut se vidit expectato frustratum auxilio et mortali animadversione dignum, deposita, sero tamen, consuete arrogancie sarcina, mox secus sub se militantibus secretissime accersitis : « Que mente agitem, inquit, commili- « tones, audite; in eo enim loco res sunt nostre, ut vobis ego « magis necessitatis vestre index quam consilii auctor sim. « Unica nobis salus est abhinc locum deserere et abire; id ut « nocte faciamus opportet, et ideo, postquam spes tuendi villam « non est, secunda noctis vigilia, quod tempus obsidentes somp- « nus altissimus premit, recedamus cum quanto poterimus « silencio, prompti semper viam gladiis apperire, si nobis casu « occurrant nocturnas excubias persolventes. »

Ingerranni tamen astuciam dominus Antonius de Crodonio, qui ceteris militibus auctoritate precellebat, mente concipiens, et salutis viam, mente consternatus, aliam sibi querens, mox consanguineis suis regiis residentibus in castris supplicaturum misit, ut sibi veniam de commissis erga regem impetrarent, promittens et quod, si vellet, Inguerrannum, tocius rebellionis incentorem precipuum, vivum et vinctum eidem destinaret. Si obtinuerit quod poscebat, pro comperto non habui; vera relacione tamen didici, quod commilitonibus suis evocatis, ipsi Inguerranno hora dicta exitum ville libere denegavit, quamvis asseruisset reiteratis vicibus, quod congregaverat pugnatores, ut actum aliquem strenuitatis experiretur in hostes; et sic utrinque in urbe periculosa sedicio orta fuit. Strepitus tumultuosus discurrencium per urbem cum ardentibus faxibus et concla-

rapporter à la clémence du roi que d'éprouver les effets de sa puissance, lui firent leur soumission, et abandonnèrent la place. Mais les
gens du roi ne parvinrent qu'avec peine à se rendre maitres du faubourg voisin; il leur fallut livrer bataille aux ennemis, qui, après avoir
perdu la plupart des leurs, retournèrent en petit nombre vers Enguerrand, leur chef. Celui-ci, se voyant frustré du secours qu'il attendait,
et ne se dissimulant pas qu'il avait encouru un châtiment terrible,
sentit s'évanouir, bien qu'un peu tard, cette confiance arrogante
qu'il avait montrée jusqu'alors. Il réunit secrètement ceux qui étaient
encore avec lui, et leur parla en ces termes : « Écoutez, mes amis,
« la résolution que j'ai prise : l'état de nos affaires est tel, qu'il me reste
« moins à vous donner un conseil qu'à vous indiquer ce à quoi nous
« réduit la nécessité. Nous n'avons plus aucun espoir de défendre la
« place; notre unique moyen de salut est de l'abandonner et de nous
« retirer. Nous ne pouvons le faire que pendant la nuit. Partons donc
« à la seconde veille, au moment où les assiégeants seront plongés
« dans le plus profond sommeil; marchons silencieusement et tenons-
« nous prêts à nous ouvrir un chemin l'épée à la main, si nous ren-
« controns par hasard les sentinelles chargées du guet. »

Cependant messire de Craon, le plus considérable d'entre les chevaliers, se doutant de la trahison d'Enguerrand, chercha, dans son
désespoir, un autre moyen de salut. Il envoya prier ceux de ses parents
qui étaient dans le camp d'intercéder auprès du roi pour obtenir sa
grâce, promettant de livrer vivant et chargé de fers, si sa majesté
le désirait, Enguerrand, le principal moteur de la rébellion. J'ignore
si sa demande fut accueillie favorablement; mais j'ai su de bonne
part, qu'ayant assemblé ses compagnons, il refusa de laisser sortir
Enguerrand à l'heure convenue, bien que celui-ci protestât qu'il
n'avait réuni la garnison que pour tenter quelque coup de main
contre l'ennemi; cette dispute excita une grande sédition dans la ville.
Le bruit des gens qui s'attroupaient et qui parcouraient les rues avec
des torches allumées en criant aux armes, arriva bientôt jusqu'aux
oreilles des sentinelles de nuit qui faisaient le guet dans le camp du
roi; et qui, soupçonnant ce que ce pouvait être, réveillèrent leurs

mancium ad arma, excubitrices copias, que intentis animis et
auribus pernoctabant, non latuit, sed satis augurio apprehen-
dentes quid erat, excitaverunt a sompno ceteros pugnatores,
qui mox arma capessentes, pede fixo se tenuerunt in aciebus
ordinatis, donec aurora lucis sequentis adventum nunciasset.
Optabant utique quotquot in armis tunc erant, avidius tamen
ultra fluvium locati, et majori cupidine ducti, ut inchoarentur
assultus, idque eorum precibus rex pulsatus usque ad diem
sequentem diferre statuerat; sed nundum hora diei duodecima
exacta, tempus anticipandum dignum duxit, ut veraciter audivit mutuum reiteratum conflictum, et quod cives Inguerrannum exire minime permittebant.

Id presagientes Arminiaci, Barenses et Alemani, eoque
segnius solito murorum peribolum et specularia servabant,
sine cunctacione fluvium Esne transnantes, pedem eorum attin-
gunt. Capitanei autem, qui ex altera parte civitatis sub signis
regiis, ducum Guienne, Aurelianis, Borbonii, comitum quoque
de Alenconio, Augi et Montis Divitis militabant, mox cum
tubarum formidabili clangore ubique arma sumendi ac villam
undique agrediendi signum regia auctoritate dederunt. Mox
cum gregariis milites et armigeri fulminei accurrentes, et
transgredientes fossata, applicuerunt scalas muris; quinque
locis inchoantur assultus, quos cives potentissime cum tractu
et omni genere missilium pertulerunt, et nostros sepe scan-
dentes ex arduo per proclive prosternebant precipites, qui
tamen inde pavidi non effecti, sed pene vesano impetu ascen-
sum iterum resumentes, ceteros ad audaciam similem incitabant. Tandem tamen duarum horarum spacio continuato conflictu, et revera non sine multorum strage ex generosis proavis
originem ducencium, obsessorum omnis virtus emarcuit, ani-

compagnons. Ceux-ci prirent aussitôt les armes, se mirent en ordre de bataille, et attendirent ainsi le lever du jour. Toute l'armée royale, et particulièrement ceux qui étaient cantonnés au delà de la rivière, désiraient ardemment qu'on donnât l'assaut; et le roi, cédant à leurs instances, l'avait décidé pour le lendemain. Mais, vers midi, il jugea à propos d'en avancer le moment, sur l'avis certain qu'il eut que le désordre avait recommencé dans la ville, et que les habitants ne voulaient point permettre à Enguerrand d'en sortir

A cette nouvelle, les Armagnacs, les gens du Barrois et les Allemands, qui commençaient à se fatiguer de la surveillance qu'ils exerçaient autour de la ville, passèrent l'Aisne à la nage, et furent bientôt au pied des murs. En même temps, les capitaines qui étaient de l'autre côté de la place, sous les ordres du roi, des ducs de Guienne, d'Orléans et de Bourbon, des comtes d'Alençon, d'Eu et de Richemont, firent sonner à grand bruit les trompettes, pour enjoindre aux troupes, de la part du roi, de prendre les armes et d'attaquer la ville de tous côtés. Les chevaliers et les écuyers, suivis de leurs gens, accourent aussitôt avec l'impétuosité de la foudre, traversent les fossés et dressent les échelles contre les murs. On commence l'assaut sur cinq points à la fois. Les habitants repoussent vigoureusement les assaillants avec toutes sortes de traits et de projectiles; ils en précipitent un grand nombre en bas des murs; mais ceux-ci, loin de s'effrayer, reviennent à la charge avec plus de fureur, et excitent par leur exemple l'ardeur de leurs compagnons. Enfin, après un engagement qui dura deux heures entières, et qui coûta la vie à plus d'un noble seigneur, les assiégés perdirent courage; épuisés de fatigue et désespérant de prolonger leur résistance, ils se rendirent le 24 mai aux vainqueurs, qui entrèrent dans la ville en poussant des cris ter-

moque consternati et in baratrum desperacionis ruentes, die maii vicesima prima cesserunt victoribus, qui cum clamore terribili ingredientes civitatem, jam Arminiacos et alienos alios repererunt jam ejus honestiora et locupleciora domicilia occupasse.

CAPITULUM XI.

Qualiter victores se habuerunt urbe capta.

Sic vicissitudines rerum fortune volubili subjacere[1] civitas famosissima, in uberiori gleba regni Francie constituta, muris, turribus sublimibus, condempsis valde, opere sollido compactis, insignis admodum et munita, fontibus, fluviis et nemoribus circumcincta, bellicoso et longa pace florenti referta populo, que peregrinis et communibus mercibus longe multas alias excedebat, predalis exteris nacionibus, proc dolor! est effecta. Sic clara civitas, olim titulo regum Francorum Clodoveo succedencium insignita, et ab eodem tempore intus et extra sollempnibus ecclesiis et celicolarum pignoribus singulariter dotata, que et tunc gloriabatur Picardiam, Viromandiam, Flandriam et Normaniam sue jurisdictioni temporali subjacere, nunc ignominie nebulis obscurata, ceteris facta est in derisum et perpetue infamie notam. Ut tamen verum fatear, ex obstinata malicia habitancium in ea id processit. Nam spiritu rebellionis agitati, et in partem deteriorem se vertentes, edictis parere regiis contempserunt. Sic igitur cervicosi et intractabiles viri, dum monitis nesciunt acquiescere melioribus, et discipline salutaris nesciunt jugum portare, suo lapsi impetu, viarum suarum fructus inutiles collegerunt, sub victorum gladiis constituti. Nam sicut in predam leones famelici, sic procul dubio in

[1] Il faut supposer ici l'omission d'un mot tel que *didicit*.

ribles, et y trouvèrent les Armagnacs et les autres étrangers déjà occupés à piller les plus belles et les plus riches maisons.

CHAPITRE XI.

Conduite des vainqueurs après la prise de la ville.

C'est ainsi que la fortune inconstante frappa de ses coups une des villes les plus considérables du royaume, située dans la partie la plus fertile de la France, flanquée de bonnes murailles et de hautes tours remarquables par leur épaisseur et leur solidité, environnée de sources, de rivières et de forêts, remplie d'une population belliqueuse, enrichie par la jouissance d'une longue paix, et célèbre entre toutes les villes par l'importance de son commerce. C'est ainsi qu'elle fut, hélas! livrée à la merci d'une soldatesque étrangère. C'est ainsi que cette cité fameuse, qui avait été jadis la capitale d'un royaume sous les successeurs de Clovis, qui avait vu depuis ce temps s'élever dans son enceinte de magnifiques églises, qui avait été dotée particulièrement de précieuses reliques de saints, et qui se glorifiait alors de voir la Picardie, le Vermandois, la Flandre et la Normandie soumises à sa juridiction temporelle, se trouva déchue de sa gloire, exposée à la risée publique, et marquée d'un éternel déshonneur. Il est vrai de dire que ce malheur était dû surtout à la funeste obstination des habitants. Aveuglés par l'esprit de révolte, ils s'étaient jetés dans les plus funestes résolutions, et avaient refusé d'obéir aux ordres du roi. Aussi, ces fiers et intraitables rebelles, pour n'avoir pas voulu écouter de sages avis et se soumettre au joug d'une légitime obéissance, se perdirent par leurs propres fautes, et recueillirent le triste fruit de leur conduite, en périssant sous le fer des vainqueurs. Ceux-ci se jetèrent sur eux comme des lions affamés qui fondent sur leur proie. Alors on n'entendit plus partout que des cris de terreur et d'épouvante mêlés aux lamentations des mères et des

eos invehuntur; tunc ubique clamor omnia variis terrencium
ac pavencium vocibus, mixto mulierum et puerorum ploratu,
complet. Ubique fit concursus incertus nunc hos nunc illos
sequencium, rogancium viros natosque cui se fato committe-
rent. Sic villa predalis effecta, et ubique effractis penicioribus
locis, facta sunt desiderabilia urbanorum victorum preda, et
queque speciosa in sortem sibi spolia diviserunt.

Rex tamen, inolite benignitatis et misericordie non oblitus,
ne ultra modum laxarent crudelitatis habenas, voce preconia et
auctoritate regia statuit promulgari ut ab inermi vulgu gladium
retrahentes nec quempiam occiderent, cujus jam mobile occupassent; idque optime adimpletum est. Sed cum preco addidisset auctoritate regia, ut nec mulieribus conjugatis vel signa-
culum puellare retinentibus, vel ecclesiis violenciam inferrent,
preceptum extere naciones, ut Britones, Vascones, et Theuto-
nici, quos innatus furor exagitare, rapacitas stimulare, et libido
precipitare consuevit, minime observaverunt. Sic absque erubescencie velo, et timore Dei penitus parvipenso, enormia scelera
committentes, et bona ecclesiarum sacrilegis manibus distra-
hentes, Sarracenicam exsuperando vesaniam, vix tandem ab
ipsis spe premiorum allectis Arminiaci comes potuit obtinere
ut occupatis domiciliis parcentes, ab incendio voraci abstinerent.

Et quamvis urbis indigene et incole universi rebellionis civilis
participes et capitali animadversione digni existerent, tamen
non sevitum est in omnes; nam multi tanquam vilia mancipia,
amisso toto mobili, odibile jugum redempcionis subierunt. Alii
morti adjudicandi dicti sunt, ex quibus viginti quinque, die
hujus mensis vicesima octava, vinculis alliguatos et in redis et
quadrigis prepositi Parisiensis et mercatorum Parisius adduxe-

enfants. Partout on voyait les femmes courir en désordre et s'attacher aux pas des uns et des autres, demandant à leurs époux, à leurs enfants, quel sort elles devaient attendre. La ville fut livrée au pillage, et les vainqueurs fouillèrent les maisons de fond en comble, s'emparèrent de tous les biens des habitants et se partagèrent par le sort les dépouilles les plus précieuses.

Cependant le roi, écoutant sa bonté et sa clémence habituelles, et voulant mettre un frein à ces cruautés, fit ordonner, par la voix du héraut, qu'on épargnât tous les gens désarmés, et qu'on ne tuât aucun de ceux dont on avait déjà pris les biens. Cet ordre fut fidèlement exécuté. Mais vainement le héraut enjoignit aussi, au nom du roi, de respecter les femmes mariées, les jeunes filles encore vierges et les églises ; les étrangers, et entre autres les Bretons, les Gascons et les Allemands, qui ne suivaient d'autre loi que leur fureur, leur rapacité et leurs brutales passions, ne tinrent aucun compte de cette recommandation. Foulant aux pieds toute retenue et toute crainte de Dieu, ils commirent d'effroyables attentats, dérobèrent d'une main sacrilège les trésors des églises, et surpassèrent les Sarrasins mêmes en cruauté. Ce fut à grand'peine que le comte d'Armagnac obtint d'eux, à force de promesses, qu'ils épargnassent les maisons dont ils s'étaient rendus maîtres, et qu'ils ne les livrassent pas aux flammes.

Bien que les bourgeois de la ville et tous les habitants eussent participé à la révolte et mérité par conséquent le dernier supplice, ils ne furent pas tous traités avec la même rigueur. Plusieurs furent dépouillés de leurs biens, et réduits, comme de vils esclaves, à payer rançon; d'autres furent condamnés à mort. Vingt-cinq de ces derniers furent chargés de chaînes et conduits à Paris, le 28 du même mois, sur des chariots attelés de quatre chevaux, par le prévôt de Paris et celui des marchands. La veille de la Pentecôte, vingt autres, qui faisaient partie

runt. Vigilia iterum Pentecostes, in patibulo constructo non longe a locagio regali, viginti numero, qui fuerant de municione Sancti Medardi, affixi sunt.

Qua dié eciam Inguerrannus de Bornovilla, tocius rebellionis princeps precipuus, obstinate inobediencie capitis obtruncacione penas luit, quamvis plures armorum experiencia preclari pro vita ipsius regem et principes pluries exorassent et plura milia scutorum auri pro eo obtulissent. Eumdem sibi commendabilem reddebant et armorum usus invicem continuatus in Lombardia et in regno, et quia predis undique partis ditatus usque ad nauseam, erga ipsos semper munificus extiterat. Ignominiosam tamen mortem ejus dux Burgundie egre tulit, quia ipsum super omnes capitaneos suos proposuerat propensius honorare; sed quia ejus amorem fidelitati regi debite preposuerat, ejus vilipendendo edicta, in vindictam prodicionis commisse capite lancea affixo foro rerum venalium, truncus ejus cum ceteris consodalibus suis patibulo suspensus est.

Adhuc in detestacioném sceleris perpetrati, simile genus mortis die sequenti dominus Johannes de Menon subiit : quod nec pater evasisset, nisi ipsum excusandum filius asseruisset, cum cervicem traderet percussori, et quod ipsum deceperat et coegerat in deteriorem partem, scilicet ducis Burgundie, declinare. Feriis eciam successivis quamplures alii, quorum nomina non teneo quo ad presens, quia simile crimen lese majestatis commiserant, penam similem subierunt.

Interim dum in proditores condigna exerceretur vindicta, victoresque domicilia urbis occupata, in remuneracionem laborum et refusionem expensarum, omni supellectili privarent et mobili, ne tamen deserta et sine habitatore fieret, edictali lege in quadriviis ejus publicatum est voce preconia, quod rex de

de la garnison de Saint-Médard, furent pendus à un gibet qu'on avait dressé à cet effet près du logement du roi.

Le même jour, Enguerrand de Bournonville, le principal chef de la révolte, paya de sa tête sa désobéissance opiniâtre. Plusieurs chevaliers renommés pour leur vaillance avaient fait d'inutiles instances pour obtenir sa grâce du roi et des princes; vainement ils avaient offert plusieurs milliers d'écus d'or pour le racheter, lui témoignant ainsi qu'ils n'avaient pas oublié cette confraternité d'armes qui les avait unis tant en Lombardie qu'en France, et la munificence dont il avait toujours fait preuve à leur égard, lorsqu'il était gorgé de butin. Sa mort ignominieuse causa de vifs regrets au duc de Bourgogne, qui voulait l'élever au-dessus de tous ses capitaines en le comblant d'honneurs extraordinaires. Comme ledit Enguerrand avait préféré l'affection de ce prince à la fidélité qu'il devait au roi, et qu'il avait méprisé les ordres de sa royale majesté, on mit sa tête au bout d'une lance et on l'exposa sur la place du marché, en punition de sa trahison; son corps fut pendu au gibet avec celui de quelques autres de ses complices.

Le lendemain, messire Jean de Menon [1] subit le même genre de mort comme complice de la révolte; et son père n'aurait pas échappé lui-même au supplice, si le sire de Menon, pour l'excuser, n'eût affirmé, au moment où il livrait sa tête au bourreau, que c'était lui qui avait abusé son père et l'avait forcé de se jeter dans le mauvais parti, dans le parti du duc de Bourgogne. Les jours suivants, plusieurs autres, dont les noms m'échappent en ce moment, furent punis de la même façon, comme également coupables du crime de lèse-majesté [2].

Pendant qu'on exerçait ainsi contre les traîtres de justes rigueurs, et que les vainqueurs, pour se dédommager de leurs peines et s'indemniser de leurs dépenses, pillaient et dévastaient les maisons de la ville où ils s'étaient établis, le roi, voulant sauver Soissons d'une entière

---

[1] Monstrelet et Lefebvre de Saint-Remy l'appellent *Pierre de Menau*. P. de Fenin l'appelle *Pierre de Manan*.

[2] Monstrelet cite, entre autres, Gilles du Plessis, chevalier, Ancel Bassiel et Jean Titet, avocats.

speciali gracia concedebat ut indigene valerent suis domiciliis
libere permanere. Iterum regali consilio decretum est quod rex
erga omnes inolita clemencia uteretur, nec, morem priscorum
regum observans, eos addiceret perpetue servituti, sed in detestacionem prodicionis commisse taxum peccuniale imponeretur
terris et hereditatibus, singulorum quod perpetuo regali erario
inferretur.

CAPITULUM XII.

Comes Niverniensis, ad regem accedens, humiliter veniam peciit et impetravit
de commissis.

Hiis ergo rite peractis, rex Laudunum petens, cum ducibus
et principibus generis sui urbem ingressus, inde cum peregri-
nacionis causa Nostre Domine de Liete ecclesiam, ut voverat,
devotissime visitasset, et rediisset Laudunum, nuncios comitis
Niverniensis reperit, qui sibi flexis supplicaverunt poplitibus
ut suum cognatum humiliter et inermem accedentem inolita
benignitate recipere vellet et graciose audire; quod rogatu
assistencium principum liberaliter concessit. Comes regem
offendisse mente concipiens, cum persuasione fratris ducis
Burgundie, regio non parens imperio, arma in dilectam ejus
urbem Parisiensem convertisset, salubri usus consilio, non
potenciam regalem in detrimentum terre sue experiri, sed graciam vallidis precibus statuit promereri. Die igitur sibi data
infra octavas Pentechostes, aulicis multis regiis comitatus, com-
parens regali consistorio, post impensum regi et circumstantibus dominis debite reverencie affatum, et flexo genu se humiliter excusans, premisit se nunquam voluntarie vel ex malo
proposito aliquid alias egisse in contemptum regie majestatis.

ruine, fit publier dans les carrefours, à son de trompe, une ordonnance portant que, par une grâce spéciale, il accordait aux habitants
la permission de rester dans leurs maisons. Il fut aussi décidé en conseil que le roi userait envers tous de sa clémence accoutumée, et que,
conformément aux usages de ses prédécesseurs, il ne condamnerait
personne à une servitude perpétuelle, mais qu'en punition de la trahison qui avait été commise, une taxe serait imposée sur les terres et les
héritages de chacun, et que cette taxe serait dévolue à jamais au trésor
royal [1].

CHAPITRE XII.

Le comte de Nevers se rend auprès du roi, implore humblement le pardon de ses fautes et l'obtient.

Après cela, le roi se rendit à Laon et y fit son entrée avec les ducs
et les princes du sang. De là, il alla très dévotement en pélerinage à
l'église de Notre-Dame-de-Liesse, comme il en avait fait le vœu. Lorsqu'il fut de retour à Laon, il y trouva les ambassadeurs du comte de
Nevers, son cousin, qui lui annoncèrent que ce prince venait humblement vers lui sans armes, et le supplièrent à genoux de vouloir bien le
recevoir et l'entendre favorablement avec sa bonté ordinaire. Le roi
y consentit volontiers, sur les instances des princes qui se trouvaient
là. Le comte, ayant compris qu'il avait offensé le roi en désobéissant
à ses ordres d'après les conseils de son frère le duc de Bourgogne,
et en tournant ses armes contre sa bonne ville de Paris, avait fait un
sage retour sur lui-même, et s'était décidé à implorer la merci du roi
plutôt que d'affronter les coups de sa puissance, et d'exposer ses terres
au pillage. Une audience lui ayant été accordée pour l'octave de la
Pentecôte, il comparut devant le conseil du roi, assisté de beaucoup
de seigneurs de la cour. Après avoir offert ses respectueux hommages
au roi et aux princes du sang, il présenta humblement ses excuses
à genoux, et protesta que jamais il n'avait volontairement ou avec
mauvaise intention rien fait contre le respect dû à la majesté royale;

[1] Monstrelet ajoute : « Toutefois le roi « devant son Parlement ordonna à réédifier « icelle ville, et y commit tous nouveaux « officiers pour la garde et entretènement « d'icelle. »

Utque referunt tunc presentes, addidit litteras domini regis,
domini quoque Guienne alias se vidisse quomodo fratrem suum
celeriter evocabant, aviditatem quoque complendi quod jubebant retardacionem obediendi secundis litteris regiis dedisse,
non precogitatam maliciam, et quod sciebat ipsum inde, nec
immerito, ad iracundiam provocasse, ideo supplicare humiliter,
ut ipsam deponens de corde suo, sibi culpam inolita benignitate indulgeret. Interloquendo se et sua offerens ad regie beneplacitum voluntatis, cum sepius flexis genibus promisisset reiteratis vicibus velle pati omnem condicionem imponendam pro
securitate fidelitatis et obediencie deinceps inviolabiliter con-
servande, rex persuasione assistencium principum misericordia
motus fuit, necdum triduo exacto, sibi offerri fecit articulos qui
sequntur.

CAPITULUM XIII.

Super reformanda pace comes condiciones oblatas acceptavit.

« Et primo, quod dictus comes ex tunc dimittit in manu regis
omnes terras suas, dominia, oppida, omnia loca sua suasque
fortericias in Niverniensi, Rethelensi et Campania, quibuscunque aliis locis existant, ut ibi gentes regias constituat ad
regimen illarum auctoritate sua, expensis dominiorum prefatorum, quamdiu sibi placuerit.

« Promittet iterum et jurabit quod fideliter serviet et obediet
regi in omnibus, ut verus et fidelis sanguineus et subditus tenetur facere, et quod nec in querela nunc pendente se armabit,
favorem tribuet, nec juvabit fratrem suum ducem Burgundie
contra regem, suos commissarios vel prohibiciones suas quocunque modo, et super hoc tradet litteras suas sigillo proprio
roboratas, meliori forma que fieri poterit.

il ajouta, à ce que m'ont rapporté quelques uns de ceux qui assistaient au conseil, qu'il avait vu certaines lettres de monseigneur le roi et de monseigneur de Guienne, par lesquelles ils invitaient son frère à venir en toute hâte; que son empressement à exécuter leurs ordres était la seule cause du retard qu'il avait mis à obéir aux secondes lettres du roi; qu'il n'y avait dans ce fait aucune rébellion préméditée; qu'il savait bien avoir encouru par là le mécontentement du roi, et qu'en conséquence, il le suppliait humblement de bannir tout ressentiment, et de lui pardonner sa faute avec sa clémence accoutumée. Il offrit de mettre à la disposition du roi sa personne et ses biens, et déclara plusieurs fois, à genoux, qu'il était prêt à accepter toutes les conditions qui lui seraient imposées pour garantie de son inaltérable fidélité et de son obéissance à venir. Le roi se laissa toucher par les instances des princes qui se trouvaient là, et trois jours après il lui fit présenter les articles qui suivent.

CHAPITRE XIII.

Le comte de Nevers accepte les conditions de paix qui lui sont offertes.

« Premièrement, ledit comte remet dès à présent entre les mains du roi toutes ses terres, seigneuries, villes et forteresses du Nivernais, du Rethélois, de la Champagne et de tous autres lieux, afin que le roi y établisse ses gens pour les gouverner en son nom, aux dépens desdites seigneuries, tant qu'il lui plaira.

« *Item*, il promettra et jurera de servir fidèlement le roi et de lui obéir en toutes choses, comme un véritable et fidèle parent et sujet est tenu de le faire; de ne point s'armer ni prendre parti pour son frère le duc de Bourgogne, dans la querelle pendante, et de ne point l'aider contre le roi, ses commissaires ou ses défenses, de quelque façon que ce soit; et il en délivrera des lettres scellées de son sceau, en la meilleure forme que faire se pourra.

« Iterum et quod id compellet promittere et jurare sollempniter milites et armigeros suos omnes ac eciam habitantes in
villis sibi subditis. Et in casu quod hoc facere recusarent, dictus comes vult et consentit quod eorum mobilia et immobilia
fisco et corone regiis applicentur, ad quod eciam complendum
totis viribus laborabit.

« Ultra predicta promittet et jurabit, sicut prius, quod tociens
quociens rex ipsum evocabit, ad eum accedet in statu et habitu
qui sibi placuerint.

« Item, ad majorem securitatem complecionis dictarum rerum, comes ipse tradet sex milites et armigeros vel alios de quibus rex poterit contentari, qui in urbe Laudunensi vel Remensi
remanebunt, nec inde recedent, donec omnia promissa plane
et integraliter compleantur.

« Ulterius et ad finem quod non possit ymaginari vel excogi-
tari quod vellet vel velit venire contra predicta, submittit se
dictus comes quod in hoc casu ex tunc et pro nunc concedit,
ut omnes terre sue et dominia fisco et corone regiis applicarentur, et hiis valeat privari.

« Promissis autem mediantibus, rex concedit comiti, quod
milites et armigeros suos familiares ac subditos, qui contra
prohibiciones regis se armaverant, presenti guerra durante,
predas et alia mala excercendo, punire possit civiliter, de casu
criminali civilem faciendo, salvo tamen interesse parcium con-
querencium, exceptis et reservatis iterum domino de Fores et
Olivero Destanevare, quibus rex secundum racionem et justiciam providebit facietque provideri.

« Rex iterum liberaliter concedit comiti ut gaudeat terris et
resditibus supradictis, salvis tamen oneribus officialium et
commissariorum constitutorum ad regimen et custodiam ipso-

« *Item*, il fera promettre et jurer solennellement les mêmes choses à tous ses chevaliers et écuyers, ainsi qu'aux habitants des villes qui sont dans sa dépendance; et au cas où ils refuseraient de le faire, ledit comte veut et consent que leurs biens meubles et immeubles soient dévolus au fisc et à la couronne, à l'exécution de laquelle clause il travaillera autant qu'il est en lui.

« *Item*, il promettra et jurera, comme ci-devant, de se rendre auprès du roi, toutes les fois qu'il en sera requis, en tel état et en tel équipage qu'il plaira à sa majesté.

« *Item*, pour plus grande garantie de l'accomplissement desdites choses, ledit comte donnera en otage six chevaliers et écuyers ou autres personnages dont le roi pourra se contenter, qui resteront dans la ville de Laon ou de Reims, et n'en partiront qu'après le plein et entier accomplissement de toutes les conditions ci-dessus mentionnées.

« *Item*, et afin qu'on ne puisse pas imaginer ni supposer que ledit comte voulût ou veuille contrevenir auxdites conditions, il consent et accorde, dans ce cas, à présent comme dès lors, que toutes ses terres et seigneuries soient dévolues au fisc et à la couronne, et qu'il puisse en être privé à jamais.

« Moyennant lesdites promesses, le roi accorde au comte que ses chevaliers et écuyers, serviteurs et sujets, qui auraient pris les armes durant la présente guerre, contre la défense du roi, et qui se seraient livrés au pillage ou à d'autres excès, puissent être punis civilement, l'affaire criminelle étant convertie en affaire civile, sauf l'intérêt des parties plaignantes, à l'exception toutefois et à la réserve de messire du Forez et d'Olivier d'Estavenare, sur lesquels le roi statuera et fera statuer selon le droit et la justice.

« Le roi accorde encore volontiers au comte la jouissance des terres et revenus susdits, sauf toutefois les charges des officiers et des commissaires établis pour les gouverner et les garder. Et si, pour les motifs précédemment exprimés, quelques unes desdites terres ou quelques

rum. Et si propter causas precedentes dictarum terrarum alique, sive subditorum suorum, nunc in manu regia posite sint,
ipsi protinus liberentur. Placet eciam serenitati regie, quod
rescriptis super precedentibus rebus factis, sigillo regio vel alio
autentico sigillatis, adhibeatur plena fides sicut et originali inde
facto sequitur. »

CAPITULUM XIV.

Flandrenses regi litteras miserunt, et comitissa Hollandie ad visitandum eum venit.

Interim dum componebantur predicti articuli, quos omnes
comes predictus ad sancta Dei evvangelia juravit inviolabiliter
complere, Flandrensium litteras rex recepit, suis, quas ante
miserat, responsivas, in quibus sciscitabatur quid mente gerebant, et quid inter instantes guerrarum voragines facere intendebant. In hiis enim regi, velut suo supremo et naturali domino
humiliter rescribentes, se et sua favorabiliter offerentes, et asserentes se desiderare perpetuo cordialiter ejus obtemperare mandatis, supplicabant ut salvum concederetur conductum, ut sic
tocius patrie summe auctoritatis viros possent secure mittere,
qui referrent que sibi placita essent, ut hec ferventi studio adimplerent. In regis oculis sibique assistencium ducum, comitum
et baronum, peticio commendabilis visa fuit, nunciisque vale
dicentes et monentes ut que spoponderant tenaci memorie com-
mendarent, ad villam regiam Sancti Quintini in Viromandia
simul convenerunt, ubi, nec dum triduo exacto, dominam Hannonie et Hollandie comitissam, cujus unica filia secundo genito
regis filio, domino Johanni duci Turonie nupserat, comiter
exceperunt. Sermo unus in ore omnium residencium in castris
versabatur, quod ad impetrandum veniam fratri suo duci Burgundie veniebat. Sed cum rege habito secreto colloquio michi

uns de ses sujets ont été mis en la main du roi, ils lui seront livrés immédiatement. Le roi veut aussi qu'aux copies qui seront faites des présents articles, et scellées du sceau royal ou d'un autre sceau authentique, il soit ajouté foi pleine et entière comme à l'original. »

CHAPITRE XIV.

Les Flamands envoient des lettres au roi. — La comtesse de Hollande vient à la cour.

Pendant qu'on dressait lesdits articles, que ledit comte jura sur les saints Évangiles d'observer inviolablement, le roi reçut des lettres de Flandre en réponse à celles qu'il avait quelque temps auparavant adressées aux Flamands, pour s'informer de leurs dispositions et du parti qu'ils comptaient prendre dans les guerres présentes. Les Flamands protestaient humblement au roi, comme à leur souverain et naturel seigneur, que leurs personnes et leurs biens étaient à son service ; ils l'assuraient qu'ils avaient à cœur d'obéir constamment à ses ordres, et le suppliaient de leur accorder un sauf-conduit, afin qu'ils pussent envoyer en toute sûreté des personnages considérables de leur pays, qui leur feraient connaître ses volontés, promettant de s'y conformer avec empressement. Le roi, les ducs, les comtes et les barons qui se trouvaient là furent d'avis que cette requête méritait d'être prise en considération. Ils congédièrent les ambassadeurs en leur recommandant de ne point oublier leurs promesses, et se rendirent dans la ville royale de Saint-Quentin en Vermandois. Trois jours après, arriva madame la comtesse de Hainaut et de Hollande [1], dont la fille unique [2] avait épousé le second fils du roi, monseigneur Jean, duc de Touraine. Elle fut reçue avec les plus grands égards. On disait généralement dans l'armée qu'elle était venue solliciter la grâce de son frère le duc de Bourgogne. Elle eut, en effet, avec le roi une

[1] Marguerite de Bourgogne, femme de Guillaume de Bavière, comte de Hollande.

[2] Jacqueline de Bavière.

penitus ignoto, quia tamen, sicut opinor, perpendens quod
nec tempus miserendi malis ejus perpetratis advenerat, ut
auroram lucis sequentis ortam vidit, cum sua utriusque sexus
nobili comitiva ad fratrem apud Duacum redire maturavit.

CAPITULUM XV.

Regis stipendiarii contra gentes ducis Burgundie feliciter pugnaverunt.

Rumor publicus in castris, nec procul a vero, dictum ducem
referebat jam Burgundionum, Picardorum et Sabaudiensium
quatuor milia evocasse, qui in apparatu bellico et tribus com-
positis aciebus accelerabant venire. Quod audientes insignes
principes cum rege residentes, eisdem obviam exire statuerunt,
et ducem Borbonii, comitem quoque Armeniaci premittere,
qui primam regis aciem duorum milium bellatorum susceperant conducendam. Vera relacione cognovi quod, si iter arri-
puissent sine mora, nec expectassent ceteras acies regias nimis
lente subsequentes, signa signis, arma armis precedencium
hostium conferre potuissent; quos tamen accedentes repererunt
jam transisse, et post terga retrogardiam relinquisse, que jam
vicinis nemoribus castra metari usque ad lucem sequentem,
junii scilicet decimam septimam, disponebat. Tunc experimento didicerunt quam diligenti studio prosequendi sint actus
militares; unde propriam redarguentes ignaviam, in extremos,
quos in vicino habebant, statuerunt insurgere, dominum de
la Hamete, Hannoniensem, cum sexcentis viris loricatis ad unguem premittentes, qui eos suo adventu inopinato terreret, et
ad ardorem marcium stimularet. Quamvis sepius repentina
animos eciam forcium soleant concutere, nec tamen defuit ipsis

conférence secrète, dont j'ignore quel fut l'objet; mais, jugeant sans doute que le temps du pardon pour les méfaits du duc n'était pas encore venu, elle partit dès le lendemain matin avec la noble suite de seigneurs et de dames qui l'accompagnaient, et alla en toute hâte rejoindre son frère à Douai.

CHAPITRE XV.

Succès remporté par les troupes du roi sur les gens du duc de Bourgogne.

Le bruit courait dans le camp du roi, et non sans fondement [1], que quatre mille Bourguignons, Picards et Savoyards, rassemblés par le duc de Bourgogne, s'avançaient à grandes journées en appareil de guerre, partagés en trois corps de bataille. A cette nouvelle, les illustres princes qui étaient auprès du roi résolurent d'aller à leur rencontre, et d'envoyer en avant le duc de Bourbon et le comte d'Armagnac, qui commandaient l'avant-garde, composée de deux mille hommes d'armes. Je tiens de source certaine que, s'ils s'étaient mis en route sur-le-champ, et qu'ils n'eussent pas attendu les autres corps de l'armée royale, qui les suivaient mais avec trop de lenteur, ils auraient pu arrêter l'avant-garde ennemie et lui disputer le terrain pied à pied. Lorsqu'ils arrivèrent, elle était déjà passée, et ils se trouvèrent en face de l'arrière-garde, qui commençait à s'établir dans les bois voisins et se proposait d'y camper jusqu'au lendemain 17 juin. Ils apprirent alors, par expérience, combien la célérité est indispensable dans les opérations militaires. Se reprochant leur négligence, ils résolurent de fondre sur les troupes de l'arrière-garde, qui étaient devant eux, et détachèrent en avant un chevalier de Hainaut, messire de La Hamète, avec six cents hommes armés de toutes pièces, pour les effrayer par une attaque soudaine et les provoquer au combat. Bien que l'imprévu ébranle souvent les cœurs même les plus intré-

[1] Monstrelet dit positivement que l'arrivée des Bourguignons fut annoncée dans le camp par les chevaliers que le roi avait chargés de reconduire la comtesse de Hollande.

audacia resistendi; sed ingeminantes ad arma, mox ut se potuerunt invicem readunare, atrox inchoaverunt prelium, quod diu tamen non duravit; nam mox, ut ducem et comitem predictos cum insigni comitiva appropinquare aspiciunt, intrinsecus nimia percussi formidine, animo consternati deficiunt et vincuntur. Ex mille et quadringentis pugnatoribus qui tunc aderant, tantum septuaginta cesi referuntur, quingenti ad dedicionem venerunt, odibile jugum redempcionis subeuntes. Ex eis autem qui fugam arripuerunt citissimam, non sine prosequcione mortali, quidam paludes aquosas et invias transmeando submersi sunt; qui autem patriam Leodiensem attingerunt, in odium ducis Burgundie, compatriote in parte maxima occiderunt.

Dum agebantur predicta, rex cum sua nobili comitiva ad Capellam in Teressia venerat; sed audiens hostes victos, apud Sanctum Quintinum rediit, dieque sequenti factum laudabile dilectissimo patruo duci Biturie, Parisius tunc moranti, civibus quoque Parisiensibus litteris intimare curavit, quas nuncii eisdem vicesima die junii obtulerunt. Cum eodem inclito principe omnes corone regie zelatores, apices legi gratis auribus audiverunt, et quasi jam arra victorie et confusionis ceterorum hostium teneretur, in cunctis ecclesiis viri ecclesiastici, campanis pulsantibus, Deo laudes altissonis vocibus reddiderunt; cives quoque, in signum exuberantis leticie, in cunctis compitis urbis ignes copiosos accendi jusserunt, et per totam noctem utriusque sexus juvenes choreas exercere cum cantilenis jocundis et instrumentorum musicorum delectabili melodia.

pides, ceux-ci ne laissèrent pas de résister avec vigueur. Criant *aux armes! aux armes!* ils se rallièrent du mieux qu'ils purent, et engagèrent une lutte sanglante, qui toutefois ne fut pas de longue durée; car aussitôt qu'ils virent le duc et le comte s'avancer avec leur suite nombreuse, ils furent saisis d'épouvante, perdirent courage et se débandèrent. Sur quatorze cents hommes qui prirent part à cette action, il n'y en eut, dit-on, que soixante-dix de tués; cinq cents se rendirent et furent mis honteusement à rançon. Quant à ceux qui prirent la fuite, ils furent poursuivis avec acharnement; quelques-uns se noyèrent, en traversant des marais profonds et impraticables. Ceux qui atteignirent le pays de Liége furent presque tous massacrés par les habitants, en haine du duc de Bourgogne.

Pendant ce temps, le roi était arrivé avec les seigneurs de son escorte à la Chapelle en Thiérache; mais quand il apprit la déroute de ses ennemis, il retourna à Saint-Quentin, d'où il écrivit le lendemain à son oncle bien aimé, le duc de Berri, qui était alors à Paris, ainsi qu'aux bourgeois de cette ville, pour les informer de ce succès. Les courriers arrivèrent à Paris le 20 juin. L'illustre duc et tous les partisans du roi accueillirent ces nouvelles avec plaisir, et les regardèrent comme un gage assuré de leur victoire et de la défaite de tous leurs autres ennemis. Dans toutes les églises, le clergé chanta le *Te Deum* au son des cloches. Les bourgeois, en signe de réjouissance, allumèrent de grands feux dans les carrefours de la ville, et pendant toute la nuit les jeunes gens et les jeunes filles ne cessèrent de danser au son des instruments et en faisant retentir l'air de leurs joyeuses chansons.

CAPITULUM XVI.

De devotis oracionibus in ecclesiis factis, ut regem et exercitum suum Dominus
conservaret.

Unum hucusque distuli litteris commendare, non tamen
pretereundum silencio, et quod ab inicio profectionis regie
viri et ecclesiastici regni percelebres letanias sine intermissione
continuare statuerant, sexu utriusque plebis devotissime subsequente; quos et dulciter monebant pro pace et incolumitate
regis cum gemitibus et lacrimis divinas aures pulsarent, addentes quod humilitate et non resistencia divina flectuntur consilia. Cum clero episcopi et ecclesiarum parrochialium rectores, qui, ad id amplius populum excitandum, de ecclesiis
ad ecclesias procedentes, cruces, arma spiritualia et sanctorum
pignora sacrosancta, propriis manibus sive humeris bajulave-
rant, inter missarum sollempnia, per viros exhortatorii sermonis habentes graciam singulos ceperunt exhortari, ut Deo
digne gracias redderent de victoria obtenta.

Hac de causa moderni seculi annales non referunt regalis
monasterii beati Dyonisii venerabilem conventum sollempniorem processionem junii vicesima quinta die peregisse, non
quia tanta multitudine populari se comitatum viderit, vel quia
eundo obviam sibi venerint processiones plurium ecclesiarum,
ut alias, sed quia secum ecclesie majorem reliquiarum numerum, addam tamen honestius solito et cum majori reverencia,
adduxerant, hic ideo ad instructionem posterorum inserenda.
Qui enim tunicis et dalmaticis sericis thecas sacrosancta corpora sancte Osmanne, sanctorumque Hilarii, Eugenii, Ypo-
liti, Eustachii, et caput sancti Benedicti continentes, propriis

CHAPITRE XVI.

On adresse des prières à Dieu dans toutes les églises pour la conservation du roi
et de son armée.

J'ai différé jusqu'à présent de mentionner un fait, que je ne crois pas cependant devoir passer plus long-temps sous silence, c'est que, depuis le départ du roi, les membres du clergé n'avaient cessé d'adresser à Dieu des prières publiques, en présence d'une foule nombreuse d'hommes et de femmes, qu'ils exhortaient affectueusement à implorer le Seigneur par leurs gémissements et leurs larmes pour la paix et pour la conservation du roi, leur représentant que c'est par l'humilité et non par la résistance qu'on peut fléchir le Très-Haut. Les évêques, les curés des églises paroissiales et le reste du clergé, pour exciter davantage la dévotion du peuple, allèrent processionnellement d'église en église, portant entre leurs mains ou sur leurs épaules les croix, les bannières et les reliques précieuses des saints; et pendant l'office divin ils firent exhorter les fidèles, par d'éloquents prédicateurs, à rendre à Dieu de justes actions de grâce pour la victoire qu'on venait de remporter.

Les annales contemporaines ne fournissent pas d'exemple d'une procession plus solennelle que celle qui fut faite à cette occasion, le 25 juin, par le monastère royal de Saint-Denys. Ce qui m'engage à en parler ici pour l'instruction de la postérité, ce ne fut pas tant la foule immense qui y assista, ou le grand nombre des processions des autres églises qui vinrent au-devant d'elle, que la quantité prodigieuse des reliques qu'elles y apportèrent avec une pompe et un respect inaccoutumés. En avant des religieux marchaient, vêtus de tuniques et de dalmatiques de soie, ceux qui portaient sur leurs épaules les châsses renfermant les corps sacrés de sainte Osmanne, de saint Hilaire, de saint Eugène, de saint Hippolyte, de saint Eustache, et la tête de saint Benoît. Les religieux occupaient sans encombre les

humeris bajulanda susceperant, religiosos precedebant, qui ambo latera strate regie sine impedimento tenentes, ipsis ceterisque celicolis dignas laudes altissonis vocibus decantabant. In eorum extremo capite cantor, ornatus preciosissima cappa, incedebat; quem et sequebantur alii ecclesiastici viri, qui crucem auream, regiam auriflammam, mentum quoque beate Marie Magdalene et digitum sancti Ludovici simul, deinde parvam capsam, ymagines quoque beate Marie et beati Nicholai deauratas, et postea manum sancti Thome appostoli deferebant. Postremum locum sancti Dyonisii et de Ponte Levio reverendi abbates tenebant, qui sacratas manus ad insignia adoranda Passionis Christi, videlicet coronam, sacrum clavum Domini et crucem ejus tenuerunt, donec ad locum stacionis pervenientes reverendos canonicos Nostre Domine in valvis ecclesie repererunt, qui ipsa cum reverenti processione exceperunt. Nec est pretereundum silencio quod, dum ad honorem beate Marie Virginis gloriose celebrarentur missarum sollempnia, de Montemorenciaci et villagiis viginti quatuor contiguis venerunt incole cum letaniis devotis ad adorandum humiliter dicta pignora sacrosancta. Nec modo dum afferebantur, sed et dum reportabantur, innumerabiles utriusque sexus devote junctis manibus gracias Deo reddebant, cum viventes fuerant tantorum visitatione digni.

CAPITULUM XVII.

Dux Brabancie et comitissa Hannonie regem dulciter rogaverunt ut que dux Burgundie commiserat indulgeret.

Ad regem et aurea deferentes lilia, qui egre ferebant hostes sic indempnes evasisse, redeat calamus. Nam attendentes quod villas muratas ducis Burgundie jam tuendas susceperant, cum

deux côtés de la chaussée, chantant à haute voix des cantiques en
l'honneur de ces saints et des autres bienheureux; à leur tête était le
chantre, couvert d'une chappe précieuse, suivi d'autres ecclésiastiques, qui portaient la croix d'or, l'oriflamme royale, le menton de
sainte Marie Madeleine et le doigt de saint Louis, une petite chàsse,
les images dorées de sainte Marie et de saint Nicolas et la main de
l'apôtre saint Thomas. Venaient enfin les révérends abbés de Saint-
Denys et de Pont-le-Voy, qui portèrent entre leurs mains les insignes
adorables de la passion de Jésus-Christ, c'est-à-dire la couronne, le
saint clou et la croix de Notre-Seigneur, jusqu'à ce qu'ils fussent
arrivés aux portes de Notre-Dame, lieu de leur station. Là ils trouvèrent les révérends chanoines de cette église, qui vinrent en procession solennelle recevoir ces précieuses reliques. Je ne dois pas non
plus oublier de dire que, pendant qu'on célébrait la messe en l'honneur de la glorieuse vierge Marie, les habitants de Montmorency et
de vingt-quatre villages des environs vinrent adorer humblement lesdites reliques et réciter les saintes litanies, et que sur leur passage,
à l'arrivée comme au retour, une foule innombrable d'hommes et
de femmes s'empressa de remercier Dieu dévotement et à mains jointes, de ce qu'ils avaient eu l'honneur d'être visités par de si grands
saints.

CHAPITRE XVII.

Le duc de Brabant et la comtesse de Hainaut prient affectueusement le roi
de pardonner au duc de Bourgogne.

Cependant le roi et les princes du sang étaient fort irrités que leurs
ennemis leur eussent ainsi échappé sans avoir éprouvé une perte plus
considérable. Voyant qu'ils s'étaient retirés dans les villes closes du

v.   44

decem milibus militum et armigerorum loricatorum ad unguem, quos secum habebat, eos persequi statuerunt, prius tamen auctoritate regia generali collecta trecentorum milium scutorum auri imperata regnicolis pro stipendiis solvendis. Duaco dux Burgundie cum fratre duce Brabancie ac sorore comitissa Hanoniensi residebat, quos, non gratis auribus auditis hiis rumoribus, ad regem, ut eum audivit die Veneris penultima junii Peronam villam regiam peciisse, mittere deliberavit, ut temptarent si mutando propositum eum sibi favorabilem possent reddere et benignum. Peticioni acquiescentes fraterne, cum ad majorem securitatem salvum conductum regium impetrassent, ipsa die aulicis regiis summe auctoritatis associati urbem ingressi sunt; regem quoque et dominum ducem Guienne ducibus et baronibus regalis prosapie comitatos adeuntes, ab universis comi fronte excepti sunt. Factaque dicendi gracia, die sequenti, quod vellent, post impensum debite salutacionis affatum, comitissa, fratrem ducem Burgundie multipliciter excusans, tandem regis pedibus provoluta, humiliter supplicavit ut ipsum recommendatum haberet, et, si in ipsum aliquam iracundiam conceperat, inolita benignitate ipsam deponere dignaretur. Quam prolixe id deduceret scribere non intendo, quia compendio officeret quod studiose quero; tandem tamen pluries repetens, se scire fratrem semper voluisse et velle regis obtemperare mandatis, idemque successive dux Brabancie reiteratis vicibus affirmasset, pro finali responsione rex subjunxit : « Volumus igitur ipsum ad nos acce- « dere tanquam humilem subditum, et sibi quod erit racioni « consonum faciemus. » Addunt et aliqui tunc presentes regem verbis addidisse : « Si justiciam requirat, fiet sibi, et si mise- « ricordiam, ipsam utique consequetur, dum tamen corde

duc de Bourgogne pour les défendre, ils résolurent de les attaquer
avec dix mille chevaliers et écuyers armés de toutes pièces qu'ils
avaient avec eux. Toutefois ils ordonnèrent auparavant, au nom du
roi, la levée d'une contribution générale de trois cent mille écus
d'or pour la solde des troupes. Le duc de Bourgogne était alors à Douai
avec son frère le duc de Brabant [1] et sa sœur la comtesse de Hainaut. A
cette nouvelle, qui lui causa un vif déplaisir, et sur l'avis que le roi
était arrivé le vendredi 29 juin dans sa bonne ville de Péronne, il se
décida à les députer tous deux vers lui, pour essayer de l'amener à de
meilleures dispositions et de rentrer dans sa faveur et ses bonnes
grâces. Conformément au désir de leur frère, le duc et la comtesse,
après avoir obtenu, pour plus de sûreté, un sauf-conduit du roi, se
rendirent le même jour à Douai, y firent leur entrée en compagnie
des principaux seigneurs de la cour, et allèrent trouver le roi et monseigneur le duc de Guienne, qui les reçurent avec beaucoup d'égards
en présence des ducs et des barons du sang royal. L'audience fut remise
au lendemain. Après les compliments d'usage, la comtesse présenta
longuement la justification de son frère le duc de Bourgogne ; puis
se jetant aux genoux du roi, elle le supplia humblement de l'avoir
pour recommandé, et de daigner oublier, par un effet de sa bonté
accoutumée, le ressentiment qu'il pouvait avoir conçu contre lui. Je
n'ai point l'intention de rapporter ici tout au long les raisons qu'elle
fit valoir auprès du roi ; ces détails seraient contraires à la brièveté
dont je me suis fait une loi. Je dirai seulement qu'elle ne cessa de
répéter qu'elle savait bien que son frère avait toujours voulu et voulait
obéir aux ordres du roi ; le duc de Brabant affirma plusieurs fois la
même chose. Pour toute réponse le roi se contenta de dire : « Nous
« voulons qu'il vienne auprès de nous comme notre humble sujet, et
« nous le traiterons comme il sera juste. » J'ai su de quelques uns de
ceux qui assistaient à cette audience que le roi ajouta encore : « S'il
« demande justice, il l'aura ; s'il implore merci, il l'obtiendra, pourvu
« qu'il avoue sa faute avec un cœur contrit, et qu'il reconnaisse
« qu'il a mal agi. »

[1] Antoine.

« contrito confiteatur delicta perpetrata, et sic non bene
« egisse. »

Et esto vallidis precibus erga principes congregatos temp-
taverint sentenciam immutare, id solum pro responsione
habuerunt, nunquam pacem mutuam profuturam, nisi per
portas justicie aut misericordie ingrediatur ad ipsam. Quamvis
induratum fratris animum ad id flecti, esto addam racionabile,
non sine difficultate magna minime ignorarent, sibi tamen
persuadere modis omnibus juraverunt; sicque soluto regali
colloquio, acquieverunt cum domino duce Guienne sequenti
die prandere et abire, promittentes completum negocium re-
nunciarent vel neglectum. Adventus dicte domine plurimis gra-
tus non fuit, et in displicenciam ejus odiumque ducis Burgundie fuerunt qui nocte per ambitum ejus hospicii cantilenas lugubres super morte dolorosa et a proditoribus nephandis pro-
ditorie perpetrata ducis Aurelianensis altissonis vocibus canta-
verunt.

CAPITULUM XVIII.

De responsione facta Flandrensibus, qui se regie celsitudini humiliter submiserunt.

Flandrenses que promiserant complentes, ex trino statu
patrie quosdam magnificos et summe auctoritatis milites, clericos et burgenses regi luce precedenti transmiserant, qui die
ista de mane, sibi debita reverencia impensa, per quemdam
disertissimum oratorem, scabinum Gandavensem, audienciam
humiliter pecierunt. Cui facta loquendi gracia : « Serenissime,
« inquit, et potentissime princeps ac metuendissime domine,
« vestris obediendo preceptis, ut naturaliter tenemur, ad pre-
« senciam majestatis regie accedimus, ex parte quatuor mem-

Malgré toutes les instances que firent le duc et la comtesse auprès des princes qui se trouvaient là, pour les amener à des dispositions plus favorables, ils ne purent obtenir d'autre réponse, sinon que la paix ne pourrait être durable, tant que le duc n'aurait pas recours à la justice ou à la miséricorde du roi. Ils n'ignoraient pas que leur frère, dans son orgueil inflexible, ne se soumettrait point sans les plus grandes difficultés à cette condition, quelque raisonnable qu'elle fût. Ils jurèrent néanmoins de faire tous leurs efforts pour l'y décider. Sur ce, l'assemblée se sépara. Le lendemain ils dînèrent avec monseigneur le duc de Guienne et partirent, en promettant de faire connaître le résultat de leurs démarches, qu'ils réussissent ou non. La présence de ladite dame déplut à bien des gens. Il y en eut même qui, pour en témoigner leur déplaisir, et par haine contre le duc de Bourgogne, allèrent chanter à haute voix, sous les fenêtres de son hôtel, des complaintes sur le meurtre lamentable traîtreusement commis en la personne du duc d'Orléans par de misérables assassins.

CHAPITRE XVIII.

Réponse faite aux Flamands, qui se soumettent humblement au roi.

Les Flamands, suivant leurs promesses, avaient envoyé au roi une ambassade composée des représentants des trois états de leur pays et des principaux chevaliers, clercs et bourgeois. Ces députés, qui étaient arrivés la veille, vinrent le même jour dans la matinée offrir leurs hommages au roi, et lui demandèrent humblement audience par l'organe d'un échevin de Gand, renommé pour son éloquence. On lui accorda sur-le-champ la parole, et il s'exprima ainsi : « Sérénissime prince, très puissant et très redouté seigneur, conformément « à vos ordres, auxquels nous sommes tenus d'obéir, nous venons, « en présence de votre royale majesté, de la part des quatre membres

« brorum patrie vestre Flandrie, scilicet Gandavensium, Bru-
« gensium, Yprensium, habitancium quoque in territorio de
« Franco, prompti letis auribus audire quidquid majestas vestra
« preceperit, ut hoc tanquam fideles subditi complere valeant,
« ut tenentur. » Tunc auctoritate regis cancellarius respondens,
ipsum dixit adventum omnium gratum et acceptabilem habere,
eos libentissime vidisse et audivisse, ipsisque regraciari de bona
voluntate et obediencia ostensis; addidit: « Et quia, inquit, circa
« aliqua ardua occupatus, pro nunc intencionem suam nequit
« intimare, ideo domino duci Guienne id commisit. » Super
responsione benigna graciis inde actis, rex vale dicens omnibus
et in signum benivolencie tangens manum dexteram singulorum, eos remisit ad ducem, quem, peracto prandio, in regali
solio collocatum, ducibus et baronibus de regio sanguine procreatis et sibi lateraliter assistentibus associatum repererunt.
Cui cum, post impensam debitam reverenciam, vir eloquens,
scabinus Gandavensis, verba prolata in regis presencia iterum
reiterasset, precepit cancellario ut intencionem patefaceret
genitoris. Hic autem proposicionis sue prima jaciens fundamenta, longum esset et lectori forsitan tediosum scriptis inserere, quam luculenti sermone deduxerit ab inicio regni justicia
sic stabilimentum ipsius extitisse, quod non modo principes
regnicolas ad transquilitatem, pacem et requiem temporalium
opulentam hucusque perduxerit, sed et quod reiteratis vicibus
ad concordiam et pacem revocaverat exteros principes et ma-
gnates, quociens ipsam justiciam dignum duxerunt implorare.
Inde recitans honores duci Burgundie defuncto a rege liberaliter impensos graciasque filio suo duci factas, et quam dulciter
ipsum receperat in suum hominem, sibi amplum patrimonium
relinquens, tanquam dilectissimo cognato, ad narrandum sub

« de votre pays de Flandre, c'est-à-dire, des habitants de Gand, de
« Bruges, d'Ypres et du Franc, qui sont tout prêts à écouter avec
« soumission tout ce que votre majesté leur commandera, et à l'exé-
« cuter comme doivent le faire de fidèles sujets. » Le chancelier répondit au nom du roi que son maître était charmé de leur arrivée,
qu'il les avait vus et entendus avec plaisir, et qu'il leur savait gré de la
bonne volonté et de l'obéissance dont ils faisaient preuve. « Mais
« comme certaines affaires urgentes ne lui permettent point, ajouta-t-il,
« de vous faire connaître pour le moment ses intentions, il a chargé
« de ce soin monseigneur le duc de Guienne. » Les ambassadeurs ayant
remercié le roi de cette gracieuse réponse, il prit congé d'eux, leur
prit la main à tous en signe de bienveillance, et les invita à se
rendre auprès du duc. Ce prince les reçut après son dîner, assis sur
un trône et entouré des ducs et des barons du sang royal. Lorsque
l'orateur de l'ambassade, l'échevin de Gand, eut présenté au duc ses
compliments respectueux et répété ce qu'il avait dit en présence du
roi, le duc ordonna au chancelier de faire connaître les intentions
de son père. Celui-ci commença alors un long discours que je ne
rapporterai pas en entier, de peur d'ennuyer le lecteur. Il fit un
pompeux éloge du roi, et le loua particulièrement d'avoir, dès le
commencement de son règne, fait de la justice le principal fondement
de son trône, et d'avoir non seulement maintenu jusqu'à présent les
princes du royaume dans la tranquillité, la paix et la jouissance de
leurs biens, mais encore ramené à plusieurs reprises la concorde et
l'union entre les princes et les seigneurs étrangers, lorsqu'ils avaient
jugé à propos de le prendre pour arbitre. Il rappela ensuite les honneurs que le roi avait si généreusement accordés au feu duc de Bourgogne, et toutes les faveurs dont il avait comblé le duc son fils, ainsi
que la bonté avec laquelle il avait accepté son hommage et lui avait
laissé son vaste patrimoine, comme à son bien aimé cousin. Passant
de là au récit abrégé de toutes les trahisons dont celui-ci s'était depuis
rendu coupable, il parla d'abord de la contrainte dont il avait usé
envers la reine et monseigneur de Guienne, en ramenant ce prince
de Melun à Paris. Il insista sur l'exécrable homicide commis en la

compendio singulares nequicias per eum postea perpetratas verbum vertit, et primo quomodo, invita regina et domino duce Guienne, ipsum ducem de Meleduno reduxerat Parisius. Publicans iterum horribile homicidium perpetratum in persona domini ducis Aurelianensis, inobediencias, sediciones ceterosque defectus hujus ducis Burgundie, addidit ob istas causas regem, per maturam deliberacionem consanguineorum suorum, consiliariorum quoque Universitatis, prepositi mercatorum, scabinorum, et burgensium Parisiensium, ipsum ducem declarasse adversarium suum capitalem sibi inobedientem et rebellem, a cunctis eciam oris regni pugnatores subsidiarios evocasse, ut ipsum viribus humiliaret, et recuperare valeret villas suas Compendii et Suessionis, plurima quoque oppida alia, et Cesaris Burgum, Cadonium, Crotoy et Chinonem, que ipso rege invito occupabat, reddereque recusabat.

Aliquas inde requestas cancellarius proponens nomine regis ambassiatoribus fecit. Et prima, ut in fidelitate, quam semper custodierant erga ipsum, continue remanerent; secunda, quod ne deinceps duci Burgundie sive complicibus suis accommodarent favorem, consilium vel juvamen, nec de personis nec de financiis suis; sed tercio, ipsi nocerent pro viribus, ut boni subditi regis et fideles. Quarto, cum subjunxisset proponens quod intencionis regis erat cuncta dominia sua, scilicet Flandriam, Artesium et Burgundiam ponere in manu sua, tanquam fisco regio applicanda, peciit ut ipsum regem juvarent ad occupandum comitatum, hoc attento, quod ipse rex intendebat patriam tenere in libertatibus suis, nec illas diminuere sed augere, et per consilium eorum in urbibus ponere officiarios, judices atque ministros quos vellent. Ultima requesta fuit, ut perfidos homicidas, qui tam nequiter et injuste ducem Aurelianensem, ex

personne de monseigneur le duc d'Orléans, sur les désobéissances, les séditions et les autres méfaits dudit duc de Bourgogne, et il ajouta que, pour tous ces motifs, le roi, après mûre délibération des princes de sa famille, de ses conseillers, de l'Université, du prévôt des marchands, des échevins et des bourgeois de Paris, avait déclaré ledit duc son ennemi capital, félon et rebelle; qu'il avait rassemblé des gens de guerre de toutes les provinces du royaume pour le combattre et pour recouvrer ses villes de Compiègne et de Soissons, et plusieurs places fortes, entre autres Cherbourg, Caen, le Crotoy et Chinon, qu'il occupait contre la volonté du roi et qu'il refusait de rendre.

Le chancelier adressa ensuite, au nom du roi, plusieurs requêtes aux ambassadeurs. Il les engagea d'abord à persister dans la fidélité qu'ils avaient toujours gardée au roi; en second lieu, à ne point prêter désormais faveur, conseil ni appui au duc de Bourgogne et à ses complices, à ne point les aider de leurs personnes ou de leur argent; troisièmement, à leur faire, au contraire, tout le mal possible, comme le devaient de bons et fidèles sujets du roi. Il ajouta, en quatrième lieu, que le roi avait l'intention de mettre en sa main et de confisquer tous les domaines dudit duc, c'est-à-dire la Flandre, l'Artois et la Bourgogne, et qu'il les invitait à le seconder dans l'occupation du comté, attendu qu'il était résolu à maintenir toutes les libertés du pays, à les augmenter même plutôt que de les diminuer, et à placer dans les villes, d'après leur conseil, les officiers, les juges et les ministres qu'ils voudraient. Il les requit enfin de renvoyer au roi, le plus tôt que faire se pourrait, afin qu'ils fussent punis selon leurs démérites et leurs crimes, les infâmes meurtriers qui avaient si traîtreusement et si méchamment assassiné le duc d'Orléans, son frère

utroque parente unicum fratrem regis, interfecerant, qui hucusque in comitatu prefato latuerant, ceteros quoque exules
proscriptos vel bannitos, quos dux secum semper tenuerat,
regi brevius quo possent remitterent, ut secundum demerita et
perpetrata scelera punirentur.

Cum verbis finem fecisset cancellarius prefatus, quidam
facundissimus orator, in sacra pagina professor excellentissimus, magister Guillelmus Pulcbri Nepotis vocatus, domino
duci Guienne alte et intelligibiliter supplicavit ut, ad honorem
alme Universitatis Parisiensis, quam dictus de Burgundia alias
onerare voluerat, ut processum faceret in materia fidei, super
quibusdam conclusionibus positis per magistrum Johannem
Parvi pro justificacione ipsius aliqua sibi liceret dicere. Quo
concesso, ab excecrabili homicidio ducis Aurelianensis sumens
inicium, expressius quam fecerat cancellarius tetigit ut dictus
de Burgundia, sacramentum fidelitatis sibi factum super sacratissimum corpus Christi parvipendens, familiariaque convivia
simul sumpta reiteratis vicibus, commutacionem quoque ordi-
num aureorum quibus solebant insigniri in sollempnioribus
festis anni, de nocte, hora suspecta, nec nisi publicis sicariis
apta, dum de domo regine tenderet ad domum regis, insidiose,
per nequam ministros allectos peccunia illud procuraverat perpetrari. Cum quantis mendaciis et enormibus casibus adinventis
famam ejus clarissimam conatus fuerat denigrare, ut non sine
causa diceretur interfectus, in quanta subjectione regem, dominum ducem Guienne tenuerat, quamdiu rexerat regnum,
eorum consanguineis et cognatis imponens, falso tamen, quod
ipsum regem volebant deponere et coronare alterum, prolixiori
sermone declaravit. Nec reticendum censuit qualiter eos hac de
causa dominiis, vita et mobilibus privandos decernens, abusus,

unique de père et de mère, et qui depuis ce moment se tenaient cachés dans ledit comté, ainsi que les autres exilés et bannis de France, que le duc avait toujours gardés avec lui.

Lorsque le chancelier eut fini de parler, maître Guillaume de Beau-neveu, éloquent orateur et savant professeur de théologie, supplia à haute et intelligible voix monseigneur le duc de Guienne de lui accor-der la parole pour venger l'honneur de la vénérable Université de Paris, attaquée jadis par le duc de Bourgogne, qui avait voulu lui faire un procès en matière de foi, et pour dire quelques mots au sujet de certaines conclusions posées par maître Jean Petit dans la justifica-tion dudit duc. Cette demande ayant été accueillie, il commença par rappeler l'exécrable homicide du duc d'Orléans, et remontra en termes plus énergiques que ne l'avait fait le chancelier, comment ledit duc de Bourgogne, oubliant qu'il avait prêté serment de fidélité au défunt sur le sacré corps de Jésus-Christ, qu'ils s'étaient assis plu-sieurs fois tous deux à la même table en témoignage de bonne amitié, et qu'ils avaient échangé les colliers d'or de leurs ordres, dont ils se paraient habituellement dans les grandes cérémonies, l'avait fait trai-treusement égorger par des misérables soudoyés à cet effet, et cela pendant la nuit, à une heure indue, très favorable aux guet-apens, au moment où il se rendait de la maison de la reine à l'hôtel du roi. Il insista longuement sur les odieux mensonges, sur les infâmes calom-nies, par lesquelles ledit duc avait cherché à noircir la réputation sans tache de sa victime afin de motiver cet assassinat, sur l'étroite sujé-tion dans laquelle il avait tenu le roi et monseigneur le duc de Guienne, tant qu'il avait gouverné le royaume, accusant faussement leurs parents et leurs proches de vouloir déposer le roi et donner la couronne à un autre. Il ne manqua pas de dire comment, sous ce prétexte, il les avait fait condamner à mort et dépouiller de leurs biens et seigneuries; comment il avait laissé exercer toutes sortes d'abus, de pillages et de violences contre les bourgeois de Paris; comment enfin,

predas et latrocinia in burgenses Parisienses passus fuerat exercere, et sub umbra cujusdam bulle papalis procuraverat eos
omnes sentencie excommunicacionis subjacere, unde multi in
ergastulis positi, non modo ipsis denegatis corporalibus alimentis, quod et seviciam Sarracenorum superat, sed et ecclesiasticis sacramentis, et maxime confessionis et baptismi genitis
apprehensorum, quorum cadavera exposita fuerant feris et
avibus devoranda.

Oratoris Tullianam rethoricam dominus dux multipliciter laudavit, et Flamingis requestas a cancellario prius tactas oretenus
recitavit. Cui cum regraciati fuissent, respondendi spacium
pecierunt usque ad sequentem diem, supplicantes ut secum aliqui de regio consilio interessent; quo concesso, solutum est colloquium, nilque amplius actum est die illa.

Redeuntes igitur domino duci requestas recitaverunt in
forma, supplicantes ut eas placeret in parte aliqua moderare,
si esset possibile, addentes tamen, quod semper, ut boni subditi, voluntati regie obedirent; instanter tamen rogaverunt ut
redeuntes patrie referre possent qualem obedienciam volebat
ducem regi exhibere. Hiis auditis, duces, comites et barones
pauca verba, sed secreta, cum duce habuerunt, sedesque pro-
prias repetentes, per archiepiscopum Bituricensem dicere fecerunt deputatis quod, attentis quibusdam oblacionibus alias regi
Anglie per ambassiatores suos factis, et quod ipsi promiserat
quatuor principales introitus comitatus, de quo et sibi libenter
faceret homagium, intencionis regis erat contra ipsum continue
procedere vi armorum. Cumque dietas de verbo ad verbum
repeciisset requestas, illasque iterum recitasset prefatus scabinus, et cetera puncta tacta, subjunxit quod semper obedientes
essent, et que proloquta erant referrent compatriotis, et spera-

à la faveur d'une certaine bulle pontificale, il les avait fait tous excommunier : en conséquence de quoi, la plupart d'entre eux avaient été jetés en prison, et privés, par un raffinement de cruauté digne des Sarrasins, non-seulement de tout aliment corporel, mais encore de toute participation aux sacrements de l'Église; car on leur avait refusé la confession pour eux-mêmes et le baptême pour leurs enfants, et leurs cadavres avaient été livrés en pâture aux bêtes féroces et aux oiseaux de proie.

Monseigneur le duc de Guienne, après avoir complimenté l'orateur sur son talent, lut lui-même les requêtes qui avaient été déjà adressées aux Flamands par le chancelier. Ceux-ci le remercièrent et demandèrent jusqu'au lendemain pour répondre, en priant qu'on leur adjoignît quelques uns des membres du conseil du roi. Cette faveur leur ayant été accordée, l'assemblée se sépara, et l'on ne fit rien de plus ce jour-là.

A l'audience du lendemain, les Flamands relurent devant monseigneur le duc de Guienne les diverses requêtes en la forme où elles avaient été dressées, et le supplièrent de vouloir bien les modifier en quelques points, s'il était possible. Ils ne manquèrent pas toutefois d'ajouter qu'ils obéiraient toujours en fidèles sujets à la volonté du roi, et qu'ils demandaient seulement avec les plus vives instances qu'on leur fît connaître, avant leur départ, quelle preuve d'obéissance on voulait que le duc de Bourgogne donnât au roi. Les ducs, les comtes et les barons se retirèrent quelques instants pour en délibérer avec le duc; puis, reprenant leurs places, ils firent dire aux députés, par l'archevêque de Bourges, qu'attendu certaines offres que ledit de Bourgogne avait faites jadis au roi d'Angleterre par ses ambassadeurs, et la promesse qu'il y avait ajoutée de lui livrer les quatre principales entrées de son comté, dont il était prêt à lui faire hommage, le roi avait l'intention de procéder contre lui par la force des armes. L'échevin de Gand reprit alors tout au long lesdites requêtes, les relut ainsi que les autres points en question, et assura qu'ils se montreraient toujours obéissants, qu'ils rapporteraient à leurs compatriotes le résultat

bat quod omnes sic efficaciter laborarent, quod dux ad obedienciam veniret humiliter, ad honorem regis, utilitatem rei publice, regni et patrie; finemque verbis facientes, se et sua regi
ac domino duci Guienne humiliter obtulerunt. Dux autem verba
archiepiscopi acceptavit, et tunc de regali solio surgens, se
obtulit deputatis ad faciendum quicquid eidem placeret, vale-
que dicens omnibus, in signum benivolencie manum dexteram
tetigit singulorum; sicque sufficienter contenti recesserunt.

CAPITULUM XIX.

Quomodo villa de Bapalmis ad dedicionem venit.

In ipso consilio decretum extitit ut ducis Burgundie inobe-
dientis corone regie dominia viribus subderentur; idque rex in
comitatu Artesii statuens inchoare, primam suam aciem de
Peronna misit ante villam de Bapalmis, que sub signis incliti
ducis Borboniensis et conestabularii Francie militabat. Ad custodiam hujus urbis notum erat ducem ipsum cum magna balistariorum ac serviencium levis armature ducentos strenuos
pugnatores collocasse, inter quos nominandi sunt domini Johannes de Morelio, Marteletus de Menesleio, Johannes de Harpencourt, de Jocomonte, Hannoniensis, et Ferricus de Hangest,
quia auctoritate ceteris precellebant, quos tamen summa reprehensione dignos dicam, quia dedicionem auctoritate regia impe-
ratam presumptuose contempserunt. Unde merito indignati qui
primas cohortes regias adduxerant, tunc et reiteratis vicibus,
interim dum erigebantur machine jaculatorie et cetera obsidionalia instrumenta aptabantur, in signum imminencium assultuum vexilla militaria juxta muros ad jactum lapidis confixe-
runt, quorum audaciam introrsum manentes fortiter repulerunt,

de leurs négociations, et qu'il espérait bien que, grâce aux efforts de tous, le duc rentrerait humblement dans l'obéissance, pour l'honneur du roi, pour le bien public, et pour celui du royaume et de leur propre pays. Il ajouta en finissant qu'ils mettaient humblement leurs personnes et leurs biens à la disposition du roi et de monseigneur le duc de Guienne. Le duc approuva les paroles de l'archevêque; puis, se levant de son trône, il promit aux députés de faire tout ce qui pourrait leur être agréable, et prit congé d'eux, en leur prenant à tous la main en signe de bienveillance. Ils partirent ainsi fort satisfaits.

CHAPITRE XIX.

Capitulation de la ville de Bapaume.

Il avait été décidé dans le conseil que les domaines du duc de Bourgogne seraient, en raison de sa désobéissance, confisqués et réunis à la couronne. Le roi, voulant commencer par le comté d'Artois, envoya de Péronne devant la ville de Bapaume l'avant-garde de son armée, commandée par l'illustre duc de Bourbon et par le connétable de France. On n'ignorait pas que le duc de Bourgogne avait mis en garnison dans cette ville deux cents hommes d'armes d'une valeur éprouvée et un grand nombre d'arbalétriers et de troupes légères. A leur tête on remarquait messire Jean de Moreuil, Martelet du Mesnil, Jean de Harpencourt, de Jumont, chevalier du Hainaut, et Ferry de Hangest qui jouissaient de la principale autorité, et qui se montrèrent très répréhensibles en refusant de se rendre aux sommations du roi. Les chefs qui commandaient l'avant-garde du roi, justement indignés de cette résistance, firent dresser sur-le-champ contre la place les machines et autres instruments de siége, et plantèrent leurs bannières près des murs, à une portée de trait, pour faire savoir qu'ils allaient bientôt donner l'assaut. Mais la garnison riposta vigoureusement aux attaques dirigées contre elle. Toutefois, malgré la grêle de flèches qu'on fit pleuvoir de part et d'autre, il y eut d'abord peu d'hommes de tués; il périt seulement beaucoup de chevaux.

et dum utrinque imber continuaretur sagittarum, majorem numerum equorum quam hominum occiderunt.

Exeuntes sepius ad vim viribus repellendum et impares se videntes, hanc invenerunt astuciam; nam scientes circumadjacentem tellurem per quatuor fere miliaria aridam, infructuosam, herbis et arboribus carentem et fluvialibus aquis, fontes et puteos ad extra perpaucissimos obstruxerunt lapidibus, ut sic equi et subjugalia sitis penuria pressa eos loco cedere cogerent et abire. Non diu tamen excogitatum duravit. Nam rex Peronnam deserens, cum die Jovis duodecima jullii apud Mirummontem, villam a Bapalmis duabus leucis distantem, quam limpidissimus fluvius subtus labitur, se locasset, mox gregarii missi sunt, qui fontes obstrusos et puteos evacuarent; libereque potuerunt universi ex prefato fluvio haurire aquam et ad exercitum deferre. Sic percipientes obsessi se ab intencione fraudatos, et quod jam regie cohortes per ville ambitum castra metate fuerant, instantissimeque poscebant ut inchoarentur assultus, mutuum inierunt consilium, ut scirent quid inde agendum esset, et tandem unanimiter pocius elegerunt regis benignitatem quam potenciam experiri, egredi quoque indempnes, quam indurato animo sibi ignominiosum exterminium procurare. Non sine salvo conductu tunc Ferricum de Hengest et Johannem de Morelio miserunt, qui regi et sibi assistentibus dominis, post debitum salutacionis affatum, humilemque singulorum recommendacionem sociorum, supplicaverunt humiliter ut inducie darentur, quo spacio possent adire ducem Burgundie, jurejurando firmantes quod, si succursum non mitteret, semetipsos cum villa redderent ad beneplacitum regis.

Referunt qui ex officio in consiliis assistunt, super responsione danda argumentosas oppiniones interjectas; tandem

Les assiégés, après plusieurs sorties infructueuses pour repousser les assiégeants, considérant qu'ils n'étaient pas en état de leur résister, eurent recours à un stratagème. Comme le pays d'alentour, dans un rayon de près de quatre milles, était aride et stérile, sans arbre ni verdure, et dépourvu de cours d'eau, ils comblèrent avec des pierres les fontaines et les puits, qui se trouvaient en petit nombre dans les environs, afin d'obliger leurs adversaires à lever le siège et à s'éloigner, s'ils ne voulaient pas exposer leurs chevaux et leurs bêtes de somme à périr de soif. Mais cette ruse ne leur fut pas d'un grand secours. Le roi, ayant quitté Péronne pour venir s'établir le jeudi 12 juillet dans la ville de Miraumont, à deux lieues de Bapaume, sur les bords d'une belle rivière, envoya aussitôt quelques uns de ses gens pour désobstruer les fontaines et les puits, et l'on put dès lors aller chercher de l'eau à la rivière en toute liberté et en porter à l'armée. Les assiégés, voyant qu'ils étaient ainsi frustrés dans leurs espérances, que les troupes royales étaient déjà toutes campées autour de la ville et qu'elles demandaient instamment à donner l'assaut, tinrent conseil entre eux pour délibérer sur ce qu'ils avaient à faire, et furent tous d'avis qu'il valait mieux recourir à la clémence du roi que d'affronter sa puissance; et qu'il fallait essayer de se retirer vie et bagues sauves, plutôt que de s'exposer par une résistance trop opiniâtre à une mort ignominieuse. En conséquence ils envoyèrent au camp, sous la foi d'un sauf-conduit, **Ferry** de Hangest et Jean de Moreuil, qui, après avoir offert leurs compliments au roi et aux seigneurs de sa cour et leur avoir recommandé humblement leurs compagnons, demandèrent qu'on voulût bien leur accorder une trêve de quelques jours pour aller trouver le duc de Bourgogne, s'engageant sur l'honneur à se rendre à discrétion **eux** et la ville, s'ils n'étaient pas secourus.

Ceux à qui leurs charges donnent entrée au conseil m'ont assuré que les avis furent fort partagés au sujet de la réponse qu'on devait

tamen dux Guienne, auctoritate regia annuens quod petebant,
subjunxit : « Et videatis quomodo caute in negocio ambuletis,
« quoniam, si subiciamini viribus, discrimen ultimum subietis,
« a quo nec excipientur, quicunque tractatus fiat, omnes vobis-
« cum manentes qui de Compendio recesserunt. » In castris
omnes tenebant quod obsidionem solvere totis viribus et in
propria persona dux temptaret; ideo diligencius solito nocturne
vigilie persolvuntur. Fuerunt et multi scutiferi, michi penitus
ignoti, ex generosis tamen proavis ducentes originem, qui, tacti
aviditate pugnandi cum duce Borbonii, comite quoque Augi
et Guillelmo de Lodes, se instanter pecierunt accingi baltheo
militari, cupientes et hac die milicie primicias laudabiliter
exercere.

Nonnulli rumorum adinventores ducem Burgundie tractatum
pacificum instantissime postulare divulgabant Parisius. Quapropter Universitas duci Biturie rotulum obtulit regi celeriter
transmittendum, qui multis divisis articulis, ipsum insufficien-
tem probabat ad pactum aliquod iniendum, nisi prius interro-
garetur super articulis fidei aliisque per magistrum Johannem
Parvi propositis, superque istis mandatis : *Non occides, non
perjurabis,* donec eciam constaret de absolucione sua ecclesiastica de criminibus detestabilibus perpetratis.

Hiis tamen non obstantibus, qui ducem ipsum adierant,
redeuntes, regi ac domino duci retulerunt se ipsum recommendare humiliter, quibus semper optaverat obsequiose famulari,
nec modo villam prefatam, sed et omnes alias sibi subditas
offerre ad eorum beneplacitum voluntatis, rogare in finalibus,
ut in gracia amborum remaneret, et, si rancorem aliquem in
ipsum conceperant, inolita benignitate ipsum deponere dignarentur.

faire aux députés, mais qu'enfin le duc de Guienne leur accorda, au nom du roi, ce qu'ils demandaient, et qu'il ajouta : « Voyez à vous con-« duire avec prudence en cette affaire; car si vous obligez le roi à vous « soumettre par la force des armes, vous serez tous passés au fil de « l'épée, sans en excepter, quelque traité qu'on fasse, aucun de ceux « qui tenaient garnison à Compiègne et qui sont venus vous rejoindre. » Cependant chacun était convaincu dans le camp que le duc de Bourgogne réunirait toutes ses forces, et viendrait en personne pour faire lever le siége. Aussi redoubla-t-on de soin et de vigilance dans les rondes de nuit. Et, à cette occasion, plusieurs écuyers d'illustre origine, mais dont j'ignore les noms, poussés par le désir de combattre sous les ordres du duc de Bourbon, du comte d'Eu et de Guillaume de Lodes, demandèrent instamment à être armés chevaliers, afin de signaler leur début par quelque prouesse.

Des inventeurs de nouvelles répandaient en même temps à Paris le bruit que le duc de Bourgogne demandait avec instance à traiter de la paix. C'est pourquoi l'Université remit au duc de Berri un rôle qu'elle le pria de faire parvenir immédiatement au roi, et dans lequel elle cherchait à établir par plusieurs raisons que le duc de Bourgogne ne pouvait être admis à entamer des négociations, avant d'avoir été interrogé sur certains articles de foi, sur quelques propositions de maître Jean Petit et sur ces commandements : *Tu ne tueras point, tu ne feras point de parjure*, et jusqu'à ce qu'il fût bien reconnu que l'Église l'avait absous des exécrables crimes qu'il avait commis.

Cependant ceux qui étaient allés trouver le duc de Bourgogne revinrent annoncer au roi et à monseigneur de Guienne que ledit duc se recommandait humblement à eux, qu'il avait toujours désiré les servir avec dévouement, qu'il offrait de leur remettre non seulement Bapaume, mais encore toutes les autres villes qui lui appartenaient, qu'il les priait enfin de lui garder tous deux leurs bonnes grâces et de daigner, avec leur bonté accoutumée, déposer tout le ressentiment qu'ils pouvaient avoir conçu contre lui.

Sic urbem sine cruentis assultibus partam rex cupiens a rapacitate Britannorum, Vasconum et Alemannorum conservare, eam non dignum duxit ingredi, sed, armis regiis in circuitu et portis exaratis et depictis, ejus custodiam domino Karolo de Hengest commisit, associato certo numero pugnatorum, quibus in ingressu ville incole universi laudes regias altissonis vocibus clamaverunt, ac si rex personaliter presens esset. Sicut condictum fuerat, cum Henrico de Hengest, Johanne de Morolio, ceteri pugnatores, cum armis, equis et vehiculis oneratis urbem egredientes sub salvo conductu conestabularii, per medium exercitus transierunt, non sine derisoriis et ignominiosis verbis, cum multi alte clamarent : « Eatis, nequam rebelles, ad ducem vestrum proditorem. » Eundo quoque conestabularius quosdam exauriculari precepit, qui bona eorum rapere conabantur.

Cum Marteleto de Menesleio milite, de Parisius, Suessionis et Compendio quasi quatuordecim retenti sunt, dum cum ceteris in habitu simulato fugere conarentur, et mancipati teterrimis ergastulis, quia tanquam animis obstinati rebellionis reassumpserant spiritum, ex quibus aliqui ignominiosa morte penas luerunt obstinacionis perpetrate. Triduo nundum exacto, ex predictis duo burgenses Parisienses, scilicet Leodegarius Poulain, et Martinus de Coulomiers, qui Bapalmis aufugerant, tanquam exules proscripti et infideles, ob injurias regine et domino duci Guienne nuper illatas in villa Parisiensi, adjudicati sunt subire sentenciam capitalem.

Le roi, devenu ainsi maître de la ville sans effusion de sang, se décida à ne pas y entrer, afin de la préserver de la rapacité des Bretons, des Gascons et des Allemands; il se contenta de faire peindre et graver ses armes sur les portes et sur les murs d'enceinte, et confia la garde de la place à un certain nombre d'hommes d'armes sous les ordres de messire Charles de Hangest. Au moment où cette garnison fit son entrée dans la ville, tous les habitants firent entendre de vives acclamations en l'honneur du roi, comme s'il fût venu en personne. Henri de Hangest, Jean de Moreuil et leurs gens de guerre sortirent de la ville avec armes, chevaux et bagages, ainsi qu'il avait été convenu, et passèrent au milieu de l'armée, sous la protection du connétable, non sans essuyer toutefois des sarcasmes et des huées : « Allez, « méchants rebelles, leur disait-on tout haut, allez trouver votre « traître de duc. » Le connétable fut même obligé de faire couper les oreilles à quelques uns de ses gens, qui cherchaient à les piller.

Martelet du Mesnil et environ quatorze autres, qui avaient pris part aux séditions de Paris, de Soissons et de Compiègne, furent arrêtés au moment où ils essayaient de s'enfuir avec leurs compagnons d'armes, à la faveur d'un déguisement; on les mit en prison, pour avoir persisté opiniâtrément dans l'esprit de révolte. Quelques uns d'entre eux furent punis de cette obstination par une mort ignominieuse. Trois jours après, deux autres, Léger Poulain et Martin de Coulommiers, bourgeois de Paris, qui s'étaient enfuis à Bapaume comme traîtres et bannis, furent condamnés à mort en expiation des outrages qu'ils avaient commis à Paris envers la reine et monseigneur le duc de Guienne.

CAPITULUM XX.

Dux Burgundie civitatem Attrabatensem munivit gente sua , antequam rex ad ipsam
accederet.

Dum complerentur predicta , Hanonie comitissa cum fratre
duce Brabancie iterum ad regem venit, et quia solita infirmitate aliquantulum gravabatur, dominus dux Guienne sibi
audienciam concessit, tumque gratulabundam se dixit, quod
villa de Bapalmis ad dedicionem venerat, et quod ibidem accedebat, ut celerius hoc fieret. Sub quibus tamen condicionibus
cor fratris emollierat, vel ad regem humiliter venire converterat ignoro; scio tamen quod principes ipsi duci assistentes, in
proposito primo permanentes, dum dicerent sibi aut justicie
aut misericordie viam necessario eligendam, addiderunt : «Rex
« apud Attrebatum in brevi intendit accedere; ad eum tunc
« veniatis, et super hiis que petistis vobis responderi poterit,
« et forsitan complacenter. » Sicque rediit ad fratrem.

Jam, ut antea Bapalmis, sic et Attrabatum, caput Attrebatensis comitatus, munire pugnatoribus statuerat; timens tamen ne
cives eis ingressum negarent, si se forciores essent, hac astucia
usus est. Cum ad Pulchre Mote oppidum, aquoso fundo con-
structum , undique densis arboribus circumseptum , solumque
ab urbe per miliare distans, Burgundionum et Picardorum
multa milia secrecius quam poterat adduxisset, cum ducentis
tantummodo ad eos accedens, quasi consiliaturus quid emergentibus tot vicissitudinibus rerum ageretur, ubi pontem leva-
tilem est ingressus, illum tam diu viribus occupavit, donec ex
eis quos relinquerat mille et ducentos strenuos pugnatores cum
balistariorum copia intromisit, quos sacramento fidelitatis

CHAPITRE XX.

Le duc de Bourgogne met garnison dans Arras, avant l'arrivée du roi
devant cette ville.

Sur ces entrefaites, la comtesse de Hainaut revint avec son frère le
duc de Brabant pour voir le roi; mais comme ce prince venait de
retomber dans sa maladie accoutumée, ce fut monseigneur le duc de
Guienne qui lui donna audience. Elle le félicita de la soumission de
Bapaume, et lui dit qu'elle n'était venue que pour la hâter. J'ignore
à quelles conditions elle était parvenue à fléchir l'obstination du duc
son frère et l'avait déterminé à venir humblement trouver le roi; ce
que je sais, c'est que les princes qui étaient alors auprès du duc de
Guienne, persistant dans leur première résolution, lui répétèrent
qu'il fallait nécessairement que le duc optât entre la voie de la justice
et celle de la miséricorde, et ils ajoutèrent : « Le roi doit bientôt se
« rendre à Arras; présentez-vous à lui dans cette ville; vous obtien-
« drez une réponse à ce que vous demandez, et peut-être sera-t-elle
« satisfaisante. » Sur ce, la comtesse retourna vers son frère.

Le duc de Bourgogne s'était déjà occupé de mettre garnison dans la
ville d'Arras, capitale du comté d'Artois, comme il avait fait à
Bapaume. Craignant toutefois que les habitants n'en refusassent l'entrée à ses troupes, s'ils se sentaient les plus forts, il eut recours pour
cela à la ruse. Il amena le plus secrètement qu'il put plusieurs milliers
de Bourguignons et de Picards au château de Bellemotte, situé à un
mille seulement d'Arras, dans un terrain marécageux environné de
tous côtés d'arbres touffus. Il alla ensuite trouver les habitants avec
deux cents de ses gens seulement, comme pour conférer avec eux sur
ce qu'il y avait à faire dans des conjonctures si critiques. Dès qu'il
eut franchi le pont-levis, il s'y établit de force, jusqu'à ce qu'il eût
introduit dans la ville douze cents des hommes d'armes qu'il avait
laissés dans les environs, ainsi qu'une bonne troupe d'arbalétriers. Puis

astrinxit de urbe et civitate, que regi tamen subdita erat, secure tuendis contra quoscunque adversarios accedentes. Post tamen ejus egressum, utrinque accedentes villam muro sollido et fossa profunda clausam contra civitatem, dum utraque pars locum tuciorem optaret deffendere et ibidem remanere, inter eos per diem integrum continuata fuit gravis dissensio, fere usque ad sedicionem mortalem; et dicebant rebus bellicis experti, quod, si exercitus regis ibidem tunc affuisset, in ipsam, sicut et Suessionis, ingredi potuissent continuando assultus. Tandem tamen Picardis Burgundiones cedentes civitatem tuendam susceperunt, mutuo tractatu prius composito et sacramentis vallato, quod, si assultibus intollerabilibus premerentur, ipsa voraci incendio exposita, villam libere repeterent; et sic pacificati invicem, suburbia per ville ambitum, non xenodochiis, non hospitalibus domibus, nec cenobiis vel ecclesiis parrochialibus parcentes, cuncta voraci exposuerunt incendio, ne sub tectis sed sub divo inter parietes inclinatos et materias depulsas advenientes adversarii locarentur. Verissimile est tam excecrabile scelus precepisse sacrilegis manibus perpetrandum, ne nociva sibi regie copie militares reperirent. Nam prius missi fuerant precones, et, ut apercius loquar, econizantes arma, et sepius prodigam munificenciam regis ac principum, qui auctoritate regia dedicionem imperarent, quos non modo signis manualibus, sed et catapultis extensis redire minaciter monuerunt.

il leur fit jurer de défendre fidèlement la ville et la cité, quoiqu'elles appartinssent directement au roi, contre tous ceux qui tenteraient de s'en saisir. Mais après son départ, lorsque les Picards et les Bourguignons introduits dans la ville, qui était entourée d'un bon mur et d'un fossé profond du côté de la cité, voulurent les uns et les autres s'établir dans le lieu le plus sûr, il en résulta de vives contestations qui durèrent tout un jour et qui faillirent devenir sanglantes [1]; si bien que les gens du métier disaient que, si l'armée du roi était survenue dans ce moment, elle aurait pu emporter d'assaut la place, comme elle l'avait fait à Soissons. A la fin pourtant, les Bourguignons cédèrent aux Picards et se logèrent dans la cité, après avoir stipulé sous la foi du serment, que, s'ils étaient serrés de trop près, ils y mettraient le feu et seraient reçus sans difficulté dans la ville. La bonne intelligence étant ainsi rétablie entre eux, ils incendièrent à l'envi les faubourgs et livrèrent tout aux flammes, sans épargner les hospices, les maladreries, les couvents ni les églises, afin que les troupes du roi ne pussent trouver en arrivant aucun abri et fussent obligées de camper au milieu des décombres et des ruines. Il est vraisemblable qu'ils n'avaient reçu l'ordre de se livrer à ces excès criminels et à ces attentats sacriléges que pour ôter à leurs ennemis tout moyen de leur nuire; car on avait envoyé précédemment, pour les sommer au nom du roi de se rendre, des hérauts d'armes qui, je dois le dire, étaient chargés de vanter la puissance du roi et des princes, et de faire aussi un pompeux éloge de leur générosité. Mais, non seulement on leur fit signe de la main de ne pas avancer; on alla même jusqu'à diriger contre eux les batteries, pour les obliger à retourner sur leurs pas.

---

[1] **Monstrelet** ne parle point de ces contestations; il dit au contraire : « Dedans laquelle ville étoit messire Jean de Luxembourg, capitaine-général, accompagné de « plusieurs capitaines et autres notables et « vaillants hommes de guerre, lesquels « furent toujours assez unis et bien d'accord « les uns avec les autres. »

CAPITULUM XXI.

Rex Atirabatensem urbem obsidione cinxit.

Obstinatam arroganciam insignes principes, qui semper regi
lateraliter assistebant, viribus humiliare statuentes, urbem et
precipue civitatem obsidione cingere decreverunt, erectisque
per circuitum machinis jaculatoriis et firmatis, vicesima octava
die jullii dux Borbonii et conestabularius anticipaverunt primum locum. Subsequentibus feriis, ut comes de Divite Monte
cum suis Britonibus secundam stacionem post anteguardiam
elegit, inde ex parte altera, qui vexilla regia, domini quoque
Guienne sequebantur, et postremo qui sub duce Aurelianis,
comite Armeniaci, comitibus quoque Alensonis et Augi militabant, commodius et propius quod fieri potuit, castra metati
sunt. Ex tunc prefati principes prohibuerunt, sub pena latronibus debita, ne quis obsessis loqueretur super tractatu aliquo
componendo. Auctoritate eciam regia preceperunt ut, obsidione
durante, molares lapides, qui tam horribili tonitruo de petra-
riis exibant ac si ex infernalibus claustris procederent, emit-
terentur incessanter, qui suo ponderoso impetu domicilia
sollempniora destruerent.

Quamvis inde irreparabilia dampna sequtura obsessi non
ignorarent, nec tamen humilitatem sed resistendi audaciam
eligentes, horis nocturnis et diurnis multo tempore glandes
plumbeas ponderosas, ex calamis ferreis procedentes, fere ex
ducentis locis per circuitum murorum emiserunt in multorum
exterminium finale. Multis tamen summe auctoritatis militibus
summe displicebat, quod, quasi in mortem regis et suorum
avide anhelarent, illas in tentoria ipsius sepe dirigebant. Unde

CHAPITRE XXI.

Le roi met le siége devant la ville d'Arras.

Les illustres princes qui entouraient le roi, voulant châtier l'orgueil obstiné de ces rebelles, résolurent d'assiéger la ville, et de tourner principalement leurs efforts contre la cité. Ils ordonnèrent qu'on dressât tout à l'entour les machines de guerre, et le 28 juillet, le duc de Bourbon et le connétable arrivèrent sous les murs avec l'avant-garde. Les jours suivants, vinrent successivement le comte de Richemont qui se posta sur la deuxième ligne avec les Bretons derrière l'avant-garde, puis ceux qui servaient sous les bannières du roi et de monseigneur le duc de Guienne, et enfin les troupes placées sous les ordres du duc d'Orléans et des comtes d'Armagnac, d'Alençon et d'Eu, qui s'établirent de l'autre côté de la ville le plus commodément et le plus avantageusement qu'ils purent. Alors lesdits princes défendirent, sous les peines réservées aux voleurs, qu'on parlât aux assiégés de paix ou d'accommodement, et ordonnèrent au nom du roi, qu'on fit pleuvoir pendant toute la durée du siége sur les plus belles maisons de la ville, pour les écraser et les détruire, d'énormes pierres, qui sortaient des machines avec un bruit aussi effroyable que si elles eussent été vomies par l'enfer.

Quelque épouvantables que fussent les dégâts causés par cette artillerie, les assiégés ne perdirent pas courage. Décidés à faire une vigoureuse résistance, ils lancèrent jour et nuit, par plus de deux cents meurtrières pratiquées dans les murailles, de grosses balles de plomb à l'aide d'arquebuses en fer, et tuèrent ainsi beaucoup de monde aux assiégeants. Cependant les principaux chevaliers voyaient avec un vif déplaisir que les assiégés dirigeaient souvent leurs batteries contre la tente du roi, comme s'ils en voulaient à sa vie et à celle des siens. Un jour qu'ils témoignaient à ses hérauts d'armes l'étonnement que leur

et cum quadam die suis preconibus armorum militarium dicerent se tantam pertinaciam mirari, et unus eorum respondisset se non credere eos tantam temeritatem attemptasse, id mox experimento didicit. Nam repente massa plumbea emissa sibi letale vulnus inflixit; nam cum talo illo ictu evulsit calcaneum.

Fateri me non pudebit regie expedicionis progressum non modo milites et armigeros non sine favore adverse partis transegisse, sed et qui artem predictam emittendi securius exercere consueverant. Nam qui majorem petrariam regendam susceperat, que *Burgensis* vocabatur, sepius et reiteratis vicibus in vanum et indirecte ex industria lapides dirigebat. Et quia propter hoc minas mortis sibi comes de Divite Monte sepius adjiciebat, clam captata opportunitate fugiendi, ad hostes se conferens, sub quanto numero pugnatorum, sub quibus capitaneis obsidio regia gerebatur, ab eo didicerunt, et quod tribus vel quatuor locis cuniculi subterranei parabantur, ut muris solo equatis vel eversis urbs daretur in direpcionem et predam. Cunctis timorem incussit, ut asseruit ad id majorem partem exercitus unanimiter anhelare, et penitere ceperunt tam diu contra tentoria lapides direxisse, donec a quodam michi ignoto receperunt cedulam continentem : « Id fiendum impossibile credatis, nisi mor- « tales continuando assultus, qui tamen a parte saniori pugna- « torum penitus reprobantur; ideo non timeatis. » Inde solito animosiores effecti, villamque tueri, nocturnas vigilias et excubias diurnas exercere, marcescere ocio reputantes, ac intra muros latere, custodum numerum oppidi Pulchre Mote dignum duxerunt augere, ut illud libere quociens vellent petentes, ulterius progredientes grassari possent, vel hostiles continuare concursus. Habebant et ex altera parte quamdam portam, ex qua statuerunt erupciones facere, et per camporum latam pla-

causait une pareille audace, un d'entre eux ne voulut pas croire qu'ils
en fussent venus à ce degré de témérité; mais il apprit bientôt le
contraire à ses dépens. Une balle partie des remparts vint le frapper
tout à coup et lui emporta le talon avec toute la partie postérieure
du pied.

Je dois avouer, quoi qu'il m'en coûte, qu'il y avait parmi les chevaliers et les écuyers qui faisaient partie de l'armée royale, comme
parmi les officiers chargés de diriger les batteries de siége, des gens
assez favorablement disposés pour les ennemis du roi. L'artilleur qui
manœuvrait la pièce principale, appelée *la Bourgeoise*, lançait souvent à dessein des pierres en l'air ou dans de fausses directions. Le
comte de Richemont s'en étant aperçu et l'ayant plusieurs fois menacé
de mort, il profita d'une occasion favorable pour s'enfuir, et passa
aux ennemis. Il leur fit connaître la force de l'armée royale et le
nom des capitaines qui commandaient le siége. Il leur apprit aussi
qu'on pratiquait des mines dans trois ou quatre endroits, afin de faire
sauter ou de renverser les murs et de livrer la ville au pillage et à la
dévastation. Il les effraya surtout en les assurant que la plus grande
partie de l'armée ne respirait qu'après le pillage. Aussi commencè-
rent-ils à se repentir d'avoir dirigé si long-temps leurs coups contre
le quartier du roi. Sur ces entrefaites, ils reçurent de je ne sais qui
une lettre ainsi conçue : « Soyez sûrs qu'il est impossible d'emporter
« la place à moins de livrer sans relâche de rudes assauts. Or, les plus
« sages capitaines de l'armée désapprouvent ce système; vous n'avez
« donc rien à craindre. » Cette lettre leur rendit courage. Regardant comme du temps perdu de se borner à défendre la ville, de
faire le guet jour et nuit et de rester cachés derrière leurs murailles,
ils résolurent d'augmenter la garnison du château de Bellemotte,
afin de s'y rendre en toute liberté, toutes les fois qu'ils le juge-
raient à propos, et de pouvoir pousser de là leurs courses plus loin et
harceler leurs ennemis. Il y avait aussi de l'autre côté de la ville une
porte, par laquelle ils se proposèrent de faire des sorties, et d'opérer
des attaques imprévues dans la plaine qui s'étendait entre l'avant-

niciem inter anteguardiam regis et comitem de Divite Monte inopinatas discursiones exercere, ut obsidentes de locagio ad locagium viribus infestarent. Abhinc fere diebus singulis multa parva prelia et occursiones mortales commiserunt; utrinque nonnulli milites et armigeri occisi sunt, aut jugum redempcionis subierunt, et quamvis semper obsessi pejorem calculum reportarent, insequi tamen a nostris non poterant, quoniam equis velocissimis vehebantur, et mox balistarii obviam veniebant, et sequentes cum sagittis sepius repellebant ac retrocedere cogebant.

Jam nostri antea didicerant ducem Burgundie venturum in proximo cum mille et ducentis militibus et armigeris loricatis ad unguem, quingentis balistariis expertis, duobus milibus gregariis popularibus atque mille brigantinis, ut obsidionem solveret. Quapropter diligencius solito vigiles capitanei statuerunt, qui de nocte exercitum ambientes, et sepius usque Duacum equitantes, statum ejus explorarent. At ubi vera relacione compererunt, qui anteguardiam regendam susceperant, quod egredi de villa disponeret, eumdem expectare pede fixo, et pugne fortunam dignum ducentes experiri, pugnatores electos premittentes, qui silvis intermediis, aptis utique collocandis insidiis, latenter prevenientes, expectarent, et de statu eorum et numero eos redderent doctiores. Nec frustra excogitaverunt militarem astuciam, quia jam occasione simili dux ipse quadringentos pugnatores premiserat; qui tamen ut cognoverunt jam loca abdita occupata, et presagientes quod pares numero non essent, mox prope retrocedere statuerunt, non tamen sine dampno multorum nobilium, qui cum domino David de Brimeu capti odibile jugum redempcionis subierunt.

garde du roi et le quartier du comte de Richemont, espérant inquiéter ainsi les assiégeants tantôt sur un point, tantôt sur un autre. Il y
eut dès lors presque chaque jour des escarmouches et des rencontres
sanglantes entre les deux partis ; plusieurs chevaliers et écuyers furent
de part et d'autre tués ou mis à rançon. Quoique les assiégés eussent
toujours le dessous, on ne pouvait les poursuivre bien loin, parce
qu'ils étaient très bien montés, et que leurs arbalétriers venaient à
propos pour les soutenir, repoussaient les nôtres à coups de flèches,
et les forçaient de rebrousser chemin.

Nos gens avaient déjà eu avis que le duc de Bourgogne allait bientôt
arriver avec douze cents chevaliers et écuyers armés de toutes pièces,
cinq cents bons arbalétriers, deux mille hommes de pied et mille aventuriers, pour faire lever le siége. C'est pourquoi les capitaines, redou-
blant de vigilance, chargèrent des éclaireurs de faire le guet pendant
la nuit aux abords du camp, et de pousser même de temps à autre
jusqu'à Douai, pour épier la marche du duc. Les chefs de l'avant-garde,
ayant appris enfin de bonne source que ce prince se disposait à sortir
de cette ville, résolurent de l'attendre de pied ferme, et de tenter
les chances d'une bataille. Ils détachèrent en avant une troupe d'élite
avec ordre de se cacher dans les bois qui bordaient la route et qui
étaient très favorables pour une embuscade, d'y attendre le duc, et
de venir ensuite les informer de la force et de l'état de son armée.
Cette précaution ne fut pas inutile ; car le duc s'était fait précéder aussi
dans le même dessein par quatre cents hommes d'armes, qui, trouvant les bois déjà occupés et craignant de n'être pas en nombre suffisant, prirent le parti de retourner sur leurs pas. Toutefois ils perdirent quelques chevaliers, qui furent faits prisonniers et mis à rançon,
entre autres messire David de Brimeu.

CAPITULUM XXII.

De nunciis regis Anglie.

Dum rex in expedicione bellica resideret, sub salvo ejus conductu, regis Anglie sollempnes nuncii, videlicet episcopi de Duresme et de Norvich, comes Salseberiensis, dominus de Gres, cum multis aliis scientificis viris venerunt. Quos dominus dux Biturie recepit magnifice, in domiciliis regiis honestissime collocavit, expensis regiis refecit dapsiliter, et successivis feriis ipsis non sine fluxu munerum splendida convivia celebravit. In regali vero consilio constituti, et facta eis gracia ut dicerent quod placeret, dixerunt se a rege suo transmissos super duabus requestis, prima, ut fieret ei justicia, et quod sibi competebant corona et regnum Francie; secunda, ut domina Katerina, regis Francorum filia, regi suo connubio jungeretur. Quamvis ridiculosum fuerit petere quod sciebat nunquam progenitoribus suis pertinuisse quoquo jure, et ut cronice antique luce clarius manifestant, post aliqua argumentosa tamen verba, dux eis obtulit quasdam civitates, comitatus et dominia in Aquitanie ducatu, dum tamen regi placeret. Super autem via affinitatis et maritagii domine Katerine dux respondit id sine consensu regis expediri non posse. Qua responsione contenti recesserunt, se redituros promittentes, ut super hiis oraculo vive vocis loquerentur, prius tamen ex erario ducis aureis vasis et olosericis preciosis et fere inestimabilis valoris cumulati.

CHAPITRE XXII.

Ambassade du roi d'Angleterre.

Pendant que le roi était occupé à cette expédition, le roi d'Angleterre députa vers lui sous la foi d'un sauf-conduit une ambassade
solennelle, composée des évêques de Durham et de Norwich, du comte
de Salisbury, du sire de Grey, et de plusieurs autres personnages renommés pour leur savoir. Monseigneur le duc de Berri les reçut avec
beaucoup de magnificence; il leur assigna de beaux appartements
dans les maisons royales, les traita somptueusement aux frais du roi,
leur fit bonne chère pendant plusieurs jours et les combla de présents.
Lorsqu'ils eurent été admis au conseil, et qu'on leur eut permis d'exposer l'objet de leur mission, ils dirent qu'ils venaient présenter
deux requêtes de la part de leur maître : la première était qu'on lui
fît justice, en lui rendant la couronne et le royaume de France
qui lui appartenaient; la seconde, qu'on lui accordât la main de madame Catherine, fille du roi de France. Quelque ridicules que fussent
les prétentions de ce roi, qui faisait réclamer une chose qu'il savait
bien n'avoir jamais à aucun titre appartenu à ses prédécesseurs, ainsi
que les anciennes chroniques le prouvent jusqu'à l'évidence, on ne
laissa pas de les discuter sérieusement; après quoi le duc de Berri offrit
aux ambassadeurs quelques villes, comtés et seigneuries dans le duché
d'Aquitaine, sauf l'agrément du roi. Quant à la proposition d'alliance
et de mariage avec madame Catherine, le duc répondit que cela ne
pouvait se traiter sans le consentement de sa majesté. Les ambassadeurs se retirèrent satisfaits de cette réponse, et promirent qu'ils
reviendraient conférer de nouveau sur tout cela. Ils emportèrent avec
eux, en partant, des vases d'or et des tapisseries d'un prix et d'une
valeur inestimables, que le duc fit prendre dans son trésor pour les
leur donner.

CAPITULUM XXIII.

Dux Burgundie regem pacificare temptavit per ducem Brabancie et Hollandie comitissam.

Sic fraudatus ab intencione dux prefatus, quod diu abnuerat, fratrem et sororem ejus, Hanonie comitissam et ducem Brabancie, ad regem et dominum ducem Guienne misit, pro ipso supplicaturos, promittens omnem condicionem ab ipsis imponendam, quantumcunque gravem, se libenter impleturum, si in se iracundiam conceptam deponere ex cordis intimis dignarentur. Adventum autem amborum mox ut ipsi cognoverunt, honorem solitum observantes, majores ex palatinis eis obviam direxerunt, qui ambos ad tentorium regale adducerent. Lege eciam edictali et voce preconia per castra dominus dux, auctoritate regia, fecit concessas inducias publicare, et ne quis sub capitali pena quibuscunque missibilibus hostes inquietare ausus esset, quamdiu simul colloquia celebrarent. Non me fateri pudebit veritatem, et quod extere naciones, Britanie et Vasconie maxime, que hucusque assultus inchoari frustra pecierant, ut villa capta et direpcioni exposita alienis diviciis ditarentur, adventum comitisse et ducis impacienter ferebant, timentes ne componeretur tractatus pacificus. Erant alii, et precipue Normani militantes sub vexillo comitis Alensonis, qui, more omnium Francigenarum, in tabernaculis desides residere, vacare commessacionibus et ebrietatibus, ludo quoque taxillorum, perjuriorum et blasphemiarum patre, ac marcessere ocio summam ignominiam reputantes, ipsum pluries monuerunt ut obsidionem jam fere quinque ebdomadibus protractam solvere procuraret, et id, prout fama publica

CHAPITRE XXIII.

Le duc de Bourgogne essaie d'apaiser le roi par l'entremise du duc de Brabant
et de la comtesse de Hollande.

Le duc de Bourgogne, se voyant frustré dans ses espérances, fit enfin
une démarche à laquelle il s'était long-temps refusé. Il envoya le duc
de Brabant son frère et la comtesse de Hainaut, sa sœur, vers le roi
et monseigneur le duc de Guienne, pour implorer son pardon, promettant de souscrire sans réserve à toutes les conditions qu'ils lui im-
poseraient, si dures qu'elles fussent, pourvu qu'ils daignassent bannir
de leurs cœurs tout le ressentiment qu'ils avaient conçu contre lui. Dès
que les princes eurent avis de leur arrivée, ils se disposèrent à les accueillir avec honneur ; ils envoyèrent à leur rencontre les principaux
officiers de la cour, avec ordre de les amener dans la tente du roi.
Monseigneur le duc de Guienne fit aussi publier à son de trompe, au
nom du roi, une ordonnance portant suspension des hostilités et
défense, sous peine de mort, de lancer aucun projectile à l'ennemi,
tant que dureraient les pourparlers. Je dois dire, parce que c'est la
vérité, que les étrangers, et particulièrement les Bretons et les Gascons, qui jusqu'alors avaient demandé vainement l'assaut, et qui
n'aspiraient qu'à s'enrichir par le pillage et le sac de la ville, voyaient
avec un vif déplaisir l'arrivée de la comtesse et du duc, et craignaient
qu'on n'entrât en accommodement. Il y en avait d'autres, au contraire,
et c'étaient surtout les Normands commandés par le comte d'Alençon, qui, animés de cette ardeur guerrière si commune aux Français,
tenaient à grande honte de rester en repos dans leurs tentes, de perdre
leur temps à des orgies, à des débauches ou au jeu de dés, le père des
parjures et des blasphèmes, et de languir dans l'inaction. Ils pres-
sèrent le comte à plusieurs reprises de faire lever le siége, qui traînait
en longueur depuis près de cinq semaines ; et le comte y employa,
dit-on, tous ses efforts. Les variations pernicieuses de la tempéra-
ture, occasionnées par des alternatives de froid rigoureux, de chaleurs

referebat, studuit accelerare. Aeris inclemencia nunc nimio algore, nunc estu, nunc pluviarum nimia habundancia, multos ex generosis proavis originem ducentes jam assumpserat, peregrinarumque egritudinum ex hiis et gregariis plusquam quingentos totis viribus corporalibus destitutos coegerat in locagiis remanere, qui et ad extremum pejorem calculum reportarunt, sicut postea dicetur.

Prefata vero comitissa, post humilem salutacionis affatum regi impensum, qui egritudine solita incipiebat laborare, quam diligenter et quantis lenibus verbis feriis successivis cunctis horis et momentis dominum ducem Guienne sollicitaverit, ut humilitatem fratris sui ducis Burgundie benigne respiceret, ad longum scribere lectorem attediaret. Vera relacione tamen didici quod incessanter, flexis genibus, gemens et cum mestis singultibus eumdem deprecans ut ad memoriam reduceret, quod fratris filiam duxerat uxorem, quod ejus soror generosa fratris desponsaverat filium, unicam quoque filiam fratri suo duci Turonie nupserat, et in quam proximo consanguinitatis gradu ipsa et dux Brabancie sibi attinebant, sic flectit animum juvenilem, quod non modo transigere tractatum pacificum, sed et illum promovere penes ceteros principes acquievit. Utensque breviloquio, sic importunis precibus ambo ipsum induxerunt, quod, quamvis cum duce Aurelianis principes summe auctoritatis, ideo merito nominandi dux de Baro, dux in Bavaria, comites quoque Augi rem dicerent prolunguandam, ut deliberaretur securius, tandem tamen in sentenciam ipsius omnes transire opportuit, ac eciam consentire ut tractatus componendi puncta principalia legerentur, que sequntur.

brûlantes et de pluies excessives, avaient déjà fait périr un grand nombre de chevaliers appartenant à d'illustres familles. Plusieurs d'entre eux et plus de cinq cents hommes de pied, atteints par de cruelles maladies, étaient réduits par l'épuisement total de leurs forces à rester dans leurs tentes. Un triste sort leur était réservé, comme nous le dirons plus tard.

La comtesse, après avoir offert ses humbles salutations au roi, qui commençait à être repris de son mal, s'adressa à monseigneur le duc de Guienne, et pendant plusieurs jours elle ne cessa, à toute heure, à tout moment, de le presser instamment, du ton le plus caressant, d'accueillir avec bonté la soumission de son frère le duc de Bourgogne. Ce serait fatiguer le lecteur que de rapporter ici tout au long les démarches qu'elle fit en cette circonstance. Je dirai seulement que j'ai appris de source certaine qu'elle était sans cesse à ses genoux, lui rappelant, les larmes aux yeux et en sanglotant, qu'il avait épousé la fille du duc de Bourgogne [1], et que son auguste sœur [2] était mariée au fils dudit prince [3]; qu'elle avait elle-même accordé sa fille unique à son frère le duc de Touraine [4], et qu'elle était ainsi sa proche parente aussi bien que le duc de Brabant. Elle fit si bien, et prit un tel ascendant sur l'esprit du jeune prince, qu'il s'engagea non seulement à conclure un traité de paix, mais encore à le faire accepter par les autres princes. Bref, le duc de Brabant et la comtesse le circonvinrent tellement par leurs importunes prières, que, malgré l'avis du duc d'Orléans et des illustres princes le duc de Bar, le duc de Bavière et le comte d'Eu, qui voulaient qu'on prît le temps d'examiner la chose avec plus de maturité, il fallut que tout le monde se rangeât à l'opinion de monseigneur de Guienne et consentît même à la lecture des principaux articles du traité, qui sont mentionnés ci-après [5].

[1] Marguerite de Bourgogne.
[2] Michelle.
[3] Philippe le Bon.
[4] Jean.
[5] Voir le chapitre XXV.

CAPITULUM XXIV.

De morte Lendislai.

Estate fervida perdurante, nunciatum est regi Lendislaum, usurpatorem tituli regni Sicilie, obiisse, et Siculos summe auctoritatis nuncios ad papam Johannem jam misisse, qui orarent ut de regno disponeret ad sue beneplacitum voluntatis, quia de feodis Ecclesie existebat. Verbis tamen nuncii addiderunt quod jam soror Lendislai uberiorem partem regni occupabat; 'que tandem attendens ipsum papam disposuisse ut nepoti suo nuberetur, mox de consilio baronum patrie, comitem Marchie, virum utique discretum, robustum viribus et strenuissimum in armis, accersivit, ingenti peccuniali summa sibi missa, quem et cum summa Siculorum leticia desponsavit, et deinceps dictus rex Sicilie, quoniam rex Ludovicus, cui regnum ab Ecclesia nuper concessum fuerat, gravi egritudine detentus, prosequi non potuit factum suum.

CAPITULUM XXV.

Articuli sequntur in regali consilio tacti super confirmanda pace cum duce Burgundie.

Qui regiis deliberacionibus ex officio assistunt, scripserunt tunc ducem Brabancie, nomine et consensu fratris ducis Burgundie, regem, quamvis tunc absentem, atque dominum Guienne cum maxima humilitate exorasse, ut sibi clementissime indulgerent quicquid delinquerat a tractatu apud Pontisaram confirmato; quod et dominus Guienne, auctoritate regia, oraculo vive

CHAPITRE XXIV.

Mort de Ladislas.

L'été durait encore, lorsque le roi reçut la nouvelle que Ladislas, usurpateur du trône de Sicile, était mort, et que les Siciliens avaient déjà envoyé au pape Jean une ambassade composée des principaux de leur nation, pour le prier de disposer du royaume selon son bon plaisir, comme étant un fief de l'Église. Les courriers porteurs de cette nouvelle ajoutèrent toutefois que la sœur de Ladislas s'était déjà mise en possession de la plus belle partie du royaume; mais qu'ayant su que le pape avait résolu de la marier à un de ses neveux, elle s'était empressée d'appeler, d'après le conseil des barons du pays, le comte de la Marche [1], non moins remarquable par son habileté que par sa force et son courage, qu'elle lui avait fait passer une grosse somme d'argent, et l'avait épousé à la grande satisfaction des Siciliens; que ledit comte avait pris dès lors le titre de roi de Sicile [2]; car le roi Louis, à qui l'Église avait naguère concédé le royaume, était gravement malade et hors d'état de soutenir ses prétentions.

CHAPITRE XXV.

S'ensuivent les articles adoptés en conseil royal pour la confirmation de la paix avec le duc de Bourgogne.

Ceux qui prennent part aux délibérations du conseil m'ont dit que le duc de Brabant, au nom et du consentement de son frère le duc de Bourgogne, supplia très humblement le roi, quoique pour lors absent, et monseigneur le duc de Guienne, de daigner lui pardonner généreusement tous les délits qu'il avait commis

[1] Jacques de Bourbon.
[2] Il avait été stipulé, au contraire, que le comte de la Marche ne porterait pas le titre de roi, et qu'on le désignerait seulement sous le nom de *prince de Tarente*.

vocis benignissime concessit, et que feriis jam exactis super
pace proloquta fuerant sub hac forma publicari precepit.
Referunt et dictum ducem, nomine ducis Burgundie, tunc
jurasse quod deinceps pacem inter eos componendam bene et
fideliter custodiret et offerret ipsi regi omnes bonas villas
suas, ut in ipsis nomine suo constitueret officiales, ministros
atque custodes, ipsasque villas teneret in manu sua, quamdiu
placeret. Et interim, si bonum duci videatur, requestam regi
faciet ut ipsas sibi restituere dignetur.

Iterum tunc idem dux nomine fratris juravit, quod nunquam
compareret in regis presencia, nisi prius per regem, reginam,
ducem Guienne evocaretur, et per litteras patentes confectas
per regis consiliarios principales; et si contrarium attemptaret,
asseruit se, comitem Hanonie, Flammingos et Burgundiones
jam jurasse quod ipsum penitus deserent, nec ex tunc sibi
accommodabunt favorem, subsidium vel juvamen.

Iterum idem dux asseruit fratrem ad sancta Dei evvangelia
jurasse, quod cum Anglicis nec aliis quibuscunque confederaciones non faciet nec connubia procurabit, nisi de consensu
regis, regine ac dicti ducis Guienne, et iterum quod nullum
pactum cum extraneis habebat, et si aliqua habuerat, illa
penitus anullabat.

In cedula secretariorum regis iterum continebatur, quod rex
cunctis nobilibus subditis ipsi duci Burgundie parcebat, quod
armati militaverant cum ipso; volebat tamen quod subditi sui
nobiles qui secum militaverant, ad obedienciam redirent, et
secundum demerita ad voluntatem regis punirentur.

Constituebat iterum rex ut dux ipse Burgundie Leonem de
Jacquevilla, magistrum Eustachium de Atrio, Caboche et Bar-
raudum ceterosque proditores fugitivos de terris suis banniret,

depuis la conclusion du traité de Pontoise : ce que monseigneur de Guienne voulut bien accorder de sa propre bouche au nom du roi. Il fit en outre publier tout ce qui avait été arrêté les jours précédents au sujet de la paix. On m'a aussi assuré que ledit duc jura alors, au nom du duc de Bourgogne, que désormais ce prince garderait bien et fidèlement la paix qui serait conclue entre eux, et qu'il offrit de livrer toutes ses bonnes villes, pour que le roi y établît en son nom des officiers, des gouverneurs et des garnisons, et qu'il les tînt en sa main tant qu'il lui plairait, sous la réserve toutefois que le duc, si bon lui semblait, présenterait une requête au roi à l'effet d'en réclamer la restitution.

Ledit duc jura, en outre, au nom de son frère, qu'il ne paraîtrait jamais en présence du roi sans avoir été mandé préalablement par sa majesté, par la reine ou par le duc de Guienne, et ce par lettres patentes qu'auraient rédigées les principaux conseillers du roi, déclarant qu'au cas où il ferait le contraire, lui, le comte de Hainaut, les Flamands et les Bourguignons s'étaient déjà engagés par serment à l'abandonner, et à lui refuser dès lors aide, faveur et assistance.

Ledit duc assura aussi que son frère avait juré sur les saints évangiles de ne point faire d'alliance ni contracter de mariage avec les Anglais ou autres, quels qu'ils fussent, sans le consentement du roi, de la reine et dudit duc de Guienne, et qu'il avait déclaré sur son honneur qu'il n'avait point de traités avec les étrangers, et que, s'il en avait eu, il les considérait dès à présent comme entièrement nuls.

La cédule des secrétaires du roi contenait aussi que le roi pardonnait à tous les seigneurs, sujets du duc de Bourgogne, d'avoir pris les armes et combattu avec lui; mais qu'il voulait que ceux de ses propres sujets qui avaient servi le duc à la guerre rentrassent sous son obéissance et fussent punis suivant leurs démérites, comme il lui plairait d'en ordonner.

Le roi statuait, de plus, que le duc de Bourgogne bannirait de ses terres Léon de Jacqueville, maître Eustache de Laitre, Caboche, Barraut, et tous les autres traîtres qui avaient pris la fuite, et que,

et si aliquos apprehendere poterat, ipsos regi transmitteret, ut secundum demerita punirentur; idque Flammingi et Burgundiones facere de ipsis proditoribus juraverant.

Cedula iterum continebat quod idem dux Burgundie castrum de Crotoy regi [1]. Iterum cedula continebat quod dux Aurelianis, ceteri quoque principes tunc presentes juraverant pacem inviolabiliter. Et quia conestabularius absens erat, quia graviter infirmabatur, dux quoque de Borbonio cum anteguardia regis residebat, dominus dux Guienne tunc promisit quod eos, sicut alii, pacem faceret jurare.

Sequitur ordinacio regis super sibi humiliter requisitis nomine domini ducis Burgundie per dominum ducem Brabancie, dominam comitissam Hanonie et deputatos trium statuum Flandrie, procuratores dicti ducis super tractatu pacifico componendo; que res proloqute fuerant et apunctuate in presencia domini ducis Guienne et in magno regis consilio.

« Et primo, quia tempore exacto multa in regno perpetrata fuerunt cum dampno et displicencia regis, domini ducis Guienne atque regni prefati, dux, comitissa et deputati Flandrie, ut ducis Burgundie procuratores, regi vive vocis oraculo et humiliter supplicabunt ut quidquid egit in displicenciam regis a tractatu pacis facto apud Pontisaram sibi benigne indulgeant, et eum recipere dignentur graciose.

« Iterum domino duci Guienne vel commissariis ejus tradent vel tradi facient claves Attrabatensis ville, et planum aditum dabunt aliarum eciam villarum et castrorum, que sub rege possidet, ubicunque sibi placuerit, et ex nunc apperient Attrabatum, et super portas vexilla regia erigent, ceteris quoque locis nominandis a rege, cujus auctoritate in ipsis capitanei, ballivi et

---

[1] Il faut supposer ici l'omission d'un mot, tel que *redderet.*

s'il pouvait en saisir quelques uns, il les lui livrerait pour qu'ils fussent châtiés selon leurs démérites. Les Flamands et les Bourguignons avaient juré d'en faire autant à l'égard desdits traîtres.

La cédule contenait encore que ledit duc de Bourgogne rendrait au roi le château du Crotoy. Il y était ajouté que le duc d'Orléans et les autres princes alors présents avaient juré d'observer inviolablement la paix. Et comme le connétable était absent pour cause de maladie grave, et que le duc de Bourbon était avec l'avant-garde du roi, monseigneur le duc de Guienne promit qu'il leur ferait jurer la paix comme aux autres.

S'ensuit l'ordonnance du roi sur les humbles requêtes qui lui ont été faites au nom de monseigneur le duc de Bourgogne par monseigneur le duc de Brabant, par madame la comtesse de Hainaut et par les députés des trois états de Flandre, fondés de pouvoir dudit duc pour la conclusion d'un traité de paix; lesquelles choses avaient été discutées et réglées en présence de monseigneur le duc de Guienne et dans le grand conseil du roi.

« D'abord, vu qu'il s'est fait précédemment dans le royaume plusieurs choses au préjudice et déplaisir du roi, de monseigneur le duc de Guienne et dudit royaume, le duc, la comtesse et les députés de Flandre, comme fondés de pouvoir du duc de Bourgogne, supplieront le roi humblement et de vive voix de daigner lui pardonner tout ce qu'il a fait contre le gré de sa majesté depuis le traité de paix conclu à Pontoise, et de le recevoir en ses bonnes grâces.

« *Item*, ils remettront ou feront remettre à monseigneur le duc de Guienne ou à ses commissaires les clefs de la ville d'Arras, et lui livreront, partout où il plaira à sa majesté, l'entrée des autres villes et châteaux forts que le duc possède sous l'autorité du roi; ils ouvriront dès à présent les portes d'Arras et y arboreront la bannière royale, ainsi que dans tous les autres lieux qui seront désignés par le roi, au nom

ceteri officiales eligentur, qui ibidem remanebunt ad sue beneplacitum voluntatis.

« Item prenominatus dux realiter et de facto castrum de
Crotoy ad manum regis reducet similiter, et de restitucione
Kinonis oppidi faciet similiter posse suum.

« Et quia dicti procuratores, nomine prenominati ducis Burgundie, offerunt et promittunt quod ipse expellet de societate
sua atque dominiis suis quosdam qui domini regis atque domini ducis Guienne indignacionem incurrerunt, poscentes et
supplicantes ut inde debeant contentari, et quod possessiones
et bona subditorum, servitorum et benivolorum dicti ducis, qui
tempore retroacto ipsum juverunt vel eidem adheserunt, inte-
gre restituantur, et quod deinceps non molestentur vel vexentur sub pretextu justicie vel alias, eo quod sibi servierint vel
favorem prebuerint, et quod inde fiant littere convenientes, et
quod ex nunc processus vel exulaciones proscripte contra predictos inchoate penitus anullentur, et quod quilibet eorum ad
loca propria possit libere redire et possessionibus suis uti, et
super hoc fiat auctoritate regia abolicio generalis, super istis
extitit advisatum, quod idem dux Burgundie quemquam predictorum exulum proscriptorum auctoritate regia secum non
pacietur morari, nec in dominiis suis, ymo omnes predictos
expellet et expelli faciet. Quantum autem ad abolicionem generalem, rex super hoc ordinabit ad beneplacitum suum atque
domini ducis Guienne.

« Iterum, et quamvis predictum tractatum pacis componendo
dux Brabancie, domina comitissa Hanonie et deputati Flam-
mingorum predicti, regi atque domino Guienne firmiter asse-
ruerint ducem Burgundie cum Anglicis non aliquod pactum vel
confederaciones pepigisse, nichilominus, quia super hoc aliqua

duquel on y instituera des capitaines, des baillis et autres officiers, qui y resteront selon son bon plaisir.

« *Item*, ledit duc remettra réellement et de fait en la main du roi le château du Crotoy; il fera également son possible au sujet de la restitution de la place de Chinon.

« Et sur ce que lesdits fondés de pouvoir, au nom dudit duc de Bourgogne, offrent et promettent qu'il bannira de sa compagnie et de ses domaines certains personnages qui ont encouru l'indignation de monseigneur le roi et de monseigneur le duc de Guienne; sur ce qu'ils prient le roi et le duc de s'en contenter, et demandent que les propriétés et biens des sujets, serviteurs et partisans dudit duc, qui l'ont aidé jadis et ont adhéré à son parti, leur soient restitués en entier; qu'ils ne soient désormais ni molestés ni inquiétés sous prétexte de justice ou autre, pour l'avoir servi ou soutenu; qu'il en soit dressé des lettres suffisantes; que dès à présent les procédures ou poursuites entamées contre eux soient annulées; que chacun d'eux puisse retourner chez soi librement et jouir de ses biens, et qu'il soit fait à ce sujet au nom du roi une amnistie générale, il a été décidé, quant au premier point, que ledit duc de Bourgogne ne permettra à aucun de ceux qui ont été exilés et proscrits au nom du roi de demeurer avec lui ou dans ses domaines, mais qu'il les chassera et fera chasser de ses états. Quant à l'amnistie générale, le roi en ordonnera selon son bon plaisir et celui du duc de Guienne.

« *Item*, bien qu'en traitant de ladite paix, le duc de Brabant, madame la comtesse de Hainaut et les députés de Flandre aient fermement assuré au roi et à monseigneur de Guienne que le duc de Bourgogne n'a fait ni pacte ni alliance avec les Anglais, néanmoins, comme il en a été question, et afin de détruire toute espèce de soupçon à cet égard, ils promettront et jureront au nom dudit duc, que, s'il y a eu

fuerunt verba proloquta, ad tollendum suspicionem omnimodam, promittent asserentque, nomine dicti ducis, quod, si aliquid actum fuerit super predictis, ulterius non procedet, nec
deinceps cum ipsis aliquas confederaciones faciet contra regem,
dominum ducem Guienne, sive regnum, et si aliquid super hoc
proloqutus fuerit, verbis plane renunciat.

« Quantum autem ad reparacionem honoris dicti ducis Burgundie asserentis regem longe lateque per regnum et extra multas litteras misisse et publicasse, que ipsum valde onerant,
ordinatum extitit quod, isto tractatu pacis confirmato, rex
rediens Parisius, per consiliarios suos ac eciam dicti ducis litteras componi faciet, que tamen, salvo honore regio, valebunt
ad honoracionem suam et reparacionem honoris sui.

« Reddet et restitui faciet dictus dux Burgundie dominis,
baronibus, militibus, scutiferis aliisque regnicolis et extraneis
qui regi servierunt in ista querela, dominia et possessiones
quascunque, quas saisivit et in manu sua tanquam superiori
posuit occasione dicti servicii, et amoveri faciet omnia impedimenta ad commodum predictorum et eorum quemlibet.

« Iterum et quod nec per se ipsum nec per quemcunque alterum procurabit secrete vel in aperto aliquod impedimentum
prenominatis vassallis, benivolis et servitoribus qui in ista querela regi vel capitaneis ipsius servierunt, nec eciam burgensibus
vel habitatoribus ville Parisiensis, per viam facti nec alias, occasione dicti servicii.

« Item vult et ordinat rex, ut subditi sui nunc et semper
manere possint in obediencia sua, ut tenentur, quod tractatus
compositi apud Carnotum et alibi inviolabiliter teneantur et
serventur; et si aliquid in eis sit reparandum, ab utraque repa-
rabitur parte. Et ad securitatem predictorum, ut stabilius

quelque chose de fait à ce propos, il n'y sera pas donné suite, que désormais le duc ne fera plus d'alliances avec eux contre le roi, contre monseigneur le duc de Guienne ou contre le royaume, et que, s'il a eu quelques pourparlers à ce sujet, il renonce entièrement à ce qu'il a pu dire.

« Quant à la réparation d'honneur dudit duc, qui se plaint que le roi ait envoyé et publié par tout le royaume et au dehors plusieurs lettres qui font peser sur lui des charges graves, il a été réglé qu'après la conclusion de ce traité de paix le roi, de retour à Paris, fera rédiger par ses conseillers et par ceux dudit duc de nouvelles lettres, qui pourront rétablir et réhabiliter son honneur, sans porter atteinte à celui du roi.

« Ledit duc de Bourgogne rendra et fera rendre aux seigneurs, barons, chevaliers, écuyers et autres habitants du royaume, ainsi qu'aux étrangers qui ont servi le roi dans cette querelle, tous les domaines et propriétés qu'il a saisis et mis en sa main, comme suzerain, à l'occasion dudit service, et il fera lever tous empêchements en faveur desdites personnes et de chacune d'elles.

« *Item*, il ne suscitera ni par lui-même ni par aucun autre, soit secrètement soit ouvertement, aucun embarras auxdits vassaux, partisans et serviteurs, qui dans cette querelle ont servi le roi ou ses capitaines, non plus qu'aux bourgeois et habitants de la ville de Paris, par voie de fait ou autrement, à l'occasion dudit service.

« *Item*, le roi veut et ordonne, pour que ses sujets puissent maintenant et toujours demeurer sous son obéissance, comme ils y sont tenus, que les traités conclus à Chartres et ailleurs soient inviolablement gardés et observés; et s'il y a quelque changement à y faire, il sera fait de concert par les deux parties. Et pour garantie desdites choses, et afin qu'elles soient mieux tenues et accomplies par ledit

teneantur et compleantur per dictum ducem Burgundie, dux Brabancie, comitissa et deputati alii promittent et jurabunt, tam nomine dicti ducis, securos eciam se constituentes de prelatis, viris ecclesiasticis, nobilibus et bonis villis : videlicet dux Brabancie et comitissa Hanonie, nomine ducis Burgundie, et deputati, pro toto comitatu Flandrie, quod nunc et in perpetuum idem dux stabiliter observabit pacem istam, nec procurabit aliquid in contrarium. Et in casu quod id in secreto vel aperto attemptaret, non sibi accommodabunt auxilium vel favorem quovismodo.

« Iterum et quod super hoc domini de regali sanguine procreati, prelati, nobiles et bone ville regni facient simile juramentum, tradentque super hoc litteras convenientes, secundum ordinacionem regis et consiliariorum suorum.

« Prefati iterum deputati promittent atque jurabunt quod pro posse procurabunt ut comes Hanoniensis, dominus de Charoloys, comites Niverniensis, Sabaudie, episcopus Leodii, comes de Namuro et alii qui ulterius nominabuntur, simile faciant juramentum. Et ad majorem securitatem, deputati ex nunc simile facient jurare per nobiles et alios in Atrabato degentes et per illos qui castra et villas ducis Burgundie in Artesio, Burgundia, et in Flandria custodiunt, coram commissariis regiis.

« Si autem dux Burgundie poterit venire vel non Parisius ad regem, reginam, dominum ducem Guienne, id non fiet sine eorum·voluntate et consensu, atque expresso mandato regis composito cum matura deliberacione consilii; et super hoc se submittet dictus dux ordinacioni domini ducis Guienne, fientque inde littere ad partem, nec ponentur in tractatu.

« Iterum dux Brabancie, domina comitissa Hanonie et ceteri

duc de Bourgogne, le duc de Brabant, la comtesse de Hainaut et les autres députés promettront et jureront, tant au nom dudit duc, que comme cautions des prélats, gens d'église, seigneurs et bonnes villes, à savoir le duc de Brabant et la comtesse de Hainaut au nom du duc de Bourgogne, et les députés pour tout le comté de Flandre, que présentement et à l'avenir ledit duc observera fermement cette paix et ne fera rien à l'encontre. Et au cas qu'il essaierait de le faire ouvertement ou en secret, ils ne lui prêteront ni aide ni assistance quelconque.

« *Item*, les princes du sang, prélats, seigneurs et bonnes villes du royaume feront le même serment, et en donneront des lettres en bonne forme, suivant l'ordre du roi et de son conseil.

« *Item*, lesdits députés promettront et jureront d'employer tout leur pouvoir pour que le comte de Hainaut, monseigneur de Charolais, les comtes de Nevers et de Savoie, l'évêque de Liége, le comte de Namur, et autres qui seront nommés ultérieurement, fassent le même serment. Et pour plus de sûreté, les députés feront jurer dès à présent, par-devant des commissaires royaux, les seigneurs et autres qui résident dans Arras, et ceux qui tiennent garnison dans les châteaux et villes d'Artois, de Bourgogne et de Flandre appartenant au duc de Bourgogne.

« Pour ce qui est de savoir si le duc de Bourgogne pourra ou non venir à Paris trouver le roi, la reine et monseigneur le duc de Guienne, cela n'aura lieu que de leur consentement et volonté, et par exprès mandement du roi rédigé après mûre délibération du conseil. Et sur ce ledit duc se soumettra à ce qui sera ordonné par monseigneur le duc de Guienne. Et il en sera dressé des lettres à part, qui ne seront pas insérées dans le traité.

« *Item*, le duc de Brabant, madame la comtesse de Hainaut et les

deputati, nomine ducis Burgundie promittent quod omnia contenta in hoc pacifico tractatu ratificabit, approbabit, ratum et firmum habebit et per litteras suas patentes sigillo suo munitas. »

CAPITULUM XXVI.

Per litteras patentes dux Burgundie ratum et gratum habuit quicquid rex ordinaverat pro pace obtinenda.

« Johannes dux Burgundie, Flandrie, Artesii ac Burgundie, comes, palatinus, dominus Salinarum et de Machlinia, universis presentes litteras inspecturis salutem.

« Cum ab exacto modici temporis intervallo, domino meo rege in obsidione ville nostre Attrebati residente, ut possemus remanere in ejus dilectione et amore, sicut semper optavimus et optamus, de voluntate ipsius et per ordinacionem metuendissimi domini mei et filii domini ducis Guienne, quidam tractatus pacificus compositus fuerit cum fratre et sorore predilectis, duce Brabancie, comitissa Hanoniensi et deputatis per tres status comitatus nostri Flandrie auctorizatis a nobis, quo tractatu, quamvis divina gracia mediante concordia sequta fuerit, plura tamen ibi proloquta sunt et plures requeste facte et non sine argumentosis verbis promisse et concesse, que quidem propter recessum domini mei regis in parte majori non potuerunt expediri, nec inde litteras confici, sicque negocium differri opportuit; et cum propter complementum rerum prenominati deputati diligenter prosequti fuerunt dominum meum regem et dominum ducem Guienne usque Silvanetum et Sanctum Dyonisium, sed nil inde determinatum vel expeditum extitit: nam, ut ipsi retulerunt, responsum eis fuerat quod a nobis sufficiens procuratorium non habebant, et ut ad instans festum Omnium

autres députés promettront, au nom du duc de Bourgogne, qu'il ratifiera, approuvera, et sanctionnera par lettres patentes munies de son sceau tout ce qui est contenu dans ce traité de paix. »

CHAPITRE XXVI.

Le duc de Bourgogne ratifie et sanctionne par lettres patentes tout ce que le roi avait réglé pour le maintien de la paix.

« Jean, duc de Bourgogne, comte de Flandre, d'Artois et de Bourgogne, comte palatin, seigneur de Salins et de Malines, à tous ceux qui les présentes lettres verront, salut.

« Comme dans ces derniers temps, pendant que monseigneur le roi était occupé au siége de notre ville d'Arras, il a été conclu, de sa volonté et par l'ordre de mon très redouté seigneur et fils, monseigneur le duc de Guienne, un traité de paix avec notre frère et notre sœur bien aimés, le duc de Brabant et la comtesse de Hainaut, et avec les députés des trois états de notre comté de Flandre, autorisés par nous, afin que nous pussions demeurer dans les bonnes grâces et l'affection de sa royale majesté, ainsi que nous l'avons toujours désiré et le désirons; dans lequel traité, bien que, grâce à la miséricorde divine, il ait été suivi de la paix, on a soulevé plusieurs questions et présenté plusieurs requêtes, auxquelles après de longs pourparlers on a promis de faire droit et d'acquiescer, mais qui n'ont pu en grande partie être réglées à cause du départ de monseigneur le roi; attendu qu'il n'a pu être dressé de lettres à ce sujet, et qu'il a fallu différer l'affaire; attendu aussi que, lesdits députés ayant suivi monseigneur le roi et monseigneur le duc de Guienne jusqu'à Senlis et à Saint-Denys pour obtenir l'accomplissement de ces promesses, il n'a rien été décidé ni résolu, parce que, nous ont-ils rapporté, il leur avait été répondu qu'ils n'avaient pas reçu de nous des pouvoirs suffisants, qu'ils eussent à se retrouver à Senlis pour la Toussaint prochaine, et que monseigneur le duc de Guienne y aviserait de concert avec eux au choix du

Sanctorum apud Silvanetum redirent, et ibidem dominus dux
Guienne de loco convencionis mutue deliberaret, in quo convenientes coram ipso cum commissariis regiis super proloqutis
lacius deliberarent; notum facimus quod nos, qui tenere volui-
mus et volumus dictam concordiam, et cordialiter optamus
proloqutarum rerum complementum, et ut bonum finem sor-
ciantur, ut sic semper faciamus quod tenemur erga dominum
nostrum regem dominumque ducem Guienne, sicque possimus
remanere in gracia eorum, providere eciam et obviare pro
posse inconvenientibus que alias possent sequi, quod tamen
Deus avertat, confidentes ad plenum in fidelitate nostrorum
fratris et sororis, ipsos rogamus ut eant ad dominum nostrum
regem et dominum ducem Guienne; ordinamus insuper, ut
fideles consiliarii nostri, reverendus in Christo pater episcopus
Tournacensis, domini de la Viefville, de Ront, de Bonniers,
milites, magister Thierricus Gheborde, deputati eciam Flandrie, cum ipsis pergere velint. Quibus omnibus deputatis vel
eorum majori parti plenariam auctoritatem per presentes concedimus agendi atque complendi pro nobis, nomine nostro,
ac eciam requirendi, prosequendi et obtinendi omnia prius
tractata, promissa et transacta ante villam nostram Attrebati,
nec non et recipiendi nomine nostro securitates et convenientes
litteras conficiendas super concordia facta; et generaliter
faciendi, requirendi in dictis rebus, circumstanciis et depen-
denciis illarum, quidquid aptum et utile eis videbitur, ac si
presentes essemus, quamvis res dicte requirerent specialius
mandatum; promittentes bona fide ratum et gratum habiturum
quidquid per eos actum ac concordatum fuerit, nec in contrarium veniemus.

« In cujus rei testimonium presentibus litteris sigillum nos-

lieu dans lequel ils devraient s'aboucher devant lui avec les commissaires du roi, pour délibérer plus amplement sur toutes les questions; savoir faisons que nous, qui avons voulu et voulons maintenir ladite union, qui désirons sincèrement voir réaliser et mener à bonne fin les choses dont on est convenu, qui avons à cœur de toujours faire ce que nous sommes tenu de faire envers le roi notre sire et monseigneur le duc de Guienne, pour rester dans leurs bonnes grâces, comme aussi de pourvoir et d'obvier, autant qu'il nous est possible, aux inconvénients qui autrement pourraient s'ensuivre, ce qu'à Dieu ne plaise! nous reposant pleinement sur la fidélité de nos frère et sœur, les prions d'aller trouver le roi notre sire et monseigneur le duc de Guienne; ordonnons en outre que nos fidèles conseillers, le révérend père en Jésus-Christ, l'évêque de Tournai, les sires de Viefville, de Ront et de Bonniers, chevaliers, maître Thierri Gheborde, et les députés de Flandre se joignent à eux. Donnons par les présentes à tous ces ambassadeurs réunis, ou du moins à la majeure partie d'entre eux, plein pouvoir de traiter et de conclure pour nous, en notre nom, comme aussi de requérir, poursuivre et obtenir tout ce qui a été arrêté, promis et décidé antérieurement devant notre ville d'Arras, de recevoir en notre nom les sûretés et lettres qui devront être dressées au sujet de ladite union, et généralement de faire et de requérir dans lesdites choses, circonstances et dépendances d'icelles, tout ce qui leur paraîtra convenable et utile, comme si nous étions nous-même présent, et lors même que lesdites choses exigeraient un mandat plus spécial; promettant de bonne foi que nous ratifierons et approuverons tout ce qui aura été fait et accordé par eux, et que nous n'irons pas à l'encontre.

« En foi de quoi nous avons fait apposer notre sceau aux présentes

trum duximus apponendum. — Datum apud Quesneyum Comitis, die decima sexta octobris, anno Domini **millesimo quadringentesimo** decimo quarto. »

CAPITULUM XXVII.

De cancellario Guienne.

Isto mense, dominus dux Guienne dominum Johannem Jouvenel cancellarium suum deposuit, et cum **magna** instancia erga ducem Biturie impetravit, ut episcopus **Carnotensis**, ejus consiliarius principalis, vir utique providus et facundus, **hoc** officio fungeretur.

CAPITULUM XXVIII.

Comes de Alenconio dux effectus est.

Januarii prima ebdomada, rex attendens **quam fideliter**, quamque magnifico apparatu Johannes comes **de Alenconio** in expedicione bellica prius tacta sibi servierat, et quod ceteris lilia deferentibus pulcritudine et agilitate **corporis** precellens, ampliora eciam patrimonia possidebat, in **consistorio regali**, volens ipsum propensius honorare, statuit ut, **relicto titulo** comitatus, dux deinceps vocaretur.

CAPITULUM XXIX.

Qualiter duci Burgundie rex reconciliatus est.

Ut autem cunctis innotuit ducem Burgundie **fratrem suum** ducem Brabancie ac sororem comitissam **Hanonie necnon** et

lettres. — Donné au Quesnoy-le-Comte, le 16 octobre de l'an du Seigneur mil quatre cent quatorze. »

CHAPITRE XXVII.

Du chancelier de Guienne.

Le même mois, monseigneur le duc de Guienne destitua messire Jean Juvénal son chancelier, et obtint à force d'instances que le duc de Berri permît à l'évêque de Chartres, son conseiller principal, personnage renommé pour sa sagesse et son éloquence, d'accepter ces fonctions.

CHAPITRE XXVIII.

Le comte d'Alençon est créé duc.

Dans la première semaine de janvier, le roi, voulant récompenser le comte d'Alençon, Jean, de la fidélité avec laquelle il l'avait servi dans la dernière campagne et des grandes dépenses qu'il avait faites à cette occasion, et considérant que ce seigneur l'emportait sur les autres princes du sang par les agréments de sa personne et par son adresse, et qu'il possédait un riche patrimoine, décida dans son conseil, pour lui donner une marque de distinction particulière, qu'il cesserait de porter le titre de comte et prendrait désormais celui de duc.

CHAPITRE XXIX.

Comment le roi se réconcilia avec le duc de Bourgogne.

Dès qu'on sut que le duc de Bourgogne avait donné ses pouvoirs au duc de Brabant son frère, à sa sœur la comtesse de Hainaut et aux

deputatos Flandrie procuratores constituisse, ad paciscendum et transigendum quidquid proloqutum fuerat super tractatu pacifico componendo in obsidione Attrabatensis civitatis, rex se pacificatum duci dignum duxit et per litteras patentes formam istam continentes.

« Karolus, Dei gracia, Francorum rex, universis presentes litteras inspecturis salutem.

« Cum a certo tempore exacto per quasdam litteras nostras patentes, magno sigillo nostro sigillatas, pluribus partibus regni nostri et extra transmissas et publicatas et propter causas contentas in eisdem, carissimum et predilectum cognatum nostrum Johannem ducem Burgundie, Flandrie, Artesii et Burgundie comitem, rebellem nobis, inobedientem et nostrum inimicum adversarium reputaverimus, certumque sit quod, cum resideremus cum exercitu vallido in obsidione yille Attrebati, ad nos, nomine cognati nostri de Burgundia, dilectos nobis cognatum et cognatam ducem Brabancie et comitissam Hanonie cum deputatis Flandrie accessisse, qui nobis omni humilitate et reverencia exposuerunt excusaciones ejus, et sinceram affectionem quam gerit erga nos, obtuleruntque nobis talem et tantam obedienciam quod inde fuerimus tunc contenti, indeque receperimus cognatum nostrum in amorem et bonam graciam nostram, tunc quoque ordinaverimus ut subditi nostri maneant in pulcritudine pacis; notum facimus universis quod ipsum cognatum nostrum de Burgundia deinceps reputamus et reputari volumus ubique nostrum bonum et fidelem consanguineum, vassallum, subditum, nobis quoque benivolum, non obstantibus predictis litteris nostris, quas nolumus deinceps alicujus efficacie existere nec istis prejudicare in aliquo. Sed prohibemus per presentes omnibus subditis nostris, sub pena

députés de Flandre, pour traiter et accorder tout ce qui avait été
arrêté au sujet du traité de paix entamé pendant le siége d'Arras, le
roi crut devoir faire sa paix avec le duc de Bourgogne, et en donna
avis par lettres patentes conçues en ces termes :

« Charles, par la grâce de Dieu, roi de France, à tous ceux qui les
présentes lettres verront, salut.

« Comme nous avons, il y a quelque temps, par lettres patentes
scellées de notre grand sceau, envoyées et publiées en diverses provinces de notre royaume et au dehors, et pour les motifs qui y sont
exprimés, déclaré notre très cher et bien aimé cousin Jean, duc de
Bourgogne, comte de Flandre, d'Artois et de Bourgogne, rebelle et
félon, ennemi et adversaire de notre personne; comme il est constant
d'un autre côté que, pendant que nous étions occupé au siége d'Arras
avec une puissante armée, nos bien aimés cousin et cousine le duc de
Brabant et la comtesse de Hainaut sont venus nous trouver avec les
députés de Flandre au nom de notre cousin de Bourgogne, nous ont
exposé en toute humilité et révérence ses excuses et l'affection sincère
qu'il a pour nous, et nous ont offert de sa part une telle et si grande
obéissance, que nous en avons été satisfait, et qu'ayant rendu à notredit cousin nos bonnes grâces et notre amour, nous avons voulu dès
lors que nos sujets restassent en paix; savoir faisons à tous que
dorénavant nous reconnaissons notredit cousin de Bourgogne et voulons qu'il soit reconnu partout pour notre bon et fidèle parent, vassal
et sujet, affectionné à notre personne, nonobstant nosdites lettres
que nous déclarons nulles et de nulle valeur, et nullement préjudiciables à celles-ci. Défendons par les présentes à tous nos sujets, sous
peine d'encourir notre indignation, de rien dire ou de rien faire, à
l'occasion de ces lettres ou autrement, à la charge, blâme ou déshonneur de notredit cousin de Bourgogne, de quelque façon que ce soit.
Donnons en mandement à nos fidèles conseillers du Parlement, au
prévôt de Paris, et à tous et chacun de nos sénéchaux, baillis, prévôts, justiciers et officiers et à leurs lieutenants, de ne rien faire ni

incurrendi indignacionem nostram, ne occasione illarum litterarum nec alias, aliquid dicant vel agant, onerando, vitupe-
rando vel dehonestando predictum cognatum nostrum de Burgundia quovis modo; dantes iterum in mandatis nostris
fidelibus consiliariis Parlamentum nostrum tenentibus, preposito Parisiensi, universis et singulis senescallis, ballivis, prepositis, justiciariis, officiariis nostris, et eorum loca tenentibus,
quod contra id quod dictum aliquid agant neque permittent
fieri, transgressores tam acriter punientes, quod cedant ceteris
in exemplum. Precipimus ulterius ut ubique presentes litteras
faciant publicari, volumusque ut vidimus super hoc confectis
et sigillis auttenticis sigillatis fides adhibeatur sicut et originali.

« In cujus rei testimonium presentibus litteris sigillum nostrum duximus apponendum. »

CAPITULUM XXX.

Quid diffinitum extitit consistorio regali de hiis qui nuper faverant duci Burgundie.

Ut perfecte complerentur ordinaciones regie super pace ante
Attrabatum proloquta, vicesima octava januarii die, dux Brabancie cum nunciis ducis Burgundie, comitissa Hanonie et
legatis trium statuum Flandrie, ad Sanctum Dyonisium venerunt, ubi dominus dux Guienne cum consiliariis regiis consilia
celebrabat. Legatis igitur facta dicendi gracia quod placeret, ut
a duce Burgundie edocti fuerant, qui gaudebat se reconsilia-
tum regi et cordialiter affectabat ut hiis qui exacto tempore
eidem servierant et faverant sicut et sibi parceretur, nomine
ipsius instantissime pecierunt, ut pro ipsis auctoritate regia
concederetur abolicio generalis, asserentes quod tunc parati

laisser faire à l'encontre de ce qui est dit ci-dessus, et de punir les transgresseurs avec tant de sévérité qu'ils servent d'exemple aux autres. Ordonnons en outre qu'ils fassent publier partout les présentes lettres, et voulons qu'aux vidimus qui en seront faits et scellés de sceaux authentiques il soit ajouté foi comme à l'original.

« En foi de quoi nous avons fait apposer notre sceau aux présentes lettres. »

CHAPITRE XXX.

Décisions prises en conseil royal à l'égard de ceux qui avaient embrassé le parti du duc de Bourgogne.

Pour accomplir tout ce que le roi avait ordonné au sujet de la paix négociée devant Arras, le duc de Brabant, accompagné des envoyés du duc de Bourgogne, de la comtesse de Hainaut et des députés des trois états de Flandre, vint le 28 janvier à Saint-Denys, où le duc de Guienne tenait le conseil du roi. La parole leur ayant été accordée, ils dirent, suivant les instructions qu'ils avaient reçues du duc de Bourgogne, que ce prince se félicitait d'être rentré en grâce auprès du roi, et désirait sincèrement qu'on pardonnât également à tous ses serviteurs et partisans comme à lui-même, et ils demandèrent instamment, de sa part, qu'il leur fût accordé au nom du roi une amnistie générale, assurant qu'à cette condition ils étaient tout prêts à se soumettre à tout ce que le roi avait ordonné. On ne fit rien de plus ce jour-là dans le conseil ; seulement on assigna aux députés le 7 février

erant complere omnia que per regem fuerant ordinata. Nil amplius in consilio actum est die illa, nisi quod super petitis septima dies februarii nunciis assignatur. Ad quam iterum redeuntes, super declaracione petite abolicionis, domino duce Guienne in sede regia presidente, et sibi assistentibus ducibus Biturie, de Alenconio, comite Augi, et multis aliis lilia deferentibus, prelatis eciam consedentibus, videlicet cardinali de Baro, archiepiscopis Senonensi et Bituricensi, episcopis Carnotensi, Novioniensi, Parisiensi, Cabilonensi ex una parte, et ex alia, pro duce Burgundie, duce Brabancie, episcopo Tornacensi, domino de Ront, et quampluribus aliis, talem responsionem habuerunt :

« Rex, cordialiter optans vitare plurima emergencia mala, subditosque relevare ab oppressionibus et dampnis, decernit, vult et precipit ut pax firma et stabilis inter eos vigeat et in regno, prohibens universis, cujuscunque status, condicionis aut preeminencie existant, ne deinceps, in quantum timent regiam offendere majestatem, armis utantur invasivis per viam facti aliqualiter procedendo. Ad honorem quoque Dei, ut continuetur dicta pax, volens preferre misericordiam rigori, universis tam regnicolis quam exteris, cujuscunque status, auctoritatis aut condicionis existant, concedit abolicionem generalem omnium offensarum quas exacto tempore commiserunt serviendo et favendo duci Burgundie, in displicenciam regis, a pace facta apud Pontisaram usque ad hodiernum diem. Ab immunitate tamen regali quingentas personas decrevit excipere, que non sunt vassalli, servitores aut familiares ducis, proscriptos eciam exules per judices regios a definito tempore, qui minime comprehendentur in dicta abolicione.

« Placet iterum regi ut officiarii regales, qui de regis, regine,

pour une nouvelle audience. Ils revinrent au jour fixé, pour avoir réponse à leur demande d'amnistie. Monseigneur le duc de Guienne occupait le trône royal, ayant d'un côté les ducs de Berri et d'Alençon, le comte d'Eu et quelques autres princes du sang ainsi que plusieurs prélats, savoir, le cardinal de Bar, les archevêques de Sens et de Bourges, les évêques de Chartres, de Noyon, de Paris et de Châlons, et de l'autre côté, pour le duc de Bourgogne, le duc de Brabant, l'évêque de Tournai, le sire de Ront, et beaucoup d'autres. Voici ce qui leur fut répondu :

« Le roi, désirant sincèrement éviter les maux qui sont près d'éclater de tous côtés et affranchir ses sujets de toute oppression et dommage, décrète, veut et ordonne qu'une paix solide et durable règne entre eux et dans le royaume, défendant à tous, de quelque rang, condition ou dignité qu'ils soient, et en tant qu'ils craignent d'offenser la majesté royale, de prendre désormais les armes pour s'attaquer, ou de procéder à des voies de fait. Voulant aussi, pour l'honneur de Dieu et pour l'affermissement de ladite paix, préférer la clémence à la rigueur, il accorde à tous les habitants du royaume aussi bien qu'aux étrangers, de quelque rang, autorité ou condition qu'ils soient, une amnistie générale pour toutes les offenses qu'ils ont commises précédemment au service et dans le parti du duc de Bourgogne, au grand déplaisir du roi, depuis la paix de Pontoise jusqu'à ce jour. Toutefois, il a cru devoir excepter de cette grâce royale cinq cents personnes, qui ne sont ni vassaux, ni serviteurs, ni familiers du duc, ainsi que ceux qui ont été bannis et proscrits par les juges royaux depuis ladite époque, lesquels ne seront pas compris dans ladite amnistie.

« *Item*, il plait au roi que les officiers royaux qui ont depuis ladite

domini ducis Guienne curiis recesserunt a diffinito termino, sive de villa Parisiensi vel ceteris civitatibus regni, vel qui voluntarie se absentaverunt, ne suspecti tenerentur, absentes et elonguati usque ad biennium maneant, salva tamen gracia prefati domini regis.

« Ad pacem iterum continuandam et obviandum inconvenientibus et controversiis que tempore retroacto possent oriri occasione officiorum regalium, placet regi quod officia concessa a diffinito termino remaneant in voluntate et disposicione sua, et quod, occasione abolicionis hujus nec alias, ex officiis destituti in ipsis possint aliquod jus reclamare.

« Iterum decrevit rex ut omnes volentes uti abolicione dicta, ut pax firmius teneatur, super conservacione illa facient juramenta quociens fuerint requisiti; illis autem qui ex nunc captivati sunt et carceribus detenti, fiet justicia secundum exigenciam casuum. »

Prolata denique ordinacione regis, dux Brabancie et qui cum eo venerant, moniti fuerunt publice ut, sicut ante Atrabatum et in Sancto Dyonisio promiserant, sine dilacione redderent regi realiter et de facto castrum regium de Crotoy, et cetera que tunc promiserant, nunc complerent : que quidem omnia complenda iterum domino duci Guienne promiserunt ; sicque colloquium regale solutum est. Impetraverunt tamen nuncii et sine difficultate, ut, antequam ulterius concluderetur in tractatu, que proloqnta fuerant comitisse Hanoniensi nunciarent, que apud Silvanetum residebat, et que mandatum a viro suo comite receperat ne progrederetur ulterius, et redeuntes quod mens sibi suggerebat nunciarent.

époque quitté la cour de sa majesté, de la reine, de monseigneur le duc de Guienne, la ville de Paris ou toute autre ville du royaume, ou qui se sont absentés volontairement, pour n'être pas considérés comme suspects, restent pendant deux ans éloignés et absents, sauf toutefois le bon plaisir de monseigneur le roi.

« *Item*, pour affermir la paix et pour obvier aux inconvénients et aux contestations qui pourraient survenir par la suite à l'occasion des offices royaux, il plaît au roi que les offices conférés depuis ladite époque restent à sa volonté et à sa libre disposition, et que ceux qui auraient été destitués ne puissent, à l'occasion de cette amnistie ou autrement, élever aucune prétention sur leurs offices.

« *Item*, le roi a décidé, pour mieux assurer le maintien de la paix, que tous ceux qui voudront profiter de ladite amnistie feront serment d'observer cette paix, toutes les fois qu'ils en seront requis; et quant à ceux qui sont à présent captifs et détenus en prison, il leur sera fait justice selon l'exigence des cas. »

Après cet énoncé de l'ordonnance du roi, le duc de Brabant et ceux qui étaient venus avec lui furent invités publiquement à restituer au roi, sans délai, réellement et de fait, comme ils l'avaient promis devant Arras et à Saint-Denys, le château royal du Crotoy, et à remplir tous les autres engagements qu'ils avaient pris. Ils en donnèrent de nouveau leur parole à monseigneur le duc de Guienne, et sur ce, l'assemblée se sépara. Toutefois, les envoyés obtinrent encore sans difficulté qu'avant de passer outre à la conclusion du traité, on leur permît d'aller annoncer le résultat des négociations à la comtesse de Hainaut, qui était restée à Senlis, parce que le comte son mari lui avait recommandé de ne pas aller plus loin; ils devaient faire connaître à leur retour quelles étaient ses intentions.

CAPITULUM XXXI.

De recepcione nunciorum regis Anglie.

Hiis ergo rite peractis, cum duce Guienne ceteri principes redeuntes Parisius, sequenti die sabbati, regis Anglie sollempnes ambassiatores recipere magnifice statuerunt. Primo quidem, comites Augi, Virtutum et Vindocini cum aulicis premittentes, deinde archiepiscopos, episcopos multosque alios prelatos, ac novissime cum preposito Parisiensi mercatorum prepositum, scabinos et summe auctoritatis burgenses, qui, eisdem accedentibus ad urbem successive honorem ac reverenciam impenderunt, multis subsequentibus feriis eisdem splendida celebraverunt convivia, non absque fluxu munerum, rex et de prosapia regali procreati; utque dies redderent leciores, hastiludia militaria cum ceteris summe preeminencie militibus statuerunt exercere, in quibus, jubente rege, dominus dux Guienne recenter evaporavit robur gratissime juventutis, et presencium judicio laudabiliter reiteratis vicibus et potenter. Dum sic nuncii curialiter tractarentur, eos constat reiteratis vicibus proloqutos super connubio domine Katerine, filie regis Francie, cum rege Anglie contrahendo, pro quo et sibi dari in perpetuum poscebant uberrimam partem regni, scilicet Aquitanie ducatum, quem sibi viribus ereptum tempore regis Karoli, quamvis juste et racionabiliter, dolebant. Regi filiam desponsari domino duci Guienne et ex regali prosapia procedentibus placebat, sed regnum minime tanto membro privari. Quapropter post multa argumentosa verba concluserunt quod legati regii mitterentur, qui temptarent si per aliam viam posset matrimonium consummari.

CHAPITRE XXXI.

Réception faite aux ambassadeurs du roi d'Angleterre.

Tout cela terminé, le duc de Guienne et les autres princes revinrent à Paris, et le lendemain samedi ils se disposèrent à recevoir avec beaucoup de magnificence les ambassadeurs du roi d'Angleterre. On envoya d'abord au-devant d'eux les comtes d'Eu, de Vertus et de Vendôme, avec une suite de seigneurs de la cour, puis des archevêques, des évêques et plusieurs autres prélats, enfin le prévôt de Paris, le prévôt des marchands, les échevins et les principaux bourgeois, qui leur présentèrent successivement leurs hommages et leurs compliments aux portes de la ville. Le roi et les princes du sang les traitèrent somptueusement pendant plusieurs jours et les comblèrent de présents. Pour leur faire passer le temps plus agréablement, on leur donna le plaisir d'un tournoi où figurèrent les plus illustres chevaliers. Monseigneur le duc de Guienne descendit dans la lice, par ordre du roi, et, au dire des assistants, il se signala à plusieurs reprises par de brillantes prouesses et par une rare valeur. Il paraît qu'au milieu de tous ces divertissements, les ambassadeurs revinrent fréquemment sur le projet de mariage entre madame Catherine, fille du roi de France, et le roi d'Angleterre : ils demandaient à cette occasion qu'on leur cédât en toute propriété la plus belle partie du royaume, le duché d'Aquitaine, qui leur avait été loyalement et justement enlevé sous le règne du feu roi, et dont ils regrettaient la perte. Cette alliance de la fille du roi avec le monarque anglais agréait à monseigneur le duc de Guienne et aux princes du sang; mais ils ne voulaient pas consentir à un pareil démembrement du royaume. Après de longs pourparlers, on décida que le roi enverrait ses ambassadeurs en Angleterre, pour voir s'il n'y avait pas quelque autre moyen d'arriver à la conclusion de ce mariage.

CAPITULUM XXXII.

De duellis Portugalensium contra Francos infeliciter peractis.

Paulo alcius retrocedere incitat unum ex illo longinquo regno Portugalie procedens, quod non modo regnicolis, sed et predictis Anglicorum nunciis dignum reputatum fuit spectaculo, commemorandumque litteris, esto posteris videatur solum ex arrogancia sumpsisse originem. Ab oris namque predictis nuper viginti strenui pugnatores, ex generosis proavis ducentes originem, cum ingenti equitatu et apparatu pomposo ad regem accedentes, instantissime poposcerant, ut cum Francis militare tirocinium exercerent, et singulariter vel in equali numero cum omni armorum genere dimicando, victori victum liceret occidere, si jugum redempcionis subire recusaret, idque firmasse mutuo asseruerunt reiteratis vicibus et absque erubescencie velo. Et quamvis assistencium circumspectorum judicium nephas diceret aliquem in mortem alterius aspirare sine offensa commissa, rex tamen victus precibus militum, qui summam ignominiam reputabant viam facti declinare, asserentes quod, et si ex infernalibus claustris exiret dyabolus, eciam ob honorem regni propugnatorem repperiret, annuit quod petebant. Singulorum ignoro nomina; in laudem tamen illorum qui successivis feriis duella periculosa commiserunt, magis experti in armis erumpentes retulerunt alias se non vidisse alacriores in agressu, esto in ipsis omnibus calculum reportaverint pejorem.

Rege namque presente cum suis illustribus in ejus curia Sancti Audoeni, octobri mense exacto, illustris armiger et robustus de Britania oriundus, Guillelmus dictus de La Haye,

CHAPITRE XXXII.

Combat particulier entre des Portugais et des Français, dans lequel les Portugais sont vaincus.

A l'occasion desdites fêtes, je vais placer ici, en reprenant les faits un peu plus haut, le récit d'un combat où figurèrent des chevaliers portugais, et qui fixa l'attention non seulement des Français, mais encore des ambassadeurs d'Angleterre; je crois devoir en transmettre le souvenir à la postérité, bien qu'elle puisse n'y voir qu'un acte de forfanterie. Vingt braves champions, venus des rives lointaines du Portugal, et appartenant aux premières familles de ce pays, se présentèrent devant le roi en pompeux et brillant équipage, demandant instamment qu'il leur fût permis de se mesurer avec autant de Français, à toutes armes, soit un contre un, soit plusieurs ensemble, contre un nombre égal d'adversaires, avec la condition que le vainqueur pourrait tuer le vaincu s'il refusait de payer rançon; ils déclarèrent hardiment à plusieurs reprises qu'ils s'étaient tous engagés par serment à courir cette chance. Quoique tous les gens sages qui se trouvaient là représentassent que c'était un crime de vouloir la mort de son semblable sans avoir reçu de lui aucune offense, le roi fut obligé de céder aux instances de ses chevaliers, qui regardaient comme le comble de l'infamie de refuser un cartel, et qui l'assuraient que le diable lui-même, vînt-il en personne du fond de l'enfer, trouverait des gens prêts à le combattre pour l'honneur du royaume. Il leur permit donc d'accepter le défi. J'ignore les noms de tous ces étrangers; mais les chevaliers les plus expérimentés m'ont rapporté, à la louange de ceux qui prirent part aux diverses passes d'armes, qu'ils n'avaient jamais vu de champions plus intrépides, quoiqu'ils aient eu le dessous dans toutes les rencontres.

Ces joûtes eurent lieu au mois d'octobre, en présence du roi et des seigneurs de la cour, à son palais de Saint-Ouen. Un illustre et vaillant écuyer breton, nommé Guillaume de La Haye, l'un des familiers

ducis Biturie familiaris existens, contra Johannem de Metis Portugalensem, qui de familia ducis Burgundie se dicebat, primum singulare certamen agrediendum suscepit, et ortum, ut fama publica referebat, ex discordia verbali, occasione dominorum inter se dissidencium, cum uterque domini dilecti causam justificare conaretur. Quam laudabiliter fere per horam et dimidiam, post impincciones lancearum vallidas, ensium iteratas repulsas, exercuerint, et ictus refulgencium asciarum, militibus et armigeris tunc astantibus preconizandum relinquo; asserunt tamen Britonem conflictum continuasse, nec aure clemenciori nudum vultum obtulisse, quod potissimum signum continuacionis virium reputabant, et quod adversarium occidisset, nisi rex prohibuisset.

Subsequentibus diebus, tribus iterum ex extraneis subactis similem exhibuit benivolenciam, ne discrimen subirent ultimum. Nec ceterorum sic pertinax elacio deferbuit; ymo confusionem redimere cupientes, et in equali numero, tres ex ipsis belli fortunam statuerunt experiri. Quos cum domino Francisco de Grivaux, inclito milite, Franciscus de Roque, et quidam dictus Marrigon, ex Pictavia oriundi, in domo regia Sancti Audoeni et in presencia regis, excipere decreverunt, scilicet februarii vicesima prima die. Igitur convenientes ad locum, cum sol jam tenderet ad occasum, milites Anglici Portugalenses jure mutui federis et amoris introduxerunt in campum, Gallici vero ceteros; qui, cum successive regi reverenciam egissent, et auctoritate ejus alta voce preconizatum fuisset, ne quis ex circumstantibus sub pena capitis ausus esset verbo, nutu, vel quovis aliquo signo dimicantes pugiles impedire, eisque jussum fuisset ut agrederentur promissa, mox sine cunctacione gladiis sese impingunt et inchoaverunt certamen. Cum autem in necem

du duc de Berri, se mesura le premier contre le portugais Jean de
Metz, qui se disait de la maison du duc de Bourgogne. Leur défi mu-
tuel avait été suscité, dit-on, par une contestation survenue entre eux
à l'occasion de la discorde des deux princes, dont chacun des champions soutenait la cause avec chaleur. Le combat dura près d'une
demi-heure. Je laisse aux chevaliers et aux écuyers qui se trouvaient
là le soin de raconter avec quelle vigueur ils rompirent des lances,
s'attaquèrent à coups d'épée, et se frappèrent de la hache. Je dirai
seulement que l'écuyer breton soutint la lutte sans lever la visière de
son casque pour prendre haleine, ce qui prouvait une force peu
commune, et qu'il aurait infailliblement tué son adversaire, si le roi
ne l'en eût empêché.

Les jours suivants, le roi montra la même bonté pour trois étrangers qui furent encore vaincus et auxquels il sauva la vie. L'echec
éprouvé par les Portugais n'avait rien rabattu de l'audace obstinée
de leurs compagnons. Jaloux même de réparer la honte de leur
défaite, ils résolurent de tenter les chances d'un combat trois contre
trois. Messire François de Grivaux, illustre chevalier, François de
Roque, et un nommé Marrigon, tous trois poitevins d'origine, se
chargèrent de soutenir leur défi, le 21 février, en présence du roi,
au palais de Saint-Ouen. Les champions se rendirent donc vers le
soir au lieu de la bataille. Des chevaliers anglais introduisirent les
Portugais dans le champ-clos, comme alliés et amis de leur nation;
les Français y furent menés par des seigneurs de la cour. Lorsqu'ils
eurent successivement présenté leurs salutations au roi, et que les
hérauts eurent défendu à haute voix en son nom, et sous peine de
mort, à tous les assistants, de troubler le combat par un mot, un
geste ou un signe quelconque, on donna le signal. Ils entrèrent
aussitôt en lice, s'attaquèrent à coups d'épée et de hache, et cherchèrent mutuellement à se donner la mort en se frappant avec
vigueur. Au bout de peu de temps, François de Roque, écuyer, désar-

mutuam, cum lacertis hectoreis asciarum et ensium ictus vi-
brando, aliquandiu aspirassent, Franciscus de Roqua, armiger,
quem aggressus fuerat terre precipitem dedit, non sine dolore
cordis intrinseco Portugalensium ceterorum, qui tandem cre-
dentes ipsum mortuum ex multiplicacione ictuum postmodum
susceptorum, vallidis precibus obtinuerunt a rege ut a campo
certaminis tolleretur. Sic victor rediens sociis agonizantibus
opem tulit, qui in brevi hostes odibile redempcionis jugum
subire coegerunt et temeritatem inchoatam terminare. Nam
ceteri attendentes quod in cunctis sibi male omnia succedebant,
induti confusione et rubore, ad propria redierunt, pro victoria optata ignominiam reportantes.

CAPITULUM XXXIII.

Sequntur responsiones facte legatis ducis Burgundie ante publicacionem pacis.

Non immemores promissorum legati ducis Burgundie superius sepius nominati, vicesima secunda februarii die, Parisius ad dominum ducem Guienne, pii genitoris tunc egritudine
detenti tenentem solium, redeuntes, comitissam Hanonie per-
gratissimum habere quicquid super pace componenda decreverat retulerunt, supplicare tamen ut super quibusdam punctis
contentis in cedula sibi missa voluntas regia elucidaretur
alcius. Scriptis suis lucide ostendebant Burgundie ducem egre
ferre regiam auctoritatem nonnullos regnicolas occasione sui e
regno expulisse tanquam exules proscriptos. Ideo super abolicione prius tacta, eadem auctoritate, perpetratorum delictorum,
ipsis regis voluntatem siscitantibus, taliter responsum fuit :

    « Qui generali abolicione gaudebunt, redire poterunt ad
« hereditates suas, et ut sine controversia vel processu bona

çonna son adversaire, au grand déplaisir des autres Portugais, qui, le croyant mort par suite de la grande quantité de coups qu'il avait reçus après sa chute, demandèrent instamment et obtinrent du roi qu'on le tirât du champ de bataille. Le vainqueur put alors voler au secours de ses compagnons, qui étaient serrés de près, et qui eurent bientôt contraint leurs adversaires de se rendre à merci. Cela mit fin au combat. En effet, les autres Portugais, voyant qu'ils avaient toujours le dessous, retournèrent chez eux, couverts de honte et de confusion, et n'emportant avec eux que l'humiliation, au lieu du triomphe qu'ils avaient espéré.

CHAPITRE XXXIII.

Réponses faites aux envoyés du duc de Bourgogne avant la publication de la paix.

Les envoyés du duc de Bourgogne, dont il a été souvent parlé plus haut, revinrent à Paris, le 22 février, conformément à leurs promesses, et annoncèrent à monseigneur le duc de Guienne, qui tenait les rênes de l'État pendant la maladie du roi son père, que la comtesse de Hainaut avait pour agréable tout ce qu'il avait décidé au sujet du traité de paix, mais qu'elle désirait que le roi expliquât plus clairement sa volonté sur certains points contenus dans la cédule qui lui avait été envoyée. Ils firent voir aussi un écrit qui témoignait que le duc de Bourgogne était mécontent de ce qu'on avait, au nom du roi, chassé du royaume comme des proscrits plusieurs habitants qui avaient embrassé sa cause; et comme ils demandaient en conséquence à connaître les intentions du roi au sujet de l'amnistie qui devait être proclamée en son nom, ainsi qu'on l'a dit plus haut, il leur fut répondu :

« Ceux qui jouiront de l'amnistie générale pourront rentrer dans « leurs héritages; et pour qu'une bonne paix puisse être entretenue

« pax nutriri possit, de bonis mobilibus captis occasione
« guerre ab una vel altera parte a pace composita apud Ponti-
« saram et hucusque nulla fiet prosequcio ; sed in loco suo secure
« quilibet remanebit, non obstantibus regiis bannis factis, evo-
« candis tamen partibus sufficienter evocatis et observatis sol-
« lempnitatibus in talibus consuetis. » Et cum inde sequeretur :
« Et quia rex abolicionem istam facit de cunctis offensis commis-
« sis et perpetratis serviendo et favorem prestando domino duci
« Burgundie , quod tangit vituperium ejus indeque oneratur, et
« est contra dictam abolicionem generalem de cunctis commissis
« excessibus, contra voluntatem suam atque domini ducis
« Guienne, et hoc a pace constituta apud Pontisaram, » cum
quererent de quingentis auctoritate regia exceptis, si in istis comprehendebantur nobiles vel aliqui qui domino duci Burgundie
servierant, et si nomina eorum traderentur, antequam procederetur contra ipsos criminaliter vel civiliter, responsum est
quod non comprehendebantur nisi ignobiles, traderenturque
nomina predictorum infra instans festum sancti Johannis
Baptiste, et procederetur contra ipsos secundum exigenciam
suorum delictorum. Et quia ante Attrabatum concessa fuerat
abolicio generalis omnibus servitoribus, subditis et familiaribus dicti ducis, et in excepcione plures tales poterant nomi-
nari, querebant super hoc declaracionem fieri. Responsum
quod de regno expulsi, tanquam exules proscripti, personaliter
per justiciam regis nominati, in hoc statu remanebunt. Cum
querebant si prenominati exules gaudere de bonis suis poterunt, et si poterunt in regno remanere, longe tamen a villa
Parisiensi, ad hoc plane responsum fuit negative.

In cedula autem tradita quingentorum exulum, in fine reser-
vabantur illi de Compendio, Suessionis et aliarum villarum

« sans contestation ni procès, il ne sera exercé aucune poursuite au
« sujet des biens meubles qui auront été pris à l'occasion de la guerre
« par l'un ou par l'autre parti depuis la paix de Pontoise jusqu'à ce
« jour; et chacun demeurera sûrement en son lieu, nonobstant les
« bans faits de par le roi, à condition toutefois qu'on appellera
« suffisamment les parties qui doivent être appelées, et qu'on obser-
« vera toutes les pratiques usitées en pareille circonstance. » Et comme
il était dit ensuite : « Le roi étend cette amnistie à toutes les offenses
« qui ont été commises et perpétrées depuis la paix de Pontoise pour
« servir et favoriser monseigneur le duc de Bourgogne, ce qui est
« injurieux et outrageant pour sa majesté, et contraire à ladite am-
« nistie générale, à la volonté du roi et de monseigneur le duc de
« Guienne, » les envoyés demandèrent si parmi les cinq cents qui
avaient été exceptés au nom du roi figuraient les nobles ou autres
qui avaient servi monseigneur le duc de Bourgogne, et si l'on ferait
connaître leurs noms avant de procéder contre eux criminellement
ou civilement. Il leur fut répondu que l'exception ne s'appliquait
qu'à des hommes non nobles, qu'on donnerait leurs noms avant la
prochaine fête de Saint-Jean-Baptiste, et qu'on procéderait contre
eux selon l'exigence de leurs délits. Et comme une amnistie générale
avait été accordée devant Arras à tous les serviteurs, sujets et familiers dudit duc, et que plusieurs d'entre eux pouvaient être compris
dans l'exception, ils demandèrent qu'on fît une déclaration sur cela.
Il leur fut répondu que ceux qui avaient été chassés du royaume
comme proscrits, et qui comme tels seraient nommés personnellement par la justice du roi, resteraient en état de proscription. Ils
demandèrent si lesdits exilés pourraient jouir de leurs biens et s'il
leur serait permis de demeurer dans le royaume, pourvu que ce fût
loin de la ville de Paris. Il leur fut répondu négativement.

Quant à la cédule qui leur fut remise des cinq cents exilés, il y avait
à la fin une réserve pour ceux de Compiègne, de Soissons et des autres

regni, quorum ignorabantur nomina; et quia clausa illa erat generalis et confusa, ipsamque declarari poscebant, eisdem responsum : « Illorum nomina sciri poterunt per justiciam locorum.» Et quia de elonguandis a rege, regina et domino duce Guienne fiebat in scriptis mencio, dictum fuit, ad clausule declaracionem, quod tales remanebunt elonguati ab ipsis dominis usque ad duos annos, regis semper gracia reservata, et sine impedimento gaudebunt de bonis suis, et ubique poterunt remanere, dumtaxat exceptis locis unde adjudicati fuerunt elonguari, et semper a locis distabunt quinque vel quatuor leucis, et precipue de villa Parisiensi.

Iterumque in ordinacione regia fiebat mencio de juramentis prebendis pro securitate pacis ab hiis qui gaudere vellent abolicione predicta, et petebatur in scriptis declarari si juramentum fieret a vassallis domini ducis Burgundie, cum inde possent aliqualiter notari, ut eisdem videbatur. Iterum et cum petebant formam hujus juramenti, dictum fuit quod, pro securitate pacis, et vassalli ducis Burgundie, aliorum eciam dominorum, et generaliter omnes regnicole, facient simile juramentum et secundum formam dandam a consiliariis regis.

Oblata iterum cedula continebat quomodo ante Attrabatum actum fuerat de quadam causa nostre fidei nuper mota in curia ecclesiastica, et quomodo super hac quedam littere patentes in cancellaria regis sigillate fuerant, per quas aliqualiter patebat quod ipse rex prosequi intendebat istam materiam. Ideo nomine ducis Burgundie tres requestas faciebant: et primo, ut declararet quod in processu isto se partem facere non intendebat, sed se determinacioni Ecclesie referebat, et inde litteras suas daret; iterum ut ambassiatoribus suis in generali consilio residentibus mandaret ne amplius procederent in hoc actu; iterum

villes du royaume, dont on ignorait les noms. Et comme cette clause
était générale et confuse, ils demandèrent qu'on l'éclaircît, et il leur
fut répondu : « On pourra savoir leurs noms par la justice des lieux. »
Et comme il était mentionné dans l'écrit qu'on devait éloigner certaines gens du roi, de la reine et de monseigneur le duc de Guienne,
il fut dit, pour explication de la clause, que lesdites gens resteraient
éloignés desdits seigneurs pendant deux années, sauf toujours la
clémence royale; qu'ils jouiraient sans empêchement de leurs biens;
qu'ils pourraient résider partout, à l'exception toutefois des lieux qui
leur auraient été interdits par jugement, et qu'ils se tiendraient toujours à une distance de quatre ou cinq lieues desdits endroits, principalement de la ville de Paris.

Il était également fait mention dans l'ordonnance royale des serments qui seraient à prêter pour la sûreté de la paix par ceux qui
voudraient jouir de ladite amnistie, et on demandait qu'il fût déclaré
par écrit si le serment serait prêté par les vassaux de monseigneur
le duc de Bourgogne, qui pouvaient s'en trouver blessés en quelque
façon, à ce qu'il leur semblait. Et comme les envoyés demandaient
la formule de ce serment, il leur fut dit que pour la sûreté de la paix
les vassaux du duc de Bourgogne et ceux des autres seigneurs, ainsi
que tous les habitants du royaume en général, prêteraient le même
serment, selon la forme qui serait dressée par les conseillers du roi.

La cédule contenait en outre comment il avait été question devant
Arras de certain procès en matière de foi débattu naguère en la cour
ecclésiastique, et comment on avait à ce sujet scellé en la chancellerie
du roi certaines lettres patentes, desquelles il paraissait résulter en
quelque sorte que le roi entendait poursuivre lui-même ce procès. En
conséquence, ils présentèrent au nom du duc de Bourgogne trois
requêtes, à savoir : premièrement, que sa majesté déclarât qu'elle
n'entendait pas se porter partie dans ce procès, mais s'en remettait
à la décision de l'Église, et qu'elle fît dresser des lettres patentes de
cette déclaration; secondement, qu'elle mandât à ses ambassadeurs
qui étaient au concile général de ne plus se mêler de cette affaire;

episcopus Parisiensis et inquisitor heretice pravitatis declararet
et in scriptis, quod, stante predicto processu, nunquam eorum
intencionis fuit agere aliquid contra personam directe ducis
Burgundie. Super requestis autem tale responsum habuerunt :
« Non ambiguum reputandum duximus nuper, ad exhortacio-
« nem regis, quemdam processum in materia nostre fidei et in
« curia ecclesiastica motum esse contra proposicionem nuper
« factam per magistrum Johannem Parvi certosque articu-
« los in ipsa contentos, indeque sentenciam diffinitivam sub-
« sequtam. Rex quoque pro bono pacis suis ambassiatoribus
« Rome nunc existentibus scribet ne persequantur materiam
« ut actores; si tamen rex evocaretur ut reus, ipsum necessario
« comparere opporteret. Ideo salvo honore suo declinare non
« posset absolute, quod in hoc casu non posset fieri pars nec
« inde litteras dare. Sequendo tamen predecessores suos, tan-
« quam verus catholicus, super residuo remittit se declaracioni
« Ecclesie, episcopo eciam Parisiensi et inquisitori heretice
« pravitatis, si super peticione tercia velint concedere litteras
« suas patentes; nam concessionem istam non intendit impe-
« dire. »

CAPITULUM XXXIV.

De pace auctoritate regia Parisius publicata.

Orator disertissimus Carnotensis episcopus, cancellarius
domini ducis Guienne, ore facundo proferens que scripta sunt,
subintulit regem atque dominum Guienne sic res irrevocabiliter terminasse, insuper et statuisse ut pax firma inter eorum
consanguineos deinceps inviolabiliter servaretur, secundum
condiciones in consiliis pretactas litterisque commendatas,
quarum, sequenti luce, tenorem, voce preconia, precinentibus

troisièmement, que l'évêque de Paris et l'inquisiteur de la foi décla-
rassent par écrit que, durant ledit procès, il n'avait jamais été dans
leur intention de rien faire directement contre la personne du duc
de Bourgogne. Voici ce qui leur fut répondu au sujet de ces trois
requêtes : « Il n'y a pas lieu de douter que ce ne soit à la demande
« du roi que certain procès en matière de foi a été naguère dé-
« battu en la cour ecclésiastique, à l'occasion du discours fait par
« maître Jean Petit et de certains articles y contenus, et qu'il est
« intervenu à ce sujet une sentence définitive. Le roi, dans l'intérêt
« de la paix, écrira à ses ambassadeurs, qui sont présentement à
« Rome, de ne pas poursuivre l'affaire comme demandeurs. Mais s'il
« était appelé comme défendeur, il faudrait nécessairement qu'il
« comparût. Aussi ne pourrait-il absolument, sans compromettre
« son honneur, éviter de se porter partie dans ce cas, ou d'en faire
« dresser des lettres patentes. Toutefois, suivant l'exemple de ses
« prédécesseurs, et comme bon catholique, il s'en remet pour le
« reste à la décision de l'Église, ainsi qu'à l'évêque de Paris et à
« l'inquisiteur de la foi, s'ils veulent donner des lettres patentes au
« sujet de la troisième requête ; car il n'entend nullement empêcher
« cette concession. »

CHAPITRE XXXIV.

La paix est publiée à Paris au nom du roi.

L'évêque de Chartres, chancelier de monseigneur le duc de Guienne,
qui était un orateur très éloquent, exposa avec son talent ordinaire
tout ce qui vient d'être rapporté ci-dessus; il ajouta que le roi et
monseigneur le duc de Guienne avaient ainsi terminé les différends
d'une manière irrévocable, et qu'ils avaient en outre décidé que la
paix serait désormais observée inviolablement entre leurs parents,
conformément aux conditions stipulées dans les conseils et consignées
dans des lettres, qui furent publiées le lendemain par la voix du

lituis, in cunctis compitis ville Parisiensis publicari jusserunt
sub hac forma.

« Karólus, Dei gracia Francorum rex, universis presentes
litteras inspecturis, salutem.

« Cum, a pace sollidata nuper ápud Pontisaram, in regno
nostro mala quamplurima cum displicencia nostra in dampnum
nostrum, regni et subditorum nostrorum contingerint, propter
que contra precarissimum et dilectum cognatum ducem Burgundie indignacionem conceperamus, indeque non magno
exacto tempore, nos cum ingenti copia pugnatorum transtu-
lissemus ante Attrebatensem urbem, ibique ad presenciam nostram, precarissimi et dilecti nostri cognatus et cognata dux
Brabancie et comitissa Hanonie cum deputatis a tribus statibus Flandrie accesserint, ut procuratores sufficientes carissimi
cognati nostri de Burgundia, nobisque nomine suo cum tanta
humilitate et reverencia obedienciam exhibuerint, quod inde
fuerimus contentati; insuper, in signum et ostensionem perfecte
obediencie, non modo nobis portas Attrabatensis ville fecerint
apperiri, passique fuerint ut vexilla regia erigerentur super muros, sed et nobis fecerint obedienciam de villis ceteris et municipiis quas et que tenet cognatus noster a nobis, unde et tunc
ipsum revocaverimus in graciam et amorem; iterum et prenominati procuratores, nomine cognati nostri de Burgundia,
castrum de Crotayo nobis vel commissariis nostris reddere
promiserunt, et sine dilacione, facereque fideliter posse suum ut
castrum Kinonis ad manus nostras redeat realiter et de facto,
multa eciam alia pro bono pacis desiderate nobiscum proloqti
sunt que perficere spoponderunt, quibus mediantibus de Atrabato cum exercitu nostro recessimus et obsidionem reliquimus;
et cum prenominati postmodum propter complementum et

héraut et à son de trompe, dans tous les carrefours de la ville de Paris, et dont voici la teneur :

« Charles, par la grâce de Dieu roi de France, à tous ceux qui les présentes lettres verront, salut.

« La paix conclue dernièrement à Pontoise ayant été suivie de beaucoup de maux arrivés en notre royaume, à notre grand déplaisir, et au préjudice de notre personne, de notre État et de nos sujets, nous avions conçu à cette occasion une vive indignation contre notre très cher et amé cousin le duc de Bourgogne. C'est pourquoi nous nous sommes transporté, il y a quelque temps, devant Arras à la tête d'une puissante armée, et là, nos très chers et amés cousin et cousine le duc de Brabant et la comtesse de Hainaut, étant venus nous trouver avec les députés des trois états de Flandre, en qualité de fondés de pouvoir de notre bien aimé cousin de Bourgogne, nous ont offert obéissance en son nom avec tant de respect et d'humilité que nous en avons été satisfait; et de plus, en signe et témoignage d'une parfaite soumission, ils nous ont fait ouvrir les portes de la ville d'Arras, ont laissé arborer sur les murs la bannière royale, et nous ont fait rendre obéissance dans toutes les autres villes et places que notre cousin tient de nous : en considération de quoi nous lui avons rendu nos bonnes grâces et notre affection. Et comme lesdits fondés de pouvoir ont promis, au nom de notre cousin de Bourgogne, de nous remettre sans délai le château du Crotoy, à nous ou à nos commissaires, et de faire fidèlement tout leur possible pour que le château de Chinon revienne réellement et de fait entre nos mains; comme ils ont traité avec nous, pour le bien de la paix tant désirée, plusieurs autres points, qu'ils se sont engagés à exécuter, moyennant quoi nous avons levé le siége d'Arras et nous sommes retiré avec notre armée; comme ils sont revenus peu après trouver notre très cher et amé fils aîné, à qui nous avions confié nos pouvoirs, pour accomplir et exécuter leurs promesses, et qu'il a été avisé aux moyens de mener toute l'affaire à bonne fin, savoir faisons à tous que, mu d'une pieuse compassion, considérant les souffrances et dommages intolérables qui ont accablé notre peuple dans ces derniers temps, à l'occasion des guerres et des

perfectionem promissorum ad presenciam precarissimi et dilecti filii nostri primogeniti, cui commiseramus vices nostras, venerint, et apunctuatum fuerit qualiter laudabiliter terminentur ; notum facimus universis quod pia compassione moti, attendentes oppressiones et intollerabilia dampna exacto tempore occasione guerrarum et profectionum bellicarum populo nostro illata, eum cordialiter affectantes a similibus relevare, et ut deinceps, cunctis viis facti cessantibus, nostri subditi universi possint secure manere in domiciliis suis, cum confidencia quoque bone justicie sub dominacione nostra vivere, in tranquilitate pacis et requie temporalium opulenta suos continuare labores, merces suas ubique ferre secure et sine impedimento ; considerantes eciam inestimabile bonum pacis, ingencia quoque mala ob guerras nuper experta, que adhuc et sequi possint ; eciam ut universi et singuli occasionem se emendandi habeant, et ad creatorem suum devocius redeundi, de nostra certa sciencia, plenaria potestate, auctoritate regali, per consilium, maturam deliberacionem predicti filii nostri primogeniti, consanguineorum nostrorum, prelatorum, baronum, militum, consiliariorum nostrorum camere Parlamenti ac eciam computorum, aliarumque plurium notabilium personarum precipimus, volumus et ordinamus ut pax firma, cunctis optanda mortalibus, maneat in regno nostro, et ne in subditis malivolencie maneant vel cordiales rancores, universis, cujuscunque auctoritatis, condicionis vel preeminencie existant, prohibentes, in quantum auctoritatem regiam timent offendere, ne deinceps contra quemquam per expediciones bellicas vel viam facti procedant.

« Et ad tenendum inviolabiliter dictam pacem ad honorem et reverenciam Dei, volentes rigori justicie misericordiam

expéditions militaires, et ayant vivement à cœur de lui éviter de sem
blables maux et de faire en sorte que désormais, toutes voies de fait
cessant, nos sujets puissent demeurer en sûreté dans leurs maisons,
vivre sous notre domination avec une ferme confiance dans notre
bonne justice, vaquer à leurs travaux en goûtant les douceurs du
repos et de l'aisance, entretenir leur commerce et porter en tous
lieux leurs marchandises sans crainte ni obstacle; considérant aussi
l'inestimable bienfait de la paix, et les maux inouïs qu'ont occasionnés
dernièrement les guerres et qui pourraient encore s'ensuivre; voulant enfin que tous et chacun aient occasion de s'amender et de retourner plus dévotement à leur Créateur, décrétons, commandons et ordonnons de notre science certaine, de notre plein pouvoir et autorité
royale, par le conseil et après mûre délibération de notredit fils aîné,
des princes de notre sang, des prélats, barons et chevaliers, des conseillers de notre chambre du Parlement et de celle des comptes, ainsi
que de plusieurs autres personnes notables, qu'une paix solide, telle
que tous les mortels doivent la désirer, règne en notre royaume, et
qu'il ne reste dans le cœur de nos sujets ni inimitiés ni ressentiments;
défendons à tous, de quelque autorité, condition ou rang qu'ils soient,
en tant qu'ils craignent d'offenser notre autorité royale, de procéder
désormais contre personne par entreprise de guerre ou par voies de
fait.

« Et pour maintenir inviolablement ladite paix, à l'honneur et
révérence de Dieu, voulant préférer la miséricorde aux rigueurs de la

preferre, auctoritate regali, cunctis nostris regnicolis et eciam extraneis, cujuscunque auctoritatis vel condicionis, generalem abolicionem concedimus, et eis parcimus quicquid forefecerunt contra nos a pace composita nuper apud Pontisaram, favorizando et serviendo contra nostram voluntatem dilecto cognato nostro, et usque ad presentem diem. Ab abolicione tamen dicta quingenti excipientur de regnicolis ignobiles, qui tamen non sunt vassalli vel servitores predicti cognati nostri, qui cognato nostro de Brabanto et cognate nostre de Hanonia infra proxime festum venturum sancti Johannis Baptiste nominatim tradentur; excipientur eciam exules jam per justiciam proscripti sollempniter, nec ista abolicione vel remissione gaudebunt.

« Ad vitandum eciam controversias, divisiones et sediciones, que oriri possent contra pacem occasione serviencium et decurionum qui se de hospicio nostro, regine ac filii nostri ducis Guienne elongaverunt a pace composita apud Pontisaram, sic remaneant usque ad biennium elongati; ceteri autem regnicole, qui de villa nostra Parisiensi et aliis recesserunt, ut aliqualiter suspecti, tanto tempore absentes sint, et precipue de villa Parisiensi, ad minus per quinque vel quatuor miliaria, nostra tamen gracia et ordinacione semper salvis. Placet tamen auctoritati nostre regie quod, prefixo durante tempore, longe lateque per regnum, villa Parisiensi excepta, ceteris quoque aliis unde se elongaverunt, possint ire et redire, et absque impedimento suorum corporum vel bonorum.

« Volumus insuper ut officiarii regales, quicunque sint, per nos a pace apud Pontisaram facta constituti, in nostra disposicione maneant, nec absentes aliquod jus in ipsis officiis reclamare valeant occasione abolicionis predicte. Quantum ad illos

justice, nous accordons une amnistie générale à tous nos sujets, et même aux étrangers, de quelque rang ou condition qu'ils soient, et leur pardonnons toutes les offenses qu'ils ont commises contre nous, en favorisant et servant contre notre volonté notre cher cousin, depuis la paix de Pontoise jusqu'à ce jour. Toutefois, seront exceptés de ladite amnistie cinq cents habitants du royaume, tous non nobles, qui néanmoins ne sont ni vassaux ni serviteurs de notredit cousin, et dont les noms seront donnés à notre cousin de Brabant et à notre cousine de Hainaut avant la saint Jean-Baptiste prochaine. Seront exceptés aussi les exilés, déjà proscrits solennellement par la justice, et ils ne pourront jouir de cette amnistie ou rémission.

« *Item*, pour éviter les contestations, discordes et séditions qui pourraient naître contre la paix à l'occasion des officiers et gens de cour qui se sont éloignés de notre maison ou de celle de la reine et de notre fils le duc de Guienne depuis la paix de Pontoise, ils resteront ainsi éloignés pendant deux ans. Quant aux autres habitants du royaume qui ont quitté notre ville de Paris et les autres villes, comme étant suspects de façon ou d'autre, ils n'y pourront rentrer pendant autant de temps, surtout à Paris, et se tiendront au moins à une distance de quatre ou cinq lieues, sauf toujours notre grâce et notre bon plaisir. Nous consentons toutefois que, durant ledit intervalle, ils puissent aller et venir partout dans le royaume, sans empêchement de leurs personnes ni de leurs biens, excepté Paris et les autres villes dont ils se sont éloignés.

« *Item*, nous voulons que les officiers royaux, quels qu'ils soient, établis par nous depuis la paix de Pontoise, restent à notre disposition, et que les absents ne puissent élever aucune prétention sur leurs offices à l'occasion de ladite amnistie. Quant à ceux qui ont été absents et sont maintenant en prison, il leur sera fait bonne et exacte

autem, qui absentes fuerunt et nunc incarcerati tenentur, fiet
eis ut racio et justicia requiret. Nec volumus quod domini
barones, milites, scutiferi vel alii, occasione servicii per eos
minime impensi, vel dicto cognato nostro de Burgundia facti,
vel alii comprehensi in dicta abolicione, occasione predicta,
aliqualiter vexentur, molestentur, vel impediantur in corpore
vel in membris; sed volumus quod ipsis terre et possessiones,
exceptis tamen bannitis, restituantur penitus, nisi antea ad
manum nostram devenerint. Et ne impediantur per procuratorem nostrum in hoc casu, sibi silencium imponimus, non obstante quod casus vel demerita eorum ibidem non expriman-
tur. Et ne oriantur discordie vel processus occasione bonorum
unius vel alterius partis, volumus et ordinamus, ne de bonis
mobilibus illis captis a pace transacta apud Pontisaram, per
justiciam vel alias, occasione guerre jam transacte, aliqua prosequcio fiat.

« Decernimus iterum ac eciam prohibemus predicto cognato
nostro de Burgundia, ne deinceps per se vel per alium, secrete
vel in aperto, per viam facti vel alias, vassallis, officiariis, subditis, benivolis nostris vel consanguineorum nostrorum, qui
nobis servicium impenderunt, nec suis eciam qui non sibi servierunt, timentes nos offendere, obstantibus prohibicionibus
per nos factis, aliquod impedimentum procuret, nec eciam
civibus Parisiensibus vel aliarum urbium tam regni quam extra
regnum, occasione dicti servicii, nec particulariter vel alias.
Et si prefatus cognatus noster contrarium agere conaretur,
omnem cognicionem cause, auctoritatem et jurisdictionem
omnimodam eidem interdicimus. Similia eciam interdiximus
aliis consanguineis nostris, in casu quo conarentur vassallis et
subditis prefati cognati nostri, in secreto vel aperto, aliqua

justice. Et nous ne voulons pas que les barons, chevaliers, écuyers ou autres, qui ne nous auraient pas servi ou qui auraient servi notre-dit cousin de Bourgogne, ainsi que les autres qui ont été compris dans ladite amnistie, soient à cette occasion tourmentés, molestés ou inquiétés d'une façon quelconque, en leurs corps ou en leurs membres. Nous voulons, au contraire, que leurs terres et possessions leur soient entièrement restituées, excepté toutefois aux bannis, à moins que lesdites terres et possessions ne soient tombées antérieurement en nos mains. Et pour que notre procureur ne les tourmente pas à cet égard, nous lui imposons silence, quand même il s'agirait de cas ou de démérites non exprimés dans l'amnistie. Et pour qu'il n'y ait ni contestations ni procès à l'occasion des biens de l'une ou de l'autre partie, nous voulons et ordonnons qu'il ne soit exercé aucune poursuite, par justice ou autrement, à l'occasion de la dernière guerre, au sujet des biens meubles qui auraient été pris depuis la paix de Pontoise.

« *Item*, nous ordonnons et enjoignons à notredit cousin de Bourgogne de ne susciter désormais aucun embarras par lui-même ou par d'autres, ouvertement ou en secret, par voie de fait ou autrement, à nos vassaux, officiers, sujets et partisans, ou à ceux de nos parents qui ont été à notre service, non plus qu'à ceux de son parti qui ne l'ont pas servi, dans la crainte de nous offenser en enfreignant les défenses que nous leur avions faites, ni même aux bourgeois de Paris ou des autres villes, tant du royaume que du dehors, à l'occasion dudit service, ni en particulier ni autrement. Et si notredit cousin voulait faire quelque chose à l'encontre, nous lui interdisons toute connaissance de cause, toute autorité et juridiction quelconque. Nous avons interdit les mêmes choses à nos autres parents, au cas qu'ils tenteraient de susciter ouvertement ou en secret quelques embarras ou dommages aux vassaux et sujets de notredit cousin, ou aux habitants de notredite ville de Paris ou des autres villes de notre royaume, à

impedimenta vel nocumenta inferre, vel habitatoribus dicte ville nostre Parisiensis vel aliarum urbium regni nostri, occasione servicii sibi facti, vel eisdem a subditis suis non impensi, durante guerra exacta.

« Ulterius volumus, decernimus et precipimus predicto cognato nostro, prefatis et vassallis nostris atque suis omnia dominia, possessiones et hereditates jam ab ipso occupatas, occasione servicii nobis exhibiti vel eidem non impensi, restituat realiter et de facto, et ab ipsis hereditatibus removeat manum suam omniaque impedimenta posita, et sine dilacione. Idemque precipimus aliis consanguineis nostris ut faciant de possessionibus aliorum vassallorum, ob occasionem exacte guerre ab ipsis antea occupatis.

« Ut autem pax ordinata stabilius et sine infractione servetur, ultra id quod premisimus, decernimus, volumus et ordinamus ut tractatus compositi apud Carnotum et alibi teneantur et compleantur in toto, prohibendo eciam dicto cognato nostro de Burgundia et aliis consanguineis nostris ac universis subditis, ne pacta vel confederaciones faciant cum Anglicis vel aliis quibuscunque in prejudicium nostrum vel pacis composite, eisdem districtius injungendo et precipiendo expresse, quod, si aliquas fecerint, eas reddant confederatis, nos certificantes super hoc per litteras competentes.

« Ad majorem iterum confirmacionem dicte pacis, volumus et ordinamus ut dictus cognatus noster de Brabancia, ambassiatores cognati nostri de Burgundia, propriis eorum nominibus, deputati trium statuum Flandrie, tanquam et securi de tribus statibus patrie, ipse eciam cognatus noster de Burgundia in propria persona, precarissimi et dilecti filius et cognati, comites de Charoloys, Niverniensis, gentes trium statuum Burgun-

l'occasion du service à lui fait, ou à eux refusé par leurs sujets, durant la dernière guerre.

« *Item*, nous voulons, commandons et ordonnons que nôtredit cousin restitue réellement et de fait à nosdits vassaux et aux siens tous les domaines, possessions et héritages saisis par lui à l'occasion du service à nous fait ou à lui refusé, et qu'il ait à s'en dessaisir et à lever tous les empéchements, sans délai. Nous faisons la même injonction à nos autres parents, en ce qui concerne les biens des autres vassaux saisis par eux à l'occasion de la dernière guerre.

« Afin que la paix ainsi réglée soit plus fermement établie et observée sans aucune infraction, nous décrétons, voulons et ordonnons, outre les choses mentionnées ci-dessus, que les traités conclus à Chartres et ailleurs soient tenus et exécutés dans toutes leurs parties; défendons aussi à notredit cousin de Bourgogne, à nos autres parents et à tous nos sujets, de faire aucun pacte ou traité d'alliance avec les Anglais ou autres, quels qu'ils soient, à notre préjudice ou au détriment de la paix conclue, leur enjoignant étroitement et leur recommandant expressément, dans le cas où ils en auraient fait, de les rendre à leurs alliés, et de nous en donner avis par lettres en bonne forme.

« *Item*, pour plus grande confirmation de ladite paix, nous voulons et ordonnons que notredit cousin de Brabant, les ambassadeurs de notre cousin de Bourgogne en leurs propres noms, les députés de Flandre, au nom des trois états du pays, notredit cousin de Bourgogne en personne, nos très chers et amés fils et cousins, les comtes de Charolais et de Nevers, les gens des trois états de Bourgogne, de Flandre et d'Artois, jurent et promettent, tous ensemble et chacun d'eux en particulier, savoir ceux qui seront présents, entre nos mains,

die, Flandrie, Artesii, omnes et singuli, jurent et promittant, videlicet tunc presentes in manibus nostris, et absentes in manibus commissariorum nostrorum, jurent super crucem Domini et ad sancta Dei evvangelia, quod firmiter et inviolabiliter tenebunt et observabunt dictam pacem, et omnia que in hiis litteris continentur; iterum quod nec facient nec fieri pacientur per se vel alios, directe vel indirecte, secrete nec in aperto, per verba, scripturas vel alias, quod verti possit in contrarium vel prejudicium dicte pacis, sub pena indignacionis nostre incurrende, et in tantum quod timent offendere regiam majestatem. Et si, quod Deus avertat, contingeret aliquem prenominatorum contrarium attemptare, illum pro posse impedient, nec ipsi accommodabunt auxilium vel favorem. De predictis eciam juramentis et promissis prenominati universi et singuli component indilate litteras suas congruas suis sigillis sigillatas, que ad perpetuam rei memoriam in thesauro nostro servabuntur.

« Similia eciam juramenta et promissa super punctis declaratis facient precarissimi nostri filius, avunculus, nepotes et cognati, cardinalis de Baro, duces Biturie, Turonie, Aurelianis, Borbonii, Alensonis, Britanie et de Baro, comites eciam Virtutum, Augi, de Divite Monte, Marchie, Drocarum, conestabularius Francie, comes Vindocini, magister hospicii nostri, comes de Marla, Guido, buticularius Francie, comites iterum Armeniaci, Sancti Pauli, de Pentievre, Fuxinensis, de Tanquarvilla, et generaliter omnes de regio sanguine procreati, nec non et summe auctoritatis gentes trium statuum dominiorum suorum, presentes scilicet in manibus nostris et absentes in manibus commissariorum nostrorum, indeque tradent litteras, que ad perpetuam memoriam regio custodientur thesauro.

« Per regnum eciam nostrum prelati, barones, milites, capi-

et les absents, entre les mains de nos commissaires, sur la croix de Notre-Seigneur et sur les saints évangiles, qu'ils tiendront et observeront fidèlement et inviolablement ladite paix et tout ce qui est contenu dans les présentes lettres ; qu'ils ne feront ni ne laisseront faire par eux-mêmes ou par autrui, directement ou indirectement, ouvertement ou en secret, de vive voix, par écrit ou autrement, rien qui puisse aller à l'encontre ou tourner au préjudice de ladite paix, sous peine d'encourir notre indignation, et en tant qu'ils craignent d'offenser notre royale majesté. Et s'il arrivait, ce qu'à Dieu ne plaise ! que l'un d'entre eux tentât le contraire, ils l'empêcheront, autant qu'il sera en eux, et ne lui prêteront ni aide ni assistance. Tous et chacun d'eux feront dresser sans délai de leurs serments et promesses susmentionnés des lettres en bonne forme, scellées de leurs sceaux, lesquelles, pour perpétuelle mémoire, seront conservées dans notre trésor.

« Semblables serments et promesses feront aussi, sur les points ci-dessus déclarés, nos bien aimés fils, oncle, neveux et cousins, le cardinal de Bar, les ducs de Berri, de Touraine, d'Orléans, de Bourbon, d'Alençon, de Bretagne et de Bar, les comtes de Vertus, d'Eu, de Richemont, de la Marche, de Dreux, le connétable de France, le comte de Vendôme, grand-maître de notre hôtel, le comte de Marle, Guy, bouteiller de France, les comtes d'Armagnac, de Saint-Pol, de Penthièvre, de Foix, de Tancarville, et généralement tous les princes du sang, et les principaux personnages des trois états de leurs seigneuries, ceux qui seront présents entre nos mains, les absents entre les mains de nos commissaires, et ils en feront dresser des lettres, qui, pour perpétuelle mémoire, seront gardées dans le trésor royal.

« Dans tout notre royaume, les prélats, barons, chevaliers, capitanei, ballivi, senescalli, prepositi, officiarii, vassalli et alii, cujuscunque status sint, tam nobiles quam ignobiles, viri ecclesiastici et layci, similia facient juramenta, indeque dabunt litteras thesauro regio conservandas. Utque id faciant, predictus cognatus noster et ceteri consanguinei nostri ipsos monebunt litteris ut similia faciant juramenta.

« Ulterius, ad majorem pacis securitatem, cognatus noster de Brabanto, cognata nostra de Hanonia, et deputati prefati, nobiscum facient fidele suum posse, ut cognati nostri dilecti dux Guillelmus in Bavaria, comes Hanoniensis, comes Sabaudie, episcopus Leodiensis, comes Namursii, et alii qui nominandi videbuntur, ut alii, similiter jurent.

«Ulterius decrevimus quod, si aliqui excessus vel aliqua attemptarentur deinceps contra pacem, non propter hoc infringetur, sed pars lesa super gravaminibus illatis requiret justiciam, sibique competens fiet per nos vel consiliarios nostros, prout fuerit racionis.

« Damus igitur in mandatis nostris dilectis et fidelibus, conestabulario, cancellario, assistentibus nostro regio Parlamento, marescallis, magistro balistariorum, admirallo, preposito Parisiensi, omnibus et singulis senescallis, ballivis, prepositis, capitaneis, majoribus, scabinis cunctisque aliis justiciariis, officiariis, subditis, vel eorum loca tenentibus, ut cuilibet eorum pertinebit, ut observent et observari faciant et compleri prescripta omnia et singula, nec ipsis pacientur contraire vel aliquid attemptari; et si quis hoc conaretur verbo, scriptis vel alio quovis modo in vituperium vel opprobrium erumpendo, occasione controversiarum predictarum, ipsum tanquam pacis perturbatorem et irretitum crimine lese majestatis sic et graviter puniant, quod cedat ceteris in exemplum; que eciam in hiis

taines, baillis, sénéchaux, prévôts, officiers, vassaux et autres, de quelque rang qu'ils soient, nobles ou non, gens d'église et laïques, feront les mêmes serments, et en donneront des lettres qui seront conservées dans le trésor royal. Et à cet effet, notredit cousin ainsi que nos autres parents les inviteront par lettres à prêter les mêmes serments.

« *Item*, pour plus grande sûreté de la paix, notre cousin de Brabant, notre cousine de Hainaut et les députés susnommés feront fidèlement et de concert avec nous tout leur possible pour que nos bien aimés cousins le duc Guillaume de Bavière, le comte de Hainaut, le comte de Savoie, l'évêque de Liége, le comte de Namur et autres qu'on croira devoir désigner jurent semblablement, comme les autres.

« *Item*, nous avons décrété que, si l'on commet à l'avenir quelque excès ou quelque attentat contre la paix, elle ne sera point pour cela rompue, mais que la partie lésée demandera réparation des dommages qui lui auront été causés, et qu'il lui sera fait justice par nous ou par nos conseillers, selon que de droit.

« En conséquence, nous donnons en mandement à nos amés et féaux le connétable et le chancelier, aux gens de notre royal Parlement, aux maréchaux, grand-maître des arbalétriers, amiral, prévôt de Paris, à tous les sénéchaux, baillis, prévôts, capitaines, mayeurs, échevins et tous autres justiciers, officiers, sujets, ou leurs lieutenants, en tant qu'il appartiendra à chacun d'eux, d'observer et de faire observer et exécuter toutes et chacune desdites choses, et de ne point permettre qu'on fasse ou qu'on tente rien à l'encontre. Et si quelqu'un osait l'entreprendre de vive voix, par écrit, ou d'autre façon, en s'emportant à des injures ou à des outrages à l'occasion des différends susmentionnés, nous leur enjoignons de le châtier, comme perturbateur de la paix et criminel de lèse-majesté, de telle sorte et si sévèrement qu'il serve d'exemple aux autres. Ils auront soin aussi de faire publier le contenu des présentes lettres par la voix du héraut, dans les lieux et juridictions où les ordonnances royales sont ordinai-

litteris continentur, locis et jurisdictionibus in quibus consueverunt edicta regia preconizari, voce preconia studeant
publicari, ne quis ignoranciam possit pretendere; injungentes
ulterius ac precipientes omnibus ac singulis regnicolis, cujuscunque status vel preeminencie extiterint, quod, si noverint aliquos obloquentes, publice vel in secreto, contra honorem consanguineorum nostrorum, vel qui attemptent aliquid contra
pacem, id justicie denuncient; quod si facere neglexerint, sic
culpabiles ut alii reputentur, et secundum exigenciam casuum,
ut transgressores ordinacionum regiarum, punientur.

« Et ut hec ordinacio nostra firma in perpetuum maneat, hiis
litteris sigillum nostrum duximus apponendum. — Datum etc... »

CAPITULUM XXXV.

De consilio generali universalis Ecclesie ortodoxe in villa Constanciensi celebrando.

Ut inveteratum scisma extirpatum radicitus non amplius
pullularet, et universalis corpus Ecclesie, unico junctum capiti,
perpetuo resideret in pulchritudine pacis, Johannes summus
pontifex, ad preces imperatoris, urbem Constanciensem, provincie Maguntinensis, elegerat. Jam Constanciam attingerat,
prout fama publica, verum sequens, referebat, pro generali
consilio celebrando, quod et predecessor ipsius dominus Alexander in consilio Pisano celebrandum statuerat, sed id, morte
preventus, nequiverat adimplere. Monitis eciam imperatoris
Angelus Courrarii, unus e contendentibus de papatu, acquiescens, qui tanquam exul repulsus sub umbra alarum Lendislai
tyranni, usurpatoris regni Sicilie, hucusque delituerat, in eodem
consilio promiserat, vita comite, personaliter interesse cum

rement proclamées, afin que personne ne puisse prétendre cause d'ignorance. Enjoignons en outre et recommandons à tous et chacun des habitants du royaume, de quelque état ou rang qu'ils soient, de dénoncer à la justice ceux qu'ils sauraient avoir attaqué en public ou en secret l'honneur de nos parents ou entrepris quelque chose contre la paix. Et s'ils négligeaient de le faire, ils seraient considérés comme aussi coupables que les autres, et punis selon l'exigence des cas, comme transgresseurs des ordonnances royales.

« Et pour que la présente ordonnance soit fermement observée à jamais, nous avons fait apposer notre sceau à ces lettres. — Donné, etc..... »

CHAPITRE XXXV.

Réunion du concile général de l'Église universelle orthodoxe dans la ville de Constance.

Afin que le schisme invétéré fût déraciné de manière à ne pouvoir plus se reproduire, et que le corps de l'Église universelle, réuni à son unique chef, jouît à jamais d'une heureuse paix, le souverain pontife Jean avait, à la prière de l'empereur, désigné à cet effet la ville de Constance dans la province de Mayence. On disait même, et le fait était vrai, qu'il y était déjà arrivé, pour y tenir le concile général dont son prédécesseur, monseigneur Alexandre, avait fait décider la réunion dans le concile de Pise; mais la mort l'avait empêché d'accomplir ses intentions. Ange Corrario, l'un des prétendants à la papauté, qui s'était tenu jusqu'alors caché comme un proscrit sous la protection du tyran Ladislas, usurpateur du trône de Sicile, s'était rendu aussi aux exhortations de l'empereur et avait promis d'assister audit concile avec ses anticardinaux, si Dieu lui prêtait vie. De son côté, Pierre de Luna, que les Aragonais, les Espagnols et les Écossais regardaient comme le vrai pape, avait, disait-on, obtenu

anticardinalibus suis. Ut autem prenominatam urbem Alemanie petens Petrus de Luna, cui Arragones, Hyspani et Scoti obediebant ut pape, per confinia regni Francie secure transire posset, jam a rege salvum impetraverat conductum, ut publice ferebatur.

Longe lateque per orbem christicolarum, de provinciis summe auctoritatis prelati, et de studiis generalibus eminentis sciencie clerici, illuc eligebantur mittendi, quorum consilio hic tractanda dirigerentur salubrius. Auctoritate autem regia cum duce Bavarie, fratre regine Francie, episcopus [1]....., archidiaconus Parisiensis, et frater Petrus de Versailles, doctor in sacra pagina, nomine quoque Universitatis Parisiensis episcopus [2]...., frater quoque Benedictus Genciani, facundissimus doctor in theologia, ad hoc opus electi sunt, qui mense januario sequenti ad iter se accinxerunt.

Urbem autem, die dominica vicesima octava hujus mensis, sollempniter et honorifice ingressus, cum tanquam angelus Domini cum ingenti leticia receptus fuisset, dieque omnium Sanctorum ibidem missarum sollempnia celebraret, inter ipsa sollempnia facto sermone ad clerum per egregium doctorem decretorum dominum Johannem Polini, per reverendissimum in Christo patrem dominum Franciscum, Sanctorum Cosme et Damiani diaconum cardinalem, lecta fuit cedula continens hunc tenorem :

« Ad laudem omnipotentis Dei et incrementum status, trans-
« quilitatis et pacis universalis Ecclesie sancte Dei.

« Cum sanctissimus dominus noster, dominus Johannes,
« divina Providencia papa vicesimus tercius, paterna pietate
« respiciens in civitate Laudensi, quinto idus decembris, ponti-
« ficatus sui anno quarto, continuando sacrum Pisanum ac

---

[1] Il y a ici une lacune dans le manuscrit.
Id.

du roi de France un sauf-conduit pour traverser le royaume en toute
sûreté et se rendre en Allemagne dans ladite ville.

Dans toute la chrétienté, on avait choisi les prélats les plus émi-
nents de chaque province, les clercs les plus savants de toutes les
universités pour les envoyer au concile, afin que, grâce au concours
de leurs lumières, les matières qui devaient y être traitées fussent
conduites avec plus de sagessse. Le duc de Bavière, frère de la reine
de France, l'évêque de...., l'archidiacre de Paris et frère Pierre de
Versailles, furent chargés de représenter le roi au concile; l'évêque
de.... [1] et frère Benoît Gentien, savant docteur en théologie, s'y rendirent au nom de l'Université de Paris. Ils se mirent en route au mois
de janvier suivant.

Ce fut le dimanche, 28 dudit mois d'octobre, que le pape fit son
entrée solennelle dans la ville de Constance, où il fut reçu avec de
grands honneurs et de vifs transports de joie, comme un envoyé du
Seigneur. Il y dit la messe le jour de la Toussaint, et après le sermon,
qui fut fait au clergé par messire Jean Polini, savant docteur en décrets, le révérend père en Jésus-Christ, François, cardinal diacre de
Saint-Cosme et Saint-Damien, lut la cédule, dont suit la teneur :

« A la louange du Dieu tout-puissant, et à l'accroissement de l'état,
« de la tranquillité et de la paix de la sainte Église universelle de Dieu.

« Notre très saint seigneur, monseigneur Jean XXIII, par la divine
« Providence, souverain pontife, étant en la ville de Lodi, le cinq des
« ides de décembre, la quatrième année de son pontificat, et considé-
« rant avec une piété paternelle les affaires de l'Église, a décidé,

---

[1] On trouve cités, dans le *Gallia chris-*
tiana, parmi les représentants de la France
au concile de Constance, les évêques d'Évreux
et de Carcassonne.

« generale consilium super reformacione status ejusdem Eccle-
« sie, de venerabilium fratrum suorum, sancte romane Ecclesie
« cardinalium consilio, indixerit iterum generale consilium
« hujusmodi celebrandum in hac civitate Constancienci provin-
« cie Maguntinensis, in proximis kalendis novembris inchoan-
« dum, ipsum Pisanum consilium rursum continuaturus, inti-
« mat de eorumdem fratrum consilio, quod iniciabit dictum
« futurum Constanciense consilium, Deo favente, die sabbati
« de mane proxime futura, in hac ecclesia Constanciensi, cum
« missarum, sermonis ac processionis celebracionibus in talibus
« consuetorum. — Datum Constancie, kalendis novembris, pon-
« tificatus ejusdem domini nostri anno quinto. »

Nichilque amplius actum est die illa. Quinta autem die dicta,
summus pontifex Johannes, pro felici inchoacione dicti consilii,
premissa sollempni processione, astante cum mitris et habitibus pontificalibus tam reverendissimorum dominorum cardinalium et archiepiscorum, episcoporum, electorum, abba-
tum et aliorum prelatorum cetu copioso, missam de Spiritu
sancto in ecclesia Constanciensi sollempniter celebravit, et per
religiosum virum fratrem Johannem de Vinzelis, sacre theologie professorem egregium, priorem prioratus de Suinona Bal-
licensis diocesis, procuratorem ordinis Clugniacensis, sermo
factus est ad clerum pertinens ad materiam subjectam. Quo
peracto, reverendissimus pater dominus Franciscus, Sanctorum Cosme et Damiani diaconus cardinalis predictus, ex pul-
pito ligneo in medio ecclesie posito, quem ascendit, hec verba
alte et intelligibili voce protulit, scilicet : « Dominus noster
« papa, sacro approbante consilio, statuit sessionem tenendam
« die Veneris decima sexta hujus mensis. » De et super quibus
omnibus et singulis magister Johannes de Scribanis, procurator

« d'après le conseil de ses vénérables frères les cardinaux de la sainte
« Église romaine, qu'il serait tenu un nouveau concile général dans
« cette ville de Constance, en la province de Mayence, pour conti-
« nuer le sacré concile général de Pise au sujet de la réformation de
« ladite Église, et que ce concile s'ouvrirait aux prochaines kalendes
« de novembre, pour faire suite audit concile de Pise. C'est pourquoi
« il fait savoir, d'après le conseil de sesdits frères, que, Dieu aidant, il
« ouvrira ledit concile de Constance samedi prochain au matin, dans
« cette église, par une messe, avec sermon et procession, comme il
« est accoutumé en pareille circonstance. — Donné à Constance, aux
« kalendes de novembre, la cinquième année du pontificat de notre-
« dit seigneur. »

Il ne se fit rien autre chose ce jour-là. Mais le 5, ainsi qu'il avait
été dit, le pape Jean inaugura ledit concile par une procession solennelle, à laquelle assistèrent avec leurs mitres et en habits pontificaux
messeigneurs les révérends cardinaux, archevêques, évêques, élus,
abbés et autres prélats en grand nombre ; après quoi il célébra la messe
du Saint-Esprit. Pendant l'office, un religieux, frère Jean de Vinzelis, savant professeur de théologie, prieur du prieuré de *Suinone* [1]
dans le diocèse de Belley, et procureur de l'ordre de Cluny, fit un
sermon au clergé sur l'objet de la présente assemblée. Ensuite le très
révérend père François, cardinal-diacre de Saint-Cosme et Saint-
Damien, monta sur une estrade en bois qui avait été élevée au milieu
de l'église, et prononça à haute et intelligible voix les paroles sui-
vantes : « Notre seigneur le pape a décidé, avec l'approbation du
« sacré concile, que la première session se tiendra le vendredi 16 de
« ce mois. » De quoi et de toutes autres choses maître Jean de Scribani, procureur du fisc, demanda à haute et intelligible voix que,

[1] Il n'y a aucun prieuré de ce nom ni dans le diocèse de Belley, ni ailleurs. Les variantes qu'on trouve pour ce nom dans les différents recueils de documents relatifs au concile de Constance, n'offrent rien de plus satisfaisant. Les uns portent *Immonte*, d'autres *Pamonte*, quelques-uns *Ynimonte*.

fisci, alta voce et intelligibiliter per protonotarios domini pape, et clericos ac notarios camere appostolice peciit fieri, ad perpetuam rei memoriam, publicum vel publica instrumenta.

CAPITULUM XXXVI.

Rex ville Attrebatensis obsidionem solvit.

Regali consistorio dum ista proferebantur, inter nobilium numerosam multitudinem, presentes aderant Flandrie nuncii speciales, quibus tunc datum est in mandatis, ut, obsidione relicta, assistencium principum sequentes vestigia super proloqutis lacius deliberarent, et quod decernerent, vallarent sacramentis; quod et fide media promiserunt. Eodem quasi instanti, oblate sunt claves urbis domino duci Guienne, quas postmodum comiti Vindocini tradidit, quarum et post custodiam commisit domino Roberto de Bossiaco; et mox auctoritate regia ac ipsius, per castra et inde per urbis compita, voce preconia, precedentibus tubicinis, pax composita publicatur. Utrinque omnibus commeatus liberi conceduntur, qui inde Deum laudantes, summis eciam laudibus ducis et principum providenciam attollebant. Iterum eorum consilio et assensu, quasi urbem viribus occupassent, super principales portas ejus vexilla liliis aureis decorata jussit dux elevari; et destituto domino Johanne de Lucemburgo, quem dux Burgundie capitaneum prefecerat, auctoritate regia dominum de Quesnoy loco ejus substituit. De novo eciam ordinavit qui causas universorum diffiniendas et negociorum civilium moderamina disponerent. Utensque breviloquio, regis et ducis statutis parere fideliter summe auctoritatis cives juraverunt; urbis quoque milites et armigeri stipendiarii natale solum repetere libere permissi sunt. Et ex tunc

pour perpétuelle mémoire, il fût dressé un ou plusieurs instruments authentiques par les protonotaires de monseigneur le pape, et par les clercs et notaires de la chambre apostolique.

CHAPITRE XXXVI.

Le roi lève le siége de la ville d'Arras.

Pendant qu'on traitait de ces affaires dans le conseil du roi, en présence d'un grand nombre de seigneurs et des députés de Flandre, on invita lesdits députés à suivre les princes après la levée du siége, afin de délibérer plus amplement avec eux sur les articles proposés, et de confirmer par serment ce qui serait arrêté. Ils s'y engagèrent sur l'honneur. Presque au même instant, on vint offrir les clefs de la ville à monseigneur le duc de Guienne, qui les remit d'abord au comte de Vendôme, et les confia peu de temps après à la garde de messire Robert de Boissay. Puis il fit publier la conclusion de la paix au nom du roi et au sien, par la voix du héraut et à son de trompe, dans le camp et dans les carrefours de la ville. La liberté des communications fut établie de part et d'autre, à la grande satisfaction de tous; chacun en rendait grâces à Dieu et vantait à l'envi la sagesse du duc et des autres princes. Ledit duc ordonna ensuite, d'après leur conseil et avec leur assentiment, que la bannière des lis fût arborée sur les principales portes de la ville, comme si elle eût été prise d'assaut. Il destitua messire Jean de Luxembourg, que le duc de Bourgogne y avait établi en qualité de capitaine, et mit en sa place, au nom du roi, le sire du Quesnoy. Il nomma aussi de nouveaux officiers pour l'administration de la justice et de la police. Enfin les principaux bourgeois jurèrent d'obéir fidèlement aux ordres du roi et du duc, et les chevaliers et écuyers qui étaient au service de la ville obtinrent la permission de retourner librement dans leurs foyers. Le lendemain on publia dans le camp à son de trompe une ordonnance royale, qui enjoignait à tous de démonter les tentes et de plier bagage, en signe de la levée du siége, et le 27 septembre, le sire de

sequenti luce, edicto regali et voce preconia per castra proclamatum est, ut deinceps omnes deponendis tentoriis operam
darent et onerandis supellectilibus, pro signo obsidionis dese-
rende. Vicesima septima die septembris, dominus de Bacque-
villa, ad Sanctum Dyonisium devote veniens, reddidit auriflammam super altare martirum modo et forma consueta et scripta
superius.

CAPITULUM XXXVII.

De igne posito in tentoriis.

Legi tamen edictali minime obtemperatum est; nam antequam lucis sequentis aurora nunciaret adventum, quo spacio
omnes gravissimo sompno premebantur, fuerunt quidam turbati
capitis viri, divina et humana animadversione digni, qui ignes
in locagiis injecerunt et predicta in parte maxima combusserunt, dampnum utique irreparabile perpetrando. Circumvo-
lantes inevitabiles flammas cum comite Alensonis, duce quoque
Borbonii multi insignes milites et armigeri, semiinduti fugam
arripientes citissimam, vix discrimen incendii evadere possunt.
Et in castris fere quadringenti alii huc illucque dispersi, qui
morbis variis tenebantur, ab hiis flammis voracibus consumpti
sunt. Pars maxima ceterorum, relictis supellectile et sarcinis,
inordinate recesserunt.

CAPITULUM XXXVIII.

Quid egerunt Parisienses auditis rumoribus pacis componende.

In signum exuberantis leticie, ut Parisius relatum est cum
rege principes viam pacis acceptasse, universis ecclesiis civitatis

Bacqueville vint dévotement à Saint-Denys remettre l'oriflamme sur l'autel des martyrs, en la forme et avec les cérémonies ordinaires, qui ont été décrites plus haut.

CHAPITRE XXXVII.

Un incendie éclate dans le camp.

Cependant les ordres du roi ne furent point exécutés. La nuit même, avant le point du jour, au moment où tout le camp était encore plongé dans un profond sommeil, quelques misérables, dignes de l'animadversion divine et humaine, mirent le feu aux tentes, dont la plus grande partie fut brûlée : ce qui causa un dommage irréparable. Le comte d'Alençon, le duc de Bourbon et plusieurs illustres chevaliers et écuyers s'échappèrent à demi nus, pour éviter les flammes qui les enveloppaient, et purent à peine se soustraire à la mort par une fuite précipitée. Il y avait près de quatre cents malades épars çà et là dans le camp, qui périrent malheureusement dans cet incendie. La plupart des autres s'enfuirent en désordre, abandonnant tous leurs bagages.

CHAPITRE XXXVIII.

Ce que firent les Parisiens en apprenant la conclusion de la paix.

Dès qu'on eut appris à Paris que le roi et les princes avaient consenti à la paix, le peuple et le clergé, en signe de leur vive allégresse,

cum plebe viri ecclesiastici, campanis pulsantibus, auctorem
pacis Christum altissonis vocibus laudaverunt, supplicantes
devotissime ut proloquta ad utilitatem regni terminare valerent.
Fuerunt tamen, luce sequenti, quidam sedicionum civilium
incentores, qui secretissime de nocte in valvis ecclesiarum affixerunt cedulas continentes : « Cives amantissimi, noveritis quod
« in brevi cathene ferree ville cum armis vestris defensivis vobis
« auferentur. Et ideo animose et fortiter curetis resistere,
« scientes quod in proximo vallidum vobis mittetur auxilium. »
Suspicabatur a cunctis quod qui mechanicis artibus cotidie
insudabant id adinventum egerant. Unde et unus ex illis,
vocatus Johannes, et temerarie excitatus, ecclesiam beati Eustachii adiit, et transversalem stolam albam sive bandam concessam ymagini distraxit et in frustra disrupit, in contemptum
dominorum cum rege residencium, qui sepius stola simili se
ornabant; cujus sceleris sequenti die manus dextere obtruncacione penas luit.

CAPITULUM XXXIX.

Quomodo rex Parisius remeavit.

Rex autem, eadem die de Bapalmis usque Peronnam perductus, ibidem moram non traxit ob numerosam multitudinem
egrotancium ibi consistencium, sed inde recto tramite ad ecclesiam beati Dyonisii, prima die octobris, pervenit, perpaucis
illustribus comitatus, ubi venerabilis abbas et conventus ipsum
cum processione sollempni receperunt, ac si de suis hostibus
gloriosum triumphum reportasset. Ibidem multis feriis successivis dominus dux Guienne loco patris, solita infirmitate detenti, cum ceteris principibus secreta celebravit consilia. Et

se rendirent en foule dans toutes les églises de la ville, au son des cloches, chantèrent à l'envi les louanges de Jésus-Christ, père de la paix, et le supplièrent très dévotement de mener les négociations à bonne fin, pour le bien du royaume. Toutefois, le lendemain pendant la nuit, quelques séditieux affichèrent secrètement aux portes des églises des placards ainsi conçus : « Chers concitoyens, sachez qu'on « va bientôt vous enlever les chaînes des rues de la ville et vos armes « défensives. Préparez-vous donc à résister avec énergie et courage; « vous recevrez sous peu un puissant renfort. » On soupçonna généralement que c'était un coup monté par quelques artisans. Et en effet, un homme de cette classe, nommé Jean, poussé par une folle témérité, entra dans l'église de Saint-Eustache, arracha à l'image de saint André l'écharpe blanche ou bande dont elle était ornée et la mit en pièces, par mépris pour les seigneurs de la suite du roi, qui portaient souvent de pareilles écharpes. En expiation de ce crime, il eut la main droite coupée le lendemain.

CHAPITRE XXXIX,

Comment le roi revint à Paris.

Le roi, qui avait été conduit le même jour de Péronne à Bapaume, ne s'arrêta point dans cette ville à cause du grand nombre de malades qui s'y trouvaient; mais il poursuivit tout droit sa route jusqu'à l'abbaye de Saint-Denys, où il arriva le 1er octobre, accompagné seulement de quelques seigneurs. Le vénérable abbé et le couvent allèrent le recevoir en procession solennelle, comme s'il venait de remporter sur l'ennemi quelque éclatante victoire. Là, monseigneur le duc de Guienne, qui gouvernait pendant la maladie de son père, tint plusieurs jours de suite divers conseils secrets avec les autres princes du sang. On pensait généralement que, suivant ce qui avait

plerique conjecturabant quod, secundum in castris prius loquta, pacis federa confirmarent, idque nuncii Flandrensium tunc presentes expectabant; frustra tamen : nam nil utilitatis pro regno, quod ad noticiam scriptoris pervenerit, concludentes, eos ad propria remiserunt et regem Parisius reduxerunt.

Ipsum autem sequte fuerant Vasconum et Britannorum infestissime conciones, que fere trium mensium spacio, sub pretextu non remunerati laboris vel stipendii non soluti, non modo per Parisiensem pagum, sed longe lateque per regnum predas excecrabiles acrius solito exercendo regnicolis dampna impreciabilia intulerunt. Ab Attrabato eciam Burgundiones natale solum repetentes, ubique hostiliter seviendo, in Teressia et multis aliis locis domos multas combusserunt. Et quia dux Burgundie a multis propter hoc criminabatur, ad regem ac eciam dominum ducem Guienne litteras destinavit, cum juramento affirmans quod hec dampna jussu ejus minime procedebant. Et quamvis tunc mens regia solitis ignorancie tenebris subjaceret, principes tamen duci Guienne semper lateraliter assistentes, lacrimosis querimoniis regnicolarum pulsati, et precipue accolarum agrestium, auctoritate regia Parisius et alibi preconizari fecerunt ut omnes subsidiarii, quotquot fuerant evocati, et sub pena amissionis vite recederent, paucis dumtaxat exceptis ad custodiam regis atque domini Guienne deputatis. Ballivis iterum et justiciariis publicis mandatum regium exequcioni mandare viribus commiserunt. Id tamen sub dissimulacione neglexerunt indisciplinate phalenges; trium mensium spacio huc illucque, velut tempestas vallida, discurrentes, et bona omnia consumentes, quamplures accolas ad odibilem egestatem reduxerunt. Burgundiones autem prefati natale solum repetendo, villam Tonitrui longa obsidione

été convenu dans le camp, ils allaient confirmer le traité de paix, et les envoyés flamands qui les avaient suivis s'y attendaient. Mais il n'en fut rien. Les princes ne prirent pour le bien du royaume aucune mesure dont l'auteur de cette chronique ait connaissance. Ils congédièrent les députés et ramenèrent le roi à Paris.

A la suite du roi étaient venues de redoutables bandes de Gascons et de Bretons, qui pendant près de trois mois, sous prétexte qu'ils n'étaient ni récompensés de leurs services ni payés de leur solde, commirent les plus affreux et les plus cruels ravages, non seulement dans le Parisis, mais dans tout le royaume, et causèrent aux habitants des dommages inappréciables. Les Bourguignons qui étaient à Arras se livrèrent aussi à toutes sortes d'hostilités, en regagnant leurs foyers; ils brûlèrent beaucoup de maisons dans la Thiérache et en plusieurs autres lieux. Comme bien des gens accusaient de tout cela le duc de Bourgogne, il écrivit au roi et à monseigneur le duc de Guienne une lettre où il affirmait par serment que tous ces dégâts avaient lieu sans sa participation. Le duc de Guienne, qui gouvernait pour le roi alors privé de sa raison, et les princes qui l'assistaient, touchés des plaintes et des larmes des habitants du royaume et surtout des gens de la campagne, firent publier au nom du roi, à Paris et ailleurs, que tous les gens de guerre eussent à se retirer sous peine de mort, à l'exception du petit nombre de ceux qui seraient chargés de la garde du roi et de monseigneur le duc de Guienne. Ils enjoignirent en outre aux baillis et officiers de justice d'assurer par la force l'exécution de cette ordonnance. Mais les bandes indisciplinées n'en tinrent aucun compte; pendant trois mois elles répandirent partout la désolation, comme un ouragan furieux, pillèrent tout sur leur passage, et réduisirent un grand nombre d'habitants à la dernière misère. Quant aux Bourguignons, en retournant dans leurs foyers, ils s'arrêtèrent long-temps au siége de Tonnerre, et coururent tout le pays d'alentour. Le sire de Gaucourt, envoyé contre eux avec un corps nombreux de gens de guerre, les battit, leur fit lever le siége, et les força presque tous à prendre la fuite ou à se rendre à rançon. Il y avait parmi eux

inquietare statuerunt, et per patriam grassari hostiliter. **Contra
quos dominus de Gaucuria cum manu vallida pugnatorum mis-
sus, initoque fausto prelio cum hostibus, et obsidionem solvit,
et maximam eorum partem aut fugere compulit aut subire**
redempcionis jugum odibile. Hostium signa multi **exules pro-**
scripti, et de multis urbibus regni oriundi sequebantur; **quos**
omnes miles de Gaucuria prefatus vinculis alliguatos, **Parisius,**
Meledunum et alibi transferri statuit, in quibus **tandem ob**
demerita sua aut suspendio aut obtruncacione **capitis vitam**
finierunt.

CAPITULUM XL.

**De prima sessione sancti generalis consilii Constanciensis die Veneris decima sexta
novembris celebrata.**

Sacra et universali synodo in ecclesia Constanciensi, **presi-**
dente summo pontifice Johanne, sollempniter **congregata,**
celebrataque missa de Spiritu Sancto per reverendissimum **in**
Christo patrem dominum Jordanem, episcopum **Albanensem,**
sancte romane Ecclesie cardinalem, de Ursinis vulgariter **nun-**
cupatum, cantatisque letaniis et aliis devotis oracionibus **pie**
porrectis ad Deum, idem dominus papa, inchoans pro **themnate**
Veritatem diligite, Zacharie octavo capitulo, et adducens **auc-**
toritates novi et veteris Testamenti, alloqutus est **synodum,**
exhortans omnes ad meditandum et sollempniter **insistendum**
super ordinandis hiis que ad Ecclesie pacem et **statum perti-**
nent. Quo sermone perlecto, reverendus in Christo **pater**
dominus Franciscus, sanctorum Cosme et Damiani **dyaconus**
cardinalis, Florentinus vulgariter nuncupatus, stans in **thalamo**
eminenti, ubi summus pontifex dominus noster **sedebat, alta**
et intelligibili voce legit cedulam sequentem :

beaucoup d'exilés et de proscrits de diverses villes du royaume. Ledit chevalier de Gaucourt les fit tous enchaîner et conduire à Paris, à Melun et ailleurs, où ils furent pendus ou décapités, en punition de leurs méfaits.

CHAPITRE XL.

Première session du sacré concile général de Constance, tenue le vendredi 16 novembre.

Le saint synode universel s'étant assemblé solennellement dans l'église de Constance, sous la présidence du pape Jean, une messe du Saint-Esprit fut célébrée par le très révérend père en Jésus-Christ, monseigneur Jourdain, évêque d'Albano, cardinal de la sainte Église romaine, vulgairement appelé des Ursins. Quand on eut chanté les litanies et adressé à Dieu les autres prières accoutumées, ledit seigneur pape ouvrit le saint synode, en prenant pour texte ces paroles du huitième chapitre de Zacharie : *Veritatem diligite*. Il cita à l'appui de son discours divers passages tirés de l'Ancien et du Nouveau Testament, exhortant toute l'assistance à méditer et à réfléchir mûrement sur les mesures à prendre pour la paix et pour le bien de l'Église. Ce discours achevé, le révérend père en Jésus-Christ monseigneur François, cardinal diacre de Saint-Cosme et Saint-Damien, vulgairement appelé le cardinal de Florence, monta sur l'estrade élevée où était assis notre seigneur le pape, et lut à haute et intelligible voix la cédule suivante :

« Johannes episcopus, servus servorum Dei, ad futuram rei
« memoriam.

« Intendentes ad exequcionem eorum que per felicis recorda-
« cionis Alexandrum papam quintum, predecessorem nostrum,
« in consilio Pisano decreta fuerant circa convocacionem consilii
« generalis iterum faciendam, alias presens consilium convoca-
« vimus per nostras litteras, quarum tenorem hic duximus in-
« serendum. » Et cum ad locum pervenisset idem cardinalis,
rediit ad sedem suam; et tunc littere appostolice sequentes alta
et intelligibili voce per venerabilem virum, magistrum Job de
Restis, domini nostri pape secretarium, stantem in dicto thalamo, lecte fuerunt sub hac forma.

« Johannes episcopus, servus servorum Dei, ad futuram rei
« memoriam.

« Ad pacem et exaltacionem Ecclesie et transquilitatem chris-
« tiani populi prompto corde et efficaci desiderio intendentes,
« ea libenter ordinamus et querimus per que hujusmodi pax,
« exaltacio et transquilitas merito valeat promoveri. Dudum
« siquidem felicis recordacionis Alexander papa quintus, pre-
« decessor noster, sacro generali consilio Pisano tunc presidens,
« ex quibusdam magnis et arduis causis eumdem moventibus,
« ipso approbante consilio, inter cetera decrevit iterum gene-
« rale consilium ex tunc ad triennium per se vel successorem
« suum in loco, de quo sibi vel eidem successori videretur, fore
« sollempniter convocandum. Idemque predecessor ea que circa
« reformacionem Ecclesie expedienda restabant pro tunc sus-
« pendit, ipsumque consilium usque ad tempus triennii prefa-
« tum continuandum statuit et prorogavit. Postmodum vero
« ipso Alexandro predecessore, sicut Deo placuit, vita functo,
« nobisque divina favente clemencia ad apicem summi apposto-

« Jean évêque, serviteur des serviteurs de Dieu, pour perpétuelle
« mémoire à la postérité.

« Voulant mettre à exécution les mesures arrêtées dans le concile
« de Pise par notre prédécesseur le pape Alexandre V d'heureuse mé-
« moire, touchant la réunion d'un nouveau concile général, nous
« avons convoqué le présent concile par nos lettres, dont nous avons
« cru devoir insérer ici la teneur. » Lorsque ledit cardinal en fut là,
il retourna à sa place, et le vénérable maître Job de Restis, secrétaire de notre seigneur le pape, étant monté sur la même estrade,
lut à haute et intelligible voix les lettres apostoliques, qui étaient
ainsi conçues :

« Jean évêque, serviteur des serviteurs de Dieu, pour perpétuelle
« mémoire à la postérité.

« Désirant de tout notre cœur et appelant de tous nos vœux la
« paix et l'exaltation de l'Église et la tranquillité du peuple chrétien,
« nous ordonnons et cherchons volontiers les moyens qui peuvent
« contribuer à assurer cette paix, cette exaltation, cette tranquil-
« lité. Il y a quelque temps, notre prédécesseur le pape Alexandre V
« d'heureuse mémoire, qui présidait le sacré concile général de Pise,
« guidé par de graves et importants motifs, a décidé entre autres
« choses, avec l'approbation de ladite assemblée, qu'un nouveau
« concile général serait convoqué solennellement dans trois ans, par
« lui ou par son successeur, en tel lieu qu'il lui conviendrait à lui ou
« à sondit successeur. Et notredit prédécesseur a suspendu pour lors ce
« qui restait à régler touchant la réformation de l'Église; il a prorogé
« ledit concile et en a fixé la continuation audit terme de trois ans.
« Mais ledit Alexandre notre prédécesseur ayant quitté ce monde par
« la volonté de Dieu, et la clémence divine nous ayant élevé au saint
« siége apostolique, comme le terme de trois ans approchait, que
« nous avions à cœur de marcher sur les traces de notredit prédé-
« cesseur et d'exécuter avec des intentions pures et une volonté droite

« latus assumptis, cum tempus triennii jam adventaret, et nos
« per vestigia ejusdem predecessoris incedere, et ordinacionem
« prefatam ab eo in consilio factam, ut prefertur, puro corde et
« recta voluntate adimplere properaremus, quibusdam racio-
« nibus tunc expressis animum nostrum moventibus, consilium
« hujusmodi in Romana urbe, que paulo ante de manibus hos-
« tium recuperata presenciam nostram pro ejus conservacione
« plurimum flagitabat, debito tempore convocavimus. Verum,
« quia venientibus postea tempore constituto prelatis et cete-
« ris, qui hujusmodi consilio interesse debebant, nequaquam in
« cauto videbantur, nos, post alias prorogaciones per nos fac-
« tas, tandem consilium ipsum ad mensem decembris nunc
« presentem prorogavimus sollempniter, et celebrandum sta-
« tuimus; locum autem infra certum tempus relinquimus decla-
« randum, ut interim super eo maturius consuleremus.

« Post hec vero, infra dictum tempus nundum elapsum, per
« litteras carissimi in Christo filii nostri Sigismundi, electi in
« regem Romanorum, et Ungarie regis illustris, instantissime
« requisiti ut non properaremus in hujusmodi declaracionem
« loci pro consilio faciendo, sed tam in declaracione loci pre-
« dicti quam eciam in tempore dicti consilii celebrandi super-
« sedere vellemus, donec ipse nupcios suos super hoc instructos
« ad nostram presenciam destinaret, nos votis ejusdem regis,
« que ex zelo devocionis et puritate fidei manare conspicieba-
« mus, annuentes, adventum prefatorum nunciorum, de vene-
« rabilium fratrum nostrorum, sancte Ecclesie romane cardi-
« nalium et prelatorum qui Rome in generali ad hoc vocati
« fuerunt, voluntate, consilio et assensu, duximus expectan-
« dum. Deinde, cum post Romane urbis miserabilem casum ad
« nos apud Florenciam tunc existentes ejusdem regis nuncii

« l'ordonnance rendue par lui en concile, ainsi qu'il a été dit ci-
« dessus, et que nous étions d'ailleurs guidé par certains graves
« motifs, nous avons convoqué dans le terme voulu un concile général
« en la ville de Rome, qui venait d'être reprise sur les ennemis, et
« qui désirait vivement notre présence, comme garantie de son salut.
« Mais les prélats et autres qui devaient assister à ce concile et qui
« étaient arrivés pour cela à l'époque fixée, ne se trouvant pas suffi-
« samment en sûreté, nous avons, après diverses prorogations, fini
« par proroger solennellement ledit concile et décidé qu'il se tien-
« drait au présent mois de décembre. Nous avons toutefois réservé
« pour une autre époque le choix du lieu, afin d'avoir le loisir d'en
« délibérer plus mûrement.

« Comme depuis lors, et avant l'expiration dudit temps, nous
« avons été instamment requis par lettres de notre très cher fils
« en Jésus-Christ Sigismond, illustre roi de Hongrie, élu roi des
« Romains, de ne point nous hâter dans le choix d'un lieu pour la
« tenue du concile, mais de surseoir tant au choix dudit lieu qu'à
« la tenue dudit concile, jusqu'à ce qu'il nous eût envoyé ses ambassa-
« deurs munis d'instructions à ce sujet, acquiesçant aux vœux dudit
« roi, qui nous paraissaient dictés par le zèle de la dévotion et la
« pureté de la foi, nous avons jugé à propos d'attendre l'arrivée des-
« dits ambassadeurs, de l'avis, du consentement et d'après le conseil
« de nos vénérables frères les cardinaux de la sainte Église romaine
« et les prélats qui avaient été convoqués à Rome. Puis, après
« le malheur arrivé à la ville de Rome, les ambassadeurs dudit roi
« étant venus nous trouver à Florence, où nous résidions alors,
« et nous ayant soumis de sa part plusieurs propositions à ce sujet,
« nous avons, après les avoir entendus, député à notre tour vers le
« roi, pour plus prompte expédition de l'affaire, nos bien aimés fils

« accessissent, et ex parte ejusdem regis multa nobis circa
« materiam suggessissent, eorum auditis relatibus, pro pleniori
« expedicione, dilectos filios nostros, Antonium tituli sancte
« Cecilie presbiterum cardinalem, et Franciscum sanctorum
« Cosmi et Damiani dyaconum, sancte romane Ecclesie cardi-
« nalem, cum plena super hujusmodi electione loci et deputa-
« cione temporis potestate, ac simul cum eis dilectum nobilem
« filium Manuelem Chrysoloram, militem Constantinopolita-
« num, ad presenciam ejusdem regis transmisimus. Qui ad eum
« venientes, tandem de ipsius regis consilio et assensu, civitatem
« Constanciensem, provincie Maguntine, pro loco hujusmodi
« consilii celebrandi concorditer elegerunt, ac tempus ad nun-
« ciandum hujusmodi consilium statuerunt die prima mensis
« novembris proxime venturi.

« Deinde vero nos, pro quibusdam magnis et arduis nego-
« ciis cum eodem rege juxta nostrum et ipsius desiderium per-
« sonaliter convenientes, certificati ab eo de habilitate, capa-
« citate et securitate civitatis Constanciensis antedicte, quam
« securitatem ipse rex se prestaturum et in ipso consilio perso-
« naliter affuturum pollicetur; volentes et ab intimis cupientes
« ut prefata celebracio consilii salubriter impleatur et optatum
« consequatur effectum, hujusmodi electionem loci et temporis,
« ut premittitur, factam, auctoritate appostolica, tenore presen-
« cium, de eorumdem fratrum consilio et assensu, ratificamus,
« approbamus, et confirmamus ac ei appostolici roboris adi-
« cimus firmitatem; prefatumque consilium in civitate Constan-
« ciensi predicta, die prima novembris proxime venturi, nun-
« ciandum et auctore Domino exinde celebrandum, eadem
« auctoritate et consensu, horum serie statuimus, pronuncia-
« mus et decernimus, venerabiles fratres nostros patriarchas,

« Antoine, cardinal prêtre du titre de Sainte-Cécile, et François, car-
« dinal diacre de la sainte Église romaine du titre de Saint-Cosme et
« S.... Damien, avec de pleins pouvoirs pour décider du choix d'un
« ...... fixer une époque; et nous leur avons adjoint notre bien aimé
« fils, Manuel Chrysoloras, chevalier de Constantinople. Arrivés à
« sa cour, lesdits envoyés ont choisi d'un commun accord, d'après le
« conseil et avec l'assentiment dudit roi, la ville de Constance dans
« la province de Mayence pour le lieu de réunion du futur concile,
« et ont réglé que l'ouverture de ladite assemblée serait annoncée
« pour le 1er novembre suivant.

« Après cela, nous étant abouché en personne avec ledit roi, con-
« formément à son désir et au nôtre, pour traiter de certaines affaires
« graves et importantes, et ayant reçu de lui l'assurance que ladite
« ville de Constance était un lieu convenable, suffisant et sûr, qu'il
« en garantissait la sûreté et promettait d'assister en personne audit
« concile; voulant et désirant du plus profond de notre cœur que
« ladite réunion se fasse salutairement, et qu'elle sortisse son plein et
« entier effet, nous ratifions en vertu de notre autorité apostolique,
« par la teneur des présentes, de l'avis et avec l'assentiment de nosdits
« frères, ledit choix de lieu et de temps, fait ainsi qu'il a été dit plus
« haut; nous l'approuvons, le confirmons et y donnons toute la
« force de notre sanction apostolique. Nous décidons, prononçons et
« déclarons, en vertu de ladite autorité et avec ledit assentiment,
« que la tenue dudit concile dans ladite ville de Constance sera annon-
« cée pour le 1er novembre prochain et qu'il s'y tiendra avec l'aide de
« Dieu; requérons, exhortons et avertissons nos vénérables frères les
« patriarches, archevêques et évêques, et nos chers fils les élus, abbés
« et autres prélats d'églises et de monastères, et leur enjoignons,

« archiepiscopos, episcopos, ac dilectos filios electos, abbates
« et ceteros ecclesiarum ac monasteriorum prelatos requirentes,
« hortantes, et monentes ac in virtute prestiti juramenti et
« sancte obediencie eisdem mandantes, quatinus personaliter,
« nec non carissimos in Christo reges et nobiles viros, princi-
« pes, duces et marchiones ac alios, qui hujusmodi consilio
« interesse debent, vel qui prodesse possunt quoquomodo, per
« viscera caritatis Domini nostri Jhesu Christi invitantes et
« exhortantes, quatinus pro pace Ecclesie et omnium christia-
« norum, eciam personaliter, vel, si personaliter non possunt,
« per sollempnes oratores, congruo tempore, dicto consilio
« debeant interesse, ut sic congregata fidelium multitudine
« copiosa, ea que in eodem consilio agenda incumbunt, Deo
« auctore et adjutore, salubriter ordinentur. Nulli ergo om-
« nino hominum liceat hanc paginam nostre ratificacionis,
« approbacionis, confirmacionis, pronunciacionis et decreti
« infringere, etc. Si quis, etc. — Datum Laude, quinto idus
« decembris, pontificatus nostri anno quarto. »

Qua lectione facta, per prefatum magistrum Job completa,
idem dominus Franciscus cardinalis surgens et stans ut supra,
cedulam ipsam primam resumens, legit ejus residuum, cujus
residui tenor talis est : « Et subinde cum venerabilibus fratribus
« nostris sancte romane Ecclesie cardinalibus, ac nostra curia
« ad hanc civitatem Constanciensem venimus tempore consti-
« tuto, et nunc per Dei graciam hic existentes, cum hujus sacre
« synodi consilio intendimus insistere ad pacem, exaltacio-
« nem et reformacionem Ecclesie ac transquilitatem populi
« christiani.

« en vertu du serment qu'ils ont prêté et de la sainte obédience, d'y
« assister en personne ; invitons aussi et exhortons, par les entrailles
« de la miséricorde de Notre Seigneur, nos bien aimés fils en Jésus-
« Christ les rois et seigneurs, princes, ducs, marquis et autres, qui
« doivent assister audit concile, ou qui peuvent y être utiles de quel-
« que façon que ce soit, à se présenter personnellement en temps
« convenable à ladite assemblée, ou s'ils ne le peuvent, par des am-
« bassadeurs solennels, en vue de la paix de l'Église et de toute la
« chrétienté, afin que la réunion d'un si grand nombre de fidèles
« permette de régler salutairement, avec l'aide et l'assistance de Dieu,
« tout ce qui doit être décidé par ledit concile. Qu'il ne soit donc
« permis à personne d'enfreindre cette page de notre ratification,
« approbation, confirmation, déclaration et décret, etc. Si quel-
« qu'un, etc. — Donné à Lodi, le 5 des ides de décembre, la qua-
« trième année de notre pontificat. »

Cette lecture faite et achevée par ledit maître Job, monseigneur le
cardinal François se leva de nouveau, retourna sur l'estrade, et reprit
ladite cédule, dont il continua la lecture en ces termes : « En consé-
« quence, nous sommes venu, au temps fixé, en ladite ville de Con-
« stance avec nos vénérables frères les cardinaux de la sainte Église
« romaine et toute notre cour, et maintenant que nous sommes ici
« par la grâce de Dieu, nous avons l'intention de travailler avec ledit
« saint synode à la paix, exaltation et réformation de l'Église et à la
« tranquillité du peuple chrétien. »

CAPITULUM XLI.

Primo statutum est ut invocaretur divinum auxilium et confutarentur quidam errores
adinventi contra fidem catholicam.

« Et quia in hac re tam ardua non est propriis viribus aliquid
« presumendum, sed de Dei adjutorio confidendum, ideo a
« cultu divino inchoantes, hoc sacro approbante consilio,
« ordinavimus quod hac ipsa die missa specialis ad hoc consti-
« tuta diceretur, sicuti per Dei graciam nunc celebrata est;
« quam eciam missam constituimus in hac et in singulis aliis
« ecclesiis collegiatis, secularibus et regularibus hujus civitatis,
« semel in ebdomada, videlicet feria quinta, hoc sacro consilio
« durante, collegialiter celebrari. Et ut eo fervencius huic sacre
« celebracioni fideles insistant, quo amplioris gracie munere
« senserint se refectos, omnibus et singulis vere penitentibus et
« confessis, videlicet sacerdotibus dictas missas celebrantibus,
« pro singulis missis annum unum, interessentibus vero qua-
« draginta dies de injunctis sibi penitenciis in Domino relaxa-
« mus. Ad cujus eciam misse celebracionem exhortamur venera-
« biles fratres nostros, sancte romane Ecclesie cardinales, nec
« non patriarchas, archiepiscopos, episcopos et dilectos filios
« electos, abbates ceterosque in sacerdocio constitutos, ut et
« ipsi, ad impetrandum predictum divinum auxilium, cum
« devocione singulis septimanis predictam missam semel cele-
« brent, quibus celebrantibus et celebracioni interessentibus
« similes indulgencias elargimur.

« Exhortamur item in Domino omnes et singulos, qui Christi
« nomine gloriantur, ut, ad obtinendum optatam consumma-
« cionem tante rei, diligenter insistant oracionibus, jejuniis,

CHAPITRE XLI.

On décide d'abord que l'on invoquera l'assistance divine, et qu'on réfutera certaines erreurs inventées contre la foi catholique.

« Or, comme dans une affaire de cette importance il ne faut point
« trop présumer de ses propres forces, mais plutôt mettre toute sa
« confiance en l'assistance divine, nous devons commencer par ado-
« rer Dieu. En conséquence nous avons ordonné, avec l'assentiment
« du sacré concile, que ce jour-là même il serait dit une messe
« spéciale composée à cette intention, laquelle messe, par la grâce
« de Dieu, a déjà été célébrée. Nous décidons en outre que, pen-
« dant la durée de ce sacré concile, ladite messe sera célébrée collé-
« gialement une fois par semaine, le jeudi, dans cette église et dans
« toutes les autres églises collégiales, séculières et régulières de la ville.
« Et pour que les fidèles assistent à la célébration de cet office avec
« d'autant plus de ferveur qu'ils ressentiront plus fortement les effets
« de la grâce, nous remettons, au nom du Seigneur, pour toutes ces
« messes à toutes personnes vraiment pénitentes et bien confessées,
« savoir, aux prêtres qui officieront, une année, et aux fidèles qui
« assisteront auxdits offices, quarante jours des pénitences qui leur
« auront été imposées. Nous exhortons aussi nos vénérables frères les
« cardinaux de la sainte Église romaine, les patriarches, archevêques
« et évêques, et nos chers fils les élus, abbés et autres élevés au sacer-
« doce, à célébrer aussi ladite messe avec dévotion une fois par
« semaine, pour obtenir l'assistance divine; et nous accordons les
« mêmes indulgences auxdits célébrants et à ceux qui assisteront à ces
« offices.

« *Item*, nous exhortons en Notre Seigneur tous et chacun de ceux
« qui se glorifient du nom de chrétiens à prier avec ferveur, à s'im-
« poser des jeûnes, des aumônes et d'autres œuvres pieuses, afin de

« elemosinis et aliis piis operibus, ut Deus, ex nostra et ipso-
« rum humilitate placatus, dignetur felicem exitum huic sacre
« congregacioni concedere. Preterea considerantes quod pre-
« cipuum agendum in consilio, secundum laudabiles observan-
« cias antiquorum consiliorum, esse debet de hiis que concer-
« nunt catholicam fidem, et attendentes quod talia propter suam
« arduitatem exigunt diligenciam, tempus sufficiens ac studium,
« exhortamur omnes habentes periciam sacrarum litterarum ut
« diligenter secum et cum aliis illa cogitent atque tractent que
« eis videbuntur ad hanc rem utilia et opportuna, et quod pri-
« mum commode poterunt, illa ad nostram et hujus sacre synodi
« noticiam perducant, ut tempore opportuno possint ea deter-
« minari que videbunt tenenda vel repudianda, pro utilitate et
« incremento ipsius catholice fidei; et specialiter cogitent circa
« nonnullos errores qui a certis temporibus dicuntur in non-
« nullis partibus pullulasse, et maxime circa illos qui ortum
« dicuntur habuisse a quodam Johanne dicto Wicleff.

« Insuper eciam exhortamur omnes catholicos hic congregatos
« et alios ad hanc sacram synodum venturos ut velint diligenter
« cogitare et prosequi, et ad nos et ad eamdem sacram syno-
« dum perducere ea per que possit Ecclesia et congregacio ca-
« tholicorum ad debitam reformacionem et optatam transqui-
« litatem, Deo juvante, perduci. Nostre namque intencionis ac
« voluntatis est, ut omnes hic hac de causa congregati cum
« omnimoda libertate possint dicere, consulere, facere omnia
« et singula que ad premissa putaverint pertinere. »

« contribuer au succès d'une si grande affaire et d'obtenir que Dieu,
« désarmé par leur humilité et la nôtre, daigne mener à bonne fin
« cette sainte réunion. De plus, considérant que la première chose à
« faire dans un concile, suivant les louables pratiques des anciens
« conciles, c'est de traiter de ce qui concerne la foi catholique, et que
« de telles choses exigent, à cause de leur importance, beaucoup de
« soin, de temps et de zèle, nous exhortons toutes les personnes ver-
« sées dans les saintes Écritures à méditer sérieusement ou à conférer
« avec d'autres sur les choses qui leur paraîtront utiles ou avantageuses
« à la présente affaire, et à les porter le plus tôt qu'il leur sera pos-
« sible à la connaissance du saint synode et à la nôtre, afin qu'on
« puisse en temps opportun déterminer ce qui devra être maintenu
« ou rejeté dans l'intérêt et pour l'accroissement de la foi catholique.
« Nous les invitons spécialement à réfléchir sur certaines erreurs, qui
« depuis un certain temps ont pullulé, dit-on, dans quelques pays,
« notamment sur celles qu'on attribue au nommé Jean Wicleff.

« *Item*, nous exhortons tous les catholiques ici assemblés et tous
« ceux qui viendront à ce saint synode, à vouloir bien peser mûre-
« ment, poursuivre et porter à notre connaissance et à celle dudit
« saint synode les moyens par lesquels l'Église et la congrégation des
« catholiques pourraient être ramenées, Dieu aidant, à une due réfor-
« mation et à la paix désirée. Car c'est notre intention et notre
« volonté que tous ceux qui sont ici rassemblés pour ce motif puissent
« dire, conseiller et faire, en toute liberté, tout ce qu'ils croiront
« avoir rapport aux choses susdites. »

CAPITULUM XLII.

Qualiter quisque se deberet continere in eodem consilio.

« Ut autem notus sit modus qui in hujus sacre synodi pro-
« cessu servandus est, tam quo ad ea que dicenda et determi-
« nanda erunt, quam eciam quo ad gestum et motum, putamus
« in hoc recurrendum ad observancias antiquorum patrum que
« maxime colliguntur ex canone Toletani consilii, cujus teno-
« rem hic duximus inserendum.

« *In loco benedictionis consedentes domini sacerdotes, nullus*
debet aut indiscretis vocibus perstrepere aut quibuslibet tantum
nutibus perturbare, nullus enim fabulis vanis vel risibus, et
quod est deterius, obstinatis discrepacionibus, tumultuosas
debet voces effundere. Si quis enim, *ut ait apostolus,* putat se
religiosum et non refrenans linguam suam, sed seducens cor
suum, vana est religio. *Cultum enim suum justicia perdit,*
quando silencium judicii obstrepencium turba confundit, dicente
propheta : Erit cultus justicie silencium. *Debet ergo quidquid*
aut consedencium consultacionibus agitur, aut ab accusancium
parte proponitur, sic mitissima verborum relacione proferri, ut
nec contencionis vocibus sensus audiencium turbetur, et judicii
vigorem de tumultu enervent. Quicunque ergo in conventu con-
silii hec que premissa sunt violenda crediderit, et contra hec
interdicta aut tumultu, aut contumeliis vel risibus consilium
perturbaverit, juxta divine legis edictum, quo precipitur : Ejice
derisorem, et exibit cum eo jurgium, *cum omni dedecore de*
confessione abstractus a communi cetu recedat, et deinde die-
rum septem excommunicacionis sentenciam ferat. Et quoniam
contingere potest, quod aliqui ex consedentibus non erunt

CHAPITRE XLII.

Comment chacun devait se comporter dans ledit concile.

« Afin que chacun sache de quelle manière il doit être procédé dans
« la tenue de ce saint synode, tant pour ce qui devra être dit et dé-
« cidé que pour ce qui concerne le geste et le mouvement, nous
« pensons qu'il faut à ce propos recourir aux pratiques des anciens
« pères, qui se trouvent principalement recueillies dans le canon du
« concile de Tolède dont nous avons cru devoir insérer ici la
« teneur :

« *Lorsque messieurs les prêtres ont pris séance au lieu de béné-
diction, personne ne doit troubler le silence, soit par des paroles
bruyantes, soit par le moindre signe; personne ne doit rire d'une manière indécente, ou s'amuser à des conversations frivoles, ou, qui
pis est, se livrer à des disputes opiniâtres. Car, comme le dit
l'apôtre,* se croire religieux et ne savoir pas mettre un frein à sa
langue ni résister aux séductions de son cœur, c'est n'avoir qu'une
fausse religion. *La justice perd sa sainteté, quand le bruit des conversations trouble le silence du jugement. Le prophète a dit :* Le silence
est un hommage rendu à la justice. *Ainsi donc, soit qu'il s'agisse
d'une délibération entre les juges, soit que les accusateurs aient à
exposer les griefs, il faut s'exprimer avec calme, et de manière à ne
pas troubler l'audience par une discussion trop vive, ni affaiblir par
trop de bruit la force du jugement. Quiconque dans le concile se
permettra de violer ces règles et troublera malgré ces défenses le
concile par du bruit, du scandale ou des rires, sera séparé avec
ignominie de la confession, séquestré de l'assemblée, et demeurera
sept jours sous le poids d'une sentence d'excommunication, suivant
les prescriptions de la loi divine, qui dit :* Chassez le railleur, toute
dispute s'en ira avec lui. *Et comme il peut arriver souvent que quelques uns des membres de l'assemblée ne soient pas à la place qui*

in debitis sedibus collocati, eodem sacro approbante consilio,
decrevimus quod ex sessione hujusmodi nulli ecclesie vel per-
sone prejudicium generetur. »

CAPITULUM XLIII.

De ministris et officialibus constitutis ad prosequendum et dirigendum agenda in
consilio. [1]

« Quia vero ad prosequcionem hujus consilii requiruntur
« certi ministri et officiales , ideo, hoc sacro approbante consi-
« lio , deputamus infrascriptos , videlicet dilectos filios Drago-
« num de Malaspinis[2] », loco cujus, quia promotus postea fuit ad
ecclesiam Brundisinam, per nacionem Ytalicam fuit electus et
appositus dominus Jacobus Rodini de Janua, «Paulum de Imitan-
« cio[3], Petrum Donato, Hermannum de Witch[4], Thomam Polto-
« nem et Johannem de Trembleio[5], notarios nostros, qui videndi
« omnes scripturas, que in eodem consilio fient, curam habeant
« specialem , ita quod concorditer et ordinate fiant , sicuti
« decens est, et omnibus ordinatis in prefato consilio se sub-
« scribant; nec non dilectos magistros Anthonium de Luschis[6].
« Angelum de Reate, Job de Restis[7] et Petrum de Tallia[8], prefati
« consilii notarios et scribas, qui subalternent notariis supra-
« dictis; dilectum filium nobilem virum Bertoldum de Ursinis,
« comitem Suanensem et palatinum, ipsius consilii custodem ;
« dilectos filios, magistros Johannem Basur[9], litterarum apposto-

---

[1] Nous avons collationné ce chapitre et tous ceux qui traitent du concile de Constance avec le texte imprimé dans la *Collection des conciles.* Les variantes que nous indiquons sont extraites de cette collection.

[2] Var. : *Arragonum de Malaspinis.*

[3] Id. . *de Juvenaco.*

[4] Var. : *Dwerck.*

[5] Id. : *de Trambleyo* ou *Tremolcia.*

[6] Id. : *de Juschis.*

[7] Id. : *de Gestis.*

[8] Id.. : *de Trillia.*

[9] Id. . *Basire.*

leur est due, nous avons décidé, avec l'assentiment dudit concile,
que cette circonstance ne pourra porter préjudice à aucune église ni
à aucune personne. »

CHAPITRE XLIII.

Des ministres et officiers établis pour conduire et diriger ce qui doit être fait dans le concile. [1]

« Comme il est besoin de certains ministres et officiers pour la
« direction dudit concile, nous désignons à cet effet, avec l'assen-
« timent de ce saint synode, les personnes ci-dessous nommées, savoir :
« nos chers fils Dragon de Malespina [2] » (ce dernier ayant été promu
depuis à l'évêché de Brindes, on mit à sa place messire Jacques Rodini
de Gènes, élu par la nation italienne), « Paul d'Imitantio [3], Pierre
« Donat, Hermann de Witch [4], Thomas Polton et Jean du Tremblay [5],
« comme nos notaires, chargés spécialement de voir toutes les écri-
« tures qui seront faites dans ledit concile, de veiller à ce qu'elles
« soient faites d'un commun accord et avec ordre, comme il con-
« vient, et de signer tout ce qui sera ordonné dans ledit concile ; nos
« chers maîtres Antoine de Luschis, Ange de Rieti, Job de Restis et
« Pierre de la Taglia [6], comme notaires et scribes dudit concile,
« sous les ordres de nos notaires susdits ; notre cher fils noble homme
« Bertold des Ursins, comte de Soana et palatin, comme gardien dudit
« concile ; nos chers fils maîtres Jean Basur [7], correcteur des lettres
« apostoliques, Jacques de Tamplo, auditeur des causes de notre
« palais [8], et Pierre de Justinopoli, chanoine de Ravenne, docteurs

---

[1] Les variantes que nous indiquons dans notre traduction pour ce chapitre sont extraites de l'*Histoire du concile de Constance de Jacques Lenfant.*

[2] Var. : *Arragon de Malespine.*

[3] Id. : *Paul de Juvénac.*

[4] Id. : *Hermann Dowerch.*

[5] Var. : *Jean de Trémolciac.*

[6] Id. : *Pierre de Trillia.*

[7] Id. : *Jean Basir* ou *Barsur.*

[8] Il faut ajouter ici : *Ange Baglioni de Pérouse, auditeur des causes de la chambre apostolique.*

« licarum correctorem, Jacobum de Tamplo [1], causarum palacii
« nostri auditorem [2], et Petrum de Justinopoli, canonicum
« Ravennatensem, decretorum doctores, scrutatores votorum,
« quorum duo ex una, alii vero ex altera prefati consilii parte
« vota scrutentur, et cum ipsis duo ex eisdem notariis, ac duo
« ex scribis supradictis in votorum scrutacione semper debeant
« interesse ; dilectos filios magistros Petrum de Anchorano
« utriusque juris, Symonem de Perusio, juris civilis, Raphaelem
« de Fulgosiis, utriusque juris, et Ardeanum [3] de Novaria, juris
« civilis doctores, prefati consilii advocatos ; nec non dilectos
« filios magistros Johannem de Scribanis et Henricum de Pyro,
« dicti consilii procuratores et promotores ; magistrum Baro-
« nium de Pistorio, Johannem Ponseti, Bartolomeum de Pando,
« et Michaelem Blosonis, ordinatores sedere debencium in con-
« silio supradicto.

« Item, eodem sacro approbante consilio, decernimus sequen-
« tem sessionem, Deo favente, tenendam die lune decima
« septima proxime futura mensis decembris. »

Tunc prefatus dominus cardinalis alta et intelligibili voce
sciscitatus est utrum omnia et singula supradicta ipsi sacre
synodo placerent. Ad cujus interrogacionem omnes et singuli
prelati ; nullo discrepante, responderunt : *Placet.* Et cum de et
super hiis Johannes Scribani peciisset per protonotarios domini
nostri pape ac notarios et scribas per consilium deputatos fieri
publica instrumenta ad perpetuam rei memoriam, consisto-
rium solutum est.

---

[1] Var. : *de Camplo* ou *Campis.*

[2] La collection des conciles ajoute : *Angelum de Balionibus de Perusio, causarum*
apostolicæ cameræ auditorem.

[3] Var. : *Ardecinum.*

« en décrets, comme scrutateurs pour recueillir les votes, deux d'un
« côté, et les deux autres de l'autre côté dudit concile, et ils seront
« toujours assistés, dans le dépouillement des votes, de deux des
« notaires et de deux des scribes susmentionnés ; nos chers fils maîtres
« Pierre d'Anchorano, docteur en droit civil et en droit canon,
« Simon de Pérouse, docteur en droit civil, Raphaël de Fulgose,
« docteur en droit civil et en droit canon, et Ardéan de Novare [1],
« docteur en droit civil, comme avocats dudit concile ; nos chers fils
« maîtres Jean de Scribani et Henri du Poirier, comme procureurs
« et promoteurs dudit concile ; maître Baronius de Pistorio, Jean
« Ponset, Barthélemy de Pando et Michel de 〓osonis, comme
« ordonnateurs, pour assigner les places dans ledit concile.

« *Item*, nous décidons, avec l'assentiment dudit saint synode, que
« la prochaine séance aura lieu, Dieu aidant, le lundi 17 décembre
« prochain. »

Alors monseigneur ledit cardinal demanda à haute et intelligible
voix si le saint synode approuvait toutes et chacune des choses susdites.
A cette question, tous les prélats sans exception répondirent : *Placet.*
Après quoi, Jean de Scribani ayant demandé que, pour perpétuelle
mémoire à la postérité, il fût dressé de tout cela des instruments
publics par les protonotaires de notre seigneur le pape et les notaires
et scribes que le concile avait désignés, l'assemblée se sépara.

[1] Var. : *Ardessin de Novare.*

CAPITULUM XLIV.

De adventu imperatoris apud Constanciam.

Quamvis tunc electus imperator et rex Ungarie viribus conaretur olim subditas urbes famosas romano imperio ad obedienciam antiquam revocare, huic tamen consilio interesse, ut
promiserat, non distulit, sed mense decembri Constanciam
cum imperatrice uxore sua veniens, summo pontifici reverenciam exhibuit filialem cum pedum manuumque devoto osculo
atque oris; quod tamen ultimum papa imperatrici non porrexit.
Amborum sane adventum a dominis cardinalibus et summe
auctoritatis sacri palacii ministris jam statuerat honorifice prevenire; eisdem comi fronte et affabiliter susceptis, imperatori
cupiens complacere, statuit ut matutinali officio Nativitatis
Domini ipse, in signum imperatorie dignitatis, evvangelium
Exiit edictum a Cesare Augusto, tenens evaginatum ensem,
more solito, cantaret.

CAPITULUM XLV.

De prima sessione consilii generalis in presencia pape et imperatoris celebrata.

Die prima mensis marcii, in magna aula inferiori palacii,
hora undecima post mediam noctem, domino ibidem existente
et presente, ac Romanorum rege, imperatore serenissimo, et
quatuor congregatis nacionibus inibi, fuit per dominum patriarcham Antiochenum, nomine et parte tocius consilii, presentata prefato summo pontifici quedam cedula, sibique nomine
dicti consilii fuit humiliter supplicatum per eumdem patriar-

CHAPITRE XLIV.

Arrivée de l'empereur à Constance.

Bien que le roi de Hongrie, empereur élu, fût alors occupé à faire rentrer de force sous son obéissance les villes importantes qui avaient été soumises jadis à l'empire romain, il ne voulut pas cependant différer d'assister au concile, ainsi qu'il l'avait promis. Il arriva donc à Constance au mois de décembre avec l'impératrice, et offrit au souverain pontife l'hommage de son respect filial, en lui baisant dévotement les pieds, les mains et la bouche. L'impératrice lui baisa les pieds et les mains seulement. Le pape avait donné les ordres nécessaires pour que ces deux illustres hôtes fussent accueillis par messeigneurs les cardinaux et les principaux officiers du sacré palais avec les plus grands honneurs. Il les reçut lui-même avec affabilité et courtoisie, et pour complaire à l'empereur, il voulut que le jour de Noël, à l'office du matin, ce prince chantât, l'épée nue à la main, suivant l'usage, et en signe de sa dignité impériale, l'évangile *Exiit edictum a Cæsare Augusto*.

CHAPITRE XLV.

Première session du concile général tenue en présence du pape et de l'empereur.

Le 1ᵉʳ mars, à onze heures du matin, dans la grande salle basse du palais, monseigneur le pape étant présent, ainsi que le sérénissime empereur roi des Romains avec les quatre nations, monseigneur le patriarche d'Antioche présenta une cédule audit pape au nom et de la part de tout le concile, et le supplia humblement, au nom dudit concile, de daigner accueillir favorablement ladite cédule. Le pape la prit, et l'ayant lue, déclara qu'il avait toujours eu l'intention de donner la paix à l'Église, et que c'était pour cela qu'il était venu à

cham quatinus dignaretur cedulam benigne acceptare. Qua
recepta et perlecta, dixit quod fuit semper sue intencionis dare
pacem Ecclesie, et ad hoc venerat Constanciam. Addidit et quod
non vi nec metu compulsus, non coactus, sed liberaliter et
sponte obtulerat viam cessionis sui papatus, nec unquam fuerat
alterius intencionis. Demum dictam cedulam legit in audiencia :
« *Ego Johannes papa vicesimus tercius, propter quietem populi
christiani,* etc. » Qua lecta, fuit sibi regraciatum per serenissimum regem Romanorum de bona et sancta oblacione,
deinde per cardinales, ad idem per dominum patriarcham, et
demum per Universitatem Parisiensem. Constituitque dominus
papa sessionem die crastina celebrari, ut hoc sollempnius celebraretur per eumdem; ipsaque die celebravit missam de Spiritu sancto in ecclesia majori. Qua celebrata, facte fuerunt sol-
lempnitates consuete fieri in sessionibus.

Demum ipse dominus papa, sedens in cathedra ante altare,
conversus ad consilium ibidem congregatum, cedulam legit
publice et alta voce, videlicet : *Ego Johannes,* etc. Et cum lege-
bat illam clausulam in cedula, *Promitto, spondeo, voveo et juro
Deo,* flexit genua versus altare; ponendo manus ad pectus, dixit
hec verba : *Et ita promitto observare.* Quo facto, imperator, surgens de cathedra, regraciatus fuit sibi nomine tocius consilii
et suo, flectendo genua et deponendo coronam, osculando eciam
pedem ejus. Eciam dominus patriarcha, nomine nacionum et
tocius consilii, regraciatus est sibi. Et tunc cantores cantave-
runt altissonis vocibus *Te Deum laudamus.* Et procurator
fiscalis, Johannes de Scribanis, ibidem existens, super hiis peciit
fieri instrumenta. Super autem hac cedula composita fuit bulla,
cujus tenor sequitur.

Constance. Il ajouta que, sans y être poussé ni contraint par la violence, ou par la crainte, il avait offert avec empressement et de son plein gré de renoncer à la papauté, et qu'il n'avait jamais eu d'autre intention. Ensuite il lut en audience publique ladite cédule : *Moi Jean XXIII, pape, pour le repos du peuple chrétien*, etc. Après cette lecture, il reçut les remerciments du sérénissime roi des Romains pour ses bonnes et saintes résolutions ; il reçut également ceux des cardinaux, de monseigneur le patriarche, et de l'Université de Paris, et il décida qu'il tiendrait lui-même la session du lendemain, afin qu'elle se fît avec plus de solennité. Ce jour-là, il célébra la messe du Saint-Esprit dans la cathédrale. Après l'office, eurent lieu toutes les cérémonies ordinairement pratiquées dans les sessions des conciles.

Puis monseigneur le pape, étant assis dans sa chaire devant l'autel, et tourné vers l'assemblée, lut publiquement et à haute voix la cédule : *Moi, Jean*, etc. Et quand il en fut à cette clause : *Je promets, m'engage, fais vœu et jure à Dieu*, il s'agenouilla vers l'autel, et dit en mettant la main sur son cœur : *Oui, je le promets réellement*. Alors l'empereur se leva de son siége, le remercia au nom de tout le concile et au sien ; puis, fléchissant le genou, il déposa sa couronne et lui baisa le pied. Monseigneur le patriarche le remercia pareillement au nom des nations et de tout le concile. Puis les chantres entonnèrent à haute voix le *Te Deum*, et le procureur fiscal, Jean de Scribani, qui se trouvait là, demanda qu'il en fût dressé des instruments authentiques. Et sur cette cédule fut composée la bulle dont la teneur s'ensuit.

CAPITULUM XLVI.

« Johannes episcopus, servus servorum Dei, ad perpetuam
« rei memoriam.

« Pacis bonum, qua bonum felicitatis eterne melius, excel-
« lentissimum esse propheta demonstrat, quia Salvatorem ven-
« turum pacis principem appellavit; unde eciam in ejus ortu
« angelorum exercitus decantavit dicens : *In terra pax homini-*
« *bus bone voluntatis.* Sicuti autem de ipso Salvatore vox pro-
« phetica nunciarat, ita in ipso fuit postmodum adimpletum.
« Pacem enim docuit verbo pariter et exemplo, pacemque inter
« Deum et hominem proprio sanguine firmavit, se ipsum in ara
« crucis pro nobis offerens, ut ejus merito propiciatus Deus nos
« ad eterne pacis graciam restauraret, a quâ primi hominis pec-
« catum exul genus humanum effecerat. Que intra nostre mentis
« aciem revolventes, ac ejus Salvatoris, cujus vices, licet imme-
« riti, gerimus in terris, cupientes, quantum nobis ipsius gracia
« concessit, imitari vestigia, decrevimus omnes nostros cona-
« tus ad illa dirigere, per que integra pax et unio plena et per-
« fecta Ecclesie catholice reddi possit. Sane licet sacrum gene-
« rale consilium Pisanum christianitatem, diu antea scismatica
« labe divisam, pro maxima parte ad unitatem reduxit, tamen
« quia nonnulle reliquie pestiferi scismatis quibusdam in locis
« de facto remanserant, ut aliquando hec nephanda clades tota-
« liter et radicitus extirparetur, de consilio venerabilium fra-
« trum nostrorum sancte romane Ecclesie cardinalium, com-
« municato consilio cum carissimo filio nostro Sigismundo,
« Romanorum et Hungarie rege illustri, rursus generale consi-

CHAPITRE XLVI.

Suit la bulle faite au sujet de l'offre du pape.

« Jean, évêque, serviteur des serviteurs de Dieu, pour perpétuelle
« mémoire à la postérité.

« Le prophète nous montre que la paix est le plus grand des biens,
« en ce qu'il nous procure la félicité éternelle; c'est pourquoi il a
« appelé le Sauveur à venir prince de la paix, et à la naissance du
« Messie, l'armée des anges a chanté en son honneur : *Paix sur la
« terre aux hommes de bonne volonté.* Ce que la voix du prophète
« avait annoncé du Sauveur s'est en effet réalisé en lui. Il a enseigné
« la paix par sa parole et par son exemple; il a scellé de son sang
« la paix entre Dieu et l'homme, en s'offrant pour nous sur l'autel
« de la croix, afin que Dieu, apaisé par ses mérites, nous rétablît en
« la grâce de la paix éternelle, dont le péché du premier homme avait
« privé le genre humain. Considérant toutes ces choses en nous-
« même, et voulant, autant que sa grâce nous le permet, marcher
« sur les traces du Sauveur, dont nous tenons ici-bas la place, quoique
« indigne, nous avons résolu de travailler de tous nos efforts à ce qui
« pourra rétablir dans l'Église catholique une paix entière, une pleine
« et parfaite union. Le sacré concile général de Pise a déjà ramené en
« grande partie l'unité au sein de la chrétienté, long-temps divisée
« par le fléau du schisme. Toutefois, comme il subsiste encore en cer-
« tains lieux quelques restes de cet exécrable schisme, voulant que ce
« mal si funeste soit extirpé totalement et radicalement, nous avons,
« d'après le conseil de nos vénérables frères les cardinaux de la sainte
« Église romaine, et de concert avec notre très cher fils Sigismond,
« illustre roi des Romains et de Hongrie, convoqué de nouveau un
« concile général dans la ville de Constance, en la province de Mayence,
« et pris soin qu'il s'assemblât à une certaine époque déterminée.
« Puis, lorsque ladite époque est arrivée, bien que plusieurs affaires
« qui nous sont survenues exigeassent notre présence en Italie, nous

« lium in civitate Constanciensi provincie Maguntinensis certo
« tempore ad hoc deputato convocandum, continuandumque
« curavimus; ac postmodum veniente dicto tempore, licet multa
« noviter emergencia presenciam nostram in Italia flagitarent,
« tamen omnibus posthabitis, pro tanti boni prosequcione,
« una cum eisdem fratribus nostris, non sine magnis difficul-
« tatibus, ad ipsum locum pervenimus. Sperabamus autem,
« et nobis ipsis suadentibus, Petrum de Luna et Angelum
« Corrario, quos diligentissime et instantissime per ipsius
« regis nuncios et litteras convocatos et invitatos esse scieba-
« mus, pro danda christianitati pace, ad ipsum consilium esse
« venturos.

« Convenientibus igitur prelatis, assistenteque ipso filio nos-
« tro Sigismundo, Romanorum rege et Hungarie, necnon legatis
« multorum regum et principum, in multitudine copiosa, plu-
« ribus eciam principibus personaliter venientibus, et ambaxia-
« cionibus sive nunciis Universitatis Parisiensis, Aurelianen-
« sis, etc., cum prefati Petrus de Luna et Angelus Corrario nec
« per se venire nec per procuratores suos ad ipsum consilium,
« pro conclusione tanti boni, debite mittere curavissent, nos,
« ne preterea voluntas nostra in occulto lateret, sed tanti boni,
« quantum ad nos attinet, sequeretur effectus, licet universalem
« quasi obedienciam, et quasi omnia temporalia dominia ro-
« mane Ecclesie habeamus, tamen pro consequenda pace et
« unione Ecclesie, viam mutue cessionis, quam, omnibus con-
« sideratis, prompciorem, apciorem credimus, complere decre-
« vimus, confidentes indubie, quod quanto plura relinquimus,
« tanto majus apud Deum premium assequemur. Que omnia
« pie considerantes, in publica ipsius consilii sessione, post
« missam de Spiritu Sancto per nos sollempniter celebratam,

« avons sacrifié tous nos autres intérêts à la poursuite d'un si grand
« bien, et nous sommes venu audit lieu, non sans de grandes diffi-
« cultés, avec nosdits frères. Nous espérions que sur notre invitation
« Pierre de Luna et Ange Corrario, auxquels nous savions que ledit
« roi avait de son côté envoyé des lettres et des messages pour les
« convoquer, se rendraient audit concile pour donner la paix à la
« chrétienté.

« Lors donc que tous les prélats furent réunis, que notredit fils
« Sigismond, roi des Romains et de Hongrie, que les ambassadeurs
« d'un grand nombre de rois et de princes, et plusieurs princes même
« en personne furent arrivés, ainsi que les ambassadeurs ou députés
« des universités de Paris, d'Orléans, et autres, voyant que Pierre de
« Luna et Ange Corrario n'avaient pris la peine ni de venir eux-
« mêmes ni d'envoyer des représentants au concile pour la conclusion
« d'un si grand bien, et désirant d'ailleurs ne pas laisser de doute sur
« nos intentions, et réaliser, autant qu'il est en nous, ce bien tant
« souhaité, nous avons résolu, quoique nous ayons l'obédience pres-
« que universelle et presque tous les domaines temporels de l'Église
« romaine, de mettre à exécution, pour assurer la paix et l'union de
« l'Église, la voie de cession mutuelle, que nous regardons, tout
« bien considéré, comme la plus expéditive et la plus convenable,
« profondément convaincu que plus notre sacrifice est grand, plus
« Dieu nous en saura gré. C'est par ces pieux motifs que, dans la ses-
« sion publique de ce concile, après une messe solennelle du Saint-
« Esprit, que nous avons célébrée nous-même, nous avons offert la
« voie de cession avec l'assentiment dudit sacré concile, et l'offrons
« par la teneur des présentes en ces termes :

« ipso sacro approbante consilio, hanc viam cessionis obtuli-
« mus et presencium tenore offerimus in hiis verbis :

« *Ego Johannes papa vicesimus tercius, propter quietem populi christiani, profiteor, spondeo, promitto, juro et voveo Deo
et Ecclesie et huic sacro consilio, sponte et libere, dare pacem
ipsi Ecclesie per viam mee simplicis cessionis papatus, et eam
facere et adimplere cum effectu, juxta deliberacionem presentis
consilii, si et quando Petrus de Luna, Benedictus decimus tercius, et Angelus Corrario, Gregorius duodecimus in suis obedienciis nuncupati, papatui, quem pretendunt, per se vel procuratores suos legittimos similiter cedent, et eciam ei quocunque
casu cessionis vel decessus, aut alio in quo per meam cessionem
poterit dari unio Ecclesie Dei ad extirpacionem presentis scismatis. Quocirca universitatem vestram requirimus et hortamur
in Domino, quatinus pro confirmacione et implemento tanti boni
pias oraciones et preces Altissimo in cordium humilitate devocius effundatis, ut per summam graciam christianitas pacem
optatam, et Ecclesia integram recuperet unitatem. — Datum
Constancie, secundo nonas marcii, pontificatus nostri anno
quinto.* »

CAPITULUM XLVII.

De disconveniencia temporis.

Venti quatuor cardinales intemperiem ventosam indiferen-
tes ab exacta sacione autumpnali et ultra vernum subsequens,
non passi sunt quemquam lunacionum triduum dare lucidum.
Subsequenter ymo quasi continue ymbrem continuando prodi-
gum fluvios regni innavigabiles reddidit, ne merces, ligna ceteraque vite necessaria huc illucque deferrentur. Subjecta quoque
ripis longe dilatatis jam virencia germina radicitus evulserunt,

« *Moi, Jean XXIII, pape, pour le repos du peuple chrétien, proteste et déclare, promets, jure et fais vœu à Dieu, à l'Église et à ce sacré concile, de mon plein gré et sans contrainte, de donner la paix à ladite Église par voie de simple renonciation à la papauté, et de faire et accomplir réellement ladite renonciation, conformément à la délibération du présent concile, toutes les fois et quantes que Pierre de Luna, nommé Benoît XIII dans son obédience, et Ange Corrario, nommé Grégoire XII dans la sienne, renonceront pareillement par eux-mêmes ou par leurs procureurs légitimes à leur prétendue papauté, et même en quelque cas que ce soit de cession ou de décès, ou en tout autre cas auquel, par ma renonciation, je pourrais assurer l'union de l'Église de Dieu et l'extirpation du présent schisme. C'est pourquoi nous vous requérons tous tant que vous êtes, et vous prions en notre Seigneur d'adresser au Très-Haut, en toute dévotion et humilité de cœur, de pieuses oraisons et prières pour la confirmation et l'accomplissement d'un si grand bien, afin que, par sa grâce souveraine, la chrétienté recouvre la paix désirée, et l'Église son unité parfaite. — Donné à Constance, le 2 des nones de mars, la cinquième année de notre pontificat.* »

CHAPITRE XLVII.

Du mauvais temps.

Les quatre vents cardinaux ne cessèrent d'exciter d'affreuses tempêtes depuis la fin de l'automne jusqu'au printemps suivant, et même au delà; il n'y eut pas durant tout ce temps trois jours de clair de lune. Il tomba des pluies si continues et si abondantes, que la navigation fut suspendue sur toutes les rivières du royaume, et qu'il devint impossible d'opérer le transport des marchandises, des bois et autres choses nécessaires à la vie. Les eaux, en débordant au loin dans les champs, entraînèrent les semences qui commençaient à germer. Les

inde blada quedam seminatura, nec diu victui hominum, sed pocius corrosioni muscarum convertenda, in horreis sunt congesta. Cum tanta sollicitudine culte vites, liquorem dulcissimum administrare solite, vina cruda, indigesta et insipida protulerunt.

CAPITULUM XLVIII.

De recessu clandestino domini nostri pape, et de sessione generali post ejus recessum.

Quod autem dominus summus pontifex promiserat, minime studuit adimplere; sed cito post cunctis innotuit quod mens ejus scripturis non consonabat. Nam cum duce Austrie tractatum secretissimum habuit, et ut ejus auxilio clam educeretur ab urbe. Quo firmato, in festo sancti Benedicti clandestine hora suspecta et in dissimulato habitu locum peciit destinatum; quem et multi curiales, qui secreta noverant, sequti sunt.

Qui autem in consilio remanserant, mensis marcii supradicti vicesima sexta die, sessionem celebraverunt generalem, in qua presidebat dominus Petrus, cardinalis Cameracensis, tituli sancti Grisogoni, presbiter cardinalis, qui dixit[1], et in qua rex Romanorum habitu regali interfuit cum suis nobilibus prout decuit regiam majestatem; cui regi assistebat dominus Franciscus cardinalis Florentinus, dyaconus cardinalis Sanctorum Cosme et Damiani. In qua quidem sessione cantata fuit missa de Nostra Domina, fuit factum officium letaniarum cum introitu *Exaudi me, Domine, quoniam benigna est misericordia tua*, et collecta pro pace. Subsequenter dominus cardinalis Florentinus, juxta deliberacionem sancte synodi, pronunciavit

[1] Il y a ici omission du mot *missam*.

blés qu'on enferma dans les greniers se corrompirent et furent dévorés par les insectes, sans pouvoir servir à la nourriture des hommes.
La vigne, que l'on cultivait avec tant de soin et qui produisait ordinairement d'excellents vins, n'en donna que de crus, d'indigestes et
d'insipides.

CHAPITRE XLVIII.

Départ clandestin de monseigneur le pape. — De la session générale qui eut lieu
après son départ.

Cependant monseigneur le pape ne s'empressa guère d'accomplir
ses promesses, et l'on vit bientôt que ses intentions n'étaient pas d'accord avec ce qu'il avait écrit. Il conclut un pacte secret avec le duc
d'Autriche, pour que celui-ci l'aidât à s'échapper furtivement de la
ville. Après quoi, il s'enfuit le jour de la fête de Saint-Benoît à une
heure indue et sous un déguisement, et se rendit dans un endroit
convenu¹ ; il fut suivi de plusieurs officiers de sa cour, qui avaient été
mis dans la confidence.

Ceux qui étaient restés au concile tinrent néanmoins une session
générale le 26 dudit mois de mars, sous la présidence de monseigneur Pierre, cardinal de Cambrai, cardinal-prêtre du titre de Saint-
Chrysogone. Le roi des Romains y assista vêtu de ses habits royaux et
entouré des seigneurs de sa cour, comme il convenait à la majesté
royale. Il avait auprès de lui monseigneur François, cardinal de Florence, cardinal-diacre de Saint-Cosme et Saint-Damien. On chanta la
messe de Notre-Dame, et on récita les litanies avec l'introït *Exaudi
me, Domine, quoniam benigna est misericordia tua*, et la collecte
pour la paix. Ensuite, monseigneur le cardinal de Florence, conformément à la décision du saint synode, lut certains articles ou constitutions, qui sont extraits du livre du Pontificat, et dont on a inséré
plus bas la teneur, pour perpétuelle mémoire à la postérité : « Très saints
« prêtres, après avoir offert mes prières à Dieu, j'adresse à votre séré-

¹ A Schaffouse.

certos articulos sive constituciones, ad perpetuam rei memoriam, quarum tenores inferius sunt inserte, que sunt sumpte de libro pontificali, que sequntur : « Ecce, sanctissimi sacer-
« dotes, premissis Deo precibus, serenitatem vestram cum pia
« exhortacione convenio, et per divinum nomen obtestor ut ea
« que a nobis de Deo et de sacris ordinibus vel sanctis moribus
« vobis fuerint dicta, cum pietate suscipiatis et cum summa
« reverencia perficere intendatis. Quod si forsan aliquis ves-
« trum aliter quam dicta fuerint senserit, sine aliquo scrupulo
« contencionis in vestrorum omnium copulacione, et ipsa de
« quibus dubitaverit conferenda reducat, qualiter Deo auxi-
« liante aut doceri possit aut doceat. Deinde vos obtestacione
« obsecro ut nullus vestrum in judicando aut personam accipiat
« aut quomodolibet favore vel munere pulsatus a justo judicio
« scienter avertatur aut discedat, sed cum tota pietate quic-
« quid cetui nostro se judicandum intulerit pertractare curet,
« ut nec discordans contencio ad subversionem justicie inter
« nos locum inveniat, nec in perquirenda equitate vigor nostre
« ordinacionis vel sollicitudo tepescat. »

CAPITULUM XLIX.

Articuli hujus sessionis sequntur.

Qua exhortacione facta, dominus cardinalis Florentinus, secundum deliberacionem consilii, sic exorsus est:

« Ad honorem, laudem et gloriam sanctissime Trinitatis,
« Patris et Filii et Spiritus Sancti, pacemque in terris hominibus
« bone voluntatis divinitus in Dei Ecclesia consequendam,
« sancta synodus, sacrum generale Constanciense consilium
« nuncupata, pro unione ac reformacione Ecclesie Dei in

« nité une pieuse exhortation, et je vous supplie, au nom du Seigneur,
« d'accueillir avec piété ce que nous vous dirons de Dieu et des ordres
« sacrés ou des saintes coutumes, et d'avoir soin de l'exécuter avec
« un profond respect. Que si par hasard quelqu'un d'entre vous
« est d'un sentiment contraire à ce qui sera dit, qu'il soumette sans
« scrupule l'objet de ses doutes à votre assemblée générale, afin
« qu'avec l'aide de Dieu il puisse nous éclairer ou s'éclairer lui-même.
« Je vous conjure ensuite de ne faire aucune acception des personnes
« en jugeant, de ne point vous laisser détourner sciemment ni écarter
« du sentier de la justice, soit par la faveur soit par la séduction, mais
« de traiter avec une entière piété tout ce qui sera soumis au juge-
« ment de notre assemblée, afin que la discorde et les contestations
« ne viennent pas détruire la justice parmi nous, et que le zèle ou la
« sollicitude de notre ordre ne se refroidisse pas dans la recherche de
« l'équité. »

CHAPITRE XLIX.

Suivent les articles de cette session.

Après cette exhortation, monseigneur le cardinal de Florence prit
la parole, et s'exprima ainsi, conformément à la décision du concile :

« A l'honneur, louange et gloire de la très sainte Trinité, du Père,
« du Fils et du Saint-Esprit, et pour l'établissement dans l'Église de
« Dieu, par la grâce divine, de la paix sur la terre aux hommes de
« bonne volonté, ce saint synode, nommé le sacré concile général
« de Constance, dûment assemblé ici au nom du Saint-Esprit, afin
« d'assurer l'union et la réformation de l'Église de Dieu dans son chef

« capite et in membris fienda, et in Spiritu Sancto hic debite
« congregata, decernit, declarat, diffinit et ordinat quod se-
« quitur :

« Et primo, quod ipsa fuit et est recte et rite congregata ad
« hunc locum civitatis Constancie, et similiter recte et rite ini-
« ciata et celebrata.

« Item et quod per recessum domini pape de hoc loco Con-
« stancie vel eciam prelatorum seu aliorum quorumcunque
« non est dissolutum hoc sacrum consilium, sed remanet in sua
« integritate et auctoritate, eciam si que ordinaciones in con-
« trarium facte essent, vel fierent in futurum.

« Item, quod istud sacrum consilium non debet dissolvi, nec
« dissolvatur usque ad perfectam extirpacionem presentis scis-
« matis, et quousque Ecclesia sit reformata in fide et moribus,
« in capite et in membris.

« Item, quod ipsum sacrum consilium non transferatur ad
« alium locum, nisi ex causa racionabili, et de consilio consilii
« deliberanda et concludenda.

« Item, quod prelati et alii, qui debent interesse huic consilio
« non recedant ab hoc loco ante futurum consilium, nisi ex
« causa racionabili examinanda per deputatos seu deputandos
« ab hoc sacro consilio, qui causa examinata et approbata pos-
« sint recedere cum licencia ejus vel eorum qui habebit vel
« habebunt auctoritatem vel auctoritates. Et tunc recedentes
« teneantur dimittere potestatem suam aliis remanentibus, sub
« penis juris et aliis per hoc sacrum consilium inducendis et
« contra eos exequendis. »

Et super hoc Henricus de Piro, promotor et procurator,
nomine consilii et imperatoris, peciit fieri instrumenta.

« et dans ses membres, décide, prononce, arrête et ordonne ce qui
« suit :

« Premièrement, qu'il a été et qu'il est justement et régulièrement
« assemblé en cette ville de Constance, et semblablement qu'il a été
« et qu'il est ouvert et tenu justement et régulièrement.

« *Item*, que par le départ de monseigneur le pape dudit lieu de
« Constance, et par celui des prélats ou autres, quels qu'ils soient,
« ce sacré concile n'a pas été dissous, mais demeure dans son inté-
« grité et autorité, quelques ordonnances qui auraient été faites à
« l'encontre ou pourraient être faites à l'avenir.

« *Item*, que ce sacré concile ne doit pas être et ne sera pas dissous
« jusqu'à l'entière extirpation du présent schisme, et jusqu'à ce que
« l'Église ait été réformée dans la foi et dans les mœurs, en son chef
« et en ses membres.

« *Item*, que ledit sacré concile ne sera point transféré en un autre
« lieu, à moins de motifs raisonnables dont il aura été délibéré et
« décidé par ledit concile.

« *Item*, que les prélats et autres qui doivent assister à ce concile
« ne s'éloigneront pas de ce lieu avant le futur concile, à moins de
« motifs raisonnables, qui seront examinés par ceux qu'a délégués
« ou que déléguera ce sacré concile : lesquels motifs examinés et
« approuvés, ils pourront se retirer avec la permission de celui ou
« de ceux qui auront autorité à cet effet. Et alors en se retirant, ils
« seront tenus de remettre leurs pouvoirs à d'autres qui resteront,
« sous les peines de droit et autres qui seront portées par le sacré
« concile et devront être exécutées contre eux. »

Henri du Poirier, promoteur et procureur, demanda, au nom du
concile et de l'empereur, qu'il fût dressé de tout cela des instruments authentiques.

CAPITULUM L.

De secunda sessione generali.

Die sabbati tricesima et penultima martis, fuit sessio generalis in ecclesia cathedrali Constanciensi predicta, ante horam prandii, in qua fuerunt ducenti patres. Et fuit ibidem peractum officium de Spiritu Sancto, cujus officii missam celebravit dominus patriarcha Anthiochinus. In qua sessione fuit Romanorum rex in habitu regali, nec non reverendissimi patres domini Jordanus de Ursinis, Angelus Laudensis, Antonius Challanto, Antonius Aquilegensis, Amedeus Saluciarum, Ludovicus de Flisco, Guillelmus Sancti Marci, Alamannus Pisanus, Franciscus Florentinus, cardinales. Officio vero misse facto, legebantur letanie cum introitu *Exaudi nos, Domine,* et ejus collecta, etc. Quibus factis, statim dominus cardinalis Florentinus lègit quasdam constituciones servandas per consilium, quarum tenores sunt inserti inferius. Quibus lectis et approbatis per generalem synodum sive consilium, Henricus de Piro, procurator et syndicus nacionis Germanice, peciit sibi fieri nomine nacionum a notariis instrumenta; sic similiter procuratores aliarum nacionum, regis Romanorum, universitatum, studiorum et ambassiatorum, presentibus ibidem illustribus Frederico burgravio Nurenburgensi, Rodulfo duce Saxonie, comite Schartburg, magistro curie Romanorum regis, comite Bartoldo de Ursinis, ambassiatoribus regis Francie, Anglie, Polonie, Norwegie, Cyprie, necnon Navarre, necnon Johanne de Vicecomite de Mediolano, marchione Montis Ferrati [1], aliisque pluribus nobilibus et reverendis patribus.

[1] Var. : *Joanne Jacobo, filio marchionis Montis Ferrati.*

CHAPITRE L.

Seconde session générale.

Le samedi 30 mars, la seconde session générale se tint en ladite église cathédrale de Constance, avant l'heure du dîner. Deux cents pères y assistèrent. On célébra une messe du Saint-Esprit, et ce fut monseigneur le patriarche d'Antioche qui officia. A cette session étaient présents le roi des Romains vêtu de ses habits royaux, les révérends pères messeigneurs les cardinaux Jourdain des Ursins, Ange de Lodi, Antoine de Challant, Antoine d'Aquilée, Amédée de Saluces, Louis de Fieschi, Guillaume de Saint-Marc, Alaman de Pise, François de Florence. La messe dite, on chanta les litanies avec l'introït *Exaudi nos, Domine,* et la collecte pour la paix. Aussitôt après, monseigneur le cardinal de Florence lut certaines constitutions qui devaient être observées par le concile, et dont la teneur est rapportée ci-dessous. Lorsque cette lecture fut achevée, et que le synode général ou concile y eut donné son approbation, Henri du Poirier, procureur et syndic de la nation allemande, demanda, au nom des nations, qu'il en fût dressé des instruments par les notaires; les procureurs des autres nations, du roi des Romains, des universités, des écoles et des ambassadeurs firent la même demande. Étaient présents les illustres seigneurs Frédéric, burgrave de Nurenberg, Rodolphe, duc de Saxe, le comte de Schwartzbourg maître de la cour du roi des Romains, le comte Bertold des Ursins, les ambassadeurs des rois de France, d'Angleterre, de Pologne, de Norwège, de Chypre et de Navarre, Jean Visconti de Milan, le marquis de Montferrat [1], et plusieurs autres seigneurs et révérends pères.

[1] Le Religieux dit plus bas : *Le fils* du marquis de Montferrat. V. page 497.

Tenor vero dictarum constitucionum sequitur.

CAPITULUM LI.

Sequntur articuli hujus sessionis.

« In nomine sancte et individue Trinitatis, Patris et Filii et Spiritus Sancti, amen!

« Hec sancta synodus Constanciensis, generale consilium faciens, pro extirpacione presentis scismatis et unione ac reformacione Ecclesie Dei in capite et in membris fienda, ad laudem omnipotentis Dei in Spiritu congregata legittime, ad exequendum facilius, securius, uberius ac liberius unionem, statuit, declarat, diffinit, ut sequitur :

« Et primo, quod ipsa in Spiritu Sancto legittime congregata, generale consilium faciens, Ecclesiam catholicam militantem representans, potestatem a Christo immediate habet, cui quilibet, cujuscunque status vel dignitatis, eciam si papalis existat, obedire tenetur, in hiis que pertinent ad fidem et extirpacionem dicti scismatis.

« Item, quod dominus Johannes papa vicesimus tercius Romanam curiam et officia publica illius seu illorum officiarios de hac civitate Constanciensi ad alium locum non mittet[1] aut transferat, seu personas dictorum officiariorum ad sequendum eum directe vel indirecte cogat sine deliberacione et consensu ipsius sancte synodi, et hoc quo ad illos officiarios et illa officia, per quorum absenciam consilium verissimiliter dissolveretur vel lederetur. Et si contrarium fecisset, aut faceret in futurum, aut aliquos processus, seu mandata contra dictos officiarios

[1] Var. : mutet.

Suit la teneur desdites constitutions. •

CHAPITRE LI.

Suivent les articles de cette session.

« Au nom de la sainte et indivisible Trinité, du Père, du Fils et du « Saint-Esprit, ainsi soit-il !

« Ce saint synode de Constance, formant un concile général, et légitimement assemblé au nom du Saint-Esprit, à la gloire du Tout-Puissant, pour l'extirpation du présent schisme, pour l'union et la réformation de l'Église de Dieu dans son chef et dans ses membres, afin d'accomplir ladite union plus facilement, plus sûrement, plus amplement et plus librement, statue, déclare et arrête ce qui suit :

« Premièrement, qu'étant légitimement assemblé au nom du Saint-Esprit, formant un concile général et représentant l'Église catholique militante, il tient immédiatement de Jésus-Christ une puissance à laquelle chacun est tenu d'obéir, de quelque qualité ou dignité qu'il soit, même papale, en ce qui touche à la foi et à l'extirpation dudit schisme.

« *Item*, que monseigneur le pape Jean XXIII ne pourra envoyer ni transférer de cette ville de Constance en un autre lieu la cour romaine, ni les offices publics, ni les officiers d'icelle; qu'il ne pourra contraindre ni directement ni indirectement les personnes desdits officiers à le suivre, sans l'avis et le consentement dudit saint synode, et ce quant aux officiers et aux offices dont l'absence ou la privation pourrait, selon toute apparence, dissoudre ou entraver le concile; et que, s'il avait fait le contraire, ou s'il le faisait à l'avenir, s'il se permettait quelques procédures ou mandements contre lesdits officiers ou autres, quels qu'ils soient, adhérant au sacré concile, s'il avait fulminé ou fulminait quelques censures ecclésiastiques ou autres peines quelconques pour les contraindre à le suivre, tout cela sera

aut alios quoscunque huic sacro consilio adherentes, eciam
censuras ecclesiasticas aut alias penas quascunque continentes,
ut ipsum sequantur, fulminasset, fulminaret vel fulminaverit,
totum sit irritum et inane, nec eisdem processibus, censuris
et penis tanquam irritis et inanibus quomodolibet obediendum
fore. Et ea et eos irritat; quin ymo officiarii in dicta civitate
Constanciensi suis officiis utantur et illa exerceant libere ut
prius, quamdiu ipsa sancta synodus in ipsa civitate celebrabitur.

« Item, quod omnes et singule translaciones prelatorum, necnon et privaciones eorumdem aut aliorum beneficiatorum quorumcunque, commendarum ac donacionum revocaciones, moniciones, censure ecclesiastice, processus, sentencie, acta et
gesta, gerenda, agenda et fienda per prefatum dominum nostrum aut suos officiarios vel commissarios in lesionem consilii,
seu adherencium eidem, aut in ipsorum prejudicium seu alicujus eorumdem quomodolibet, ipsis invitis facta aut facienda,
facte vel faciende, ipso jure sint cassa, irritaet inania, casse,
irrite et inanes ac nullius roboris vel momenti, et sua auctoritate cassat, irritat et anullat.

« Item, pro bono unionis non creentur novi cardinales, et ne
fraude vel dolo dicantur facti dudum cardinales aliqui, declarat
sacrum consilium pro non cardinalibus haberi, qui non erant
cardinales publice reputati et tenti tempore recessus ejusdem
domini pape a civitate Constanciensi.

« Item, placet reverendissimis paternitatibus nostris, quod
quelibet nacio habeat eligere tres deputatos, qui vel eorum duo
habeant cognoscere de causis recedere volencium, atque habeant
potestatem referendi presidenti qui erit pro tempore; qui presidens habebit auctoritatem dandi licenciam, secundum casus

nul et de nul effet; et l'on ne devra obéir en aucune façon auxdites procédures, censures et peines, comme étant nulles et de nul effet. Et comme telles, le concile les casse et annulle, et décide même que lesdits officiers joniront de leurs offices dans ladite ville de Constance et qu'ils les exerceront librement, tant que ledit saint synode s'y tiendra.

« *Item*, que toutes et chacune des translations de prélats, toutes dépositions desdits personnages ou autres bénéficiers, quels qu'ils soient, toutes révocations de commandes et de donations, toutes réprimandes, censures ecclésiastiques, procédures, sentences et actions faites et à faire par notredit seigneur, ou par ses officiers ou commissaires, au détriment du concile ou de ses adhérents, ou au préjudice d'iceux ou de quelqu'un d'eux, seront nulles et de nul effet, sans force ni valeur, et comme telles, le concile les casse, annulle et anéantit de son autorité.

« *Item*, que, pour le bien de l'union, il ne sera pas créé de nouveaux cardinaux, et afin que, par fraude ou par ruse, on ne suppose pas qu'il en a été nommé récemment, le sacré concile déclare qu'on ne tiendra pas pour cardinaux ceux qui n'étaient pas cardinaux publiquement désignés et reconnus pour tels au moment du départ dudit seigneur pape de la ville de Constance.

« *Item*, il plaît à nos révérendissimes paternités que chaque nation choisisse trois députés, qui seront appelés simultanément, ou au moins deux à la fois, à connaître des motifs de ceux qui voudront s'éloigner, et qui auront pouvoir d'en référer à celui qui sera président pour le moment; lequel président, chargé d'autoriser les

exigenciam, procurans dimittendos, ac penas infligere receden-
tibus licencia non obtenta. »

Eadem die, in presencia assistencium in consilio, jussu regis
Romanorum, dominus Reginaldus de Carnoto, archiepiscopus
Remensis, confessus est se attulisse litteram creditivam de
domino Johanne papa, jussusque dicere quod placeret, dixit
qualiter ipse papa recessisset de civitate Constanciensi solum
propter aerem sibi inconvenientem, non propter aliquam impressionem, vim, metum aut timorem sibi illatos vel inferendos
per ipsum dominum regem neque suos et alias, prout dixit,
constare apud acta mei notarii; modo autem idem papa haberet
scribere dominis cardinalibus hic existentibus contrarium,
videlicet quod propter timorem ipsius domini regis et aliorum
dominorum suorum. Et ad finem quod omnis homo scire posset
verba tunc proposita per dominum archiepiscopum Remensem
nomine pape, supplicavit ipsi domino archiepiscopo ut referret
ambassiatam suam tunc ipsi regi nomine pape factam.

Qui tunc dixit quod nuper, post recessum pape, ipse mitte-
batur per ambassiatores domini regis Francorum, suos collegas, ad oppidum Scaffusem, *in quo reperiebat papam in vigilia
Palmarum, referens et exponens sibi legationem injunctam.
Cui papa dixit quod non adhuc recederet, cum aliqua sibi vellet
committere relativa carissimo filio suo regi Romanorum et aliis
Constantiæ existentibus, et, si in casu quo ipsemet non com-
mitteret sibi, tunc faceret sibi dici per dominum cardinalem de
Chalanto, qui ibidem similiter existebat, quod dicere deberet
regi et aliis Constantiæ existentibus; ipseque dominus Reginaldus archiepiscopus ivit ad certam cameram, ibidem pausando;
et post ejus dormitionem, venit ad eum dominus de Chalanto,
Antonius cardinalis, et injunxit sibi certa quæ deberet referre*

départs, aura pouvoir d'accorder des congés, suivant l'exigence du cas, et d'infliger des peines à ceux qui partiraient sans permission. »

Le même jour, en présence de ceux qui assistaient au concile, et par ordre du roi des Romains, monseigneur Renaud de Chartres, archevêque de Reims, déclara qu'il avait apporté une lettre de créance de monseigneur le pape Jean. Ayant été invité à exposer ce qu'il avait à dire, il raconta comment ledit pape lui avait assuré avoir témoigné par acte passé devant un sien notaire, que, s'il avait quitté la ville de Constance, c'était seulement en raison du climat, qui lui était contraire, et non par suite d'aucune violence, mauvais traitement, crainte ou terreur, qu'il eût éprouvés ou qu'il pensât pouvoir éprouver de la part de monseigneur le roi ou de ses gens, ou autrement; mais que bientôt ledit pape pourrait bien écrire le contraire à messeigneurs les cardinaux là présents, savoir qu'il avait cédé à la crainte que lui inspiraient monseigneur le roi et les autres seigneurs. Et afin que personne n'ignorât ce qui avait été dit au nom du pape par monseigneur l'archevêque de Reims, le roi pria ledit seigneur archevêque d'exposer tout au long la mission dont il avait été chargé auprès du roi par le pape.

Le prélat raconta alors qu'aussitôt après le départ du pape, il avait été envoyé par les ambassadeurs de monseigneur le roi de France, ses collègues, à Schaffouse; qu'il y avait trouvé le souverain pontife, la veille du jour des Rameaux, et qu'il lui avait fait connaître l'objet de sa mission; que le pape l'avait prié de ne pas repartir sur-le-champ, parce qu'il avait certaines choses à lui communiquer relativement à son très cher fils le roi des Romains et aux autres personnes qui étaient à Constance, ajoutant que, dans le cas où il ne pourrait pas les lui communiquer lui-même, il lui ferait savoir par monseigneur le cardinal de Challant, qui se trouvait là également, ce qu'il devrait dire au roi et aux autres personnes qui étaient à Constance; qu'alors ledit seigneur Renaud s'était retiré dans sa chambre pour prendre quelque repos; que, lorsqu'il avait été éveillé, monseigneur le cardinal Antoine de Challant était venu le trouver, lui avait fait connaître ce qu'il devait dire de la part du pape à monseigneur le

domino regi et aliis Constantiæ existentibus, nomine papæ, dans sibi quatuor brevia; quorum unum domino regi, aliud cardinalibus, tertium ambassiatoribus regis Franciæ, et quartum ambassiatoribus Universitatis studii Parisiensis; receptisque per eum hujusmodi brevibus et informationibus a dicto domino cardinali de Chalanto, nomine papæ, recessit de Scaphusen, rediens ad Constantiensem civitatem; ascendensque palatium papale, reperit ibidem serenissimum principem regem Romanorum sæpedictum cum dominis cardinalibus eumque ambassiatoribus regis Francorum, ambassiatoribus studii Parisiensis, et aliis deputatis nationum, porrigens ibidem brevia sibi commissa, et præsertim breve directum Romanorum regi; quo viso et lecto, ipse, de mandato domini papæ et ejus jussu, dixit qualiter dominus noster papa [1] non de Constancia recessisset per vim, timorem, nec impressionem, sive aliquam causam quam posset imponere domino regi neque suis, sed propter sanitatem corporis, offerebatque se impleturum omnia que promisisset in consilio Constanciensi, et quod diligebat ipsum regem, libenterque vellet secum convenire, si contingeret ipsum ire Niciam ad Petrum de Luna et secum conferre de modo unionis et reformacionis Ecclesie; et si aliqui dicerent contrarium vel scriberent, non eis crederetur; addidit tamen cardinalis quod papa injunxisset sibi dicere, quod non propter impressionem domini regis precise, sed bene ob timorem aliquorum nobilium de curia sua de quibus ipse timebat.

Super quibus serenissimus rex peciit sibi fieri instrumenta; similiter ambassiatores regis Francorum nomine archiepiscopi

---

[1] Nous avons emprunté à la Collection des conciles tout ce qui est imprimé en caractères italiques, ce passage manquant en grande partie ou étant complétement dénaturé dans le n° 5958.

roi et aux autres personnes qui étaient à Constance, et lui avait
remis quatre brefs, dont l'un était pour monseigneur le roi, un autre
pour les cardinaux, le troisième pour les ambassadeurs du roi de
France, le quatrième pour les ambassadeurs de l'Université de Paris ;
qu'après avoir ainsi reçu de monseigneur le cardinal de Challant les
brefs et les instructions du pape, il était parti de Schaffouse et retourné à Constance ; qu'étant monté au palais pontifical, il y avait
trouvé ledit sérénissime prince roi des Romains avec messeigneurs
les cardinaux, les ambassadeurs du roi de France, les ambassadeurs
de l'Université de Paris et les autres députés des nations, et leur avait
présenté les brefs qui lui avaient été remis, et entre autres le bref
adressé au roi des Romains ; que lorsqu'on avait eu pris connaissance
de ce bref, il avait déclaré, conformément aux instructions qu'il
avait reçues du pape et sur l'ordre dudit roi, que si ledit seigneur pape
avait quitté Constance, ce n'était ni par suite de violence, de crainte
ou de mauvais traitement, ni par un motif quelconque qu'il pût imputer à monseigneur le roi ou aux siens, mais par raison de santé, et
qu'il offrait de remplir tous les engagements qu'il avait pris au concile de Constance ; qu'il aimait ledit roi et s'aboucherait volontiers
avec lui, s'il avait occasion d'aller à Nice auprès de Pierre de Luna,
et qu'il conférerait avec lui sur les moyens d'assurer l'union et la
réformation de l'Église, et que si l'on disait ou écrivait le contraire,
il ne fallait pas y croire ; que toutefois le cardinal avait ajouté que le
pape lui avait enjoint de dire que ce n'était pas précisément par suite
de violence de la part de monseigneur le roi, mais bien par la
crainte qu'il avait de quelques seigneurs de sa cour.

De quoi le sérénissime roi demanda qu'il lui fût délivré des
instruments publics. Les ambassadeurs du roi de France firent la
même demande au nom de l'archevêque de Reims, ainsi que maître Benoît Gentien, savant docteur en théologie de l'abbaye de

Remensis, et magister Benedictus Genciani, doctor in sacra pagina excellentissimus, Sancti Dyonisii in Francia, de Universitate Parisiensi, presentibus ibidem ambassiatoribus Suecie et Polonie, filio marchionis Montis Ferrati, Johanne de Vicecomitibus de Mediolano, Rodolfo duce Saxonie, aliisque ambassiatoribus et prelatis in numero copioso.

Saint-Denys en France, représentant l'Université de Paris. Étaient présents les ambassadeurs de Suède et de Pologne, le fils du marquis de Montferrat, Jean Visconti de Milan, Rodolphe duc de Saxe, et un grand nombre d'autres ambassadeurs et prélats.

CHRONICORUM
KAROLI SEXTI

LIBER TRICESIMUS SEXTUS.

Anni Domini ᴍᴄᴄᴄᴄxᴠ.
{ Pontificum ᴠ,
Imperatorum ᴠ,
Francorum xxxᴠɪ,
Anglorum ɪɪɪ,
Sicilie ɪ, Jacobus.

CAPITULUM I.

Qualiter regi Francie rex Anglie litteris persuasit ut pacem simul haberent.

Anni Domini
ᴍᴄᴄᴄᴄxᴠ.

Rᴇɢɴɪᴄᴏʟᴀʀᴜᴍ noticie scribens gesta anni presentis memoranda, ipsa non minoribus tribulacionibus agitata quam precedencia dicam. Nam longe lateque per regnum fama vento velocius, nec a vero tamen dissenciens, regem Anglie Henricum a regnicolis, quietis impacientibus more suo, excitatum referebat, ut abjecta desidia, more quorumdam progenitorum suorum, ad recuperacionem regni Francie totis viribus anhelaret. Ex illo sinu marino, orbis fere extremo angulo, nullum predecessorum quidem ferunt tantas copias militares vallidioremque sagittariorum manum alias contraxisse, quibus et Portugalenses Walensesque auxiliares sibi tunc confederatos junxit. Ex Hanonia eciam, Hollandia et vicinis littoribus congregavit navigium copiosum. Dum sollicitus aptaret bellicum apparatum, ut superius scriptum est, sollempnes suos nuncios in

CHRONIQUE

DE CHARLES VI.

LIVRE TRENTE-SIXIÈME.

An du Seigneur 1415 [1].
{
5e année du règne du pape,
5e ——————— de l'empereur,
36e ——————— du roi de France,
3e ——————— du roi d'Angleterre,
1re ——————— du roi de Sicile, Jacques
}

CHAPITRE Ier.

Le roi d'Angleterre écrit au roi de France pour l'engager à faire la paix.

EN commençant le récit des événements de la présente année, je
dois dire qu'elle ne fut pas moins féconde que les précédentes en
troubles et en malheurs. La renommée, plus rapide que le vent,
répandit d'abord dans tout le royaume la nouvelle, hélas trop fondée,
que le roi d'Angleterre Henri, poussé à la guerre par l'ardeur impa-
tiente de ses sujets, était sorti de son repos et se disposait à faire
valoir les armes à la main les prétentions de ses prédécesseurs sur la
couronne de France. Jamais aucun prince avant lui n'avait, dit-on,
emmené de ce repaire maritime, situé à l'extrémité du monde, une
armée aussi redoutable ni un corps aussi nombreux d'archers. Il y
joignit encore, comme auxiliaires, des Portugais et des Gallois, alors
ses alliés. Il rassembla aussi une flotte considérable du Hainaut, de
la Hollande et des pays voisins. Tout en s'occupant de ces préparatifs de guerre, il avait envoyé ses ambassadeurs en France, comme

An du Seigneur 1415.

---

[1] L'année 1415 commença le 31 mars.

Franciam destinaverat, et in absencia regis ad ducem Biturie, qui justiciam poscerent super restitucione regni, sibi et successoribus suis debiti ab antiquo, utque filia regis domina Katerina sibi connubio jungeretur, et super oblacionibus sibi factis et responsis alios remiserat, qui scirent si que dux obtulerat de mente regis procederent. Quos et rex remittens, spopondit suos ambassiatores sibi destinare, et sic in hiis legacionibus tempus usque ad duodecimum diem apprilis rex exegit. Sic redeuntes nuncii, regi suo votum regis Francie retulerunt; quia tamen, ipsorum judicio, tardius justo quod promiserat complebat, nunciorum accelerare adventum dominum ducem Biturie litteris monuerunt. Ipse vero rex Anglie, per principalem suum armorum preconem, cognominatum Dorsete, litteras regi Karolo misit, que proloquta fuerant continentes, et exhortantes ad pacem et concordiam mutuam sub hac forma :

« Serenissimo principi Karolo Dei gracia, carissimo consan-
« guineo nostro Francie, Henricus eadem gracia rex Anglie et
« Francie, salutem et pacem fieri in diebus nostris.

« Serenissime princeps, consanguinee carissime, gloria nos-
« tra hec est, testimonium consciencie nostre quod a diebus
« hiis quibus corona potimur et insigniis regalie, pacis avidi,
« ob illius reverenciam qui pacis est auctor, fervido spiritu
« et tota mente fecimus ut inter nos et regna pax fieret, per
« quam exularet illa divisio flebilis, ex qua tot sequta sunt
« incommoda corporum et infelix ortum habuit naufragium
« animarum; unde vicibus variis et nuperrime nuncios nostros
« in et pro hac felicissima causa pacis serenitati vestre transmi-
« simus, per quos eidem apperiri fecimus intencionem nostram,
« tam in negocio justicie, per quod nobis et successoribus nos-

on l'a vu plus haut. En l'absence du roi, ceux-ci s'étaient adressés au duc de Berri, pour demander qu'on fît droit aux réclamations de leur maître, en lui restituant le royaume qui lui appartenait depuis long-temps, à lui et à ses successeurs, et qu'on lui accordât en mariage madame Catherine, fille du roi. Sur certaines offres et réponses qui lui avaient été faites par le duc de Berri, il avait, quelque temps après, renvoyé une nouvelle ambassade pour savoir si le roi y donnait son adhésion, et le roi, en la congédiant, avait promis de députer à son tour des ambassadeurs en Angleterre. Le temps s'était écoulé ainsi en pourparlers jusqu'au 12 avril. Les envoyés anglais, étant de retour, firent part à leur maître de la promesse du roi de France; mais, trouvant que l'exécution s'en faisait trop attendre, ils écrivirent au duc de Berri pour le prier de hâter l'envoi des ambassadeurs. Le roi d'Angleterre, de son côté, fit porter au roi Charles par son principal héraut d'armes, nommé Dorset, une lettre dans laquelle il rappelait les pourparlers qui avaient eu lieu, et l'exhortait à la paix et à l'union. Ce message était ainsi conçu :

« Au sérénissime prince Charles, par la grâce de Dieu notre très
« cher cousin de France, Henri, par la même grâce roi d'Angleterre
« et de France, salut, et puisse la paix se faire sous notre règne!

« Sérénissime prince et très cher cousin, nous nous faisons gloire
« de ce que notre conscience nous rend le témoignage que, depuis
« le jour où nous avons pris possession du trône et revêtu les insignes
« de la royauté, nous avons été animé d'un vif amour pour la paix,
« par respect pour celui qui est l'auteur de toute paix, et nous avons
« travaillé avec ardeur et de toutes nos forces à établir l'union entre
« nous et nos peuples, et à faire disparaître ces divisions déplorables
« qui ont occasionné tant de désastres et causé le naufrage et la perte
« de tant d'âmes. C'est pourquoi nous avons à plusieurs reprises et
« dernièrement encore envoyé nos ambassadeurs à votre sérénité pour
« et touchant cette importante affaire de la paix, afin de vous faire
« connaître nos intentions, tant en ce qui concerne la justice des
« droits que nous réclamons pour nous et nos successeurs, droits

« tris fieret restitucio jurium, nobis et corone nostre ab antiquo,
« ut sic loquamur, seculis subtractorum, quam in negocio affi-
« nitatis et renovacionis parentele federisque conjugalis inter
« nos in eventu et carissimam consanguineam nostram, filiam
« vestram, inclitam Katerinam, si requisita concurrent, Deo
« duce, ineundi. Qui quidem ambassiatores et nuncii nostri, sub
« protestacionibus cause tante necessariis, nomine nostro, varia
« pecierunt, et talia conclusive, de quibus ea solum, Deo teste,
« de causa contentamur, quod de tanto bono pacis conten-
« tari debere non ambigimus ipsum Deum. Nam et si domi-
« norum regni nostri Anglie sana discrecio, sine qua et facta
« nostra in arduis inconsulti non prolabimur, intencioni nostre
« benigne tacens faveat in hac causa, non fit causa tamen,
« attento de consciencia et de jure quid debetur, de tam mo-
« dico contentari nobis *publica judicari consultrix* [1]. Super
« quibus peticionibus certa pro parte vestra processit oblacio,
« que sub sigillo vestro scripta, una cum dictorum ambaxia-
« torum nostrorum relatu fido, auttentica nobis insinuacione
« devenit, ex qua concepimus quod, quia oblacionibus hujus-
« modi in hac parte consentire, nec de peticionibus per nos
« conclusive factis diminuendo detrahere, nobis inconsultis,
« nuncii nostri iidem non audebant, habet, ut scripsisti, menti
« vestra serenitas, inde cito versus nos ambassiatam vestram
« sollempnem mittere, que in utraque materia, tam justicie
« quam affinitatis, una nobiscum communicare plenius, et nota-
« bilia et specialia varia, dictas materias concernencia, debeat
« declarare. Sed, de quo miramur, nec dum nobis de adventu
« ambaxiatorum vestro titulo, nec de nominibus eciam inno-
« tuit mittendorum, maxime cum inter nos treuge prorogate

' Ces trois mots n'offrent aucun sens. Le texte est évidemment altéré dans ce passage.

« qui ont été soustraits, pour ainsi dire, depuis plusieurs siècles à
« nous et à notre couronne, qu'en ce qui a rapport aux moyens de
« resserrer notre alliance et notre parenté par le mariage que nous
« désirons contracter, Dieu aidant, si vous y consentez, avec notre
« très chère cousine, l'illustre Catherine, votre fille. Nosdits ambas-
« sadeurs et députés, après les protestations requises dans une affaire
« de cette gravité, vous ont fait en notre nom diverses propositions,
« et ont posé pour conclusion des conditions telles que, si nous nous
« en contentons, c'est uniquement, le ciel nous en est témoin, parce
« que nous ne doutons point que Dieu lui-même ne le désire pour le bien
« si précieux de la paix. Car, quoique les seigneurs de notre royaume
« d'Angleterre, aux lumières et à la sagesse desquels nous avons re-
« cours dans toutes les affaires difficiles, approuvent tacitement nos
« intentions en cette circonstance, ce n'est pas une raison toute-
« fois pour nous contenter de si peu, vu ce qui nous est dû en con-
« science et en droit. Vous avez répondu à ces propositions par cer-
« taines offres qui nous ont été remises par écrit, scellées de votre
« sceau, et que nosdits ambassadeurs nous ont fidèlement rapportées
« de vive voix. Nous avons reconnu par là que, comme nos ambas-
« sadeurs n'osaient prendre sur eux d'acquiescer à ces offres sans
« nous avoir consulté, ni rien rabattre des demandes que nous
« avions faites, votre sérénité a l'intention, ainsi qu'elle nous le
« mandé, de nous envoyer une ambassade solennelle pour s'entendre
« plus au long avec nous sur les deux questions de droit et d'alliance,
« et pour traiter des divers points principaux et particuliers qui y
« sont relatifs. Mais nous nous étonnons de n'avoir encore aucune
« nouvelle de l'arrivée de cette ambassade, et de ne pas même con-
« naître les noms de ceux qui doivent la composer, d'autant plus que
« le terme de la trêve conclue entre nous est près d'expirer, et qu'il
« nous faudra veiller alors aux intérêts de nos sujets et au salut
« public, selon ce que nous devons à la justice et à nos serments. Si
« donc votre sérénité pense sérieusement à donner suite aux négocia-
« tions commencées, nous la prions de faire partir sans délai ses
« ambassadeurs, afin que nous menions à bonne fin, pendant qu'il en

« de presenti citissime prolabentur, et tunc subditorum nos-
« trorum tuicioni et saluti publice nos opportebit insistere ex
« debito justicie et vinculo sacramenti. Unde si firme penset
« vestra serenitas inchoati tractatus ulterius seriem prosequi,
« veniant celeriter, quesumus, nuncii vestri, ut, dum tempus
« est, operemur bonum, et ut feliciter in tam universalis boni
« merito concludatur. Et nos pro parte nostra zelo tanto in hac
« causa pacis ducimur et ducemur, quod Deus ipse sciet et mun-
« dus intelliget universus, quanto in intencione nostra privato
« bonum preferatur publicum, et quanta sit anime nostre nau-
« sea sanguinis effusio christiani. Nec per nos stabit quin inter
« regna, que perpetua sunt, nos et successores nostros, ad
« ipsius Dei laudem, cunctis desiderata gentibus pax sequatur.
« Et quia, sive augeantur pax et imperia diebus nostris, sive,
« quod absit, dissolvantur, ille a nobis racionem exiget, qui
« tuenda nobis imperia tanta commisit, pastorum Loth et Abra-
« ham, qui propter avariciam rixabantur, viles non conten-
« damus fieri successores, sed, relatu congruo, diminucioni
« nostre, que tanta est, augmentacio pro parte vestra justa res-
« pondebit. Nam nec dominandi in nobis libido preceps, nec
« ad guerras consulencium insolens suasio aut alieni juris vio-
« lenta detencio consciencias nostras aut animas liberabit,
« quin soli nos, aut nostrum ille per quem hujus cause steterit
« impedita conclusio, simus reddituri villicacionis nostre racio-
« nem et specifice responsuri cur in vacuum graciam Dei rece-
« perimus, dum non consummat hec etas nostra tanti boni
« meritum, quod temporibus nostris arcana divini dispensacio
« consilii reservavit. — Datum sub signeto nostro Westmonas-
« terii, mensis apprilis die septima. »

« est temps encore, une affaire d'où dépend la félicité générale. Quant
« à nous, nous désirons si ardemment la conclusion de cette paix, et
« nous nous y emploierons avec tant de zèle, que Dieu lui-mème sera
« témoin et que tout le monde reconnaîtra combien nous préférons en
« cette circonstance le bien public à notre intérêt particulier, et com-
« bien nous détestons du fond de notre cœur l'effusion du sang chré-
« tien. Il ne tiendra pas à nous que cette paix, tant souhaitée de
« toutes les nations, ne s'établisse à la gloire de Dieu, entre nos
« deux royaumes, qui doivent durer après nous, ainsi qu'entre nous
« et nos successeurs. Soit que la prospérité de nos états s'accroisse
« avec la paix sous notre règne, soit que notre puissance, ce qu'à
« Dieu ne plaise! vienne à se dissoudre, nous aurons un jour à rendre
« compte de notre conduite à celui qui nous a confié le gouverne-
« ment de si grands royaumes. Ne cherchons pas à devenir les vils
« successeurs des pasteurs de Loth et d'Abraham, parmi lesquels
« l'avarice jeta la discorde; mais que, par un juste retour, il nous
« soit donné de votre part une satisfaction proportionnée aux pertes
« considérables que nous avons souffertes. Car ni la passion aveugle
« du pouvoir, ni les perfides conseils des ennemis de la paix, ni le
« désir d'usurper avec violence les biens d'autrui, n'étoufferont la voix
« de nos consciences, et ne nous feront oublier que nous seuls, ou
« celui de nous qui aura empêché la conclusion de la paix, nous
« aurons à rendre compte de notre administration, et particulière-
« ment à répondre devant Dieu de ce que nous avons si mal profité
« de sa grâce, en faisant perdre à nos peuples les avantages d'un si
« grand bienfait, dont les desseins secrets de la Providence avaient
« réservé l'accomplissement à notre règne. — Donné sous notre sceau,
« en notre palais de Westminster, le septième jour du mois d'avril. »

CAPITULUM II.

Regi Francie iterum concordiam mutuam rex Anglie persuasit.

Quam ardenti desiderio ipsam pacem rex Francie affectabat, litteris manifestavit gallicis decima sexta die apprilis suo
sigillo sigillatis. Et inde, per consilium suorum illustrium, insignes utique viros et oratores famosos, Bituricensem archiepiscopum, episcopum Luxoviensem, comitem Vindocini, domus
regie magistrum, baronem de Yvriaco, dominum de Braquemont, secretariumque sollempniorem regium, magistrum
Gonterum Colli, illuc mittere ordinavit. Premisit et qui cedulam singulorum nomina et formam salvi conductus continentem regi Anglie offerret; quem conductum libenti animo per
Hyllande, preconem triumphorum suorum principalem, non
modo libenter misit, sed et litteras, sicut prius, monitorias ad
pacem, quarum tenorem ad venustatem hystorie hic inserere
dignum duxi.

« Serenissimo principi Karolo, Dei gracia, carissimo cognato
« nostro Francie, Henricus eadem gracia rex Anglie et Francie
« salutem, et dirigere pedes nostros in viam pacis.

« Serenissime princeps, consanguinee carissime, vidimus lit-
« teras illustrissimi principis avunculi vestri carissimi ducis Bi-
« turie, per quas concepimus intencionem vestram de mittendo
« nobis in brevi ambaxiatam vestram sollempnem pro bono pa-
« cis, in quo, ad Dei laudem, quesumus, feliciter concludatur,
« et inspeximus copiam quamdam salvi conductus pro eisdem
« ambassiatoribus vestris, in qua continentur nomina mitten-
« dorum, cum termino ad quem vellent salvi conductus hujus-
« modi litteras prolongari. De numero satis placet personarum;

CHAPITRE II.

Le roi d'Angleterre fait de nouveaux efforts pour déterminer le roi de France
à la paix.

Le roi de France ne désirait pas moins ardemment la paix ; il le témoigna par la réponse qu'il fit en français, sous la date du 16 avril, et qui fut scellée de son sceau. Puis, d'après le conseil des grands de sa cour, il résolut d'envoyer en Angleterre une ambassade composée des personnages les plus considérables et des plus fameux orateurs du royaume, savoir : l'archevêque de Bourges, l'évêque de Lisieux, le comte de Vendôme, grand-maître de la maison du roi, le baron d'Ivry, messire de Braquemont, et maître Gontier Col, son principal secrétaire. Il fit transmettre préalablement au roi d'Angleterre une cédule contenant les noms de chacun de ces ambassadeurs et le modèle du sauf-conduit qu'il désirait pour eux. Le monarque anglais envoya avec empressement ce sauf-conduit par Hylland, son principal héraut d'armes, et y joignit une seconde lettre, par laquelle il exhortait de nouveau le roi de France à la paix, et que j'ai cru devoir insérer ici comme un document précieux pour l'histoire.

« Au sérénissime prince Charles, par la grâce de Dieu, notre très
« cher cousin de France, Henri, par la même grâce, roi d'Angleterre
« et de France, salut, et puissions-nous diriger nos pas dans la voie
« de la paix !

« Sérénissime prince et très cher cousin, nous avons vu les lettres
« du très illustre prince, votre oncle bien aimé, le duc de Berri, par
« lesquelles nous avons appris l'intention où vous êtes de nous envoyer
« bientôt une solennelle ambassade pour le bien de la paix, et nous
« souhaitons que cette affaire soit heureusement terminée à la gloire
« de Dieu. Nous avons vu aussi la copie du sauf-conduit que vous
« demandez pour ladite ambassade, et qui contient les noms de ceux
« qui doivent la composer, ainsi que le terme qu'ils désireraient qu'on
« assignât à la durée de ce sauf-conduit. Nous n'avons rien à dire

« sed dierum pluralitas, cum non sit cause necessaria, modera-
« tur. Sed si, cum venerint, sint boni nuncii portitores, et in ne-
« gocio justicie, affinitatis et parentele plano modo procedant,
« ampla potestate suffulti, fiet eis prorogacio competens tante
« cause. Nec concipiat vestra serenitas quin simus in hac causa
« pacis fervidi, et si inutilis dierum pluralitas refrenetur, cum
« id facimus, ne segnicies, pacis emula, negocium differat, cujus
« sic fervidis desideriis bonum felix peroptamus; et, si haberi
« nequeat quam inquirimus et prosequimur ipsa pax, esset
« nobis nausea dies inutiles ducere, quin operemur, dum tem-
« pus habemus, bonum publicum juris nostri. Sed tribunalis
« excelsi testimonium invocamus, ubi stabimus duo nos racio-
« nem in hac causa pacis exactissimam reddituri, nec avaricie
« cecitas, mundi pompa, dominandi fallax affectio, facient quin
« sentenciam pro parte nostra feret ipsa solum consciencie
« nostre puritas sequax juris. Et consulimus, serenissime prin-
« ceps, caritate viscerosa, quod felix illa pacis affectio, que
« juventutem vestram a cunabulis ipsis, ad anime meritum,
« provexit hucusque in senectam et senium, non labatur, sed
« dies antiquos cogitet, et annos eternos in mente contemple-
« tur; quanta Anglie et Francie regna, dum sunt una, in anti-
« quis seculis fecerint facta splendida triumphatum, et quanta
« vice versa per duorum bella regnorum strages sequntur
« hominum precioso Christi sanguine redemptorum. Si viveret
« hodie ille prophetarum propheta splendidus Jeremias, qui
« civitatis unius unice sic lacrimosis statum miserum questibus
« deplangebat, quot educeret a forciori lacrimas pietatis, si
« cerneret sanguinem illum currere per plateas, quem duorum
« effundi fecerit infelix divisio principantum. Et hinc est quod
« opportune et importune ad consciencie vestre pulsamus

« quant au nombre des personnes; mais pour la durée du temps
« demandé, nous l'avons restreinte, parce qu'un si long délai ne
« nous a point paru nécessaire. Cependant si les ambassadeurs nous
« apportent, en arrivant, de bonnes nouvelles, s'ils sont munis
« de pouvoirs suffisants, et qu'ils procèdent franchement dans les
« négociations relatives aux droits que nous réclamons, à l'alliance
« et à la parenté que nous recherchons, il leur sera accordé une
« prorogation convenable. Que cette restriction apportée à une
« perte de temps inutile ne fasse pas croire à votre sérénité que nous
« avons moins à cœur de conclure la paix; nous le faisons au con-
« traire pour que les lenteurs, ennemies de la paix, ne viennent
« pas en retarder l'heureuse conclusion, à laquelle nous aspirons de
« tous nos vœux. Et, si cette paix que nous cherchons et poursui-
« vons ne pouvait se faire, nous regretterions vivement d'avoir perdu
« sans profit un temps précieux, au lieu de travailler au bien public,
« quand nous le pouvons. Mais nous en attestons le tribunal suprême,
« où nous comparaîtrons tous deux pour rendre un compte exact de
« notre conduite au sujet de cette paix, ni l'aveuglement de l'ava-
« rice, ni les pompes du monde, ni le vain désir de dominer, n'au-
« ront assez d'empire sur nous pour nous faire obéir à d'autres inspi-
« rations qu'à celles que nous dicte la conscience de notre droit.
« Nous vous engageons, prince sérénissime, du plus profond de notre
« cœur, à ne point bannir ces heureuses pensées de paix que vous
« avez toujours nourries, pour le bien de votre âme, depuis votre
« plus tendre jeunesse jusqu'à l'âge mûr et avancé où vous êtes par-
« venu. Reportez vos regards sur vos jours passés, et songez à l'éter-
« nité. Rappelez-vous combien les royaumes d'Angleterre et de
« France, quand ils ont été unis, ont été glorieux et triomphants
« dans les siècles anciens, et combien, au contraire, les divisions de
« ces deux royaumes ont fait verser de sang chrétien. Si le prophète
« des prophètes, le grand Jérémie vivait aujourd'hui, lui qui se lamen-
« tait si amèrement sur les malheurs d'une seule ville, que de larmes
« de pitié ne verserait-il pas à plus forte raison, en voyant les plaines
« inondées des torrents de sang qu'a fait couler la funeste division de

« ostium, ut fiat pax, et pulsanti, licet tarde, credimus apperiri.
« Nam suis non contenta terminis, ad aliena progreditur hec
« nephanda divisio, cum sit ecclesiastici scismatis et vigencium
« orbis scelerum notaria supportatrix. Et quia modo recessit,
« ut concepimus, a consilio universalis Ecclesie pontifex sum-
« mus, de quo sperabatur quod ipse esset redempturus Israel,
« in tanta diuturnitate temporis unionis, scisma resistere pocius
« didicit quam subesse, quod sancta quondam Sion sine ruga
« et sine macula veterem induendi libertatem spe frustratur,
« si non eam eripiat a servitutis sue jugo concors et vincta
« firmiter humanitas principancium. Non queramus alterna
« circumvenire jura per obliqua deliramenta virtutum, nec
« prestigiosis cautelarum arguciis titulos impugnare veritatis,
« sed ut succurramus, ad Dei laudem, matris nostre lacrimis
« que nos regeneravit in lucem. Cedat hinc inde violencia veri-
« tati, et sola consciencia judicet inter nos, ut faciamus Eccle-
« sie quod nobis Ecclesia faceret, si soluta frueretur debita
« libertate. — Datum sub signeto nostro in palacio nostro
« Westmonasterii, mensis apprilis die decima quinta. »

Conformiter ad predicta, acceptabilem cunctis mortalibus
pacem rex Francie se optare modis omnibus adipisci rescribens
apprilis vicesima sexta die, tunc amborum regum consensu fedus
induciale voce preconia terra marique usque ad decimam quin-
tam diem mensis prolongandum promulgari fecerunt, ut lacius
cum prenominatis oratoribus ageretur, et temptaretur si tractanda fine laudabili claudi possent.

« deux souverains? Voilà pourquoi nous frappons en temps opportun
« et avec importunité à la porte de votre conscience, pour vous
« inviter à la paix, et nous espérons qu'à force de frapper nous nous
« ferons enfin ouvrir. Car cette division déplorable ne se renferme
« plus dans ses limites; elle fait des progrès au dehors, elle entre-
« tient évidemment le schisme de l'Église et fomente les désordres
« qui agitent le monde entier. Le souverain pontife lui-même, nous
« a-t-on dit, s'est séparé du concile de l'Église universelle, lui sur qui
« l'on comptait pour racheter Israël. Tant de retards apportés à
« l'union ont fortifié le schisme plutôt que de l'affaiblir, et cette
« sainte Sion, autrefois sans ride et sans tache, perd tout espoir de
« recouvrer son ancienne liberté, si dans leur humanité les princes
« ne s'entendent et ne s'unissent pour l'arracher au joug de l'escla-
« vage. Ne cherchons pas à empiéter sur les droits l'un de l'autre
« par de faux points d'honneur, et à lutter contre la vérité par des
« subterfuges ou des raisonnements captieux; appliquons-nous à
« secourir, pour la gloire de Dieu, notre mère désolée, qui nous a
« régénérés à la lumière. Que la vérité triomphe de la violence, que
« la conscience seule juge entre nous, et faisons pour l'Église ce que
« l'Église ferait pour nous, si elle était rendue à la jouissance de sa
« liberté. — Donné sous notre sceau, en notre palais de Westminster,
« le quinzième jour du mois d'avril. »

En réponse à cette lettre, le roi de France écrivit, le 26 avril, qu'il
ferait de son côté tous ses efforts afin d'arriver à la conclusion d'une
paix si désirable pour tous les mortels; et alors les deux rois, d'un
commun accord, firent proclamer à son de trompe qu'il y aurait, tant
sur terre que sur mer, prorogation de la trêve jusqu'au 15 du mois,
afin de donner auxdits ambassadeurs le temps de traiter et de mener
à bonne fin les négociations, s'il était possible.

CAPITULUM III.

Quid egerunt cum rege **Anglie nuncii regis Francie.**

Ambassiatores igitur regis **Francie** navim jam preparatam ingressi junii decima septima die, et vento flante secundo, Dovoriam, famosum Anglie portum, applicantes, suum Anglie regi intimaverunt adventum. Qui inde letus effectus, dominum Johannem de Villequier cum multis aulicis misit, qui ipsos apud Winchestre, ubi locatus tunc erat, in episcopali palacio perduxerunt. Mox et sine cunctacione eis obviam venerunt episcopi de Duresme, de Norwich, cum comitibus Dorsete ac Saleberie, et eos ad regem perduxerunt, quem in quadam camera appodiatum super discum, sine capucio, indutum veste talari regia, auro purissimo texta, juxta lectum regium habentem cathedram palliis aureis comptam magnifice, cui eciam astabant ad dexteram cum tribus fratribus suis dux Eboracensis, comes de Hotenton cum ceteris militibus, et ad levam episcopus de Winchestre, cancellarius suus, episcopi de Duresme et de Norwich, repererunt. Ab universis tunc impenso flexis genibus humili salutacionis affatu, Bituricensis archiepiscopus primo regis litteras clausas, et inde litteras ducis Biturie offerens : « Excellentissime et potentissime, inquit, princeps, « summus dominus noster Francie rex vos amicabiliter salutat, « dux quoque Biturie serenitati vestre se humiliter recommen- « dat. » In substancia regis littere, scripte maii prima die, continebant : « Vobis, dilectissime cognate, nostros speciales mit- « timus oratores, quos rogamus ut recommendatos habeatis et « gratis auribus eos audire velitis ; nam speramus quod ipsis

CHAPITRE III.

Négociations des ambassadeurs de France avec le roi d'Angleterre.

Les ambassadeurs du roi de France s'embarquèrent le 17 juin, et après une heureuse traversée, ils abordèrent à Douvres, l'un des principaux ports d'Angleterre, et s'empressèrent d'informer le roi de leur arrivée. Ce prince, charmé de cette nouvelle, envoya au-devant d'eux messire Jean de Villequier, et plusieurs officiers de sa cour, pour les amener à Winchester, où il était alors logé dans le palais épiscopal. Les évêques de Durham et de Norwich, accompagnés des comtes de Dorset et de Salisbury, allèrent ensuite les chercher, et les conduisirent auprès du roi. Ils le trouvèrent dans la salle de l'évêque, appuyé sur une table, la tête nue, vêtu d'une longue robe royale, toute tissue d'or, ayant près de son lit une chaise magnifiquement ornée de tapisseries d'or. A sa droite se tenaient ses trois frères [1], ainsi que le duc d'York, le comte de Huntingdon et plusieurs autres seigneurs; à sa gauche, l'évêque de Winchester, son chancelier, les évêques de Durham et de Norwich. Tout le monde l'ayant humblement salué à genoux, l'archevêque de Bourges lui présenta d'abord les lettres closes du roi, et ensuite celles du duc de Berri, en disant : « Très excellent et très puissant prince, notre souverain « seigneur le roi de France vous salue affectueusement, et le duc « de Berri se recommande humblement à votre sérénité. » La lettre du roi, datée du premier mai, était conçue à peu près en ces termes : « Notre très cher cousin, nous vous envoyons nos ambassadeurs « spéciaux, en vous priant de les avoir pour recommandés, et de « vouloir bien les entendre avec faveur; car nous espérons que, par « leur entremise, vous aurez satisfaction au sujet de l'accord que « vous désirez conclure entre nous. » Le roi baisa la lettre, et la remit à son chancelier; il s'enquit avec intérêt de la santé de son

---

[1] Thomas, duc de Clarence; Jean, duc de Bedford; Humphrey, duc de Glocester.

« mediantibus super concordia mutua componenda poterunt
« satisfacere votis vestris. » Rex osculatus est litteras, et eas
cancellario suo tradens, cum de salute cognati sollicite inquisisset, et nunciis *Vos omnes bene veneritis* addidisset, vino et
speciebus simul sumptis, omnibus vale dixit, addens quod
die sequenti secum pranderent, et in publico audirentur ab
episcopis et prenominatis militibus.

Die illa, scilicet prima jullii, post missam valde sollempnem,
quam octo et viginti capellani decantaverunt devote, rex ad
cameram rediens, sibi astantibus a dexteris et a sinistris quos
die precedenti nominavi, sedit in cathedra regia prope lectum,
ut attencius audiret ab archiepiscopo Bituricensi narranda.
Qui pro themnate assumens : *Sit pax tibi et domui tue,*
primo Regum, decimo nono capitulo, illud in terminis generalibus deduxit, non aperiendo, pro quo venerat, tractatum,
sed eleguanter more suo et seriose valde proposuit quod pro
bono pacis venerat, per sacram scripturam probans veteris et
novi Testamenti quam meritorium esset ipsam pacem procurare, et quam ardenti desiderio mortales universi ipsam debebant affectare.

Ore diserto prolatum propositum cancellarius tunc dixit
regi valde placuisse et quod cognatus ejus Francie ad pacem
venire intendebat, moram tamen eorum nimium ipsum damp-
nificasse quam plurimum, idcirco agenda deinceps celeritatem
poscere.

Sicque ad celebre regis convivium processum est, in quo ab
uno latere archiepiscopus Bituricensis et Luxoviensis episcopus, ab alio dominus Winfroy, dux Glocestrie, comes Vindocini, baro de Yvriaco consederunt, ceteris autem sedibus ad
nutum aule regie principes, episcopi ceteri et milites locati

cousin, et ayant dit aux ambassadeurs : *Soyez les bienvenus*, il prit avec eux le vin et les épices, et congédia tous les assistants en invitant les ambassadeurs à dîner le lendemain avec lui et les prévenant qu'ils auraient une audience publique en présence des évêques et des seigneurs susdits.

Le lendemain donc, qui était le premier juillet, après une messe solennelle qui fut chantée en grande cérémonie par vingt-huit chapelains, le roi retourna dans la salle susdite, et s'assit dans sa chaise près de son lit, ayant à sa droite et à sa gauche les mêmes personnages que la veille, afin de prêter une oreille attentive au discours qu'allait prononcer l'archevêque de Bourges. Ce prélat prit pour texte ces paroles du dix-neuvième chapitre du premier livre des Rois : *Sit pax tibi et domui tuæ.* Il développa cette pensée en termes généraux, sans parler explicitement du traité qui faisait l'objet de leur mission. Il se contenta d'exposer avec son éloquence et sa gravité accoutumées, qu'il était venu dans l'intérêt de la paix, et il prouva par divers passages de l'ancien et du nouveau Testament, combien il serait méritoire d'assurer cette paix et avec quelle ardeur tous les mortels devaient la désirer.

Le chancelier répondit que le roi avait entendu avec plaisir cet éloquent discours, et qu'il était charmé que son cousin de France fût disposé à faire la paix ; que toutefois les retards qu'on y avait mis jusqu'alors lui avaient porté grand préjudice, et qu'il était nécessaire de hâter les négociations.

On passa ensuite dans la salle du festin, où le roi fit asseoir à ses côtés l'archevêque de Bourges et l'évêque de Lisieux d'une part, et de l'autre, messire Humphrey, duc de Glocester, le comte de Vendôme et le baron d'Ivry. Le reste des places fut occupé indistinctement par les autres seigneurs de la cour, par les évêques et les chevaliers. Après le dîner, le roi retourna dans la salle de l'évêque, et adressa de gracieuses

sunt. Prandioque peracto, rex ad cameram rediens, multa
graciosa verba nunciis loqutus fuit, et precipue quod de eorum
adventu congaudebat, dum tamen intendere vellent efficaciter
ad pacem; nilque amplius actum est die illa.

Altera autem die, secunda scilicet jullii, in capitulo minoris
ecclesie cum episcopis et militibus predictis nuncii convenientes,
ibi de potestate ipsorum coram omnibus fidem fecit, rogans
ut ad particularia facta descenderent, quoniam mora ipsorum
regi prejudiciabilis erat, et contra quedam que statuerat, pre-
ciseque spacium conferendi dedit eis usque ad diem sabbati.
Tunc Bituricensis archiepiscopus ore diserto perorans : « Uni-
« versorum, inquit, christicolarum relinquit rex judicio, quod
« pacem semper optaverit adipisci, et per viam justicie, cum de
« corpore regni in Aquitania urbes famosas, comitatus et domi-
« nia fere inestimabilis valoris regi Anglie obtulerit, ipsi quo-
« que non denegaverit pro connubio inclite filie sue domine
« Katerine octies centum milia francos auri. Nec in annalibus
« legistis, quod cum tanta peccuniali summa aliqua regis vel
« imperatoris genita de palacio paterno exierit; idcirco quod
« mens suggerit, si placet, edicite. »

Ad hec Anglici responderunt regis intencionis non esse
aliquid diminuere de petitis, et quod sibi, anno millesimo quadringentesimo decimo quarto, Francie cognatus suus scripserat
quod mitteret qui super via justicie affinitatis et matrimonii
contrahendi dicerent aliqua notabilia et specialia tangencia
rerum gerendarum expediencius complementum, per hoc conantes monstrare quod per auctoritatem ambassiatoribus ipsis
concessam plus offerre poterant quam dicebant. Insurrexit inde
aliqualis argumentosa negacio, archiepiscopo alleguante quod
verba augmentacionem aliquam minime supponebant ultra

paroles aux ambassadeurs; il leur dit, entre autres choses, qu'il n'aurait qu'à se féliciter de leur arrivée, s'ils voulaient travailler efficacement à la paix. C'est tout ce qui se fit ce jour-là.

Le lendemain, 2 juillet, les ambassadeurs s'étant assemblés dans le chapitre de la petite église avec lesdits évêques et seigneurs, le chancelier d'Angleterre, après avoir reconnu hautement, en présence de tous, la validité de leurs pouvoirs, les pria d'entrer sur-le-champ en matière, parce que les retards étaient préjudiciables au roi et contraires à ses recommandations, et il leur assigna jusqu'au samedi suivant, pour conférer au sujet de la paix. Alors l'archevêque de Bourges prit la parole : « Le roi notre maître, dit-il, prend à témoin « toute la chrétienté, qu'il a toujours souhaité la paix, et qu'il a « cherché à y parvenir par la voie de justice, en offrant de démembrer « du royaume et de céder au roi d'Angleterre plusieurs villes importantes de l'Aquitaine, plusieurs comtés et domaines d'une valeur « presque inappréciable, et en lui accordant la main de son illustre « fille, madame Catherine, avec une dot de huit cent mille francs « d'or. L'histoire ne fournit pas d'exemple d'une fille de roi ou d'empereur qui ait quitté le palais de son père avec une pareille somme « d'argent. Veuillez donc nous faire savoir si ces propositions vous « agréent. »

Les Anglais répondirent que leur roi n'entendait rien retrancher de ses premières demandes, et que, dans le courant de l'année mil quatre cent quatorze, son cousin de France lui avait écrit qu'il lui enverrait une ambassade pour traiter avec lui de la voie de justice, de l'alliance et du mariage à conclure, et pour l'entretenir de certains points notables et particuliers, propres à hâter le succès des négociations. Ils voulaient donner à entendre par là que lesdits ambassadeurs, en vertu des pouvoirs qui leur avaient été conférés, devaient avoir qualité pour offrir plus qu'ils ne disaient. Il s'éleva entre eux à ce propos une assez longue discussion, l'archevêque de Bourges soutenant que les paroles du roi ne supposaient rien de plus que ce qu'ils

oblata predicta ; tandem tamen cupiens eis satisfacere, cum
dominam Katerinam in conjugium peciissent, ultra oblata promisit centum milia francorum et quod ei mitteretur cum
sumptuosis vestibus et jocalibus immensis.

Sequenti vero die, archiepiscopo procurante, mutuum reite-
rantes propositum, quamvis dicerent regem suum de milione
auri petito se ad novies centum milia scuta auri restrinxisse,
respondit tamen archiepiscopus aliud facere se non posse, nisi
oblatos jam francos in scuta aurea commutare, querensque de
dote assignanda, cum respondissent quod erat decem mille mar-
carum argenti, quam tamen dotem frustra temptavit augmen-
tare, quamvis multipliciter magnipenderet ejus generositatem
sublimem, ex ejus recessu utilitatem regnorum et infinitas fere
divicias quas secum ferebat. Nilque amplius super connubio
loqutum est, resque mansit indiscussa.

Die vero Jovis, que fuit quarta jullii, a rege Anglie nuncii
evocati, post impensum reverencie flexis genibus signum, mox
ut super via justicie verbum fecit, sine cunctacione Bituricensis
archiepiscopus, comes Vindocini et baro de Yvriaco, ut acceperant in mandatis, in presencia Cantuariensis archiepiscopi,
cancellarii sui, episcoporum de Norwich, de Chestre, ducis
Eboracensis, comitum de Hotinton, Marchie et multorum aliorum illustrium, litteras credencie regis Francie obtulerunt.
Quam credenciam cum rex siscitaretur dulciter :

« Ad honorem, inquit archiepiscopus, principaliter Jhesu
« Christi, regis regum, quia serenissimo regi nostro constitit
« atque constat ex vestris apicibus quod concordiam optatis et
« affinitatem parentele per vinculum connubii celebrandum
« inter vos et filiam suam inclitam dominam Katerinam, ob
« eciam multa commendabilia que audivit de persona vestra,

avaient proposé A la fin cependant, pour donner satisfaction aux Anglais sur l'article du mariage de madame Catherine, il offrit d'augmenter la dot de cent mille francs, et promit que la jeune princesse serait envoyée en Angleterre avec de riches vêtements et des joyaux de grand prix.

Le lendemain, sur la demande de l'archevêque, la conférence continua. Les Anglais firent savoir que leur roi avait réduit ses prétentions d'un million d'or à neuf cent mille écus d'or. A quoi l'archevêque répondit qu'il ne pouvait rien faire, sinon de changer en écus d'or les francs qu'il avait offerts. Il demanda ensuite quel douaire on assignerait à la reine, et sur la réponse qu'on lui fit qu'il serait de dix mille marcs d'argent, il essaya, mais en vain, de faire augmenter cette somme, en insistant sur l'illustre naissance de la princesse, sur les avantages que son union procurerait aux deux états, et sur les immenses richesses qu'elle apportait en dot. Les pourparlers au sujet du mariage se terminèrent là, et la question resta indécise.

Le jeudi, 4 juillet, le roi d'Angleterre manda les ambassadeurs, et après qu'ils lui eurent présenté à genoux leurs humbles salutations, il remit en avant la question de la voie de justice. Aussitôt l'archevêque de Bourges, le comte de Vendôme et le baron d'Ivry lui montrèrent, conformément à leurs instructions, et en présence de l'archevêque de Canterbury, son chancelier, des évêques de Norwich et de Chester, du duc d'York, des comtes de Huntingdon et de la Marche et de plusieurs autres seigneurs, les lettres de créance que leur avait données le roi de France. Le monarque anglais les ayant priés doucement de lui en exposer l'objet, l'archevêque de Bourges s'exprima ainsi :

« A l'honneur de Jésus-Christ, roi des rois, je déclare ici que notre
« sérénissime roi, ayant par vos lettres l'assurance et la certitude que
« vous désirez la paix et son alliance au moyen d'un mariage entre
« vous et son illustre fille, madame Catherine, et connaissant les qua-
« lités recommandables qui distinguent votre personne, a lui-même
« un vif désir de conclure cette paix, et d'établir entre vous, par voie

« ipsam pacem optat vobiscum firmare, et per viam affinitatis
« et justicie, ut vigeat inter vos firma confederacio pro con-
« servacione amborum regnorum. Injunctum iterum nobis
« est, ut, si vos reperiremus ad hoc bene dispositum, ultra
« quindecim civitates, septem . habentes subditos comitatus
« et multas senescalcias antea vobis oblatas, civitatem et
« castrum Lemovicarum cum tota senescalcia, cui subsunt
« Lemovicensis et Tulle civitates populose, vobis offerimus,
« et ut cum octies centum milibus promissis pro connubio
« domine Katerine quinquaginta milia adhuc auri scuta adde-
« remus. »

Nunciis tunc visum fuit verba regi placuisse, et dixit quod
maturius rem in mente revolveret. Communicato quoque cum
suis illustribus et viris ecclesiasticis consilio, die sabbati, que
fuit sexta jullii, rex oratoribus ipsis peciit ut tempus prefixum assignarent dominam Katerinam adducendi cum jocalibus et octies centum quinquaginta mille scutis, in quo eciam
civitates et dominia oblata traderentur ; sub condicione tamen
predicta complerentur, quod utrobique concederetur ad quinquaginta annos fedus induciale, infra quem terminum, si firma
pax non fieret, restituerentur concessa dominia, et super hoc
fieret caucio sufficiens ; unus eciam secretarius fidelis ad cognatum Francie mitteretur, qui apunctamentum intimaret, et,
donec responsum habuisset, ipsi ambassiatores in Anglia remanerent. Hoc ultimum denegaverunt facere, et cum inde verbalis
disceptacio mota esset, cancellario dicenti quod infra sancti
Andree instans festum domina promissa eisdem adduceretur
cum jocalibus et dominiis promissis, nunciique respondissent
quod nimis breve spacium dabant ad fabricandas promissas
peccunias pro regis filia , sed et nec erant sufficienter instructi

« de parenté et de justice, une alliance durable, dans l'intérêt de vos
« deux royaumes. Nous avons été chargés, si nous vous trouvions bien
« disposé à cet accommodement, de vous offrir, outre les quinze villes,
« comprenant sept comtés et plusieurs sénéchaussées, qui vous ont
« été proposées auparavant, la ville, le château et toute la sénéchaus-
« sée de Limoges, de laquelle dépendent les deux villes populeuses
« de Limoges et de Tulle, et d'ajouter encore cinquante mille écus
« d'or aux huit cent mille qui ont été promis pour la dot de madame
« Catherine. »

Il parut aux ambassadeurs que le roi goûtait assez ces offres. Il répondit qu'il y réfléchirait à loisir. Après en avoir délibéré avec les
principaux seigneurs et prélats de son conseil, il rappela les ambassadeurs le samedi 6 juillet, et leur demanda de fixer l'époque précise
où l'on amènerait madame Catherine avec ses joyaux et les huit cent
cinquante mille écus, et où on lui livrerait les villes et domaines proposés. Il ajouta qu'il consentait à accepter toutes ces offres, à condition
qu'il serait accordé de part et d'autre une trêve de cinquante ans, au
terme de laquelle, si la paix n'était pas solidement établie, lesdits
domaines seraient rendus, et qu'il donnerait de ce caution suffisante;
qu'il enverrait même un de ses fidèles secrétaires à son cousin de France,
pour lui faire connaître ces arrangements, et que les ambassadeurs
resteraient en Angleterre jusqu'à ce qu'on eût la réponse. Les ambassadeurs ne voulurent pas souscrire à cette dernière clause, qui fut
l'objet d'assez vifs débats. Le chancelier ayant demandé que madame
Catherine fût remise au roi à la Saint-André prochaine avec les joyaux
et les domaines promis, les ambassadeurs répondirent que ce délai
ne serait pas assez long pour fabriquer l'argent nécessaire à la dot de
la fille du roi, et qu'ils n'avaient pas d'ailleurs d'instructions suffisantes relativement aux conditions auxquelles le roi d'Angleterre
devait tenir lesdits domaines. Sur ce, le roi se retira peu satisfait.

v.   66

qualiter pretacta tenerentur dominia, rex inde male contentus recessit.

CAPITULUM IV.

De responsione finali data nunciis Francie.

Dimisit tamen in ipso episcopali palacio Wintonensi, qui auctoritate sua regios oratores pro finali responsione alloqutus, et ambassiatas a biennio et hucusque serietenus recitans : « Nuper, inquit, legati incliti, quosdam ex vobis meminimus « dominum regem nostrum incitasse ut pro adipiscenda pace « inter regna cum domino vestro antiquum vinculum affinitatis « et parentele renovaret, connubium cum filia sua inclita do- « mina Katerina contrahendo. Quam viam quamvis honestam « reputasset, sibi tamen decentissimum et expediens visum fuit « ut prius super regno et corona Francie, sibi jure successionis « debitis, diu injustissime occupatis, justa restitucio fieret. Qua- « propter suos nuncios speciales misit Parisius, quibus domi- « nus dux Biturie, in absencia domini vestri, ut justicia fieret et « matrimonium compleretur, multa obtulit dominia et peccu- « niales summas auri, dum tamen id vester dominus consen- « tiret. Nec ignoramus vos scire ad sciscitandum ejus votum « dominum nostrum nuncios suos misisse, quos et nunc sequti « estis, mora tamen prejudiciabili et dampnosa interjecta, « auctoritate ipsius septemdecim civitates in Aquitania popu- « losas cum comitatibus et dominiis, ut justicia compleretur, et « cum quinquaginta milibus octies centum milia scuta auri « pro connubio contrahendo offerentes. Attamen cunctis no- « tum est quod super modo et forma tenendi dominia, vel sicut « tenuerat dive memorie Eduardus, et sine prejudicio juris sui, « vel alias, vel super treugis prolongandis ad vitandum humani

CHAPITRE IV.

Réponse définitive faite aux ambassadeurs de France.

Pendant que les ambassadeurs étaient encore au palais épiscopal de Winchester, le roi d'Angleterre renvoya vers eux son chancelier, pour leur donner une réponse définitive. Le chancelier rappela d'abord les négociations qui avaient eu lieu depuis deux ans. « Messieurs les « ambassadeurs, leur dit-il, nous nous souvenons que naguère encore « quelques-uns d'entre vous conseillaient à notre roi de renouveler « avec votre maître, dans l'intérêt de la paix, les liens d'alliance « et de parenté qui existaient entre eux, en contractant mariage avec « l'illustre madame Catherine de France. Quelque honorable que cette « union parût à notre roi, il a cru cependant qu'il était de son devoir « et de sa dignité de demander auparavant satisfaction au sujet de ses « droits sur le royaume et la couronne de France, qui lui appartien- « nent à titre héréditaire, et qu'on retient injustement depuis tant « d'années. Il a donc envoyé ses ambassadeurs à Paris, où monsei- « gneur le duc de Berri les a reçus en l'absence du roi votre maître, « et, pour satisfaire tant à leurs réclamations qu'à leurs propositions « de mariage, leur a offert plusieurs domaines et plusieurs sommes « d'argent, sauf toutefois l'agrément de votre roi. Vous n'ignorez « pas que le roi notre sire a dépêché une seconde ambassade pour « connaître sa volonté; en suite de quoi vous êtes venus, après des « retards fâcheux et préjudiciables, et vous lui avez offert dix-sept « villes des plus considérables de l'Aquitaine avec plusieurs comtés et « domaines pour satisfaction de ses droits, et huit cent cinquante « mille écus d'or pour les conditions du mariage. Mais vous n'avez « pas pu, ou vous n'avez pas voulu, comme chacun le sait, convenir « avec le roi notre sire de la manière et de la forme dont il tien- « drait lesdits domaines, si, par exemple, ce serait comme les avait « tenus le roi Édouard d'heureuse mémoire, et sans préjudice de son

« effusionem sanguinis, neque super tempore prefixo adducendi
« cum summa peccuniali et jocalibus promissis dominam Kate-
« rinam cum domino nostro rege in finalibus non potuistis vel
« voluistis convenire. Consideratis igitur magnis, arduis et
« notabilibus rebus et negociis, puta corona et regno Francie,
« ducatibus Normanie et Turonie, comitatibus Andegavensi
« et Cenomanie, superioritatibus Britanie, comitatus et patrie
« Flandrie, pro quorum jurium confirmacione complacuit Altis-
« simo multa insignia et notabilia demonstrare temporibus
« retroactis, que omnia sub certis protestacionibus preterierunt
« ambassiatores et nuncii domini nostri regis, et pro eo et
« nomine suo in peticione minorum rerum sunt immorati,
« quarum rerum et possessionum, rigore tractatus finalis pacis,
« recolendissime memorie Eduardus, progenitor domini nostri
« regis, pacificam possessionem adeptus est, et nonnullis tem-
« poribus in pacifica possessione permansit et quieta ; et con-
« siderato quod dictarum rerum sic possessionem nisi modicam
« partem obtulerint dicti ambassiatores, nec modum posses-
« sionis dicti domini nostri regis in prefatis rebus declarare
« voluerunt, ut predicitur, apparuit evidenter quod dictus con-
« sanguineus suus Francie non est ipsius intencionis de vacando
« et effectualiter intendendo ad ipsam pacem per modum et
« formam quibus antea scripserat. Ex qua causa prefatum do-
« minum nostrum, gracia Dei mediante et justicia sua assis-
« tente, ad alia remedia convolare opportet, attestando Deum,
« angelicam simul et humanam naturam, celum et terram,
« creaturasque singulas in eis existentes, quod ob defectum
« justicie sibi per partem dicti consanguinei sui denegate, seu
« plus debito dilate, ipsum hoc opportet facere, quia nunquam
« per ipsum dominum nostrum regem stetit neque stabit, quin

« droit, ou autrement. Vous ne vous êtes pas mieux expliqués sur
« la question de prolonger la trêve pour éviter l'effusion du sang
« humain, ni sur l'époque précise où l'on amènerait madame Cathe-
« rine avec l'argent et les joyaux. Attendu donc que les ambassadeurs
« et envoyés de notre sire le roi ont bien voulu, sous de certaines
« réserves, ne pas insister sur de grandes, importantes et notables
« choses, telles que la couronne et le royaume de France, les duchés
« de Normandie et de Touraine, les comtés d'Anjou et du Maine, la
« suzeraineté de la Bretagne et celle du comté et pays de Flandre, à
« la possession desquels il a plu au Très-Haut de confirmer jadis nos
« droits par d'insignes et notables événements; attendu qu'ils se bor-
« nent à réclamer pour leur maître et en son nom des choses de moindre
« importance, dont le roi Édouard de vénérable mémoire, l'un des
« ancêtres de notredit sire, a obtenu la paisible possession, en vertu
« d'un traité définitif, et dont il a joui tranquillement et sans conteste
« pendant quelque temps; attendu, d'autre part, que les ambassadeurs
« de France n'ont offert qu'une petite partie desdites choses, et n'ont
« pas voulu déclarer de quelle manière notredit sire le roi devrait les
« posséder, il lui a paru évident que sondit cousin de France n'a point
« l'intention de travailler sincèrement et réellement à la paix, en la
« façon et aux conditions qu'il avait fait espérer par ses lettres. C'est
« pourquoi il faut que notredit sire, avec l'aide et l'assistance de la
« justice divine, ait recours à d'autres remèdes, prenant à témoin
« Dieu, les anges et les hommes, le ciel et la terre, et toutes les créa-
« tures qui s'y trouvent, qu'il est contraint à ce faire par le déni de
« justice ou les ajournements qu'il a éprouvés de la part de sondit
« cousin; car il n'a jamais tenu et il ne tiendra jamais à notre sire
« le roi, que la paix si long-temps désirée ne s'établisse entre les deux
« royaumes par tous les moyens licites et honorables, selon ce que
« le temps et les circonstances demanderont et exigeront.

« per omnia bona media licita et honesta pax diu desiderata fiat
« inter duo regna, secundum quod casus et tempus de se exigent
« et requirent.

« In cujus responsionis fidem de mandato dicti domini nostri
« regis secretum signum suum presentibus est appensum. »

CAPITULUM V.

De litteris regi Francie iterum a rege Anglie missis.

Sic infecto negocio pro quo venerant nuncii regis Francie
repatriare maturarunt, licenciati a rege; qui mox post eorum
vestigia per suum preconem armorum principalem iterum
scriptum monitorium ad pacem, verbis comminatoriis inter-
mixtis, destinavit, cujus tenorem ad venustatem historie hic
inserere dignum duxi.

« Serenissimo principi Karolo, consanguineo et adversario
« nostro Francie, Henricus Dei gracia rex Anglie et Francie,
« spiritum consilii sanioris et unicuique tribuere quod suum est.

« Serenissime princeps, consanguinee et adversarie noster,
« olim intima, nunc divisa, Anglie et Francie regna splendida
« per mundum totum inclitis se assuebant sublimare triumphis,
« et fuit eis virtus unica decorare domum Dei quam decet sanc-
« titudo, ponere pacem intra fines Ecclesie et concordi clipeo
« alienos ut hostes publicos felici commercio subjugare. Sed,
« heu! germanam fidem hanc pestis fraterna pervertit, et Loth
« Abraham impulsu inhumano persequitur; gloria fraterni zeli
« sepulture committitur, et resurrexit a mortuis inveterata con-
« dicionis humane dissensio, mater ire. Sed quem nec preces
« nec precia flectunt, summum contestamur in consciencia
« judicem, quod pacis procurare media fecimus sinceriore quo

« En foi de quoi, le sceau privé de notredit sire le roi a été, par
« son ordre, apposé aux présentes. »

CHAPITRE V.

Nouvelle lettre du roi d'Angleterre au roi de France.

Les négociations étant ainsi rompues, les ambassadeurs de France
se hâtèrent de revenir, après avoir pris congé du roi d'Angleterre,
et celui-ci, aussitôt après leur départ, envoya son principal héraut
d'armes avec une nouvelle lettre, mêlée de quelques menaces, pour
inviter le roi de France à la paix. J'ai cru devoir insérer ici la teneur
de cette lettre comme un document précieux pour l'histoire.

« Au sérénissime prince Charles, notre cousin et adversaire de
« France, Henri, par la grâce de Dieu roi d'Angleterre et de France,
« puisse-t-il être mieux conseillé et rendre à chacun ce qui lui appar-
« tient !

« Prince sérénissime, notre cousin et adversaire, les nobles royau-
« mes d'Angleterre et de France, autrefois étroitement unis, mainte-
« nant divisés, avaient coutume de se signaler dans tout l'univers par
« leurs glorieux triomphes, et le seul mérite qu'ils ambitionnaient
« était d'embellir la maison de Dieu que la sainteté doit habiter,
« d'établir la paix dans toute l'étendue de l'Église, et d'unir leurs
« armes, par un heureux accord, contre ses adversaires, pour les sub-
« juguer comme des ennemis publics. Mais, hélas, la discorde, ce
« fléau des familles, a troublé cette bonne harmonie; Loth, aveuglé
« par un sentiment inhumain, poursuit Abraham; l'honneur de cette
« union fraternelle est descendu dans la tombe, et la haine, ce mal
« inhérent à la nature humaine, cette mère de la colère s'est ravivée.
« Toutefois le souverain juge, qui n'est accessible ni aux prières ni

« volumus pacis zelo. Si non, inconsulto spiritu justum heredi-
« tatis nostre titulum, posteritatis sempiterne prejudicio, lega-
« remus. Nec nos tanta tenet pusillanimitatis excecacio, quin
« pro justicia sit ad mortem pro viribus dimicandum. Verum
« quia ad quamcunque civitatem accesserit homo ad expu-
« gnandum eam, primo quod offerat ei pacem Deutronomice
« legis sanxit auctoritas, et si per secula varia violencia, justicie
« ruptrix, corone nostre insignia et hereditaria jura subtraxit,
« ob quorum eciam ad statum reincorporacionem pristinum
« fecit, ut valuit, pro parte nostra hucusque charitas, et sic
« possimus, ob debite defectum justicie, ad armate manus refu-
« gia convolare, attamen, ut sit gloria nostra testimonium
« consciencie nostre, nunc et peremptoria requisicione in ipso
« itineris nostri transitu, ad quem nos ipse defectus justicie
« traxit, exhortamur in visceribus Jhesu Christi, et id solum
« quod evvangelice exhortatur perfectio discipline : Amice,
« redde quod debes, et fiat nobis, ipsius Dei summi nutu, et ut
« humani preservetur diluvium sanguinis, qui secundum Deum
« creatus est, hereditatis et jurium debita restitucio inhuma-
« niter subtractorum, vel illorum ad minus que vicibus variis
« per ambassiatores et nuncios nostros instanti peticione quesi-
« vimus, et de quibus nos solum contentari fecit ipsius Dei
« summi reverencia summa et bonum pacis. Et nos pro parte
« nostra in causa matrimonii quinquaginta milia scutorum
« nobis oblatorum ultimo inclinabimur defalcare, pacis cultores
« pocius quam avaricie professores, et preelegimus paterna
« jura ipsa, que tanta nobis progenitorum et patrum delegavit
« veneranda senectus, una cum inclita filia vestra consangui-
« nea nobis carissima Katerina, quam cum mammona iniqui-
« tatis nephandos multiplicare thesauros et coronam nostri

« à la corruption, nous est témoin que, dans notre zèle sincère pour
« la paix, nous avons fait en conscience tout ce qui dépendait de nous
« pour y parvenir ; sinon, c'eût été sacrifier imprudemment, au pré-
« judice de notre postérité, les droits légitimes que nous tenons de
« nos ancêtres. Nous ne sommes pas toutefois tellement aveuglé par
« la crainte, que nous ne soyons prêt à combattre jusqu'à la mort
« pour la justice de notre cause. Mais la loi du Deutéronome a or-
« donné que quiconque se prépare à attaquer une ville, commence
« par lui offrir la paix ; et bien que la violence, cette ennemie de la
« justice, nous ait ravi depuis plusieurs siècles les prérogatives de
« notre couronne et nos droits héréditaires, nous avons fait, dans
« notre charité, tout ce que nous avons pu pour rentrer en possession
« de ces droits et prérogatives, si bien que nous pouvons maintenant,
« en raison du déni de justice, avoir recours à la force des armes.
« Cependant comme nous voulons être fort du témoignage de notre
« conscience, nous vous adressons maintenant une dernière requête,
« au moment de nous mettre en route pour aller vous demander raison
« de ce déni de justice, et nous vous répétons, au nom des entrailles
« de Jésus-Christ, et suivant le précepte que nous enseigne la per-
« fection de la doctrine évangélique : Ami, rendez-nous ce qui nous
« est dû, et que par la volonté du Tout-Puissant, afin d'éviter un
« déluge de ce sang humain, qui a été créé selon Dieu, il nous soit
« fait restitution de notre héritage et de nos droits qui nous ont été
« injustement ravis, ou du moins des choses que nous vous avons
« demandées instamment à diverses reprises par nos ambassadeurs
« et députés, et dont nous nous sommes contenté par respect pour
« Dieu et dans l'intérêt de la paix. Et vous nous trouverez disposé
« de notre côté à déduire cinquante mille écus d'or de la somme qui
« nous a été offerte en dot, parce que nous préférons la paix à l'ava-
« rice, et que nous aimons mieux jouir avec votre illustre fille Cathe-
« rine, notre très chère cousine, de nos droits paternels et de ce beau
« patrimoine que nous ont légué nos vénérables prédécesseurs et
« ancêtres, que d'accumuler des trésors coupables, en sacrifiant à
« l'idole de l'iniquité, et de déshériter notre postérité de la couronne

v.   67

« regni, quod absit, in consciencie scrupulum exheredare
« perennem. — Datum sub privato sigillo nostro, apud oppi-
« dum nostrum Southamptonense ad litus maris, mensis jullii
« vicesima octava die. »

Nec diu protracta mora, vicesima tercia scilicet die augusti,
rex sibi verbis gallicis remandavit omnium mortalium judicio
se referre quod concordiam et per vias toti mundo racionabiles
quesisset, nec terreri comminatoriis ejus verbis, quoniam, si ad
inquietandum regnum adveniret, se paratum sine dubio ad
resistendum reperiret. Idque, teste consciencia, peregisset, si
usque in finem rerum incolumis perstitisset.

CAPITULUM VI.

Ambassiatores regis de Anglia redierunt, et Anglici Hariflorium viribus occupaverunt.

Sollempnes autem ambassiatores quos illuc miserat redeuntes, mensis jullii vicesima sexta die, in domo regia Sancti Pauli,
coram ipso, suis illustribus et ejus consiliorum precipuis par-
ticipibus secretorum, retulerunt se Anglicos intractabiles reperisse, nec oblatam viam justicie vel connubium contrahendi
cum domina Katerina acceptasse; libereque profitentes quod,
et si littere regis in superficie multam videbantur humanitatem
continere, intrinsecus tamen fraudis et circumvencionis virus
occultabant admixtum, asserentes ipsum regem Anglie verbis
mellifluis pacem et concordiam offerre, sed ad destructionem
regni undique contractis militaribus copiis procul dubio anhe-
labant. Pugnatorum numerum ex officio recensentes, ipsum
regem sex milia loricatorum ad unguem, quinquaginta quoque
educencium arcum, multo quoque majorem numerum levis
armature manipulorum pedestrium, gregariorum, et mecha-

« de notre royaume, ce qu'à Dieu ne plaise, au préjudice éternel de
« notre conscience. — Donné sous notre sceau privé, dans notre ville
« de Southampton sur le bord de la mer, le 28 juillet. [1] »

Peu de temps après, le 23 août, le roi de France lui répondit en
français qu'il prenait tous les hommes à témoin s'il n'avait pas cherché la paix par tous les moyens raisonnables ; qu'il ne s'effrayait pas
de ses menaces, et que, si l'on venait attaquer son royaume, on le
trouverait prêt à repousser la force par la force. Et certes, il aurait
tenu parole, s'il était resté en bonne santé jusqu'à la fin de cette
querelle.

CHAPITRE VI.

Les ambassadeurs du roi reviennent d'Angleterre. — Les Anglais se rendent maîtres
d'Harfleur.

Les ambassadeurs de France, étant revenus d'Angleterre le 26 juillet,
rendirent compte de leur mission dans l'hôtel royal de Saint-Paul, en
présence du roi, des grands de sa cour et de ses principaux conseillers. Ils exposèrent qu'ils avaient trouvé les Anglais intraitables, et
qu'ils n'avaient pu leur faire accepter ni les satisfactions qu'ils avaient
offertes, ni les conditions du mariage avec madame Catherine. Ils
déclarèrent hautement que les lettres du roi, bien qu'elles fussent en
apparence pleines de modération, cachaient au fond beaucoup de
méchanceté et de perfidie, et ils assurèrent que le roi d'Angleterre,
tout en offrant la paix et l'union dans les termes les plus doucereux,
n'aspirait qu'à la destruction du royaume, et levait des troupes de
toutes parts. Les officiers chargés de faire le dénombrement des gens
de guerre les avaient informés, dirent-ils, que ledit roi avait déjà
réuni six mille hommes d'armes, cinquante mille archers, et une
quantité beaucoup plus considérable de troupes légères, de piétons et

[1] Cette lettre est datée du 5 août dans Monstrelet.

nicis insudancium artibus congregasse. Et hii cum ingenti classe navium, undecunque potuerat collectarum, de Hantone famosissimo portu ascenderant, jamque per mensem et amplius huc illucque velis sulcantes equora, vagati fuerant, ignorantibus universis quorsum tendere volebant, donec fama publica, verum sequens, regi atque regnicolis divulgavit quod Normannica jam attingebant littora. Addebat et quod Auriflorium, Normanie commendabiliorem portum, qui in omnes terras vela solitus erat mittere, ut merces peregrinas et communes reciperet, unde longe lateque per regnum muniri consueverat et ditari, obsidione cingere et viribus capere statuerant, ut liberius temptarent recuperare Normaniam, quamvis minime ignorarent ipsam nuper nec sine causa amisisse. Nam attentis feodalibus legibus ab origine Francorum inviolabiliter observatis, si magnifici Henrici regis Anglie, triumque filiorum eidem succedencium, videlicet....[1] et Johannis, inobediencias et rebelliones in dominos suos naturales reges Francie perpetratas, lances appendant equaliter in racionis statera, utique audaces et strenuissimos in armis Ludovicum Grossum, Ludovicum ejus filium atque Philippum Augustum referent ducatum illum justissime viribus occupasse et perpetuo fisco addidisse regio.

Non modo expertorum nautarum, sed et omnium marina collimitancium littora judicio, pugnatorum modicus numerus adversariorum ad terram impedivisset descensum, cum non sine labore maximo id fieri soleat diuturnique temporis exposcat spacium; et hoc procul dubio ville habitatores compatriote vicini prompto animo aggredi suscepissent, ut alias reiteratis vicibus, nisi ab illustribus circum residentibus peragendum credidissent, et qui vexilla militaria conestabularii

---

[1] Il y a ici une lacune dans le n° 5958, fol. 478 r.

de gens des métiers. Toute cette armée s'était embarquée au fameux port de Southampton sur les vaisseaux qu'on avait rassemblés en grand nombre de divers pays. Il y avait déjà plus d'un mois qu'ils tenaient la mer, sans que personne sût quelle était la destination de la flotte, lorsqu'enfin le roi et les habitants du royaume apprirent par la rumeur publique qu'ils venaient d'aborder sur les côtes de Normandie. On ajoutait qu'ils avaient résolu d'assiéger Harfleur, l'un des principaux ports de Normandie, qui envoyait des vaisseaux dans toutes les parties du monde et servait d'entrepôt à un vaste commerce, source de richesse et de puissance pour le royaume. Ils voulaient s'en emparer, afin de parvenir plus facilement à recouvrer la Normandie, quoiqu'ils n'ignorassent point qu'ils avaient été justement dépossédés de cette province. Car, si l'on considère les lois féodales inviolablement observées depuis l'origine de la monarchie, et que l'on pèse dans une juste balance, d'un côté, les félonies et rébellions commises par le puissant Henri roi d'Angleterre, par ses trois fils et successeurs...... ' et Jean, contre les rois de France, leurs seigneurs naturels, de l'autre, les exploits et la valeur de Louis le Gros, de son fils Louis et de Philippe-Auguste, on ne pourra nier que ce duché n'ait été très légitimement conquis et réuni pour toujours à la couronne de France.

Il eût été facile d'empêcher le débarquement des ennemis. Au dire des hommes de mer et de tous les habitants des côtes voisines, il eût suffi pour cela d'une poignée de gens de guerre; car ce débarquement ne pouvait s'effectuer sans de grandes difficultés et demandait beaucoup de temps. Il est hors de doute que les habitants de la ville et des environs s'y seraient employés avec empressement, comme ils l'avaient déjà fait à plusieurs reprises, s'ils n'avaient compté pour cela sur la noblesse du pays et sur l'armée que commandait le conné-

---

' Le Religieux a omis sans doute ici les noms de Henri-au-Court-Mantel et de Richard-Cœur-de-Lion. Toutefois, Richard-Cœur-de-Lion et Jean-sans-Terre furent les seuls fils de Henri II qui régnèrent après lui. Henri-au-Court-Mantel, couronné roi en 1170, du vivant de son père, mourut avant lui en 1182.

Karoli Dalebret sequebantur. Veritatem fateri non erubescens, penes modestos et graves suspectum se reddidit, indeque in concione militari orta verbalis controversia, ducis Borboniensis illegittimus frater, juvenis prima lanugine vernans, sed audax, preceps animo, infidelitatis infamem titulum sibi libere objecit, cum vetuisset descensum hostium impedire. In hanc sentenciam ibant cum nonnullis nobilibus eciam multi summe auctoritatis cives, asserentes quod hoc anno id regi Anglie spoponderat, dum in Anglia legacionis regis Francie officio fungeretur, et ideo residens in Rothomago, bellatoribus accedentibus ad ipsum auctoritate precipiebat regia, ut in circumadjacentibus suburbiis se tenerent, et hostium ausum temerarium minime impedirent. Sic vir illustris genere publice criminabatur, esto quorumdam fide dignorum relatu didicerim sine causa, asserencium quod verba talia proferebat, vires hostium parvipendens. Nam antea regi intimaverat cum quanto numero et sub quibus capitaneis militabant, nec negocium dilaciones non posse capere, sed opus esse maturo consilio, ut indilate congregarentur undecunque possent colligi pugnatores, qui valerent de ipsis non simul sed particulatim laudabiliter triumphare. Jam jamque regali consistorio veterani et emeriti milites id persuaserant; rex eciam ex remotis partibus consanguineos suos et cognatos evocaverat nunciis et apicibus, rogans eos ut cum quantis copiis bellatorum valerent, accelerare non differrent, assecurando subsidiarios de remuneracione laborum percipienda competenti.

Et quia peccuniale regis depositum, si audacia velis detur, nimia prodigalitas ad hoc reddebat insufficiens, regiarum exactionum collectores, et qui inde soliti erant replere marsupia et ultra modum ditari, auctoritate regia prelatos et diciores

table Charles d'Albret. Je dois dire, parce que c'est la vérité, que le connétable se compromit en cette occasion aux yeux des gens sages et considérés. Une contestation s'étant élevée à ce sujet dans un conseil de guerre, le bâtard de Bourbon, jeune homme à peine sorti de l'adolescence, d'un caractère bouillant et hardi, l'accusa hautement de trahison, pour avoir défendu qu'on s'opposât au débarquement des Anglais. Ce sentiment était partagé par un grand nombre de seigneurs et de notables bourgeois; ils assuraient que cette année même, le connétable, faisant partie de l'ambassade envoyée au roi d'Angleterre, avait promis à ce prince de ne rien faire contre lui, et qu'en conséquence, pendant qu'il était à Rouen, il avait enjoint, de la part du roi, aux gens de guerre qui venaient lui demander des ordres, de se tenir enfermés dans les villages voisins, et de ne point chercher à s'opposer à l'entreprise des ennemis. Telles étaient les accusations publiques que l'on produisait contre cet illustre personnage. Cependant quelques personnes dignes de foi m'ont assuré que ces accusations étaient sans fondement, et que le connétable n'avait donné de pareils ordres que pour montrer le peu de cas qu'il faisait de l'ennemi. Il avait en effet, peu de temps auparavant, fait connaître au roi les forces des Anglais, et le nom des capitaines qui les commandaient; il l'avait informé que la chose ne souffrait point de retards, qu'il fallait agir avec vigueur, et rassembler sans délai de tous côtés des gens de guerre pour attaquer l'ennemi et le vaincre en détail. Les chevaliers les plus recommandables par leur âge et leur expérience avaient appuyé cet avis dans le conseil; le roi lui-même avait mandé ses parents et alliés par messages et par lettres des points les plus éloignés du royaume, les priant de venir en toute hâte avec tout ce qu'ils pourraient réunir de troupes, et promettant de récompenser amplement de leurs services ceux qui se rangeraient sous la bannière royale.

Comme le trésor du roi était épuisé, qu'il me soit permis de le dire, par d'excessives prodigalités, et ne pouvait suffire aux frais de cette guerre, les collecteurs royaux et ceux qui avaient coutume de remplir leurs coffres et de s'enrichir par la levée des impôts contraignirent, au nom du roi, les prélats et les plus riches bourgeois

regnicolas accommodati titulo collectam peccunialem valde
gravem tradere, viros ecclesiasticos decimam solvere compulerunt, cunctos ceteros quoque regnicolas talliam excessivam et
facultatem multorum superantem, vel pati carceres coegerunt. Nec exactione tam gravi suburbani et ruricole immunes
extiterunt, qui tamen, relictis domiciliis, urbes muratas vel silvarum condensa petebant, atque cum uxoribus et liberis omnique substancia quasi agrestes fere fugientes, occursus congregatorum pugnatorum tanquam hostium formidabant. Nam
revera postmodum experiencia didicerunt quod in redempcionibus bonorum, predis et latrociniis eisdem similes erant vel
pejores; nam aurum et argentum et quelibet desiderabilia ab
eis violenter extorquebant; sicque timor crudelitatis eorum
cunctos invaserat, ut et viri ecclesiastici Deo et sanctis dicata
jocalia ex ecclesiis ad loca deferrent tuciora, quia quidquid extra
munita presidia reperire poterant, dabant in direpcionem et
predam.

Interim dum rex subditos comites et barones in auxilium
evocabat, Anglici operam multis feriis impenderunt in exhonerandis navibus, sarcinis, tentoriis, ceterisque impedimentis
et precipue obsidionalibus instrumentis, que stacionibus collo-
carentur congruis per ville ambitum; inter que machine jaculatorie insolite, inaudite grossitudinis habebantur, que lapides
molares cum tam fumo teterrimo, tam horribili fragore emitterent ac si ex furia infernali procedere viderentur. Hiis igitur,
circa beate Marie Virginis Assumpcionis[1], debite collocatis, et
suburbiis per circuitum crematis, cum omni genere missilium
inchoaverunt assultus; qui ut sepe per diem continuarentur
integrum, defatigatis expugnatoribus recentes alii succedebant,

---

[1] Il faut sous-entendre ici le mot *festum*.

à leur remettre, à titre de prêt, une somme d'argent considérable ;
ils levèrent une dîme sur le clergé, et forcèrent, sous peine d'emprisonnement, tous les autres habitants du royaume à payer une
taille exorbitante, fort au-dessus des ressources de la plupart d'entre
eux. Ceux des faubourgs et des campagnes ne furent pas exempts de
cette contribution onéreuse. Aussi aimèrent-ils mieux abandonner
leurs demeures et se réfugier dans les villes closes ou fuir au fond
des bois, comme des bêtes fauves, avec leurs femmes, leurs enfants et
tout leur avoir, que de s'exposer à la rencontre des gens du roi, qu'ils
redoutaient plus que l'ennemi même. Ils apprirent bientôt en effet à
leurs dépens qu'il n'y avait point de différence entre ces gens et les
Anglais, ou plutôt que ceux-là les rançonnaient et les pillaient davantage, et exerçaient des brigandages plus intolérables. Ils leur extor-
quaient par la violence leur or, leur argent et tout ce qu'ils avaient
de plus précieux. Leur cruauté inspirait partout une telle terreur,
que les ecclésiastiques enlevaient des églises et cachaient dans des
lieux sûrs les joyaux consacrés à Dieu et aux saints, parce que ces
pillards faisaient main basse sur tout ce qu'ils pouvaient trouver hors
des villes fortifiées et s'en emparaient sans scrupule.

Pendant que le roi appelait à son aide ses comtes et ses barons, les
Anglais opérèrent leur débarquement ; ils employèrent plusieurs jours
à décharger leurs bagages, leurs tentes et autres équipages, et se disposèrent à établir convenablement leurs machines de siége autour des
murs de la ville. Parmi ces machines, il s'en trouvait quelques-unes
d'une grosseur extraordinaire, qui lançaient d'énormes pierres au milieu
des tourbillons d'une épaisse fumée et avec un fracas si effroyable,
qu'on les aurait crues vomies par l'enfer. Après avoir ainsi dressé
leurs batteries et brûlé les faubourgs tout autour de la ville, ils
commencèrent le siége vers la fête de l'Assomption de la Vierge, et
firent jouer toute leur artillerie. Afin que l'attaque durât sans relâche
pendant la journée entière, ils remplaçaient les hommes fatigués
par d'autres combattants plus frais, cherchaient par tous les moyens
à nuire aux assiégés et mettaient tout en œuvre pour augmenter
leur détresse. Plus d'une fois ils faillirent pénétrer de vive force

qui omnia nocendi argumenta percurrentes, nichil intemptatum
relinquebant, que introrsum manentibus possent augere molestiam, et sepius villam ingressi fuissent violenter, nisi potentem
resistenciam reperissent. Locum insignes milites et armigeri
domini de Stouteville, de Quitriaco, de Gaucuria, de Bacque-
villa, de Blainvilla, Burellus Martelli, de Bracquemont, Bau-
dranus dictus de la Heuse, Maingotus de Coustes, cum ducentis
aliis multa strenuitate conspicuis, protegendum susceperant.
Quorum si quis audaces erupciones, sepius reiteratas in hostes,
mente velit revolvere, et ut eos potentissime repulerunt, dum
cuniculis subterraneis et meatibus artificiose suffossis latenter
in urbem ingredi conabantur, toleranciam eciam in adversis,
dum continue undique tecta edificiorum ruencia cernentes, loricati continue, tenuissimo cibo pasti, noctes insompnes ducebant
ad repellendum repentinas insidias, eos omnes omni laude
dignissimos procul dubio judicabit.

Durante obsidione, dominum de Gaucuria et quosdam
alios rex Anglie accersierat, prius salvo conductu securitatis
concesso; quos dulciter alloqutus, monuit villam reddere, cum
minime ignorarent ab antiquo ducatum Normanie ad jus
regium pertinere. Cui libere responderunt se nil ab eo servandum suscepisse, scireque se regem Francie minime permissu-
rum villam longa obsidione fatigari, sed cito viribus hanc
frustrari.

Ut autem aggredienda felici fine rex clauderet cum Dei auxilio et per oraciones sanctorum, decima die septembris, post
peregrinacionem apud ecclesiam beate Marie Parisiensis factam, Francie pecculiarem patronum, beatum Dyonisium devotissime visitavit, et inter missarum sollempnia ad altare gloriosi
martiris a venerabilibus religiosis, abbate et conventu cele-

dans la ville ; mais ils rencontrèrent toujours une vigoureuse résistance. La place était défendue par d'illustres chevaliers et écuyers, les sires d'Estouteville, de Quitry, de Gaucourt, de Bacqueville, de Blainville, Bureau Martel, de Braquemont, Baudran dit de la Heuse, Maingot de Coustes et deux cents autres seigneurs non moins renommés par leur vaillance. On peut se faire une idée de leur constance, en songeant aux sorties audacieuses qu'ils firent si souvent contre l'ennemi, à la vigueur avec laquelle ils le repoussèrent toutes les fois qu'il chercha à s'introduire dans la ville par les galeries souterraines et les mines qu'il avait secrètement pratiquées. Les revers ne purent abattre leur courage ; au milieu des ruines de leurs maisons qui s'écroulaient autour d'eux, ils passaient les nuits sans sommeil, et toujours sous les armes, pour éviter les surprises, ayant à peine le temps de prendre un peu de nourriture. Aussi doit-on leur accorder toutes sortes d'éloges en cette occasion.

Durant le siége, le roi d'Angleterre fit venir dans son camp, sous la foi d'un sauf-conduit, messire de Gaucourt et quelques autres chevaliers, et les engagea par de douces paroles à lui remettre la ville, leur rappelant que les droits de sa couronne sur le duché de Normandie étaient fort anciens. Ils lui répondirent hardiment qu'ils n'avaient rien reçu en garde de lui, et qu'ils savaient que le roi de France ne laisserait pas long-temps la ville assiégée, et qu'il viendrait bientôt la dégager à la tête d'une armée considérable.

Le 10 septembre, en effet, le roi, voulant mener à bonne fin cette entreprise, avec l'aide de Dieu et par l'intercession des saints, alla faire un pélerinage à l'église de Notre-Dame de Paris, se rendit ensuite dévotement à l'église de Saint-Denys, patron particulier de la France, et y entendit une messe qui fut célébrée en grande solennité à l'autel du glorieux martyr par les vénérables religieux, l'abbé et tout le couvent. Après la collation, ayant reçu l'oriflamme avec toutes les cérémonies déjà souvent décrites, il la remit, en signe de son

brata, post collacionem factam, cum observanciis consuetis,
alcius sepe scriptis, rex auriflammam domino de Baqueville
tradidit deferendam cum juramentis consuetis, in signum
expedicionis proxime, et tunc villam Medunte peciit. Jam jamque tercia die hujus mensis, dominus dux Guienne, in predicta
ecclesia oracione peracta, Vernonis villam attigerat, ubi multis feriis successivis venturos principes expectavit.

Quo spacio obsessi in Heriflorio quamplures sibi miserunt,
qui dicerent : « Humiles subditi vestri, continuis angustiis et
« intollerabilibus oppressi ab Anglicis, vestre serenitati suppli-
« cant ut acceleretis mittere, qui obsidionem solvant, ne, ad
« dedicionem coacti, portus tam famosissimus et insignis amit-
« tatur in dedecus regie majestatis. » Sed cum difficultate
magna ad eum semper admissi, cum lacrimabiliter et queru-
losis vocibus miserias, calamitates et defectus quos pacieban-
tur enarrarent, ab hiis qui sibi familiarius assistebant taliter
respondebatur : « Obsessis referatis ne timeant, sed semper
« firmiter credant quod dominus noster rebus agendis sine
« defectu providebit tempore opportuno. » Sic promissionibus
contenti, quamvis vanis, ut audierunt principes, comites et
barones ad mandatum regium tantum numerum bellatorum
adduxisse, quod fere tocius Normanie et usque Parisius
patriam occupabant et qui quatuordecim mille loricatorum ad
unguem excedebant, gavisi sunt. Videntesque se per coti-
dianos conflictus, multorum cedes, perennes vigilias, et ali-
mentorum defectus fere ad ultimam necessitatem redactos, ab
hostibus usque ad diem decimum octavum septembris fedus
induciale poposcerunt, sub condicione tamen quod villam redderent, nisi succursum haberent, idque interventu ducis Cla-
rencie, fratris regis Anglie, concessum fuit eisdem. Prefixum

expédition prochaine, à messire de Bacqueville, en lui faisant prêter le serment accoutumé, et partit ensuite pour Mantes. Monseigneur le duc de Guienne, qui était allé aussi faire ses dévotions à Saint-Denys, était déjà depuis le 3 du même mois dans la ville de Vernon, où il attendit quelques jours encore l'arrivée des autres princes.

Dans cet intervalle, les assiégés d'Harfleur lui envoyèrent à plusieurs reprises des députés, pour lui dire : « Vos humbles sujets, « serrés de près par les Anglais et réduits à une extrême détresse, « supplient votre sérénité de leur dépêcher en toute hâte des secours « pour faire lever le siége, de peur qu'ils ne soient contraints de se « rendre, et qu'un port si important et si fameux ne soit perdu pour « la France, au détriment de la majesté royale. » Mais ce fut toujours à grand'peine que ces députés parvinrent à être admis auprès du duc, et lorsqu'ils eurent exposé en pleurant et en sanglotant le triste tableau de leurs misères, de leurs souffrances et de leurs privations, ceux qui étaient attachés plus particulièrement à la personne du prince leur répondirent : « Dites aux assiégés de se rassurer et de tenir toujours « pour certain que notre sire le roi pourvoira sans faute à toutes « choses en temps opportun. » Les députés se contentèrent de ces promesses, quelque insuffisantes qu'elles fussent, et grande fut la joie des habitants, lorsqu'ils apprirent que les princes, les comtes et les barons, mandés par le roi, avaient amené un tel nombre de gens de guerre, qu'ils occupaient presque tout le pays qui s'étend depuis la Normandie jusqu'à Paris, et qu'on y comptait plus de quatorze mille hommes armés de toutes pièces. Mais enfin, se voyant réduits presque à la dernière extrémité par les engagements qu'ils avaient à soutenir tous les jours, par la mort d'un grand nombre de leurs compagnons, par des veilles continuelles et le manque de vivres, ils demandèrent une trêve aux ennemis jusqu'au 18 septembre, promettant de leur rendre la ville, s'ils n'étaient point secourus auparavant. Cela leur fut accordé par l'entremise du duc de Clarence, frère du roi d'An-

terminum summe auctoritatis capitaneis regii exercitus intima-
runt; sed hii, quasi cantato carmine fascinati et immobiles
effecti, voces auxilium deprecancium, proc pudor! neglexerunt. Quapropter ut adimplerent promissa die dicta eos
Anglici monuerunt. Quod cum aliquandiu agere detrectassent,
circa meridiem hostes assultum' solito acriorem inchoarunt,
quem intus degentes forti animo, et, ut referunt tunc presentes,
domini de Stouteville et de Gaucuria, fere per tres horas pertulerunt, donec qui partem alteram ville pertingebant, portas
apperuerent hostibus; sicque obsessi se et villam regi Anglie
dedentes, odibile jugum redempcionis subierunt.

Quamvis modus rei geste multorum varie oppinancium discus-
sioni pateat manifeste, nolens tamen veritati adulacionem preponere, quod scriptorum annalium suspectum reddere solet
officium, et vituperabilius in eis reputatur, dicam absque erubescencie velo prelibata note pusillanimitatis subjacere. Inde
sane milicia Gallicana cunctis alienigenis facta est in derisum et
sibilum, et versa est in eorum canticum tota die, cum sine resistencia regnum permisit privari suo nobiliori et utiliori portu,
ac ejus strenuissimos pugnatores tam viliter captivari. Et si in
regis dedecus id, ut videtur, redundat, ipsum tamen censeo
merito excusandum; nam pro certo inconvenienti inolita ejus
magnanimitas obstitisset, si incolumis perstitisset.

CAPITULUM VII.

Qualiter se habuit rex Anglie, Heriflorii portu capto, et ut per Picardiam hostiliter
equitavit.

Sic rex Anglie villam victoriosus ingressus Deo regraciatus
est, partaque disponens ad libitum, et cum militibus et armi-

gleterre. Ils donnèrent avis de cette convention aux principaux capitaines de l'armée du roi; mais ceux-ci, comme fascinés par quelque
maléfice, restèrent dans une honteuse inaction, sans écouter les prières
de ceux qui imploraient leur secours. Au jour dit, les Anglais récla-
mèrent donc l'accomplissement du traité; et comme les assiégés ne
paraissaient pas décidés à s'exécuter de bonne grâce, ils commencèrent, du côté du midi, un vigoureux assaut que ceux de la ville sou-
tinrent courageusement pendant près de trois heures, selon le témoignage de messire d'Estouteville et de messire de Gaucourt, présents
à ce siége. Au bout de ce temps, ceux qui étaient chargés de défendre
l'autre côté de la place ouvrirent les portes aux Anglais. Alors les
assiégés se rendirent eux et leur ville au roi d'Angleterre, et furent
mis à rançon.

Bien qu'on ne soit pas d'accord sur les diverses circonstances de ce
siége, et que l'exactitude en soit contestée, je ne veux pas cependant
sacrifier la vérité à la flatterie, ni m'exposer au soupçon de partialité,
qui discrédite l'historien, et j'avouerai avec franchise que l'inaction des
seigneurs doit être taxée de lâcheté. La chevalerie française devint, à
cette occasion, la fable et la risée de tous les étrangers; elle fut raillée
dans des chansons injurieuses, pour avoir laissé enlever au royaume
l'un de ses ports les plus fameux et les plus importants, sans chercher
à le défendre et à sauver ses braves défenseurs d'un honteux escla-
vage. Ce déshonneur semble devoir rejaillir sur le roi, qui toutefois
est bien excusable; car il n'est pas douteux que son courage n'eût
empéché ce malheur, si l'état de sa santé le lui eût permis.

CHAPITRE VII.

Ce que fit le roi d'Angleterre après la prise du port d'Harfleur. — Comment
il courut à main armée la Picardie.

Le roi d'Angleterre, étant entré victorieusement dans Harfleur,
rendit grâces à Dieu, et disposa de sa conquête selon son bon plaisir.

geris captivis benigne eonveniens, et micius quam sperabatur se habens, eorum parti majori eundi quocunque vellent concessit licenciam, prius tamen data fide, quod in feṣto sancti Martini hyemalis ad ipsum reverterentur, et quamvis inermium incolarum sanguini preceperit parcere, diciores tamen duci fecit in Angliam captivandos, donec peccunialem redempcionem solvissent impositam, et cum juniores et robustiores reperti, pro defensione ville dignum duxit remanere, et valitudinarios, pauperes, etate graves expulisset, muliebris sexus misertus, mulieres cum indumentis et bonis que secum portare possent, liberas abire permisit et sine impedimento. Indeque tamen recedere statuit, assignatis qui villam custodirent; nam jam sane pestis mortalis, ex inediis intollerabilibus procedens, multos suorum, eciam auctoritate summa pollencium, assumpserat, et sub tectis hybernare, non castrorum expugnacionibus operam dare, instans hyemis inclemencia inducebat. Quapropter suis illustribus acquiescens, noluit viribus imparibus bellorum se dubiis committere casibus, sed Calesium redire statuit et ibidem vernalem temperiem, bellicis expedicionibus aptam, expectare. Illuc sane magnis itineribus contendens et pontem super fluvium Summe, per quem transiturus erat, destructum et recisum in parte reperiens, redire necessario compulsus est.

Quod audientes negociorum civilium regni precipui moderatores, tractores, et quod infortunium ventorum navigium elongaverat ab eis, edictis regiis longe distantes pugnatores dignum duxerunt congregandos, precipientes ut non nisi sola nocte in villagiis quibuscunque morarentur, et quod infausta fortuna hostes astrictos tenebat et vincibiles reddebat manifeste. Quamvis ballivis et prepositis regis id intimare universis injunctum fuerit, et sub pena subeundi ultimum supplicium, cum

Il traita les chevaliers et les écuyers qui avaient été faits prisonniers avec plus de douceur et de générosité qu'on ne s'y attendait. Il permit à la plupart d'entre eux d'aller où ils voulaient, après leur avoir fait jurer toutefois qu'ils reviendraient auprès de lui à la Saint-Martin d'hiver. Il ordonna qu'on épargnât la vie des habitants désarmés; mais il fit conduire les plus riches en Angleterre pour les y retenir captifs jusqu'à ce qu'ils eussent payé rançon. Il laissa les hommes jeunes et valides pour la défense de la ville, en chassa les malades, les pauvres et les vieillards; quant aux femmes, il leur permit, par compassion pour leur sexe, de s'éloigner en toute liberté et sans obstacle avec leurs vêtements et tout ce qu'elles purent emporter. Il résolut ensuite de se retirer, après avoir mis garnison dans la ville [1]. Une épidémie mortelle, causée par l'excès du besoin et des privations, avait déjà enlevé une partie de ses troupes et plusieurs de ses principaux officiers. L'approche de la saison rigoureuse l'engageait d'ailleurs à interrompre les opérations militaires et à faire prendre à son armée ses quartiers d'hiver. Il suivit donc le conseil des seigneurs de sa cour, et au lieu de tenter avec des forces inégales les chances de nouveaux combats, il se rendit à Calais, pour y attendre le retour de la saison favorable aux expéditions. Il se dirigea vers cette ville à grandes journées; mais en arrivant sur les bords de la Somme qu'il devait passer, il trouva le pont à moitié détruit et coupé, et fut obligé de retourner sur ses pas.

A cette nouvelle, et sur le bruit que les vents contraires avaient éloigné la flotte anglaise, les principaux seigneurs chargés du gouvernement de la France enjoignirent aussitôt, de la part du roi, aux gens de guerre qui étaient disséminés de tous côtés de se rassembler en toute hâte et de ne séjourner que la nuit dans les villages, leur annonçant que la fortune leur livrait pour ainsi dire l'ennemi pieds et poings liés et leur promettait une victoire facile. Cet ordre fut

[1] Suivant Monstrelet, cette garnison se composait de cinq cents hommes d'armes et de mille archers, commandés par Jean le Blond; suivant Lefèvre de Saint-Remy, elle était sous les ordres du duc d'Exeter, et comptait, outre les cinq cents hommes d'armes, quinze cents archers.

plerisque tamen alienis, nonnullis ex furtivo concubitu et ob-
scuro sanguine procreatis, exules proscripti multi erant sub
signis principum militantes, plus rapacitati inexplebili quam
exercicio militari assueti, qui non modo regium parvipenderunt edictum, sed deinceps regnicolis dampna acriora solito
intulerunt; et quod insolitum erat, pro plaustris, animalibus
subjugalibus, domiciliisque propriis peccunias exigendo, quidquid manibus auferri-poterat eciam rapientes, greges et armenta,
et animalia equina aratris deserviencia secum invitis incolis
deducebant, et, utens breviloquio, pejora quam adversarii
perpetrabant, dumtaxat cedibus et incendiis exceptis.

Rex autem cùm exercitu copioso, et qui ad delendas multas
barbaras naciones suffecisset, Rothomagum circa octobris inni-
cium adiit, secum habens copias militares numerum quatuordecim milium excedentes, sub principibus militantes merito
nominandis; nam de regali sanguine procreati, aliis auctóritate
precellebant. Cum primogenito namque suo, domino duce
Guienne, domini Biturie, Aurelianis, de Borbonio, Alensonis,
de Baro, de Brabanto duces, cum comitibus eciam Niverniensi,
de Divite Monte, Vindocini, quindecim alii erant, multi quorum, strenui milites, insignes quoque barones, qui omnes cordialiter affectabant regi et sibi illatas injurias in adversarios
Anglicos vindicare. Tum sane de Burgundie partibus, Sabaudie, Lotharingie copias congregaverat militares dux Burgundie
Johannes; quem tamen rex non consultus est in auxilium evocare, quia ceteri principes, cum eodem cordiali affectu minime
conveniebant, et optabant sine ipso expedicionem bellicam laudabiliter consummare.

adressé à tous les baillis et prévôts du roi, avec recommandation de le notifier à tous sous peine de mort. Néanmoins les gens de guerre enrôlés au service des princes, qui étaient pour la plupart des étrangers, des bâtards, des hommes sans naissance, des exilés et des proscrits, plus avides de pillage qu'accoutumés à la discipline militaire, ne tinrent aucun compte des ordres du roi, et firent même souffrir aux habitants du royaume plus de maux encore qu'auparavant. Ils les forcèrent, avec une rapacité jusqu'alors inouïe, à racheter leurs chariots, leurs bêtes de somme et leurs propres maisons; ils firent main basse sur tout ce qu'ils pouvaient emporter, et enlevèrent de force le gros et le menu bétail, et jusqu'aux chevaux qui servaient au labourage; en un mot, ils commirent des cruautés pires que l'ennemi même, à l'exception du meurtre et de l'incendie.

Cependant le roi arriva à Rouen, vers le commencement d'octobre, à la tête d'une puissante armée, qui eût suffi pour anéantir plusieurs nations barbares. Il avait avec lui plus de quatorze mille hommes commandés par des chefs illustres dont les noms méritent d'être consignés ici; car ils étaient pour la plupart du sang royal et surpassaient tous les autres en autorité. C'étaient monseigneur le duc de Guienne, fils aîné du roi, messeigneurs les ducs de Berri, d'Orléans, de Bourbon, d'Alençon, de Bar et de Brabant, les comtes de Nevers, de Richemont, de Vendôme et quinze autres, dont plusieurs étaient de braves chevaliers, d'illustres barons, brûlant tous du désir de venger sur leurs ennemis d'Angleterre les injures que le roi et eux-mêmes en avaient reçues. Le duc Jean de Bourgogne avait aussi levé des troupes en Bourgogne, en Savoie et en Lorraine; mais le roi ne jugea pas à propos de l'appeler à son secours, parce qu'il n'était pas aimé des autres princes, qui désiraient ne pas partager avec lui l'honneur de terminer la campagne. '

' Monstrelet assure que le duc de Bourgogne, mandé par le roi, refusa d'envoyer ses troupes, et qu'il s'abstint de venir, par suite d'un traité secret conclu avec le roi d'Angleterre. Lefèvre de Saint-Remy dit que la plupart des gens du duc de Bourgogne, et principalement les seigneurs de Flandre et de Picardie, rejoignirent l'armée royale, malgré sa défense.

Ultra numerum pugnatorum qui regiis mandatis obtempera-
verant, ipsi regi burgenses Parisienses sex milia virorum optime
loricatorum obtulerunt, qui in fronte ponerentur, si pugnandum
foret. Quod cum dux Biturie magnipenderet coram suis militibus,
unus, Johannes de Bello Monte vocatus : « Sibi virorum mecha-
« nicorum auxilium utique contempnendum, inquit, est; nam in
« triplo tunc Anglicorum numerum excedemus. » Sic nephas utique reputabat armis dignum plebeium, quamvis ex plebeiis
multos noverint summo honore habitos, et dum nullum antiqui-
tus respuendum dignum duceretur genus in quo eniteret virtus,
crevit regnum. In historiis Francorum eciam reperitur, quod
hoc presumptuoso sermone usi sunt milites apud Courtracum,
et mox a Flandrensibus occidendi in fossas profundas, artificia-
liter lignis tenuis levibus coopertas, precipites ceciderunt; iterum apud Pictavium, et mox illustris Johannes rex captus fuit;
iterum in Hungaria, et a Turcis christiani victi et interempti
sunt. Ideo modum loquendi non censeo approbandum.

Ad hostiles cohortès Anglicorum reducens calamum, esto quidam eorum strenuitati ascribant tunc loca maritima relinquisse,
dicam tamen victualium penuria eos ad hoc coegisse; nam malentes Martis fortunam experiri, quam fame periclitari, perpetua tabescere inedia, et eligentes facere de necessitate virtutem, interiora regni pecierunt, et per opaca silvarum itinera
Gornacum, in Belvacensi pago situm, a mari duabus et viginti
leucis distans, exercendo quidquid hostis in hostem consuevit,
sine obice pervenerunt. Ibidem non sine metu exacto quatri-
duo, versus Ambianensem urbem flectunt iter, et, ut vera relacione cognovi, tantis inediis pressi, quod a compatriotis et oppidanis vicinis loco redempcionum victualia poscebant absque
erubescencie velo, sepius exorantes ut cum Datan et Abiron

Outre les gens de guerre qui s'étaient rendus à l'appel du roi, les bourgeois de Paris lui offrirent six mille hommes complétement équipés, en demandant qu'ils fussent placés au premier rang, si on livrait bataille. Comme le duc de Berri vantait fort cette offre en présence de ses chevaliers, l'un d'entre eux, nommé Jean de Beaumont, reprit avec dédain : « Le roi ne devrait pas accepter le secours de ces arti- « sans; car nous serons alors trois fois plus nombreux que les An- « glais. » Il regardait sans doute comme une indignité qu'on laissât prendre les armes aux gens du menu peuple. On en a vu cependant beaucoup qui se sont illustrés par leur vaillance, et c'est en ne re- poussant jamais le mérite, dans quelque rang qu'il se trouvât, que le royaume est devenu si florissant. Les annales de France nous apprennent aussi que la chevalerie française tint ce langage présomp- tueux à Courtrai, et elle fut précipitée dans des fossés profonds, habi- lement recouverts de planches légères, où elle fut égorgée par les Flamands; à Poitiers, et l'illustre roi Jean fut fait prisonnier; en Hongrie enfin, et les chrétiens furent vaincus et massacrés par les Turcs. On ne doit donc pas approuver, selon moi, une telle arrogance.

Je reviens aux Anglais. Bien que quelques personnes attribuent à leur courage la détermination qu'ils prirent alors de quitter les côtes, je dois dire cependant qu'ils y furent contraints par le manque de vivres. Ils aimèrent mieux tenter la fortune des combats que de se voir décimés par la famine et par des privations continuelles, et faisant de nécessité vertu, ils s'avancèrent dans l'intérieur du royaume, et par- vinrent sans obstacle, en dérobant leur marche à travers les forêts et en commettant sur leur passage toutes sortes d'hostilités, jusqu'à la ville de Gournay, située dans le Beauvaisis, à vingt-deux lieues de la mer. Après avoir passé quatre jours en cet endroit au milieu des alarmes, ils se mirent en route pour Amiens. J'ai su de bonne part qu'ils étaient tellement aux abois, qu'au lieu de rançonner à prix d'argent les habitants des villes et des campagnes, ils se contentaient de leur demander des vivres, et qu'ils maudirent plus d'une fois les traîtres de Français qui leur avaient conseillé de venir en France,

proditores Gallici eternam reciperent porcionem, qui eos Franciam petere consuluerant. Tunc sane a tergo, anteriori parte et a lateribus illustres duces habebant et comites cum magnis pugnatorum copiis, qui fluviales et terrestres vias, publicos passus et transitus servabant sollicite, ne recederent indempnes. Quam revera si continuassent astuciam, utique ex ipsis hostibus incruentum, sed valde commendabilem, obtinuissent triumphum.

Hostes autem usque ad fluvium Somme processerunt, ut per pontem ligneum pertransirent; at ubi illum recisum et fractum repererunt, inde quasi furia agitati circumadjacencia suburbia flamma voraci combusserunt, accersitisque expertis artificibus, qui lignis secandis, dolandis et copulandis habebant periciam, ex vicinis nemoribus pontem ligneum, per quem flumen pertransirent, inchoari jusserunt.

Calesiensis municio, trecenti scilicet strenui stipendiarii, regis sui impedimentum ignorantes, jam accelerabant ipsum honore debito prevenire; in itinere tamen Picardos repererunt, cum quibus infeliciter conflictum committentes, tandem fugam arripere sunt coacti, in qua fuga perpauci interfecti sunt, sed plures redempcionem subire coacti sunt. Ceterarum eciam nacionum nonnulli sub Cligneto de Brebanto amirallo, marescallo Boussicaudo, bastardo de Borbonio, ceterisque capitaneis militantes, ab adventu hostium reiteratis vicibus similes discursus in hostes abinvicem dispersos, gracia querendi necessaria, cedes et vulnera inferendo, laudabiliter peregerunt et actus commendabiles, dignos quoque memoria, unde certe gloriam sibi perhennem peperissent, si scriptis expeciisent mandari; sed quasi proprie fame neglectores, contenti sunt clamoribus preconum triumphorum, vel echo excipienti plausus theatrales cum quanto periculo tunc usi sunt commisisse.

appelant sur leur tête les châtiments que subissent dans l'enfer Dathan et Abiron. En effet, ils avaient alors devant eux, en flanc et sur leurs derrières, les illustres ducs et comtes, qui avec des troupes nombreuses gardaient soigneusement les routes et le cours des rivières, tous les chemins et les passages, afin de leur couper toute retraite, et si les Français avaient persisté dans cette tactique, ils auraient sans aucun doute remporté sur l'ennemi une victoire complète et peu sanglante.

Cependant les Anglais, qui s'étaient avancés vers les bords de la Somme, et qui comptaient traverser la rivière sur un pont de bois, ayant trouvé le pont coupé et rompu, se jetèrent avec fureur sur les villages d'alentour et y mirent le feu. Après quoi, ils réunirent à la hâte des menuisiers et des charpentiers, et leur ordonnèrent de construire un nouveau pont avec les arbres des forêts voisines, pour qu'ils pussent passer la rivière.

La garnison de Calais, composée de trois cents braves, ignorant tous les embarras de son roi, s'empressait de venir à sa rencontre pour lui rendre les honneurs dus à son rang. Mais elle fut arrêtée, chemin faisant, par un corps de Picards, qui l'attaqua et la mit en déroute. Parmi les vaincus, quelques-uns seulement furent tués dans leur fuite, le plus grand nombre fut mis à rançon. L'amiral Clignet de Brabant, le maréchal Boucicault, le bâtard de Bourbon et d'autres capitaines avaient fait aussi quelques courses heureuses à la tête d'autres bandes; ils avaient en plusieurs rencontres surpris les ennemis dispersés çà et là pour fourrager, et leur avaient tué ou blessé beaucoup de monde. Les prouesses et les exploits mémorables par lesquels ils se distinguèrent en cette occasion leur auraient acquis une gloire éternelle, s'ils avaient pris soin de les faire consigner par écrit. Mais, peu soucieux de leur renommée, ils se contentèrent d'entendre célébrer leurs périlleuses aventures par la voix des hérauts d'armes et par les applaudissements de la foule.

CAPITULUM VIII.

Quomodo Gallici victi fuerunt ab Anglicis.

Unum michi abstulit scribendi celeritas, quod alcius commendari potuisset. Nam ut regis expedicio felicem sortiretur effectum, ab ejus recessu de villa Parisiensi et hucusque ubique regnicole de ecclesiis ad ecclesias devotas generales letanias et missarum sollempnia statuerunt celebrare. Parisius quoque reiteratis vicibus cum universis viris ecclesiasticis ac Universitate veneranda prelati quamplures, indumentis pontificalibus insigniti, id devotissime peregerunt, et ut utriusque sexus innumerabilis populi subsequentis devocionem amplius excitarent, quod non consuetum erat, ardentes cereos singuli deferebant. Divinam utique clemenciam sperabant oraciones devotas non sprevisse, cum divulgaretur ubique Francigenas hostes attenuatos fame et frigore, in parte quoque maxima viribus destitutos tenere sic attritos, quod, si in statu mansissent, eos sine cruore humano pro certo humiliassent ad nutum. Sed inopinate, quorumdam auctoritate, quorum nomina ignoro, jussi sunt castra mutare, indeque recedere et alibi se transferre. Non voluntarie obedierunt precepto, scientes illud in favorem hostium processisse; nam mox sine impedimento fluvium pertranseuntes, lento gressu, et precipue pedestres, Calesium tendere statuerunt. Sed cum ultra Hedinium per tres leucas processissent, nec nisi novem leucis a Calesio distarent, Picardos iterum repererunt, qui eos ulterius impedierunt progredi et in hiis locis manere pede fixo compulerunt.

Hucusque perpessa impedimenta rex Anglie egre ferens, communicato consilio cum suis illustribus, ut sciret quid inde

CHAPITRE VIII.

Comment les Français furent vaincus par les Anglais.

La rapidité du récit m'a fait omettre une particularité qui aurait pu être mentionnée plus haut. Afin d'appeler la faveur du ciel sur l'expédition du roi, on faisait partout, depuis son départ de Paris, des processions d'église en église, on adressait à Dieu des prières publiques et on chantait des messes solennelles. A Paris, un grand nombre de prélats, vêtus de leurs habits pontificaux, et accompagnés de tout le clergé et de la vénérable Université, prirent part avec beaucoup d'empressement à ces dévotions, et pour redoubler par une pompe extraordinaire le zèle de la foule immense d'hommes et de femmes qui les suivaient, ils portaient tous à la main des cierges allumés. On se flattait de l'espoir que la Providence avait exaucé ces ferventes prières; car le bruit s'était déjà partout répandu que l'ennemi, épuisé de faim et de froid, était presque hors d'état de se défendre, et que l'armée française le serrait de si près, que, si elle n'eût pas quitté sa position, elle en eût triomphé facilement et sans effusion de sang. Mais tout à coup, sur les ordres de quelques chefs dont j'ignore les noms, les Français opérèrent un mouvement, et allèrent s'établir ailleurs. Ils n'obéirent pas sans regret, prévoyant bien que ce mouvement était favorable à l'ennemi. En effet les Anglais passèrent aussitôt la Somme sans obstacle, et se dirigèrent lentement et pour la plupart à pied sur Calais. Mais arrivés à trois lieues au delà de Hesdin, et n'étant plus qu'à neuf lieues de Calais, ils rencontrèrent encore les Picards, qui les empêchèrent d'aller plus loin et les forcèrent de s'arrêter.

Le roi d'Angleterre, alarmé de tant de difficultés, tint conseil avec les principaux chefs de son armée sur le parti qu'il y avait à prendre. Ils furent d'abord tous d'avis qu'il fallait s'ouvrir un passage les armes

agendum esset, omnes unanimiter iter aperiendum viribus et belli experiri fortunam concluserunt, monentes viros ecclesiasticos secum residentes, ut, more solito, inter missarum sollempnia Dei omnipotenciam implorarent pro adipiscenda victoria. Attendentes tamen quod cum ingentibus copiis pugnatorum suorum numerum excedencium in quadruplo et sub vexillis ducum, comitum et baronum Francie congredi opportebat, ad prefatos dominos, die vicesima quarta octobris, nuncios transmiserunt, qui dampnorum illatorum et ablatorum viribus restitucionem offerrent, dum tamen, data super hoc sufficienti caucione, libere possent redire ad propria.

In annalibus antiquis multos penituisse legerant qui oblaciones justas contempserant, et pro recenti exemplo inclitum regem Francie Johannem sciebant quod, hoc peracto, insurrexerat in Anglicos, a quibus mox victus et captus fuerat; sed de propriis viribus presumentes, et quorumdam malignorum seducti consilio, non modo que pacis erant respuerunt, ymo et sequenti die regi Anglie indixerunt prelium committendum. Que responsa publice reserans universis : « Commilitones optimi, inquit, et « vos omnes, obedientes subditi, nunc necessario conflictum « grandi alea plenum agrediendum nobis est cum adjutorio « Dei, qui nos novit que racionabilia erant obtulisse, que et « adversarii arroganter de sua multitudine presumentes respue- « runt, non advertentes quod ipse amator pacis sit et indife- « renter cum paucis ut multitudini prestare victoriam consue- « vit.» Ulteriusque quantum arcus potest semel jacere procedens, et spaciosam camporum planiciem reperiens, addidit : « Et hic « sistendum nobis est pede fixo, et in vires animos recolligentes « adversarios expectare, non divisi, sed insimul congregati. Ad « instar quoque corone duodecim milia sagittariorum quos

à la main, et tenter les chances d'une bataille; ils recommandèrent
en même temps aux ecclésiastiques qui étaient à leur suite d'adresser,
selon la coutume, des prières au Seigneur pendant l'office divin pour
lui demander la victoire. Mais quand ils virent qu'il fallait combattre
avec des troupes quatre fois plus nombreuses que les leurs[1] et com-
mandées par les principaux ducs, comtes et barons de France, ils envoyèrent des députés auxdits seigneurs, le 24 octobre, pour leur
offrir la réparation de tous les dommages qu'ils avaient causés, et la
restitution de tout ce qu'ils avaient pris, à condition qu'on s'enga-
gerait à les laisser retourner librement dans leur pays.

Les annales des règnes précédents devaient avoir appris aux seigneurs de France qu'on s'était souvent repenti d'avoir rejeté des conditions raisonnables. Ils en avaient même un exemple récent dans la
personne de l'illustre roi de France Jean, qui, pour avoir attaqué les
Anglais en pareille circonstance, avait été vaincu et fait prisonnier.
Mais présumant trop de leurs forces et entraînés par les mauvais
conseils de quelques uns d'entre eux, ils repoussèrent toute proposition de paix, et firent répondre au roi d'Angleterre qu'ils livre-
raient la bataille le lendemain. Le roi communiqua cette réponse
à toute son armée : « Braves compagnons d'armes, leur dit-il, et
« vous tous, mes fidèles sujets, nous voici réduits à tenter les chances
« d'un combat plein de hasards. Espérons en l'assistance de Dieu, qui
« sait que les offres que nous avons faites étaient raisonnables, et
« que nos adversaires les ont rejetées avec orgueil, par un excès de
« confiance en leur nombre, sans songer que Dieu aime la paix, et
« qu'il donne aussi souvent la victoire à une poignée d'hommes qu'aux
« armées les plus redoutables. » Après avoir prononcé ces paroles, il
fit avancer son armée environ la portée d'un arc, et se voyant dans
une vaste plaine, il ajouta : « Il faut nous arrêter ici, recueillir tout
« notre courage et attendre l'ennemi de pied ferme, en bataillons

---

[1] Les opinions des historiens sont très diverses au sujet de la disproportion du nombre des deux armées. Voir Monstrelet, Lefèvre de Saint-Remy, Walsingham, etc.

★

« habetis vos ambient, ad reprimendum hostiles motûs subitos
« qui supervenire poterunt. Ad memoriam igitur predecesso-
« rum vestrorum strenuitatem reducentes, ut regem Philippum
« de Valesio feliciter fugaverunt, ut ejus successorem Johannem
« potentissime vicerunt et ceperunt, utque postmodum sexcies
« per Franciam sine obice hostiliter discurrerunt, quantum
« audaces geratis animos nunc pateat ; necessitate nunc virtus
« augeatur ; nec paveatis nimiam multitudinem· accedencium
« principum et baronum, sperantes firmiter quod in eorum
« ignominiam et confusionem sempiternam, ut alias, redi-
« getur. »

Fide dignorum relatu michi sollicite inquirenti de statu et condicionibus hostium, responsum est : «Hucusque, inquiunt, parvo
pastu usi fuerant et laboriose exquisito ; inter eos meretriculas
reperisse reputatum fuerat detestabile crimen ; sibi benivolis
Francis quam ipsimet regnicole micius se habuerant, et vigue-
rat inter omnes observancia discipline militaris, regiis obtempe-
rantes mandatis. Ideo verbis ejus mirabiliter animati, non modo
summe auctoritatis nobiles, sed et gregarii et ceteris levis· armature viri de more aciem precedentes, se usque ad mortem
certare promiserunt. »

Tunc in Francie .regis absencia atque dominorum ducum
Guienne, Biturie, Britannie et Burgundie, ceteri principes bellum peragendum susceperant, quod, ut firmiter creditur, feliciter terminassent ; sed paucitatem hostium parvipendentes, nec
veteranorum et emeritorum militum acquiescentes consiliis,
rem nimis precipitanter agressi sunt : unde, quod siccis oculis
nequeo meditari, o Christe, mencium scrutator equissime,
regnum atque regnicolas induerunt confusionem et ruborem.
Modum tamen, quamvis michi displicentem, jure officii relin-

« serrés, sans diviser nos forces. Nos douze mille archers se range-
« ront en cercle autour de nous, pour soutenir, au besoin, le choc de
« l'ennemi. Souvenez-vous donc de la valeur dont firent preuve vos
« ancêtres, lorsqu'ils mirent en fuite le roi Philippe de Valois, lors-
« qu'ils vainquirent et firent prisonnier le roi Jean, son successeur,
« lorsque plus tard ils traversèrent six fois la France sans obstacle.
« C'est maintenant qu'il faut déployer toute votre intrépidité. La
« nécessité doit augmenter votre courage. Loin de vous effrayer d'avoir
« affaire à tant de princes et de barons, ayez la ferme espérance que
« leur grand nombre tournera, comme jadis, à leur honte et à leur
« éternelle confusion. »

Des personnes dignes de foi, auprès desquelles je me suis enquis
soigneusement de l'état et des habitudes des ennemis, m'ont assuré que
jusqu'à ce moment ils avaient fait maigre chère, et qu'ils avaient
grand'peine à se procurer des vivres ; qu'ils avaient considéré comme
un crime presque impardonnable d'avoir dans leur camp des femmes
de mauvaise vie ; qu'ils montraient plus d'égards que les Français eux-
mêmes pour les habitants qui se déclaraient en leur faveur ; qu'ils observaient sévèrement les règles de la discipline militaire, et qu'ils obéis-
saient scrupuleusement aux ordres de leur roi. Aussi ses paroles
furent-elles accueillies avec enthousiasme, et non seulement les principaux chefs, mais encore les gens de pied et les autres troupes légères
qui formaient comme de coutume l'avant-garde, promirent de combattre jusqu'à la mort.

En l'absence du roi de France et de messeigneurs les ducs de
Guienne, de Berri, de Bretagne et de Bourgogne, les autres princes
s'étaient chargés de la conduite de cette guerre. Il n'est pas douteux
qu'ils ne l'eussent terminée heureusement, s'ils n'avaient pas dédaigné
le petit nombre des ennemis, et s'ils n'avaient pas engagé brusque-
ment la bataille, malgré l'avis des chevaliers les plus recommandables
par leur âge et par leur expérience. Telle fut, vous le savez, ô Jésus,
notre souverain juge, qui lisez au fond des cœurs, telle fut la cause
première de ce malheur, auquel je ne puis songer sans verser des
larmes, et qui couvrit la France et ses habitants de honte et de con-

quens successoribus tanquam summe evitandum, cum ante
omnes conflictus moris sit acies ordinare, eorum quoque singuli
anteguardiam poscerent conducendam, se tanto honore [1] reputantes, essetque inde exorta verbalis controversia, tandem
tamen unanimiter, proc dolor! coneluserunt, ut omnes in
prima fronte locarentur. Tunc vana spe agitabantur in castris
fere omnes, et precipue juniores, in quibus ardor marcius
amplius fervescebat, et quasi indomitum fortune caput suo
desiderio substernentes, veraciter affirmabant hostes ad conspectum tantorum principum terrore concuciendos et deficiendos animis, nilque ad obtinendum triumphum opus esse,
nisi subita invasione et audaci. Sic vel tum non advertentes
domini, quod, quamvis sit juventutis fervor magnus, major
tamen auctoritas et gravitas senectutis, in stultiloquorum
sentenciam transeuntes et duas alias acies statuentes, que
suam sequerentur, omnes copias militares hostibus appropinquare per duo fere miliaria statuerunt, ubi maximum impedimentum pertulerunt. Quod tamen, si per ignoranciam ipsorum vel quorumdam iniquorum consilio processerit, pro
comperto non referam habuisse. In solo utique spacioso recenter cultro et vomere culto, sed et prodiga inundacione pluviarum in modum fimi lutoso, resoluto, castra metari opportuit,
et omnes noctem insompnem ducere, nec sine displicencia magna
continue, et ultra cavillas pedum per lutum deambulando
lucis sequentis inicium expectare. Inde non sine lassitudine
gravi ulterius ad hostes procedentes, experimento didicerunt
varios eventus belli non viribus humanis, sed fortune, et, ut
verius fatear, fortune Domino subjacere, cum quatuor milia
suorum balistariorum peritorum, quibus ex officio incum-

[1] Il y a ici omission d'un mot tel que *dignos*.

fusion. Je m'acquitterai cependant de mon devoir d'historien, quelque pénible qu'il me soit, et je transmettrai à la postérité le récit de cette triste journée, pour qu'elle évite avec soin de pareilles fautes. Lorsqu'il fut question, comme il est toujours d'usage avant d'en venir aux mains, de mettre l'armée en bataille, chacun des chefs revendiqua pour lui l'honneur de conduire l'avant-garde; il en résulta des contestations, et, pour se mettre d'accord, ils convinrent malheureusement qu'ils se placeraient tous en première ligne. Presque tout le monde dans le camp se flattait d'un vain espoir, surtout les jeunes gens, qui n'écoutaient que leur bouillante ardeur. Comme s'ils pouvaient gouverner, au gré de leurs désirs la fortune inconstante, ils se persuadaient que la vue de tant de princes frapperait les ennemis de terreur et leur ferait perdre courage, et que, pour remporter la victoire, il ne fallait qu'une charge exécutée avec promptitude et hardiesse. Les principaux seigneurs oublièrent en cette occasion que, quelque confiance que puisse inspirer l'ardeur de la jeunesse, l'expérience et l'autorité de la vieillesse doivent prévaloir dans les conseils. Adoptant l'avis le moins sage, ils formèrent deux autres corps d'armée qui devaient suivre le leur, et décidèrent qu'ils se porteraient en avant et s'approcheraient de l'ennemi d'environ deux milles, mouvement dans lequel ils eurent à surmonter des difficultés de toutes sortes. Était-ce ignorance, ou le conseil fut-il donné par quelques traîtres? je l'ignore; mais il leur fallut camper dans un terrain d'une étendue considérable, fraîchement labouré, que des torrents de pluie avaient inondé et converti en une espèce de marais fangeux; il leur fallut passer la nuit sans dormir, et attendre le jour, en marchant, à leur grand déplaisir, au milieu de la boue où ils enfonçaient jusqu'aux chevilles. Aussi étaient-ils déjà harassés de fatigue, lorsqu'ils s'avancèrent contre l'ennemi, et ils ne tardèrent pas à apprendre à leurs dépens que les chances des combats dépendent non des forces humaines, mais de la fortune, ou, pour mieux dire, du souverain arbitre de la fortune. Quatre mille de leurs meilleurs arbalétriers, qui devaient marcher en avant et commencer l'attaque, ne se trouvèrent pas à leur poste, au moment de l'action, et l'on assure qu'ils avaient été congé-

bebat omnes precedere, ipsa et eadem hora minime comparere statuerunt, et, ut quidam referebant, a multis repudiatos, asserentibus eorum non indigere auxilio.

Inter horam diei nonam et decimam, iterum cum admirallo Francie, domino Clugneto de Brebanto, Ludovico Bourredon, domino de Gaullia, mille electos pugnatores ad unguem loricatos, et qui equos velociores habebant, premiserunt, qui sagittarios hostium jam emissos viribus perturbarent. Qui tamen, ut tractum densum sagittarum persenserunt, mox fractis animis in eorum vituperium sempiternum ducem suum cum paucis relinquerunt, et tam celeriter redeuntes ac si fulgurum ictus et tempestatum vitare contenderent, aliis universis timorem et formidinem, nec immerito, intulerunt. Interim dum sagittarum tractus densus, instar grandinis, poli faciem obnubilans, multos ex Francigenis graviter vulneraret, Anglici, non Francorum multitudine territi, ut prius presagierant quidam vani fatiloqui, sed constituti in fronte aciei regie, mox magnis passibus in eos accesserunt et fortunam prelii experiri statuerunt, se ipsos mutuo exhortantes, ut juramentorum memores usque ad mortem fortiter decertarent.

Eodem quasi instanti, regni duces insignes et comites, invocato de celis auxilio et se omnes salutari signo crucis munientes, mox ut sibi mutuo vale dicentes dulciter dilectionis osculum obtulissent, quotquot eorum vexilla sequebantur, hostilem exercitum cum presumptuoso incessu pecierunt cum alacritate cordis : *Meum gaudium! Meum gaudium!* jocundis vocibus exclamantes. O mortalium ceca mens et futurorum nescia! non sperantes quod extrema hujus presumptuosi gaudii luctus posset occupare. Vera relacione didici tunc ultra diei horam dimidiam cum omni genere armorum utrinque acriter dimicatum,

diés par des seigneurs de l'armée, sous prétexte qu'on n'avait pas besoin de leur secours.

Entre neuf et dix heures du matin, on chargea l'amiral de France messire Clignet de Brabant, Louis Bourdon et le sire de Gaule d'aller, avec mille hommes d'armes d'élite et des mieux montés, disperser les archers anglais qui avaient déjà engagé le combat. Mais à la première volée de flèches que l'on fit pleuvoir sur eux, ils lâchèrent pied à leur éternelle honte, laissèrent leurs chefs seuls au milieu du danger avec un petit nombre de braves, se replièrent en toute hâte sur le centre de l'armée, comme s'ils eussent fui devant la foudre et la tempête, et répandirent l'effroi et l'épouvante parmi leurs compagnons. Cependant les Anglais, à la faveur du désordre occasionné par leurs archers, dont les traits, aussi pressés que la grêle, obscurcissaient le ciel et blessaient un grand nombre de leurs adversaires, s'étaient mis en ligne de bataille devant le front de l'armée royale, et sans s'effrayer de la multitude des Français, comme l'avaient prédit nos jeunes présomptueux, ils marchèrent résolument sur eux, déterminés à tenter les chances d'un combat, et s'exhortant les uns les autres à se défendre vaillamment jusqu'à la mort, ainsi qu'ils en avaient fait le serment.

A peu près au même instant, les illustres ducs et comtes de France, après avoir invoqué l'assistance du ciel et avoir fait le signe de la croix, se dirent adieu les uns aux autres et s'embrassèrent affectueusement; puis ils s'avancèrent contre l'ennemi à la tête de leurs hommes d'armes; avec une contenance hardie, et en criant gaîment : *Montjoie! Mont-joie!* O aveuglement et imprévoyance des mortels! ils ne pensaient guère qu'à cette joie présomptueuse allaient bientôt succéder le deuil et la tristesse. J'ai appris de source certaine qu'on se battit de part et d'autre jusqu'au milieu du jour avec acharnement, en faisant usage de toutes sortes d'armes, mais que les Français étaient fort gênés et embarrassés dans leurs mouvements. Leur avant-garde, qui se composait de près de cinq mille hommes, se trouva

cum labore tamen nimio et impedimento Gallicorum. Nam prima eorum acies, ex quinque fere milibus pugnatorum composita, sic in principio constipata se tenuit, quod in fronte tercium tenentes ordinem vix enses vibrare potuissent, tunc discentes quod, et si quandoque numerositas pugnatorum profecerit, sic et alias potuit nocuisse. Erant et ex longo itinere pedestri jam peracto et armorum pondere nimio fatigati; impacientissime quoque pertulerunt sagitarios hostium insignes milites comitem Vindocini, magistrum regalis hospicii et regis cognatum, Guichardum quoque Dalfini, viros utique sani consilii, strenuos et fideles in agendis, alarum prelii conductores, eorum quoque fortissimos invasores, ex eis modica strage facta, ad locum proprium redire compulisse.

Que sibi nociva Gallici reputabant, media extiterunt victorie Anglicorum, et precipue continua et formidabilis emissio sagittarum; nam perlevi armatura tecti nec a sociis nimium constipati, levius et cum longiori anhelitu ictus reiterabant mortales; inusitato eciam armorum genere usi, quisque eorum in parte maxima clavam plumbeam gestabat, que capiti alicujus inflicta, mox illum precipitabat ad terram moribundum, vel a sensibus corporeis penitus destitutum. Hiis et aliis modis pugnandi, non sine suorum magna cede, mortalem continuaverunt conflictum, scientes quod res pro capitibus agebatur. Tandem tamen aciem prope vesano impetu viribus interrumpentes, eamdem in multis locis penetrabilem reddiderunt, sicque regni nobilitas aggregata multis peccunialibus, tanquam vile mancipium, proc dolor, redimenda, aut ignobilium gladiis succubuit pereunda. O sempiternum opprobrium a cunctis omne per evum miserabiliter deflendam cum reverenti suspirio! Nam et viris pro solacio solet esse et casum

d'abord si serrée, que ceux qui étaient au troisième rang pouvaient à peine se servir de leurs épées; cela leur apprit que, si le grand nombre des combattants est quelquefois un avantage, il y a des occasions où il devient un embarras. Ils étaient déjà fatigués par une longue marche et succombaient sous le poids de leurs armes. Ils eurent aussi la douleur de voir que les deux illustres chevaliers qui commandaient les ailes de l'avant-garde, le comte de Vendôme, cousin du roi et grand-maître de sa maison, et messire Guichard Dauphin, non moins renommés pour leur prudence que pour leur valeur et leur fidélité, étaient forcés de reculer devant les archers ennemis, après avoir perdu plusieurs des plus braves de leurs gens.

Ce fut précisément ce qui devait, dans l'opinion des Français, nuire le plus à leurs ennemis qui assura la victoire des Anglais, surtout la continuité avec laquelle ils firent pleuvoir sur nos troupes une effroyable grêle de traits. Comme ils étaient légèrement armés et que leurs rangs n'étaient pas trop pressés, ils avaient toute la liberté de leurs mouvements, et pouvaient porter à leur aise des coups mortels. En outre, ils avaient adopté pour la plupart une espèce d'arme jusqu'alors inusitée : c'étaient des massues de plomb, dont un seul coup appliqué sur la tête tuait un homme ou l'étendait à terre privé de sentiment. Ils se maintinrent ainsi avec avantage au milieu de cette sanglante mêlée, non sans perdre beaucoup des leurs, mais combattant avec d'autant plus d'ardeur, qu'ils savaient qu'il y allait pour eux de la vie. Ils rompirent enfin par un effort désespéré la ligne de bataille des Français, et s'ouvrirent un passage sur plusieurs points. Alors la noblesse de France fut faite prisonnière et mise à rançon, comme un vil troupeau d'esclaves, ou elle périt sous les coups d'une obscure soldatesque. O déshonneur éternel! ô désastre à jamais déplorable! si c'est ordinairement une consolation pour les hommes de cœur et un adoucissement à leur douleur de penser qu'ils ont été vaincus par des adversaires de noble origine et d'une valeur reconnue, c'est au con-

reddere leviorem, si a viris strenuis et ingenuis dicantur
superati, sicut ruborem ingeminat, adauget ignominiam ab
indignis et vilibus obtenta victoria.

Infortunium hucusque inopinatum terruit in duabus subsequentibus aciebus constitutos, et mox, consternatis animis,
non ad succursum pereuncium, cum non haberent principem
qui id posset precipere, intenderunt, sed cum probro et ignominia consortes deseruerunt, et turpi fuga perpetuam emerunt
infamiam. Illo eciam instanti, ingens copia pugnatorum in
extremis anteguardie residens, ut furencium victorum leoninam
rabiem declinarent, paululum retrocesserunt, et credens rex
Anglie quod vellent prelium restaurare, omnes captivos interfici imperavit, et sibi obtemperatum fuit, donec veraciter scivit
quod ad fugiendum magis quam ad resistendum prona erat,
et fide oculata id percepit.

CAPITULUM IX.

Redarguuntur Gallici quia consiliis prudentum non acquieverant.

Vos igitur, insignes barones et principes, qui de Francione,
antiquissimo Trojano, ac generosis proavis nomen et genus
traxisse gloriamini, sane saxei pectoris mentisque adamantine
reputarem, nisi cum cordis amaritudine plangeretis tantum
dedecus, sic a predecessorum vestrorum sectandis vestigiis declinando. Ipsos equidem, militaris discipline sollicitos zelatores,
minime ignorabatis in cunctis arduis disponendis sanioribus
acquievisse consiliis et jugi perseverancia semper audacter et
feliciter agressa terminasse, unde et strenuitatem suam cuncta
per orbis climata laudabiliter dilatasse antique et approbate
annales vobis tradunt. Hanc sane normam tenendo, nec dum

traire une double honte, une double ignominie, que de se laisser battre par des gens sans mérite et sans naissance.

Cette défaite inattendue jeta l'épouvante dans les deux corps d'armée qui restaient. Au lieu de marcher au secours de leurs compagnons qui pliaient, ils n'écoutèrent que leur frayeur, n'ayant plus de chef pour les conduire, et ils abandonnèrent lâchement le champ de bataille. Cette fuite ignominieuse les couvrit d'un opprobre éternel. Il arriva qu'au même instant un corps nombreux de gens d'armes, qui se trouvait à l'extrémité de l'avant-garde, fit un mouvement en arrière pour se soustraire à la fureur aveugle des vainqueurs. Le roi d'Angleterre, croyant qu'ils voulaient revenir à la charge, ordonna qu'on tuât tous les prisonniers. Cet ordre fut aussitôt exécuté, et le carnage dura jusqu'à ce qu'il eût reconnu et vu de ses propres yeux que tous ces gens-là songeaient plutôt à fuir qu'à continuer le combat. [1]

CHAPITRE IX.

Reproches adressés aux Français pour leur folle et imprudente conduite.

Illustres barons et princes, qui faites remonter votre origine au troyen Francion et qui vous glorifiez d'être issus des plus nobles aïeux, je vous croirais le cœur bien dur, l'âme bien insensible, si vous ne déploriez amèrement la honte dont vous vous êtes couverts en déviant des traces glorieuses de vos ancêtres. Vous n'ignoriez pas que, scrupuleux observateurs de la discipline militaire, ils suivaient dans toutes les occasions importantes les conseils de la prudence, qu'ils menaient à bonne fin toutes leurs entreprises par leur courage et leur persévérance infatigables, et que c'est ainsi qu'ils ont répandu par

---

[1] Monstrelet dit au contraire que les Français étaient réellement revenus à la charge et qu'ils avaient même commencé à piller les bagages de l'armée du roi d'Angleterre.

sacro crismate delibuti, olim Romam, universi orbis malleum, incenderunt; primi post Herculem Alpium invicta juga et frigore intractabilia loca transcenderunt; domitis Pannoniis, Grecos et Macedones gladiis prostraverunt; a rege quoque Bitinie in auxilium evocati, cum eo peracta victoria regnum diviserunt, partemque suam Gallo-Greciam vocaverunt. Eos iterum successive, post fidem Christi susceptam, Gothorum regem superbum juxta Pictavium vita et regno privasse didicistis, Hyspaniamque intrantes idem Almarico regi intulisse. Inde Saxonia viribus edomita, omnes virilis sexus incolas neci dederunt, qui regis sui Clotarii gladii quantitatem excedebant. Nec vobis negandum erat, ut sub Karolo Martello trecenta et viginti quatuor milia infidelium ad regnum aspirancium unico interfecerunt conflictu; et post, Karolus Magnus, princeps merito recolendus, quamdiu Tytan pacietur eclipsim, letatus est, ut ipsorum Gallicorum auxilio Ytaliam, Romam, Germaniam possedit pacifice, in Hyspania fidem Christi dilatando; et ut reges ipsius successores Normanie et Aquitanie ducatus opulentissimos fisco regali Francie addiderunt. Hiis et similibus triumphis memorandis, ut videtis, Francie clarum decus mirabiliter auxerunt, quod, proc pudor, si verbis detur audacia, nunc et agressu precipiti et confuso ac ignominiosa fuga obnubilatum reddidistis. Que ambo, suffusus nec immerito rubore, sub silencii tumulo sepelienda censebam, et pocius tragedorum boatibus quam historiis contexenda, nisi Francorum gesta commendabilia et note subjacencia posterorum memorie tradere ex officio suscepissem.

tout l'univers la réputation de leur valeur. Les annales authentiques des temps passés en rendent témoignage. C'est en suivant cette règle de conduite que jadis, avant l'époque où ils embrassèrent la foi chrétienne, ils incendièrent Rome, la terreur du monde entier; que, les premiers après Hercule, ils franchirent les sommets escarpés des Alpes malgré les glaces éternelles qui les rendaient inaccessibles; qu'ils soumirent la Pannonie, et subjuguèrent la Grèce et la Macédoine; qu'ils partagèrent avec le roi de Bithynie [1] qui les avait appelés à son secours, leurs conquêtes communes, et donnèrent à la portion qui leur était échue le nom de Gallo–Grèce. Vous saviez aussi que, depuis leur conversion à la foi du Christ, ils privèrent de la vie et du trône, à Poitiers, le puissant roi des Goths [2]; que, pénétrant en Espagne, ils traitèrent de même le roi Amalaric; puis, qu'ayant vaincu les Saxons, ils mirent à mort tous les guerriers de ce pays qui dépassaient la hauteur de l'épée de leur roi Clotaire. Faut-il vous rappeler encore que, sous Charles Martel, ils exterminèrent dans un seul combat trois cent vingt-quatre mille infidèles qui voulaient envahir le royaume; que, plus tard, Charlemagne, ce glorieux prince, dont la mémoire ne périra point tant que le soleil éclairera le monde, ne fut satisfait que quand, avec l'aide de ses Francs, il fut devenu paisible possesseur de l'Italie, de Rome et de la Germanie, et qu'il eut propagé le christianisme en Espagne; qu'enfin les rois ses successeurs réunirent à la couronne de France les riches duchés de Normandie et d'Aquitaine. C'est par ces triomphes mémorables et d'autres encore qu'ils ont, vous le savez, rendu si éclatante la gloire de la France, tandis que vous, ô honte! vous en avez, si j'ose le dire, terni l'éclat par votre précipitation inconsidérée, votre désordre et votre fuite ignominieuse. Aussi, cédant au juste sentiment de confusion que m'inspire votre conduite, j'aurais enseveli dans un éternel oubli des faits dont le récit convient mieux aux accents de la muse tragique qu'à ceux de l'histoire, si je ne m'étais fait un devoir de transmettre à la postérité les revers aussi bien que les succès de la France.

[1] Nicomède Ier.   [2] Alaric II, roi des Visigoths.

CAPITULUM X.

De rebus post victoriam gestis.

Ad hystoriam reducens calamum, peracto cruentissimo conflictu, cum rex et nobiliores Anglie sibi assistentes a satellitibus, mechanicis et infimi status viris inclitos nostros emissent, ut, multa peccuniali ipsis imposita graviore, inde habundancius ditarentur, et jugum redempcionis odibile ceteros ferre Anglici compulerunt, eciam qui inter mortuos jacebant non totaliter extincti, cum aliquantulum respirassent. Inde rex aliquantulum retrocedens, et victores ad colloquium evocans pugnatores, manuque edicens cunctis silencium, omnibus regraciatus est, quod propter se mortis discrimen non formidaverant subire, omnesque rei bene geste debere reminisci, cum esset signum evidentissimum, quod suorum progenitorum dominia injustissime subtracta juste recuperare conabatur. Attente tamen monuit universos ne, superbie spiritu agitati, magnanimitati sue triumphum ascriberent, sed mere gracie Dei, qui tantam tamque numerosam multitudinem Gallicorum, et eorum insolentem et obstinatam presumpcionem sua paucitate humiliare statuerat. Addidit et Deo graciandum, quod pauci et quasi nulli ex suis, accinti baltheo militari, in prelio corruissent. Horrere tamen se dixit tantum cruorem humanum tam habundanter effusum, ac pio corde compati universorum interitu, et precipue suorum, quibus et officium humanitatis exhibens, precipiens omnes sepeliri, jussit ne sub dio feris et avibus relinquerentur corrodendi. Humanitatem similem Gallicis impendendam non vetuit, et quin Morinensis antistes ob hoc ex loco prophano cymiterium constitueret benedictum, precibus principum lilia

CHAPITRE X.

De ce qui suivit la victoire des Anglais.

Je reprends la suite de mon récit. Après cette sanglante bataille, le roi d'Angleterre et les nobles de son armée achetèrent aux simples soldats, ainsi qu'aux gens des métiers et du menu peuple, les plus marquants des seigneurs de France, afin de les mettre à rançon et d'en tirer de fortes sommes d'argent. Les Anglais rançonnèrent aussi sans pitié tous les autres, même ceux qui gisant à terre parmi les morts respiraient encore et donnaient quelques signes de vie. Le roi, s'éloignant ensuite à quelque distance du champ de bataille, assembla ses troupes victorieuses, et après avoir fait signe de la main qu'on lui prêtât silence, il remercia tous les siens d'avoir si bravement exposé leur vie pour son service, et les engagea à se souvenir de ce brillant succès, comme d'un témoignage évident de la justice de sa cause et des efforts qu'il faisait pour recouvrer les domaines de ses ancêtres injustement usurpés. Toutefois il leur recommanda particulièrement de ne point se laisser aveugler par l'orgueil et de ne pas attribuer leur victoire à leurs prouesses, mais d'en rapporter tout le mérite à une grâce spéciale de la Providence, qui avait livré à leurs faibles bras une armée si nombreuse et si redoutable, et humilié l'insolence et l'orgueil des Français. Il ajouta qu'il fallait remercier Dieu de ce que presque aucun de leurs chevaliers n'était resté sur le champ de bataille; qu'il avait horreur de tant de sang répandu, et qu'il compatissait vivement à la mort de tous, et principalement à celle de ses compagnons d'armes. Il leur fit rendre les derniers devoirs et ordonna qu'on les enterrât, pour qu'ils ne restassent pas exposés aux injures du temps et qu'ils ne fussent pas dévorés par les bêtes féroces et les oiseaux de proie. Il permit aussi qu'on rendît les mêmes devoirs aux Français, et que l'évêque de Térouanne bénît, à cette occasion, le lieu profane qui leur servit de cimetière [1]. Il accorda cette faveur aux prières des

[1] Monstrelet dit que ce fut le comte de Charolais qui fit rendre les derniers devoirs aux Français.

deferencium aurea inclinatus ; quos et tanquam dilectissimos cognatos consolatus, rogavit ne impaciencius justo ferrent quod fortuna, labilis more suo, leta eorum principia in tristiciam terminasset, maxime cum hoc ab inordinato eorum apparatu processisset.

CAPITULUM XI.

De Francigenis captis et interfectis in prelio.

Ut ad regis et regnicolarum noticiam casus miserabilis pervenit, omnes pre cordis amaritudine merore nimio consternuntur, attendentes sic regnum, tot et tantis protectoribus destitutum, in stipendiis solutis et captivis redimendis ad paupertatem reductum ac reducendum, et, quod plus magnipendebant, propter hoc infortunium exteris nacionibus in fabulam et proverbium conversum. Regi vero investiganti numerum interfectorum a bajulis infauste legacionis responsum est se cognatos germanos septem, videlicet inclitum ducem de Baro, fratrem ejus, atque nepotem Robertum de Maria, comitem Niverniensem, et conestabularium Francie, dominum Karolum Dalebret, amisisse fortiter dimicando; ducem quoque Brabancie, Antonium, fratrem ducis Burgundie, juvenem cunctis utique valde dilectum, de quo certe sperabatur quod toti regno profuisset, si diucius vixisset, quia, sub eo militantibus relictis, cum paucis summe auctoritatis baronibus, precipitancius justo aciem precedentibus, se conjunxit ad probitatis titulum acquirendum. Addunt et quod eumdem infaustum exitum insignis dux Alensonis, qui ceteris principibus corporis eleguancia et diviciis excellebat, et qui hucusque consulti pectoris reputatus fuerat, sortitus est. Nam, quod stulcius excogitare nequibat, ductus aviditate pugnandi inter ceteros se audacter immersit,

princes du sang de France, qu'il traita comme ses bien aimés cousins, cherchant à les consoler, et les exhortant à supporter avec résignation ce coup de la fortune, qui, par un de ses caprices accoutumés, avait fait aboutir à un revers les plus belles espérances de succès : résultat qu'ils devaient attribuer surtout aux mauvaises dispositions qu'ils avaient prises. [1]

CHAPITRE XI.

Des Français faits prisonniers et tués dans la bataille.

Dès que la nouvelle de ce triste événement fut connue du roi et de ses sujets, la consternation fut générale; chacun ressentit une amère douleur, en songeant que le royaume était ainsi privé de tant d'illustres défenseurs, et que le trésor, appauvri déjà par la solde des troupes, allait être complétement ruiné par la rançon des prisonniers. Mais ce qui leur fut le plus sensible, ce fut de penser que ce revers allait rendre la France la fable et la risée des nations étrangères. Le roi ayant demandé aux porteurs de cette triste nouvelle quel était le nombre des morts, ils lui répondirent que sept de ses cousins germains avaient succombé en faisant des prodiges de valeur, savoir : l'illustre duc de Bar [2], un de ses frères [3], leur neveu Robert de Marle, le comte de Nevers [4], messire Charles d'Albret, connétable de France, le duc de Brabant, Antoine, frère du duc de Bourgogne, jeune prince généralement aimé, sur qui l'on fondait de grandes espérances pour le bien du royaume, s'il eût vécu, et qui, abandonnant la conduite des troupes placées sous son commandement pour se distinguer par quelque prouesse, était allé se joindre à quelques-uns des principaux barons qui s'étaient portés en avant avec une imprudente précipitation; enfin le duc d'Alençon [5], qui l'emportait sur les autres princes par les agréments de sa personne et par ses immenses richesses, et qui jusqu'alors avait joui d'une grande réputation de prudence; mais emporté par une folle ardeur et par un désir insensé de combattre, il avait quitté le prin-

[1] Monstrelet raconte qu'après la bataille le roi d'Angleterre s'informa du lieu où l'on était, et que, sur la réponse du héraut d'armes Montjoie que c'était Azincourt, il déclara que la bataille serait désignée par ce nom.   [2] Édouard. [3] Henri. [4] Philippe. [5] Jean Ier.

relicta acie principali, quam, ut quidam referunt, susceperat conducendam.

« Cum prefatis principibus, inquiunt tristium rumorum rela-
« tores, eciam occubuerunt cum magistro balistariorum regni,
« domino de Baquevilla, vexillifero vestro, Guichardo Dalfini,
« ballivi et senescalli vestri, milites quoque veterani illustres
« genere et armorum experiencia preclari, qui statum regni
« sanis consiliis dirigebant, ob hoc certe non immerito
« lugendi, quia, quamvis pluries prelium dissuasissent, ejus
« tamen eventum dubium expectare pocius elegerunt quam
« retrocedere ut infames. » Singulorum nomina explicantes,
que in libro vite scribi utinam mereantur! addiderunt solum
ex viris ecclesiasticis archiepiscopum Senonensem, dictum de
Monte Acuto, in hoc tam sevo conflictu non erubuisse interesse;
sed tandem, dum huc illucque ictus ingeminaret cum lacertis
hectoreis, cum nepote suo vicedomino Laudunensi tanti temerarii ausus penam pertulisse cum ceteris obeundo. Discrimen
simile non evasit militum, armigerorum ac generosorum civium
multitudo maxima, que precipua impignoraverant predia, ut
prenominatorum dominorum signa magnificencius sequerentur, sperantes quod tunc possent strenuitatis titulum adipisci.
Rursus inter exteros insignes, qui occasione eadem cum predictis confluxerant, multos famosos Hanonienses nobiles,
nominandum senescallum Hanonie numero addiderunt, nec
sine mestis singultibus. Nam ob ejus emeritam miliciam, sepius
oris variis evaporatam feliciter, ipsum fulgorem inextinguibilis
strenuitatis reputabant.

Tandem sub compendio concludentes: « Et quamvis difficile
« sit, serenissime princeps, quot ceciderunt certo affirmare nu-
« mero, si fame tamen fides adhibeatur communi, ex electis

cipal corps d'armée qu'il était chargé, dit-on, de conduire, et s'était jeté témérairement au milieu de la mêlée. [1]

« Outre ces princes, ajoutèrent les messagers qui apportaient ces « tristes détails, on a aussi à regretter le grand-maître des arbalé-« triers de France, le sire de Bacqueville, garde de l'oriflamme, « Guichard Dauphin, plusieurs de vos baillis et sénéchaux, de vieux « chevaliers renommés par leur naissance et par leurs longs services, « et dont les sages conseils aidaient au gouvernement du royaume. Ils « sont tous d'autant plus à plaindre, qu'ils s'étaient constamment oppo-« sés à ce qu'on livrât bataille, et que pourtant ils aimèrent mieux « affronter tous les hasards de la mêlée que de se déshonorer en « retournant chez eux. » Ils indiquèrent les noms de chacun d'eux (puissent ces noms mériter d'être écrits dans le livre de vie!), et ils firent remarquer que parmi les ecclésiastiques, un seul, messire de Montaigu, archevêque de Sens, avait osé prendre part à cette sanglante bataille, et que, tandis qu'il frappait vaillamment l'ennemi de droite et de gauche, il avait enfin, comme les autres, payé de sa vie son entreprise téméraire, avec son neveu le vidame de Laon. Tel fut aussi le sort d'un très grand nombre de chevaliers, d'écuyers et de braves bourgeois, qui avaient engagé la meilleure partie de leurs biens pour venir en pompeux équipage se ranger sous les bannières desdits seigneurs, et chercher l'occasion de se signaler par quelque action d'éclat. Les messagers citèrent encore comme très regrettable la perte de beaucoup de nobles étrangers, qui s'étaient joints aux seigneurs de France en cette occasion, et notamment de plusieurs chevaliers fameux du Hainaut, entre autres du sénéchal de ce pays, qui par sa vaillance éprouvée et par ses exploits dans diverses contrées avait mérité d'être appelé la fleur des braves.

« Sérénissime prince, dirent-ils en finissant, il serait difficile d'in-

[1] Monstrelet rapporte que le duc d'Alençon pénétra jusqu'au roi d'Angleterre, qu'il tua à ses côtés le duc d'York, et fit sauter d'un coup de sa hache une partie de la couronne du roi.

« pugnatoribus regni vestri ultra quatuor milia cum lacertis
« hectoreis fortiter resistendo corporaliter perierunt, pro qui-
« bus solum preces devotissime fundende sunt, ut cum sanctis
« sancta requie perfruantur. Cum consanguineis eciam vestris
« dilectissimis ducibus Aurelianensi, Borboniensi, comitibus
« quoque Vindocini et de Divite Monte mille et quadringenti
« milites et armigeri tediosum captivitatis jugum subierunt;
« ceteri autem majori multo numero territi aufugerunt non sine
« indelebili infamia, nemine prosequente. »

CAPITULUM XII.

Rex suorum casum miserabilem egre tulit, quem et multi asserebant ex regnicolarum
demeritis accidisse.

Dolorosa relacione audita, rex, duces quoque Guienne atque
Biturie, gravi dolore perculsi et merore consternati debito, in
lamenta se dederunt; gemitu et lacrimis, quas pre spiritus
angustia cohibere nequeunt, dolorem protestantur. Non modo
nobiles tunc presentes, sed et ceteri utriusque sexus longe
lateque per regnum, excecrabile fatum attendentes, seculum
suum infame et pudendum omnique posteritati perpetuo criminandum reputabant, et addebant : « O quam malignis diebus
« nati sumus, qui videre cogimur tantam confusionem et rubo-
« rem! » Ubique sane vidisses insignes dominas et domicellas
pro olosericis auro textis vestes lugubres sumere, quarum
nec siccis oculis querimonias attendisses, dum quedam venera-
bile fedus conjugii dissolutum, alie natos et consanguineos
interfectos inconsolabiliter deflebant, cordialius tamen illos
qui insignium proavorum preclaros titulos, in bellis solitos
proclamari, sic obeundo in perpetuum extinctos reddiderant.

« diquer d'une manière certaine le nombre des morts. Cependant, s'il
« faut en croire le bruit commun, plus de quatre mille [1] des meilleurs
« hommes d'armes de votre royaume ont péri en combattant avec
« courage, et il ne reste plus qu'à adresser pour eux au ciel de fer-
« ventes prières, afin qu'ils partagent avec les saints la béatitude éter-
« nelle. Vos bien aimés cousins les ducs d'Orléans et de Bourbon, les
« comtes de Vendôme et de Richemont, et quatorze cents chevaliers
« et écuyers ont été faits prisonniers et mis à rançon ; d'autres en
« beaucoup plus grand nombre ont cédé à la peur, et se sont cou-
« verts d'une éternelle infamie en fuyant sans être poursuivis. [2] »

CHAPITRE XII.

Le roi est vivement affligé de la défaite de son armée, que bien des gens imputent aux fautes des Français.

En entendant ce triste récit, le roi et les ducs de Guienne et de
Berri furent frappés d'une vive douleur et tombèrent dans un profond
abattement. Ils ne purent s'empêcher de témoigner leur affliction et
leur désespoir par des gémissements et des larmes. Les seigneurs de
la cour et tous les habitants du royaume, hommes et femmes, en
méditant sur ce cruel malheur, regardaient leur siècle comme à jamais
flétri et déshonoré aux yeux de la postérité : « En quels mauvais jours
« sommes-nous venus au monde, disaient-ils, puisque nous sommes
« témoins de tant de confusion et de honte ! » Partout les nobles
dames et demoiselles changeaient leurs vêtements tissus d'or et de soie
en habits de deuil. C'était un spectacle à arracher des larmes à tous
les yeux, que de voir les unes pleurant amèrement la perte de leurs
époux, les autres inconsolables de la mort de leurs enfants et de leurs
plus proches parents, mais surtout de ceux qui, en succombant ainsi
sans gloire, avaient emporté avec eux dans la tombe les noms fameux
de leurs ancêtres, ces noms si souvent illustrés dans les combats.

[1] Monstrelet et Lefèvre de Saint-Remy portent le nombre des morts à dix mille, dont sept à huit mille nobles, et le reste archers et valets.

[2] Voir dans Monstrelet et Lefèvre de Saint-Remy les noms des prisonniers et des morts.

Nec defuerunt, qui pre cordis amaritudine divinam omnipotenciam incusabant, et querentes cur Franciam, sibi alias
tam dilectam, pati tantum infortunium permisisset; quibus
et scientifici viri, me audiente, pluries responderunt id propter
iniquitates habitancium in ea accidisse : que si ipsis Deum
passe fuissent esse propicium, videbatur robur hostium facile
in ruinam verti potuisse et intollerabilem eorum superbiam
descendisse in lubricum. Indeque sumentes insolubile argumentum : « Pro regnicolis, inquiunt, jam defunctis, qui fuerunt
« viri catholici et timentes Deum, nati sunt filii perditissimi,
« filii scelerati, fidei christiane prevaricatores, passim et sine
« delectu per omnia currentes illicita, noxia sequendo et salu-
« taria declinando, illis similes qui dixerunt Domino Deo suo :
« *Recede a nobis ; scienciam viarum tuarum nolumus.* Talibus
« merito graciam subtraxit Dominus, tanquam ad iracundiam
« provocatus. »

Hos scientificos viros ut sequar inclinat animus. Nam si
perversi popularium mores occurrant, que gens Bacchum et
Cererem coluit avidius? ut sic ex illis reputari possit, quorum
deus venter est, et Venus in ipsis sic regnat, quod inter affines
et propinquos raro tuta sunt matrimoniorum federa; fraus,
dolus, et circumvencio late involvunt universos; avaricia quoque, que, docente apostolo, est ydolorum servitus, sic domi-
natur in ipsis, ut nil fraudium in solvendis ecclesiasticis deci-
mis et suis commutacionibus obmittant; nomen quoque Domini
in cunctis suis sermonibus jugiter blasfematur. Sed dices
forsitan : « Et cur Deus, qui olim, si fuissent inventi decem
« justi, multis sceleratissimis pepercisset, non pepercit regno
« nostro, in quo sunt clerici, prelati et religiosi sibi servientes
« assidue? » Sine querela fateor quod juste tu pulsas Deum; eos

Il y en eut qui, dans l'amertume de leur douleur, accusaient la Providence divine et demandaient pourquoi elle avait permis que la France, qui lui était autrefois si chère, éprouvât une pareille infortune. J'ai entendu quelques personnages de savoir et d'expérience répondre à ce propos, que ce malheur avait été attiré sur le royaume par les iniquités de ses habitants, et que, s'ils avaient mérité que Dieu leur fût propice, il était vraisemblable qu'ils auraient pu facilement détruire les forces de leurs ennemis et humilier leur orgueil excessif. Ils disaient encore, à l'appui de leur raisonnement : « Les Français « d'autrefois, qui étaient de vrais catholiques, vivant dans la crainte de « Dieu, sont remplacés par des fils corrompus, des fils criminels, qui « méprisent la foi chrétienne, et se plongent sans pudeur ni retenue « dans toutes sortes de vices, suivant le mal et évitant le bien, sem- « blables à ceux qui ont dit au Seigneur leur Dieu : *Retire-toi de nous,* « *nous ne voulons pas connaître tes voies.* Et le Seigneur, justement « irrité, leur a retiré sa grâce. »

J'inclinerais volontiers à partager l'opinion de ces gens sages; car en voyant les mœurs corrompues des Français, on peut dire que jamais peuple n'a été plus adonné à la bonne chère. On pourrait les mettre au nombre de ceux qui n'ont d'autre dieu que leur ventre ; la débauche règne si souverainement parmi eux, que les liens du mariage ne sont plus respectés, même entre alliés et parents, et que la fraude, la ruse et l'intrigue se rencontrent partout. L'avarice, qui, selon l'expression de l'apôtre, est la servitude des idoles, exerce un tel empire, qu'il n'est aucun subterfuge auquel les petites gens n'aient recours, soit dans le paiement des dîmes ecclésiastiques, soit dans leurs transactions commerciales. Ils blasphèment continuellement dans leurs discours le nom du Seigneur. Mais peut-être dira-t-on : « Pour- « quoi Dieu, qui jadis aurait épargné un peuple entier de coupables, « s'il s'était trouvé seulement dix justes dans le nombre, n'a-t-il pas « épargné notre royaume, dans lequel il y a des clercs, des prélats « et des religieux qui le servent assidûment ? » J'avoue que cette

enim precipue statuit duces obtemperare mandatis, et ut sint
speculum honestatis, exemplar castitatis et abstinencie, humilitatis norma, exemplum paciencie, pauperum et afflictorum
solacium, libidinem fugientes, ambicionem repellentes, vacantes oracionibus, sacris lectionibus insudantes ; sed penitus
nichil dictorum observant, sed dissoluti passim et sine delectu
per illicita defluunt. Episcopi negligentes nunc ut canes muti
facti sunt, non valentes latrare, personarum acceptores, oleo
peccatoris sua capita impinguentes ; commissa ovilia lupis
venientibus, mercenariorum more, deserunt, et symoniacam
heresim non declinant, giezi, sordibus et macula fedati. Hii nec
avariciam nec munera detestantur, neque arguunt impios veritatem libera voce predicando ; et sic non sancte consulunt, sed
adulacionibus principes palpant terrenos. Que vicia attente
considerantes, cum ipsis nichil sancti vel equi, nichil pensi,
nichil honesti cure sit, possunt dicere cum ethereo cytharista :
« Omnes vere declinavimus simul ; inutiles facti sumus ; non est
« qui faciat bonum, non est usque ad unum. »

Judicio omnium circumspectorum relinquo in finalibus si
causa ruine regni extiterit nobilitas gallicana, quam certe totam
in deliciis, cupiditatibus et vanis ostentacionibus cernunt penitus resolutam, nec sit aliquis ex·ipsa, qui progenitorum suorum
vestigia strenuitatis sectetur. Nam nuper sciunt milites et scutiferi, duces et principes regni, dyabolo pacis adversario insti-
guante, occasione necis condolende ducis Aurelianensis, ab
amore mutuo ad mortale odium declinasse, pluriesque federa
inita neglexisse, sicque militantibus sub ipsis incendia passim-
que predas intollerabiles exercendi occasionem dedisse. Sciunt
et iniquos suos satellites, divina et humana animadversione
dignos, ecclesiarum et monasteriorum prediis non pepercisse,

objection n'est pas sans fondement. Ce sont eux en effet que Dieu a principalement institués pour donner l'exemple de l'obéissance à ses commandements, pour être le miroir de l'honneur, le modèle de la chasteté et de l'abstinence, la règle de l'humilité et de la patience, la consolation des pauvres et des affligés; voulant qu'ils fuient les passions, qu'ils repoussent l'ambition, qu'ils vaquent à la prière, et consacrent leur temps à de pieuses lectures. Mais ils n'observent rien de tout cela; ils se précipitent dans le vice sans pudeur ni retenue. Les évêques, oublieux de leurs devoirs, sont devenus comme des chiens sans voix qui ne peuvent plus aboyer; ils font acception des personnes, ils oignent leurs têtes de l'huile du pécheur, et abandonnent, comme des mercenaires, aux loups ravissants les brebis qui leur sont confiées; ils n'ont point horreur de l'hérésie simoniaque; ils vivent dans la corruption, et sont tout couverts de taches et de souillures. Ils ne détestent ni l'avarice ni les présents; ils n'attaquent pas les impies en prêchant librement la vérité, et au lieu de conseiller la sainteté aux princes de la terre, ils les flattent et les caressent. En considérant tant de vices et tant d'indifférence pour ce qui est saint, juste, raisonnable et honnête, nous pouvons dire avec le divin Psalmiste : « Nous sommes tous vraiment bien déchus; nous sommes de- « venus inutiles. Il n'est personne qui fasse le bien, personne sans « exception. »

Je laisse toutefois aux hommes d'expérience et de savoir le soin de décider s'il faut attribuer la ruine du royaume aux désordres de la noblesse française, qui est, comme chacun sait, toute plongée dans les délices, toute livrée aux passions et aux vanités du monde, au point qu'il n'y a plus personne parmi elle qui suive les traces de ses ancêtres. Les chevaliers et les écuyers n'ont pas oublié que naguère les ducs et princes du royaume, poussés par le diable, ennemi de la paix, ont dépouillé leurs sentiments d'affection réciproque, à l'occasion de la déplorable mort du duc d'Orléans, se sont voué une haine mortelle et ont enfreint à plusieurs reprises les traités jurés; qu'ils ont ainsi fourni à ceux qui combattaient sous leurs ordres l'occasion de mettre tout à feu et à sang; que ces détestables ministres de leurs

et tunc nec sanctorum possessionibus aliquid a piis principibus
indulta privilegia contulisse; effringentesque sanctuaria, usibus dedicata celestibus vi utensilia rapuisse, manus sacrilegas
a sacris vel prophanis minime reprimentes. Universis eciam
notum est regnicolis contencionem principum obstinatam regnum nostrum invadendi hostibus prestitisse audaciam; quos
et contra militum emeritorum consilia expugnare decreverunt,
dum adhuc fere in cunctis oris Francie, qui sub signis eorum
dicebant se militare, predas intollerabiles exercebant, in suis
excusacionibus sepius alleguantes quia non satis equa mercede
eorum remunerabantur labores.

Prescripta crimina et pejora, ut breviloquio utar, juste in
regnicolas insignes iram sic concitaverunt celestem, quod nec
hostes impugnare, nec eorum sustinere impetus valuerunt. Nec
cladem hanc astrorum conjunctionibus aut regimini planeta-
rum ascribam, ut quidam vani fatiloqui tunc publicabant
delirando, sed omnipotenti Deo, qui voluntatem eorum ad
audaciam et aliorum ad fugam incitavit, ad iracundiam, ut
premisi, peccatis regnicolarum mediantibus provocatus. Non
majus infortunium regnum pertulisse a quinquaginta annis
citra profiteor, neque, judicio meo, consequencie pejoris. Nam
rex Anglie, in Angliam rediens, solito majores copias pugnatorum statuit congregare, qui Franciam iterum inquietarent,
mox ut vernalis temperies arrideret, sepius repetens nobiliori-
bus captivis : « Et vos, cognati dilecti, omnium stipendia pro-
« cul dubio solvetis. »

fureurs, dignes de l'animadversion de Dieu et des hommes, n'ont épargné ni les biens des églises ni ceux des monastères et n'ont respecté aucun des priviléges accordés par la piété des princes à ces asiles inviolables; qu'ils ont forcé les sanctuaires, dérobé les vases sacrés et porté leurs mains sacriléges sur les choses saintes comme sur les choses profanes. Il est notoire pour tous les Français que ce sont les divisions obstinées des princes qui ont inspiré à nos ennemis l'audace d'envahir le royaume; que c'est contre l'avis des chevaliers les plus expérimentés qu'on a livré bataille, et que, pendant ce temps, des gens de guerre, qui se prétendaient enrôlés sous leurs bannières, exerçaient des brigandages intolérables dans presque toutes les provinces de France, sous prétexte qu'ils n'étaient pas suffisamment payés de leurs services.

Tous ces crimes et d'autres pires encore, pour le dire en un mot, ont excité à si juste titre la colère de Dieu contre les grands du royaume, qu'il leur a ôté la force de vaincre leurs ennemis et même de leur résister. Et qu'on n'attribue pas ce malheur à la conjonction de certains astres ou à l'influence de certaines planètes, comme l'ont publié quelques charlatans dans leurs assertions mensongères et extravagantes. C'est le Tout-Puissant, dis-je, qui, poussé à bout par les péchés des habitants, a inspiré aux uns l'audace d'envahir le royaume et aux autres la pensée de fuir. Je ne crois pas que depuis cinquante ans la France ait éprouvé un désastre plus grand et qui doive avoir, à mon avis, de plus funestes conséquences. Car le roi d'Angleterre est retourné dans ses états avec la ferme résolution de lever de nouvelles troupes en plus grand nombre, pour attaquer une seconde fois la France, dès les premiers jours du printemps, et il a répété plus d'une fois aux seigneurs ses prisonniers : « C'est vous, mes chers cousins, « qui payerez, je l'espère bien, tous les frais de la guerre. »

CAPITULUM XIII.

Rex rediit Parisius, et gentes ducis Burgundie regnum diu dampnificaverunt.

Ut autem hostium classem, flatibus actam, Parisius compererunt Angliam attigisse precipui consiliarii regis, ingentes secum manentes copias pugnatorum ad recuperandum Heriflorium non miserunt, quod revera comes Dorset, ville capitaneus, timebat nec immerito; sed cum ipsis regem reducere maturarunt de Rothomago ad villam Parisiensem. Quam petens postmodum dominus dux Guienne, cum die sancti Andree ad villam Sancti Dyonisii pervenisset, quamplurium virorum circumspectorum judicio reprehensibilem cunctis se reddidit. Nam ante ecclesiam martiris gloriosi pertransiens, contra morem progenitorum suorum, nec sibi honorem debitum exhibuit, nec signa devocionis. Quotquot autem secum extraneos pugnatores adduxerat Parisius, in Sancto Dyonisio, villagiis et suburbiis propinquis, in Corbolio eciam, Meleduno atque municipiis Sequane, Matrone et Ysare flumina collimitantibus hybernare constituit; quo spacio, more suo, suis hospitibus et vicinis incommoda intollerabilia intulerunt. Similes eciam municiones pugnatorum ejus consiliarii in civitate Laudunensi statuerunt collocandas. Sed interim dum episcopus et summe auctoritates deliberarent mutuo quid agendum, inde tumultus popularis exortus est, et cum suburbanis agrestes accole accurrerunt, qui cum horrisonis clamoribus congregatis id negaverunt concedendum et sub interminacione mortis. Sane sceleste facinus in eos exercuissent, nisi ocius ex urbe aufugissent; et tum penetralia domorum quorumdam effringentes, et rapientes quod desiderabile eis erat, sacramentis terribilibus sese mutuo

CHAPITRE XIII.

Le roi revient à Paris. — Les gens du duc de Bourgogne commettent de grands dégâts dans le royaume.

Lorsqu'on apprit à Paris que la flotte ennemie, après avoir été battue par les vents contraires, était rentrée dans les ports d'Angleterre, les principaux conseillers du roi, au lieu de disposer des troupes nombreuses qu'ils avaient encore avec eux pour recouvrer Harfleur, ce que craignait avec raison le comte de Dorset, capitaine de la ville, se hâtèrent de ramener le roi de Rouen à Paris. Monseigneur le duc de Guienne partit lui-même peu de temps après pour la capitale, et étant arrivé à Saint-Denys le jour de la fête de saint André, il s'exposa au blâme de la plupart des gens sages, pour avoir négligé, en passant devant l'église de ce glorieux martyr, de lui rendre ses devoirs, selon l'usage de ses ancêtres, et d'y faire ses dévotions. Il avait amené avec lui un grand nombre de gens de guerre étrangers; il leur fit prendre leurs quartiers d'hiver à Paris, à Saint-Denys, dans les villages et les faubourgs voisins, à Corbeil même, à Melun et dans les places fortes situées sur la Seine, la Marne et l'Oise. Ces troupes causèrent, suivant leur coutume, toutes sortes de maux à leurs hôtes et à leurs voisins. Les conseillers du duc l'engagèrent à mettre également garnison dans la ville de Laon. Mais pendant que l'évêque et les principales autorités délibéraient sur ce qu'il y avait à faire, une émeute éclata. Les habitants des faubourgs et des campagnes accoururent, et leur déclarèrent, en faisant entendre d'effroyables cris et des menaces de mort, qu'il ne fallait point le souffrir. On se serait même porté à quelque attentat contre leurs personnes, s'ils ne s'étaient enfuis précipitamment de la ville. Alors les séditieux, pénétrant de force dans leurs maisons, enlevèrent ce qu'ils y trouvèrent de plus précieux, et s'engagèrent entre eux par un serment terrible à garder eux-mêmes la ville et à n'y recevoir aucun des hommes d'armes qu'on y avait envoyés ou qu'on voudrait y envoyer.

astrinxerunt et quod villam per semetipsos servantes nullum ex missis pugnatoribus reciperent vel mittendis.

Inde consiliarii dicti ducis super statu regni sollempne cele-brarunt consilium, in quo omnes et singuli, nullo discrepante, ad comitem Armeniaci, virum utique bellicis actibus aptum, providum et astutum, destinare nuncios statuerunt, qui sibi ensem regium et ut rector regalis milicie deinceps existeret offerentes, rogarent ut sine mora cum copiis militaribus ad pagum Parisiacum veniret, qui tunc ejus protectione indigebat. Cum enim adhuc fideles Francigene milicie Gallicane casum miserabilem impacientissime ferrent, ducis Burgundie, ut pu-blice ferebatur, aviditas gubernandi regnum et distribuendi ad nutum ipsius peccuniales financias eis occasionem prebuit continuandi hujus anni residuum in condolendis lamentis. Nam a mense jullio jam exacto ex Burgundia regali, Sabaudia, et Lotharingia tria milia congregaverat pugnatorum, qui Cam-paniam et Bryam, uberrimas partes regni, bonis cunctis pro posse spoliaverant usque ad reditum domini ducis Guienne. Et tunc ad Latiniacum super fluvium Matrone veniens, cum magistro Eustachio de Atrio, exule tunc proscripto, quosdam milites destinavit, qui humiliter supplicarent ut accederet ad ipsum; qui regio acquiescens consilio, per episcopum Carno-tensem, Johannem de Vellyaco, Symonem de Nantodoro, id sibi penitus denegavit auctoritate regia, nisi prius remissis suis militaribus copiis et solum cum domesticis venire accep-taret, addens non deinceps velle regi a dissipatoribus thesau-rorum regni, quod intendebat deinceps regere per seipsum. Et quamvis per ambassiatores suos ineptam responsionem repu-tasset, cum eciam existeret de regio sanguine procreatus, uxoris sue genitor, quam tunc exosam habebat sine causa,

Les conseillers dudit duc se réunirent en grand conseil pour délibérer sur les affaires du royaume, et ils décidèrent à l'unanimité qu'on enverrait des députés au comte d'Armagnac, l'un des meilleurs capitaines, d'une sagesse et d'une habileté reconnues, pour lui offrir l'épée de connétable avec le commandement en chef de l'armée royale, et le prier de venir sans délai avec toutes ses troupes s'établir dans le Parisis, qui avait en ce moment besoin de sa protection. En effet, les fidèles Français n'étaient pas encore revenus de la stupeur où les avait plongés le déplorable échec de la chevalerie française, lorsque l'ambition du duc de Bourgogne, qui voulait gouverner le royaume et disposer à son gré des trésors de l'État, vint accroître leur affliction et ne leur laissa point de relâche pendant tout le reste de l'année. Dès le mois de juillet il avait fait venir de Bourgogne, de Savoie et de Lorraine trois mille hommes, qui avaient pillé et ruiné, autant qu'ils avaient pu, la Champagne et la Brie, deux des plus riches provinces du royaume, jusqu'au retour de monseigneur le duc de Guienne. S'avançant alors jusqu'à Lagny-sur-Marne, il députa vers ledit duc quelques uns de ses chevaliers avec maître Eustache de Laitre, alors exilé, pour le supplier humblement de vouloir bien l'admettre en sa présence. Le duc, ayant pris l'avis du conseil, fit répondre, au nom du roi, par l'évêque de Chartres, par Jean de Vailly et par Simon de Nanterre, que la chose n'était pas possible, à moins que le duc de Bourgogne ne renvoyât auparavant ses troupes et ne consentît à venir en compagnie seulement des officiers de sa maison; il ajouta qu'il ne voulait plus désormais se laisser gouverner par les dilapidateurs des finances du royaume, et qu'il entendait administrer par lui-même. Le duc de Bourgogne lui fit dire que ce refus était injurieux, et lui rappela qu'il était prince du sang, pair de France et doyen des pairs, et de plus père de sa femme, qu'il avait prise en haine sans motif et par suite de mauvais conseils. Néanmoins le duc de Guienne lui signifia sa ferme résolution de marcher contre lui à la tête d'une armée, s'il osait s'approcher. O aveuglement et imprévoyance des mortels! Il ne

v.   74

quorumdam malignorum seductus consilio, parque Francie et
decanus parium existeret, ipsi tamen remandavit quod, si
accedere conaretur, ipsi viribus obviaret. O mortalium ceca
mens et futurorum nescia, ignorans quod sibi sequens dies
mortale precipicium preparabat!

CAPITULUM XIV.

De morte domini ducis Guienne.

Tunc enim circa decembris inicium profluvio ventris cepit
graviter anxiari; quo durante, quia in toto medicorum consilium noluit observare, accessit et febris pestilens; et sic inva-
lescente egritudine, decima sexta die hujus mensis, anno etatis
sue..... [1], condicioni mortalium satisfaciens, post suscepta ecclesiastica sacramenta, viam universe carnis ingressus est. Ejus
tamen interitum non diu planxerunt regnicole, quia, quamvis
grata facie, toto corpore decorus et robustus existeret, armorum tamen exercicio deditus non videbatur. Grave eciam sibi
erat cum principibus ceteris sepe familiariter conversari, vel,
more sui pii genitoris, cunctis accedentibus ad ipsum affabili-
tatem benignam exhibere. Insuper, quasi erubesceret videri in
publico, in locis secrecioribus domus regie solitus erat manere,
ut cum paucis ex suis servitoribus cytharam organo concorda-
ret, et more solito, ab universis tamen reprobato, cenam suam
in noctem mediam protraheret. Et quia usque ad meridiem
quieti sepius indulgebat, negocia in regno emergencia a patre
sibi commissa nequibat commode expedire. Adhuc indecen-
ciora multo non sine nobilium regnicolarum displicencia con-

---

[1] Il y a ici une lacune dans le manuscrit.

se doutait guère que le lendemain il allait être atteint d'un mal qui le
conduirait au tombeau.

CHAPITRE XIV.

Mort de monseigneur le duc de Guienne.

Vers le commencement de décembre, le duc de Guienne fut pris
d'une violente dyssenterie. Comme il refusa, pendant cette indisposi-
tion, d'observer aucune des prescriptions de ses médecins, le mal se
compliqua d'une fièvre pernicieuse, à laquelle il succomba le 16 du
même mois [1], dans la . . . . . . [2] année de son âge, après avoir reçu les
sacrements de l'Église [3]. Les habitants du royaume ne le regrettèrent
pas long-temps. Quoique ce fût un prince de bonne mine, d'un exté-
rieur agréable et d'une constitution robuste, il avait peu de goût pour
le métier des armes. Il n'aimait point à deviser familièrement avec les
autres seigneurs, ou à se montrer affable, comme son auguste père,
à tous ceux qui l'approchaient. On eût dit qu'il lui répugnait de paraître en public; car il s'enfermait ordinairement dans les endroits
les plus retirés du Palais avec quelques uns de ses serviteurs, pour
jouer de la harpe et de l'épinette, et il avait l'habitude de prolonger ses
repas fort avant dans la nuit, ce dont on le blâmait généralement. Aussi
comme il dormait souvent jusqu'à midi, n'avait-il pas le temps d'expédier les affaires de l'État, dont son père lui avait abandonné la direction. Il avait encore de plus grands défauts, qui déplaisaient fort à la
noblesse, et il n'endurait les reproches de personne. Si quelqu'un de
ses serviteurs s'avisait de lui dire qu'une telle conduite n'était pas
digne du fils aîné du roi, il le chassait aussitôt de la cour, lui ôtait

[1] Monstrelet et le Journal d'un bourgeois de Paris disent le 18 décembre; Lefèvre de Saint-Remy, le 8.

[2] Le duc de Guienne était né le 22 janvier 1396.

[3] Monstrelet ajoute : « Et fut aucune renommée qu'il avoit esté empoisonné. »

tinuans, reprehendi a quocunque impacienter ferebat; et si quis ex domesticis sibi servientibus dixisset filium regis primogenitum talia dedecere, ipsum protinus depulsum e curia et officio privatum nunquam nisi cum difficultate maxima in suam graciam revocabat.

Quamvis hiis et aliis multis modis humane fragilitatis immemor videretur, qui tamen aptitudinem mentis sue attente considerabant, si diucius vixisset, non modo in habitibus ultra solitum exquisitis, vel equorum faleratorum numero sumptuoso, sed in exornandis ecclesiis ornamentis preciosissimis, crucibus et ymaginibus auro puro fabrefactis, que continue operabantur jussu suo, omnes principes sui temporis excessisset. Referebant qui sibi familiarius assistebant jam multas accumulasse peccunias, et artifices peritos evocasse, qui sibi in villa Parisiensi construerent ecclesiam, in qua religiosi ibidem divinis jugiter pro se ipso se manciparent obsequiis, et acceptabiles creatori cotidie offerrent hostias salutares.

Duxerat nampe uxorem filiam ducis Burgundie, quam veraciter sine causa, sed quorumdam malignorum seductus consilio, tantum exosam usque ad mortem habuit, ut eam a debito amplexu maritali privaverit, tenuissimum quoque statum sibi administrari fecerit; quod benigna juvencula pacientissime tulit, in quo et ipsam laude dignam in fine penitens reputavit.

Corpus autem dicti ducis post mortem evisceratum, sale et aromatibus conditum, et positum in sarcofago plumbeo ad ecclesiam beate Marie Parisiensis ab aulicis regiis delatum est; et peractis funeralibus exequiis cum luminari ingenti, illud tumulari preceperunt, cum protestacione tamen quod illud possent repetere, quociens placeret regi, ut ad ecclesiam beati Dyonisii, proprium sepulcrum regum, deferretur.

son office, et il arrivait très rarement alors qu'il lui rendît ses bonnes grâces.

Quoique par ces façons d'agir il parût oublier la fragilité humaine, cependant ceux qui observaient attentivement le fond de son caractère assuraient que, s'il eût vécu plus long-temps, il ne se fût pas borné à surpasser tous les princes de son temps par le luxe extraordinaire de ses vêtements, par le nombre excessif de ses chevaux et par la richesse de ses équipages, mais qu'il se fût distingué entre tous par son empressement à doter les églises de précieux ornements, de croix et d'images en or massif, toutes choses auxquelles il faisait travailler sans cesse. Ses familiers disaient qu'il avait déjà amassé de grosses sommes d'argent et mandé les plus habiles ouvriers, pour faire construire à Paris une église, où il aurait placé des religieux chargés de prier Dieu pour lui et de dire chaque jour des messes à son intention.

Il avait épousé la fille du duc de Bourgogne, et je dois dire que, sans motif et par suite de mauvais conseils, il la prit tellement en aversion, qu'il refusa de la voir jusqu'à sa mort et la réduisit au plus chétif état. Cette jeune princesse, d'un caractère fort doux, supporta ce traitement avec la plus grande résignation. Aussi le duc repentant lui rendit justice à ses derniers moments.

Après la mort dudit duc, son corps fut ouvert et embaumé, placé dans un cercueil de plomb et porté à Notre-Dame de Paris par les seigneurs de la cour. On célébra ses funérailles avec beaucoup de pompe; puis on l'enterra dans l'église, sous la réserve toutefois qu'il pourrait être réclamé, quand le roi le jugerait à propos, pour être transféré à l'abbaye de Saint-Denys, sépulture particulière de la maison royale. [1]

[1] Monstrelet dit que le corps du duc fut porté immédiatement à Saint-Denys, et enterré assez près des royaux.

CAPITULUM XV.

De dampnis in regno perpetratis post obitum domini ducis Guienne.

Post decessum inclite recordacionis domini ducis Guienne, iterum ac iteratis vicibus ad ducem mittuntur nuncii, qui auctoritate regia sibi preciperent ut suas militares copias redu-cere extra regnum non tardaret, qui dampna intollerabilia regnicolis inferebant. Et interim dum predicte legaciones aguntur, inclitus comes Armeniaci, ingressus Parisius, ensem conestabulatus de manu regis recepit, et more solito eidem fidelitatem servandam manualiter juravit. Interim autem dum dux Burgundie tempus tereret in vanum in responsionibus mittendis, nec de plano regis obtemperaret mandato, ab eo in municionibus circumcirca Parisius constituti subsidiarii occa-sionem sumpserunt in suos insurgendi per mensem et amplius, et quamvis insidiose et latenter, morem tamen guerrarum Lom-bardie servantes, amissis equis et armis apprehensos regali justicie submittebant secundum demerita puniendos. Conti-nuando inopinatos discursus et occursus decembri et januario mensibus, nunc ducenti, nunc trecenti nobiles et levis arma-ture pugnatores in fuga lapsi evaserunt; intercepti sunt autem, quos merito censeo nominandos, dominum de Castrovillain et dominum Martelletum de Mesneleyo; quem postmodum cum domino Robineto de Malliaco, sex quoque aliis, qui ex gene-rosis proavis ducebant originem, conestabularius Francie pati-bulo adjudicavit suspendi.

Hiis autem non obstantibus, ceteri sub dicto duce Burgundie militantes in regnicolas perpetraverunt solito acriora, et do-minum Martinum de Tonanto cum nonnullis aliis cunctis bonis

CHAPITRE XV.

Dommages causés dans le royaume après la mort du duc de Guienne.

Après la mort de monseigneur le duc de Guienne d'illustre mémoire, on envoya successivement divers messages au duc de Bourgogne, pour lui enjoindre, au nom du roi, de retirer sur-le-champ tous ses gens de guerre du royaume, où ils commettaient des dégâts insupportables. Sur ces entrefaites, l'illustre comte d'Armagnac, étant arrivé à Paris, reçut de la main du roi l'épée de connétable, et lui prêta le serment de fidélité accoutumé. Pendant que le duc de Bourgogne traînait le temps en longueur par ses réponses évasives, et différait d'obéir aux ordres du roi, les troupes cantonnées dans les places des environs de Paris saisirent cette occasion pour courir sus aux gens du duc pendant plus d'un mois, les surprenant dans des embuscades et des guet-apens, selon la manière de guerroyer des Lombards. Elles prirent ainsi un grand nombre d'entre eux, leur enlevèrent leurs chevaux et leurs armes et les livrèrent à la justice du roi, pour qu'ils fussent punis selon leurs démérites. Elles continuèrent leurs courses et leurs attaques pendant les mois de décembre et de janvier, et mirent en déroute des partis de deux à trois cents nobles et cavaliers, dont la plupart échappèrent par la fuite, mais dont quelques uns furent faits prisonniers, entre autres messire de Châteauvilain et messire Martelet du Mesnil. Le connétable de France fit pendre ce dernier quelque temps après avec messire Robert de Mailly et six autres chevaliers appartenant à d'illustres familles.

Malgré ces rigueurs, les autres gens du parti de Bourgogne n'en continuèrent pas moins à commettre d'affreux dégâts dans le royaume; ils pillèrent et dévastèrent complétement la maison de messire Martin

spoliaverunt mobilibus. Quapropter regales consiliarii inclitum
ducem Britanie, qui jam fere sex ebdomadarum spacio regem
visitaverat, et dulci ejus alloquio recreatus fuerat, ad eum
dignum duxerunt mittendum, ut emendandi predicta scelera
medium reperiret. Sperabatur quod ipsum gratis auribus audiret ob amiciciam mutuam diu inter se continuatam; sed cum
dulci alloqucione dixisset regi et omnibus ejus consiliariis
quamplurimum displicere, quod non evocatus venisset cum
armatorum copia, que in regno dampna irreparabilia perpetrabant, regem quoque precipere ut ad propria rediret, quod
tamen regio obtemperaret edicto nequivit persuadere. Se tamen
impacientissime ferre dixit accessum ad regem jure consanguinitatis et decanatus parium sibi debitum a consiliariis regiis
denegatum, minime attendentibus quod cum militari manu
eidem offerre fidele servicium cupiebat, pro quo et Brabancie
dux et Niverniensis comes, fratres sui uterini, recenter occubue-
rant in bello. Addidit et se non diu passurum sine vindicta
infligenda tempore opportuno, quod Parisius et alibi Johannes
Longus et Johannes de Latiniaco a quibusdam stultis et vanilo-
quis derisorie vocabatur, et quod subsidiarii regii gentes suas
insidiose apprehensas spoliaverant cunctis bonis mobilibus, ac
si guerram continuarent legittimam. In calce autem verborum :
« Et si, inquit, quidam, qui mecum venerunt, impetuosi
« homines, dampnificaverunt villas dictas, id egerunt ob inju-
« rias jam illatas. » Sic duci Britanie vale dicens, eumdem amicabiliter rogavit ut consistorio regali que responderat referret.
Paucis tamen effluxis feriis successivis, attendens quod in
vanum temptaverat quod pecierat adipisci, et quod subsidiarii
sui jam incipiebant murmurare, quia stipendia debita minime
percipiebant, februarii mensis inicio Latiniacum suis spolian-

de Tonant et plusieurs autres. C'est pourquoi les conseillers du roi
députèrent vers le prince bourguignon l'illustre duc de Bretagne,
qui était depuis six semaines environ à la cour, où il était venu faire
visite au roi, et le chargèrent d'aviser au moyen de réprimer les
attentats qui avaient lieu. On espérait qu'il serait accueilli favorablement en raison de l'amitié qui l'unissait depuis long-temps au duc de
Bourgogne. Mais malgré tous les ménagements avec lesquels il lui
remontra que le roi et tous les conseillers voyaient avec déplaisir
qu'il fût venu, sans être mandé, à la tête de troupes qui commettaient toutes sortes de dégâts dans le royaume, et que le roi lui ordon-
nait de retourner dans ses états, il ne put le déterminer à obéir. Le
duc de Bourgogne lui répondit qu'il avait lieu de se plaindre que les
conseillers du roi l'eussent empêché d'être admis auprès de sa majesté,
comme il y avait droit en sa qualité de prince du sang et de doyen
des pairs ; qu'il n'était venu à la tête d'une armée que pour offrir au
roi ses fidèles services ; que le duc de Brabant et le comte de Nevers,
ses frères utérins, étaient morts récemment en combattant pour lui. Il
ajouta qu'il ne souffrirait pas, sans se venger en temps opportun, qu'à
Paris et ailleurs certains sots et insolents l'appelassent par dérision
Jean le Long ou Jean de Lagny, et que les gens du roi eussent arrêté
traîtreusement les siens et les eussent dépouillés de tous leurs biens,
comme si tout cela eût été de bonne guerre. « Enfin, dit-il pour con-
« clusion, si quelques-uns de ceux que j'ai amenés avec moi ont causé
« des dommages dans quelques villes, ils l'ont fait pour venger les
« outrages que nous avions reçus. » Après cela il dit adieu au duc de
Bretagne et le pria affectueusement de rapporter sa réponse au conseil
du roi. Cependant quelques jours après, vers le commencement de
février, voyant que ses demandes restaient sans effet, et que ses gens
commençaient à murmurer, parce-qu'ils ne touchaient point la solde
qui leur était due, il leur abandonna le pillage de Lagny et leur
enjoignit ensuite de décamper.

dum bonis omnibus relinquens, omnes alibi se transferre imperavit.

Recessu ejus cognito, consiliarii regii municiones armatas in Sancto Dyonisio, Corbolio, vicinisque municionibus ejus auctoritate defensionis gracia collocatas, eorum sequi vestigia preceperunt, dantes tamen omnibus in mandatis, ne ipsos inquietarent solum proprium petentes, nisi villis et oppidis regiis violenciam inferre conarentur. Attamen, quia municiones prefate sepius de locis propriis erumpentes ubique predari consueverant, ut ceteri, dicti consiliarii eisdem stipendia consueta solvere vetuerunt, et auctoritate regia, voce quoque preconia proclamari statuerunt, et sub pena suspendii, ut ceteri qui remanserant, ex urbibus, suburbiis et villagiis recedentes, alibi se transferrent, nec redirent nisi prius auctoritate regia revocati.

CAPITULUM XVI.

De sessione tercia celebrata in generali consilio Constanciensi.

Infausto infortunio regni non sine cordis amaritudine litteris commendato, ad generalem synodum congregatam ob pacem et unionem universalis Ecclesie reducens calamum, que veraci relacione nunciorum Francie didici gesta hoc anno dignum duxi noticie tradere posterorum. In absencia namque pape Johannis, qui, ut superius dictum est, clandestine aufugerat, die sabbati sexta mensis apprilis fuit sessio generalis in ecclesia cathedrali Constanciensi deputata; in qua fuit serenissimus rex Romanorum in veste imperiali, et nobilibus suis ministrantibus sibi insigniis. In qua sessione, inter alios cardinales ibidem existentes, presidebat consilio dominus Jordanus,

A la nouvelle de leur départ, les conseillers du roi envoyèrent sur leurs traces, pour surveiller leur marche, les troupes qui étaient cantonnées à Saint-Denys, à Corbeil et dans les places voisines de Paris, en leur recommandant toutefois de ne point les inquiéter dans leur retraite, à moins qu'ils ne voulussent commettre quelques violentes contre les villes et les places du roi. Cependant, comme ces troupes étaient habituées aussi bien que les autres à courir le pays et à piller partout, lesdits conseillers défendirent qu'on leur payât leur solde accoutumée, firent publier, au nom du roi et à son de trompe, que tous les gens de guerre qui étaient restés dans les villes, faubourgs et villages d'alentour eussent à en sortir, sous peine d'être pendus, et leur enjoignirent de n'y pas revenir sans un ordre exprès du roi.

CHAPITRE XVI.

Troisième session du concile général de Constance.

Après avoir exposé, non sans une amère douleur, le déplorable état du royaume, je reviens au concile général assemblé pour la paix et pour l'union de l'Église universelle, et je reprends le récit de ce qui s'y est passé cette année, et dont j'ai été instruit par les ambassadeurs de France. Malgré l'absence du pape Jean, qui, comme nous l'avons dit plus haut, s'était enfui clandestinement, il y eut une session du concile général, le samedi 6 avril, dans la cathédrale de Constance. Le sérénissime roi des Romains y assista vêtu de ses habits impériaux, et entouré des premiers officiers de l'empire. Parmi les cardinaux qui se trouvaient à cette session, on choisit, pour la présider, monseigneur Jourdain, évêque d'Albano, cardinal des Ursins. La messe de Notre-Dame fut chantée par monseigneur Renaud, archevêque de Reims. Après quoi, suivant la pratique observée dans

episcopus Albanensis, cardinalis de Ursinis, et cantabatur missa de Nostra Domina per dominum Reginaldum archiepiscopum Remensem. Qua cantata, juxta ritum aliarum sessionum, lecte fuerunt letanie cum introitu: *Exaudi nos, Domine, quoniam benigna est misericordia,* etc., et collecte pro pace cum evvangelio et hympno *Veni, creator Spiritus,* presentibus ibidem dominis Angelo Laudensi, Antonio Aquilegiensi, Guillelmo Sancti Marci, Antonio de Chalanto, Alamano Pisano presbiteris, Amedeo Saluciarum et Francisco Florentino cardinalibus, absentibus vero Johanne Viviariensi, Petro Camaracensi, Francone Veneciarum, et Ludovico de Flisco cardinalibus, licet in civitate presentibus, ut publice ferebatur.

CAPITULUM XVII.

Articuli tercie sessionis approbati.

Peractisque missarum sollempniis, de mandato tocius sancte synodi surrexit reveréndus pater dominus Andreas, electus Posnaniensis, et certa capitula per modum constitucionum synodalium, prius per singulas quatuor naciones conclusa et deliberata, legit et publicavit sub hac forma :

« In nomine sancte et individue Trinitatis, Patris et Filii et Spiritus Sancti, amen.

« Hec sancta synodus Constanciensis, generale consilium faciens, pro extirpacione presentis scismatis et unione ac reformacione Ecclesie Dei, in capite et in membris fienda, ad laudem omnipotentis Dei, in Spiritu Sancto legittime congregata, ad consequendum facilius, securius, uberius et liberius unionem ac reformacionem Ecclesie Dei, ordinat, diffinit, statuit, decernit et declarat que sequuntur :

les autres sessions, on lut les litanies avec l'introït : *Exaudi nos, Domine, quoniam benigna est misericordia tua,* et les collectes pour la paix, avec l'évangile et l'hymne *Veni, creator Spiritus.* Étaient présents messeigneurs Ange de Lodi, Antoine d'Aquilée, Guillaume de Saint-Marc, Antoine de Challant, Alaman de Pise, cardinaux prêtres, le cardinal Amédée de Saluces et le cardinal François de Florence. Étaient absents les cardinaux Jean de Viviers, Pierre de Cambrai, Francon de Venise et Louis de Fieschi, bien que le bruit courût qu'ils étaient dans la ville.

CHAPITRE XVII.

Les articles de la troisième session sont approuvés.

Après l'office divin, le révérend père monseigneur André, élu de Posen, se leva et lut à haute voix, par ordre du saint synode, certains chapitres disposés en forme de constitutions synodales, déjà préalablement arrêtés et décidés par chacune des quatre nations, et conçus en ces termes :

« Au nom de la sainte et indivisible Trinité, du Père, du Fils et du Saint-Esprit, ainsi soit-il !

« Ce saint synode de Constance, formant un concile général, et légitimement assemblé au nom du Saint-Esprit, à la gloire du Tout-Puissant, pour l'extirpation du présent schisme, l'union et la réformation de l'Église de Dieu dans son chef et dans ses membres, afin d'accomplir plus facilement, plus sûrement, plus amplement et plus librement ladite union et réformation de l'Église de Dieu, ordonne, décide, statue, décrète et déclare ce qui suit :

« Et primo, quod ipsa in Spiritu Sancto legittime congregata, generale consilium faciens, et Ecclesiam catholicam militantem representans, potestatem a Christo immediate habet, cui quilibet, cujuscunque status, dignitatis, eciam si papalis existat, obedire tenetur in hiis que pertinent ad fidem et extirpacionem dicti scismatis ac generalem reformacionem Ecclesie Dei, in capite et in membris.

« Item, declarat quod quicunque, cujuscunque status vel dignitatis, eciam si papalis existat, qui mandatis, statutis, seu ordinacionibus aut preceptis hujus sancte synodi, et cujuscunque alterius consilii generalis legittime congregati super premissis seu ad ea pertinentibus, factis vel fiendis, obedire contumaciter contempserit, nisi resipuerit, condigne penitencie subjiciatur, et debite puniatur, et eciam ad alia subsidia, si opus fuerit, requirendum.

« Item, diffinit et ordinat quod dominus Johannes papa vicesimus tercius Romanam curiam et officia publica illius, seu illorum officiarios de hac civitate Constanciensi ad alium locum non mittet aut transferat, seu personas dictorum officiariorum ad sequendum eum directe vel indirecte cogat sine deliberacione et consensu ipsius sancte synodi; et si contrarium fecisset aut faceret in futurum, aut aliquos processus aut mandata contra dictos officiarios aut alios quoscunque huic sacro consilio adherentes, aut censuras ecclesiasticas aut alias penas quascunque continentes ut ipsum sequantur fulminasset, fulminaret seu fulminaverit, totum sit irritum et inane; nec eisdem processibus, censuris et penis, tanquam irritis et inanibus, quomodolibet obediendum fore; quinymo dicti officiarii in dicta civitate Constanciensi suis officiis utantur et illa exerceant libere, ut prius, quamdiu sancta synodus in eadem civitate celebrabitur.

« Premièrement, qu'étant légitimement assemblé au nom du Saint-Esprit, formant un concile général, et représentant l'Église catholique militante, il tient immédiatement de Jésus-Christ une puissance à laquelle chacun est tenu d'obéir, de quelque qualité ou dignité qu'il soit, même papale, en ce qui touche à la foi et à l'extirpation dudit schisme, ainsi qu'à la réformation de l'Église de Dieu dans son chef et dans ses membres.

« *Item*, il déclare que tout homme, de quelque qualité ou dignité qu'il soit, même papale, qui refusera opiniâtrément d'obéir aux mandements, statuts, ordonnances ou décrets de ce saint synode et de tout autre concile général légitimement assemblé pour les choses susdites ou autres y attenant, faites ou à faire, sera châtié comme il mérite, et dûment puni, s'il ne vient à résipiscence, et que l'on pourra recourir contre lui, s'il est besoin, à toutes sortes de voies.

« *Item*, il décide et ordonne que monseigneur le pape Jean XXIII ne pourra envoyer ni transférer de cette ville de Constance en un autre lieu la cour romaine ni les offices publics ni les officiers d'icelle; qu'il ne pourra contraindre directement ni indirectement les personnes desdits officiers à le suivre, sans l'avis et le consentement dudit saint synode. Et s'il avait fait le contraire, ou s'il le faisait à l'avenir, s'il se permettait quelques procédures ou mandements contre lesdits officiers ou autres, quels qu'ils soient, adhérant à ce saint concile, s'il avait fulminé, fulminait, ou voulait fulminer quelques censures ecclésiastiques ou autres peines quelconques, pour les contraindre à le suivre, tout cela sera nul et de nul effet, et on ne sera tenu en aucune façon d'obéir auxdites procédures, censures et peines comme étant nulles et de nul effet. Et même lesdits officiers jouiront de leurs offices dans ladite ville de Constance, et les exerceront librement, comme auparavant, tant que ledit saint synode s'y tiendra.

« Item, ordinat quod omnes et singule translaciones prelatorum, nec non privaciones eorumdem aut aliorum beneficiatorum officialium aut ministratorum quorumcunque, commendarum ac donacionum revocaciones, moniciones, censure ecclesiastice, processus, sive quecunque acta, gesta, gerenda, agenda et fienda per prefatum dominum Johannem papam aut suos officiarios vel commissarios in lesionem dicti consilii sive adherencium eidem, a parte inchoacionis ejusdem consilii contra adherentes huic consilio sacro vel existentes in eodem, aut in ipsorum aut alicujus eorumdem prejudicium quomodolibet, ipsis invitis, facta sive facienda, facte aut faciende, auctoritate hujus sacri consilii, ipso facto sint nulla, cassa, irrita et inania, casse, irrite et inanes, ac nullius roboris vel momenti, et eadem auctoritate cassat, irritat et anullat.

« Item, declarat quod idem dominus Johannes papa et omnes prelati, ac alii ad hoc generale consilium convocati, et alii in eodem existentes, in plenaria libertate fuerunt et existunt, ut visum est dicto sacro consilio, nec ad noticiam dictorum vocatorum seu dicti consilii contrarium deductum est; et hoc testificatur dictum sacrum consilium coram Deo et hominibus.

« Item, declarat, statuit et decernit quod dictus dominus noster papa renunciare tenetur papatui, nedum in quocunque casu in cedula oblacionis sue comprehenso, sed eciam in quocunque sua renunciacio afferre potest magnam et evidentem utilitatem, bonum unionis Ecclesie Dei; quodque super hoc dictus dominus noster papa declaracioni et diffinicioni hujus consilii stare tenetur.

« Item, deliberat et declarat quod si dictus dominus noster, requisitus pro bono unionis per hoc sacrum consilium, papatu i

« *Item*, il ordonne que toutes et chacune des translations de prélats, toutes dépositions desdits personnages, ou autres bénéficiers, officiers et ministres quelconques, toutes révocations de commandes et de donations, toutes réprimandes, censures ecclésiastiques, procédures ou autres actions, quelles qu'elles soient, faites ou à faire, soit par ledit seigneur pape Jean, soit par ses officiers ou commissaires, au détriment dudit concile et de ses adhérents, depuis le commencement dudit concile, et toutes les autres choses faites ou à faire, malgré eux, contre les adhérents ou les membres de ce sacré concile, ou au préjudice de quelqu'un d'entre eux, seront considérées, en vertu de l'autorité dudit sacré concile, comme nulles et de nul effet, sans force et sans valeur, et comme telles, il les casse, annulle et anéantit en vertu de ladite autorité.

« *Item*, il déclare que ledit seigneur pape Jean, tous les prélats et autres qui ont été convoqués à ce concile général, et tous ceux qui s'y trouvent présentement, ont été et sont encore en pleine et entière liberté, ainsi que l'a voulu ledit sacré concile, et que rien de contraire n'a été porté à la connaissance d'aucun desdits convoqués ni dudit concile : ce que ledit sacré concile atteste devant Dieu et devant les hommes.

« *Item*, il déclare, statue et décrète, que notredit seigneur le pape est tenu de renoncer à la papauté, non-seulement dans tous les cas indiqués par la cédule de ses offres, mais encore dans tous les cas où sa renonciation peut être d'une grande et évidente utilité, et contribuer à l'union de l'Église de Dieu; et que sur ce, notredit seigneur le pape est obligé de déférer à la déclaration et à la décision dudit concile.

« *Item*, il décide et déclare que, si notredit seigneur, après en avoir été requis par ledit sacré concile, pour le bien de l'union, refuse de

renunciare contempserit vel plus debito distulerit, ex nunc prout ex tunc, et ex tunc prout ex nunc, pro abjecto a papatu ab omnibus Christi fidelibus habeatur, et omnis obediencia eidem sit subtracta.

« Item, diffinit quod recessus dicti domini nostri pape a civitate Constanciensi clandestine factus, fuit illicitus, bonoque unionis Ecclesie Dei prejudicialis et nocivus; quodque dictus dominus noster papa requirendus est ex parte dicti sacri consilii, quod ad illud revertatur, facturus et adimpleturus illa que promisit, vovit et juravit pro unione danda Ecclesie Dei; et cum intimacione quod, si infra terminum sibi ex parte dicti consilii sacri prefigendum ad ipsum consilium redire contempserit aut plus debito distulerit, contra eum tanquam fautorem scismatis et suspectum de heresi procedetur, ut requirunt sacre canonice sanctiones.

« Item, diffinit quod, si dominus noster predictus ad ipsum sacrum generale consilium redire voluerit et jurata et promissa efficaciter adimplere, eidem provideatur de bona securitate, quod nec ante renunciacionem nec post capietur, incarcerabitur, nec alias in persona vel bonis molestabitur; quin ymo in plena securitate et libertate tenebitur per dominum regem Romanorum serenissimum, et eciam per dictum generale consilium; et ulterius de bono statu eidem domino nostro et suis familiaribus post dictam renunciacionem habendo, ad arbitrium quatuor per eum et aliorum quatuor per dictum sacrum generale consilium eligendorum, provideatur. »

Inde in dicta synodo dominus Andreas electus predictus legit quedam advisamenta in materia fidei et super materia Johannis Huuss, que sequuntur :

renoncer à la papauté, ou qu'il diffère trop longtemps, il sera, dès à présent comme dès lors, et dès lors comme dès à présent, tenu par tous les chrétiens pour déchu de la papauté, et que toute obéissance lui sera soustraite.

« *Item*, il décide que le départ clandestin de notredit seigneur le pape de la ville de Constance a été illicite, préjudiciable et nuisible au bien de l'union de l'Église de Dieu; et que notredit seigneur le pape sera requis de la part dudit sacré concile de revenir, pour faire et accomplir ce qu'il a promis, offert et juré en vue d'assurer l'union de l'Église de Dieu; et qu'il lui sera signifié que, s'il refuse de revenir audit concile dans le terme qui lui sera fixé par ledit sacré concile, ou s'il diffère trop longtemps, il sera procédé contre lui, comme fauteur de schisme et suspect d'hérésie, selon que le requièrent les saints canons.

« *Item*, il décide que, si notredit seigneur consent à revenir audit sacré concile général et à accomplir efficacement ce qu'il a juré et promis, il sera pourvu à sa sûreté, et que, ni avant ni après sa renonciation, il ne sera pris, incarcéré ou inquiété de quelque façon que ce soit dans sa personne ou dans ses biens; qu'au contraire il sera tenu en pleine sûreté et liberté par monseigneur le sérénissime roi des Romains, ainsi que par ledit concile général, et qu'on pourvoira ultérieurement au bon état de notredit seigneur et à l'entretien de ceux de sa maison après ladite renonciation, et ce par l'entremise de quatre arbitres à son choix, et de quatre autres au choix dudit sacré concile général. »

Après cela, monseigneur André, l'élu susdit, donna lecture au saint synode de certaines décisions prises en matière de foi, au sujet de Jean Huss, en la forme qui suit :

« Primo, quod juxta determinacionem doctorum sacre theolo-
« gie et juris canonici, confirmetur et approbetur sentencia lata
« in consilio Romano de condampnacione librorum et doctrine
« Johannis Wicleiff, eciam per combustionem librorum ejus-
« dem; et quod in eadem sessione commitatur materia fidei ,
« quo ad doctrinam ipsius Johannis Wicleiff nec non Johannis
« Huuss et suorum sequacium, per hoc sacrum consilium, cum
« plena auctoritate, reverendis patribus dominis cardinalibus
« Camaracensi et Sancti Marci, nec non dominis episcopo Do-
« lensi et abbati Cysterciensi; qui eciam, assumptis doctoribus
« theologie et juris canonici, videant super materia Johannis
« Huuss, hic propter errorem Johannis Wicleiff detenti; quibus
« eciam assignetur registrum processus cause per commissa-
« rium contra eumdem Johannem Huuss factum; et quod dicti
« domini commissarii videant de modo procedendi super con-
« dempnacione articulorum quadraginta quinque in specie in
« Parisiensi et Pragensi universitatibus condempnatorum, super
« materia Johannis Wicleiff.

« Item, quod regibus, ducibus et universitatibus studiorum
« ex parte hujus sacri consilii scribatur super recessu domini
« nostri pape clandestino et aliis circa premissa occurrentibus;
« et quod quatuor prelati ex quatuor nacionibus ejus auctoritate
« deputantur, qui dictas missivas suis sigillis una cum sigillo
« serenissimi regis Romanorum sigillent et corroborent. »

Super quo consilium respondit : « Placet, placet. »

Addidit et proponens ut consilium domino regi Romanorum
supplicaret pro reductione domini nostri pape ad civitatem
Constanciensem, requirendo ut adimpleret promissa et jurata
sacro consilio.

Ad quod verbum surrexit idem rex dicens quod papam

« Premièrement, que suivant la proposition des docteurs en sacrée
« théologie et en droit canon, on ratifierait et approuverait la sentence
« du concile de Rome portant condamnation des livres et de la doc-
« trine de Jean Wicleff, et enjoignant même de brûler lesdits livres;
« que, dans la même session, la question en matière de foi, pour
« ce qui concerne la doctrine dudit Jean Wicleff, de Jean Huss et
« de ses adhérents, serait confiée par ledit sacré concile, avec pleine
« et entière autorité, aux révérends pères messeigneurs les cardinaux
« de Cambrai et de Saint-Marc, et à messeigneurs l'évêque de Dol et
« l'abbé de Citeaux, lesquels s'adjoindraient des docteurs en théologie
« et en droit canon, et examineraient les faits relatifs à Jean Huss,
« ici détenu prisonnier en raison de l'hérésie de Jean Wicleff; que,
« pour cela, on leur remettrait le registre de la procédure suivie par
« le commissaire chargé de poursuivre ledit Jean Huss; et que lesdits
« commissaires aviseraient à la manière de procéder relativement à
« la condamnation des quarante-cinq articles déjà condamnés dans
« l'espèce par les universités de Paris et de Prague, au sujet dudit Jean
« Wicleff.

« *Item*, qu'il serait écrit de la part dudit sacré concile aux rois, aux
« ducs et aux universités sur le départ clandestin de notre seigneur le
« pape, et sur les autres choses susdites, et que quatre prélats choisis
« dans les quatre nations seraient délégués en son nom pour sceller
« et corroborer lesdites missives de leurs sceaux et du sceau du séré-
« nissime roi des Romains. »

Sur quoi, le concile répondit : « *Placet, placet.* »

L'orateur demanda ensuite que le concile suppliât monseigneur le
roi des Romains de faire revenir notre seigneur le pape dans la ville de
Constance, en le requérant d'accomplir ce qu'il avait promis et juré au
sacré concile.

Sur ce, le roi se leva et dit qu'il savait que le pape était à Laufen-

sciebat in oppido Lefenbrig, Basiliensis diocesis, residere et
in manibus domini Federici, ducis Austrie, dicens tamen se
nescire si oratus redire vellet, vel si Federicus vellet eum libere
recedere. Idem tamen rex promisit facere quod consilio placebat, et cuncta que sibi preciperet.

Addidit et ipse rex qualiter exercitum miserat contra ipsum
ducem et ob istius modi et contra oppidum Scafusa, in quo
aliqui cardinales et curiales esse dicebantur, dans in mandatis
illustri Federico principi, burgravio Nurenbergensi, capitaneo suo, ut mandaret dictis cardinalibus in Scafusa existentibus ceterisque curialibus et aliis volentibus redire, quod
nomine ipsius regis ipsis daretur salvus conductus pro se et
omnibus bonis suis; et quod sic ambo dictis cardinalibus id
mandaverant et scripserant, et dicti alii domini scripserant
quod non indigebant nec petebant aliquem salvum conductum, nec eciam intendebant sequi dominum Johannem papam, sed ire ad urbem Romanam, et similis opinionis essent
cardinales Constancie residentes : protestans tamen idem rex
quod quidquid sanctum consilium ordinaverat ultronee effectui
manciparet. Et super istis concessis a notariis publicis peciit
fieri publica instrumenta.

Ad illud respondit reverendissimus pater dominus Franciscus, cardinalis Florentinus, pro se et aliis cardinalibus, dicens
omnes in hoc concordare quod, si dominus papa vellet sequi
viam cessionis, quam obtulerat, ipsum libenter vellent sequi,
fovere et defendere; et in casu quod a via illa declinaret nec
adimpleret promissa, volebant ab illo desciscere et remanere
cum consilio ; quod tamen velit declinare a promissis hucusque
per scripta sua non constabat. De hoc autem quod cardinales
dicebant quod nolebant de Scafusa venire, neque sequi papam,

bourg, ville du diocèse de Bâle, entre les mains de monseigneur le
duc d'Autriche Frédéric; mais qu'il ignorait s'il consentirait à revenir
sur son invitation, ou si Frédéric voudrait le laisser partir. Il promit
néanmoins de faire en cela, comme en toute autre chose, ce qui plairait au concile.

Il ajouta qu'il avait envoyé une armée contre ledit duc et contre la
ville de Schaffouse, où il y avait, disait-on, quelques cardinaux et
autres officiers de la cour du pape, et qu'il avait donné ordre à l'illustre prince Frédéric, burgrave de Nuremberg, son capitaine, de
mander auxdits cardinaux demeurant à Schaffouse, aux officiers et
autres qui voudraient revenir, qu'il leur serait délivré un sauf-conduit
au nom du roi pour leurs personnes et pour leurs biens; que cela avait
été mandé et écrit auxdits cardinaux, et que lesdits autres seigneurs
avaient répondu qu'ils ne désiraient ni ne demandaient de sauf-conduit, et que leur intention était, non pas de suivre monseigneur le
pape Jean, mais d'aller à Rome, et que les cardinaux qui étaient à
Constance devraient prendre la même résolution. Ledit roi protesta,
toutefois, qu'il exécuterait avec empressement tout ce que le sacré
concile avait ordonné, et il demanda qu'il fût dressé un acte authentique de sa déclaration par les notaires publics.

Le très révérend père monseigneur François, cardinal de Florence,
répondit à cela, tant pour lui que pour les autres cardinaux, qu'ils
étaient tous d'accord sur un point, savoir, que, si monseigneur le
pape voulait persister dans la voie de cession qu'il avait offerte, ils
étaient disposés à le suivre, à le favoriser et à le défendre; mais que,
dans le cas où il s'écarterait de cette voie et ne tiendrait pas ce qu'il
avait promis, ils étaient décidés à l'abandonner, et à rester avec le
concile; que, toutefois, il n'y avait pas encore de preuve écrite de sa
main qu'il eût dessein de manquer à ses promesses. Quant à ce que
disaient les cardinaux, qu'ils ne voulaient pas revenir de Schaffouse ni
suivre le pape, mais bien aller à Rome, il dit que cela n'était pas suf-

sed volebant ire Romam, nichil constabat sibi neque aliis dominis cardinalibus in Constancia existentibus.

Ultimo per proponentem dictum fuit quod contra statuta
sacri consilii plures sine licencia de consilio recesserant et rece-
debant in habitu simulato, et quod ibi apponendum erat reme-
dium. Super quibus avisamentis propositis magister Henricus de
Piro, promotor hujus consilii et procurator nacionis Germanice,
peciit per protonotarios sedis appostolice sibi fieri unum vel
plura instrumenta ; nilque amplius actum est die illa.

CAPITULUM XVIII.

De sessione quarta.

Die Mercurii decima septima mensis apprilis fuit sessio
generalis, in qua primo, juxta morem et ritum aliarum, fuit
celebratum officium misse de Spiritu Sancto per dominum
Nycolaum, archiepiscopum Gneznensem, in presencia regis
Romanorum, vestibus regiis insigniti, cui assistebant domini
Jordanus de Ursinis, Angelus Laudensis, episcopi cardinales ;
et eidem sessioni presidebat pro tunc reverendus dominus
Johannes, episcopus Ostiensis, vicecancellarius, cardinalis Viva-
riensis, presentibus Guillelmo Sancti Marci, Alamano Pisano,
Antonio de Chalanto, Antonio Aquilegensi presbiteris, Amedeo Saluciarum et Francisco Florentino, dyaconis cardinalibus.
Peractoque servicio, et hympno *Veni, creator Spiritus*, dicto
cum collectis et oracionibus per dictum episcopum Ostiensem,
et tunc ambonem ascenderunt cum cardinale Vivariensi, in quo
publicari solebant articuli et constituciones et advisamenta sacri
consilii, dominus episcopus Attrebatensis pro nacione Gallicana,

fisamment démontré à lui ni aux autres cardinaux qui étaient à Constance.

Enfin, l'orateur ajouta que, contrairement aux statuts du sacré concile, plusieurs s'étaient retirés du concile sans congé, et s'en retiraient chaque jour sous divers déguisements, et qu'il fallait mettre ordre à cet abus. Maître Henri du Poirier, promoteur du concile et procureur de la nation allemande, demanda qu'il fût dressé par les protonotaires du siége apostolique un ou plusieurs instruments de ces diverses propositions. Il ne fut rien fait autre chose ce jour-là.

CHAPITRE XVIII.

Quatrième session.

Le mercredi 17 avril, il y eut une session générale. On commença, suivant l'usage et la pratique observée pour les autres sessions, par une messe du Saint-Esprit, que célébra monseigneur Nicolas, archevêque de Gnesne, en présence du roi des Romains, vêtu des insignes royaux, et assisté de messeigneurs Jourdain des Ursins et Ange de Lodi, cardinaux-évêques. Cette session fut présidée par le révérend seigneur Jean, évêque d'Ostie, vice-chancelier, cardinal de Viviers. Étaient présents Guillaume de Saint-Marc, Alaman de Pise, Antoine de Challant et Antoine d'Aquilée, cardinaux-prêtres, Amédée de Saluces et François de Florence, cardinaux-diacres. Lorsque l'office fut terminé, et que ledit évêque d'Ostie eut chanté l'hymne *Veni, creator Spiritus,* avec les collectes et oraisons accoutumées, messeigneurs l'évêque d'Arras pour la nation française, l'archevêque de Gnesne pour la nation allemande, Jean Polton, protonotaire de la sainte Église romaine, pour la nation anglaise, et l'abbé de Florence pour nation italienne, montèrent avec le cardinal de Viviers sur l'estrade d'où l'on avait coutume de publier les articles, constitutions et avis du sacré concile, et par ordre de l'assemblée ou synode, mon-

v.

77

archiepiscopus Gneznensis [1] pro nacione Germanie, Johannes Polton, sancte romane Ecclesie protonotarius, pro nacione Anglie, et abbas Florentinus pro nacione Ytalie; et de mandato consilii sive synodi, dominus Attrebatensis legit articulos per quatuor naciones deliberatos sub hac forma :

CAPITULUM XIX.

Articuli sequntur quarte sessionis.

« In nomine sancte et individue Trinitatis, Patris et Filii et Spiritus Sancti, hec sancta synodus Constanciensis, consilium generale faciens, et Ecclesiam catholicam militantem representans, in Spiritu Sancto congregata, ad consequendum facilius pacem et unionem Ecclesie, diffinit et declarat quod sequitur :

« Et primo declarat procuratorium super renunciacione papatus facienda per dominum Johannem papam, per quatuor naciones hujus sacri consilii deliberatum et ordinatum, esse bonum, utile et expediens pro unione sancte matris Ecclesie.

« Item, quod idem dominus papa tenetur dare et facere dictum procuratorium, ad cedendum papatui pro bono unionis et pacis Ecclesie, juxta formam cedule per ipsum oblate. »

DE FORMA PROCURATORII PAPE.

« Johannes episcopus, etc. Pridem ad laudem omnipotentis
« Dei, pacem et quietem populi christiani, unitatisque Eccle-
« sie consummacionem, extirpacionem presentis scismatis,
« generali Constanciensi approbante consilio, viam cessionis
« papatus libere obtulimus, illamque per nos cum effectu fien-
« dam promissione, voto et juramento firmavimus, sicut in

[1] Var : *Rigensis.*

seigneur d'Arras lut les articles arrêtés par les quatre nations en la forme suivante :

CHAPITRE XIX.

Suivent les articles de la quatrième session.

« Au nom de la sainte et indivisible Trinité, du Père, du Fils et du Saint-Esprit, ce saint synode de Constance, formant un concile général et représentant l'Église catholique militante, assemblé sous l'invocation du Saint-Esprit, afin d'accomplir plus facilement la paix et l'union de l'Église, décide et arrête ce qui suit :

« Premièrement, il déclare que la procuration concernant la renonciation à la papauté que doit faire monseigneur le pape Jean, telle qu'elle a été concertée et arrêtée entre les quatre nations de ce sacré concile, est bonne, utile et avantageuse pour l'union de notre sainte mère l'Église.

« *Item*, que ledit seigneur pape est tenu de donner et de faire ladite procuration, à l'effet de renoncer à la papauté pour le bien de l'union et de la paix de l'Église, suivant la teneur de la cédule qui a été offerte par lui. »

TENEUR DE LA PROCURATION DU PAPE.

« Jean, évêque, etc. Nous avons naguère offert librement, avec « l'approbation du sacré concile de Constance, de renoncer à la pa- « pauté, en l'honneur du Dieu tout-puissant, pour la paix et le repos de « la chrétienté, pour le rétablissement de l'union de l'Église, pour la « ruine et l'extirpation du présent schisme, et nous nous sommes « engagé par promesse, par vœu et par serment à faire réellement « cette renonciation, comme il est dit plus au long dans une cédule « lue par nous audit sacré concile, et qui est ainsi conçue : *Moi*,

« quadam cedula per nos in dicto sacro consilio lecta lacius
« continetur, cujus tenor talis est : *Ego Johannes papa vicesi-*
« *mus tercius,* etc. Ne autem proventus tanti boni quibusvis
« sortis humane casibus impediri valeat aut quomodolibet
« retardari, sed expedite desideratum producat effectum, quod
« nostrorum desideriorum maximum est, ad dictam cessionem
« et renunciacionem papatus in omni casu in dicta cedula pre-
« fate oblacionis nostre comprehenso, procuratores nostros,
« nuncios speciales, et quidquid melius esse potest, in plenaria
« libertate et securitate constituti, sponte et ex mera nostra
« liberalitate constituimus, creamus et ordinamus tales et
« tales, et ex ipsis quoslibet duos, ipsisque ex eis quibus-
« libet duobus cedendi *et renunciandi nostro nomine et pro*
« *nobis papatui concedimus omnimodam auctoritatem, facul-*
« *tatem et potestatem* [1], ita quod occupantis condicio melior
« non existat, nec per occupacionem aliorum potestas impe-
« diatur, sed duo quicunque ex dictis procuratoribus consti-
« tutis, sive aliis eciam contradicentibus, ignorantibus et irre-
« quisitis, et eciam nobis presentibus, et cessionem facere
« personaliter volentibus, vel quod per alios quam per nos
« renunciacio fieret quomodolibet contradicentibus, uti eodem
« procuratorio possint, valeant et debeant, ipsiusque renun-
« ciacionis actum expedire; paciscentes et ex nunc contra-
« hentes pacto et contracto irrevocabilibus, cum sancta univer-
« sali Ecclesia et cum sacro consilio Constanciensi, ipsam
« universalem Ecclesiam representante, promittentes, voventes
« et jurantes Deo et Ecclesie sacrosancte et dicto sancto con-
« silio, quod dictos procuratores, aut eorum aliquem, et potes-

---

[1] Les mots qui sont en italiques ont été empruntés à la *Collection des conciles.*

« *Jean XXIII, pape*, etc. Et pour que la réalisation d'un si grand
« bien ne puisse être ni empêchée ni retardée en aucune façon par
« aucun des accidents ordinaires auxquels est sujette l'humanité, pour
« qu'elle puisse au contraire être menée à bonne fin, ce qui est le
« plus cher de nos vœux, nous constituons spontanément et de notre
« plein gré, étant en pleine liberté et sûreté, nous créons et ordon-
« nons tels et tels nos procureurs, députés spéciaux, et mieux encore,
« s'il est possible, pour faire ladite cession et renonciation à la
« papauté dans tous les cas prévus par ladite cédule, qui contient nos
« offres ; donnons les mêmes pouvoirs à deux quelconques d'entre
« eux, et accordons à ces deux personnes quelconques toute autorité,
« faculté et pouvoir de faire la cession et renonciation pour nous et
« en notre nom, de telle sorte que la position de l'occupant ne soit
« pas meilleure, et que ladite occupation n'entrave pas le pouvoir
« des autres, mais que deux quelconques desdits procureurs consti-
« tués, lors même que les autres seraient d'un avis contraire, qu'ils
« l'ignoreraient ou n'auraient pas été requis, ou que nous serions
« présent nous-même, que nous voudrions faire la cession en per-
« sonne, ou que nous nous opposerions en quelque manière à ce
« qu'elle fût faite par d'autres que par nous, puissent et doivent faire
« usage de ladite procuration, et expédier l'acte de renonciation ;
« déclarons et nous engageons dès à présent par un pacte et un con-
« trat irrévocables avec la sainte Église universelle et le sacré con-
« cile de Constance, représentant ladite Église universelle, promet-
« tons, vouons et jurons à Dieu, à la très sainte Église et audit sacré
« concile, que jamais nous ne révoquerons directement ou indirec-
« tement lesdits procureurs ou l'un d'entre eux, ni les pouvoirs à
« eux accordés de la manière susdite, pour quelque cause ou occasion
« que ce soit, présente ou à venir, fût-elle expressément spécifiée en
« droit, et du nombre de celles pour lesquelles un procureur consti-
« tué est ou peut être révoqué tacitement ou expressément ; que
« jamais nous n'attaquerons ladite procuration sous le rapport de la
« forme ou des personnes constituées ou à constituer ; que nous n'ex-
« ciperons en aucune façon du droit ou du fait, en justice ou hors

« tatem illis modo premisso concessam ex quavis occasione,
« causa, orta vel orienda, eciam in jure expressa, et propter
« quam causam vel causas constitutus procurator revocatur
« tacite vel expresse, revocari potest aut possit, directe vel in-
« directe nunquam revocabimus, nec ipsum procuratorium
« racione forme aut personarum, constituendarum aut consti-
« tutarum, impugnabimus, nec contra ipsum procuratorium
« aut personas constitutas in eodem quoquomodo, de jure vel
« de facto, in judicio vel extra, excipiemus; quodque non dixi-
« mus aut fecimus, aut dicemus aut faciemus in futurum, aut
« impediemus directe vel indirecte quominus dicti procura-
« tores potestate sibi data in eodem procuratorio juxta ejusdem
« tenorem libere uti possint et valeant; renunciantes expresse
« omnibus excepeionibus et juribus que nobis competere pos-
« sunt et possent, de jure vel de facto, in presenti vel in fu-
« turo, circa revocacionem, anullacionem, invalidacionem pro-
« curatorii et procuratorum hujusmodi; que quidem excep-
« ciones et jura nolumus in hac parte aliqualiter nobis suf-
« fragari.

    « Et hujusmodi constitucionem et formam procuratorii, nec
« non renunciacionem per duos ex eis, ut premittitur, fiendam,
« valere volumus et statuimus, non obstantibus quibuscunque
« excommunicacionis, suspensionis vel aliis inhabilitatis sen-
« tenciis, a jure vel a nobis vel alio quocunque, in eos vel eorum
« aliquem, quacunque causa vel auctoritate promulgatis seu
« promulgandis, quibus forsan nunc vel tempore cessionis et
« renunciacionis hujusmodi, seu interim, procuratores hujus-
« modi seu aliqui eorumdem sunt vel erunt ligati; *quos et quo-*
« *rum quemlibet ad hujusmodi procuratorium accipiendum et*
« *predictam renunciacionem faciendam absolvimus et habilita-*

« justice, contre ladite procuration ou les personnes qui y sont con-
« stituées ; que nous n'avons rien dit ni fait, que nous ne dirons ni
« ne ferons rien à l'avenir, pour empêcher directement ou indirecte-
« ment lesdits procureurs d'user en toute liberté, conformément à
« la teneur de ladite procuration, des pouvoirs qui leur ont été don-
« nés ; renonçons expressément à tous les droits et exceptions qui
« peuvent et pourraient nous compéter, de droit ou de fait, à pré-
« sent ou à l'avenir, touchant la révocation, annulation et invali-
« dation desdits procureurs ou de ladite procuration, desquels droits
« et exceptions nous ne voulons nous prévaloir aucunement en cette
« circonstance.

« Nous voulons et ordonnons que cette constitution et forme de
« procuration, ainsi que la renonciation qui serait faite par deux
« d'entre lesdits procureurs seulement, comme il est dit ci-dessus,
« soient valables nonobstant toutes sentences d'excommunication, de
« suspension, d'inhabilité ou autres, prononcées ou à prononcer de
« droit, par nous ou par une autre personne quelconque, contre eux
« ou contre l'un d'eux, à quelque titre et en vertu de quelque auto-
« rité que ce soit, par lesquelles lesdits procureurs ou quelques-uns
« d'entre eux sont peut-être liés maintenant ou le seront au moment
« de la cession et renonciation, ou dans l'intervalle ; autorisons et
« rendons aptes lesdits procureurs et chacun d'eux à accepter ladite
« procuration et à faire ladite renonciation, nonobstant même toutes
« sentences contraires, voulant que ladite renonciation qui serait faite

« *mus per presentes, non obstantibus eciam* aliis contrariis
« quibuscunque, *volentes quod renunciacio hujusmodi per eos*
« *fienda perinde valeat* [1] ac si cessionem hujusmodi persona-
« liter fecissemus; supplentes eciam de plenitudine apposto-
« lice potestatis omnes defectus in hac nostra constitucione
« procuratorum, si qui intervenerint, ita quod hujusmodi pro-
« curatorium per quascunque clausulas, eciam contra naturam
« constitucionis procuratorum in eo expressas, ipsi et effectui
« ejus nocivas et inutiles, seu in ipso utiles et necessarias non
« expressas, sed deficientes, cujuscunque tenoris vel effectus
« existant, nequeat quovismodo impugnari, sed firmum et vali-
« dum in omnibus et per omnia existat, ac si in eo hujusmodi
« clausule necessarie seu utiles existerent expresse. Quod qui-
« dem procuratorium, quo ad totalem ejus effectum, firmum
« et validum volumus remanere; quodque ad clausulas hujus-
« modi observandas, que essent contra naturam constitucionis
« procuratoris, si que sint apposite, nos ex certa sciencia, omni
« via et modo quibus melius possumus, promittimus, juramus
« et obligamus Deo et Ecclesie ac dicto consilio, declarantes et
« ponentes ex superhabundanti ipsa jura, in quantum volunt,
« concedunt aut favent procuratorium vel procuratores, ex
« causis certis vel alias posse revocari seu irrevocabiliter non
« constitui, ea, quantum ad casum presentem, expresse et ex
« certa nostra sciencia, cum hic agatur de statu universalis
« Ecclesie, ac pace et publica utilitate tocius christianitatis,
« volumus locum non habere nec prejudicium aliquod afferre.

   « Nec nos per premissam procuratorii constitucionem ab
« obligacione, qua sumus astricti renunciacionem papatus

---

[1] Les mots qui sont en italiques ont été empruntés à la *Collection des conciles.*

« par eux soit valable, comme si nous avions fait ladite cession en
« personne; suppléons en outre par la plénitude de notre pouvoir
« apostolique à tous les défauts qui pourraient se rencontrer dans
« notredite constitution de procureurs, de telle sorte que ladite pro-
« curation ne puisse aucunement être attaquée, ni parce qu'on y aurait
« inséré des clauses quelconques contraires à la nature des constitu-
« tions de procureurs, nuisibles à son effet ou inutiles, ni parce qu'on
« aurait négligé ou omis d'y insérer des clauses utiles et nécessaires,
« quels qu'en soient la teneur et l'effet, mais qu'elle demeure ferme et
« valide en tout et pour tout, comme si lesdites clauses utiles et néces-
« saires s'y trouvaient exprimées. Nous voulons que ladite procuration
« demeure ferme et valide quant à son entier effet; et en ce qui con-
« cerne l'observation desdites clauses contraires à la nature des consti-
« tutions de procureurs, qui pourraient y avoir été insérées, nous pro-
« mettons de science certaine, jurons et prenons l'engagement envers
« Dieu, envers l'Église et ledit concile, de les observer par les meil-
« leures voies et formes que nous le pourrons faire; déclarons et recon-
« naissons surabondamment nous départir desdits droits, en tant qu'ils
« veulent, accordent ou permettent que la procuration ou les procu-
« reurs puissent être révoqués pour certains motifs ou autrement, ou
« qu'ils ne soient pas irrévocablement constitués; et attendu qu'il
« s'agit ici de l'état de l'Église universelle, de la paix et de l'intérêt
« public de la chrétienté, voulons de science certaine que, quant au
« cas présent, lesdits droits ne soient pas applicables et ne causent
« aucun préjudice.

« Et par ladite constitution de procureurs, nous n'entendons aucu-
« nement être délié de l'obligation qui nous est imposée de renoncer
« à la papauté, conformément à la délibération dudit sacré concile,
« dans tous les cas que comporte ladite cédule explicative de nos offres.

« facere, juxta deliberacionem dicti sacri consilii, in quocun-
« que casu in dicta cedula oblacionis nostre comprehenso,
« volumus quomodolibet liberari; quin ymo illam in suis inte-
« gritate, robore et firmitate persistere et permanere, quous-
« que per cessionem vel decessum hujusmodi aut alium casum
« quemcunque unio perfecta fuerit in Ecclesia sancta Dei. Et
« si ex inadvertencia vel alias quovismodo contingeret hujus-
« modi procuratorium aut procuratores nos revocare, eciam
« motu proprio, eciam cum adjectione harum dictionum, vide-
« licet, *de fratrum nostrorum sancte Romane Ecclesie cardina-*
« *lium consilio et assensu,* seu ipsum procuratorium aut pro-
« curatores ipsos impugnare, invalidare aut anullare, seu
« contra ipsum procuratorium seu procuratores, de jure vel
« de facto, vel eciam quavis causa vel occasione, excipere,
« seu ipsos procuratores directe vel indirecte, quominus,
« juxta tenorem ipsius procuratorii, potestate, auctoritate
« et facultate sibi data libere uti valeant, possint et debeant,
« impedire, seu nostram oblacionem in dicta cedula per nos
« lecta comprehensam, vim, formam, effectum, exequcio-
« nemve ejusdem quovis quesito colore directe vel indirecte
« impugnare, anullare, infringere, seu contravenire in omni-
« bus et singulis casibus supradictis, ex nunc prout ex tunc
« ipsi papatui cedimus et renunciamus ipso facto, et deinceps
« pro non papa haberi ab omnibus Christi fidelibus volumus
« penitus et decernimus; absolventes ex nunc a juramento
« fidelitatis et obediencie debito ligamine omnes et singulos
« dicte romane Ecclesie cardinales nec non patriarchas, pri-
« mates, archiepiscopos et episcopos, prelatosque, et nostre
« ac sedis appostolice officiarios, ac eciam nostros familiares, ac
« officiarios Romane curie, et quoscunque alios Ecclesie fideles,

« Nous voulons, au contraire, que cette obligation demeure et reste
« dans toute son intégrité, sa force et sa vigueur, jusqu'à ce que, par
« cession, par décès, ou par autre cas quelconque, une parfaite union
« ait été rétablie dans la sainte Église de Dieu. Et si, par inadvertance
« ou tout autrement, il nous arrivait de révoquer ladite procuration
« ou lesdits procureurs, soit de notre propre mouvement, soit avec
« l'addition de ces mots *de l'avis et du consentement de nos frères*
« *les cardinaux de la sainte Église romaine*, ou bien d'attaquer,
« d'invalider ou d'annuler ladite procuration ou les procureurs,
« d'exciper contre ladite procuration ou les procureurs, du droit,
« du fait ou de toute autre cause ou occasion, ou encore d'empêcher
« directement ou indirectement lesdits procureurs d'user en toute
« liberté, conformément à la teneur de ladite procuration, de la
« puissance, autorité et faculté à eux donnée ; s'il nous arrivait d'at-
« taquer et d'annuler, directement ou indirectement, notre offre
« comprise dans ladite cédule que nous avons lue, d'en altérer la
« force, la forme, l'effet et l'exécution, sous quelque prétexte que ce
« soit, ou enfin de contrevenir en tout ou en partie aux cas susdits,
« nous cédons dès à présent comme dès lors et renonçons de fait à
« la papauté ; voulons absolument et entendons n'être plus doréna-
« vant tenu pour pape par tous les chrétiens ; délions dès à présent
« du serment de fidélité et de toute obéissance tous et chacun des
« cardinaux de ladite Église romaine, ainsi que les patriarches, pri-
« mats, archevêques, évêques, prélats, officiers de notre palais et
« du...nt siége apostolique, nos familiers, et les officiers de la cour
« de Rome, et tous les autres fidèles de l'Église, ecclésiastiques et sécu-
« liers, de quelque état, rang et condition qu'ils soient, en un mot,
« tout le peuple chrétien, que nous absolvons aussi par la teneur des
« présentes. »

« ecclesiasticos et seculares, cujuscunque status, gradus vel
« condicionis existant, ac eciam totum populum christianum,
« quos nos eciam tenore presencium absolvimus. »

« Item, decrevit sancta synodus quod dictus dominus Johannes papa in dicto procuratorio, ad dictam suam renunciacionem faciendam, preter alios quos constituere voluerit, constituat procuratores suos personas infrascriptas : et primo pro nacione gallicana, dominos Theobaldum, archiepiscopum Bisuntinum, Guillelmum, episcopum Ebroycensem, Johannem, episcopum Gebennensem, magistrum Benedictum Genciani, magistrum in theologia, religiosum Sancti Dyonisii, ordinis Sancti Benedicti ; pro nacione ytalica, Pileum, archiepiscopum Januensem, Antonium, episcopum Concordiensem [1], Jacobum, episcopum Tervisinum ; pro nacione anglicana, Nycolaum, episcopum Bathoniensem, Robertum, episcopum Sareberiensem, Johannem, episcopum Litchferdensem, Thomam, abbatem Sancte Marie extra muros Eboraci ; pro nacione germanica, Johannem, archiepiscopum Rigensem, Johannem, episcopum Lutomislensem, Petrum, episcopum Ripensem, Andream, electum Posnaniensem ; omnes constituat, vel saltem octo, de qualibet nacione duos.

« Item, dicta sancta synodus deputat ex parte sacri consilii suos legatos infrascriptos : pro nacione gallicana, Gerardum, episcopum Carcassonensem, magistrum Johannem Dacheri ; pro nacione ytalica, episcopum Feltriensem, abbatem Sancte Marie de Florencia ; pro nacione germanica, abbatem Pigaviensem, Lambertum de Stipite, doctores in decretis ; pro nacione anglicana, Thomam Polton, prothonotarium sedis appostolice, Bernardum de Plancha, decretorum doctorem, ordinis

[1] La Collection des conciles ajoute ici *Jacobum, episcopum Adriensem.*

« *Item* , le saint synode a décrété que ledit seigneur pape Jean, dans ladite procuration, constituerait pour procureurs, à l'effet de faire sadite renonciation, outre ceux qu'il voudra constituer, les personnes ci-après désignées : pour la nation française, messeigneurs Thibaud, archevêque de Besançon, Guillaume, évêque d'Évreux, Jean, évêque de Genève, et maître Benoît Gentien, docteur en théologie, religieux de Saint-Denys, de l'ordre de Saint-Benoît; pour la nation italienne, Piléo, archevêque de Gênes; Antoine, évêque de Concordia ¹, et Jacques, évêque de Trévise ; pour la nation anglaise, Nicolas, évêque de Bath, Robert, évêque de Salisbury, Jean, évêque de Lichfield, et Thomas, abbé de Sainte-Marie hors des murs d'York ; pour la nation allemande, Jean, archevêque de Riga, Jean, évêque de Leutomischl, Pierre, évêque de Ripen, et André, élu de Posen; et qu'il les constituerait tous, ou au moins huit d'entre eux, savoir, deux de chaque nation.

« *Item* , ledit saint synode députe, de la part du sacré concile, ses ambassadeurs ci-après désignés : pour la nation française, Gérard, évêque de Carcassonne, et maître Jean Dacher; pour la nation italienne, l'évêque de Feltre et l'abbé de Sainte-Marie de Florence; pour la nation allemande, l'abbé de Pegau et Lambert de Stipite, docteurs en décrets; pour la nation anglaise, Thomas Polton, protonotaire du saint-siége apostolique, et Bernard de la Planche, docteur en décrets, de l'ordre de Saint-Benoît; lesquels se rendront vers ledit seigneur

¹ Il faut ajouter ici *Jacques, évêque d'Adria.*

Sancti Benedicti, ad dictum dominum Johannem papam, ad petendum et requirendum ex parte dicti consilii, quod constituat procuratores ad renunciandum papatui infra duos dies, postquam fuerit requisitus, et procuratorium ad dictam renunciacionem faciendam faciat et expediat, pro unionis bono et pacis Ecclesie, sub dicta forma et sub bulla.

« Item, quod dicti legati ipsum exhortentur et requirant ex parte dicti consilii, ut veniat ad hanc civitatem Constanciensem seu ad villam Ulme, aut ad villam Ravensburg, vel ad civitatem Basiliensem, ad tractandum et perficiendum per eum, quantum in eo erit, omnia et singula, que expedient pro unione, per hoc sacrum consilium deliberata et deliberanda.

« Item, quod dicti legati securitates debitas ex parte dicti consilii et serenissimi principis domini regis Romanorum ipsi domino Johanni portent, et cum effectu illi realiter offerant atque tradant, in casu quo juxta premissa ad alterum de predictis locis accedat cum effectu.

« Item, quod dominus Johannes promittat et juret unum de predictis locis eligere infra duos dies post requisicionem super hoc eidem faciendam computandos, et infra decem dies a tempore dicte requisicionis ad dictum locum per eum eligendum accedere, et abinde non discedere sine consensu dicti consilii vel usquequo premissa fuerint cum effectu adimpleta; et in casu quo oppositum faceret, recedendo sine consensu dicti consilii vel premissa non adimplendo, ex nunc prout ex tunc consenciat per bullam haberi pro non papa et cum clausulis opportunis. Et si non consenciat, tunc propter hec et multa alia procedatur contra eum, tanquam contra notorium fautorem hujus scismatis et suspectum heretice pravitatis, ut fuerit juris et racionis.

pape Jean, pour demander et requérir, de la part dudit concile,
qu'il constitue des procureurs, à l'effet de renoncer à la papauté dans
le délai de deux jours après qu'il en aura été requis, et qu'il fasse et
expédie sous ladite forme et par bulle une procuration, à l'effet de
faire ladite renonciation, pour le bien de l'union et de la paix de
l'Église.

« *Item*, lesdits ambassadeurs lui conseilleront et le requerront, de
la part dudit concile, de venir en cette ville de Constance, ou en
celle d'Ulm, de Ravensberg ou de Bâle, pour traiter et accomplir,
autant qu'il sera en lui, toutes et chacune des choses avantageuses à
l'union, qui ont été ou qui serajent arrêtées par ce sacré concile.

« *Item*, lesdits ambassadeurs porteront audit seigneur Jean les
sûretés nécessaires de la part dudit concile et du sérénissime prince
monseigneur le roi des Romains, et ils les lui offriront et délivreront effectivement et réellement au cas où il se rendrait dans l'un
des lieux susdits pour l'accomplissement des choses sus-mentionnées.

« *Item*, monseigneur Jean promettra et jurera de choisir un desdits
lieux dans le délai de deux jours après qu'il en aura été requis, de se
trouver dans les dix jours qui suivront ladite requête audit lieu qu'il
aura choisi, et de n'en pas partir sans le consentement dudit concile,
ou sans avoir réellement accompli lesdites choses. Et au cas qu'il fît le
contraire, en partant sans le consentement dudit concile, ou en
n'accomplissant pas lesdites choses, il consentira par bulle et avec les
clauses convenables, dès à présent comme dès lors, à n'être plus reconnu
pour pape. Que s'il n'y consent pas, il sera procédé alors contre lui,
pour cela et pour beaucoup d'autres considérations, comme fauteur
notoire du présent schisme et suspect d'hérésie, selon qu'il sera juste
et raisonnable.

« Item, quod, pendentibus istis, supersedeatur de citacione et processu contra eum faciendis, donec super premissis habeatur ejus responsio, dummodo salvus conductus ducis Austrie, in forma petita, infra horam sessionis diei crastine, que erit dies Jovis decima octava presentis mensis apprilis, pro dictis legatis et cardinalibus mittendis habeatur. Et si non habeatur infra dictum terminum, decernatur citatorium per edictum, et alias procedatur contra ipsum, ut fuerit racionis.

« Item, et in casu quod predicta compleverit et sacrum consilium contentaverit, cessabitur a citacione et processu, et agetur secum de securitate et provisione status ejus cum omni caritate et honestate.

« Item, dominus cardinalis Ostiensis, sancte romane Ecclesie vicecancellarius, supplicaciones consistoriales de justicia, partibus auditis, ut alias in talibus in publico consistorio est fieri solitum, signet et expediat; quod si non fecerit, procedetur contra eum, ut fuerit racionis.

« Item, quod in materia fidei contra Johannem Huuss auctoritate hujus consilii procedant dominus archiepiscopus Ragusinensis pro nacione ytalica, episcopus Slesvicensis pro nacione germanica, magister Ursinus Thalavanda pro nacione gallicana, magister Guillelmus Corne pro nacione anglicana, in sacra pagina magistri, causam dicti Huuss et suorum sequacium examinando, et in illa procedendo usque sentenciam diffinitivam inclusive.

« Dicti eciam commissarii recipiant relacionem dominorum Cameracensis, Sancti Marci et Florentinensis de processu facto super condamnacione librorum et articulorum, tam quadraginta quinque in Parisiensi et Pragensi, quam eciam ducentorum sexaginta in Oxoniensi studiis, nec non super con-

« *Item*, tant que ces affaires seront pendantes, il sera sursis à la citation et au procès qui devront être faits contre lui, jusqu'à ce qu'on ait sa réponse, pourvu qu'avant l'heure de la session de demain, qui sera le jeudi 18 du présent mois d'avril, on ait un sauf-conduit du duc d'Autriche, en la forme qu'on le désire, pour lesdits ambassadeurs et cardinaux. Et si l'on n'a pas le sauf-conduit dans ledit terme, il sera fait une citation par édit et procédé d'ailleurs contre lui selon qu'il sera juste.

« *Item*, en cas qu'il accomplisse lesdites choses et qu'il contente le sacré concile, on renoncera à toute citation et procès, et l'on traitera avec lui, tant pour sa sûreté que pour l'entretien de son état, en toute charité et honnêteté.

« *Item*, monseigneur le cardinal d'Ostie, vice-chancelier de la sainte Église romaine, scellera et expédiera les requêtes consistoriales de justice, après avoir entendu les parties, comme cela se pratique d'ailleurs en pareille circonstance dans un consistoire public. S'il ne le fait pas, il sera procédé contre lui comme de raison.

« *Item*, il sera procédé en matière de foi contre Jean Huss, au nom de ce concile, par monseigneur l'archevêque de Raguse pour la nation italienne, l'évêque de Sleswick pour la nation allemande, maître Ursin Talvende pour la nation française, et maître Guillaume Corn pour la nation anglaise. Lesdits personnages examineront Jean Huss et ses partisans, et procéderont contre eux jusqu'à sentence définitive inclusivement.

« *Item*, lesdits commissaires recevront le rapport de messeigneurs de Cambrai, de Saint-Marc et de Florence sur les procédures qui ont été faites au sujet des livres et des quarante-cinq articles condamnés dans les universités de Paris et de Prague, et des deux cent soixante condamnés en l'université d'Oxford, et sur celles qui concernent la condamnation de la mémoire de Jean Wicleff, et la confirmation à

damnacione memorie Johannis Wicleiff, ac de confirmanda sentencia lata in consilio Romano super condamnacione et combustione librorum predicti Johannis Wicleiff; et relacionem super premissis facient nacionibus et sacro consilio, quanto cicius commode fieri poterit.

CAPITULUM XX.

Citacio contra Ieronimum de heresi infamatum.

« Item, decrevit dicta sancta synodus, ut citacio facta contra Ieronimum de Praga, de heresi infamatum, contra eum exequatur in forma que sequitur :

« Sacrosancta synodus, generale consilium Constanciense,
« in Spiritu Sancto feliciter [1] congregata, universalem Ecclesiam
« militantem representans, Ieronimo de Praga, qui se ma-
« gistrum in artibus quamplurium studiorum fore scribit et
« pretendit, que recta sunt ad sobrietatem, et non amplius
« sapere quam opportet.

« Scriptum quoddam, tanquam ex tui persona affixum in
« portis ecclesiarum civitatis Constanciensis, alias die domi-
« nica, in qua cantatur in Ecclesia Dei *Quasi modo geniti,* ad
« nostram noticiam noveris pervenisse; in quo tuis obtrectato-
« ribus te asseris publice responsurum, de quibus apud nos
« multipliciter infamatus existis, et presertim de doctrina
« Johannis Wicleiff, nec non aliis doctrinis catholice fidei ob-
« viantibus, dummodo advenienti [2] tibi salvus et securus con-
« ductus prebeatur. Et quia nostra principalius interest provi-
« dere [3] vulpeculas vineam Domini Sabaoth conantes demoliri,
« idcirco personam tuam, tanquam de multorum errorum doc-

---

[1] Var. : *fideliter.* — [2] Var. : *ad veniendum.* — [3] Var. : *oapere.*

faire de la sentence prononcée en concile de Rome pour faire condamner et brûler les livres dudit Jean Wicleff; et ils rendront compte de tout cela aux nations et au sacré concile, le plus tôt que faire se pourra.

CHAPITRE XX.

Citation contre Jérôme de Prague accusé d'hérésie.

« *Item*, ledit saint synode décide que la citation faite contre Jérôme de Prague, accusé d'hérésie, sera exécutée contre lui en la forme qui suit :

« Le très saint synode, formant le concile général de Constance,
« heureusement assemblé au nom du Saint-Esprit, et représentant
« l'Église universelle militante, à Jérôme de Prague, qui se dit et se
« prétend maître ès arts de plusieurs universités, puisse-t-il suivre le
« chemin de la sagesse et de la tempérance, et ne pas trop présumer
« de son savoir !

« Nous te faisons savoir qu'il est venu à notre connaissance un cer-
« tain écrit qui parait avoir été affiché par ton ordre aux portes des
« églises de la ville de Constance le dimanche de *Quasimodo*, et
« dans lequel tu annonces que tu répondras publiquement à tes accu-
« sateurs sur les nombreux griefs dont ils t'ont chargé près de nous,
« et notamment sur la doctrine de Jean Wicleff et autres opinions
« contraires à la foi catholique, pourvu qu'on te donne un sauf-
« conduit pour venir en toute sûreté. Or, comme c'est à nous prin-
« cipalement qu'il appartient de veiller sur les renards qui cherchent
« à détruire la vigne du Dieu des armées, nous citons par la teneur
« des présentes ta personne comme suspecte et accusée en diverses
« manières d'enseigner et d'affirmer témérairement une foule d'er-
« reurs, et nous te fixons et assignons par cette monition canonique

« trina et temeraria assercione suspectam et multipliciter diffa-
« matam, evocamus ét citamus presencium tenore, quatinus
« infra terminum quindecim dierum a data presencium com-
« putandorum, quorum quinque pro primo, quinque pro
« secundo et quinque dies pro tercio et peremptorio termino,
« hac monicione canonica tibi prefigimus et assignamus, in
« publica sessione hujus sacri consilii, si ipso die sessio fuerit
« celebrata, alias prima die immediate sequenti, qua sessionem
« esse contigerit, compareas, secundum tenorem predicti tui
« scripti responsurus ad ea que tibi aliquis vel aliqui in causa
« fidei velint obicere, recepturus et facturus in omnibus justi-
« cie complementum; ad quod, a violencia, justicia semper
« salva, omnem tibi salvum conductum nostrum, quantum in
« nobis est et fides exigit orthodoxa, tenore presencium con-
« ferimus et plenius assignamus, certificantes te quod, sive in
« dicto termino compareas, sive non, nichilominus contra te
« per ipsum sacrum consilium vel ejus commissarios, elapso
« termino supradicto, procedetur, tua contumacia in aliquo
« non obstante. — Datum Constancie, in sessione consilii gene-
« ralis, decima septima die mensis apprilis, sigillis presiden-
« cium quatuor nacionum. »

Decrevit et sancta synodus in eadem sessione litteras missivas regibus atque principibus et universitatibus mittendas de
hiis que gesta fuerant, sub sigillis nacionum quatuor presidencium.

Post quorum quidem articulorum lecturam et publicacionem, per dictos dominos Attrebatensem et alios sibi assistentes dictum fuit quod omnia approbabant. Et inde prefatus
vir magister Henricus de Piro, promotor, nomine consilii et
nacionum, a prothonotariis sedis appostolice fieri sibi rogavit

« un délai de quinze jours à partir de la date des présentes, savoir,
« cinq pour le premier terme, cinq pour le second, et cinq pour le
« troisième et dernier, et nous te sommons de comparaître à la session
« publique de ce sacré concile, s'il y en a une ce jour-là, sinon à la
« première session qui suivra immédiatement, pour répondre, sui-
« vant la teneur de ton écrit précité, à toutes les objections qu'on
« voudra te faire en matière de foi, et pour satisfaire à la justice en
« toutes choses. A cet effet, nous te donnons et accordons pleine-
« ment, par la teneur des présentes, autant qu'il est en nous et que
« l'exige la foi orthodoxe, toute espèce de sauf-conduit en notre pou-
« voir, qui te mette à l'abri de toute violence, sous la réserve de la
« justice. Et nous te certifions qu'à l'expiration dudit terme, soit
« que tu comparaisses ou non dans le délai fixé, il sera procédé contre
« toi par le sacré concile ou par ses commissaires, nonobstant ta
« contumace. — Donné à Constance, en session du concile général,
« le 17 avril, et scellé des sceaux des présidents des quatre nations. »

Le saint synode décida, dans la même session, que des lettres seraient expédiées avec les sceaux des présidents des quatre nations aux
rois, aux princes et aux universités, pour les informer de tout ce qui
s'était fait.

Après la lecture et la publication de ces articles, monseigneur
d'Arras et les autres prélats assistants déclarèrent qu'ils approuvaient
tout. Puis maître Henri du Poirier, promoteur, demanda, au nom
du concile et des nations, qu'il lui fût délivré de ce un ou plusieurs
instruments authentiques par les protonotaires du siége apostolique,
en présence des illustres personnages messeigneurs Rompold, duc de

unum vel plura instrumenta, presentibus magnificis viris dominis Rompoldo, duce Silesie, Johanne Jacobo, filio marchionis Montisferrati, Federico, comite de Guingensi, Alberto Pincerna, de Windam barone, Johanne de Vicecomitibus de Mediolanis, ambassia ambassiatorum regum Francie, Anglie, Norvegie, Suessie, Polonie, regis eciam Cypri.

CAPITULUM XXI.

De litteris Universitatis Parisiensis Johanni pape et prelatis apud Constanciam missis.

Subsequenter venerabilis et circumspectus vir dominus Benedictus Genciani, doctor in sacra pagina, ambassiator Universitatis Parisiensis, et religiosus Sancti Dyonisii in Francia, ambonem ascendit et legit certas litteras missivas et directas, unam consilio, aliam vero ambassiatoribus prefate Universitatis, et in qua fuit insertus tenor alterius littere missive directe pape Johanni per eamdem Universitatem, precipue recommendans Universitatem predictam diserte et luculenti sermone consilio memorato, offerens eamdem ad beneplacitum et confortacionem consilii memorati. Superscripcio vero litterarum talis erat : « Venerabilibus et eruditis viris, nostris fidelibus et sincere dilectis nunciis, ad sacrum Constanciense generale consilium nostra ex parte destinatis. »

« Graviter et cum magna cordis acerbitate ferimus, venerabiles magistri et amici dilectissimi, sanctissimi domini nostri discessum. Nichilominus sua vota atque juramenta amplectentes et ea omni studio prosequi volentes, eidem domino nostro scribimus in forma que sequitur :

« Pacem ecclesiasticam, beatissime pater, tot annis totque
« laboribus et expensis quesitam, per vestram sapienciam atque

Silésie, Jean-Jacques, fils du marquis de Montferrat, Frédéric, comte de Gingen, Albert l'Échanson, baron de Weuden, Jean Visconti de Milan, et de tout le corps des ambassadeurs des rois de France, d'Angleterre, de Norwége, de Suède, de Pologne et de Chypre.

CHAPITRE XXI.

Lettre de l'Université de Paris au pape Jean et aux prélats assemblés à Constance.

Le vénérable et prudent personnage, maître Benoît Gentien, docteur en théologie, l'un des ambassadeurs de l'Université de Paris, et religieux de Saint-Denys en France, monta ensuite sur l'estrade, et lut deux missives adressées l'une au concile, l'autre aux ambassadeurs de ladite Université. Cette seconde lettre, renfermant la teneur d'une autre missive adressée par ladite Université au pape Jean, recommandait en termes élégants et choisis ladite Université au concile, auquel elle offrait ses services et son appui. La suscription de cette lettre était ainsi conçue : « Aux vénérables et doctes personnages, nos fidèles et bien aimés ambassadeurs, députés de notre part vers le sacré concile général de Constance. »

« Vénérables maîtres et très chers amis, c'est avec une vive douleur, avec une grande amertume de cœur que nous avons appris le départ de notre seigneur le saint père. Néanmoins, nous appuyant sur ses promesses et ses serments, et voulant en poursuivre la réalisation de tous nos efforts, nous écrivons à notredit seigneur en la forme suivante :

« Très saint père, la Providence divine paraît devoir rétablir, « par l'entremise de votre sagesse et de votre charité, la paix

« caritatem videtur operatura divinitas, si sacri Constanciensis
« consilii ac vestre sanctitatis idem fuerit animus pariter et
« affectio. Neque tantum valebit dividentis malignitas, quin,
« vobis in unum convenientibus, Spiritus Sanctus animos fide-
« lium in pacem agat et unitatem; cujusmodi concordie non sine
« divino motu nuper dedit studiosam operam vestra sanctitas,
« cum Ecclesie sancte dare pacem per viam pure et simplicis
« cessionis, aliis per Pisanum consilium de papatu ejectis simi-
« liter cedentibus, ac eciam in quocunque casu per quem pos-
« set haberi unio, spopondit, juravit et vovit. In quo patuit
« affectus religiose pietatis' et veri patris ad filios debita
« compassio. Nam si vera mater probatur a Salomone, quod
« maluit materno carere titulo quam puerum permittere funeste
« sectioni, quanto magis summus pontifex paternam affectio-
« nem patefecerit, si Ecclesie jam diu lamentabiliter divise rein-
« tegracioni suum dominatum posthabuerit atque presiden-
« ciam. Itaque non modo cum mente et intencione sacri consi-
« lii, verum eciam cum piis desideriis tocius christianitatis et
« cunctorum mortalium, quos nulla istic agitat vesania, hiis votis
« atque juramentis vestra sanctitas videtur egisse; non quod
« in hoc ejectis de papatu sit deferendum, quamvis et eorum
« animos in Domino lucrifacere satagere debetis; sed quia tot
« populis, regnis ac nacionibus illos sequentibus, et fortassis in
« altercacionem immense discrepacionis alias venturis, consuli
« opportuit; quorum salutem vestre presidencie in vestris votis
« et juramentis pretulisse videmini. Quod si operis ab effectu
« probatum prosequtumque fuerit, quamdiu terrenum orbem
« mortale genus attollet, vestras laudes celebrabit omnis etas,
« et pro abdicacione honoris momentanei cum merito premii
« sempiterni erit vobis paratum nomen ceteris longe gloriosius.

« de l'Église, qu'on a poursuivie depuis longues années au prix de
« tant de travaux et de dépenses, si le sacré concile de Constance et
« votre sainteté sont animés des mêmes sentiments et du même zèle.
« Non, le funeste esprit de division n'aura pas assez d'influence pour
« que, grâce à votre accord, le Saint-Esprit ne puisse ramener les
« cœurs des fidèles à la paix et à l'union ; et ce n'est pas sans une
« inspiration toute divine que votre sainteté a travaillé naguère à
« cette union avec un si louable empressement, lorsqu'elle a promis,
« juré et fait vœu de donner la paix à la sainte Église de Dieu par
« voie de cession pure et simple, si les autres qui ont été déposés par
« le concile de Pise renonçaient aussi à la papauté, et même par
« tous les moyens qui pourraient conduire à l'union. En quoi vous
« avez montré des sentiments de piété sincère et la tendresse réelle
« d'un père pour ses enfants. En effet, si Salomon reconnut pour
« la véritable mère celle qui aima mieux sacrifier son titre de mère
« que de laisser couper en deux son enfant, combien plus encore le
« souverain pontife témoigne-t-il sa tendresse paternelle, en préfé-
« rant à son titre de chef et de souverain la réunion de l'Église si
« déplorablement et depuis si long-temps divisée. Aussi, par ces pro-
« messes et ces serments, votre sainteté semble avoir rempli non
« seulement les vues et les intentions du sacré concile, mais aussi les
« pieux désirs de toute la chrétienté et de tous les mortels qu'aucune
« passion n'égare à ce sujet. Ce n'est pas qu'en cela vous soyez tenu
« à des égards envers ceux qui ont été dépouillés de la papauté, bien
« que vous deviez chercher à gagner leurs âmes au Seigneur ; mais
« il convenait de ménager les intérêts de tant de peuples, de
« royaumes et de nations qui ont embrassé leur parti, et qui pour-
« raient être amenés par la suite à une immense désunion. Par vos
« promesses et vos serments, vous paraissez avoir préféré leur salut
« à votre propre grandeur. Que si cette œuvre est poursuivie et
« réalisée, tous les siècles répéteront à l'envi vos louanges, tant
« que la race humaine peuplera ce globe, et en échange de l'hon-
« neur momentané que vous aurez abdiqué, vous obtiendrez, outre
« les récompenses éternelles, le renom le plus glorieux du monde.

« Verum, beatissime pater, in hac re nos unus movet scru-
« pulus, quod audivimus vestram sanctitatem a Constancia
« Scaffusam secessisse. Non enim est ille locus pocior ad ampli-
« tudinem sacri consilii ac tantam rem gerendam. Deinde Con-
« stancia per vestram sanctitatem fuit electa, et per obedienciam
« vestram humiliter recepta; ceteris eciam gracior videbatur, ut
« pote gravis, locuplex, ornata civitas. Nec videtur quomodo tali
« vulneri medelam afferre possit hec mutacio. Postremo in ea
« urbe vestra sanctitas habebat amantissimum, christianissi-
« mum et invictissimum imperatorem, qui transquilitatem ac
« securitatem prestare poterat, et injurias omnes propulsare.
« Habebat sacrum collegium cardinalium, quod non modo pro
« securitate vestra, verum eciam pro honore vestro atque
« gloria usquequaque decertasset. Habebat denique totam
« Ecclesiam sibi obedientem, longe ceteros superantem, in
« qua erat non minima Galliarum nacio, que ne minimo qui-
« dem verbo vestram sanctitatem offendi permisisset. Ubinam
« igitur, sanctissime pater, persona vestra celebrius, securius
« atque devocius tractabitur, quam in urbe vobis devota, per
« vos electa, cum Ecclesia vestra, cum imperatore christianis-
« simo, et cum ceteris de vestris votis et juramentis sanctissi-
« mis vestre clemencie omni die congratulantibus? Non est ali-
« quis tam ignarus rerum, tam rudis in re christiana, tam nil
« unquam de publica pace et salute cogitans, quin intelligat, ubi
« in sacramento pacis dande manebit sanctitas vestra, consilium
« sacrum ac ejus partes universas omnem reverencie cultum,
« quem mortalem mortali prestare fas est, vestre persone pre-
« bituras.

« Postea cogitet sanctitas vestra, clementissime pater, quid
« est in tractatu querende pacis a sacro consilio discedere, quid

« Cependant, très saint père, un scrupule nous tourmente en cette
« circonstance, c'est la nouvelle qui nous est venue que votre sain-
« teté s'est retirée de Constance à Schaffouse. Ce dernier lieu n'est
« pas préférable pour la tenue du sacré concile et pour la négociation
« d'une affaire si grave. D'ailleurs, Constance a été choisie par votre
« sainteté et acceptée humblement par votre obédience; on l'avait
« même agréée plus volontiers que toute autre ville, parce que c'est
« une cité importante, riche et belle, et l'on ne voit pas trop en
« quoi ce changement pourrait porter remède au mal qu'il s'agit de
« guérir. Enfin, votre sainteté avait dans cette ville l'ami le plus
« dévoué, le très chrétien et invincible empereur, qui pouvait assurer
« son repos et sa tranquillité, et la protéger contre toute insulte. Vous
« aviez le sacré collége des cardinaux qui aurait combattu à outrance
« pour votre sûreté, ainsi que pour votre honneur et votre gloire.
« Vous aviez en un mot toute l'Église de votre obédience, qui est bien
« plus nombreuse que les autres, et dans laquelle figurait au premier
« rang la nation française, qui n'eût pas souffert qu'on offensât votre
« sainteté par la moindre parole. Où donc, très saint père, votre
« personne sera-t-elle traitée avec plus d'égard, de déférence et de
« respect que dans une ville qui vous est toute dévouée et qui a été
« choisie par vous, qu'au milieu de votre Église, auprès de l'empereur
« très chrétien et de tous ces fidèles qui féliciteraient chaque jour
« votre clémence de ses saintes promesses et de ses serments? Il n'est
« personne qui ait assez peu d'expérience, qui soit assez ignorant des
« choses de la foi, assez étranger aux idées de paix et de salut public,
« pour ne pas comprendre que, tant que votre sainteté persévérera
« dans son intention de donner la paix à l'Église, le sacré concile et
« tous ses membres rendront à votre personne tous les hommages,
« tout le respect qu'un mortel peut attendre de ses semblables.

« Que votre sainteté songe d'ailleurs, très clément père, combien
« c'est chose grave de quitter le sacré concile, quand il s'agit de traiter

« dissidere. An primum suspectum? An secundum dampnatum?
« Et si probabilis discedendi caperetur occasio, nulla tamen
« inveniretur dissidendi. Quod si hoc velle quisquam vide-
« bitur oppugnancium, viderit ne sacri Pisani consilii validius
« collidi senciant inconcussa fundamenta. Absit, beatissime
« pater, ut in·tanta re sanctitas vestra a sacro consilio discor-
« det! Hoc enim esset ab Ecclesia Dei discordare. Absit a
« gloria nominis vestri.quod sacrum consilium sine presencia
« vestra rem tam grandem vel tractet vel terminet! Vestri est,
« sanctissime pater, ut nullum habeatis in hac re priorem nec
« perseverando forciorem.

« Propterea supplices vestram sanctitatem oramus et per
« sanctam Ecclesiam, extra quam qui se ponit se perdit,
« obsecramus, ac eciam per pacem aspersione sanguinis Jhesu
« Christi nobis partam obtestamur, ut, viscerum misericordie
« Dei memores, in sacris votis et juramentis vestris maneatis, et
« Constanciam ad fratres et filios vestros devotissimos, ymo ad
« Ecclesiam Dei et vestram redeatis, ovili dominico, papatus
« ambicione et dominandi libidine turpiter diviso, pacem uni-
« versalem cum consilio Ecclesie illic congregato daturi. Nec in
« hoc adduxerit sanctitatem vestram male consulentis perni-
« cies, ut occasione talis discessus vel quesite dilacionis com-
« plendi juramenta pax universalis per diem retardetur, ne,
« prelatis sumptibus et tedio confectis ac sancta synodo dissi-
« pata, tantarum rerum molimina rupta compage diffluant,
« majori postea periculo revocanda; ymo properet vestra sanc-
« titas sacre synodi consiliis acquiescere, et ejus conclusiones
« execucioni feliciter demandare. Vestram sanctitatem, etc.

« Et quia de Constanciensis consilii fortitudine ac perseverancia gerimus in Domino fiduciam, cum quo firmiter sumus

« de la paix, combien c'est chose grave d'être en dissidence avec lui.
« Le premier cas n'est-il pas suspect, et le second condamné? Et lors
« même qu'il y aurait quelque prétexte plausible de départ, il n'y en
« aurait pas pour une dissidence. On ne saurait se départir de ces sen-
« timents, sans porter atteinte aux fondements inébranlables du sacré
« concile de Pise. A Dieu ne plaise, très saint père, que votre sain-
« teté soit en désaccord avec le sacré concile sur une matière aussi
« grave! car ce serait être en désaccord avec l'Église de Dieu. Fasse le
« ciel, pour la gloire de votre nom, que le sacré concile ne traite
« et ne termine pas sans vous cette grande affaire! C'est à vous, très
« saint père, à ne vous laisser devancer par personne et à vous mon-
« trer plus persévérant que qui que ce soit pour l'accomplissement de
« cette grande œuvre.

« C'est pourquoi nous prions humblement votre sainteté, nous vous
« conjurons par la sainte Église, hors de laquelle il n'y a point de
« salut, nous vous supplions par la paix que Jésus-Christ nous a assu-
« rée au prix de son sang, par le souvenir des entrailles de la misé-
« ricorde divine, de rester fidèle à vos promesses et à vos serments
« solennels, et de retourner à Constance vers vos frères et vos fils
« très dévoués, ou plutôt vers l'Église de Dieu et la vôtre, pour don-
« ner, de concert avec le concile réuni en ce lieu, la paix universelle
« au troupeau du Seigneur, que l'ambition de la papauté et la soif
« du pouvoir tiennent dans une honteuse division. Que les perni-
« cieux conseils de l'esprit malin n'amènent pas votre sainteté à faire
« en sorte qu'à l'occasion de votre départ ou des délais apportés à
« l'accomplissement de vos serments la paix universelle soit retardée
« de jour en jour. Car, du moment où les ressources et la patience des
« prélats seraient épuisées et le saint synode dissous, l'édifice élevé
« avec tant de peine croulerait, et il serait bien plus difficile par la
« suite d'en rassembler les éléments. Que votre sainteté s'empresse
« au contraire d'acquiescer aux conseils du saint synode, et de mettre
« heureusement à exécution ce qu'il a décidé. Nous prions Dieu, etc.

« Et comme nous espérons beaucoup en notre Seigneur du courage et de la persévérance du concile de Constance, dont nous sommes

processuri, speramus vestris laboribus in melius revocari consilium, unite ad hanc pacem quesitam fervencius laborare.
atque ex fortuna non optata consequi finem optaciorem. Unde
vos hortamur majori incumbere labori, et hanc nostram mentem, litteris presentibus insertam, universis patefacere, et
nobis sepius queque super hoc grata rescribere.

« Dirigat mentes vestras et personas vestras conservet Altissimus feliciter! — Datum Parisius in congregacione nostra
generali apud Sanctum Bernardum super hoc specialiter celebrata, die secunda mensis apprilis.

« Rector et Universitas studii Parisiensis. »

CAPITULUM XXII.

Littera missiva Universitatis Parisiensis destinata archiepiscopis, episcopis et doctoribus ytalice nacionis.

« Feliciter Ecclesie Dei successisse, reverendissimi patres ac
domini, nuper existimavimus, cum, et Deo monente ac vobis
pro debito vocacionis vestre coagentibus, dominus noster
summus pontifex viam vovit cessionis atque juravit. Hinc in
tanta animorum alacritate Deo gracias egimus, ac tanta devocione in sacrum Constanciense consilium fuimus promoti, ut
hoc divinum consilium arbitraremur; unde magis miramur
quod dominus noster ab eo modo sic discesserit, presertim
cum ex eo fuerit cum summa laude Ecclesie Dei fructum am-
plissimum illaturus. Nec venit in mentem nobis istum discessum posse prestare unionis incrementum.

« Equidem, reverendissimi patres, ex multis papatum vel
occupantibus vel ambientibus bona verba sepe audivimus; sed

fermement résolus à seconder la marche, nous comptons que vos
efforts le ramèneront à mieux, que vous travaillerez de concert et
avec ferveur à cette paix tant souhaitée, et que malgré quelques circonstances défavorables tout arrivera à bonne fin. Nous vous engageons
donc à redoubler de zèle, à faire connaître à tous nos intentions telles
qu'elles sont exprimées dans les présentes, et à nous informer fréquemment de tout ce que vous aurez de bon à nous mander.

« Puisse le Très-Haut guider heureusement vos esprits et garder vos
personnes ! — Donné à Paris, en notre assemblée générale, tenue spécialement pour cet effet à Saint-Bernard, le 2 avril.

« LE RECTEUR ET L'UNIVERSITÉ DE PARIS. »

CHAPITRE XXII.

Lettre missive de l'Université de Paris aux archevêques, évêques et docteurs de la nation italienne.

« Très révérends pères et seigneurs, nous avons considéré naguère
comme un événement heureux pour l'Église de Dieu que notre seigneur le pape, par une inspiration divine et grâce à votre loyal concours, ait promis et juré la voie de cession. Aussi, nous en avons
rendu grâces à Dieu avec tant d'allégresse, et nous avons été saisis
d'un tel enthousiasme pour le sacré concile de Constance, que nous
l'avons regardé comme un concile divin. C'est pourquoi nous avons
été fort étonnés d'apprendre que notredit seigneur l'ait quitté de la
sorte, surtout lorsqu'il devait attendre de cette réunion beaucoup
d'honneur pour lui et de grands avantages pour l'Église de Dieu. Et
nous n'imaginons pas que ce départ puisse contribuer au progrès de
l'union.

« Très révérends pères, nous avons souvent recueilli de bonnes
paroles de plusieurs de ceux qui ont possédé ou ambitionné la pa-

postea conatus eorum percepimus pollicitis obviantes; non quod istud de sanctissimo domino nostro cogitet nostra filialis devocio, sed quia eniti debemus ne minima quidem macula scismatis ab adversariis sibi possit impingi. Cognoscitis quantum sit periculum in tractatu pacis ecclesiastice papam a consilio generali discedere, quantum nephas ab eo dissidere. Propterea egregiam nacionem vestram velimus exoratam in Domino, ut in consilio generali constanter persistat, domino nostro ad consilium generale redire persuadeat, ac vota et juramenta domini nostri amplectens, pacem ecclesiasticam, nulla subterfugiendo discrimina, prosequatur.

« Eamdem nacionem vestram prestantissimam tueatur summa Trinitas! — Scriptum in congregacione nostra generali apud Sanctum Bernardum super hoc specialiter congregata, secunda die mensis apprilis. »

Recepta fuit prescripta littera die vicesima prima apprilis, presentata per duos venerabiles doctores dicte Universitatis Parisiensis in consilio morantibus. Superscripcio littere predicte: *Reverendis in Christo patribus, archiepiscopis, episcopis, doctoribus et aliis dominis, ytalicam nacionem in sancta et universali synodo Constanciensi representantibus.* Subscripcio littere: *Benivoli vestri rector et Universitas studii Parisiensis.*

CAPITULUM XXIII.

De quinta sessione generalis consilii.

Die Jovis secunda mensis maii fuit sessio generalis in ecclesia majori Constanciensi, presente serenissimo Romanorum rege, et in regali habitu, quem sibi nobiles ministraverant, et in qua tunc presedit dominus cardinalis Ostiensis. Ipsi eciam regi

pauté; mais nous avons eu lieu de remarquer ensuite que leur conduite était toute contraire à leurs promesses. Ce n'est pas que notre dévouement filial ait conçu cette idée de notre très saint seigneur; mais nous devons veiller à ce que ses adversaires ne puissent faire peser sur lui le moindre soupçon de tendance au schisme. Vous savez combien il est dangereux qu'un pape se retire du concile général au moment où l'on traite de la paix de l'Église, et quel crime ce serait que d'être en dissidence avec cette assemblée. Nous supplions donc, au nom du Seigneur, votre illustre nation de rester fermement au concile général, de conseiller à notredit seigneur de revenir audit concile, et de poursuivre la paix de l'Église à travers tous les risques et périls, en s'appuyant sur les promesses et les serments de notredit seigneur.

« Que la souveraine Trinité garde votre illustre nation! — Écrit en notre assemblée générale, tenue spécialement pour cet effet à Saint-Bernard, le 2 avril. »

Cette lettre fut reçue le 21 avril, et présentée aux membres du concile par deux vénérables docteurs de ladite Université de Paris. Elle portait pour suscription : *Aux révérends pères en Jésus-Christ, les archevêques, évêques, docteurs et autres seigneurs, représentant la nation italienne au saint et universel synode de Constance.* Elle était signée ainsi : *Vos affectionnés le Recteur et l'Université de Paris.*

CHAPITRE XXIII.

Cinquième session du concile général.

Le jeudi 2 mai, il y eut session générale dans la cathédrale de Constance, en présence du sérénissime roi des Romains, vêtu des insignes royaux que lui avaient apportés les seigneurs de sa cour, et sous la présidence de monseigneur le cardinal d'Ostie. Ledit roi était assisté

cardinales Laudensis et Ursinensis assistebant; peractisque missa de Spiritu Sancto cum letaniis et oracionibus solitis, reverendi patres domini Pileus, archiepiscopus Januensis, *ad legendum et publicandum que legenda et publicanda erant ad approbanda ea per consilium, ad approbandum vero eadem* [1], episcopus Concordiensis pro nacione ytalica, archiepiscopus Rigensis pro nacione germanica, patriarcha Antiochenus pro nacione gallicana, et abbas Sancte Marie extra muros Eboraci pro nacione anglicana, pulpitum publicum ascenderunt, et nomine quatuor nacionum atque sacre synodi auctoritate, magistri Henricus de Piro, de Colonia, et Johannes Scribanis, de Placencia, promotores dicte synodi, surrexerunt, et ipse Henricus de Piro accusavit contumaciam Ieronimi de Praga, alias citati et non comparentis, ut super sibi objectis in materia fidei responderet, et inde procederetur, ut videretur racionis; ipsumque contumacem reputari dicti promotores pecierunt, et citacionem unam alias contra eum decretam una cum ejus exequcione, que apponerentur in valvis ecclesiarum Constancie, *in scriptis reproduxerunt.* Que dominus presidens Ostiensis et tota synodus, nemine discrepante, concesserunt, et ea ad proximam sessionem fieri decreverunt.

Post hec, promotores predicti, magister Henricus de Piro et Johannes de Scribanis, nomine quo supra, quantis periculis presens scisma Ecclesiam Dei laceraverat et fidem diminuerat catholicam exposuerunt; quod tamen extingui per vota, promissiones et juramenta domini Johannis pape sperabatur in consilio Constanciensi facta; sed hic dominus Johannes, ut

---

[1] Tous les passages de ce chapitre qui sont en italique manquent dans le manuscrit et sont empruntés à la Collection des conciles.

des cardinaux de Lodi et des Ursins. Après la messe du Saint-Esprit et les litanies et oraisons accoutumées, les révérends pères, messeigneurs Piléo, archevêque de Gênes, chargé de lire et de publier ce qui devait être lu et publié pour recevoir l'approbation du concile, et l'évêque de Concordia pour la nation italienne, l'archevêque de Riga pour la nation allemande, le patriarche d'Antioche pour la nation française, et l'abbé de Sainte-Marie hors des murs d'York pour la nation anglaise, chargés d'approuver ce qui serait lu, montèrent sur l'estrade publique. Puis, maître Henri du Poirier, de Cologne, et maître Jean Scribani, de Plaisance, promoteurs dudit synode, se levèrent au nom des quatre nations et par ordre du saint synode, et ledit Henri du Poirier accusa de contumace Jérôme de Prague, qui avait été cité et ne comparaissait pas, pour répondre sur les questions qu'on lui ferait en matière de foi, et pour voir procéder ensuite contre lui comme de raison. Lesdits promoteurs demandèrent que ledit Jérôme fût déclaré contumace, et reproduisirent par écrit la citation qui avait été décrétée précédemment contre lui, afin qu'elle fût affichée avec l'exécution d'icelle aux portes des églises de Constance. Monseigneur d'Ostie, président, et tout le saint synode sans exception y consentirent, et décidèrent que l'affaire serait expédiée à la prochaine session.

Après quoi, lesdits promoteurs, maître Henri du Poirier et maître Jean de Scribani, exposèrent, au nom des quatre nations et du saint synode, dans quel abîme de maux le présent schisme avait précipité l'Église de Dieu et combien il avait diminué la foi catholique. Ils ajoutèrent qu'on avait espéré, toutefois, qu'il serait bientôt anéanti, grâce aux vœux, promesses et serments que monseigneur le pape Jean avait faits dans le concile de Constance; mais que ledit seigneur Jean, pour nourrir et entretenir plus long-temps ce schisme, s'était enfui la nuit, sous un déguisement, au grand scandale et déshonneur de toute l'Église et au détriment de la foi catholique, se

dictum scisma diucius nutriret et foveret, noctis tempore, habitu transformato, in scandalum et vituperium tocius Ecclesie et fidei catholice diminucionem, fugerat, successivis temporibus ad diversa loca declinando, omniaque mala, que dici et cogitari poterant, commiserat, que in cedula quadam papirea continebantur, et quam de verbo ad verbum tunc perlegit. Quapropter, ut provideretur de remedio opportuno, idem magister Henricus aliam citacionem personalem contra ipsum et sequaces suos, affigendam in valvis ecclesiarum, decerni per sanctam synodum postulavit, utque salvus conductus per Romanum imperatorem tunc presentem daretur; quem et tunc patriarcha Antiochenus pro nacione gallicana, *episcopus Concordiensis pro nacione ytalica*, archiepiscopus Rigensis pro nacione germanica, et abbas monasterii Sancte Marie extra muros Eboraci pro nacione anglicana concesserunt, diem ad comparendum dicentes sub publico instrumento, sub sigillis quatuor nacionum ac eciam quatuor presidencium prelatorum.

Citacionem jam oblatam Pileus, archiepiscopus Januensis, tunc publice legit, continentem ut recessus clandestinus domini Johannis pape unionem Ecclesie impediebat et scandalizabat Ecclesiam, et ad Constanciam redire ipse dominus, impleturus quod promiserat et voverat, hucusque recusaverat. Inde de peticionibus notariorum curie faciens mencionem, continebat, addidit, eos ipsum dominum accusasse tanquam viginti et tribus criminibus heresis, fautorie hujus presentis scismatis, symonie, mala administracione, notoria dilapidacione bonorum et jurium romane Ecclesie et aliarum ecclesiarum notorie irretitum, ac in suis actibus et operibus, vita et moribus Ecclesiam Dei scandalizantibus *incorrigibilem*, iterumque conclu-

transportant successivement d'un lieu dans un autre, et qu'il avait en cela commis tous les maux possibles et imaginables, dont le détail était contenu dans une cédule de papier, que maître Henri lut textuellement et tout au long. Il demanda en conséquence que, pour remédier au mal, le saint synode décrétât contre lui et contre ses partisans une autre citation personnelle, qui serait affichée aux portes des églises, et que l'empereur romain là présent lui fît donner un sauf-conduit. Le patriarche d'Antioche pour la nation française, l'évêque de Concordia pour la nation italienne, l'archevêque de Riga pour la nation allemande, et l'abbé de Sainte-Marie hors des murs d'York pour la nation anglaise, adhérèrent sur-le-champ à cette requête, et par un acte authentique scellé du sceau des quatre nations et des quatre prélats présidents, ils assignèrent le pape et ses partisans à comparaître.

Comme la citation était toute prête, Piléo, archevêque de Gênes, la lut aussitôt publiquement. Il y était dit comment le départ clandestin de monseigneur le pape Jean empêchait l'union et scandalisait l'Église, et comment ledit seigneur avait refusé jusqu'alors de revenir à Constance pour accomplir ce qu'il avait promis et juré. Faisant ensuite mention des requêtes présentées par les notaires de la cour, la citation portait qu'ils avaient accusé ledit seigneur comme notoirement convaincu de vingt-trois chefs d'hérésie, de complicité dans l'entretien du présent schisme, de simonie, de mauvaise administration, de dilapidation des biens et des droits de l'Église romaine et autres églises, et comme incorrigible en ses actes et en ses œuvres, dans sa conduite et dans ses mœurs, qui scandalisaient l'Église de Dieu ; qu'ils avaient conclu que le sacré concile devait, par un édit public, qui serait affiché aux portes des églises, le con-

sisse ipsum per sacrum consilium debere compelli ad reditum,
et per edictum publicum in valvis ecclesiarum affigendum, et
citari personaliter, citacionemque super hoc in forma juris
debita contra eum et ejus fautores, receptatores et sequaces
decerni, supplicantes ut super premissis sacrum consilium
procedere dignaretur.

Inde citacio continebat peticionem racionabilem, justam et
juri consonam esse, et ideo auctoritate dicti sacri consilii
quod notarii petebant juste debere obtinere, et ut in valvis
ecclesiarum affigeretur citacio, et ipse dominus Johannes ac
ejus fautores denuo citarentur ad novem dies proxime venturos
a die exequcionis hujusmodi citacionis, ut personaliter in eodem sacro consilio comparerent in sessione publica, post novem
dies celebranda, visuri et audituri quid super criminibus predictis consilium declararet. Addidit et dominus Ostiensis quod
testes super notorietate dictorum criminum ad finem procedendi contra eum admitterentur jurare causasque dicturi,
cur idem dominus Johannes papa non deberet suspendi a totali
administracione papatus propter malam et scandalosam et notoriam dilapidacionem per promotores propositam, ut inde super
premissis fieret justicie complementum. Iterum addidit sic dominum papam et suos receptatores citandos, quod si comparerent in dicto termino, vel non, contra eos tamen procederetur
justicia mediante, ipsorum absencia non obstante, et quod eli-
gerentur loca ydonea ad publicandum et exequendum citacionem presentem, ad instar edictorum publicorum, ne dominus
papa sive sui fautores aliqualem ignoranciam valeant pretendere; ulterius et consilium sacrum decrevisse ut citacio tantam
habeat roboris firmitatem, ac si ipsimet dominus Johannes et
sui sequaces in eorum propriis personis citati et apprehensi

traindre à revenir, le citer personnellement, et décréter à ce sujet
une citation en forme de droit contre lui et ses fauteurs, recéleurs ou
partisans, et qu'ils suppliaient le sacré concile de daigner procéder
là-dessus.

La citation ajoutait que ladite requête était raisonnable, juste et
conforme au droit, que conséquemment les notaires devaient obtenir
de l'autorité dudit sacré concile ce qu'ils demandaient, savoir, que
ladite citation fût affichée aux portes des églises, et que ledit seigneur
Jean et ses fauteurs fussent cités de nouveau à comparaître en personne, dans les neuf jours qui suivraient l'exécution de ladite citation,
à la session publique dudit sacré concile, qui aurait lieu après les
neuf jours, pour voir et entendre ce que le concile déciderait au sujet
des griefs sus-mentionnés; que monseigneur d'Ostie avait ajouté que,
pour procéder contre le pape, on admettrait les témoins à jurer sur
la notoriété desdits griefs, et à dire pourquoi ledit seigneur pape
Jean ne devait pas être suspendu totalement de l'exercice de la papauté
en raison de la dilapidation coupable, scandaleuse et notoire dont
les promoteurs l'accusaient, de sorte qu'il serait fait justice sur tout
cela; qu'il avait dit aussi que monseigneur le pape et ceux qui lui
avaient donné asile devaient être cités de telle façon que, présents ou
non, l'on procédât contre eux en justice, nonobstant leur absence,
et que l'on fît choix de lieux convenables pour publier et exécuter
la présente citation à l'instar des édits publics, afin que monseigneur
le pape ou ses fauteurs ne pussent prétendre aucune cause d'ignorance; que d'ailleurs le sacré concile avait décidé que la citation
aurait autant de force et de valeur que si ledit seigneur Jean et ses
partisans eussent été cités et appréhendés en personne, et que ladite
citation eût été lue, publiée et signifiée en leur présence; qu'afin
d'ôter à monseigneur Jean et à ses partisans toute excuse quelconque
pour ne pas comparaître au terme fixé, comme il est dit ci-dessus,
il leur serait accordé surabondamment un sauf-conduit en règle par

fuissent, et in eis hujusmodi citacio presencialiter lecta, publicata et intimata fuisset. Et ne dominus Johannes et sui sequaces valeant aliquo modo se excusare, quominus juxta prefixum terminum compareant, ut prefertur, ex superhabundanti tutum et salvum conductum veniendi decrevit eisdem concedendum presentis citacionis tenore, et ut possent libere et secure in civitate manere, justicia tamen salva. Quem eciam salvum conductum rex Romanorum tunc concessit. Concessit et dominus Ostiensis ut de litteris citatoriis fieri possent unum vel plura instrumenta, sigillisque presidencium quatuor nacionum sacri consilii ipsas peciit communiri, secunda ipsa die maii.

Tunc et illustres principes presentes fuerunt, videlicet Rompoldus dux Slesie, Fredericus burgravius Nurenbergensis, Johannes Jacobus filius marchionis Montisferrati, Johannes de Vicecomitibus de Mediolano et.... [1] de Hungaria et aliis nacionibus christianitatis multitudo copiosa.

Et de omnibus predictis magister Henricus de Piro et Johannes promotores, ad perpetuam rei memoriam, pecierunt fieri instrumenta publica, presentibus principibus supradictis.

CAPITULUM XXIV.

De prosequcione facta contra Ieronimum de Praga hereticum.

Rediens ad exequcionem citacionis facte contra Ieronimum de Praga, hereticum, jam apprilis decima octava die, ad requestam honorabilis viri, domini Michaelis de Broda, plebani ecclesie Saneti Adelberti, instigatoris officii contra Johannem Huuss et suos complices, infra septa ecclesie Sancti Francisci citacio contra Ieronimum de Praga lecta fuit, cujus tenor sic

---

[1] Il y a ici une lacune dans le manuscrit.

la teneur de la présente citation, et qu'ils pourraient rester dans la ville en toute sûreté et liberté, sauf justice. Le roi des Romains leur délivra aussitôt ce sauf-conduit. Monseigneur d'Ostie consentit également à ce qu'il fût expédié un ou plusieurs instruments des lettres de citation, et il demanda qu'elles fussent scellées des sceaux des présidents des quatre nations du sacré concile, le 2 mai.

Étaient présents les illustres princes Rompold, duc de Silésie, Frédéric, burgrave de Nuremberg, Jean-Jacques, fils du marquis de Montferrat, Jean Visconti de Milan,.... [1] de Hongrie, et un grand nombre de personnes de toutes les nations de la chrétienté.

Maître Henri du Poirier et maître Jean de Scribani, promoteurs, demandèrent, en présence des princes susdits, qu'il fût dressé de tout cela des actes en forme authentique, pour perpétuelle mémoire à la postérité.

CHAPITRE XXIV.

Poursuites dirigées contre l'hérétique Jérôme de Prague.

Je reviens à l'exécution de la citation faite contre l'hérétique Jérôme de Prague. Le 18 avril, à la requête de l'honorable messire Michel de Broda, curé de l'église de Saint-Adelbert, nommé d'office pour diriger les poursuites contre Jean Huss et ses complices, fut lue dans l'enceinte de l'église de Saint-François la citation contre Jérôme de Prague, commençant par ces mots : *Le très saint synode*,

[1] La Collection des conciles désigne ici un chevalier de Hongrie, du nom de *Sigismond de Bessantz ou Lossantz.*

incipit : *Sacrosancta synodus, generale consilium,* etc., ut superius scriptum est. Et ipsam citacionem ad universorum Christi fidelium noticiam valvis in ambitu dicte ecclesie affixit, presenti copiosa multitudine hominum, interim dum celebrabantur missarum sollempnia; idemque multis ecclesiis egit in presencia multorum virorum ad hoc specialiter rogatorum. Et ut cunctis constaret de facta diligencia, super hoc fieri peciit publica instrumenta per Johannem Chelicin, clericum Treverensis diocesis, appostolica et imperiali auctoritate notarium. Inquisivit inde dominus archiepiscopus Januensis a tota synodo an placeret quod die sabbati, quarta scilicet mensis maii, celebraretur sessio in materia fidei, videlicet super condamnacione memorie Johannis Wicleiff; et cum omnes respondissent *placet,* statim de synodo recesserunt.

CAPITULUM XXV.

De sexta sessione sacri consilii generalis.

Mensis maii quarta die, in presencia regis Romanorum indumentis regalibus insigniti, cui eciam domini cardinales de Ursinis, Laudensis, Albanensis et Tusculanensis, Sancti Marci, de Challanto, Salusciarum, de Flisco, Barensi et Florentino assistebant, fuit in sacro consilio generalis sessio celebrata Constancie, cui presidens extitit... [1], missaque de beata Maria a patriarcha Anthiocheno celebrata, et letaniis, collectis, hympno quoque *Veni, creator Spiritus,* more solito cantatis devotissime, Vitalis, episcopus Tholonensis, nacione Gallicus, ambonem ascendens et pro themnate assumens : *Spiritus veritatis docebit vos omnem veritatem,* ad clerum luculentissime predi-

---

[1] Le nom manque dans le manuscrit.

formant concile général, etc. , comme il est dit ci-dessus. Et pour que tous les fidèles en eussent connaissance, ledit Michel l'afficha aux portes de ladite église, en présence d'une foule immense de spectateurs, pendant qu'on célébrait la messe. Il en fit autant dans plusieurs églises, et toujours en présence d'un nombreux concours de personnes spécialement convoquées à cet effet. Puis, afin de constater qu'il avait fait ses diligences, il demanda qu'il lui en fût délivré des instruments authentiques par Jean Chelicin, clerc du diocèse de Trèves, notaire apostolique et impérial. Monseigneur l'archevêque de Gênes s'informa ensuite auprès du saint synode s'il voulait qu'il y eût une session le samedi 4 mai, pour délibérer sur les affaires de la foi, touchant la condamnation de la mémoire de Wicleff. Tous ayant répondu affirmativement, l'assemblée se sépara aussitôt.

CHAPITRE XXV.

Sixième session du sacré concile général.

Le 4 mai, il y eut à Constance session générale du sacré concile, en présence du roi des Romains, vêtu des insignes royaux et assisté de messeigneurs les cardinaux des Ursins, de Lodi, d'Albano, de Frascati, de Saint-Marc, de Challant, de Saluces, de Fieschi, de Bar et de Florence, sous la présidence de..... [1]. La messe de la Sainte Vierge fut célébrée par le patriarche d'Antioche. Après les litanies, les collectes, et l'hymne *Veni, creator Spiritus*, qui furent chantées, comme à l'ordinaire, avec beaucoup de dévotion, Vital, évêque de Toulon, Français d'origine, monta sur l'estrade, et prononça un éloquent sermon, dont le texte fut : *L'esprit de vérité vous enseignera toute vérité.* Puis Henri du Poirier et Jean de Scribani, procureurs et promoteurs du concile, se levèrent, et prenant la parole contre Jean Wicleff

[1] La session était présidée par l'évêque d'Ostie, comme il est dit dans le chapitre suivant. Voir page 653.

cavit. Inde Henricus de Piro et Johannes de Scribanis, procuratores et promotores consilii, surrexerunt, et contra Johannem Wicleiff et ejus sequaces agentes, dixerunt eos contumaces reputari debere. Addiderunt et Johannem fuisse in hac
luce impenitentem, ipsiusque memoriam, errores, pretensas-
que dogmatizaciones, et precipue in quadraginta quinque ac
ducentis sexaginta articulis conclusas, condempnari per universalem synodum et prelatos potestatem habentes quatuor nacionum, ac eciam ejus ossa, si ab aliorum Christifidelium ossibus
separari poterant et secerni, exhumari instanter postulaverunt.

CAPITULUM XXVI.

De processu Johannis Wicleiff.

Tum Pileus, archiepiscopus Januensis, cum Johanne, episcopo
Lutomislensi, pro nacione germanica, Antonio, episcopo Con-
cordiensi, pro natione ytalica, episcopo Tholonensi, pro gallicana, et Guillelmo, abbate Eboraci, pro anglicana, ambonem
ascendens, primo capitulum Decretalium *Firmiter credimus*
legit. Quo approbato ab imperatore et assistentibus, idem
Pileus et promotores pecierunt memoriam Johannis Wicleiff
ac suorum sequacium condempnari, quo ad quadraginta quinque articulos in Parisiensi et Pragensi studiis condempnatos, et
cum alios ducentos et sexaginta cepisset legere, ad peticionem
tamen cardinalis Sancti Marci fuerunt reservati usque ad
proximam sessionem. Et tunc super dicta condempnacione
presidentem dominum Ostiensem et prenominatos prelatos
nacionum rogaverunt, ut eam approbarent; quod et libenter
fecerunt dicentes: *Placet.* Indeque promotores sibi fieri pecierunt publica instrumenta, presentibus dominis Rompoldo, duce

et ses sectateurs, ils déclarèrent qu'on devait les réputer contumaces. Ils ajoutèrent que ledit Jean Wicleff était mort dans l'impénitence, et demandèrent instamment que sa mémoire, ses erreurs, ses prétendus dogmes, surtout ceux qui étaient contenus dans les quarante-cinq et les deux cent soixante articles, fussent condamnés par le synode universel et par les prélats fondés de pouvoir des quatre nations, et que ses os fussent exhumés, s'il était possible de les distinguer et de les séparer de ceux des autres fidèles.

CHAPITRE XXVI.

Procès de Jean Wicleff.

Alors Piléo, archevêque de Gênes, monta sur l'estrade avec Jean, évêque de Leutomischl, pour la nation allemande, Antoine, évêque de Concordia, pour la nation italienne, l'évêque de Toulon, pour la nation française, et Guillaume, abbé d'York, pour la nation anglaise, et lut d'abord le chapitre des Décrétales *Firmiter credimus.* L'empereur et l'assistance y ayant donné leur approbation, ledit Piléo, de concert avec les promoteurs, demanda que la mémoire de Jean Wicleff et de ses adhérents fût condamnée, quant aux quarante-cinq articles condamnés par les universités de Paris et de Prague, et il commençait à lire les deux cent soixante autres, lorsqu'à la requête du cardinal de Saint-Marc, on les réserva pour la session prochaine. Alors les promoteurs demandèrent à monseigneur d'Ostie, président de l'assemblée, et auxdits prélats, représentants des quatre nations, d'approuver ladite condamnation; ce que ceux-ci firent volontiers, en disant : *Placet.* Les promoteurs requirent qu'il leur en fût délivré des instruments authentiques, en présence de messeigneurs Rompold, duc de Silésie, Frédéric, burgrave de Nuremberg, Louis, duc de Bavière, Jean, comte de Fribourg, Jean Visconti de Milan, Nicolas Étienne

Slesie, Frederico, burgravio Nurenburgensi, Ludovico, duce Bavarie, Johanne, comite de Friburg, Johanne de Vicecomitibus de Mediolano, Nicolao Stephano de Hungaria, nec non Polonie, Norvegie, Suessie, Dacie, Cypri, Francie ambassiatoribus.

CAPITULUM XXVII.

Sub brevibus sequntur iterum citacio et sentencia diffinitiva contra Johannem Wicleiff late.

Et quia multi fuerant qui perversa ejus dogmata voluerant sustinere, nec comparuerant in generali citati, ideo in prima sentencia sancta synodus sic dicebat :

« Amplius vestram contumaciam dissimulare nequimus ;
« quare promotoribus nostris *ad id instantibus, et* [1] ne ficus
« fatua suos extendat palmites, que ad nichilum, sacro testante
« eloquio, utilis est nisi ut eradicata comburatur, vos omnes et
« singulos, perfidam dicti Johannis doctrinam dogmatizantes et
« presumentes defendere, citamus peremptorie, quatenus in
« hac die compareant, ut audiant ipsum Johannem tanquam
« notorium hereticum et pertinacem, dum viveret, atque dignum
« exhumari, et ut ossa ejus ab ossibus aliorum fidelium separen-
« tur ; protestantes quod, et si non compareatis, nos nichilo-
« minus ad premissorum exequcionem, auctore Deo, procede-
« mus, prout ortodoxe fidei fundamentum exegerit racioque
« dictaverit. — Datum anno, etc., sub sigillis quatuor presiden-
« cium quatuor nacionum. »

[1] Les mots qui sont en italiques ont été empruntés à la Collection des conciles.

de Hongrie, et les ambassadeurs de Pologne, de Norwége, de Suède, de Danemark, de Chypre et de France.

CHAPITRE XXVII.

Suit un extrait sommaire de la citation et de la sentence définitive portée contre Jean Wicleff.

Comme il y avait beaucoup de gens qui avaient voulu soutenir les dogmes pervers de Jean Wicleff, et qui n'avaient pas comparu en concile général, malgré la citation qui leur avait été faite, le saint synode s'exprimait ainsi dans sa première sentence :

« Nous ne pouvons fermer les yeux plus long-temps sur votre contu-
« mace. C'est pourquoi, d'après les instances de nos promoteurs, et afin
« que le figuier stérile qui, suivant l'expression des saintes Écritures,
« n'est bon qu'à être déraciné et jeté au feu, n'étende pas au loin ses
« rejetons, nous vous citons péremptoirement, vous et chacun de
« ceux qui enseignent et osent défendre la doctrine perfide dudit Jean,
« à comparaître en ce jour, pour entendre déclarer que ledit Jean a
« été pendant sa vie un hérétique notoire et obstiné, et qu'il mérite
« d'être exhumé, afin que ses os soient séparés de ceux des autres
« fidèles. Nous vous protestons que, dans le cas où vous feriez défaut,
« nous n'en procéderons pas moins, avec l'aide de Dieu, à l'exécution
« desdites choses, selon que l'exigera le fondement de la foi ortho-
« doxe et que la justice l'ordonnera. — Donné l'an, etc., sous les
« sceaux des quatre présidents des quatre nations. »

CAPITULUM XXVIII.

De sentencia diffinitiva data contra memoriam Johannis et ejus perversam doctrinam.

« Sacrosancta Constanciensis synodus, generale consilium faciens, et Ecclesiam catholicam representans, ad extirpacionem presentis scismatis, errorumque et heresium sub ejus umbra pululancium eliminacionem, ac reformacionem Ecclesie, in Spiritu Sancto legittime congregata, ad perpetuam rei memoriam.

« Fidem catholicam, sine qua, ut ait apostolus, impossibile est placere Deo, a falsis ejusdem fidei cultoribus, ymo perversis impugnatoribus et per superbam curiositatem intendentibus plus sapere quam opportet, mundi gloriam cupientibus, oppugnatam sepius, et contra illos per fideles Ecclesie milites spirituales opposito scuto fidei defensatam fuisse sanctorum patrum scripturis atque gestis instruimur. Hec quippe bellorum genera in bellis carnalibus Israellitici populi adversus gentes ydolatras presignata fuerunt. In hiis spiritualibus bellis sancta Ecclesia catholica, in fidei unitate [1], superni luminis radiis illustrata, Domino providente et sanctorum patrocinio opem ferente, immaculata permanens, errorum tenebris velut hostibus profligatis, gloriosissime triumphavit. Nostris vero temporibus, vetus ille et immundus hostis nova certamina, ut probati temporis hujus manifesti fiant, suscitavit ; quorum dux et princeps extitit quondam Johannes Wicleiff, pseudo christianus, qui, dum viveret, adversus religionem christianam et fidem catholicam pertinaciter asseruit et dogmatizavit plures articulos, quorum quadraginta quinque huic pagine duximus inserendos, qui sequntur :

' Var. : *veritate.*

CHAPITRE XXVIII.

Sentence définitive portée contre la mémoire de Jean Wicleff et sa doctrine perverse.

« Le très saint synode de Constance, formant concile général, et représentant l'Église catholique, légitimement assemblé au nom du Saint-Esprit, afin de parvenir à l'extirpation du présent schisme, à la destruction des erreurs et des hérésies qu'il fait pulluler, et à la réformation de l'Église, pour perpétuelle mémoire à la postérité.

« Les écrits et les actes des saints pères nous apprennent que la foi catholique, sans laquelle, comme dit l'apôtre, il est impossible de plaire à Dieu, a été souvent attaquée par de faux croyants et par des ennemis pervers, qui dans leur superbe curiosité veulent en savoir plus qu'il ne faut et ambitionnent la gloire de ce monde, et qu'elle a toujours été défendue contre eux avec le bouclier de la foi par les fidèles champions de l'Église. Ces sortes de guerres ont été figurées d'avance dans les guerres charnelles du peuple d'Israël contre les nations idolâtres. Au milieu de ces guerres spirituelles, la sainte Église catholique, éclairée par les rayons de la lumière d'en haut, est restée pure et sans tache dans l'unité de sa foi, grâce à la Providence divine et à la puissante intercession des saints, et terrassant l'erreur comme un ennemi, elle a toujours triomphé glorieusement. Mais, de nos jours, cet antique et immonde adversaire a suscité de nouveaux combats, afin que l'on connaisse ceux d'entre nous qui ont une vertu éprouvée. Le chef et l'instigateur de cette guerre a été feu Jean Wicleff, ce faux chrétien, qui de son vivant a enseigné et soutenu obstinément contre la religion chrétienne et la foi catholique plusieurs articles, parmi lesquels nous avons cru devoir insérer ici les quarante-cinq suivants :

1. *Substancia panis materialis et similiter substancia vini materialis manent in sacramento altaris.*

2. *Accidencia panis non manent sine subjecto in eodem sacramento.*

3. *Christus non est in eodem sacramento ydentice et realiter in propria presencia corporali.*

4. *Si episcopus vel sacerdos est in peccato mortali, non ordinat, non conficit, non consecrat, nec baptizat.*

5. *Non est fundatum in Evvangelio quod Christus missam ordinaverit.*

6. *Deus debet obedire dyabolo.*

7. *Si homo debite fuerit contritus, omnis confessio exterior est sibi superflua et inutilis.*

8. *Si papa sit prestitus et malus, et per consequens membrum dyaboli, non habet potestatem super fideles ab aliquo sibi datam, nisi forte a Cesare.*

9. *Post Urbanum sextum non est aliquis recipiendus in papam; sed vivendum est more Grecorum, legibus propriis.*

10. *Contra Scripturam est quod viri ecclesiastici habeant possessiones.*

11. *Nullus prelatus debet aliquem excommunicare, nisi prius sciat ipsum excommunicatum a Deo; et qui sic excommunicat, est hereticus ex hoc vel excommunicatus.*

12. *Prelatus excommunicans clericum qui appellavit ad regem et ad consilium regni, eo ipso traditor est regis et regni.*

13. *Illi qui dimittunt predicare sive audire verbum Dei propter excommunicacionem hominum, sunt excommunicati, et in die judicii traditores Christi habebuntur.*

14. *Licet alicui dyacono vel presbitero predicare verbum Dei absque auctoritate sedis appostolice vel episcopi catholici.*

1. *La substance du pain matériel et semblablement la substance du vin matériel restent dans le sacrement de l'autel.*

2. *Les accidents du pain ne restent pas sans le sujet dans le même sacrement.*

3. *Le Christ n'est pas dans ledit sacrement identiquement et réellement en propre présence corporelle.*

4. *Si un évêque ou un prêtre est en péché mortel, il ne peut ni ordonner, ni offrir le saint sacrifice, ni consacrer, ni baptiser.*

5. *Il n'est pas établi dans l'Évangile que le Christ ait ordonné la messe.*

6. *Dieu doit obéir au diable.*

7. *Si un homme est dûment contrit, toute confession extérieure est superflue et inutile pour lui.*

8. *Si le pape est simoniaque et méchant, et par conséquent membre du diable, il n'a de pouvoir sur les fidèles que celui qui lui est conféré par l'empereur.*

9. *Après Urbain VI il ne faut plus reconnaître de pape; mais il faut vivre comme les Grecs, chacun selon ses propres lois.*

10. *Il est contraire à l'Écriture que les gens d'église possèdent des biens.*

11. *Nul prélat ne doit excommunier quelqu'un, qu'il ne le sache préalablement excommunié par Dieu, et quiconque excommunie ainsi est par cela même hérétique ou excommunié.*

12. *Tout prélat qui excommunie un clerc qui a fait appel au roi et au conseil du royaume, est par cela même traître au roi et au royaume.*

13. *Ceux qui négligent de prêcher ou d'entendre la parole de Dieu à cause de l'excommunication des hommes sont excommuniés, et au jour du jugement ils seront considérés comme traîtres à Jésus-Christ.*

14. *Il est permis à tout diacre ou prêtre de prêcher la parole de Dieu sans autorisation du Saint-Siége apostolique ou d'un évêque catholique.*

15. *Nullus est dominus civilis, nullus est prelatus, nullus est episcopus, dum est in peccato mortali.*

16. *Domini temporales possunt ad arbitrium suum auferre bona temporalia ab ecclesia possessionatis habitualiter delinquentibus, id est, ex habitu, non solo actu delinquentibus.*

17. *Populares possunt ad suum arbitrium dominos delinquentes corrigere.*

18. *Decime sunt pure elemosine, et propter peccata suorum prelatorum parrochiani possunt eas ad libitum suum auferre.*

19. *Speciales oraciones, applicate uni persone per prelatos vel religiosos, non plus prosunt eidem quam generales ceteris paribus.*

20. *Conferens elemosinam fratribus est excommunicatus eo facto.*

21. *Si quis ingreditur religionem privatam qualemcunque, tam possessionatorum quam mendicancium, redditur inepcior et inhabilior ad observanciam mandatorum Dei.*

22. *Sancti, instituentes religiones privatas, sic instituendo peccaverunt.*

23. *Religiosi viventes in religionibus privatis non sunt de religione christiana.*

24. *Fratres tenentur per labores manuum victum acquirere et non per mendicitatem.* Prima pars est scandalosa et presumptuose asserta, pro quanto sic generaliter et indistincte loquitur, et secunda erronea, pro quanto asserit mendicitatem fratribus non licere.

25. *Omnes sunt symoniaci qui se obligant orare pro aliis eis in temporalibus subvenientibus.*

26. *Oracio prestiti nulli valet.*

27. *Omnia de necessitate absoluta eveniunt.*

15. *Nul n'est seigneur civil, nul n'est prélat, nul n'est évêque, tant qu'il est en péché mortel.*

16. *Les seigneurs temporels peuvent à leur gré enlever les biens temporels aux églises, lorsque les gens possessionnés sont habituellement délinquants, c'est-à-dire qu'ils pèchent d'habitude et non par un seul acte.*

17. *Le peuple peut à son gré corriger ses seigneurs, lorsqu'ils sont délinquants.*

18. *Les dîmes sont de pures aumônes, et les paroissiens peuvent, s'il leur plaît, les refuser à leurs prélats à cause de leurs péchés.*

19. *Les prières particulières, appliquées à une seule personne par les prélats ou les religieux, ne sont pas plus profitables à cette personne que les prières générales ne le sont à tous ses semblables.*

20. *Celui qui fait l'aumône aux moines est excommunié de fait.*

21. *Quiconque entre dans un ordre religieux quelconque de possessionnés ou de mendiants, devient par cela même moins propre et moins apte à l'observation des commandements de Dieu.*

22. *Les saints qui ont institué des ordres religieux ont péché en les instituant.*

23. *Les religieux qui vivent dans des pratiques particulières ne sont pas de la religion chrétienne.*

24. *Les moines sont tenus de gagner leur vie par le travail de leurs mains et non par la mendicité.* La première partie de cette proposition est scandaleuse et témérairement énoncée, en tant qu'elle parle d'une manière générale et sans distinction; la seconde est erronée, en tant qu'elle affirme que la mendicité n'est pas permise aux moines.

25. *Ceux-là sont simoniaques qui s'engagent à prier pour ceux qui leur donnent des secours temporels.*

26. *La prière d'un simoniaque n'a aucune valeur.*

27. *Toutes choses arrivent d'après une nécessité absolue.*

28. *Confirmacio juvenum, clericorum ordinacio, locorum consecracio reservatur pape et episcopis propter cupiditatem lucri temporalis et honoris.*

29. *Universitates, studia, collegia, graduaciones et magisteria in eisdem sunt vana gentilitate introducta, et tantum prosunt Ecclesie sicut dyabolus.*

30. *Excommunicacio pape vel cujuscunque prelati non est timenda, quia est censura Antechristi.*

31. *Peccant fundantes claustra, et ingredientes sunt viri dyabolici.*

32. *Ditare clerum est contra regulam Christi.*

33. *Silvester papa et Constantinus imperator erraverunt Ecclesiam dotando.*

34. *Omnes de ordine mendicancium sunt heretici, et dantes eis elemosinam sunt excommunicati.*

35. *Ingrediens religionem aut aliquem ordinem, eo ipso inhabilis est ad servandum divina precepta, et per consequens perveniendi ad regna celorum, nisi apostataverit ab eisdem.*

36. *Papa cum omnibus clericis suis possessionem habentibus sunt heretici, eo quod possessionem habent, et omnes consencientes eis, scilicet domini seculares et layci ceteri.*

37. *Ecclesia romana est synagoga Sathane, nec papa est immediatus vicarius Christi et appostolorum.*

38. *Decretales epistole sunt apocrife et seducunt a fide Christi, et clerici sunt stulti qui eas student.*

39. *Imperator et domini seculares seducti sunt a dyabolo, ut Ecclesiam dotarent bonis temporalibus.*

40. *Electio pape a cardinalibus per dyabolum est introducta.*

41. *Non est de necessitate salutis credere romanam Ecclesiam esse supremam inter alias Ecclesias.* Error est, si per romanam

28. *La confirmation des jeunes gens, l'ordination des clercs, la consécration des lieux, ne sont réservées au pape et aux évêques que par amour du gain temporel et de l'honneur.*

29. *Les universités, les écoles, les collèges; les grades et les maîtrises qu'on y prend ont été imaginés par une vaine gentilité, et sont aussi utiles à l'Église que le diable.*

30. *L'excommunication du pape ou de tout autre prélat n'est pas à craindre, parce que c'est une censure de l'Antechrist.*

31. *Ceux qui fondent des cloîtres pèchent, et ceux qui y entrent sont des gens diaboliques.*

32. *Enrichir le clergé est contraire à la règle de Jésus-Christ.*

33. *Le pape Sylvestre et l'empereur Constantin ont fait une faute en dotant l'Église.*

34. *Tous les moines mendiants sont hérétiques, et ceux qui leur font l'aumône sont excommuniés.*

35. *Quiconque entre dans un ordre religieux, quel qu'il soit, devient par cela même inhabile à observer les préceptes divins, et par conséquent incapable d'arriver au royaume des cieux, s'il n'apostasie.*

36. *Le pape et tous ceux de ses clercs qui possèdent des biens sont hérétiques, par cela même qu'ils possèdent, aussi bien que tous ceux qui les laissent faire, seigneurs séculiers et autres laïques.*

37. *L'Église romaine est la synagogue de Satan, et le pape n'est pas le vicaire immédiat de Jésus-Christ et des apôtres.*

38. *Les Décrétales sont des lettres apocryphes; elles détournent de la foi du Christ, et les clercs qui les étudient sont insensés.*

39. *L'empereur et les seigneurs séculiers ont été séduits par le diable, pour doter l'Église de biens temporels.*

40. *L'élection du pape par les cardinaux est une invention du diable.*

41. *Il n'est pas nécessaire au salut de croire que l'Église romaine soit souveraine entre les autres églises.* Ceci est une erreur, si

Ecclesiam intelligat universalem Ecclesiam aut consilium generale, aut pro quanto negaret primatum summi pontificis super
alias Ecclesias particulares.   •

42. *Fatuum est credere indulgenciis pape et episcoporum.*

43. *Juramenta illicita sunt, que fiunt ad roborandum hu-
manos contractus et commercia civilia.*   •

44. *Augustinus, Benedictus, Bernardus dampnati sunt, nisi
penituerint de hoc quod habuerunt possessiones et instituerunt
et intraverunt religiones; et sic a papa usque ad infimum religiosum omnes sunt heretici.*

45. *Omnes religiones indifferenter introducte sunt a dyabolo.*

« Idemque Johannes Wicleiff libros *Dyalogum* et *Trialogum*
per ipsum nominatos, et plures alios tractatus, volumina et
opuscula composuit, in quibus prescriptos et plures alios dampnabiles inseruit et dogmatizavit articulos; quos libros sui perversi dogmatis publice legendos exposuit. Ex quibus insuper
multa scandala, dampna animarumque pericula in diversis regionibus, presertim Anglie et Boemie regnis sequta sunt. Adversus quos articulos atque libros in Dei virtute insurgentes magistri et doctores universitatum et studiorum Oxonie et Prage,
articulos predictos scolastice diu post reprobarunt; reverendissimi insuper patres archiepiscopi pro tempore Cantuariensis et
Eboracensis, sedis appostolice legati in Anglie, Pragensis in
Boemie regnis, condempnaverunt. Libros eciam ejusdem Johannis comburendos fore dictus archiepiscopus Pragensis, sedis
appostolice commissarius in hac parte, sentencialiter judicavit,
et eorum qui superessent prohibuit lectionem. Rursus hiis ad
noticiam sedis appostolice et generalis consilii deductis, roma-
nus pontifex, in consilio romano ultimo celebrato, dictos libros,
tractatus et opuscula condempnavit, jubens illos publice con-

par l'Église romaine il entend l'Église universelle ou le concile général, ou en tant qu'il nierait la primauté du souverain pontife sur
les autres Églises particulières.

42. *C'est folie que de croire aux indulgences du pape et des*
évêques.

43. *Les serments sont illicites, lorsqu'ils sont faits pour confirmer*
des contrats humains et des transactions de commerce.

44. *Augustin, Benoît et Bernard sont damnés, s'ils n'ont fait*
pénitence pour avoir possédé des biens, pour avoir institué des
ordres religieux et y être entrés. Et ainsi depuis le pape jusqu'au
dernier religieux tous sont hérétiques.

45. *Tous les ordres religieux sans distinction ont été inventés par*
le diable.

« En outre ledit Jean Wicleff a composé deux livres qu'il a intitulés *Dialogus* et *Trialogus*, ainsi que plusieurs traités, volumes et
opuscules, dans lesquels il a inséré et enseigné lesdits articles et plusieurs autres non moins damnables, et il a donné publiquement à lire
ces ouvrages pour la propagation de sa doctrine perverse. Il s'est
ensuivi de là beaucoup de scandales, de pertes d'âmes et de dangers
dans diverses contrées, principalement dans les royaumes d'Angleterre et de Bohême. Les maîtres et docteurs des universités d'Oxford et
de Prague, s'élevant avec force, au nom de Dieu, contre lesdits articles
et livres, les ont réprouvés long-temps après en pleine école. De plus,
les très révérends pères, l'archevêque de Canterbury et l'archevêque d'York, légats du saint-siége apostolique en Angleterre, et
celui de Prague, légat en Bohême, les ont condamnés. Ledit archevêque de Prague, commissaire du saint-siége apostolique en cette
affaire, a décidé par sentence définitive que les livres dudit Jean seraient brûlés, et a défendu la lecture de ceux qui échapperaient au
feu. Puis, toutes ces choses ayant été portées à la connaissance du
saint-siége apostolique et du concile général, le pontife romain a condamné, dans le concile tenu dernièrement à Rome, lesdits livres, traités
et opuscules, ordonné qu'ils fussent brûlés publiquement, et défendu
expressément à tout chrétien d'oser lire, exposer, enseigner ou gar-

cremari, districtius inhibendo ne quis Christi nomine insignitus
auderet aliquem vel aliquos seu aliqua ex dictis libellis, voluminibus, tractatibus et opusculis legere, exponere, docere vel
tenere, aut illis quomodolibet uti, vel illos, nisi in ipsorum
reprobacionem, allegare publice vel occulte; et ut de medio
Ecclesie illa periculosa spurcissimaque doctrina eliminaretur,
jussit omnino per locorum ordinarios omnia illa auctoritate
appostolica, per censuram ecclesiasticam, eciam, si opus esset,
cum adjectione quod contra non parentes procederetur tanquam contra fautores heresis, diligenter inquiri, et repertos ac
reperta ignibus publice concremari.

« Hec autem sancta synodus prefatos articulos quadraginta
quinque examinari fecit et sepius recenseri per plures reverendissimos patres, Ecclesie romane cardinales, episcopos, abbates,
magistros in theologia, doctores juris utriusque, et plures
notabiles in multitudine copiosa. Quibus examinatis, fuit reper-
tum, prout in veritate est, aliquos et plures ex ipsis fuisse et
esse notorie hereticos et a sanctis patribus dudum reprobatos,
alios non catholicos sed erroneos, alios scandalosos et blaphe-
mos, quosdam piarum aurium offensivos, nonnullos temerarios
et sediciosos. Compertum est eciam libros ejus plures alios
articulos continere similium qualitatum, doctrinamque in Dei
Ecclesia vesanam[1] et fidei et moribus inimicam inducere.

« Propterea, in nomine Domini nostri Jhesu Christi, hec sancta
synodus, sentencias predictorum archiepiscoporum et consilii
Romani ratificans et approbans, predictos articulos et eorum
quemlibet, libros ejusdem, *Dyalogum* et *Trialogum* per eumdem Johannem Wicleiff nominatos, et alios ejusdem auctoris
libros, volumina, tractatus et opuscula, quocunque nomine

_____
[1] Var. : *venenosam*.

der un seul ou plusieurs desdits livres, volumes, traités et opuscules, s'en servir ou les citer publiquement ou en secret, à moins que ce ne fût pour les réprouver. Et, afin de purger l'Église de cette dangereuse et infâme doctrine, il a formellement enjoint aux ordinaires des lieux de faire rechercher avec soin tous ces ouvrages au nom de l'autorité apostolique, par voie de censure ecclésiastique, en ajoutant, au besoin, qu'il serait procédé contre tout récalcitrant comme fauteur d'hérésie, et de livrer publiquement aux flammes tout ce qu'on pourrait en trouver.

« Or, ce saint synode a fait examiner et revoir à plusieurs reprises lesdits quarante-cinq articles par plusieurs révérends pères, cardinaux de l'Église romaine, évêques, abbés, professeurs de théologie, docteurs en droit canon et en droit civil, et par d'autres notables personnages en très grand nombre. Il est résulté de cet examen, et c'est l'exacte vérité, que la plupart de ces articles étaient et sont notoirement hérétiques et depuis long-temps réprouvés par les saints pères, que plusieurs ne sont pas catholiques, mais erronés, d'autres scandaleux et blasphématoires, quelques-uns blessants pour les oreilles pieuses, d'autres enfin téméraires et séditieux. Il a été reconnu aussi que les livres dudit Jean contiennent plusieurs autres articles de pareille nature, et introduisent dans l'Église de Dieu une doctrine insensée et contraire à la foi et aux bonnes mœurs.

« En conséquence, au nom de notre Seigneur Jésus-Christ, le saint synode, approuvant et ratifiant les sentences desdits archevêques et du concile de Rome, réprouve et condamne à perpétuité par le présent décret lesdits articles et chacun d'eux, les livres dudit Jean Wicleff, intitulés par lui *Dialogus* et *Trialogus,* et ses autres livres, volumes, traités et opuscules, sous quelque nom qu'ils soient désignés, et que ledit synode entend expressément comprendre dans sa sentence; il défend à tous les fidèles de lire lesdits ouvrages ou l'un

censeantur, quos hic haberi vult pro expressis, hoc perpetuo
decreto reprobat et condempnat; eorumdem librorum et
cujuslibet eorum lectionem, doctrinam, exposicionem et
allegacionem, nisi ad eorum reprobacionem, omnibus Christi
fidelibus prohibendo; inhibens omnibus et singulis catholicis
sub anathematis interminacione, ne de cetero illos articulos aut
eorum aliquem audeant publice predicare, dogmatizare vel
tenere, sive libros ipsos docere vel approbare, vel quomodolibet allegare; jubens illos libros et tractatus, volumina et
opuscula prelibata publice concremari, prout decretum fuerat
in synodo Romana, sicut superius est expressum. Super quibus
exequendis et debite observandis mandat predicta sancta synodus ordinariis locorum vigilanter intendere, prout ad quemlibet pertinet, secundum jura et canonicas sanctiones.

« Quia vero, libris predictis diligenter examinatis per doctores et magistros studii Oxoniensis, ultra dictos quadraginta
quinque articulos, ducentos sexaginta excerpentes collegerunt,
quorum aliqui cum supradictis in sentencia coincidunt, licet
non in eadem forma verborum, et sicut de aliis superius dictum est, quidam eorum erant et sunt heretici, quidam sediciosi, quidam erronei, alii temerarii, nonnulli scandalosi, alii
insani, nec non omnes pene contra bonos mores et catholicam
veritatem, fuerunt scolastice per dictam universitatem debite
reprobati, hec igitur synodus sacrosancta cum deliberacione,
qua supra, predictos articulos et eorum singulos reprobat et
condempnat, prohibens, jubens, mandans et decernens, prout
de aliis quadraginta quinque superius est expressum. Eorumdem autem ducentorum sexaginta articulorum tenorem duximus inferius inserendum.

« Insuper, quia auctoritate Romani consilii mandatoque

d'eux, de les enseigner, exposer et citer, si ce n'est pour les réprouver; enjoint, sous peine d'anathème, à tous et chacun des catholiques de ne jamais oser prêcher publiquement, enseigner ou garder lesdits articles ou un seul d'entre eux, ni enseigner, approuver ou citer en aucune façon lesdits livres; ordonne que lesdits livres, traités, volumes et opuscules soient brûlés en public, conformément à ce qui avait été décidé au concile de Rome, comme il est rapporté ci-dessus. Et ledit saint synode mande aux ordinaires des lieux de veiller strictement à l'exécution et à l'observation rigoureuse de ces mesures, selon qu'il appartient à chacun d'eux, et conformément au droit et aux saints canons.

« Mais comme les docteurs et maîtres de l'université d'Oxford, après un sérieux examen desdits livres, en ont extrait et recueilli, outre les quarante-cinq articles susdits, deux cent soixante autres, dont quelques-uns sont tout semblables pour le fond, bien que la forme ne soit pas la même, que les uns, comme on l'a dit ci-dessus relativement aux premiers, étaient et sont faux et hérétiques, d'autres séditieux, d'autres erronés, d'autres téméraires ou scandaleux, d'autres insensés, et que presque tous ont été dûment réprouvés en pleine école par ladite université comme étant contraires aux bonnes mœurs et à la vérité catholique, le très saint synode, après en avoir délibéré comme dessus, réprouve et condamne lesdits articles et chacun d'eux, défendant, ordonnant, mandant et décrétant, selon qu'il a été dit plus haut pour les quarante-cinq autres. Nous avons cru devoir insérer plus bas la teneur desdits deux cent soixante articles.

« En outre, comme il a été procédé, après les délais convenables,

Ecclesie et sedis appostolice, datis dilacionibus debitis, processum fuit super condempnacione dicti Wicleiff et sue memorie, edictis propositis denunciacionibusque ad vocandum eos, qui eumdem sive ejus memoriam defendere vellent, si qui penitus existerent, nullus vero comparuit, qui eumdem vel suam memoriam defensaret; examinatis demum testibus super impenitencia finali pertinaciaque dicti Wicleiff per commissarios deputatos per dominum Johannem papam modernum et hoc sacrum consilium, servatisque servandis, prout in tali negocio postulat ordo juris, de ejus impenitencia ac finali pertinacia, per evidencia signa testibus legittimis comprobata, fuit legittime facta fides, propterea instante procuratore fiscali, edictoque proposito ad audiendum sentenciam ad hanc diem, hec sancta synodus declarat, diffinit et sentenciat eumdem Johannem fuisse notorium hereticum, pertinacem, ac in heresi decessisse, anathematizando, ipsum pariter et suam memoriam condempnando; decrevitque et ordinat corpus ejus et ossa, si ab aliis fidelium corporibus discerni possint, exhumari et procul ab ecclesiastica sepultura jactari, secundum canonicas et humanas sanctiones. »

CAPITULUM XXIX.

De processu contra Johannem papam continuato.

Subsequenter, de mandato dominorum presidencium quatuor nacionum, notarii ad hoc deputati ad portam, per quam dominus Johannes papa aufugerat, accesserunt et citacionem contra eum directam in porta illa affixerunt.

Sequenti die sabbati, fuit ex parte presidencium propositum ut aliqui deputarentur providi, qui super materia unionis ejusdem certos zelatores producendo se sufficienter informarent,

au nom du concile de Rome et par mandement de l'Église et du saint-siége apostolique, à la condamnation dudit Wicleff et de sa mémoire ; que, malgré les édits et sommations publiés pour convoquer ceux qui voudraient le défendre, lui ou sa mémoire, personne ne s'est présenté ; qu'après avoir fait entendre les témoins sur l'impénitence finale et l'obstination dudit Wicleff par les commissaires que monseigneur le pape Jean XXIII et ce sacré concile avaient désignés à cet effet, et après avoir observé toutes les formalités prescrites par le droit en pareille matière, on a constaté son impénitence finale et son obstination par des preuves évidentes appuyées de témoignages légitimes, le saint synode, sur l'instance du procureur fiscal et sur la requête présentée pour que la sentence soit prononcée en ce jour, déclare, décide et prononce que ledit Jean a été un hérétique notoire et obstiné, et qu'il est mort en état d'hérésie, l'anathématise, et le condamne lui et sa mémoire ; décrète et ordonne aussi que son corps et ses os, s'il est possible de les distinguer de ceux des autres fidèles, seront exhumés et privés de sépulture ecclésiastique, conformément aux statuts et aux saints canons. »

CHAPITRE XXIX.

Continuation des procédures contre le pape Jean.

Ensuite, par ordre de messeigneurs les présidents des quatre nations, certains notaires désignés à cet effet se présentèrent à la porte par laquelle monseigneur le pape Jean s'était retiré, et y affichèrent la citation décrétée contre lui.

Le lendemain, samedi, les présidents proposèrent au concile de déléguer certains personnages d'une sagesse reconnue pour prendre des renseignements sur la matière auprès de quelques personnes bien

ut secundum ordinem juris continuaretur processus. Et tunc
fuerunt tres electi, scilicet domini Nicolaus, episcopus Gneznensis, Petrus, episcopus Ripensis, et Albertus, episcopus Ratisponensis.

CAPITULUM XXX.

Qualiter dux Austrie offensam, quam commiserat, imperatori emendavit.

Sequenti die dominica, cum deputatis quatuor nacionum,
in loco, in quo nacio germanica solebat congregari, ex quatuor nacionibus facta est congregacio generalis.

Et de nacione ytalica interfuerunt Antonius, episcopus Ragusinensis, Jacobus, episcopus Adriensis, Jacobus, episcopus Tre-
visinensis, Donadeus, episcopus Ausimensis, Albertus, episcopus Astensis, Antonius, episcopus Concordiensis, Matheus,
episcopus Pistoriensis, Jacobus Rodini, prothonotarius de Janua, Petrus Paulus de Histria, doctor juris, Hardeanus de Novaria, advocatus consistorialis, Nicolaus, abbas Sancte Marie
de Florencia, Jaspar de Perusio, advocatus, Johannes de Opizis, auditor palacii, Ottobonus de Vercellis, doctor in utroque jure;

De nacione gallicana, Johannes, patriarcha Antiochenus,
Gerardus, episcopus Carnotensis, Johannes, episcopus Geben-
nensis, Vitalis, episcopus Tholonensis, Martinus, episcopus
Attrabatensis, Theobaldus, archiepiscopus Bisuntinensis, Johannes, archiepiscopus Viennensis; Johannes, episcopus Va-
siensis[1], Guillelmus, episcopus Ebroycensis, Guillelmus Pulchri
Nepotis, magister in theologia, Adam de Cameraco, Jordanus
Morin, ambassiator regis Francie, Benedictus Genciani, magister in theologia et monachus Sancti Dyonisii, Johannes de

[1] Var.: *Vaurensis*.

intentionnées pour l'union, afin que la procédure fût continuée suivant les règles de la justice. On choisit à cet effet messeigneurs Nicolas, évêque de Gnezne, Pierre, évêque de Ripen, et Albert, évêque de Ratisbonne.

CHAPITRE XXX.

Comment le duc d'Autriche répara l'offense qu'il avait commise envers l'empereur.

Le lendemain dimanche, il y eut une assemblée générale des représentants des quatre nations dans le lieu où siégeait ordinairement la nation allemande. Étaient présents :

Pour la nation italienne, Antoine, évêque de Raguse, Jacques, évêque d'Adria, Jacques, évêque de Trévise, Dieudonné, évêque d'Osimo, Albert, évêque d'Asti, Antoine, évêque de Concordia, Mathieu, évêque de Pistoia, Jacques Rodini, protonotaire de Gênes, Pierre Paul d'Istrie, docteur en droit civil et en droit canon, Ardéan de Novare, avocat consistorial, Nicolas, abbé de Sainte-Marie de Florence, Gaspard de Pérouse, avocat, Jean de Opizis, auditeur du palais, Ottoboni de Verceil, docteur en droit canon et en droit civil;

Pour la nation française, Jean, patriarche d'Antioche, Gérard, évêque de Chartres, Jean, évêque de Genève, Vital, évêque de Toulon, Martin, évêque d'Arras, Thibaud, archevêque de Besançon, Jean, archevêque de Vienne, Jean, évêque de Vaison, Guillaume, évêque d'Évreux, Guillaume de Beauneveu, professeur de théologie, Adam de Cambrai, Jourdain Morin, ambassadeur du roi de France, Benoît Gentien, professeur de théologie et moine de Saint-Denys, Jean de Villeneuve, docteur en décrets, Jacques de Spars, docteur en médecine, Simon Pinard, maître ès arts, Pierre de Versailles, professeur de théologie et moine de Saint-Denys, ambassadeur du roi de France, Gautier le Gros, prieur du couvent de Rhodes, Simon, abbé

Nova Villa, decretòrum doctor, Jacobus Despars, in medicina, Symon Pinard, in artibus, Petrus de Versailles, magister in theologia et monachus Sancti Dyonisii, ambassiator regis Francie, Gualterus Crassi, prior conventus Rhodi, Symon, abbas Gemeticensis, Robertus, abbas Sancti Laurencii super Ligerim, Petrus Cauchon, ambassiator ducis Burgundie;

De nacione Germanie, Johannes, archiepiscopus Rigensis, Nicolaus, archiepiscopus Gneznensis, Petrus, episcopus Ripensis, Benedictus, prothonotarius, Albertus, episcopus Ratisponensis, Andreas, electus Pozaniensis, Jacobus, episcopus Placentinus, Georgius, episcopus Tridentinus, Paulus Landamire, ambassiator studii Cracoviensis, doctores eciam Johannes Abundi, Bartoldus Wildunghen, Theodoricus de Monasterio, Petrus Dottinger, Lambertus de Stipite, Petrus Honburga, Albertus de Nurenberich, episcopus Wormaciensis, Ulricus, episcopus Verdensis, Conrardus de Suzaco et quamplures alii;

De Anglia, Robertus, Salisberiensis episcopus, Nicolaus, Batonnensis episcopus, Johannes Lichefeldensis, Guillelmus Corne;

De nobilibus, Fredericus burgravius, Ludovicus, dux Bavarie, Rompoldus, dux Saganensis, Nicolaus de Gara, regni Hungarie palatinus, Pippo de Ozora, comes Themesiensis, Sigismundus de Lossonetz, David Lusca, camerarius regis Romanorum, Laurencius de Thor, miles de Hungaria, magister Benedictus, miles, doctor utriusque juris, Hermingus, camerarius regis Dacie, Johannes, castellanus Calliciensis, Cono, vicedominus in Rincavia, ambassiatores Karoli de Malateste.

Cum istis residens rex Romanorum exposuit se guerram duxisse contra Fredericum ducem Austrie, quia Johannem papam de Constancia eduxerat clandestine, et quia plures

de Jumièges, Robert, abbé de Saint-Laurent-sur-Loire, Pierre Cauchon, ambassadeur du duc de Bourgogne;

Pour la nation allemande, Jean, archevêque de Riga, Nicolas, archevêque de Gnezne, Pierre, évêque de Ripen, Benoît, protonotaire, Albert, évêque de Ratisbonne, André, élu de Posen, Jacques, évêque de Plaisance, Georges, évêque de Trente, Paul Wladimir, ambassadeur de l'université de Cracovie, les docteurs Jean Abundi, Berthold de Wildunghen, Thierry de Munster, Pierre Dottinger, Lambert de Stipite, Pierre de Hombourg, Albert de Nurenberg, l'évêque de Worms, Ulric, évêque de Verden, Conrad de Souza, et plusieurs autres;

Pour la nation anglaise, Robert, évêque de Salisbury, Nicolas, évêque de Bath, Jean, évêque de Lichfield, Guillaume Corn;

Pour la noblesse, le burgrave Frédéric, Louis, duc de Bavière, Rompold, duc de Sagan, Nicolas de Gara, palatin du royaume de Hongrie, Pippo de Ozora, comte de Temeswar, Sigismond de Lossonetz, David Luzka, chambrier du roi des Romains, Laurent de Thor, chevalier de Hongrie, maître Benoît, chevalier, docteur en droit canon et en droit civil, Herming, chambrier du roi de Danemark, Jean, châtelain de Galitz, Conon, vidame du Rhingaw, et les ambassadeurs de Charles de Malatesta.

Le roi des Romains, qui se trouvait à l'assemblée, exposa qu'il avait déclaré la guerre à Frédéric, duc d'Autriche, pour avoir enlevé furtivement le pape Jean de Constance, et dépouillé un grand nombre

episcopos, ecclesias, dominos temporales, viduas et orphanos spoliaverat, sed reverti cupiebat ad ejus graciam. Et ideo missis quatuor episcopis et quibusdam nobilibus, ipsum adduxerunt ad regem; coram quo flectens genua, tunc Fredericus burgravius et Ludovicus dux Bavarie validis precibus pecierunt ut commissas offensas misericorditer indulgeret, promittentes quod se et sua in manibus ejus submittebat, et quod papam Johannem ad consilium reduceret, dum tamen securus esset, quod sibi nec suis aliqua violencia inferretur. Quam humiliacionem rex recepit, et eum surgere fecit; et Fredericus promisit quod fidelis erga ipsum existeret, quamdiu vitam duceret in humanis. Indeque facta fuerunt publica instrumenta.

CAPITULUM XXXI.

De sessione septima.

Die lune decima tercia mensis maii, sub presidente episcopo Ostiensi et in presencia regis Romanorum et dominorum cardinalium facta est sessio generalis; et ibi cantata missa de Angelis per episcopum Salberiensem cum evvangelio *Erunt signa in sole*, etc., letaniis, collectiis cum hympno *Veni, creator,* eciam more solito cantatis sollempniter, Henricus de Piro et Johannes de Scribanis, promotores consilii, citacionem alias contra dominum Johannem factam et exequcioni mandatam obtulerunt, asserentes quod contra exequcionem minime comparuerant, qui racionabiles causas allegassent, quod recessus domini Johannis pape dici non deberet scandalosus, opprobriosus ac unionis Ecclesie perturbativus, nephandissimi scismatis nutritivus, heresis et suspicionis fidei semitivus, et a juramentis ipsius deviativus, nec eciam allegasse quin contra eum tanquam

d'évêques, d'églises, de seigneurs temporels, de veuves et d'orphelins, mais que ce prince désirait rentrer en ses bonnes grâces. En conséquence, on l'envoya chercher par quatre évêques et quelques seigneurs, qui l'amenèrent devant le roi. Le duc fléchit le genou; alors le burgrave Frédéric et le duc de Bavière Louis supplièrent instamment le roi de lui pardonner généreusement ses torts, et déclarèrent que ledit duc d'Autriche remettait entre ses mains sa personne et ses biens, et qu'il ramènerait le pape Jean au concile, pourvu qu'on l'assurât qu'il ne lui serait fait aucune violence ni à lui ni aux siens. Le roi agréa cette soumission, et fit relever le duc, qui promit de lui demeurer toujours fidèle à l'avenir. Il fut dressé de tout cela des instruments authentiques.

CHAPITRE XXXI.

Septième session.

Le lundi 13 mai, il y eut session générale sous la présidence de l'évêque d'Ostie, et en présence du roi des Romains et de messeigneurs les cardinaux. La messe des saints anges fut chantée par l'évêque de Salisbury avec l'évangile *Erunt signa in sole*, etc. Après les litanies, les collectes et l'hymne *Veni, creator*, qu'on chanta solennellement comme de coutume, Henri du Poirier et Jean de Scribani, promoteurs du concile, reproduisirent la citation précédemment faite et mise à exécution contre monseigneur Jean, et déclarèrent qu'il ne s'était présenté, pour combattre l'exécution, personne qui eût démontré par des raisons suffisantes que le départ dudit seigneur le pape Jean ne devait pas être considéré comme scandaleux, déshonorant, attentatoire à l'union de l'Église, favorable à l'entretien du détestable schisme, à la propagation de l'hérésie et des doutes sur la foi, contraire enfin aux serments dudit pape, ni qui eût allégué qu'on ne pouvait procéder légitimement et justement contre lui comme convaincu de griefs notoires, et qu'on ne devait pas le suspendre de

super notoriis criminibus possit licite procedi et de jure, et
quin deberet suspendi ab administracione papatus ob dilapidacionem et crimina sibi imposita tanquam notoria. Ideo
pecierunt ut ante valvas ecclesie Constanciensis, nisi comparerent, reputarentur iterum contumaces, ita ut libere procedi
posset ad destitucionem administracionis ipsius domini pape,
prout juris fuerit et ordo dictaverit racionis. Pecierunt ut
statuerentur aliqui domini cardinales et prelati commissarii,
coram quibus testes produci valerent in hac causa, quique juramenta eorum reciperent, referrentque et facerent que circa
premissa necessaria essent ac eciam opportuna; que eciam
pecierunt fieri et decerni et adimpleri, salvo jure addendi vel
diminuendi, ut est stili juris atque moris.

Tunc surrexit dominus Franciscus, cardinalis Florentinus,
et dixit dominum Johannem papam ipsum, dominum Petrum
Cameracensem, et Guillelmum, sancti Marci cardinalem eciam
constituisse et per bullam procuratores suos ad deffenden-
dum et agendum nomine suo in sacra synodo, qui tamen non
conveniebant simul in hoc casu. Ipse autem renuit onus suscipere, et dominus cardinalis Sancti Marci dixit quod materiam
ignorabat nec onus ipsum acceptabat. Ad hoc Henricus de
Piro dixit quod citacio erat personalis et criminalis, nec debebat papa per procuratorem recipi, quodque notorium erat
quod ad ejus noticiam fuerat sufficienter devoluta.

Ad peticionem eciam procuratorum consilii deliberatum extitit ut patriarcha Antiochenus, nacione Gallicus, archiepiscopus
Gneznensis, nacione Germanie, archiepiscopus Raguzensis,
nacione Ytalie, episcopus Batoniensis, nacione Anglie, cum eis
ad valvas ecclesie irent et subsequenter alta et clamosa voce
tribus vicibus in hunc modum dicerent : « Auctoritate sancte

l'exercice de la papauté pour la dilapidation et les griefs qui lui étaient reprochés comme notoires. Ils demandèrent en conséquence que, si lui et ses adhérents ne comparaissaient pas, ils fussent de nouveau déclarés contumaces devant les portes de la cathédrale de Constance, afin qu'on pût procéder librement à la déposition dudit seigneur pape, selon le droit et la raison. Ils requirent aussi qu'on déléguât quelques cardinaux et prélats, à titre de commissaires, pour entendre les témoins qui seraient produits en cette cause, pour recevoir leurs serments, en faire leur rapport et aviser à tout ce qui serait nécessaire ou opportun en cette affaire. Ils demandèrent encore que tout se fît, se décidât et s'accomplît, sauf le droit d'ajouter ou de retrancher, comme on dit en style de droit et comme c'est l'usage.

Alors monseigneur François, cardinal de Florence, se leva et dit que monseigneur le pape Jean l'avait constitué par bulle son procureur avec monseigneur Pierre de Cambrai et Guillaume, cardinal de Saint-Marc, pour le défendre et agir en son nom dans le saint synode, mais que, n'approuvant pas sa conduite, il refusait, quant à lui, de se charger d'une pareille cause. Monseigneur le cardinal de Saint-Marc déclara qu'il ignorait la matière et qu'il n'acceptait pas non plus cette mission. A cela, Henri du Poirier répondit que la citation était personnelle et criminelle, que le pape ne devait pas être reçu par procureur, et qu'il était notoire que la citation avait été suffisamment portée à sa connaissance.

Il fut décidé en outre, à la requête des procureurs du concile, que le patriarche d'Antioche pour la nation française, l'archevêque de Gnezne pour la nation allemande, l'archevêque de Raguse pour la nation italienne, et l'évêque de Bath pour la nation anglaise, iraient avec eux aux portes de l'Église, et que là ils répéteraient trois fois à haute et intelligible voix : « Au nom du saint synode de Constance, « nous requérons le pape XXIII, ci-devant cité, et ses partisans,

« synodi Constanciensis, requirimus Johannem papam vicesi-
« mum tercium citatum et suos sequaces, ut, si sint hïc, veniant
« coram dicta synodo responsuri super citacione. » Sed redeuntes retulerunt neminem reperisse; et inde procuratores sibi fieri
publica instrumenta poposcerunt. Tenores vero citacionum,
utque eos fecisse debitum constaret, instrumenta inde facta in
valvis ecclesie et portis civitatis dicti procuratores affixerunt.

Prefatum autem consilium procedere ulterius contra dominum Johannem usque ad diem sequentem dignum duxit expectare, deputavitque et constituit quosdam commissarios ex quatuor nacionibus super propositis contra ipsum dominum
papam, quibus dedit potestatem testes recipiendi, citandi, et
compellandos, illosque examinandi per procuratores predictos
producendi super impositis criminibus ipsi domino pape et
notorietate eorumdem. Ad audiendas eciam causas appellacio-
num aliis ex quatuor nacionibus commisit; indeque facta fuerunt publica instrumenta.

CAPITULUM XXXII.

De sentencia lata super deposicione domini Johannis pape.

« Sacrosancta generalis synodus Constanciensis, Ecclesiam
catholicam representans, ad extirpacionem presentis scismatis
et reformacionem Ecclesie in capite et in membris faciendam,
in Spiritu Sancto legittime congregata, universis Christi fidelibus unionem ac pacem Ecclesie ac omne bonum.

« Pridem, post clandestinum recessum domini Johannis pape
vicesimi tercii ab hac civitate Constanciensi et hoc sacro generali consilio, unionis et pacis Ecclesie turbativum et impeditivum ipsamque Ecclesiam scandalizantem, per nonnullos car-

« de se présenter, s'ils sont ici, devant ledit synode pour répondre
« sur la citation. » Quand ils revinrent, ils déclarèrent qu'ils n'avaient
trouvé personne. Les procureurs demandèrent alors qu'il leur en fût
donné acte, et ils firent afficher aux portes de l'église et à celles de
la ville la teneur des citations et les instruments qui en avaient été
dressés, afin de constater qu'ils avaient fait leur devoir.

Le concile jugea à propos d'attendre jusqu'au lendemain pour procéder contre monseigneur Jean; il désigna et constitua des commissaires tirés des quatre nations pour les choses proposées contre ledit
seigneur pape, et leur donna pouvoir de recevoir, citer, interpeller
et examiner les témoins qui seraient produits par lesdits procureurs au
sujet des griefs imputés audit seigneur pape et de la notoriété d'iceux.
Il chargea d'autres commissaires, choisis aussi dans les quatre nations,
d'entendre les causes d'appel. Et il fut dressé de tout cela des instruments publics.

CHAPITRE XXXII.

Sentence de déposition portée contre monseigneur le pape Jean.

« Le très saint synode général de Constance, représentant l'Église
catholique, légitimement assemblé, au nom du Saint-Esprit, pour
l'extirpation du présent schisme et la réformation de l'Église dans
son chef et dans ses membres, à tous les fidèles, union et paix de
l'Église et toutes sortes de félicités.

« Naguère, après le départ clandestin de monseigneur le pape
Jean XXIII de cette ville de Constance et de ce sacré concile général,
départ qui trouble et empêche la paix et l'union et qui scandalise
l'Église, nous avons envoyé vers lui, de la part de ce sacré concile,
quelques cardinaux, prélats et autres nobles personnages, pour le

v.   86

dinales ac prelatos ac nobiles alios viros, ad eum ex parte hujus sacri consilii legatos transmissos, eumdem requiri et moneri mandavimus et fecimus cum debita instancia, quatinus ad hoc sacrum consilium et hanc civitatem Constanciensem rediret, ea que pertinebant ad extirpacionem presentis scismatis et reformacionem Ecclesie in capite et in membris impleturus et cum effectu facturus, sicut promiserat, voverat et juraverat, ac in suis litteris super convocacione dicti consilii concessis se facturum publicaverat. Et cum id facere nollet facto, non redeundo, et ad loca magis longinqua fugiendo accederet, fuimus per venerabiles viros magistrum Henricum de Piro, in decretis licenciatum, Johannem de Scribanis, de Placencia, causarum et negociorum hujus sacri consilii promotores et procuratores, instanter requisiti, quatinus ipsum dominum Johannem papam notorium symoniacum, notoriumque bonorum, rerum et jurium romane et aliarum ecclesiarum dilapidatorem, fautorem hujus pestiferi scismatis, et aliis criminibus gravibus Ecclesiam Dei scandalizantibus nedum infamatum, sed illis in scandalum Ecclesie notorie irretitum et incorrigibilem, qui, sicut premittitur, clandestine, hora suspecta, in habitu transformato, a dictis civitate et consilio generali fugit et recessit, gregem dominicum ut mercenarius deserens, heresiumque extirpacionem et generalem Ecclesie reformacionem, cui se submiserat, per dictum sacrum consilium in capite et in membris faciendam, evitare cupiens, ad redeundum et revertendum ad civitatem Constanciensem et hoc sacrum consilium debite compellere, et eum ad hoc eciam per edictum publicum, in valvis ecclesiarum et aliorum locorum, ut est moris, affigendum, citare et vocare personaliter, citacionemque super hoc in forma juris debita contra eum ac ejus fautores, recepta-

requérir et le presser, avec toutes les instances convenables, de revenir audit sacré concile, en la ville de Constance, afin d'accomplir et de réaliser ce qui était relatif à l'extirpation du présent schisme et à la réformation de l'Église dans son chef et dans ses membres, ainsi qu'il s'y était engagé par promesse, par vœu et par serment, et qu'il l'avait annoncé publiquement dans ses lettres de convocation dudit concile. Comme il s'y est refusé de fait en ne revenant pas, et en s'éloignant de plus en plus du concile, nous avons été requis par les vénérables personnages, maître Henri du Poirier, licencié en décrets, et maître Jean de Scribani, de Plaisance, promoteurs et procureurs des causes et affaires de ce sacré concile, de faire une sommation à monseigneur le pape Jean, notoirement simoniaque et dilapidateur des biens, des intérêts et des droits de l'Église romaine et des autres églises, fauteur de cet exécrable schisme, et non seulement accusé de beaucoup d'autres crimes graves qui scandalisent l'Église de Dieu, mais encore notoirement convaincu de ces crimes au grand scandale de ladite Église, et incorrigible dans sa conduite; car, comme on l'a dit plus haut, il s'est enfui furtivement, à une heure indue et sous un déguisement, de ladite ville et dudit concile général, et est parti, abandonnant comme un mercenaire le troupeau du Seigneur, afin d'éviter l'extirpation des hérésies et la réformation générale de l'Église qui devait être faite par ledit sacré concile dans son chef et dans ses membres, et à laquelle il s'était soumis; nous avons été requis de le sommer dûment de revenir à Constance et au sacré concile, de le citer et de l'appeler en personne par un édit public, qui serait affiché aux portes des églises et des autres lieux, selon l'usage, de décréter et de dresser une citation en forme à ce sujet contre lui et contre ses partisans, recéleurs et sectateurs, et de procéder d'ailleurs contre eux sur toutes ces choses, comme l'exigent les saints canons.

tores et sequaces decernere et concedere, et alias in et super premissis contra eos procedere dignaremur, prout requirunt canonice sanctiones.

« Ob quam causam, justicie debitum exequi volentes, ut tenemur, contra eumdem dominum papam vicesimum tercium et alios prefatos citacionem personalem decrevimus, ipsumque et alios predictos per edictum publicum in valvis ecclesiarum majoris et Sancti Stephani ac portis dicte civitatis affixum, necnon et per audienciam contradictoriam, ut est moris, ad comparendum coram nobis nona die ab execucione citacionis hujusmodi computanda, citari mandavimus et fecimus, visuros et audituros per nos ordinari, decerni et declarari dictum clandestinum recessum fuisse et esse Ecclesie sancte Dei dampnosum, scandalosum et opprobriosum, ac unionis et pacis Ecclesie turbativum et impeditivum, hujusque nephandissimi scismatis nutritivum et roborativum, heresisque et suspicionis fidei semitivum, et a bono unionis et pacis Ecclesie perfecte, promissionibusque, juramentis et votis per ipsum dominum Johannem papam super hoc factis, deviativum; testesque super notorietate dictorum criminum, ad finem procedendi contra eos super illis tanquam super notoriis, jurare visuros, causasqué, cur ipse dominus Johannes papa ab omni administracione papali, spirituali et temporali, ex nunc suspendi non debeat propter ipsius malam administracionem notorie symoniacam, bonorumque et jurium romane et aliarum ecclesiarum dilapidacionem notoriam, ejus facto culpabili contingentem, ac ipsius super premissis incorrigibilitatem manifestam, et alias in et super premissis et aliis Ecclesiam Dei notorie scandalizantibus, contra eum ad ejectionem a papatu seu ejectionis hujusmodi declaracionem, et alias per dictos promotores pro-

« C'est pourquoi, voulant remplir le devoir de justice, comme
nous y sommes tenus, nous avons décrété une citation personnelle
contre ledit seigneur pape Jean XXIII et les autres personnages susdits,
et avons fait citer ledit pape et les autres, par un édit public affiché
aux portes de la cathédrale et de l'église Saint-Étienne, ainsi qu'aux
portes de ladite ville, et par audience contradictoire, comme c'est
l'usage, à comparaître devant nous le neuvième jour à partir de l'exécution de ladite citation, pour voir et entendre ordonner, décréter
et déclarer par nous que ledit départ clandestin a été et est préjudiciable, scandaleux et injurieux pour la sainte Église de Dieu, qu'il
trouble et empêche l'union et la paix de l'Église, qu'il entretient et
fortifie cet exécrable schisme, qu'il propage l'hérésie et les doutes
sur la foi, qu'il est contraire enfin au bien de l'union et de la paix
parfaite de l'Église, ainsi qu'aux promesses, vœux et serments faits
à ce sujet par ledit seigneur pape; pour voir jurer les témoins sur la
notoriété desdits griefs, afin qu'il soit procédé contre eux sur ces
griefs comme notoires; pour entendre les motifs en vertu desquels
ledit seigneur Jean ne doit pas être suspendu dès à présent de l'exercice
de la papauté, tant au spirituel qu'au temporel, en raison de sa mauvaise administration notoirement simoniaque, de la dilapidation notoire des biens et droits de l'Église romaine et des autres églises,
provenant de son fait et par sa faute, enfin de son opiniâtreté incorrigible et manifeste sur toutes lesdites choses; pour répondre en droit
et en justice sur toutes les autres choses notoirement scandaleuses
pour l'Église de Dieu, qui ont été et qui seront exposées contre lui
par lesdits promoteurs à l'appui de sa déposition ou de la déclaration
d'icelle; pour procéder et voir procéder dans ladite cause; pour dire,
faire et entendre ce que de droit et de raison; enfin pour recevoir
justice complète sur toutes lesdites choses jusqu'à sentence définitive
inclusivement, comme il est mentionné plus au long dans nos autres,

positis et proponendis de jure et justicia responsuros, et alias in causa et causis et negocio hujusmodi processuros et procedi visuros, aliasque dicturos, facturos et audituros, ut juris fuerit et racionis, indeque justicie complementum super premissis usque ad diffinitivam sentenciam inclusive recepturos, sicut in aliis nostris inde confectis litteris et instrumentis, super earum exequcione inde receptis, lacius continetur.

« Et subsequenter, dicta die nona, que fuit dies decima tercia hujus mensis maii, coram nobis sessionem publicam in ecclesia majori dicte civitatis Constanciensis de mane celebrantibus comparuerunt predicti promotores, et contumaciam predicti domini Johannis pape citati personaliter, non comparentis, accusantes, in ejus contumaciam pecierunt illum ab omni administracione papali propter causas superius designatas suspendi, et alias contra illum juxta fines in litteris dicte citacionis comprehensos procedi. Nos, cum maturitate, mansuetudine et caritate in hac causa procedere intendentes, dictum dominum Johannem papam per quatuor presidentes quatuor nacionum hujus sancti generalis consilii, videlicet Johannem, patriarcham Antiochenum, Antonium, archiepiscopum Ragusinensem, Nicholaum, archiepiscopum Gneznensem, et Nicolaum, episcopum Bathoniensem, commissarios per nos ad hoc deputatos, in valvis dicte ecclesie majoris alta et intelligibili voce vocari et proclamari terna vice fecimus, ad cautelam prothonotariis sedis appostolice et aliis notariis publicis cum eisdem ad id rogatis ibidem una cum populi multitudine presentibus. Et tandem facta nobis ilico super hoc relacione per commissarios prefatos, quod dominus Johannes papa sic citatus, vocatus et proclamatus minime comparebat, adhuc ipsum, de benignitate Ecclesie solita, usque ad sessionem diei presentis, in dicta eccle-

lettres dressées à ce sujet, et dans les instruments délivrés sur l'exécution d'icelles.

« En suite de quoi, audit neuvième jour, qui était le 13 du présent mois de mai, par-devant nous, tenant le matin une session publique dans la cathédrale de ladite ville de Constance, ont comparu lesdits promoteurs, et après avoir accusé de contumace monseigneur le pape Jean, qui ne comparaissait pas quoique cité en personne, ils ont demandé qu'en raison de cette contumace, et pour les motifs ci-dessus désignés, il fût suspendu de tout exercice de la papauté, et que l'on procédât contre lui selon les conclusions contenues dans les lettres de ladite citation. Voulant procéder en cette affaire avec maturité, douceur et charité, nous avons fait appeler et citer monseigneur le pape Jean par trois fois, à haute et intelligible voix, aux portes de ladite cathédrale, par les quatre présidents des quatre nations de ce sacré concile général, savoir Jean, patriarche d'Antioche, Antoine, archevêque de Raguse, Nicolas, archevêque de Gnezne, et Nicolas, évêque de Bath, commissaires par nous députés à cet effet, en présence des protonotaires du saint-siége apostolique et des autres notaires publics convoqués exprès, et d'une foule immense de peuple. Lesdits commissaires nous ayant rapporté aussitôt que monseigneur le pape Jean, ainsi appelé, cité et sommé, ne comparaissait pas, nous avons cru devoir, par cet esprit de bonté ordinaire à l'Église, l'attendre encore jusqu'à la session du présent jour, qui devait avoir lieu dans ladite cathédrale, ainsi que cela est contenu plus au long dans la procédure de ladite affaire et dans les actes qui en ont été délivrés.

sia majori per nos celebrandam, expectandum decrevimus, sicut in processu dicte cause et instrumentis inde receptis lacius noscitur contineri.

« Cum autem postea hac die presenti, que est decima quarta hujus mensis maii, comparuerint coram nobis dicti procuratores, petentes per nos pronunciari, decerni et declarari eumdem dominum Johannem papam, propter ejus malam administracionem notorie symoniacam, bonorumque et jurium romane et aliarum ecclesiarum dilapidacionem notoriam, facto et culpa ipsius domini Johannis pape contingentem, Deique Ecclesiam scandalizantem, ab omni administracione papali, spirituali et temporali, ante omnia suspendi, et ulterius crimina prefata, contra eum per dictos promotores proposita, fuisse et esse notoria, et in illis tanquam super notoriis contra eum fore procedendum, eciam per nos pronunciari, decerni et declarari, et alias contra eum procedi, ut juris est et alias petitum fuit, nos debitum exequi justicie, et indempnitati Ecclesie ac periculis animarum, quantum cum Deo possumus, obviare volentes, prefatum dominum Johannem papam ex superhabundanti iterato in valvis dicte ecclesie alta et intelligibili voce ter vocari et proclamari fecimus per Florentinum et de Comitibus cardinalem et alios commissarios prelibatos, ut est moris. Et deinde facta nobis relacione per eos, quod non comparebat, decernentes eum fore contumacem ad nostram ordinacionem, super premissis hinc inde propositis et petitis procedendum duximus in hunc modum :

« In nomine sancte et individue Trinitatis, Patris et Filii et « Spiritus Sancti, amen!

« Quia nobis legittime constat dominum Johannem papam « vicesimum tercium, a tempore quo fuit assumptus ad papa-

« Or, comme en ce présent jour, qui est le 14 mai, lesdits procureurs ont comparu par-devant nous, pour nous requérir de prononcer, décréter et déclarer que monseigneur le pape Jean est avant toutes choses suspendu de l'exercice de la papauté, tant au spirituel qu'au temporel, en raison de sa mauvaise administration notoirement simoniaque, et de la dilapidation notoire des biens et droits de l'Église romaine et des autres églises, provenant de son fait et par sa faute, et scandalisant l'Église de Dieu ; et en outre de prononcer, décréter et déclarer que lesdits griefs à lui imputés par lesdits promoteurs ont été et sont notoires, et qu'il faut procéder contre lui sur ces griefs comme sur choses notoires ; en un mot de procéder contre lui selon qu'il est juste et qu'on l'a requis d'ailleurs, nous, voulant remplir le devoir de justice, et obvier, autant que nous le pouvons avec l'aide de Dieu, aux maux de l'Église et aux périls des âmes, nous avons fait citer derechef et appeler surabondamment, à haute et intelligible voix, aux portes de ladite église, monseigneur ledit pape Jean, par les cardinaux de Florence et de Conti, et les autres commissaires susmentionnés, ainsi qu'il est d'usage. Puis ceux-ci nous ayant rapporté qu'il ne comparaissait pas, nous l'avons déclaré contumace de notre ordonnance, et avons procédé sur les susdites choses exposées et requises de part et d'autre, en la forme suivante :

« Au nom de la sainte et indivisible Trinité, du Père, du Fils et du « Saint-Esprit, ainsi soit-il !

« Comme il est légitimement constant pour nous que monseigneur « le pape Jean XXIII, depuis le moment de son exaltation jusqu'à ce

« tum usque nunc, papatum ipsum et policiam Ecclesie in scan-
« dalum notorium ipsius Ecclesie male administrasse, rexisse
« et gubernasse, vitaque sua dampnabili ejusque nephandis
« moribus populis exemplum male vite prebuisse et prebere,
« et insuper ecclesias cathedrales, monasteria, prioratus con-
« ventuales et cetera beneficia ecclesiastica precio appreciato
« symoniace notorie distribuisse, bonaque et jura romane et
« aliarum plurium ecclesiarum notorie dilapidasse, quodque
« caritative monitus a premissis desistere noluit, sed continue
« perseveravit et perseverat Ecclesiam Dei in premissis notorie
« scandalizando; ea propter per hanc nostram sentenciam
« pronunciamus, decernimus et declaramus dictum dominum
« Johannem papam ab omni administracione papali, spirituali
« et temporali, ex causis premissis fore suspendendum, et sus-
« pendimus, eique administracionem ipsam interdicimus in hiis
« scriptis, criminaque premissa, contra eum super mala admi-
« nistracione, symoniaca, et dilapidacione notoria, ac ejus mala
« vita Ecclesiam ipsam scandalizante, ut premittitur, proposita,
« notoria existere, ac de et super eis, tanquam de et super
« notoriis, procedendum fore et procedi debere, ad finem ei-
« ciendi eum a papatu, prout juris fuerit, declaramus.

« Quocirca vos et vestrum quemlibet in Domino exhorta-
« mur, vobisque et vestrum cuilibet, in virtute sancte obedien-
« cie et sub pena fautorie dicti scismatis, tenore presencium
« districte inhibemus ne vos seu aliquis vestrum, cujuscunque
« condicionis, status seu dignitatis, eciam si regalis, cardinalis,
« patriarchalis, archiepiscopalis, episcopalis, seu alterius cujus-
« cunque, ecclesiasticus vel secularis existat, dicto domino
« Johanni pape, ab omni administracione papali per nos, ut
« premittitur, juste suspenso, contra dictam nostram suspen-

« jour, a mal administré, régi et dirigé la papauté et le gouvernement
« de l'Église, au scandale notoire de ladite Église ; qu'il a donné et
« donne encore aux peuples un exemple de mauvaise vie par sa con-
« duite damnable et par ses mœurs dépravées ; qu'il a distribué notoi-
« rement à prix d'argent et par simonie les églises cathédrales, les
« monastères, les prieurés conventuels et autres bénéfices ecclésias-
« tiques ; qu'il a notoirement dilapidé les biens et droits de l'Église
« romaine et de plusieurs autres églises ; que, malgré de charitables
« avertissements, il a refusé de s'amender, qu'il a au contraire per-
« sisté et qu'il persiste à scandaliser notoirement l'Église de Dieu dans
« lesdites choses, nous prononçons, décrétons et déclarons par notre
« présente sentence que monseigneur le pape Jean doit être, pour ces
« causes, suspendu de toute administration spirituelle et temporelle
« de la papauté, le suspendons dès à présent et lui interdisons par cet
« écrit ladite administration ; déclarons que les griefs susdits, à lui
« imputés touchant sa mauvaise administration, sa simonie, ses dila-
« pidations notoires et sa mauvaise conduite, qui, comme il est dit
« plus haut, scandalise l'Église entière, sont notoires, et qu'il doit
« être et sera procédé sur ces griefs comme sur choses notoires, à
« l'effet de le dépouiller de la papauté, selon qu'il sera juste.

« C'est pourquoi nous vous exhortons, tous et chacun de vous, en
« notre Seigneur, et vous invitons formellement vous et chacun de
« vous, par la teneur des présentes, en vertu de la sainte obédience,
« et sous peine d'être tenus pour fauteurs dudit schisme, quels que
« soient votre condition, votre état, votre rang, fussiez-vous roi,
« cardinal, patriarche, archevêque, évêque ou dignitaire quelconque,
« ecclésiastique ou séculier, à ne plus prêter désormais, directement
« ou indirectement, audit seigneur pape Jean, justement suspendu par
« nous, comme il a été dit, de toute administration de la papauté,
« obéissance, soumission ni respect, contrairement à notredite sentence

« sionis hujusmodi sentenciam, de cetero directe vel indirecte
« obediat, pareat, intendat, aut de bonis, rebus, juribus seu
« aliis emolumentis, romane Ecclesie ex quacunque causa
« debitis et ad eum ac papatum pertinentibus et spectantibus
« quovismodo, respondeat ; decernentes ex nunc contra fa-
« cientes scienter contrarium, tanquam contra fautores dicti
« scismatis ejusdemque domini Johannis pape fautores et sequa-
« ces, ac secundum penas juris et alias, ut fuerit racionis, aucto-
« ritate hujus sancte synodi fore procedendum ; necnon irritum
« et inane quidquid a quoquam, quavis auctoritate, scienter
« vel ignoranter, in contrarium contingeret attemptari.

« Datum Constancie, provincie Maguntinensis, sub sigillis
« propriis presidencium quatuor nacionum hujus sacri consilii,
« in sessione publica, in ecclesia majori sollempniter celebrata,
« die Martis decima quarta mensis maii, anno Domini mil-
« lesimo quadringentesimo decimo quinto, indictione octava,
« pontificatus prefati domini Johannis pape vicesimi tercii
« anno quinto. »

CAPITULUM XXXIII.

De constitutis post latam sentenciam a sacra synodo.

« Constituit et decernit ultra hoc sacra synodus quod, si contingat sedem appostolicam quovismodo vacare, in prima illius
vacacione ad electionem futuri summi pontificis nullo modo
procedatur sine deliberacione et consensu hujus sacri consilii ;
et si contrarium fieret, illud sit ipso facto, auctoritate dicti
sacri consilii, irritum et inane, nullusque electum contra hoc
decretum in papam recipiat, nec illi ut pape quovismodo
adhereat vel obediat sub pena fautorie dicti scismatis et male-

« de suspension, et à ne plus lui répondre des biens, possessions,
« droits ou autres émoluments dus à l'Église romaine, à quelque
« titre que ce soit, lui appartenant ou le regardant de façon ou
« d'autre en tant que pape; décrétons dès à présent qu'il sera procédé,
« au nom de ce saint synode, contre ceux qui feront sciemment le
« contraire, comme fauteurs dudit schisme, partisans et adhérents de
« monseigneur le pape Jean, selon les peines de droit et autres, ainsi
« qu'il sera juste; et que tout ce qui pourrait être tenté à l'encontre
« sciemment ou par ignorance, à quelque titre que ce soit, sera nul
« et de nul effet.

« Donné à Constance, en la province de Mayence, sous les sceaux
« particuliers des présidents des quatre nations de ce sacré concile,
« dans la session publique tenue solennellement en la cathédrale,
« le mardi 14 mai, l'an du Seigneur mil quatre cent quinze, indic-
« tion huitième, la cinquième année du pontificat dudit seigneur pape
« Jean XXIII. »

CHAPITRE XXXIII.

Des statuts faits par le saint synode après la sentence de déposition.

« Le saint synode ordonne, règle et décrète en outre que, s'il arrivait que le saint-siége apostolique devînt vacant de quelque façon
que ce fût, il ne sera aucunement procédé, pour la première vacance,
à l'élection d'un nouveau souverain pontife sans l'intervention et le
consentement de ce sacré concile. Si le contraire avait lieu, l'élection sera par le fait même, au nom dudit sacré concile, nulle et de
nul effet, et personne ne reconnaîtra pour pape celui qui aura été élu
contrairement à ce décret, et ne lui obéira ou adhérera en aucune
façon comme au pape, sous peine d'être tenu pour fauteur dudit

dictionis eterne ; punianturque hoc casu eligentes et electus, si consenciat, ac illi adherentes penis per hoc sacrum consilium ordinandis. Suspenditque dicta sancta synodus pro bono unionis Ecclesie omnia jura positiva, eciam in consiliis generalibus edita, et ipsorum statuta, ordinaciones, consuetudinesque, et privilegia quibuscunque concessa, et penas contra quoscunque editas, in quantum effectum dicti decreti impedire possent quoquomodo.

« Iterum sancta synodus amovet, privat et deponit dominum Johannem papam tanquam indignum, inutilem et dampnosum, et propter crimina dicta, a papatu et omni ejus administracione, spirituali et temporali, universos et singulos christicolas, cujuscunque status, dignitatis vel condicionis existant, ab ejus obediencia, fidelitate et juramentis absolutos declarando, inhibendo insuper universis Christifidelibus ne eumdem a papatu sic depositum in papam recipiant, seu eum papam nominent, aut illi tanquam pape adhereant, seu quoquomodo obediant. Et nichilominus ex certa sciencia et de plenitudine potestatis supplet dicta sancta synodus omnes et singulos defectus, si qui forsan in premissis vel aliquo premissorum intervenerint. Eumque ad standum et morandum in aliquo bono loco et honesto, sub custodia tuta serenissimi principis domini Sigismundi, Romanorum et Hungarie regis, universalis Ecclesie advocati et defensoris devotissimi, nomine dicti generalis consilii, quamdiu dicto sacro generali consilio pro bono unionis Ecclesie Dei videbitur condempnandum fore, et eadem sentencia condempnat. Alias vero penas, que pro dictis criminibus et excessibus inferri deberent juxta canonicas sanctiones, dictum consilium arbitrio suo reservat declarandas et infligendas, secundum quod rigor justicie vel misericordie racio suadebit.

schisme et d'encourir la malédiction éternelle. Dans ce cas, ceux qui l'auraient élu et l'élu lui-même, s'il y consent, ainsi que ses adhérents, seront punis des peines que le sacré concile ordonnera. Et ledit saint synode suspend, dans l'intérêt de l'union de l'Église, tous les droits positifs, même ceux qui ont été établis dans les conciles généraux, ainsi que leurs statuts, ordonnances, coutumes et priviléges quelconques, et les peines portées contre qui que ce soit, en tant qu'il pourrait en résulter quelque empêchement à l'effet dudit décret.

« *Item*, le saint synode dépose monseigneur le pape Jean, comme indigne, inutile et dangereux, à cause des griefs susdits, et le prive et destitue de la papauté et de toute administration spirituelle et temporelle de ladite papauté, déclarant tous les chrétiens et chacun d'eux, de quelque état, rang ou condition qu'ils soient, déliés de toute obéissance, fidélité et serment envers lui, défendant en outre à tous les chrétiens de tenir pour pape ledit Jean ainsi déposé, de lui donner ce titre, ou de lui adhérer ou obéir en aucune façon comme au pape. Et néanmoins ledit saint synode supplée de science certaine et par la plénitude de son pouvoir à tous et chacun des défauts qui pourraient se rencontrer dans les choses susmentionnées ou dans l'une d'elles. Il condamne ledit Jean, au nom du concile général et par la même sentence, à rester et demeurer en un lieu sûr et convenable, sous la garde du sérénissime prince, monseigneur Sigismond, roi des Romains et de Hongrie, avoué et défenseur très zélé de l'Église universelle, tant que ledit sacré concile général le jugera nécessaire au bien de l'union de l'Église de Dieu. Quant aux autres peines qui devraient, selon les saints canons, lui être infligées pour lesdits crimes et excès, ledit concile se réserve de les prononcer et infliger à son gré, suivant que la rigueur de la justice ou les motifs de miséricorde l'exigeront.

« Item, statuit sancta synodus et decernit pro bono unionis Ecclesie Dei, quod nullo unquam tempore eligantur in papam dominus Balthazar, dictus Cosse, nuper Johannes papa vicesimus tercius, nec Petrus de Luna, Benedictus decimus tercius, nec Angelus Corrario, Gregorius duodecimus, in suis obedienciis sic nominati. Et si contrarium fieret, id sit ipso facto irritum et inane, nullusque, cujuscunque dignitatis et preeminencie, eciam si imperiali, regali, cardinalatus, vel pontificali dignitate prefulgeat, eis vel eorum alteri contra hoc decretum ullo unquam tempore obediat seu adhereat sub pena fautorie dicti scismatis et maledictionis eterne; ad quas contra presumptores, si qui in posterum fuerint, eciam cum invocacione brachii secularis et alias rigide procedatur.

« Item, decrevit sancta synodus quod quatuor generales judices deputati debeant vocare prelatos absentes ad synodum et punire non venientes, prout de jure et secundum Deum videbitur expedire. »

CAPITULUM XXXIV.

De nunciis regi missis a consilio generali.

Statuit et sancta synodus terrenis principibus intimandum que gesta fuerant, et precipue illustri regi Francie, viris facundia claris, strenuis in agendis et eminentis sciencie, episcopis Carcassone et Ebroycensi, venerabili religioso sancti Dyonisii Benedicto Genciani, magistro in theologia, et magistro Jacobo de Partibus phisico, nunciis Universitatis Parisiensis, legacionem committens. Sed cum eam suscepissent gratanter peragendam, mox ut ducatum Barensem attingerunt, a quodam familiari ducis Burgundie, Henrico de Turre nuncupato, ex insidiis

« *Item*, le saint synode arrête et décrète, dans l'intérêt de l'union de l'Église de Dieu, qu'on ne choisira jamais pour pape monseigneur Balthazar Cossa, naguère appelé dans son obédience le pape Jean XXIII, ni Pierre de Luna, auparavant nommé Benoît XIII, ni Ange Corrario, ci-devant Grégoire XII. Si le contraire avait lieu, l'élection sera par le fait même nulle et de nulle valeur, et personne, quels que soient son rang et sa dignité, empereur, roi, cardinal ou prélat, ne devra jamais leur obéir ou adhérer contrairement à ce décret, sous peine d'être tenu pour fauteur dudit schisme et d'encourir la malédiction éternelle. Et il sera procédé rigoureusement contre les infracteurs, s'il s'en trouvait à l'avenir, par toutes sortes de voies et même avec l'aide du bras séculier.

« *Item*, le saint synode décrète que quatre juges généraux, désignés à cet effet, devront convoquer au synode les prélats absents, et punir ceux qui ne viendraient pas, comme de droit et suivant qu'ils le jugeront à propos selon Dieu. »

CHAPITRE XXXIV.

Ambassadeurs envoyés au roi par le concile général.

Le saint synode résolut aussi de notifier ce qui avait été fait à tous les souverains, et particulièrement à l'illustre roi de France. Il choisit à cet effet des personnages renommés pour leur éloquence, leur fermeté et leur savoir : les évêques de Carcassonne et d'Évreux, le vénérable religieux de Saint-Denys, Benoît Gentien, docteur en théologie, et maître Jacques de Spars, docteur en médecine, ambassadeurs de l'Université de Paris, qui se chargèrent volontiers de cette mission. Mais comme ils arrivaient dans le duché de Bar, le 8 juin, ils furent arrêtés par un familier du duc de Bourgogne, nommé Henri de la Tour, qui s'était mis en embuscade sur leur passage avec

cum sodalibus erumpente, octava die junii apprehensi sunt, ad
castrum fortissimum directi et carceribus mancipati, peccuniis
et cunctis mobilibus spoliati fuerunt. Majorem quoque jacturam
in corporibus et bonis eisdem intulisset, nisi excessivum scelus
duci Barensi protinus intimassent. Nam tunc in favorem illustris
regis Francie, dilecti sui consobrini, odiumque ducis Burgundie, nuncium ad predonem predictum destinavit, precipiens
ut nuncios liberaret aut eum capite plecti faceret cum suis consodalibus, tanquam pessimum proditorem. Die eciam sequenti,
ut promissum effectui manciparet, manu collecta, ad oppidum
magnis itineribus contendit. At ubi predones comperit timore
perterritos aufugisse, nuncios absolvit, refecit dapsiliter aliquantis diebus, omnibusque vale dicens equos et peccunias
sufficienter ministravit.

Sic liberati nuncii et Parisius redeuntes, quamvis legacionem
injunctam coram rege, domino duce Guienne aliisque Francie
principibus luculenter et ordinate peregerint, ipsam tamen, ut
publice ferebatur, non gratis auribus audierunt, quia ad destitucionem Johannis pape processerant, eorum non requisito
assensu.

Quod ex radice predicta eorum indignacio procedebat,
decima tercia die hujus mensis rectori Universitatis venerande
et secum associatis magistris patuit evidenter, ut ad domum
Lupare accedentes per facundissimum magistrum Johannem de
Castellione ipsis supplicaverunt humiliter, ut regnicolis talliis
importabilibus oppressis benignissime parcentes, ipsas in parte
aliqua diminuere placeret. Nam dux Guienne inquirens qui
eos ad id incitaverant petendum, proponensque respondisset
non consuetudinis esse tales nominare, adderentque ceteri
quod collacionem factam habebant scriptis redactam, et super

quelques uns de ses gens. On les conduisit dans un château fort, où ils furent retenus prisonniers et dépouillés de leur argent et de tout ce qu'ils avaient sur eux. Ils auraient été plus maltraités encore dans leurs personnes et dans leurs biens, s'ils n'avaient aussitôt donné avis au duc de Bar de cet odieux attentat. Ce prince s'empressa, par égard pour l'illustre roi de France, son bien-aimé cousin, et en haine du duc de Bourgogne, d'envoyer un message à ce brigand, pour lui enjoindre de relâcher ses prisonniers, sous peine d'être mis à mort lui et ses compagnons comme traîtres infâmes. Voulant joindre l'effet aux menaces, il partit le lendemain à la tête d'un corps nombreux, et marcha en toute hâte sur le château fort. Les brigands effrayés avaient pris la fuite. Il mit en liberté les ambassadeurs, leur fit bonne chère pendant quelques jours, et les congédia ensuite avec les chevaux et l'argent dont ils avaient besoin.

Les ambassadeurs, ainsi délivrés, se rendirent à Paris, et exposèrent l'objet de leur mission en présence du roi, de monseigneur le duc de Guienne et des autres princes de France. Mais quoiqu'ils eussent mis dans leur récit beaucoup d'habileté et de talent, ils furent accueillis, dit-on, avec peu de faveur, parce qu'on trouva mauvais que le concile eût prononcé la déposition du pape Jean, sans avoir requis l'assentiment des princes.

Le recteur de la vénérable Université et les professeurs qui étaient en sa compagnie acquirent la certitude que c'était là le véritable motif de ce mécontentement, lorsque, le 13 du même mois, ils se présentèrent au château du Louvre, pour demander humblement par l'organe de l'éloquent docteur Jean de Châtillon, qu'on eût pitié du pauvre peuple écrasé sous le poids des tailles, et qu'on daignât diminuer une partie de l'impôt. Le duc de Guienne voulut savoir qui les avait engagés à faire cette démarche. L'orateur ayant répondu qu'il était d'usage de ne nommer personne, et les autres ajoutant qu'ils avaient rédigé par écrit cette requête, et qu'ils étaient disposés à en délibérer de nouveau, le duc fit enfermer et retenir ledit orateur

hoc alias deliberarent libenter, mox oratorem in quadam camera clausa dux precepit detineri, donec consulti sufficienter redirent. Tandem tamen paucis feriis exactis, cum prefatum magistrum instantissime poscerent liberari, dux iteratis vicibus respondit : « Et id solum amore Christi, non vestri, et intuitu « pietatis concedimus; nam alias voluistis promovere multa que « statum et ordinem vestrum non decebant; unde regnum damp- « num multum sustinuit et gravamen. Quis ad tante temerita- « tis vos inducit audaciam, ut sine assensu nostro papam desti- « tueritis? Sic forsitan elaborare possetis ad expulsionem domini « mei regis vel principum; quod nos certe minime paciemur. »

Hac autem responsione quanivis non bene contenti, nolentes tamen ipsum ad iracundiam provocare, eidem vale dicto, cum rectore magistri alii ad propria redierunt.

CAPITULUM XXXV. [*]

Jugi autem perseverancia illustris rex Romanorum Sigismundus continuando jam agressa, et ut inveteratum scisma Ecclesie evelleretur radicitus, idque impossibile credens, nisi post ejectionem Johannis a papatu et Gregorii renunciacionem liberam dominus Petrus de Luna pretenso eciam papatui libere resignaret, mentis obstinacionem hucusque semper ostensam deponendo, eumdem adire personaliter decrevit, ut ante ordinaverat consilium generale. Dominis quoque ibidem remanentibus amicabiliter vale dicto, cum supplicasset ut unanimiter caritatem servantes in pacis vinculo ejus prestolarentur reditum, circa finem mensis jullii sequentis iter arripuit, multorum principum summe auctoritatis ac venerabilium virorum com-

[*] Le titre de ce chapitre manque dans le manuscrit.

dans une chambre, jusqu'à ce qu'ils revinssent avec un avis suffisamment mûri. Ce ne fut qu'au bout de quelques jours que le duc, sur leurs vives instances, consentit à rendre la liberté audit docteur, en leur répétant à plusieurs reprises : « C'est pour l'amour de Dieu et « par pitié, mais non à votre considération, que nous accordons ce « que vous demandez ; car vous avez voulu vous mêler de choses qui « étaient au-dessus de votre pouvoir et de votre rang, et il en est « résulté beaucoup de dommage et de préjudice pour le royaume. « Qui vous a inspiré assez d'audace et de présomption pour déposer « le pape sans notre assentiment? Vous pourriez, à ce compte, tra-« vailler aussi à l'expulsion de monseigneur le roi ou des princes ; « ce que nous ne souffrirons certainement pas. »

Cette réponse n'était pas de nature à contenter le recteur et les professeurs ; mais ne voulant pas irriter le duc davantage, ils prirent congé de lui, et retournèrent chez eux.

CHAPITRE XXXV.

. . . .

Cependant l'illustre roi des Romains Sigismond, poursuivant avec persévérance la tâche qu'il avait entreprise, et sentant bien qu'on ne pourrait entièrement déraciner le schisme invétéré de l'Église, après la déposition du pape Jean et la libre renonciation de Grégoire, que si monseigneur Pierre de Luna cessait de montrer la même obstination, et renonçait librement aussi à sa prétendue papauté, résolut de l'aller trouver en personne, conformément à ce qui avait été décidé précédemment par le concile général. Il prit donc gracieusement congé de messeigneurs les membres de ladite assemblée, en leur recommandant de rester unis et d'attendre en paix son retour, et se mit en route vers la fin du mois de juillet, accompagné d'un nombreux cortége de princes et de personnages considérables. Il sortit avec eux de l'Allemagne, traversa les frontières du royaume de France, et arriva à Perpignan, où ledit Pierre de Luna tenait

municatus; quos, relicta Alemania, finesque regni Francie pertransiens, Perpenianum perduxit, ubi tunc prefatus Petrus de
Luna tenebat curiam suam papalem, scilicet in dominio illustris
regis Arragonum Ferdinandi.

Quamvis langore nimio, et, medicorum judicio, insanabili
rex ipse tunc premeretur, et quasi jam portas mortis videretur
propinquare, adventum tamen imperatoris honore multiplici
cupiens prevenire, ducem Gerunde, suum primogenitum, cum
illustribus patrie sibi occurrere jussit; quibus in mandatis dedit
ut, humili recommendacione premissa, urbium et civitatum
Arragonie introitum sibi et suis offerrent pacificum et queque
in ipsis placita reperirent. Non sine inestimabilis valoris jocalibus, que variarum gemmarum venustabat impressio, et eorum
venustabant auri substanciam hinc inde appositi locis pluribus
uniones, id statuit peragendum. Insuper ipsius Deo dilecti
imperatoris dulcia et consolatoria verba gratantissime audire
cupiens, de Valencia mari se committens et subsidio navis
Perpenianum petens, ipsum, quamvis lecto decumberet, cum
affatu humili honoravit, successivisque feriis legatos Constanciensis generalis consilii, qui auctoritate ejus litteras [1] circa
unionem Ecclesie hunc tenorem continentes :

« Miseracione divina episcopi, presbiteri, et dyaconi cardi-
« nales, patriarche, archiepiscopi, episcopi, prelati et ceteri
« in Constancia, provincie Maguntinensis, in Christi nomine
« congregati, illustri principi Ferdinando, Dei gracia Arra-
« gonum et Sicilie regi, salutem et ecclesiasticam unionem
« feliciter intueri.

« Quanquam misericordie Domini neque mensuram ponere,
« neque ejusdem tempora diffinire possumus, in dies attamen

---

[1] Il faut sous-entendre ici un mot tel que *obtulerunt*.

alors sa cour pontificale, dans les domaines de l'illustre roi d'Aragon Ferdinand.

Ce prince était alors atteint d'une maladie de langueur, que les médecins avaient déclarée incurable, et touchait presque aux portes du tombeau. Néanmoins il voulut recevoir l'empereur avec tous les honneurs qui lui étaient dus. Il envoya à sa rencontre son fils aîné, le duc de Girone, avec les principaux seigneurs du pays, en leur recommandant de présenter ses humbles hommages à l'empereur, de lui offrir un libre passage par les villes et cités de l'Aragon, et de mettre à sa disposition tout ce qui serait à sa convenance. Il les chargea aussi de lui faire accepter des joyaux d'or d'une valeur inestimable, rehaussés par des incrustations de pierres précieuses, et une grande quantité de diamants. Désirant même vivement avoir une entrevue avec ce sage et pieux empereur, et avoir la consolation de s'entretenir avec lui, il s'embarqua à Valence, et se rendit par mer à Perpignan. Quoique obligé de garder le lit, il ne laissa pas de lui rendre les hommages les plus respectueux. Les jours suivants, il reçut les ambassadeurs du concile général de Constance, qui lui remirent, au nom de ladite assemblée, une lettre relative à l'union de l'Église universelle, dont la teneur suit :

« Nous, par la miséricorde divine, cardinaux évêques, prêtres et « diacres, patriarches, archevêques, évêques, prélats et autres, « assemblés à Constance, dans la province de Mayence, au nom de « Jésus-Christ, à l'illustre prince Ferdinand, par la grâce de Dieu roi « d'Aragon et de Sicile, salut, et puisse-t-il voir d'un œil favorable « l'union de l'Église !

« Bien que nous ne puissions mettre de bornes ni fixer d'époque à « la miséricorde du Seigneur, nous acquérons chaque jour de plus en « plus la certitude qu'il ne châtie et ne flagelle ceux qu'il aime qu'afin

« quos diligit castigans, compertum habemus, flagellat, ut in
« temptacione proventum faciat, et probatos ampliori retribu-
« cione prosequatur. Ipso siquidem permittente, a triginta et
« octo annis et amplius populus ejusdem peculiaris, qui chris-
« tiano nomine gloriamur, afflicti fuimus pestifero et execra-
« bili scismate presenti, cujus occasione ommium pene vivendi
« modorum status confectus est. Ut cessaret angelus percuciens
« Altissimum exoravimus, et indefesse ad id sudores nostros et
« animos aptavimus. Propicietur populo suo misericors et
« miserator Dominus deprecamur, et secundum altitudinem
« celi et terre corroboret misericordiam suam super timentes
« se. Unde, quanquam varios perpessi fuerimus pro pace Eccle-
« sie consequenda labores, et per anni circulum et ultra circa
« hec vacaverimus, nundum venit dies Domini, in qua pace
« frui optamus; verum appropinquat, speramus in ejus auc-
« tore, quia arras ipsius reperimus. Nam dominus, qui Gre-
« gorius duodecimus in sua obediencia dicebatur, sua sponte
« cessit; sic et dominus Johannes, qui vicesimus tercius dice-
« batur, facere voluit atque fecit. Ut autem idem faceret
« dominus Petrus de Luna, qui Benedictus decimus tercius in
« sua obediencia nominatur, legatos et nuncios nostros sere-
« nitatem vestram et ipsum cum christianissimo Romanorum
« rege venerabiles et reverendos patres ac doctissimos viros,
« archiepiscopum Turonensem ac ceteros legatos et collegas
« destinaveramus. Qui quidem dominus Petrus admonitus,
« rogatus, exhortatus et requisitus humiliter, apte, debite et
« juridice cessionem, per ipsum jure divino pariter et humano
« ac alias multipliciter debitam, facere voluit, sed hucusque
« distulit ac differt, in tocius Ecclesie scandalum ac populi
« christiani jacturam et anime sue detrimentum. Quam quidem

« de les éprouver par la tentation , et de les récompenser plus large-
« ment après cette épreuve. C'est ainsi qu'il a permis que depuis plus
« de trente-huit ans, nous, son peuple de prédilection, qui nous
« glorifions du nom de chrétiens, nous ayons été affligés de cet exé-
« crable schisme, qui a détruit toute discipline et corrompu les
« mœurs. Nous avons conjuré le Seigneur de suspendre les coups
« de l'ange exterminateur, et nous y avons employé sans relâche nos
« soins et notre zèle. Nous supplions le Dieu de miséricorde et de clé-
« mence d'avoir pitié de son peuple et d'être aussi propice à ceux qui
« le craignent que le ciel est élevé au-dessus de la terre. Mais quoique
« nous ayons fait bien des efforts pour rétablir la paix dans l'Église,
« et que nous y ayons travaillé pendant plus d'une année, le jour n'est
« pas encore venu pour nous de jouir de cette paix tant souhaitée ; il
« approche néanmoins, nous l'espérons, parce que nous en avons
« déjà des gages. En effet, le seigneur, que l'on appelait Grégoire XII
« dans son obédience, a renoncé de lui-même à ses droits ; celui que
« nous appelions Jean XXIII a voulu en faire autant et l'a fait. Pour
« obtenir que monseigneur Pierre de Luna, qu'on nomme Be-
« noît XIII dans son obédience, imitât cet exemple, nous avions, de
« concert avec le très chrétien roi des Romains, envoyé vers lui et vers
« votre sérénité, comme nos députés et ambassadeurs, les vénérables
« et révérends pères et très doctes personnages, l'archevêque de Tours
« et autres ambassadeurs, ses collègues. Ledit seigneur Pierre de Luna
« humblement averti, prié, conseillé et requis de faire convenable-
« ment, dûment et juridiquement la cession à laquelle il était dou-
« blement tenu par le droit divin et le droit humain, et pour d'autres
« causes encore, y a consenti ; mais il a différé jusqu'à présent et diffère
« encore, au grand scandale de toute l'Église, au préjudice du peuple
« chrétien et au détriment de son âme. Vous l'avez requis plusieurs
« fois, vous ainsi que les princes et les cités les plus notables de son
« obédience, de faire ladite cession. En conséquence, nous nous
« sommes efforcés et nous efforçons, autant qu'il est en nous, comme
« des fils pieux qui compatissent aux maux de leur mère, d'obtenir
« ladite paix, et de gagner à cette cause les cœurs des hommes ver-

« cessionem ut faceret per vos fuit dictus Petrus pluries requi-
« situs, et per principes et communitates notabiles obediencie
« sue. Idcirco, ut filii pii matri sue compacientes, enitimur et,
« quantum in nobis est, enisi fuimus pacem predictam obtinere
« et animos virtuosorum virorum ad hoc allicere, quatinus in
« illo, qui est verus Ecclesie sponsus, congregati una simul
« matrem Ecclesiam divisam uniamus et indecencia quelibet,
« que dicti scismatis occasione pullularunt, tollamus et de me-
« dio auferamus.

« Hinc serenitatem vestram obsecramus per viscera miseri-
« cordie Dei nostri, per aspersionem sui preciosissimi sanguinis,
« per precium redempcionis nostre, exoramus, requirimus et
« monemus, quatinus ob Dei reverenciam ad tractandum super
« infra scriptis una nobiscum veniatis, et subditos vestros,
« qui possunt et debent consiliis generalibus interesse, quos
« una vobiscum convocamus, moneatis, inducatis, et eosdem,
« auctoritate a Deo vobis tradita, qua potestatis culmina
« intra Ecclesiam principatus proprii decore tenetis, et de
« eadem Domino redditurus estis racionem juxta dispensa-
« cionis vobis credite modum, convocetis, ut certa die in
« Constancia compareant ob scisma cedendum, unionem Eccle-
« sie procurandum, dejectionem ipsius Petri effectualiter
« faciendam, et ad electionem Romani futuri pontificis proce-
« dendum, et pro aliis causis et racionibus, que ad generale
« consilium de jure pertinent et spectant. Per hoc enim popu-
« lum, quem Christus suo sanguine precioso acquisivit, in
« unum ovile ad gloriam eternam consequendam aptaveritis,
« et debitum Deo et Ecclesie matri vestre reddideritis, eterne-
« que retribucionis premium consequi poteritis. »

Assercione quorumdam fide dignorum, sibi durum et grave

« tueux, afin que, réunis en celui qui est le véritable époux de l'Église,
« nous puissions tous ensemble rétablir l'union dans le sein de notre
« mère l'Église qui est divisée, anéantir et faire disparaître tous les
« scandales qui ont pullulé à l'occasion dudit schisme.

« C'est pourquoi nous conjurons votre sérénité par les entrailles de
« la miséricorde de notre Seigneur, par l'effusion de son très précieux
« sang, par le prix de notre rédemption, nous vous supplions, deman-
« dons et requérons de venir, pour l'honneur de Dieu, traiter avec
« nous desdites choses, de convoquer ceux de vos sujets qui peuvent
« et doivent assister aux conciles généraux, et que nous convoquons
« avec vous, et de les engager et inviter, en vertu de l'autorité
« que Dieu vous a donnée, et de la puissance que vous exercez sur
« l'Église de votre royaume, et dont vous devrez rendre compte un
« jour au Seigneur, suivant que vous en aurez usé, à comparaître
« à certain jour en la ville de Constance, pour déraciner le schisme,
« assurer l'union de l'Église, exécuter la déposition dudit Pierre, et
« procéder à l'élection du futur pontife romain, ainsi que pour aviser
« à toutes les autres choses et affaires qui appartiennent et revien-
« nent de droit au concile général. Par là vous réunirez en un seul
« bercail le peuple que Jésus-Christ a racheté de son précieux sang,
« et vous vous acquerrez une gloire immortelle, en même temps
« que vous acquitterez votre dette envers Dieu et l'Église, votre mère,
« et mériterez les récompenses éternelles. »

J'ai ouï dire à certaines personnes dignes de foi, qu'il semblait

fuerat ut ejectionem illius, quem tam diu ut compatriotam carissimum atque Christi verum vicarium in terris coluerat, approbaret. Tunc tamen in favorem unionis universalis Ecclesie, prefatis nunciis condescendens, monicionibus eorum acquiescere promisit, et ad hoc erga Petrum pro viribus laborare [1].

CAPITULUM XXXVI.

Frustra Petrus de Luna rogatur ut cedat papatui.

Prescriptis conformes apices non modo regi Arragonie, sed et illustribus regibus Hyspanie et Navarre, qui domino Petro de Luna hucusque obedierant, consilium generale transmiserat, et hii responsales ambaxiatores sollemnes jam Perpenianum dignum duxerant mittere. Moniti eciam insignes Armeniaci et Fuxi comites ibidem non obmiserunt interesse, mox ut imperatorem noverunt villam illam attigisse. Et hii omnes et singuli, prima sessione regali subsequente, post debitum et humilem salutacionis affatum, in sentenciam suam et generalis consilii transisse, nec modum alterum in suis regionibus ad optinendam unionem in Ecclesia sancta Dei reperisse dixerunt nisi per puram et cessionem liberam domini Petri de Luna de suo statu pretenso. Supplicaverunt et eidem eorum nominibus quorum auctoritate fungebantur, qui sibi se et sua humiliter offerebant, ut opus tam Deo gratum prosequi dignaretur erga nominatum Petrum, quem tamen sciebant hominem durum non irritandum esse nec exasperandum verbis, sed ad id pocius cum dulcedine ac mansuetudine inducendum.

Sic soluto colloquio, Deo amabilis imperator multis feriis

[1] Ici finit le manuscrit 5958. La fin du texte, à partir du chap. xxxvi jusqu'à la fin du règne de Charles VI, est tirée du manuscrit 5959.

pénible et dur au roi d'Aragon d'approuver la déposition de celui qu'il avait si longtemps honoré comme un compatriote bien aimé et comme le véritable vicaire de Jésus Christ ici-bas. Cependant il voulut bien condescendre aux demandes desdits envoyés, en faveur de l'union de l'Église universelle, et promit d'acquiescer à leur invitation, et d'employer dans ce but tous ses efforts auprès de Pierre de Luna.

CHAPITRE XXXVI.

On presse vainement Pierre de Luna de renoncer à la papauté.

Le concile général avait adressé des messages semblables non-seulement au roi d'Aragon, mais encore aux illustres rois d'Espagne et de Navarre, qui avaient reconnu jusqu'alors monseigneur Pierre de Luna, et ces princes avaient jugé à propos d'envoyer à Perpignan une ambassade solennelle, chargée de leur réponse. Les illustres comtes d'Armagnac et de Foix, sur la nouvelle que l'empereur était arrivé dans cette ville, ne manquèrent pas de s'y rendre de leur côté. A la première séance royale qui suivit, tous ces personnages, et chacun d'eux en particulier, après avoir offert au roi leurs humbles et respectueux hommages, déclarèrent qu'ils se rangeaient à son avis et à celui du concile général, et qu'ils ne voyaient pas d'autre moyen, pour obtenir l'union dans la sainte Église de Dieu, que la renonciation pure et libre de monseigneur Pierre de Luna à son prétendu pouvoir. Ils le supplièrent, au nom de ceux qu'ils représentaient, et qui mettaient humblement à sa disposition leurs personnes et leurs biens, de daigner poursuivre cette œuvre si agréable à Dieu. Ils ajoutèrent toutefois qu'ils connaissaient ledit Pierre de Luna pour un homme inflexible, et qu'il fallait ne pas l'irriter ni l'exaspérer par des paroles, mais chercher plutôt à le persuader par la douceur et les ménagements.

Sur ce, l'assemblée se sépara. Pendant plusieurs jours, le sage et pieux empereur supplia humblement en personne sa vénérable paternité, par les entrailles de la miséricorde de Dieu et par l'effusion du

successivis ejus paternitatem reverendam oraculo vive vocis, per viscera misericordie Dei nostri et per aspersionem sui preciosi sanguinis humiliter exoravit, ut hanc viam per sacrum generale consilium atque reges et principes sue obediencie electam acceptare dignaretur. Idem et sibi supplicaverunt sollemnes ambassiatores sui et concilii generalis, multis mediis racionabilibus ostendentes quod, nisi Angeli Corarii et Baltasar.....[1] sequens vestigia pretenso renunciaret papatui, minime procedi poterat ad extirpacionem et eradicacionem nephandi et inveterati scismatis, neque ad electionem indubitati pastoris universalis Ecclesie. Hiis et similibus salutaribus monitis octo ebdomadarum continuato spacio, minime obtemperavit; sed quasi vento mobili darentur, nunc pene consensum ejus habebant, nunc frivolis quibusdam capcionibus sophisticis longe retrolabebatur, subterfugia solum querens et responsiones suas obscuris involucionibus sic vallabat, quod in laberintum unde emergi non posset res procul dubio retrudebat.

Obstinacionem autem mentis ejus imperator percipiens, tandem attediatus suis subterfugiis inanibus, inde recedens cum sua magnifica comitiva, ad urbem Narbonensium regi Francie subditam se retraxit, rogans tamen nuncios obediencie sue, quos in Perpeniano relinquerat, ut pro posse cor ejus saxeum humilibus exhortacionibus emolirent. Qui requestis imperialibus grato animo parentes, cum ad eum in castro Perpeniani residentem die sabbati nona mensis novembris accessissent, et omnibus leta fronte audienciam concessisset, tunc principem Gerundie, ceteris temporali potencia precellentem, primogenitum regis Arragonie, taliter loquutum accipio :

« Beatissime pater, cum negocium extirpacionis scismatis

---

[1] Il y a ici une lacune dans le manuscrit.

précieux sang de notre Seigneur, de daigner accepter cette voie, qui
avait été choisie par le sacré concile général et par les rois et princes
de son obédience. Les ambassadeurs dudit Pierre et ceux du concile
lui firent la même prière, en lui remontrant, par toutes sortes de
bonnes raisons, que, s'il ne renonçait à sa prétendue papauté, comme
Ange Corrario et Balthazar Cossa, il était impossible de procéder à
l'extirpation et à l'anéantissement du schisme invétéré, et à l'élection
d'un légitime pasteur de l'Église universelle. Durant huit semaines
entières de pareilles exhortations lui furent adressées sans succès. Ses
résolutions semblaient aussi mobiles que le vent; tantôt il donnait
presque son consentement; tantôt il éludait sa promesse par des so-
phismes captieux et frivoles, ne cherchait que des faux-fuyants, et
faisait des réponses tellement ambigües, que l'affaire retombait dans un
dédale inextricable de difficultés.

L'empereur, voyant l'invincible obstination de Pierre de Luna, et
se lassant à la fin de ses vains subterfuges, partit avec sa brillante
escorte, et se retira à Narbonne, ville sujette du roi de France, après
avoir recommandé toutefois aux ambassadeurs de son obédience, qu'il
laissait à Perpignan, de faire tout leur possible pour gagner par d'humbles remontrances ce cœur inflexible. Ceux-ci obéirent avec empressement aux instructions de l'empereur; ils se rendirent, le samedi
9 novembre, au château de Perpignan, auprès de Pierre de Luna,
qui y résidait, et qui leur donna gracieusement audience. Le prince
de Girone, fils aîné du roi d'Aragon, le plus puissant des seigneurs
qui se trouvaient là, lui parla, m'a-t-on dit, en ces termes :

« Très saint-père, l'affaire de l'extirpation de l'exécrable schisme,
« malheureusement trop invétéré et trop enraciné dans l'Église, et du

« pestilentis, antiquati et nimium, proc! dolor, radicati et asse-
« qucionis sancte unionis Ecclesie diucius prestolate noviter sit
« deventum seu deductum in statum quod ille Angelus de Co-
« rario, qui se Gregorium duodecimum intitulabat, renun-
« ciavit pure et libere papatui et omni juri quod in eo sibi
« pretendebat competere et habere, et aliqua alia fecit, quan-
« tum in eo fuit, ad facilitatem et disposicionem prenotate
« sacre unionis habende, et ille Balthasar de Cossa, Johannes
« vicesimus tercius in sui obediencia nominatus, nichilominus
« a pretenso papatu, in quo se jus habere dicebat, realiter fuit
« ejectus, et eciam eidem renunciavit, serenissimusque prin-
« ceps Sigismundus Romanorum rex personaliter, necnon
« quamplures alii reges et principes christiani ac magna pars
« christianitatis per suos sollemnes oratores et nuncios vene-
« runt ad hanc villam Perpiniani, petentes instantissime et
« vestram sanctitatem exorantes quatinus dignaremini renun-
« ciare papatui et omni juri vobis competenti in eo, pro dicta
« unione habenda, alleguantes ad id vestram sanctitatem,
« multipliciter teneri, et preterea, ut vestra sanctitas non
« ignorat premissa, per spacium duorum mensium vel inde
« circa hinc moram trahentes, nil clarum et efficax ab eadem
« sanctitate, ut asserunt, obtinere valentes, scandalizati et
« vacui recesserunt.

« Verum, beatissime pater, cum gravissima pericula et scan-
« dala premaxime universalia, non solum temporalia, sed
« eciam spiritualia, quod deterius est, sint in mora hujus-
« modi renunciacionis per vestram sanctitatem fiende, ut ex pre-
« missis et aliis deprehenditur, pro tanto Dei sacrificio et
« bono prelibate unionis habende, necnon pro tantorum evi-
« tacione periculorum et scandalorum, supplicat vestre sanc-

« rétablissement de la sainte union trop long-temps différée, en est
« venue ou a été amenée dernièrement à ce point, que cet Ange Corra-
« rio, qui se faisait appeler Grégoire XII, a renoncé purement et sim-
« plement à la papauté et à tous les droits qu'il prétendait lui còm-
« péter et appartenir sur le saint siége, et a fait, autant qu'il était en
« lui, plusieurs autres choses dans le but de faciliter ledit rétablisse-
« ment de la sainte union ; et que d'un autre côté ce Balthazar Cossa,
« qu'on appelait dans son obédience Jean XXIII, a été dépouillé de la
« prétendue papauté à laquelle il disait avoir des droits, et y a même
« renoncé. C'est pourquoi le sérénissime prince Sigismond, roi des
« Romains, est venu en personne dans cette ville de Perpignan, et
« beaucoup d'autres rois et princes chrétiens, ainsi qu'une grande
« partie de la chrétienté, y ont envoyé des ambassades et députations
« solennelles, pour prier instamment et supplier votre sainteté de
« daigner renoncer, en faveur de ladite union, à la papauté et à toutes
« les prétentions qu'elle pourrait y avoir, et pour lui représenter
« qu'elle y est tenue par toutes sortes de motifs. Mais, comme votre
« sainteté ne l'ignore pas, après avoir attendu près de deux mois sans
« pouvoir obtenir de vous une réponse nette et décisive, ils sont
« partis scandalisés et aussi peu avancés qu'auparavant.

« Cependant, très saint père, comme de graves périls et des scan-
« dales universels peuvent résulter, non-seulement au temporel,
« mais encore au spirituel, ce qui est bien pis, du retard apporté par
« votre sainteté à ladite renonciation, ainsi qu'il est facile de s'en
« convaincre d'après les choses susdites et autres, votre humble et
« dévoué fils Ferdinand, roi d'Aragon et de Sicile, supplie humble-
« ment et dévotement votre sainteté, au nom du Dieu qui s'est sa-
« crifié pour nous, dans l'intérêt du rétablissement de ladite union,

« titati humiliter et devote humilis et devotus filius vester Fer-
« dinandus, rex Arragonum et Sicilie, et nichilominus obsecrat
« per viscera misericordie Jhesu Christi, et eciam sollemniter
« et reverenter requirit sanctitatem eamdem, quatinus digne-
« mini dictam renunciacionem facere pure et libere sine dila-
« cionibus, ad quam, premissis attentis et aliis attendendis
« tenemini utroque jure, divino pariter et humano. »

Supplicaciones similes illustris vir merito nominandus .
infans Henricus, magister milicie ordinis Sancti Jacobi, procurator regis Castelle, per Lambertum prothonotarium, admi-
nistratorem ecclesie Pampilonensis, procuratorem regis Navarre, per Bernardum comitem Armeniaci, et Johannem
comitem Fuxi facte fuerunt consequenter eidem domino Petro[1].

Quibus, quamvis animo antea non revolvisset, ut tamen
pollebat clara facundia, qua et nonnullos prestantissimos oratores superabat, esto fere septuagenarius esset, ex improviso
respondens : « Amantissimi, inquit, filii[2], ...
« . . . .
« Et quia supplicando instanter sciscitamini quam mentem
« super negocium gero, dicam quod, quamvis arduum sit et
« indigeat longo examine, cum summam displicenciam tangat,
« respondeo tamen vobis quod in brevi pro posse satisfaciam
« universis, Deo dante. »

Nundum exacto triduo respondere promiserat. Quem tamen
terminum fraudulenter assignasse cunctis innotuit; nam interim clam de Perpiniaco recedens apud Coquoliberum, locum
inexpugnabilem Elnensis dyocesis, se cum bonis et familia trans-

[1] Le texte est altéré dans ce passage.
[2] La fin du fol. 108 v. et le commencement du fol. 109 r. sont en blanc dans le manuscrit.

« et afin d'éviter tous ces périls et scandales, il vous conjure par les
« entrailles de la miséricorde de Jésus-Christ, et vous requiert solen-
« nellement et respectueusement de daigner faire purement et libre-
« ment, sans aucun délai, ladite renonciation, à laquelle, en vertu
« des considérations susdites et autres, vous êtes tenu par le droit divin
« et le droit humain. »

De semblables supplications furent adressées successivement audit
seigneur Pierre de Luna par les illustres et honorables personnages,
l'infant Henri, grand-maître des chevaliers de Saint-Jacques, et procureur du roi de Castille, le protonotaire Lambert, administrateur
de l'église de Pampelune, et procureur du roi de Navarre, Bernard,
comte d'Armagnac, et Jean, comte de Foix.

Pierre de Luna n'avait pas eu le temps de préparer une réponse;
mais comme il était doué d'une rare facilité d'élocution et qu'il
l'emportait à cet égard sur les orateurs les plus distingués, bien qu'il
fût âgé d'environ soixante-et-dix ans, il répondit sur-le-champ : « Mes
« bien-aimés fils, ...
« . . . .
« Et comme vous me demandez avec instance quels sont mes sen-
« timents dans cette affaire, je vous dirai que, malgré les difficultés
« dont elle est hérissée, le long examen qu'elle exige, et le déplaisir
« extrême qu'elle me cause, je ne laisse pas de vous promettre qu'a-
« vant peu je contenterai tout le monde, Dieu aidant, autant qu'il sera
« en mon pouvoir. »

Pierre de Luna s'était engagé à faire connaître sa réponse sous trois
jours. Mais chacun put bientôt se convaincre qu'il n'avait pas été
de bonne foi en fixant ce terme; car dans l'intervalle il partit en secret
de Perpignan, et se transporta, avec ses trésors et sa maison, à Collioure, forteresse inexpugnable du diocèse d'Elne. A la nouvelle de son
départ, les ambassadeurs, ayant tenu conseil, décidèrent que douze
d'entre eux se rendraient à Collioure. Ce ne fut qu'à grand'peine, et
grâce aux instances des cardinaux de Pierre de Luna, que ces ambassadeurs obtinrent d'être admis en sa présence le 14 novembre. Après

tulit. Cujus recessum comperientes prenominati nuncii, mutua
deliberacione super hoc habita, mox illuc ex semetipsis duodecim ambaxiatores miserunt, qui, mensis novembris decima
quarta die, cum difficultate magna et precibus suorum cardinalium admissi, et in presencia sua constituti, cum omni humilitate flexis genibus, eumdem taliter alloquti sunt :

« Beatissime pater, supplicacioni et requisicioni factis et
« oblatis die nona presentis mensis vestre sanctitati non respon-
« dit eadem sanctitas die duodecima dicti mensis. Verum, quia
« urgentibus causis et motivis in dicta supplicacione et requi-
« sicione expressis, via paratur opportunior quam a die orti
« scismatis usque nunc ad consequendum Ecclesie unionem;
« nam facta per vestram sanctitatem cessione de qua extitit
« supplicatum, speratur verissimiliter quod in concilio generali
« universalis Ecclesie, quod breviter, dante Domino, celebra-
« bitur, providebitur sancte matri Ecclesie per eos ad quos
« pertinebit de unico et indubitato ac universali pastore, forte
« per aliquam de practicis jam apertis vel per alias aut aliter,
« prout in eodem concilio per eos ad quos pertinebit, dirigente
« Spiritu Sancto, disponetur et ordinabitur, cum aliter ne-
« queat in predictis legittime provideri, exstirparique speratur
« scisma pestiferum, sic obviabitur scandalis et divisionibus
« ob dictum scisma usque nunc pullulatis et que timentur oriri
« in posterum, nisi de dicte renunciacionis remedio occurra-
« tur; idcirco, reverendissime pater, Raymundus de Plano, Bono-
« natus Petri, legum, et Petrus Serra, decretorum doctores,
« ambassiatores et procuratores illustrissimi domini Ferdi-
« nandi, regis Arragonum et Sicilie, filii vestri devoti, cum
« debita reverencia videntes per vestram responsionem suppli-
« cacioni ac requisicioni predictis non fuisse, ut debuit et
« congruit necessitati unionis Ecclesie, satisfactum, stantes et

l'avoir humblement salué en fléchissant le genou devant lui, ils s'exprimèrent en ces termes :

« Très saint père, votre sainteté n'a pas répondu, le 12 du présent
« mois, aux prière et requête qui lui ont été adressées et présentées
« le 9 dudit mois. Or, attendu que par des causes et des raisons
« urgentes, exprimées dans lesdites prière et requête, on a ouvert
« une voie plus efficace que celles qui ont été proposées depuis la
« naissance du schisme jusqu'à ce jour, pour le rétablissement de
« l'Église; (car, quand votre sainteté aura fait la renonciation qu'on
« lui demande, il y a tout lieu d'espérer que dans le concile général
« de l'Église universelle, qui se tiendra bientôt, Dieu aidant, il sera
« pourvu par ceux à qui il appartiendra à la nomination d'un seul,
« légitime et universel pasteur de notre sainte mère l'Église, soit par
« l'un des moyens déjà proposés, soit par tout autre, ou autrement,
« selon qu'il sera réglé et ordonné, sous l'inspiration du Saint-Esprit,
« dans ledit concile, par ceux à qui il appartiendra, vu qu'en pareil
« cas il ne peut être pourvu légitimement d'une autre façon; il est aussi
« à espérer qu'on déracinera le funeste schisme, et qu'on obviera
« ainsi aux scandales et divisions que ledit schisme a fait pulluler
« jusqu'à ce jour, et qu'on peut craindre de voir surgir encore à
« l'avenir, si l'on n'y remédie par ladite renonciation;) Raymond
« Duplan, Bononato Petri, docteur en droit, et Pierre Serra, docteur
« en décrets, ambassadeurs et fondés de pouvoirs du très illustre sei-
« gneur Ferdinand, roi d'Aragon et de Sicile, votre dévoué fils,
« voyant avec tout le respect qui vous est dû, très révérend père, que
« vous n'avez pas répondu auxdites prière et requête, comme il con-
« venait et comme il était nécessaire à l'union de l'Église, persis-
« tent et persévèrent dans les prière et requête déjà présentées, sup-
« plient respectueusement votre sainteté une, deux et trois fois,
« itérativement et instamment, au nom du service de Dieu et dans
« l'intérêt de ladite union, par les causes susdites et par d'autres en-
« core très connues de votredite sainteté et de tout le monde, ils la

« perseverantes in supplicacione et requisicione jam factis ,
« cum repetita reverencia, ob Dei servicium et dictum benefi-
« cium unionis, et ex causis supradictis et aliis pluribus vestre
« sanctitati notissimis et toti mundo, supplicant sanctitati
« vestre predicte semel, secundo et tercio, sepe, sepius et
« instanter, et cum geminata instancia, et dictis vicibus, cum
« dicta reverencia pariter, eamdem sanctitatem obsecrant et
« requirunt quatinus exequatur et impleat operis effectum
« per se vel per suos procuratores, ad id plena et irrevocabili
« potestate suffultos. Alioquin, beatissime pater, si vestre sanc-
« titati supplicata et requisita, quod non creditur, realiter
« non exequatur, dicti supplicantes et requirentes, solum Dei
« servicio, cui prius obligati existunt, et zelo unitatis sancte
« matris Ecclesie et tocius reipublice omnium christianorum et
« quieti pacifice eorumdem, ejusdem sanctitatis reverencia repe-
« tita, protestantur de omni jure universalis Ecclesie ac ipsorum
« supplicancium et alterius cujus intersit, et de recurrendo
« ad remedia licita, juridica et honesta. »

CAPITULUM XXXVII.

Sequntur capitula concessa per dominum Petrum de Luna ad consequendum
unionem Ecclesie.

Attendens igitur dominus Petrus de Luna favore sibi nuper
obediencium se penitus destitutum, quid deinceps agat suis
cardinalibus inquirit. Quorum tandem consilio sarcina obstinacionis deposita, quosdam ex ipsis tanquam suos nuncios et
procuratores, plena et irrevocabili auctoritate suffultos, Narbo-
nam mittere ordinavit, qui cum ambassiatoribus Constanciensis concilii, rege quoque Romanorum et suis illustribus tracta-
rent super ecclesiastica unione. Et ut excellencia ipsorum

« conjurent et requièrent, avec des instances réitérées et autant de fois
« que ci-dessus, comme aussi avec le même respect, d'exécuter et
« accomplir ses promesses, soit par elle-même, soit par ses procu-
« reurs, munis à cet effet de pleins pouvoirs irrévocables. Autrement,
« très saint père, si votre sainteté n'exécute pas ce dont elle est priée
« et requise, ce qui n'est pas croyable, lesdits ambassadeurs chargés
« de ladite prière et requête, ne considérant plus que le service de
« Dieu, envers qui ils sont liés avant tout, et leur zèle pour l'unité
« de notre sainte mère l'Église, pour les intérêts de toute la chrétienté et
« pour la tranquillité des fidèles, protestent, avec tout le respect qu'ils
« doivent à votre sainteté, des droits de l'Église universelle, de leurs
« propres droits de suppliants, des droits de tout autre à qui il ap-
« partiendra, et de la nécessité de recourir aux remèdes licites, ju-
« ridiques et honnêtes. »

CHAPITRE XXXVII.

Suivent les chapitres consentis par monseigneur Pierre de Luna pour le rétablissement
de l'union de l'Église.

Monseigneur Pierre de Luna, se voyant abandonné de ceux qui
avaient formé jusqu'alors son obédience, consulta ses cardinaux sur ce
qu'il devait faire. D'après leur avis, il se départit enfin de son obstination, et résolut d'envoyer à Narbonne quelques uns d'entre eux,
comme ses députés et procureurs, munis de pleins pouvoirs irrévocables, pour traiter de l'union de l'Église avec les ambassadeurs du
concile de Constance, le roi des Romains et les seigneurs de sa cour.
Je consignerai ici les noms de chacun de ces envoyés, afin de perpétuer
l'honneur qu'ils s'acquirent par cette mission. C'étaient les véné-

meritis laudibus perpetuo commendetur, tangens nomina singulorum, ibi transmissi fuerunt viri venerabiles et summa
auctoritate pollentes, Didacus Ferdinandi de Quinyon, domini
regis Castelle, Didacus Ferdinandi de Vadiello, milites et consiliarii dicti domini regis Arragonum, necnon magister Philippus de Madalia, in sacra pagina professor, ac Sperante in Deo
Cardona, juris peritus, et Bononato Petri, decretorum doctores
et ambassiatores dicti regis Arragonum. Cum eis eciam missi
sunt magister Garcia de Falcibus, secretarius domini regis
Navarre ac ipsius ac domini comitis Fuxi ambaxiator. Qui mox
domino Petro de Luna vale dicto, qui et eos dulciter depreca-
tus est, fama publica referente, ut quantum prolixius valerent
differrent negocium, Narbonensem famosam civitatem magnis
itineribus contenderunt. Ibi et tunc cum serenissimo principe
domino Sigismundo, Dei gracia Romanorum, Ungarie et
Croacie rege, repererunt reverendissimos et venerabiles patres
et dominos, Jacobum miseracione divina archiepiscopum Turonensem, Petrum Rippensem, Jacobum de Opizis Adrienum et
Johannem Gebennensem episcopos, necnon Johannem de Opizis, decretorum doctorem, causarum sacri palacii appostolici
auditorem, Lambertum de Stipite, priorem prioratus conven-
tualis de Bertrania, ordinis Sancti Benedicti, Leodiensis dyocesis,
decretorum doctorem, Benedictum Genciani, religiosum Sancti
Dyonisii in Francia, Corardum de Susaco, sacre theologie professores, Johannem de Fabrica, legum, Johannem Unellis,
Hugonem Holbez et Bernardum de Plancha, decretorum doctores, sacri generalis consilii Constanciensis legatos, nuncios
et procuratores. Ipsi eciam serenissimo principi Sigismundo,
Dei gracia Romanorum, Unguarie et Croacie regi assistebant,
ut in bonum cooperari valerent, eciam reverendissimi patres,

rables et illustres personnages Diego Ferdinand de Quinouez et
Diego Ferdinand de Vadiello, chevaliers et conseillers, le premier,
de monseigneur le roi de Castille, le second, de monseigneur le roi
d'Aragon, maître Philippe de Madalia, professeur de théologie,
Espoir-en-Dieu de Cardone, jurisconsulte, et Bononato Petri,
docteurs en décrets et ambassadeurs dudit roi d'Aragon. On leur
adjoignit maître Garcia de Falcibus, secrétaire et ambassadeur de
monseigneur le roi de Navarre, et l'ambassadeur de monseigneur le
comte de Foix. Après avoir pris congé de monseigneur Pierre de Luna,
qui leur recommanda instamment, dit-on, de traîner l'affaire en longueur autant qu'ils le pourraient, ils partirent pour Narbonne. Ils
trouvèrent dans cette ville, avec le sérénissime prince monseigneur
Sigismond, par la grâce de Dieu roi des Romains, de Hongrie et
de Croatie, les très révérends et vénérables pères et seigneurs Jacques, par la miséricorde divine archevêque de Tours, Pierre, évêque
de Ripen, Jacques de Opizis, évêque d'Adria, et Jean, évêque de
Genève, Jean de Opizis, docteur en décrets, auditeur du sacré palais,
Lambert de Stipite, prieur du prieuré conventuel de Bertrania, de
l'ordre de Saint-Benoît, du diocèse de Liége, docteur en décrets,
Benoît Gentien, religieux de Saint-Denys en France, Conrad de
Souza, professeurs de théologie, Jean de Fabrica, docteur ès lois,
Jean Unellis, Hugues Holbez et Bernard de la Planche, docteurs en
décrets, ambassadeurs, députés et fondés de pouvoirs du sacré concile
général de Constance. Le sérénissime prince Sigismond, par la grâce
de Dieu roi des Romains, de Hongrie et de Croatie, était en outre
assisté et aidé dans son entreprise par les révérends pères François,
archevêque de Narbonne, camérier de la sainte Église romaine,
Renaud, archevêque de Reims, Jean, archevêque de Riga, et Guy,
abbé de Gratz, par les illustres et puissants princes monseigneur le
duc de Brixen, comte palatin de Hongrie, Bertold Bruno della Scala
de Vérone et de Vicence, Guillaume Asser, et plusieurs autres barons
et seigneurs dudit empereur.

Franciscus Narbonensis, sancte romane Ecclesie camerarius, Reginaldus Remensis, ac Johannes Rigensis archiepiscopi, et Guido, abbas Gracensis, eciam illustres et magnifici principes. dominus dux Bricensis, comes palatinus Hungarie, Bertoldus Bruno de Scala Verone et Vineencie, Guillelmus Asser, pluresque alii barones et nobiles, dicti imperatoris consiliarii.

Et hii omnes illustres prelati et scientifici viri ambaxiatores domini Petri de Luna, quem adhuc pappam Benedictum decimum tercium nuncupabant, honorifice receperunt et reiteratis vicibus refecerunt dapsiliter, precipue ut noverunt eum suam sentenciam acceptasse. Unde feriis successivis in capitulo novo ecclesie Narbonensis mutua celebrantes consilia, multis notariis publicis imperiali et appostolica auctoritate functis presentibus, tandem, ad accelerandum prosequucionem unionis universalis Ecclesie, quedam capitula, anno isto millesimo quadringentesimo quinto decimo, die Veneris decima tercia mensis decembris, scriptis redigere decreverunt et inde fieri publica instrumenta. Que quidem capitula cum domino Remensi archiepiscopo, domini Francorum regis legato, pluribus ad hoc vocatis testibus specialiter et rogatis, ceteri ambaxiatores sacri Constanciensis concilii, procuratores eciam dictorum dominorum regum Castelle, Arragonum et Navarre, comitis eciam Fuxi, unanimiter concordarunt. Et hiis visis et inspectis sacrosanctis evvangeliis, prelati manus ad pectus ponendo, reliqui ad ipsa sancta Dei evvangelia, promiserunt, convenerunt, juraverunt omnia et singula in ipsis contenta inviolabiliter observare, et quantum in eis foret, per dictum sacrum Constanciense concilium facerent cum omni integritate adimpleri. Ad juramentum simile faciendum dominum regem Romanorum pro se et heredibus suis variis precibus induxerunt in burgo Narbone in

Tous ces illustres prélats et savants personnages, lorsqu'ils surent
que monseigneur Pierre de Luna, qu'on appelait encōre le pape
Benoît XIII, s'était rangé à leur avis, accueillirent ses ambassadeurs
avec de grands égards, et leur firent bonne chère à diverses reprises.
Ils tinrent conseil avec eux pendant plusieurs jours dans le chapitre
neuf de l'église de Narbonne, en présence d'un grand nombre de
notaires publics, fondés de pouvoirs de l'empereur et du pape, et
pour hâter le rétablissement de l'union de l'Église universelle, ils
résolurent enfin, le vendredi 13 décembre de la présente année mil
quatre cent quinze, de rédiger par écrit certains chapitres, et d'en
faire dresser des instruments authentiques. Ces chapitres furent consentis d'un commun accord, par-devant plusieurs témoins spécialement
appelés et réunis à cet effet, par monseigneur l'archevêque de Reims,
ambassadeur de monseigneur le roi de France, et par tous les autres
ambassadeurs du sacré concile de Constance et procureurs de messeigneurs les rois de Castille, d'Aragon et de Navarre et de monseigneur
le comte de Foix. Après quoi, on ouvrit les saints évangiles, et les prélats la main sur le cœur, les autres sur lesdits évangiles, promirent,
convinrent et jurèrent d'observer inviolablement tous et chacun des
points contenus dans lesdits chapitres, et de faire tout ce qui dépen-
drait d'eux pour que le sacré concile de Constance les observât dans
toute leur intégrité. On pria monseigneur le roi des Romains de
prêter le même serment pour lui et pour ses héritiers dans le bourg
de Narbonne, en la maison d'Antoine Ancel, les an et jour susdits. Et pour garantir l'exécution desdites clauses, lesdits ambassadeurs engagèrent, soumirent, obligèrent et hypothéquèrent expressément audit seigneur empereur et audit concile leurs terres et

domo Anthonii Ancelli, anno et die predictis. Que ut stabilius
tenerentur, omnes terras suas ac bona mobilia et immobilia
ambaxiatores predicti dicto domino imperatori et concilio
antedictis obligarunt, supposuerunt, submiserunt ac expresse
ypotecarunt. Idemque fecerunt ambaxiatores dominorum regum
et comitis, et instrumenta inde facta propriis manibus signaverunt.

Tenor autem capitulorum conditorum super negocio instanti
talis erat:

« Primo quod convocacio fiat per prelatos ceterosque viros
ecclesiasticos in dicta congregacione Constancie existentes et
congregatos, regibus et principibus predictis, cardinalibus et
prelatis, et ceteris viris de obediencia dicti domini pape Benedicti, qui ad generale concilium debent et sunt consueti vocari,
per litteras opportunas dictorum dominorum de concilio Constanciensi, que emanent ab eis sub nominibus generalibus et
sub denominacione tituli dignitatum, sive nominum appel-
lacionibus, sive expressione propriorum nominum vel pro-
priarum dignitatum, secundum formam hic concordatam et
inferius insertam. Et quod dicte littere dirigantur, nedum ad
reges, principes et cardinales, sed ad alios quosque prelatos
obedientes predicti domini pape Benedicti. Et quod dicti domini reges et principes sue obediencie sumant onus faciendi
presentari dictas litteras convocatorias, quilibet in regno et
principatu suo, prelatis sue dicionis, et specialiter dominus rex
Arragonum sumat onus faciendi presentari dictas litteras regibus et principibus dicte obediencie ista capitula firmantibus;
et quod in dictis litteris convocacionis prefigatur terminus ad
interessendum in civitate Constancie, pro uniendo se et faciendo
concilium generale una, cum aliis ibidem congregatis, trium

leurs biens meubles et immeubles. Les ambassadeurs de messeigneurs les rois et de monseigneur le comte de Foix en firent autant, et signèrent de leur propre main les instruments qui en furent dressés.

Voici quelle était la teneur des chapitres rédigés à ce sujet :

« Premièrement, la convocation sera faite en temps et lieu par les prélats et autres ecclésiastiques composant ladite assemblée de Constance, pour les rois et princes susdits, pour les cardinaux et prélats, et pour toutes les personnes de l'obédience dudit seigneur pape Benoît, qui doivent être et sont habituellement appelées aux conciles généraux, par lettres desdits seigneurs du concile de Constance, lesquelles émaneront d'eux sous leurs noms généraux et sous la dénomination du titre de leurs dignités, ou l'appellation de leurs noms, ou l'énonciation de leurs noms propres ou de leurs dignités personnelles, suivant la forme ici convenue et insérée ci-après. Et lesdites lettres seront adressées non seulement aux rois, princes et cardinaux, mais aussi à tous les prélats de l'obédience dudit seigneur pape Benoît. Et lesdits seigneurs rois et princes de son obédience se chargeront de faire présenter lesdites lettres de convocation, chacun dans leur royaume et principauté, aux prélats de leurs états, et spécialement monseigneur le roi d'Aragon se chargera de faire présenter lesdites lettres aux rois et princes de ladite obédience, qui viennent de jurer ces chapitres. Et dans lesdites lettres de convocation sera fixé le terme auquel on devra se trouver en la ville de Constance, pour se réunir et former un concile général avec les autres personnes qui y sont déjà assemblées. Ce terme sera de trois mois à partir du jour de la présentation qui sera faite desdites lettres à monseigneur le roi d'Aragon, soit à Perpignan, s'il s'y trouve, soit en la ville de Barcelone, qu'il y soit ou non. En cas d'absence, il suffira de présenter lesdites lettres au lieute-

mensium computandorum a die presentacionis dictarum litterarum fiende domino regi Arragonum in Perpiniaco, si fuerit, vel alias in civitate Barcinone, si fuerit presens vel absens; in casu absencie sufficiat presentari litteras antedictas vicario regis vel consiliariis dicte civitatis vel majori parti eorumdem; et viceversa, quod prefati reges et principes proxime dicte obediencie facient litteras convocatorias ad prenominatos prelatos ceterosque dominos in concilio Constanciensi congregatos similes litteris convocatoriis ab illis de concilio Constancie emanandis, ut prefertur, vel per suos ambaxiatores et procuratores mittendos sufficienti potestate suffultos ibidem in Constancia congregatos convocabunt.

« Secundo, quod dicte convocaciones fiende per dominos de Constancia et eciam per dictos dominos reges et alios, necnon et congregacio et constitucio concilii generalis fienda per dictos dominos reges et ceteros de obediencia domini pape Benedicti, possint fieri et fiant generaliter, ut defferatur honor congregacionis jam dicte Benedicto pro extirpacione scismatis et heresum, pro sancta unione Ecclesie, pro reformacione universalis Ecclesie in capite et in membris, et pro unico eligendo pastore, et pro aliis causis et racionibus que ad generale concilium de jure pertinent et spectant; sed ad partem promitatur et firmetur per serenissimum dominum imperatorem et per ceteros dominos prenotatos, prelatos et ceteros spectabiles viros, hic missos ex parte dominorum de Constancia, nomine dicte congregacionis et eciam proprio, mediante publico instrumento, cum juramentis quod in concilio uniendo et constituendo, ut prefertur, non tractabuntur, ordinabuntur, statuentur vel fient, tractari, ordinari, aut fieri permittent directe vel indirecte aliqua concernencia aut tangencia dictos dominos

nant du roi ou aux conseillers de ladite ville, ou à la majeure partie d'entre eux. Et *vice versa*, lesdits rois et princes de ladite obédience adresseront prochainement auxdits prélats et autres seigneurs, assemblés au concile de Constance, des lettres de convocation semblables à celles qui émaneront de ceux du concile de Constance, comme il est dit ci-dessus, ou bien ils les convoqueront par leurs ambassadeurs et procureurs qu'ils enverront à Constance, munis de pouvoirs suffisants.

« Secondement, lesdites convocations qui seront faites par les seigneurs de Constance et par lesdits seigneurs rois et autres, ainsi que la réunion et constitution du concile général, qui sera faite par lesdits seigneurs rois et autres de l'obédience de monseigneur le pape Benoît, pourront être faites, et se feront généralement, de telle façon qu'on rapportera à Benoît tout l'honneur de ladite assemblée, pour l'extirpation du schisme et des hérésies, pour la sainte union de l'Église, pour la réforme de l'Église universelle dans son chef et dans ses membres, pour le choix d'un seul et unique pasteur, et pour toutes les autres causes et raisons qui compètent et appartiennent de droit au concile général. Mais il sera promis à part et garanti avec serment, au moyen d'un instrument authentique, par le sérénissime empereur et par les autres seigneurs susdits, prélats et autres personnages notables, envoyés ici de la part des seigneurs de Constance, au nom de ladite assemblée, et en leur propre nom, que dans le concile qui doit être réuni et constitué, comme il est dit ci-dessus, il ne sera traité, ordonné, réglé ni fait, et qu'ils ne permettront de traiter, ordonner ni faire, directement ou indirectement, aucune affaire qui concerne ou touche lesdits seigneurs rois, princes, prélats et autres de l'obédience dudit seigneur Benoît, ou l'un d'entre eux, si ce n'est

reges, principes, prelatos et alios de obediencia dicti domini
Benedicti vel aliquem ex eis, nisi solummodo dumtaxat causa
ejectionis dicti domini Benedicti et electionis futuri summi
pontificis et reformacionis Ecclesie in capite et in membris, et
causa heresum cum dependentibus, emergentibus, etc.; et quod
dicti domini de Constancia ratificabunt et approbabunt hujusmodi promissionem et obligacionem, mediantibus publicis instrumentis, ut supra; et nilominus quod predicta promissio,
ratihabicio et securitas confirmentur et rata habeantur, et noviter firmentur et statuantur per dictum formandum concilium
sufficienter, prout fieri debeat et est solitum, antequam procedatur vel procedi valeat ad aliquos actus, postquam fuerint
uniti.

« Tercio, quod, prefatis de obediencia domini Benedicti venientibus ad Constanciam, statim fiat unio eorumdem ad dictam congregacionem pro faciendo unum universale concilium.
Quo facto, quia reges et principes et alii dicte obediencie dicunt
esse certissimi quod non possunt licite obedire alicui in papatum eligendo, ut vero pape, nisi prius vacaret papatus morte
aut renunciacione domini pape Benedicti pure et libere facta,
prout de jure divino pariter et humano tenetur, vel per justam
et legittimam ipsius deposicionem seu deposicionis declaracionem et ejectionem a papatu per dictum concilium vel ejus auctoritate fiendam, propterea, in favorem unionis consequende, est
concordatum inter serenissimum dominum regem Romanorum
et alios dominos de congregacione Constancie, que ab eis sacrum
generale concilium appellatur, et inter ambaxiatores et procuratores dominorum regum et principum, qui sunt de obediencia
dicti domini pape Benedicti, quod antequam ad electionem unici
summi pontificis procedi valeat per dictum concilium, vel per

relativement à la déposition dudit seigneur Benoît, à l'élection du futur souverain pontife, à la réforme de l'Église dans son chef et dans ses membres, à l'extirpation des hérésies ainsi qu'à toutes les affaires qui en dépendent ; et que lesdits seigneurs de Constance ratifieront et approuveront cette promesse et obligation, au moyen d'instruments authentiques, comme ci-dessus ; que néanmoins lesdites promesse, ratification et assurance seront confirmées et ratifiées, puis de nouveau constituées et corroborées suffisamment par ledit futur concile, comme cela doit se faire et se fait ordinairement, avant que l'on procède ou que l'on puisse procéder à quelques actes après la réunion.

« Troisièmement, aussitôt que lesdits seigneurs de l'obédience de monseigneur Benoît seront arrivés à Constance, ils se réuniront à ladite assemblée pour ne former avec elle qu'un seul concile universel. Cela fait, comme les rois, princes et autres de ladite obédience tiennent pour certain qu'il ne leur est pas permis d'obéir à quelqu'un qui serait élu pape, comme au vrai pape, si la papauté ne devient préalablement vacante par la mort ou par la renonciation de monseigneur le pape Benoît, faite purement et librement, ainsi que le droit divin et le droit humain l'y obligent, ou bien par sa juste et légitime déposition, ou par une déclaration de déposition et par une exclusion qui serait prononcée, soit par ledit concile, soit en son nom, il a été réglé, dans l'intérêt du rétablissement de l'union, entre le sérénissime seigneur roi des Romains et les autres seigneurs de l'assemblée de Constance, qu'on appelle le sacré concile général, d'une part, et les ambassadeurs et fondés de pouvoir de messeigneurs les rois et princes de l'obédience dudit seigneur pape Benoît, d'autre part, qu'avant qu'il puisse être procédé par ledit concile, ou par tous autres à qui il appartiendrait, à l'élection d'un seul et unique souverain pontife, ledit concile, ainsi réuni, procédera contre ledit pape Benoît, dans le

alios ad quos pertineat, procedatur per dictum concilium sic
unitum contra eumdem papam Benedictum, nolentem aut subter-
fugientem renunciare papatui pure et libere, prout de jure divino pariter et humano tenetur, ac eciam quomodolibet delin-
quentem, prout de jure divino pariter et humano potest et debet
procedi, per dictam justam et legitimam ipsius deposicionem
seu deposicionis declaracionem et alias, ut prefertur, ita tamen
quod formetur et fiat processus novus per dictum concilium
contra eumdem dominum Benedictum juste et legittime, ad
cujus verificacionem et decisionem nullatenus habeatur racio
ad processum Pisanum vel sentencias ibidem latas, ac illo vel
illis dictum concilium in modum probacionis vel in vim processus vel judicati non utatur; et quod processa, cognita ac sen-
tenciata per dictum concilium modo predicto, dicti domini reges
et principes et ceteri dicte obediencie dicti domini Benedicti
ʼrata et firmaʼhabebunt et illa minime impugnabunt; item, quod
cardinales dicti domini Benedicti, si vocati ut supra in litteris
convocatoriis venerint ad dictum concilium, admitantur per
dictum concilium ad omnes actus ibidem expediendos et eciam
ad electionem futuri summi pontificis suo casu, prout et secundum quod alii cardinales vocatorum Gregorii et Johannis admitentur. Et si vocati ut supra non venerint personaliter ad
jam dictum concilium, sed per alias personas sufficiens procuratorium habentes, sic recipientur et admitentur persone predicte ad omnes actus concilii, prout procuratores dominorum
cardinalium jam dictorum Gregorii et Johannis admitentur et
recipientur, et secundum quod dictum reverendum concilium
circa predictos omnes cardinales duxerit ordinandum.

« Quarto, quod per dictum uniendum concilium, si et in
quantum fuerit necessarium vel opportunum, ad uberiorem

cas où il refuserait ou éluderait de renoncer à la papauté purement et librement, comme le droit divin et le droit humain l'y obligent, ou qu'il manquerait à son devoir en quelque façon que ce soit, selon qu'il peut et doit être procédé en vertu du droit divin et du droit humain par sa juste et légitime déposition, ou par une déclaration de déposition, ou autrement, comme il est dit ci-dessus, de telle sorte cependant que ledit concile engage et suive une nouvelle procédure contre ledit seigneur Benoît, justement et légitimement, sans qu'il soit aucunement nécessaire, pour vérifier et confirmer ladite procédure, de recourir à celle du concile de Pise ou aux sentences qui y ont été portées, et sans que ledit concile se serve de l'une ou des autres en manière de preuves ou à l'appui du procès et de la chose jugée. Lesdits seigneurs rois, princes et autres de ladite obédience dudit seigneur Benoît ratifieront et confirmeront les procédures, décisions et sentences émanées dudit concile de la manière susdite, et ne les attaqueront en aucune façon. Semblablement les cardinaux dudit seigneur Benoît, s'ils viennent audit concile en vertu de la convocation qui leur aura été adressée par lettres, comme il est dit ci-dessus, seront admis par ledit concile à prendre part à tous les actes qui s'y expédieront, ainsi qu'à l'élection du futur souverain pontife, de même et selon que les autres cardinaux des nommés Grégoire et Jean y seront admis. Et si, après la convocation qui leur aura été adressée, ils ne viennent pas en personne audit concile, mais qu'ils y envoient des représentants munis de procurations suffisantes, lesdits représentants seront reçus et admis à tous les actes du concile, comme les procureurs de messeigneurs les cardinaux desdits Grégoire et Jean y seront admis et reçus, et selon que ledit sacré concile aura jugé à propos de l'ordonner en ce qui concerne tous les cardinaux.

« Quatrièmement, pour plus de sûreté, ledit concile qui doit se réunir pourra, si et en tant qu'il sera nécessaire et opportun,

cautelam tollantur, aboleantur et anullentur et irritentur quicunque processus, sive decreta, ordinaciones, statuta et pene, per olim Gregorium et olim Johannem et suos predecessores ac per concilium convocatum Pisis, a tempore exorti scismatis vel circa, occasione vel causa ipsius scismatis, facti et facta et late contra dominos reges et principes et alios quoscunque obediencie dicti domini pape Benedicti, et eciam contra quasvis alias personas que dicto domino Benedicto non adheserint post dictam ejectionem seu deposicionis declaracionem, et contra quascunque universitates, villas, loca, quatinus tangat et tangere possit dictos dominos reges et principes et alios obediencie antedicte, et omnia et singula inde sequta, omnem effectum eorumdem tollendo et omnem maculam sive notam que contracta fuerit ob predicta. Et idem intelligatur dictum de persona domini pape Benedicti, casu quo renunciaverit pure et libere ante sentenciam dicte ejectionis, intellecto tamen et declarato quod dictum concilium non possit se adjuvare processibus et sentenciis adversus dictum dominum Benedictum latis, in processu et sentencia inferendis contra eumdem dominum Benedictum, de quibus supra in tercio capitulo continetur. Et fiat similiter de sentenciis latis per dictum dominum Benedictum contra obedienciam concilii, dominos reges, principes, personas singulares, villas et loca. Et quod statuatur in publica sessione dicti consilii, tempore quo fiet dicta unio, quod nunquam de cetero, occasione dicti scismatis aut adhesionis dicti Benedicti et sui predecessoris domini Clementis, possit contra dominos reges, principes, prelatos et alios de obediencia ipsius domini Benedicti quomodolibet procedi, in judicio vel extra.

« Quinto, quod per dictum formandum concilium approben-

anéantir, abolir, annuler et casser tous les décrets, procédures, ordonnances, statuts et peines portés et prononcés par le ci-devant Grégoire et le ci-devant Jean, par leurs prédécesseurs et par le concile de Pise, depuis l'origine du schisme ou à peu près, à l'occasion ou à cause dudit schisme, contre messeigneurs les rois, princes et autres de l'obédience dudit seigneur pape Benoît, ainsi que contre toutes autres personnes, qui n'auraient pas adhéré audit seigneur Benoît après sadite exclusion ou la déclaration de sa déposition, et contre les universités, villes et lieux quelconques, en tant que cela toucherait ou pourrait toucher lesdits seigneurs rois, princes et autres de ladite obédience. Il pourra également annuler toutes et chacune des choses qui se sont ensuivies, détruisant tout leur effet et toutes les taches ou souillures qui auraient été contractées à ce sujet. La même chose devra s'appliquer à la personne de monseigneur le pape Benoît, dans le cas où il renoncerait purement et librement avant la sentence de ladite déposition. Il demeure toutefois entendu et déclaré que ledit concile ne pourra se prévaloir des procédures et sentences intervenues contre ledit seigneur Benoît, dans la procédure et la sentence à intervenir contre ledit seigneur, ainsi qu'il est dit ci-dessus dans le troisième chapitre. Il en sera de même des sentences portées par ledit seigneur Benoît contre messeigneurs les rois et princes, contre les particuliers, les villes et les lieux de l'obédience du concile. Et il sera réglé en session publique dudit concile, au moment où se fera ladite union, qu'à l'avenir il ne pourra jamais être procédé d'aucune façon, en justice ou hors justice, à l'occasion dudit schisme ou de l'adhésion audit Benoît et à son prédécesseur monseigneur Clément, contre messeigneurs les rois, princes, prélats et autres de l'obédience dudit Benoît.

« Cinquièmement, ledit futur concile approuvera, sanctionnera, ra-

tur, laudentur et confirmentur et eciam meliori modo quo fieri
possit plenissime firmentur omnes et singule concessiones,
dispensaciones, gracie facte per dictum dominum papam Benedictum quibusvis personis sue obediencie de quibusvis dignitatibus, archiepiscopatibus, episcopatibus, officiis et beneficiis,
et aliis quibusque infra suam obedienciam, que nunc est, de hiis
que nunc possident, et quecunque infeudaciones, investiture,
contractus et alie concessiones et gracie usque in diem prime
requisicionis facte eidem domino pape per reges et principes
sue obediencie, tam regibus Arragonum, Castelle, Navarre,
comitibus Armeniaci et Fuxi, quam filiis et liberis eorum con-
junctim seu divisim de hiis que nunc possident, et eciam aliis
quibusvis personis sue obediencie, que nunc est, eciam secularibus, cujusvis condicionis existant, de hiis que nunc possident;
hoc tamen declarato et intellecto quod, si ab aliquibus prelaturis, magisteriis seu magistratibus, dignitatibus vel beneficiis
quibusque, durante scismate, fuerint separata vel alias disgre-
gata aliqua membra, castra, ville, seu alia bona, redditus et
proventus, vel emolumenta ac responsiones camere, vel alia jura
quecunque, de quibus fuerit aliquibus forsan jam provisum
vel facta collacio, infra suam obedienciam constituta, predicta ipsis prelaturis, magisteriis seu magistratibus, dignitatibus et beneficiis, ut capiti, restitui et reintegrari valeant per
concilium antedictum, et ceteris de aliis dignitatibus et beneficiis provideatur, prout providencie consilii visum fuerit; per
dictas confirmaciones, approbaciones et formas hic contentas
nullum impedimentum prestetur. Et idem fiat e converso de alia
obediencia.

« Sexto, quod cardinales domini Benedicti, si voluerint ire
aut mittere ad jam dictum celebrandum concilium seu ad elec-

tifiera et confirmera pleinement, de la meilleure manière que faire se pourra, toutes et chacune des concessions, dispenses et grâces faites par ledit seigneur pape Benoît à toutes personnes de son obédience, au sujet des dignités, archevêchés, évéchés, offices, bénéfices et autres choses quelconques comprises dans son obédience, telle qu'elle se comporte, au sujet de ce que lesdites personnes possèdent présentement; comme aussi toutes les inféodations, investitures, contrats et autres concessions et grâces qui, jusqu'au jour de la première réquisition faite audit seigneur pape par les rois et princes de son obédience, ont été accordées tant aux rois d'Aragon, de Castille et de Navarre, et aux comtes d'Armagnac et de Foix, qu'à leurs fils et descendants, conjointement ou séparément, au sujet de ce qu'ils possèdent présentement, et à toutes autres personnes de son obédience, telle qu'elle se comporte, même aux séculiers, de quelque condition qu'ils soient, au sujet de ce qu'ils possèdent présentement. Il demeure toutefois entendu et déclaré que si l'on avait, durant le schisme, distrait ou séparé de ces prélatures, maîtrises ou magistratures, dignités et bénéfices quelconques, quelques membres, châteaux, villes ou autres biens, revenus, produits, émoluments, responsions de la chambre ou droits quelconques, auxquels on aurait peut-être déjà pourvu ou dont on aurait fait la collation, et qui seraient compris dans son obédience, lesdits membres pourront être restitués et réintégrés par ledit concile à ces prélatures, maîtrises ou magistratures, dignités et bénéfices, comme en faisant partie; il sera pourvu à la collation des autres dignités et bénéfices, selon qu'en décidera la sagesse du concile, et il n'y sera apporté aucun empêchement par lesdites confirmations, approbations et formes ci-incluses. Il en sera de même réciproquement pour l'autre obédience.

« Sixièmement, les cardinaux de monseigneur Benoît, convoqués de la façon ci-dessus mentionnée, et voulant adhérer à l'opinion des-

tionem summi pontificis, cum vacaverit papatus altero de dictis
tribus modis, faciendum, convocati modo quo supra et adherere
volentes oppinioni dictorum dominorum, regum et principum
obediencie dicti domini Benedicti, reputentur, recipiantur et
admitantur ut veri cardinales sancte universalis Ecclesie, et ut
tales habeantur et ab omnibus honorentur, necnon dignitatibus et emolumentis et aliis cardinalatus privilegiis, preemi-
nenciis et prerogativis, ut veri cardinales, uti permitentur, frui
pariter et gaudere, salvis tamen aliis constitucionibus et statutis per dictum consilium promulgandis, de electione summi
pontificis facientibus mencionem.

« Septimo, quod provideatur per dictum formandum concilium circa officiales curie Romane dicti domini Benedicti, dum
tamen eidem domino Benedicto non adhereant post substrac-
tionem obediencie, si eam fieri contingat, vel post citacionem
predictam.

« Octavo, quod si ante renunciacionem seu dejectionem dicti
domini pape Benedicti prenotatam ipsum contingat decedere,
promitant reges et principes atque jurent quod non permitant
fieri in eorum regnis et terris electionem aliquam per cardinales
ipsius, ymo, in quantum in eis erit, modis omnibus provide-
bunt, et casu quo fieret per illos electio vel alios eorum vice,
illi sic electo per eos non adherebunt neque obedient quoquo
modo, neque in eorum regnis et terris illum sic electum aliqua-
tinus sustinebunt nec sustineri permitent, sed electionem in
dicto casu per dictum formandum concilium permitent fieri, et
electo per illos in papam in dicto casu ut vero summo pontifici
indubie adherebunt.

« Nono, quod prefatum formandum concilium debite provi-
deat cum decenti mansuetudine et racionabili equitate quod, ubi

dits-seigneurs rois et princes de l'obédience dudit seigneur Benoît, s'ils veulent se rendre ou envoyer audit futur concile, ou aller procéder à l'élection du souverain pontife qui aura lieu, quand la papauté deviendra vacante par l'un des trois moyens susdits, seront réputés, reçus et admis comme vrais cardinaux de la sainte Église universelle, et ils seront traités et honorés comme tels par tout le monde, et pourront jouir, profiter et user des dignités, émoluments et autres privilèges, prééminences et prérogatives du cardinalat, comme de vrais cardinaux, sauf toutefois les autres constitutions et statuts, faisant mention de l'élection du souverain pontife, qui seront promulgués par ledit concile.

« Septièmement, il sera pourvu par ledit futur concile à ce qui concerne les officiers de la cour romaine dudit seigneur Benoît, à la condition toutefois qu'ils n'adhéreront pas audit seigneur Benoît après la soustraction d'obédience, si elle a lieu, ou après ladite citation.

« Huitièmement, s'il arrive que ledit seigneur pape Benoît meure avant sa renonciation ou sa déposition, les rois et princes promettront et jureront de ne pas permettre que ses cardinaux fassent une élection dans leurs royaumes et domaines, de s'y opposer même par tous les moyens qui seront en leur pouvoir, et, dans le cas où une élection serait faite par eux ou par d'autres à leur place, de ne point adhérer ni obéir en aucune façon à celui qui aurait été ainsi élu, de ne point le soutenir ni permettre qu'on le soutienne de quelque manière que ce soit dans leurs royaumes et domaines, mais de remettre dans ledit cas l'élection audit futur concile et d'adhérer sans hésitation à celui qui aura été ainsi élu, comme au véritable souverain pontife.

« Neuvièmement, ledit futur concile pourvoira dûment avec tous les ménagements et toute l'équité désirables, à ce que, s'il se trouve

v.   93

duo vel plures in eodem titulo prelaturarum vel beneficiorum
seu responsionum, habencium membra in diversis obedienciis,
concurrant, quilibet eorum in dicto concilio decenter tractabitur, honore utriusque obediencie semper salvo, et quod ante
finem dicti concilii idem concilium providebit in dictis casibus
taliter, quod illorum quorumlibet honor et status, quamdiu
vixerint, debite supportentur, et interim nichil innovetur contra aliquem predictorum, quousque per dictum concilium vel
summum pontificem eligendum provisum fuerit debite super
istis.

« Decimo, quod dictus dominus rex Romanorum et domini
qui sunt hic presentes ex parte dominorum de concilio Constancie, illorum nomine et eciam proprio, quantum ad eos spectat, in eorum bona fide assecurent et assecurari facient per
dominum regem Francie, dominos ducem Aquitanie, delphi-
num Viennensem, regem Ludovicum et comitem Sabaudie,
dominum Benedictum, si ire voluerit vel mittere ad dictum
concilium, et omnes et singulos ambaxiatores et procuratores
ipsius domini Benedicti et dominorum regum et principum, et
alias quasvis personas, sive sint cardinales et alii prelati, si
accedere voluerint, et alios quoslibet obediencie domini Benedicti, tam laycos quam clericos, cujusvis status, gradus aut
condicionis existant, cum gentibus et familiaribus suis et bonis
eorum, cum sufficientibus litteris de conductu, quod tute et
libere possint ire, transire et morari per itinera et loca usque
ad Constanciam inclusive, et stare in dicta civitate Constancie
et in dicto concilio, quamdiu eis et cuilibet eorum placuerit, et
reverti ab eis cum quo voluerint, et alias in omnibus et per
omnia eundo, stando et redeundo plenissima gaudeant libertate; et quod officiales et consules Constancie in absencia pre-

deux ou plusieurs cardinaux avec le même titre de prélatures, de bénéfices ou de responsions, ayant des membres dans des obédiences diverses, chacun d'eux soit traité convenablement dans ledit concile, sauf toujours l'honneur des deux obédiences; et avant la fin dudit concile, cette assemblée pourvoira auxdits cas, de telle sorte que l'honneur et l'état de chacun d'eux ne reçoive aucune atteinte, tant qu'ils vivront, et qu'en attendant il ne soit rien innové contre aucun d'entre eux, jusqu'à ce qu'il y ait été dûment pourvu par ledit concile ou par le souverain pontife qui sera élu.

« Dixièmement, ledit seigneur roi des Romains et les seigneurs qui représentent ici le concile de Constance, promettront, au nom dudit concile et en leur propre nom, en tant que cela les regarde, et feront promettre par monseigneur le roi de France et par messeigneurs le duc de Guienne, dauphin de Viennois, le roi Louis et le comte de Savoie, à monseigneur Benoît, s'il veut se rendre ou envoyer audit concile, à tous et chacun des ambassadeurs et fondés de pouvoirs dudit seigneur Benoît et de messeigneurs les rois et princes, ainsi qu'à toutes autres personnes, cardinaux ou prélats quelconques, s'ils veulent y aller, et à tous autres de l'obédience de monseigneur Benoît, tant laïques que clercs, de quelque rang, état ou condition qu'ils soient, s'ils veulent s'y rendre avec leurs gens, leurs familiers et leurs biens, que, moyennant des lettres suffisantes de sauf-conduit, ils pourront aller et venir en toute sûreté et liberté, s'arrêter en route et dans les divers lieux jusqu'à Constance inclusivement, rester dans ladite ville de Constance et audit concile, tant qu'il leur plaira, en repartir avec qui bon leur semblera, en un mot jouir en toutes choses de la plus entière liberté d'aller, de venir et de s'en retourner; que les officiers et consuls de Constance, en l'absence dudit seigneur roi des Romains, et tous ceux à qui il appartient, jureront et promettront avec serment d'observer fidèlement, en tant que cela les regarde, et de faire observer toutes et chacune desdites choses, de défendre et protéger de tout leur pouvoir dans leurs personnes et leurs biens, toute fraude cessant,

dicti domini regis Romanorum et alii ad quos spectat jurent et mediante juramento promittant quod fideliter observabunt, quantum ad eos spectat, et observari facient predicta omnia et singula, et deffendent et tuebuntur predictos omnes et singulos in personis et bonis pro toto posse, omni fraude cessante, et nullam impressionem aut violenciam directe vel indirecte facient aut fieri permittent jam dictis personis vel eorum singulis nec bonis ipsorum quoquomodo; et omnia ista firmabuntur juramentis propriis per dictum dominum regem Romanorum per se et alios dominos pro consilio Constancie hic presentes, tam nomine ibidem congregatorum quam proprio; que guidatica et assecuramenta mitantur regi Arragonum una cum litteris vocacionis dicti concilii, ad hoc ut dictus dominus rex possit cerciorare vocandos de dictis securitate et salvis conductibus, ne dicta occasione se valerent ab eundo seu mittendo ad dictum concilium excusare.

« Undecimo, quod dictus dominus rex Romanorum, nomine suo et pro successoribus suis, et alii domini hic presentes, nomine dictorum dominorum de consilio Constancie et proprio, jurabunt singulariter et promitent quod omnia et singula et in predictis capitulis et eorum quolibet contenta facient, quantum in eis erit, omni dolo cessante, per dominos cardinales, patriarchas, archiepiscopos, episcopos et alios prelatos, ambaxiatores dominorum regum et principum, et alios in dicto concilio Constancie existentes, ut singulares per se vel alias personas ad hoc potestate sufficienti suffultas, approbari, firmari et jurari, antequam concedentur dicte littere vocatorie, et quod, in prima sessione facta unione ad dictum concilium, pro dicto universali concilio predicta facient, concedent, statuent et ordinabunt. Et si contrarium premissorum vel alicujus eorum

tous et chacun de ceux qui se rendront audit concile, de n'exercer
et de ne laisser exercer directement ou indirectement aucune contrainte ni violence quelconque contre lesdites personnes ou chacune
d'elles, ou contre leurs biens ; et que toutes ces choses seront confirmées
avec serments particuliers par monseigneur le roi des Romains, pour
lui-même, et par les autres seigneurs ici présents, pour le concile de
Constance, tant au nom de ceux qui le composent qu'en leur propre
nom : lesquelles garanties et sûretés seront envoyées au roi d'Aragon
avec les lettres de convocation dudit concile, afin que ledit seigneur
roi puisse assurer à ceux qui seront convoqués la jouissance des garanties et saufs-conduits susdits, et que ceux-ci n'aient aucun prétexte
pour ne pas aller ni envoyer audit concile.

« Onzièmement, ledit seigneur roi des Romains, en son nom et
pour ses successeurs, et les autres seigneurs ici présents, au nom desdits seigneurs du concile de Constance et en leur propre nom, jureront séparément et promettront de faire approuver, autant qu'il sera
en eux, sans fraude aucune, toutes et chacune des choses contenues
dans lesdits chapitres et dans chacun d'eux, par messeigneurs les cardinaux, patriarches, archevêques, évêques et autres prélats, ambassadeurs de messeigneurs les rois et princes, et par chacun des membres
dudit concile de Constance, soit par eux-mêmes, soit par d'autres personnes munies pour cela de pouvoirs suffisants, de les faire confirmer
et jurer avant que lesdites lettres de convocation soient délivrées, et
de faire, accorder, régler et ordonner lesdites choses pour ledit concile
universel, dès la première session qui aura lieu après l'union des diverses obédiences audit concile. Et si le contraire desdites choses ou de
l'une d'elles arrive, ou si toutes et chacune de ces choses ne sont pas
accomplies, faites et exécutées ainsi qu'il est contenu dans lesdits

fieret, vel predicta omnia et singula non adimplerentur, fierent et exequerentur, prout in dictis capitulis et eorum quolibet continetur, ex nunc agunt et dicunt reges et principes, prelati et alii ipsius obediencie domini Benedicti ab expresso quod ipso facto sit id irritum et inane. Et ad observanciam presencium capitulorum, hic presentes obediencie domini Benedicti firment et jurent, dictis nominibus dictorum dominorum regum et principum, pro se et successoribus suis, tenere et observare omnia et singula supradicta.

« Duodecimo, quod de predictis omnibus et singulis firmentur et tradantur cuilibet parcium predictarum tot quot necessaria fuerint publica instrumenta. »

CAPITULUM XXXVIII.

De substractione obediencie papalis regis Arragonie facta domino Petro de Luna [1].

. . . .

CAPITULUM XXXIX.

Quam honorifice rex Romanorum susceptus est in villa Parisiensi.

Interim dum agebantur predicta, Romanorum rex inclitus Sigismundus, Narbone urbem relinquens, in Franciam magnis itineribus contendit, cupiens quod ardenti desiderio nuper optaverat, scilicet regem Francie atque ducem Biturie, cognatos suos dilectissimos, visitare et eorum mellifluis alloquiis recreari. Qui inde cordialiter gavisi, et sibi suisque illustribus congratulari cupientes, statuerunt ut, quamdiu in Francia remanerent, sumptibus regiis dapsiliter alerentur, et in urbibus

[1] Il y a ici une lacune d'une page et demie dans le manuscrit.

chapitres et dans chacun d'eux, dès ce moment, les rois, princes,
prélats et autres de l'obédience dudit seigneur Benoît protestent et
déclarent expressément que cela sera par le fait même nul et non avenu.
Et pour plus de sûreté, tous ceux de l'obédience de monseigneur Benoît
qui sont ici présents promettront et jureront, au nom desdits seigneurs
rois et princes, pour eux et leurs successeurs, de garder et d'observer
toutes et chacune des choses susdites.

« Douzièmement, il sera dressé de toutes et chacune desdites choses
et délivré à chacune des parties susdites autant d'instruments authentiques qu'il sera nécessaire. »

CHAPITRE XXXVIII.

Soustraction de l'obédience papale faite par le roi d'Aragon à monseigneur Pierre
de Luna [1].

. . . .

CHAPITRE XXXIX.

Brillante réception faite au roi des Romains dans la ville de Paris.

Sur ces entrefaites, l'illustre roi des Romains Sigismond quitta la
ville de Narbonne, et se mit en route pour la France. Depuis long-
temps il désirait vivement visiter le roi de France et le duc de Berri,
ses bien aimés cousins, et passer quelques jours en leur aimable
compagnie. Le roi et son oncle furent ravis de cette nouvelle, et
pour lui en témoigner leur satisfaction, à lui et aux seigneurs de sa
suite, ils décidèrent que, durant tout leur séjour en France, ils seraient hébergés largement aux frais du trésor royal, et reçus avec les
plus grands honneurs dans toutes les villes par lesquelles ils passe-

[1] Ce chapitre manque dans le manuscrit. Voir RAYNALDI *Annales eccles.*, an 1416, § 1.

famosis, per quas transituri essent, reciperentur honeste. Ipsi et prima die marcii appropinquanti Parisius justicie regie custodem precipuum et mercatorum prepositum, concomitatos multitudine summe auctoritatis civium, quos et cancellarius Francie cum regiis consiliariis sequeretur, obviam premiserunt, qui eidem successive salutaciones imperiales impenderunt. Ulterius equitando, cum dominum ducem Biturie baronibus multis et primoribus regalis palacii associatum reperisset, mox ambo gratulabundi utrinque dextras jungunt, ruunt in oscula, se invicem complectuntur, et dum sibi mutuo inquirunt de corporali salute, dux regem, dilectissimum cognatum, in civitatem introduxit et in regali castro Lupare collocavit.

Aliquantis inde feriis successivis regis incolumitatem, qui consueta invalitudine aliquantulum laborabat, expectando, quod diu ardenter affectaverat, Universitatem Parisiensem venerabilem videre voluit et in actibus scolasticis interesse; nam sacris litteris et latino ydiomate erat sufficienter eruditus. In discucionibus causarum eciam regalis curie Parlamenti pluries voluit presidere. Et cum quadam die cuidam imputaretur quod nundum accinctus fuerat baltheo militari, nec per consequens audiendus, ne inde causa ejus deterior fieret, eumdem novum militem fecit, nemine contradicente, quamvis multi assererent non imperatorem, sed solum regem Francie talia decuisse. Postremo, dum circumcirca Parisius gracia vitandi fastidii loca regia visitaret, et de regali monasterio Sancti Dyonisii, ubi jam decem diebus manserat, ad Sanctum tenderet Audoenum, quasi in vie medio regem Francie numerosa multitudine militum comitatum et apparatu solito magnificenciori decoratum reperit; quem, premissa salutacione benigna, non sine lacrimosis cordialibus suspiriis osculatus est, et secum die

raient. Le 1er mars, au moment où l'empereur approchait de Paris, on envoya à sa rencontre le prévôt de Paris et le prévôt des marchands suivis d'un nombreux cortége des principaux bourgeois, puis le chancelier de France avec les conseillers du roi. Tous ces personnages lui rendirent successivement les honneurs dus à son rang. Un peu plus loin, le roi des Romains trouva monseigneur le duc de Berri accompagné d'un grand nombre de barons et des principaux officiers du palais. Les deux princes se donnèrent aussitôt la main en se félicitant; puis ils se jetèrent dans les bras l'un de l'autre, s'embrassèrent et s'enquirent mutuellement de leur santé. Le duc introduisit ensuite dans la ville le roi, son bien-aimé cousin, et l'établit au château royal du Louvre.

Les jours suivants, Sigismond, en attendant le rétablissement du roi, qui ressentait encore quelque atteinte de sa maladie, voulut, pour satisfaire un désir qu'il éprouvait depuis long-temps, visiter la vénérable Université de Paris, et assister aux actes des écoles; car il était fort instruit en théologie et en latin. Il alla aussi plusieurs fois entendre plaider en la cour royale du Parlement. Un jour qu'on objectait à quelqu'un qu'il n'était pas chevalier, et que par conséquent on ne pouvait lui accorder la parole, le roi des Romains, pour ne pas l'exposer à perdre sa cause, l'arma chevalier sans aucune opposition, bien qu'il fût généralement reconnu que ce privilége appartenait, non pas à l'empereur, mais au roi de France seulement. Il visita aussi, par passetemps, les maisons royales des environs de Paris, et resta dix jours au monastère de Saint-Denys. De là il se rendait à Saint-Ouen, lorsqu'il rencontra presque à mi-chemin le roi de France, escorté par une suite nombreuse de chevaliers et dans un équipage d'une magnificence extraordinaire. Après l'avoir salué affectueusement, il l'embrassa en soupirant et les larmes aux yeux, et accepta à dîner chez lui pour le lendemain. A l'exemple du roi, la reine de France et le duc de Berri le traitèrent splendidement à plusieurs reprises, et lui offrirent

v.						94

sequenti acquievit epulari. Post regem eciam reiteratis vicibus non modo eidem regina Francie duxque Biturie insignis dapsiles refectiones impenderunt, sed et jocalia aurea et preciosis ornata lapidibus inestimabilis valoris liberaliter contulerunt.

Hiis quamplurimum dotatus muneribus, cupiens famam suam illustribus dominabus et domicellis ac ceteris excellencioris status mulieribus civitatis reddere clariorem, ipsis omnibus una die percelebre prandium non sine musicorum generibus instrumentorum variis, cantibus quoque admirande suavitatis consonantibus, celebravit; quibus et fere singulis in recessu vale dicens rubinos, saphiros, smaragdinos et dyamantes dulciter condonavit. Sepius eciam seriose recitans que in regno commendabiliora viderat, dum artifices mechanicorum operum judicaret cunctis aliis preferendos, rege consenciente, Parisius et alibi trecentos ex pericioribus congregari statuit, et in Hungariam misit, ut in predictis operibus compatriotas suos redderent doctiores. Demum, cum regali assistens consilio se tedere discordie vigentis inter reges Francie et Anglie et ignominiose captivitatis lilia deferencium vicibus reiteratis dixisset, et sperare quod, si cum rege Anglie loqueretur, predicta finem pacificum sortirentur, circa finem apprilis regi et optimatibus suis amicabili vale dicto, munitusque salvo conductu, in Angliam transfretavit.

Si veraci relacione condescendens ipsum magnificencius exceptum quam unquam fuerat non negem, et celerius admissum in concilio regali, addam et ipsum fidelem principem tunc media pacem concernencia fideliter tetigisse. Rex tamen ultra in proposito progredi non censuit, donec comes inclitus Hanoniensis presens esset, quem ante efficaciter rogaverat ut conciliis interesset, quia filiam suam filio regis tunc primoge-

très généreusement des joyaux d'or, enrichis de pierres précieuses d'une valeur inestimable.

L'empereur, voulant témoigner sa reconnaissance de toutes ces libéralités, et donner une haute opinion de sa munificence aux illustres dames et demoiselles de la cour, ainsi qu'aux femmes les plus distinguées de la bourgeoisie, leur offrit à toutes, le même jour, un grand dîner, qui eut lieu aux sons d'une musique harmonieuse et au milieu d'un concert de voix admirables. Et lorsque toutes ces personnes prirent congé de lui, il donna gracieusement à chacune d'elles des rubis, des saphirs, des émeraudes et des diamants. Souvent aussi, il rappelait avec intérêt tout ce qu'il avait vu de plus remarquable dans le royaume, et se plaisait à dire que les ouvriers français étaient, à son avis, les plus habiles de tous. Il prit même soin d'en réunir, avec l'agrément du roi, trois cents des plus renommés, soit de Paris, soit d'ailleurs, et les envoya en Hongrie pour instruire ses sujets dans leurs industries diverses. Dans les conseils tenus par le roi, auxquels il assista, il témoigna plusieurs fois qu'il voyait avec peine la division qui régnait entre les rois de France et d'Angleterre, et l'ignominieuse captivité des princes des fleurs de lis, et dit qu'il avait l'espoir de rétablir la paix en allant s'aboucher avec le roi d'Angleterre. Il prit donc gracieusement congé du roi et des seigneurs de sa cour vers la fin d'avril, et passa le détroit, muni d'un sauf-conduit.

Je dois mentionner ici, d'après le récit de personnes dignes de foi, que ce prince fut reçu en Angleterre avec une pompe extraordinaire, qu'il fut aussi très promptement admis au conseil du roi, et que, fidèle à sa parole, il traita scrupuleusement les divers points relatifs à la paix. Mais il ne voulut pas pousser plus loin l'affaire, avant l'arrivée de l'illustre comte de Hainaut, dont la fille[1] avait épousé le fils aîné du roi de France[2], et qu'il avait instamment prié de venir assister à cette con-

[1] Jacqueline.
[2] Jean, devenu dauphin à la mort de Louis.

nito nupserat. Quid autem hiis conciliis tactum sive conclusum fuerit, cum ad noticiam fuerit, tunc scribetur. Ipsis tamen durantibus habui pro comperto regem Anglie impacienter tulisse quod subsidiarii gallici, qui per mare Ariflorium obsidebant, oram maritimam Anglie post Pascha flammis voracibus sepius infestabant, et impediebant continue ne in villam victualia vel pugnatores stipendiarii inferrentur.

CAPITULUM XL.

De victoria conestabylarii Francie contra Auglicos obtenta.

Ante imperatoris adventum peroptatum, quedam magnifica scriptu digna in regno contigerant, et dum adhuc recenter cum reverendo suspirio infaustum infortunium milicie gallicane in cunctis oris et provinciis Francie inconsolabiliter et certe non immerito deflebatur. Nam in ipsis oriundi nobiles majoris auctoritatis, et revera qui singuli singulis opulentissimis regnis prefici potuissent, tunc heu! proc dolor, Anglicorum gladiis corruerant, et quod rex impacienter ferebat, qui sibi aula regia obsequebantur familiarius, et quorum consilio regni negocia ardua disponebat. Et quoniam ambigebatur de multis an in bello corruissent aut jugum odibile redempcionis subiissent, rex suorum illustrium et scientificorum virorum concilium convocavit, qui indempnitati singulorum graciose providentes, ut, sub quocunque dominio essent possessiones eorum constitute, feodales peccunie usque ad sequens festum omnium Sanctorum ab ipsis minime exigerentur, statuerunt. Et quia diminutas vires regni in parte magna sciebant in dicto miserabili conflictu, nec conestabularium conciones armatas apud Hariflorium relinquisse, que possent Anglorum transfretacionem

férence. J'indiquerai plus tard, quand j'en aurai connaissance, ce qui fut délibéré et décidé dans ces conseils. Ce que je sais présentement, c'est que, sur ces entrefaites, le roi d'Angleterre apprit avec un vif déplaisir que l'armée française, qui assiégeait Harfleur du côté de la mer, était allée souvent mettre à feu et à sang la côte d'Angleterre après les fêtes de Pâques, et qu'elle empêchait ainsi qu'on n'introduisît dans la ville des vivres ou des renforts de troupes.

CHAPITRE XL.

Victoire remportée par le connétable de France sur les Anglais.

Avant l'arrivée de l'empereur, d'importants événements, qui méritent d'être consignés ici, étaient survenus dans le royaume. La funeste déroute de la chevalerie française était dans toutes les provinces et contrées de France l'objet d'une profonde douleur et d'inconsolables regrets. Car les seigneurs les plus illustres, qui tous eussent été dignes de gouverner de puissants royaumes, avaient, hélas! succombé sous les coups des Anglais. Et ce qui affligeait surtout le roi, c'est que dans ce nombre se trouvaient les officiers de sa cour qui lui étaient le plus dévoués, et ceux qui l'assistaient ordinairement de leurs conseils dans la direction des affaires. Comme il y en avait beaucoup dont il ignorait le sort, ne sachant s'ils étaient restés sur le champ de bataille ou s'ils avaient été mis à rançon, il convoqua un conseil de seigneurs et de doctes personnages, qui, afin de pourvoir aux moyens de racheter les prisonniers, décidèrent que jusqu'à la fête de la Toussaint on n'exigerait point d'eux les redevances féodales, de quelque suzerain que dépendissent leurs propriétés. Il était constant aussi que ce déplorable revers avait considérablement diminué les forces du royaume, et que le connétable n'avait point laissé devant Harfleur des troupes suffisantes pour empêcher une descente des Anglais. On jugea donc à propos de faire venir du fond de l'Aquitaine, et même de Gênes et d'Espagne, des troupes auxiliaires pour

impedire, ex Aquitanis partibus, extremis finibus regni, ex Janua eciam et Hyspania subsidiarios dignum duxerunt evocare, qui terrestri marinoque itineribus villam obsessam tenerent continue. Unde tamen tot evocande copie militares condigne premiarentur, erarium regale tunc exaustum financiis sciebant non sufficere. Ideo, more solito popularem peccunialem collectam statuerunt levandam. Nec quemquam moleste ferre debere, eciam si in triplo precedentes alias excedebat, pro tot deffensoribus congregandis cum conestabulario affirmabant: « Nam, inquiunt, tunc parebunt fidelius, formi- « dabunt regnum predale reddere, et juste correctioni militaris « disciplina subjacebit, si continue habunde eorum remune- « rentur labores. »

Singulorum regnicolarum tribulaciones dampnose et peran- garie, jam antea annis singulis perpesse, minime excusabiles fuerunt, quin opportuerit jugum peccuniale pati sub pena carceris vel distractionis rerum familiarium; quam perpauci et hii soli vitaverunt qui taxum impositum libere offerentes dicebant : « Sine dubio, et ad id jure tenemur eciam naturali; nam vide- « mus omne regnum nostrum nunc fere ad necessitatem inevi- « tabilem redactum. »

Tunc referebant nonnulli insignes Francigene, qui inter notos et consanguineos taxum redempcionis impositam pro se ac captivis aliis procurabant, quod, quamvis tunc in Anglia regis recens gloria triumphalis cytharis et symphoniis concre- pantibus ubique collaudaretur, ipse tamen prosperis elatus successibus non cessabat apparatum bellicum congregare, qui, mox ut hibernis frigoribus succederet verna temperies, iterum Franciam inquietaret. Iterum et ut erat consulti pectoris prin- ceps, attendens non minorem virtutem esse parta tueri quam

bloquer la ville par terre et par mer. Mais le trésor royal était épuisé, et ne pouvait fournir à la solde de tous les gens de guerre qu'on allait rassembler. On décréta, suivant l'usage, la levée d'une collecte générale trois fois plus considérable que toutes celles qui avaient précédé : personne ne devait s'en plaindre, disait-on, vu le grand nombre de troupes qu'il fallait réunir; car, si l'on payait largement les gens de guerre de leurs services, ils obéiraient plus fidèlement, ils craindraient de mettre le royaume au pillage, et la discipline militaire serait rigoureusement observée.

Les cruelles tribulations et les charges onéreuses que les habitants du royaume avaient endurées précédemment chaque année, n'empêchèrent pas qu'ils ne fussent obligés de payer le nouvel impôt sous peine de la prison ou de la confiscation de leurs biens. Il n'y en eut que très peu contre lesquels on n'eut pas besoin d'employer la contrainte, et qui acquittèrent librement leur taxe en disant : « Sans doute, et nous « y sommes même tenus par la loi naturelle; car nous voyons bien que « tout le royaume est à peu près réduit à la dernière nécessité. »

Quelques seigneurs de France, qui étaient venus chercher parmi leurs parents et leurs amis de quoi compléter la rançon exigée pour eux et pour leurs compagnons de captivité, disaient que le roi d'Angleterre, loin de s'oublier dans l'ivresse de son dernier succès et au milieu des chants de triomphe qui célébraient partout sa gloire, ne cessait de préparer un nouvel armement pour attaquer la France, au retour de la belle saison. Ce prince, habile et sage, considérant qu'il n'y a pas moins de mérite à garder ses conquêtes qu'à en faire de nouvelles, envoya, dès le commencement du mois de mars, l'illustre comte de Dorset, son ami, avec un corps nombreux d'hommes

querere, dum februario mensis ille marcius succederet jam vicinus, inclitum sibique dilectum comitem Dorset cum armatis pugnatoribus et ingenti sagittariorum manu mittebat, qui Ariflorium tueretur et discursiones hostiles pro posse continuaret usque Rothomagum.

Quod cum mille et sexcentis bellatoribus, mille quoque et quingentis sagittariis expertis comitatus accedebat, insignem conestabularium Francie, Bernardum Armeniaci comitem, non latuit. Qui, ut erat vir sagacis ingenii et strenuus in agendis, attendensque expedicionibus bellicis celeritatem sibi pluries profuisse, mox regi humili vale dicto, quam secrecius potuit, per Picardiam magnis itineribus attingens Normaniam, hostes statuit prevenire. Tunc circa villam de Valemont, ab Ariflorio quatuordecim milibus distantem, castra metatus, dominum marescallum de Logniaco, circumadjacentis patrie precipuum protectorem, stipendiarios quoque regios in propinquis municionibus tuicionis gracia residentes ad se venire precepit; sicque recensito suorum numero, mille et octingentis tantum pugnatoribus se reperit comitatum. Jam cursores industrios, qui equos velociores habebant, adversariorum statum exploraturos premiserat. Et hii, nundum biduo exacto, redeuntes retulerunt apud villam de Caniaco, duobus tantum leucis de Valemont distantem, vidisse et suis exploratoribus adventum ejus intimasse. Quod pergratum sibi fuit, et sine cunctacione ad eos studuit accelerare. At ubi illos cum fastu maximo et apparatu pomposo aspexit propius accedere, gressum figens ac summe auctoritatis milites ad concionem evocans, antequam congrederetur, qualem mentem erga se quisque gereret investigare studuit, gravique oracione animos omnium solidare. Et ut erat singulari facundia clarus :

d'armes et d'archers, pour défendre Harfleur, et pousser jusqu'à Rouen, s'il était possible.

L'illustre connétable de France, Bernard d'Armagnac, fut bientôt informé que ledit comte s'avançait à la tête de seize cents hommes d'armes et de quinze cents archers. Non moins habile que brave, et se rappelant que la célérité lui avait réussi dans plus d'une occasion, il prit humblement congé du roi, passa par la Picardie en dérobant sa marche le plus qu'il put, et se dirigea à grandes journées vers la Normandie, afin de prévenir les ennemis. Il alla camper près de Valmont, à quatorze milles d'Harfleur, et manda à messire le maréchal de Longny, qui était chargé de garder le pays d'alentour, ainsi qu'aux garnisons royales établies dans les places voisines, de venir le rejoindre. Il fit alors le dénombrement de ses troupes, et se trouva à la tête de dix-huit cents hommes seulement. Déjà il avait détaché en avant des éclaireurs, montés sur d'excellents chevaux, pour aller reconnaître la position de l'ennemi. Au bout de deux jours, ceux-ci revinrent lui annoncer qu'ils avaient aperçu les Anglais près de la ville de Cany, située à deux lieues seulement de Valmont, et qu'ils avaient donné avis de son arrivée à leurs éclaireurs. Charmé de cette nouvelle, le connétable résolut aussitôt de marcher contre eux. Mais quand il les vit s'avancer fièrement et en pompeux appareil, il fit faire halte à son armée, assembla ses principaux chevaliers pour savoir, avant d'en venir aux mains, quelles étaient les dispositions de chacun à son égard, et comme il était doué d'une rare éloquence, il chercha à affermir le courage de ses soldats par une vive allocution.

« Commilitones, inquit, optimi, compatriote et vicini caris-
« simi, vos alloquor, quos ignorare non scio me non tactum
« lucri cupidine vel familiarium rerum penuria miliciam domini
« mei regis regendam suscepisse, cum opulenta patrimonia
« possideam, sed ut, quociens opus erit, me offeram ense regio
« accinctum pro deffensione regni sui. Quod fideliter sibi juravi
« complere nunc agredior vobiscum; de quorum strenuitate
« si antea dubitassem, locum istum non attemptassem petere,
« unde et de tam propinquo hostes regni cum fastu maximo et
« equitatu pomposo cernere possetis accelerare. Quos utique
« necessarium vobis est expugnare vel terga ignominiose ver-
« tere fugiendo, in opprobrium revera omnium sempiternum.
« O Arminiaci insignes, Vascones et Aquitani, tantum dedecus
« vobis minime imputetur, nec labes tam degenerose propa-
« ginis. Et si qui dicant timore vano territi : *Bellum valde one-*
« *rosum, grandi alea plenum, et eciam ultra vires ob inequali-*
« *tatem numeri suscipimus,* rogo abeant libere, et qui voluerint
« mecum stare, quod cunctis edictis meis parebunt faciant
« juramentum; quod tamen, per caput Dei, sic censeo observan-
« dum, quod quicunque illud violaverit capitis obtruncacione
« aut suspendio penas luet. » Cumque omnes dextras manus
levantes id acceptum indicassent, inde gracias agens addidit :
« Et nunc singulis et universis necessarium judico ut ad Deum,
« patrem misericordiarum, mentis oculos convertentes, devo-
« tissime imploretis veniam de perpetratis peccatis, promitten-
« tes quod assueta scelera amplius non commitetis, ut sic auxi-
« lium divinum possitis facilius impetrare. » Quo peracto, et
continuando propositum, intulit : « Bellorum, inquit, jura
« omni tempore permiserunt difficultates agrediendarum
« rerum cautelis et astuciis supplere. Et quoniam jam videtis

« Braves compagnons d'armes, dit-il, chers compatriotes et voisins,
« je m'adresse à vous avec confiance, parce que vous n'ignorez pas,
« je le sais, que si j'ai accepté le commandement des armées de mon-
« seigneur le roi, ce n'est pas que j'y sois poussé par la cupidité ou
« par le besoin, car je possède de riches domaines, mais c'est que je
« suis prêt, toutes les fois que cela sera nécessaire, à mettre à son
« service la royale épée qu'il m'a remise pour la défense du royaume.
« C'est à vous de m'aider aujourd'hui à tenir mes serments. Si j'avais
« douté de votre courage, je n'aurais pas songé à venir en ce lieu,
« pour vous faire voir de si près les ennemis du royaume s'avancer
« fièrement et en po_____x appareil. Il vous faut maintenant vaincre
« ou fuir ignominieu_____ent, à votre éternelle honte. Braves Arma-
« gnacs, Gascons et Aquitains, ne vous exposez pas à un tel déshon-
« neur, ne souillez pas votre nom d'une pareille infamie. S'il y en a
« parmi vous ____ par un sentiment de vaine frayeur, se disent : *Nous*
« *entreprenons une guerre difficile, pleine de hasards, et que l'infério-*
« *rité du nombre ne nous permet pas de soutenir avec avantage*, ils
« sont libres, qu'ils partent, et que ceux qui veulent rester avec moi
« jurent d'obéir en tout à mes ordres. Ce serment, on sera tenu, tête
« Dieu! de le garder, sous peine d'être décapité ou pendu. » Tous
ayant levé la main droite en signe d'assentiment, il les en remercia.
« Maintenant, ajouta-t-il, il est nécessaire que vous vous adressiez tous
« ensemble et chacun en particulier au Père des miséricordes, et que
« vous lui demandiez très dévotement pardon de vos péchés, en pro-
« mettant de n'y plus retomber, afin d'obtenir ainsi plus facilement l'as-
« sistance divine. » Cela fait, il reprit en ces termes : « En tout temps, les
« lois de la guerre ont permis de tourner les difficultés d'une entreprise
« par la ruse et l'artifice. Vous voyez les ennemis descendre de
« cheval et mettre pied à terre. Eh bien! avant qu'ils aient eu le temps
« de se former en bataille et de faire prendre position à leurs archers,
« fondons vigoureusement sur eux à l'improviste, le maréchal de
« Longny avec les siens d'un côté, et moi de l'autre. Croyez-moi, cette
« attaque soudaine et inattendue jettera parmi eux l'épouvante et la
« confusion, et nous assurera la victoire. » Puis terminant son dis-

« hostes equos abigere et ad terram descendere, universis pre-
« cipio ut, antequam acies instruere valeant et sagitarios debite
« collocare, marescallus de Logniaco cum suis ex una parte,
« ego vero ex altera, repentino impetu in eos viriliter insurga-
« mus. Nam, michi credite, ex insolito nec consueto agressu
« terrebuntur, deficient et vincentur. » Sic verbis finem faciens,
et hylari vultu concludens : « In instanti discrimine, facto, non
« consilio opus est, carissimi. Quam audaces geratis animos
« nunc pateat. »

Tubis et lituis ubique resonantibus signum erumpendi
dedit. Et mox equites universi, concitatis equis calcaribus,
habenis quoque laxatis, in hostes demissis lanceis, sicut condictum fuerat, invehuntur, huc illucque cum lacertis hectoreis
et instrumentis bellicis ictus fortiter ingeminantes. Quamvis
virorum forcium animos repentina soleant sepe concutere, nec
tamen Anglicis defuit audacia resistendi. Utrinque atrox prelium commissum est, quo pedestres partem maximam equorum subsidiariorum nostrorum graviter vulneraverunt et inhabiles reddiderunt. Dominum eciam de Vilequier, insignem
militem, custodem de Montovillari, cum perpaucis ipsum
sequentibus occiderunt. Sed tandem ex eis multis gladiis in-
teremptis aut equorum pedibus conculcatis, reliquorum omnis
virtus emarcuit, et animis defecerunt.

Hoc peracto, comes Dorset, ceteri quoque nobiles et quotquot equos recuperare potuerunt, ex defectione suorum animis
consternati, ad propinqua nemora, que Loges vulgariter nun·
cupantur, protinus aufugerunt, ibidemque latuerunt, noctem
insompnem ducentes, ne subitis vel occultis circumvenirentur
insidiis. Immediate tamen post conflictum, omnium consensu
unanimi ad conestabularium miserant qui rogarent ut, singulis

cours : « Mes amis, leur dit-il gaiement, dans le danger qui nous
« presse, il faut agir et non délibérer. Déployez donc ici tout votre
« courage. »

Les trompettes et les clairons retentirent aussitôt dans tout le camp.
C'était le signal du combat. Au même instant, tous les cavaliers, donnant de l'éperon à leurs chevaux, fondirent sur l'ennemi bride abattue
et la lance en arrêt, ainsi qu'il avait été convenu, frappant partout de
leurs haches d'armes à coups redoublés et avec une force irrésistible.
Malgré la surprise que cause toujours une attaque imprévue aux cœurs
même les plus intrépides, les Anglais ne laissèrent pas d'opposer une
vigoureuse résistance. Il y eut alors une mêlée furieuse, dans laquelle
l'infanterie anglaise blessa grièvement la plupart des chevaux de nos
auxiliaires et les mit hors de combat. Le sire de Villequier, chevalier
fameux, gouverneur de la place de Montivilliers, fut même tué avec
le petit nombre de gens qui le suivaient. Mais à la fin, les nôtres ayant
fait tomber sous leurs coups ou foulé aux pieds de leurs chevaux une
grande partie de leurs ennemis, les autres perdirent courage et lâchèrent pied.

Alors le comte de Dorset et les autres seigneurs anglais, épouvantés
de la défaite de leurs compagnons, s'enfuirent à la hâte avec tous les
chevaux qu'ils purent retrouver, et allèrent se cacher dans un bois voisin qu'on appelle les Loges, où ils passèrent la nuit sur leurs gardes, de
peur d'être surpris et enveloppés. Toutefois, immédiatement après l'action, ils avaient d'un commun accord envoyé demander au connétable la
permission pour chacun d'eux de retourner librement dans leur patrie
en payant rançon. Le connétable s'y refusa formellement, et chargea

multa peccuniali imposita, libere possent redire ad propria.
Quod penitus denegavit, et marescallum de Logniaco cum suis
pugnatoribus premisit, qui viam strictam servaret per quam
hostes necessario opportebat Ariflorium petere, jurans quod
eorum vestigia sine dubio sequeretur. In mandatis tamen recedens acceperat ne ipsos advenientes non nisi equestri ordine
propulsaret. Sed luce clara sequenti, ut eos vidit pedestres
accedere in acie ordinata, aviditatem acquirendi strenuitatis
titulum jussionibus preponens, eos recepit viriliter, esto majori
multo numero suos excederent. Asserunt qui tunc aderant presentes quod omnes Anglicorum gladiis corruissent aut redempcionis grave jugum subiissent; sed conestabularius et quotquot
secum habebat pugnatores, qui tunc non longe distabant, ocius
accurrentes, prelium restauraverunt, et interfecta maxima parte
hostium, ceteros fugere compulerunt. Non tamen easdem vias
tenuerunt. Nam comes Dorset et ceteri summe auctoritatis
viri per abdita, nemorosa et oppaca loca usque ad Secane pervenientes fluvium, ibi navem aut a casu aut ex industria preparatam repererunt, sicque navigio ad Ariflorium redierunt.

Peracta victoria, conestabularius, suis readunatis gentibus,
dominum marescallum graviter increpavit quod sibi non parue-
rat. Et audiens quod fere quinquaginta ex suis subsidiariis,
timore forsan territi, in conflictu neglexerant interesse, eos
perquiri precepit; et quamvis sciret eorum majorem partem ex
generosis proavis traxisse originem, omnes tamen tanquam
degeneres in arboribus propinquis imperavit suspendi, ut
ceteris transgressoribus mandatorum superiorum cederent in
exemplum. Et ne meritis laudibus defraudetur, abhinc obsidionem terrestrem tanta sollicitudine statuit gerere, ut continue exploratores et bellatores experti Ariflorium circuirent,

le maréchal de Longny d'aller occuper avec son corps d'armée la route étroite par laquelle les ennemis devaient passer pour regagner Harfleur, et celui-ci promit de les suivre pas à pas. Il avait reçu en partant l'ordre de ne les attaquer que s'ils arrivaient à cheval et en ordre de bataille. Mais le lendemain, quand il les vit s'avancer en faisant bonne contenance, il oublia les injonctions de son chef, et quoiqu'ils fussent à pied, n'écoutant que le désir de signaler sa vaillance, il les assaillit avec vigueur malgré la supériorité de leur nombre. Des témoins oculaires m'ont assuré que les gens du maréchal seraient tous tombés sous le fer des Anglais ou auraient été mis à rançon, si le connétable, qui n'était pas éloigné en ce moment, n'était accouru avec tout ce qu'il avait de gens de guerre, et n'avait rétabli le combat et mis l'ennemi en déroute, après lui avoir tué un grand nombre d'hommes. Les Anglais s'enfuirent dans toutes les directions. Le comte de Dorset et les principaux seigneurs parvinrent par des chemins détournés et à travers les bois jusqu'aux bords de la Seine, trouvèrent un bateau amené là par hasard ou préparé à dessein, et retournèrent ainsi par eau à Harfleur [1].

Après la victoire, le connétable rallia ses gens, et reprocha sévèrement au maréchal de n'avoir pas suivi ses instructions. Puis apprenant qu'une cinquantaine de ses auxiliaires avaient évité, peut-être par lâcheté, de prendre part au combat, il les fit arrêter, et, quoiqu'il sût que la plupart d'entre eux appartenaient à d'illustres familles, il les fit tous pendre aux arbres voisins, comme gens déshonorés, afin qu'ils servissent d'exemple à ceux qui enfreindraient les ordres de leurs chefs. Je dois ajouter, pour lui rendre la justice qui lui est due, qu'il s'occupa ensuite avec la plus grande activité de poursuivre le siége, et qu'il fit surveiller sans relâche les abords d'Harfleur par des éclai-

[1] Le récit de cette bataille, dans Monstrelet et Lefèvre de Saint-Remy, présente quelques différences avec celui du Religieux.

ne aliquis ex Anglicis emitti vel intromitti valeret, ut sic tandem comes Dorset longo tedio affectus cicius jugum redempcionis subiret. Et sic quatuor mensibus successivis patriam sic tenuit pacificam, quod agrestes accole usque ad portum Ariflorii agriculture vacare potuerunt. Cupiens iterum regnicolarum graciam beneficiis commercari, militarem disciplinam in suos stricte servando, ut merces communes et peregrine ubique possent deferri secure, auctoritate regia et voce preconia jussit per exercitum proclamari sub interminacione mortis, ne quis, quacunque auctoritate premineret, viatori cuicunque ausus esset violenciam vel molestiam inferre. Et quia difficillimum sciebat ab antiquo assuetas predas et hucusque nimium excrescentes relinquere, nisi falce resecarentur rigoris equissimi, durante obsidione, quotquot novit edicti regii transgressores capite plecti jussit, affigi patibulis aut submergi, semper respondens intercedentibus pro ipsis : « Et per caput Dei, « penas similes merentur qui stipendia regia recipientes habunde « regnum dampnificant. »

reurs et des hommes d'armes expérimentés, afin d'empêcher qu'aucun Anglais ne pût y entrer ni en sortir, et de réduire le comte de Dorset par les ennuis d'un long siége à faire sa soumission. Par ce moyen, il maintint si bien, quatre mois durant, la tranquillité dans le pays, que les habitants de la campagne purent vaquer à la culture des terres jusqu'au port d'Harfleur. Voulant aussi se concilier la faveur de tous par ses bienfaits et par le maintien d'une sévère discipline dans son armée, et assurer le libre transport des marchandises, il fit publier au nom du roi, et à son de trompe, qu'il défendait sous peine de mort à tous ses hommes d'armes, quelle que fût leur condition, de faire violence ou injure aux voyageurs. Comme il savait qu'il serait très difficile, s'il n'avait recours à des moyens de rigueur, de réprimer des habitudes de brigandage, qui étaient presque invétérées et qui faisaient chaque jour de nouveaux progrès, il fit décapiter, pendre ou noyer, durant le siége, tous ceux qui enfreignirent les ordres du roi, et il répondait à ceux qui intercédaient en leur faveur : « Tête « Dieu! ils méritent bien un pareil châtiment, eux qui, malgré la « solde qu'ils reçoivent du roi, causent toutes sortes de dommages « au royaume. »

FIN DU CINQUIÈME VOLUME.

ERRATA.

Page 23, dernière ligne, *supprimez* conjointement.

Page 565, ligne 5, *au lieu de* n'ayant plus de chef pour les conduire, et ils abandonnèrent *lisez* et n'ayant plus de chef pour les conduire, ils abandonnèrent.

Page 658, ligne 14, *au lieu de* prestitus *lisez* prescitus.

Page 659, ligne 14, *au lieu de* simoniaque *lisez* réprouvé.

Page 660, ligne 29, *au lieu de* prestiti *lisez* presciti.

Page 661, ligne 13, *au lieu de* ne le sont à tous ses semblables *lisez* toutes choses égales d'ailleurs.

Idem. ligne 29, *au lieu de* simoniaque *lisez* réprouvé.

TABLE DES MATIÈRES

CONTENUES DANS LE CINQUIÈME VOLUME.

LIVRE TRENTE-QUATRIÈME.

LIVRE TRENTE-CINQUIÈME.

LIVRE TRENTE-SIXIÈME.

FIN DE LA TABLE DES MATIÈRES CONTENUES DANS LE CINQUIÈME VOLUME.

CPSIA information can be obtained at www.ICGtesting.com
Printed in the USA
BVOW09s2338130415

395924BV00011B/151/P